Der Verfasser wurde 1934 geboren, studierte Philosophie, Psychologie, klassische Philologie und Geschichte in Bonn, Innsbruck, München und Paris und lehrt als Privatdozent an der Universität München. Veröffentlichungen: eine Dissertation über *Das sokratische Fragen,* Aufsätze zur modernen französischen Philosophie, vor allem zu Merleau-Ponty.

DAS ZWISCHENREICH DES DIALOGS

PHAENOMENOLOGICA

COLLECTION PUBLIÉE SOUS LE PATRONAGE DES CENTRES
D'ARCHIVES-HUSSERL

41

BERNHARD WALDENFELS

DAS ZWISCHENREICH DES DIALOGS

BERNHARD WALDENFELS

DAS ZWISCHENREICH
DES DIALOGS

Sozialphilosophische Untersuchungen
in Anschluss an Edmund Husserl

MARTINUS NIJHOFF / DEN HAAG / 1971

PRINTED IN THE NETHERLANDS

Vorliegende Arbeit wurde im Sommer 1967 von der Philosophischen Fakultät der Universität München als Habilitationsschrift
angenommen und später leicht überarbeitet. Mein Dank gilt der
Deutschen Forschungsgemeinschaft für ihre mehrjährige Unter-
stützung, Herrn Prof. H. L. van Breda und seinen Mitarbeitern
am Löwener Husserl-Archiv für ihre Beratung sowie all jenen,
von denen ich gelernt habe.

*Notre rapport avec le vrai passe par les autres. Ou
bien nous allons au vrai avec eux, ou ce n'est pas au
vrai que nous allons. Mais le comble de la difficulté
est que, si le vrai n'est pas une idole, les autres, à leur
tour, ne sont pas des dieux. Il n'y a pas de vérité sans
eux, mais il ne suffit pas, pour atteindre au vrai,
d'être avec eux.*

Merleau-Ponty, Éloge de la philosophie.

INHALTSVERZEICHNIS

EINLEITUNG

Die Rede von einem Zwischenreich des Dialogs deutet hin auf den intermediären Charakter des Dialogs, in dem zwischen uns zustande kommt, was keiner für sich zustande brächte. Stehen wir immer schon im Dialog, so ist für jeden der Weg zu sich selbst nicht der kürzeste, sondern der längste, er ginge durch die Welt sowohl wie durch die Andern. Dieser Gesichtspunkt ist keineswegs selbstverständlich, doch selbst dort, wo er sich Geltung verschafft, wird er vielfach verdunkelt durch die Verwandlung von Verschiedenem in Gegensätzliches, wenn etwa interpersonale Beziehung und soziale Verhältnisse, interpersonales Ereignis und anonyme Prozesse und Strukturen, persönliche Umkehr und soziale Veränderungen gegeneinander ausgespielt werden. Neigt die sogenannte Philosophie des Dialogs dazu, reine zwischenmenschliche Beziehungen abzulösen von der mundanen und sozialen Wirklichkeit, so tendiert ein Denken, das von Geschichte und Gesellschaft ausgeht, dahin, einzig den konkreten Entwicklungsgang einer Menschheit in Rechnung zu stellen. Der wechselseitig erhobene Vorwurf, man verliere sich hier in der Äußerlichkeit des Öffentlichen und der bloßen Geschichte, man flüchte sich dort in die Innerlichkeit des Privaten und des bloßen Augenblicks, wäre dann nur der Ausdruck dafür, daß entweder das Ganze ohne das Ursprüngliche oder das Ursprüngliche ohne das Ganze gesucht wird.

Was hier auseinanderstrebt, nicht nur in der Theorie, sondern auch in der Lebenspraxis, sind zwei Weisen des mitmenschlichen Umgangs. Einmal treffen wir uns in einem gemeinsamen Ziel, von dem aus das relative Interesse füreinander sich bestimmt und zugleich einschränkt; jeder übt eine *Funktion* aus, in der er prinzipiell ersetzbar ist als einer unter anderen. Das andere Mal treffen

wir direkt aufeinander, sind interessiert an dem, was der Andere
für sich ist und sein kann; jeder tritt hier auf in einem *Selbstsein*,
in dem er einzigartig ist und unersetzbar. Damit kommt die Ursprünglichkeit der freien Selbstbetätigung in den Blick, die in die
bestimmten und begrenzten Gestalten weltlicher und sozialer
Betätigung eingeht, ohne darin aufzugehen. Um eine alte Unterscheidung aufzugreifen, der Andere ist mein *Gefährte* (socius), der
mich *begleitet* durch eine Sphäre der Publizität, und er ist wenigstens der Möglichkeit nach immer mehr als das, nämlich ein
Freund (amicus), der mir *begegnet* in einer Sphäre der Intimität.

Es fragt sich aber, wie beide Sphären miteinander kommuni-
zieren. Um diese Frage zu beantworten, versetzen wir uns zunächst an den Ort, an dem eine Vermittlung geschehen kann,
nämlich an den Ort des sachgerichteten theoretischen und praktischen Dialogs. Hier suchen wir die *Interpersonalität* nicht los-
gelöst von der Sozialität, sondern *im Medium der Sozialität* als
deren Grenzmarke und deren sinngebenden Hintergrund. Die
persönliche Begegnung erschiene dann als ein direktes, das weltlich-soziale Verhalten als ein indirektes interpersonales Verhalten,
solange es seinen ursprünglichen Sinn bewahrt.

Die Fruchtbarkeit dieses Ansatzes muß sich bewähren in den
Wegen, die er eröffnet. Vom Dialog als einem weltvermittelten
Umgang *miteinander* (Kap. III) fragen wir weiter nach der Aufgipfelung des Dialogs im direkten Zugang *zueinander* (Kap. IV),
nach der Genesis des Dialogs und seinem Untergrund in der bestehenden Bindung *aneinander* (Kap. V) und schließlich nach dem
Aussetzen des Dialogs und seinem Zerfall im Kampf *gegeneinander*
(Kap. VI). Wir blieben in einer unzulässigen Abstraktion be-
fangen, ließen wir Störung und Zerfall außer acht. Sie zeigen sich
einmal auf dem langen und indirekten Weg zu den Andern, der
durch die Werke führt. Das Medium der Sozialität ist für die
interpersonale Beziehung nicht von reiner Durchlässigkeit. Darüber hinaus droht das gemeinsame Werk uns aufzusaugen; statt
unsere Rolle zu verantworten, identifizieren wir uns selbst oder
die Andern mit ihr. Diese Entfremdung tritt auf im augenblicklichen Umgang, sie verfestigt sich weiterhin in dauerhaften Formen und Einrichtungen. Gegen die soziale Entfremdung bietet
die persönliche Intimität kein ausreichendes Refugium; einmal
zeigt die Ich-Du-Beziehung ihre eigenen Formen des Zerfalls, zum

andern haftet der bloßen Interpersonalität bei aller realen Präsenz ein Moment der Leere, der direkten Zuwendung ein Moment der Ohnmacht an wie bei einem nicht ganz ausführbaren Versprechen. Störung und Zerfall werfen ihren Schatten auf alle zwischenmenschlichen Lebensäußerungen, eine unberührte und unberührbare Sphäre dualistischer Innerlichkeit widerspräche der Einheit des Lebens. Der Versuch, sich dennoch in eine solche Innerlichkeit zurückzuziehen, hätte zudem handgreifliche Folgen, da der weltlich-soziale Bereich sich selbst überlassen bliebe; ein sozialer Manichäismus würde die persönlichen Beziehungen zur Unfruchtbarkeit verurteilen.

Es kann nicht unsere Absicht sein, die Dimensionen der Zwischenmenschlichkeit verschwimmen zu lassen in einem unterschiedslosen Einerlei, wohl aber versuchen wir ihre Wechselbezüglichkeit aufzuzeigen; eben deswegen gehen wir aus von dem lebendigen Spannungsfeld des Dialogs. Es ist ferner nicht beabsichtigt, die verschiedenen Dimensionen voll auszumessen, es kommt uns aber viel darauf an, die Nahtstellen sichtbar zu machen, die zugleich Übergangs- und mögliche Bruchstellen sind. Dies soll geschehen im Gegenzug zu möglichen theoretischen und praktisch sich auswirkenden Verfestigungen: zur Zweckversessenheit gemeinsamen Weltverhaltens und zum Wechselspiel von Unterdrückung und Unterwerfung in deren Gefolge; zur Verfangenheit der Person in der Einsamkeit einer reinen Ich-Monade; zur Entweltlichung der Interpersonalität in einer reinen Ich-Du-Dyade; zur Verselbständigung des Sozialen in einer geschichtlichen Sozietät oder einer natürlichen Generativität; zu einer unaufgehellten Pathetik des Verfalls.

Die Phänomene, denen unsere Untersuchungen nachgehen, fordern eine zugleich flexible und radikale Frage- und Betrachtungsweise; hierin schließen wir uns Husserl an, soweit die Sache es zuläßt. Soll das Spannungsfeld des Dialogs sich als grundlegend erweisen für alles menschliche Verhalten, so muß noch der Betrachter sich ihm zugehörig wissen. Die *Gleichursprünglichkeit von Eigenem und Fremdem*, die den Dialog zu einem Zwischenbereich macht, tritt in Konjunktion mit dem Anspruch des *Einzelnen*, sich zu dieser wechselseitigen Verbindung und Verbundenheit so oder so zu verhalten und sie als solche zu begreifen. Hiermit ist zugleich der kritische Punkt markiert, an dem die radikale Grundlegung bedroht ist von einem transzendentalen Solipsismus: Wäre ich primär allem Sozialen *vorgeordnet* und sekundär erst der Sozietät *eingeordnet*, so bliebe ich zuinnerst allein, und diese Partnerlosigkeit würde allem Sozialen den Stempel einer sublimen Uneigentlichkeit aufdrücken.

Damit sind Beginn, Verlauf und Richtung unserer Untersuchungen vorgezeichnet. Im aporetischen *Eingangskapitel* fragen wir uns, wieweit Husserl mit seinem Lösungsversuch dem Problem gerecht wird, das er sich selbst gestellt hat, und ob die Manuskripte aus dem Nachlaß eine Revision der offiziellen Gedankenlinie erkennen lassen, wie manche Interpreten meinen; dieses Kapitel ist wie das Schlußkapitel stark methodisch geprägt.[1] *Kapitel II* zeigt ebenfalls noch einen vorläufigen Charakter, sofern wir in der Betrachtung des Ich und seiner Welt nach Motiven suchen, die den egologischen Ausgangspunkt in Frage stellen, und zugleich den folgenden Analysen vorarbeiten. Das sachliche Schwergewicht liegt auf den *Kapiteln III–VI*; hier durchlaufen wir in einer Art von Zyklik die verschiedenen Dimensionen des menschlichen Zusammenlebens, die bezogen sind auf den Dialog als ihre lebendige Mitte. Dabei versuchen wir, Husserls Anregungen fruchtbar zu machen, allen prinzipiellen Bedenken zum Trotz. Schließlich greifen wir im *Schlußkapitel* die prinzipiellen Anfangsüberlegungen nochmals auf, indem wir den Gang der Untersuchung in die Reflexion mit einbeziehen. Ständig gegenwärtig ist die Frage, wieweit die von Husserl inaugurierte Phänomenologie sich eignet, den Zwischenbereich des Dialogs mitsamt seinen Hintergründen, Untergründen und Abgründen zu sich selbst zu bringen in einer Theorie, die der praktischen Veränderung offen ist. Eine Theorie der Intersubjektivität und der Sozialität ist für die Phänomenologie und für die Philosophie überhaupt mehr als ein Sektor, sie ist ein Prüfstein für das Ganze.

---

[1] Ein Leser, der es weniger auf die Interpretation Husserls abgesehen hat als auf die Sache, die darin zutage gefördert werden soll, mag seine Lektüre mit Kap. II oder Kap. III beginnen. Ausdrücklich hinweisen möchte ich aber auf Kap. I, 7 u. 8, wo ich die Art meines Vorgehens in sachlicher und interpretatorischer Hinsicht zu rechtfertigen versuche. Eine Wegskizze findet sich ferner in Kap. III,1.

KAPITEL I

EGOZENTRIK UND TRANSZENDENTALER SOLIPSISMUS

1. Der Problemansatz

Wenn ich mich philosophisch mit meinen Mitmenschen befasse, so denke ich an sie und spreche ich mit ihnen nur beiläufig, primär denke ich über sie nach und spreche ich über sie. Doch es kommt alles darauf an, wie ich es tue; denn sofern die Andern nicht ursprünglich bloßes Worüber meines Nachdenkens und Besprechens sind, läuft die Vergegenständlichung Gefahr, das Gemeinte zu verfälschen. Der Abstand zum natürlichen Lebensvollzug ist der philosophischen Reflexion zwar inhärent und macht ihre eigene Daseinsweise aus im Gegensatz zu allem direkten Einwirken auf das Leben und Hineinwirken in die Welt. Daher kann ihr nicht daran liegen, diesen Abstand aufzuheben, aber sie muß ihn mitbedenken, wenn es ihr gelingen soll, das Leben, die „sozusagen noch stumme Erfahrung ... zur reinen Aussprache ihres eigenen Sinnes zu bringen".[1] Für eine Theorie der Intersubjektivität bedeutet das die Warnung, das theoretische Erfaßtsein der Mitsubjekte und der Gemeinschaftlichkeit nicht zu verwechseln mit deren ursprünglichem Auftreten und deren ursprünglicher Verbundenheit mit dem eigenen Ich. Husserls Forderung nach einer Rückbeziehung der Phänomenologie auf sich selbst[2] gilt uns als ständiges methodisches Inzitament.

Husserl kommt das Verdienst zu, in der radikalen Reduktion alles nur Wirklichen und Möglichen auf sein Für-mich-sein – für mich, das je eigene Ich – die Andern in all ihren Seins- und Erscheinungsweisen dem kritischen Blick zugänglich gemacht zu haben. Das geschieht hier nicht erstmalig, die Nachfolger Kants bis hin zu Feuerbach und Marx sind mit ihren Versuchen vorangegangen; es geschieht auch nicht einzig hier, Diltheys Bemü-

[1] *Cart. Meditationen*, S. 77.
[2] Vgl. *Ideen* I, § 65, *Cart. Meditationen*, § 63.

hungen um eine Hermeneutik begleiten Husserls Denken, und nach dem Ersten Weltkrieg entfaltet sich eine eigenständige Philosophie des Dialogs; aber Husserl verfolgt doch einen besonderen Weg, den Weg einer radikalisierten Transzendentalphilosophie, die ihren traditionellen Rahmen weitet, wenn nicht sprengt.[3] Unerschrocken vor den ,,Gespenstern des Solipsismus, Relativismus und Psychologismus'' unternimmt es Husserl, ,,statt vor ihnen davon zu laufen, den dunklen Winkel zu durchleuchten''.[4] Die naive Voraussetzung einer Vielheit menschlicher Subjekte in einer gemeinsamen Welt enthüllt er als eine alles durchwirkende Voraussetzung; er macht auf der ganzen Linie und nicht etwa nur in den Teilbereichen der Ethik, Praktik und Politik Ernst mit der Bestimmung des Menschen als eines Gemeinschaftswesens. Dabei wird die fremde Subjektivität nicht eigentlich in Frage gestellt, sondern vielmehr zur Frage erhoben. Sie gehört in das ,,Reich der 'Selbstverständlichkeiten', die in Wahrheit ihren Hintergrund der Unverständlichkeit haben'', und gleich der Objektivität ist auch sie nicht zu sichern, sondern zu verstehen.[5]

Die Gefahr eines Solipsismus ist der Preis, der für die kritische Durchleuchtung der Intersubjektivität zu zahlen ist; denn es ist ein und derselbe Zustand ,,philosophischer Einsamkeit'',[6] in dem die immer schon gelebte Bindung an die Mitwelt unterbrochen und gerade so als untergründiges Gebundensein erfaßt und aufgezeigt werden soll; entsprechend gilt für das Leben selbst, daß erst aus gewonnenem Abstand die naive Nähe zu den Andern sich in eine verantwortliche Näherung verwandeln läßt. Doch hier wie dort kann die Rückannäherung mißlingen, und uns bleibt die Frage, ob Husserl in der Entwicklung seiner Theorie der Gefahr des Solipsismus wirklich entgangen ist. Doch was kann Solipsismus hier überhaupt besagen? Trifft der Vorwurf eines wenn auch noch so sublimen Solipsismus zu oder kann er entkräftet werden? Und kann er nicht entkräftet werden, was steht dem entgegen?

[3] Vgl. zum weiteren historischen Problemhorizont P. Laín Entralgo, *Teoría y realidad del otro*, Madrid 1961, Bd. I, und zum näheren historischen Kontext, zum Kontrast von Phänomenologie und Dialog-Philosophie, M. Theunissen, *Der Andere, Studien zur Sozialontologie der Gegenwart*, Berlin 1965.

[4] *Logik*, S. 210.

[5] Vgl. *Krisis*, S. 192, 193.

[6] Ebd. S. 188.

Welche Voraussetzungen sind hier im Spiel? Bleibt uns ein anderweitiger Ausweg, der uns einen wirklichen Zugang zu den Andern eröffnet, ohne daß wir Husserls radikale Frage- und Sichtweise blindlings zu opfern hätten?

Bevor wir diesen Fragen nachgehen, skizzieren wir die Wege und Umwege des Husserlschen Denkens, die an den entscheidenden Fragepunkt heranführen. Der Akzent liegt auf dem paradoxen Verhältnis zunächst von Ich und Welt, dann von Ich und Mitwelt. Mehr als einen Aufriß soll unser aporetisches Eingangskapitel nicht bieten.[7] Dieser Aufriß kann sich erst füllen, wenn wir in den folgenden Kapiteln mit und gegen Husserl einen Weg ins Freie suchen.

2. Das Paradox der Verweltlichung

Einer schlichten Besinnung auf unser Verhältnis zur Welt und unsere Stellung in ihr zeigt sich ein Doppeltes: Ich bin es, der die weltliche Wirklichkeit erfährt und der zugleich sich und die Andern als Glieder eben dieser umfassenden Wirklichkeit miterfährt. In Husserls Sprache: Ich bin zugleich *Subjekt für die Welt* und *Objekt in der Welt.* Für die natürlich-objektive Einstellung liegt hier eine unüberwindliche Paradoxie, weil scheinbar das Ganze der Welt sich in der Menschheit als einem Teilbestand ihrer selbst konstituiert.[8] Wachgehalten wird diese Schwierigkeit durch eine „merkwürdige Spannung" von eminent praktischer Bedeutung, die Husserl philosophiegeschichtlich bis auf die sokratische Selbstentdeckung der menschlichen Person und Personengemeinschaft zurückverfolgt: „das Menschliche gehört zum Universum der objektiven Tatsachen, aber als Personen, als Ich,

---

[7] Ausführliche Darstellungen von Husserls Theorie der Intersubjektivität: A. Diemer, *Edmund Husserl. Versuch einer systematischen Darstellung seiner Phänomenologie*, Meisenheim 1956, S. 269–373; A. Schutz, „Das Problem der Intersubjektivität bei Husserl", in: *Phil. Rundschau* V, 1957, S. 81–107 (zusammen mit Diskussionsbeiträgen ebenfalls in: *Husserl. Cahiers de Royaumont, Philosophie* No. III, Paris 1959, S. 334–79, im folgenden zitiert als: *Royaumont*; ferner in: *Collected Papers* III, Den Haag 1966, *Phaenomenologica* 22, S. 51–91); H. Zeltner, „Ich und die Andern. Husserls Beitrag zur Grundlegung der Sozialphilosophie", in: *Zeitschr. für phil. Forschung* XIII, 1959, S. 288–315; R. Toulemont, *L'essence de la société selon Husserl*, Paris 1962; Theunissen, a.a.O.S. 15–155; auf weitere Studien wird passenden Orts verwiesen.

[8] Vgl. *Krisis*, §§ 53, 54, der Sache nach schon in *Ideen* I §§ 33, 53, 54.

haben die Menschen Ziele, Zwecke, haben sie Normen der Tradition, Normen der Wahrheit – ewige Normen".[9] Auflösen läßt sich dieses Paradox der Verweltlichung laut Husserl nur in der transzendentalen Reduktion, im Rückgang auf die reine weltstiftende Subjektivität.

Im Zuge dieser Auflösung zeigt sich das menschliche Subjekt mitsamt seinen Mitsubjekten in einem dreifachen Status, in einem zwiefachen weltlichen und einem grundlegenden vorweltlichen Status. Der vorweltliche Status tritt zutage in einer methodisch auszuführenden Bewegung der *Entweltlichung*, und von ihm aus versteht sich der zwiefache weltliche Status als das Resultat einer gestuften *Verweltlichung*. In Entweltlichung und Verweltlichung muß sich eine Identität in der Differenz durchhalten, denn davon lebt das erwähnte Paradox. Diese Enthüllung der Subjektivität geschieht mittels eines Blickwechsels. Den verschiedenen Gegebenheitsweisen ordnen sich entsprechende Blickweisen oder Einstellungen zu, eine zwiefache natürliche und eine letztbegründende transzendentale Einstellung. In diesen Einstellungen können sich entsprechende Wissenschaftsarten herausbilden. Für den Anfang begnügen wir uns mit einem so zu gewinnenden Ordnungsschema, in das sich später die Probleme der Intersubjektivität einzeichnen lassen.[10]

Als Objekt in der Welt fasse ich mich ohne weiteres auf, indem ich, interessiert an der mir begegnenden Wirklichkeit, in die Welt hineinlebe und mich der *natürlichen Einstellung* überlasse, die ich immer schon eingenommen habe. Hierin folge ich der *direkten* Erfahrungsrichtung, die auf den Gegenstand in seinen Horizonten konzentriert ist. Andererseits bedeutet die natürliche Erfahrungsart ein *konkretes* Zusammenspiel verschiedener Einstellungen, die unwillkürlich und unmerklich einander ablösen.[11] Wechselweise hantieren wir mit Werkzeugen, erforschen wir Naturzusammenhänge, stellen wir Berechnungen an, behandeln wir den Leib, denken wir über das Leben nach. Die natürliche Erfahrungswelt läßt sich daher nicht einfach so beschreiben, wie sie sich uns selbstverständlich darstellt. Zu ihrem Verständnis bedarf es der *Sonderung* verschiedenartiger Einstellungen, und diese kommt nur

[9] *Krisis*, S. 341.
[10] Unsere Vorbetrachtung vertieft sich im folgenden Kapitel.
[11] Vgl. *Ideen* II, S. 180.

zustande in der *Reflexion* auf sie. Wir beginnen mit der Sonderung, um hinterdrein deren Voraussetzungen zu bedenken. Dabei beschränken wir uns auf die Grundunterscheidung von Geistes- oder Kulturwelt und Natur.[12]

Die grundlegende Spielart des natürlichen Erfahrungslebens ist die *personale Einstellung*, zu der es keiner methodischen Vorkehrungen bedarf.[13] Zum Korrelat hat sie die alltägliche „Lebenswelt".[14] „Leben" besagt immer zugleich wollen, streben, handeln, werten, wirken, erkennen; die Korrelate all dieser Verhaltensweisen machen die Lebenswelt aus, in der jedes Seiende seinen besonderen Ort hat, einen bestimmten Wert oder Zweck verkörpert. In diesem Sinne spricht Husserl auch von einer Geistes- oder Kulturwelt. – Aus dieser Welt begegnen uns nicht nur Naturdinge, Werke und Lebewesen, sondern auch *Personen*, die eigene und fremde. Person bedeutet hier ein real-weltliches Subjekt, das intentional bezogen ist auf Welt und Mitwelt und das sich in seinem Verhalten durch sie motivieren läßt. Subjektivität und Intersubjektivität erscheinen in Person und Personengemeinschaft als *realisiert* und *mundanisiert*, ohne ihr intentional bestimmtes Eigenwesen einzubüßen. Wir sind reale Subjekte in der Welt, das ist ein wirkliches Paradox; versucht man es auf dieser Betrachtungsstufe aufzulösen, so verfällt man dem, was Husserl immer wieder als transzendentalen Psychologismus oder Anthropologismus brandmarkt. – Empirisch erforscht wird die Person als Glied der Welt und Mitglied der Personengemeinschaft in den *Geisteswissenschaften*, in verstehender Psychologie, Soziologie, Historie und Ethnologie; Husserl spricht so auch von einer geisteswissenschaftlichen Einstellung. Diese Einzelwissenschaften gründen in einer entsprechenden Eidetik oder regionalen Ontologie, in der reinen, intentionalen Psychologie mit ihren verschiedenen Zweigen. Diese hat es mit der Person, mit ihrem seelischen Leben zu tun, wobei das Seelenleben aber nicht aufgefaßt wird als reale

---

[12] Zum folgenden vgl. vor allem *Ideen* II und III sowie *Krisis*, 3. Teil B und die Abhandlung S. 294 ff. Weitere Differenzierungen der natürlichen Einstellung finden sich bei A. Schutz, „On Multiple Realities", in: *Collected Papers* I, Den Haag 1962, *Phaenomenologica* 11, S. 207 ff.

[13] „Es handelt sich um eine durchaus natürliche und nicht um eine künstliche Einstellung, die erst durch besondere Hilfsmittel gewonnen und gewahrt werden müßte" (*Ideen* II, S. 183).

[14] Dieser Terminus taucht bald nach 1920 auf (vgl. *Ideen* II, Beil. XIII, S. 374–75), die Sache ist längst früher bekannt (vgl. *Ideen* I, §§ 27 ff.).

Schicht neben der Körperwelt, sondern als Erleben der Körperwelt und unmittelbar auch das eigenen Leibes.

Die personale Einstellung entläßt aus sich in einer Abstraktion oder Reduktion, in einer Art von ,,Selbstvergessenheit des personalen Ich'',[15] die naturale oder besser: die *naturalistische Einstellung*. Hierin reduziert sich die Lebenswelt auf die bloße Natur, auf eine abstrakte Unterschicht wert- und zweckfreier Sachen, letztlich auf die physikalische Natur als einen identischen Kern der Lebenswelt, der allen wechselnden Relativitäten entrückt ist. Alles wird zum bloß Feststellbaren, Handhabbaren, Herstellbaren in der naturalen Betrachtung und Behandlung.[16] – In der bloßen Natur treten wir Menschen als Lebewesen auf; unser Inneres, unser intentionales Leben erscheint als höhere Schicht an einem Leibkörper, real mit ihm verknüpft und durch ihn kausal bezogen auf reale Umstände, seien es Dinge oder andere Lebewesen. Person und Interpersonalität werden nicht von sich selbst her, sondern von der naturalen Unterschicht aus verstanden, sie werden *naturalisiert*.[17] In der einseitigen Außensicht schwindet mit der Subjektivität auch das Paradox, von dem wir ausgingen. – Das menschliche Subjekt fällt damit in den Bereich der *Naturwissenschaften*, in die Zoologie bzw. Anthropologie als Somatologie und Psychophysik, das gilt auch für die sozialen Phänomene.[18] Das Apriori dieser Empirik sucht Husserl in einer eidetischen Psychophysik, die den Menschen als Lebewesen zum Leitfaden nimmt.

Bevor wir die natürliche Einstellung mit Husserl auf ihren inneren Grund zurückführen, halten wir einen Augenblick inne. Personale und naturalistische Einstellung als die beiden Grundvarianten der natürlichen Einstellung stehen nicht gleichberech-

---

[15] Vgl. *Ideen* II, S. 25, 27, 183–84.

[16] Die Gleichsetzung der naturalistischen mit der naturwissenschaftlich-theoretischen Einstellung (vgl. *Ideen* II, §§ 1–11) scheint eine zu enge Auslegung; nicht nur, daß auch die personale Einstellung ihre Theorie hat (vgl. ebd. S. 355–56, 374), die naturalistische Einstellung hat auch ihre Praxis, ihre reduzierte Praxis, ihre Technik; in seinen späteren Werken legt Husserl diesen Gedanken selbst nahe.

[17] Diese Naturalisierung bezeichnet Husserl oft als Versachlichung oder Verdinglichung, obwohl es auch eine Verdinglichung in der Kultursphäre schon gibt. Vgl. dazu unser Kap. VI.

[18] Vgl. *Ideen* II, S. 184–85; Husserl denkt auch schon an die Sozialstatistik, vgl. *Phil. als strenge Wissenschaft*, S. 24 (303).

tigt und gleichgeordnet nebeneinander, sondern die naturalistische Einstellung ordnet sich, als reduktive Sichtweise von bloß
relativer Selbständigkeit, der personalen unter, darüber läßt
Husserl keinen Zweifel.[19] Als Person nehme ich die naturalistische
Einstellung ein, und als Person habe ich sie zu verantworten.
Eine vermittelnde Rolle spielt der Leib, der im Weltverhalten
des Ich fungiert und zugleich als bloßer Körper der Natur angehört; er ist die ,,Umschlagstelle'' zwischen persönlichem Wirken
und naturalem Geschehen.[20] Doch trotz ihres Primats bleibt die
personale Einstellung in einer merkwürdigen Schwebe, die das
Paradox wachhält. Zwar geht die Personalität nicht einfachhin
in der Welt auf als eine höhere, unselbständige Schicht, denn eine
Welt gibt es ja erst für die Person; doch andererseits, solange die
Welt nicht radikal in Frage gestellt ist, steht die Person nicht
wirklich in sich, sie bleibt angewiesen auf den animalischen und
physikalischen Untergrund, ohne den sie nicht wäre. Außen- und
Innenansicht relativieren sich gegenseitig. ,,Wie die Naturwissenschaft die immanente Erfahrung veräußerlicht . . ., so verinnerlicht die Geisteswissenschaft die äußere Erfahrung''.[21] Doch anstatt in dieser paradoxen Mittellage Fuß zu fassen, geht Husserl,
wie gleich zu zeigen, über sie hinaus auf der Suche nach einer
reinen, transzendentalen Subjektivität, die in sich Bestand hat.
In der Rückdeutung aber läutert sich auch schon die Personalität
zur ,,intentionalen Innerlichkeit'', die kein ,,Äußeres'' hat und
nur die ,,Erfahrung vom Äußeren'' einschließt, und eine derart
geläuterte Psychologie rückt auf in eine bevorzugte Nähe zur
Phänomenologie als ihr weltliches Vorspiel.[22] Die Geisteswelt als
ein ,,Widerspiel der Natur'', der Geist absolut, die Natur relativ[23]

[19] Vgl. *Ideen* II, S. 183–84.
[20] Ebd. S. 286, 160–61.
[21] Ebd. S. 365. Aus diesem Wechselbezug resultiert in den *Ideen* II die
Zirkularität des Gedankengangs, die jeder einfachen Schichtung zuwider-
läuft; vgl. dazu P. Ricoeur, ,,Analyses et problèmes dans ,Ideen II' de
Husserl'', *Revue de Métaphysique et Morale* 57, 1951, S. 357–94; 1952, S.
1–16, und L. Landgrebe, *Der Weg der Phänomenologie*, Gütersloh 1963, S.
143–62.
[22] Vgl. *Phän. Psychologie*, S. 282; diese Innerlichkeit, die Husserl mehr
und mehr auch für eine innere Geschichts- und Naturbetrachtung in Anspruch nimmt, bedeutet: Sinnsphäre, nicht etwa: Bereich der Introspek-
tion. Zur Affinität von Phänomenologie und Psychologie vgl. schon *Phil.
als strenge Wissenschaft*, S. 23 (302–03).
[23] *Ideen* II, S. 180, 297–98.

– ist der Gegensatz nicht zu abrupt, das Übergewicht der Verinnerlichung nicht zu groß, als daß die anthropologischen Forschungen auf diesem Boden eine wirkliche Vermittlung von
Geisteswelt und Natur zustande bringen könnten? Diese Frage
bleibt, wenn wir nun auf die transzendentale Ebene übergehen
und uns dort weiterhin mit den Phänomenen der Leiblichkeit, der
Sozialität, der Geschichte konfrontiert sehen.

Husserl hat seine guten Gründe dafür, daß er den Boden der
natürlichen Einstellung verläßt. Der Versuch, auf dem innerweltlichen Boden prinzipielle Fragen der Theorie und Praxis zu beantworten, führt geradewegs in einen Relativismus, mag dieser
getreu unserm doppelten Weltstatus in naturalistischem oder
historistischem Gewand auftreten.[24] Das Paradox der Verweltlichung läßt sich nicht auflösen *von außen her*, von Seiten der
Weltimmanenz, weil das Verhaftetsein an faktische Vorkommnisse jeden Wahrheitsanspruch zunichte machen würde. Husserl
geht daher über die Welt hinaus, doch nicht auf dem Wege for-
maler Argumentation, sondern auf dem Wege anschaulicher
Selbstbesinnung. Die Auflösung des Paradoxes *von innen her*
wahrt auf diese Weise den Erlebniszusammenhang des Subjektes,
indem sie das außengewandte Leben zu sich selbst führt.

In der natürlichen Einstellung erscheinen eigene und fremde
Person als weltliche Realität, als geistige Person oder als Lebewesen. Wie aber und wem zeigen sie sich so? Diese Frage führt
uns zur *transzendental-phänomenologischen Einstellung*. Solange
ich dem Weltinteresse lebe, bleibt mir die Welt als Welt und das
Weltleben selbst verborgen. Erst wenn ich aufhöre, dieses natürliche Erfahrungsleben mitzumachen, wenn sich ,,über dem naiv
interessierten Ich das phänomenologische als *uninteressierter Zuschauer* etabliert'',[25] erst dann wird mir die Wirklichkeit in Wechsel und Verschiedenheit ihrer Erscheinungsweisen mitsamt ihren
partikulären und universalen Horizonten sichtbar, desgleichen
die Mannigfaltigkeit des intentionalen Lebens, in dem die Wirklichkeit auf diese oder jene Weise gemeint ist. In der Reflexion
auf meine Erfahrungen und Erfahrungsgehalte reduziert sich die

---

[24] Den Kampf der *Log. Untersuchungen* gegen den Psychologismus
setzt Husserl in *Phil. als strenge Wissenschaft* in dieser doppelten Richtung
fort, zwei Gestalten des sog. Objektivismus damit treffend.
[25] *Cart. Meditationen*, S. 73; vgl. außerdem *Krisis*, §§ 38–44.

Weltwirklichkeit auf bloße Phänomene, die Welt für mich tritt an die Stelle der Welt an sich. Nun durchschaue ich auch die Gegebenheitsweisen des Subjekts und die besonderen Einstellungen in ihrer wechselseitigen Beziehung. Das „Erlösende" der phänomenologischen Reduktion ist es, „uns von den Sinnesschranken der natürlichen Einstellung und so jeder relativen Einstellung zu befreien ... Das Erzieherische ... liegt aber auch darin, daß sie uns nun überhaupt für die Erfassung von Einstellungen empfänglich macht".[26]

Doch wer ist es, der in der natürlichen Einstellung sich selbst in der Welt als Objekt erscheint und dem die Andern ebenso erscheinen? Wer ist dieses Subjekt für die Welt? Es ist dies das „ständige Vollzugs-Ich der Weltgeltung", das immer schon anonym fungiert als „naiver Vollzieher", aber erst in der transzendentalen Reduktion sich als es selbst enthüllt; hier nämlich sehe ich, „daß das bei der natürlichen Einstellung anonyme Ich dasjenige ist, für das das Ich des natürlichen Sinnes, ich der Mensch, Objekt ist ..."[27]

Indem ich derart auf das natürliche Weltleben reflektiere, eröffnet sich mir ein eigenes Erfahrungsfeld, die Sphäre eines transzendentalen Ichs, in der sich dieses selbst, fremde Subjekte und eine objektiv-gemeinsame Welt konstituieren. Dieses Ich mitsamt seinen aktuellen, potentiellen und habituellen Erfahrungsgehalten nennt Husserl *transzendentale Monade*.[28] In der transzendentalen Einstellung tritt dieses Erfahrungsleben also nicht mehr als wie immer geartete Erfahrungswirklichkeit auf, die von der Erfahrung selbst zu unterscheiden wäre, sondern es tritt auf *rein als es selbst*, ungeachtet der reflexiven Differenz, die ja in diese Sphäre fällt. Dieses ursprüngliche In-sich und Für-sich des Ich in seinem Weltleben ist das, was reine „Innerlichkeit" und „Immanenz" meint; über eine bloß abstraktiv zu verstehende Immanenz sind wir mit der Intentionalität von vornherein hinaus.[29] Die ausdrückliche Erfassung, Explikation und Auslegung

---

[26] *Ideen* II, S. 179.
[27] *Krisis*, S. 457–58, 471.
[28] Vgl. *Cart. Meditationen*, § 33.
[29] Zum In-sich und Für-sich vgl. etwa *Ideen* III, „Nachwort", S. 146: „ ... das transzendentale Ich, d.i. das Ich als absolut in sich und für sich seiendes ‚vor' allem weltlichen Sein, das in ihm allererst zur Seinsgeltung kommt." Ein doppelter Begriff von Immanenz wird unterschie-

dieser neuen Sphäre geschieht in der *transzendentalen Phänomeno-logie*, die keine mundane Wissenschaft mehr ist. Doch auch hier geht die transzendentale Erfahrung aus vom jeweiligen faktischen Bewußtsein, das in eidetischer Einstellung betrachtet und auf seine apriorischen Gesetze zurückgeführt wird. Die hier anfallen-den Probleme verschieben wir vorerst.

Am Ende bleiben drei Gegebenheitsweisen des Subjekts. In der natürlich-personalen Einstellung habe ich dieses vor mir *mundanisiert* als Person in einer Personengemeinschaft; in der natürlich-naturalistischen Einstellung *naturalisiert* als mensch-liches Lebewesen in einer animalischen Gemeinschaft; in der transzendentalen Einstellung *in reiner Form* als Monade in einer Monadengemeinschaft.

Das transzendentale Ich Husserls ist weniger ein reines Ich zu nennen, schon gar nicht im Sinne der Kantschen Ichform, die prinzipiell allem Empirischen und Mundanen entrückt ist, als vielmehr ein gereinigtes Ich in einer gereinigten Sphäre; denn einem Prozeß der Reinigung entspringt es, ähnlich darin der Seele in Platons Sicht, die rein w i r d und nicht rein i s t wie die Idee.[30] Reinigung besagt hier *Entweltlichung*; nicht zu einem weltlosen, wohl aber zu einem ,,entweltlichten Ich" führt die transzenden-tale Reduktion.[31] Das Paradox der menschlichen Subjektivität löst sich, indem deren weltliches Sein der Konstitution durch das transzendentale Ego unterworfen wird. Ich finde mich vor als welthaftes Ich; die transzendentale Epoché enthüllt dieses Ich als das Produkt meiner *Verweltlichung*, einer Selbstapperzeption, in der ich mich selbst vermenschliche, verleibliche, verzeitliche, ver-räumliche, kurz: weltlich realisiere.[32] Die Welt ist ,,drinnen" als

---

den in: *Idee der Phänomenologie*, S. 35; vgl. dazu die Beilage in den *Log. Untersuchungen* II/2, die sich mit der äußeren und inneren Wahrnehmung befaßt in Auseinandersetzung mit Brentano.

[30] Zur Methode der ,,Reinigung" vgl. *Erste Philosophie* I, S. 267–69, II, S. 60, 477, dazu: J. M. Broekman, *Phänomenologie und Egologie. Faktisches und transzendentales Ego bei Edmund Husserl*, Den Haag 1963, *Phaeno-menologica* 12, S. 76–78 und 88 (Differenz zu Kant).

[31] *Krisis*, S. 84.

[32] Vgl. *Ideen* I, § 53, *Cart. Meditationen* §§ 11, 45 (!), 60 und im einzel-nen: *Erste Philosophie* II, S. 56, 61, *Krisis*, S. 209–10, 417; der Begriff ,,Selbstobjektivation" (ebd. S. 190), eine Replik auf die Formel der ,,Paradoxie", deckt das Gemeinte nicht ganz.

meine Welt, ich bin „draußen" in eben dieser Welt.[33] Wie die radikale Besinnung auf die Welterfahrung mir zeigt: die Welt ist nicht schlechthin, sie ist als Welt nur für mich in der Weltapperzeption, so zeigt mir zugleich die Besinnung auf die Selbsterfahrung: ich bin nicht schlechthin weltlich, sondern ich bin als weltlich für mich in der Selbstapperzeption.[34] Im Begriff einer realisierenden Selbstapperzeption ist die Identität von mundanem und transzendentalem Ich selbstverständlich mitgedacht, sie macht ja erst das Paradox aus. „Ich bin . . . als transzendentales Ich dasselbe, das in der Wirklichkeit menschliches Ich ist. Was in der Menschlichkeit mir verdeckt war, enthülle ich in transzendentaler Forschung".[35] Die Identität zeigt sich im „Übergang" der Einstellungen, die transzendentale Einstellung ist selbst nichts anderes als eine „Umstellung", eine „Interessenänderung". So klärt sich die „paradoxe Rede, die unterscheidet und doch wieder identifiziert, die Selbigkeit aufhebt und nicht Selbiges doch wieder einigt".[36] Die Einsicht, daß im Wechsel der Einstellungen eine einzige, vielfältige, bewegliche Ichstruktur sich durchhält, nimmt der Rede von den verschiedenen Ichen ihren mißverständlichen Klang.

Schon in der paradoxen Fassung des Verhältnisses von Ich und Welt, die den Zusammenhang verschiedener Einstellungen im-

---

[33] Vgl. *Cart. Meditationen*, S. 129–30, ähnlich: *Phän. Psychologie*, S. 490.

[34] Diese bleibt realisierend; sie ist keine „irrige Selbstinterpretation", ihr Konstitut keine „Fiktion", wie trotz Ingardens Protest (vgl. *Cart. Meditationen*, S. 214) Th. de Boer meint (*De ontwikkelingsgang in het Denken van Husserl*, Assen 1966, S. 526).

[35] *Krisis*, S. 267–68, ähnlich ebd. S. 190, 205–06, 209 u.ö.; die von Ingarden monierte Stelle: *Cart. Meditationen*, S. 75 dürfte damit geklärt sein.

Vgl. zum „Übergang": *Erste Philosophie* II, S. 71–72, *Phän. Psychologie*, S. 294, zur „Umstellung": *Krisis*, S. 154, 176, 179, 209, 212 ff., 261, zur „Interessenänderung": ebd. S. 147.

[36] Transcr. (1933)B I 14 XIII, S. 23.

Von solcher Identität der „Iche" spricht auch E. Fink an der bekannten Stelle („Die Phänomenologie Edmund Husserls in der gegenwärtigen Kritik", in: *Studien zur Phänomenologie 1930–1939*, Den Haag 1966, *Phaenomenologica* 21, S. 120 ff); doch was heißt dann: n u r das zuschauende Ich vollzieht die Epoché (S. 122)? Vgl. dazu die wenig glücklichen Formulierungen von Schutz und L. Beck in: *Royaumont*, S. 342, 360–61, 366, 379. Nachdrücklich, trotz späterer Vorbehalte, empfehle ich zu diesem Problem: Broekman, a.a.O. Kap. IV, VII.

pliziert, ist jede naive Nebeneinanderordnung vermieden. Husserls Denken ist dialektischer, als manche Kritiker es wahrhaben. Doch dies selbst vorausgesetzt, bleibt zu fragen, ob nicht die versuchte Auflösung des genannten Paradoxes Husserl in eine einseitige Richtung treibt, wodurch die anfängliche Dialektik in einer schlechten Einheit zum Stillstand kommt. Problematisch bleibt das *Gewicht*, das der Welt und damit auch dem leiblich-weltlichen Status des Ich innerhalb dieses lebendigen Beziehungsgefüges zufällt. Es besteht der Verdacht, die nur scheinbar gelingende transzendentale Reduktion könnte mit ihrer transzendental-mundanen Spaltung des Subjekts einen transzendentalen Akosmismus zur Folge haben. Wir werden diese Frage aufgreifen im Rahmen unseres Themas, der leiblich vermittelten Intersubjektivität, der wir uns nun gesondert zuwenden.

3. Das Paradox der Vergemeinschaftung

Die anfängliche Gedankenbewegung, die von der Welt und der verweltlichten Menschheit zurückgeht auf unsere weltkonstituierende Subjektivität, bleibt noch einer entscheidenden Naivität verhaftet. Ich und die Andern treten *en bloc* auf als personale, animalische, zuletzt als monadische Gemeinschaft, doch das nur, solange ,,die Selbstvergessenheit unserer selbst, der Philosophierenden'' dauert.[37] Die Frage nach dem Wer des welterfahrenden Lebens und der transzendentalen Epoché öffnet einen Spalt innerhalb des Cogitamus, einen Spalt, der in einem neuerlichen Paradox seinen Ausdruck findet.

Das All der Subjekte schließt mich in sich als eines seiner Glieder, und doch wird es zugleich umgriffen von mir, der ich alles, was ist, also auch die Andern, als solche auftreten lasse. Ich bin zugleich *Subjekt für die Gemeinschaft* und *Glied in der Gemeinschaft*. Dieses Paradox der Vergemeinschaftung steht auf gewisse Weise in der Mitte zwischen dem Paradox der transzendierenden Verweltlichung und dem der immanenten Verzeitlichung. All diese ,,evidenten Paradoxien oder Antinomien'' kündigen möglicherweise, wie Husserl sagt, ein ,,ursprüngliches Sichspalten im Seinssinn'' an.[38] Überall konstituiert sich in mir eine Sphäre des

---

[37] *Krisis*, S. 187.
[38] Transcr. (1933) B I 14 XIII: Paradoxien des Seins der Welt in der

Drinnen, in die ich mich selbst einordne als in ein Draußen: in die Gemeinschaft, in die Welt, in die Zeit. Das Paradox der Vergemeinschaftung steht bei Husserl zunächst im Schatten des Paradoxes der Verweltlichung; doch es zeigt sich, daß es mit der Scheidung und Vereinigung einer mundanen und transzendentalen Sphäre nicht gelöst ist, sondern vielmehr in der letzteren wiederkehrt. Die Andern sind nicht nur um mich wie alles welthaft Seiende, das in mir ans Licht kommt, sie sind mit mir, Licht um sich verbreitend wie ich selbst. Würde die Entweltlichung mich *eo ipso* auch von der Gemeinschaft befreien, so wäre ich im Grunde allein. Dieser Konsequenz entgeht Husserl, indem er das Paradox der Vergemeinschaftung allmählich dem der immanenten Verzeitlichung annähert. Doch auch hier bleibt eine deutliche Grenze; wären die Andern ein bloßer Bestandteil meiner Zeitlichkeit, mir zugehörig wie die eigene Vergangenheit oder Zukunft, so wären sie mit mir eins, wiederum wäre ich allein. Zwischen der extremen Außen- und der extremen Innensicht sucht Husserl einen mittleren Weg, der das Paradox der Vergemeinschaftung auflöst, ohne im Solipsismus zu enden.

Die Zugehörigkeit zur Mitwelt fällt gleich der Zugehörigkeit zur Welt unter die Selbstverständlichkeiten, für die jeder Beweis zu spät käme, die daher nicht zu beweisen, sondern zu verstehen sind. ,,Eines jeden Weltbewußtsein ist vorweg schon Bewußtsein ... einer und derselben Welt für alle ... ''[39] Bereits dort, wo Husserl in den *Ideen I* vor dem Einbruch der transzendentalen Epoché die natürliche Einstellung beschreibt, läßt er daran keinen Zweifel. In meiner Umwelt gibt es nicht nur Dinge, ,,auch animalische Wesen, etwa Menschen, sind unmittelbar für mich da; ich blicke auf sie, ich sehe sie, ich höre ihr Herankommen, ich fasse sie bei der Hand, mit ihnen sprechend verstehe ich unmittelbar, was sie vorstellen und denken, was für Gefühle sich in ihnen regen, was sie wünschen oder wollen.'' In der Verständigung ,,nehme ich sie hin als Ichsubjekte, wie ich selbst eins bin, und als bezogen auf ihre natürliche Umwelt''; diese identifiziere ich mit der meinen und setze sie ,,als unser aller daseiende Umwelt,

Welthabe, S. 6. Die drei erwähnten Paradoxien von Innen und Außen (vgl. vor allem S. 13, 24–27, 29) werden hier ausdrücklich zusammengenommen – eine Verdeutlichung von *Krisis*, § 54.

[39] *Krisis*, S. 257, vgl. ebenso Beil. XX.

der wir selbst doch angehören".[40] Diese vorläufige Beschreibung, die in der *Krisis* auf verfeinerte Art wiederkehrt,[41] deutet an, daß die natürliche Einstellung selbst eine soziale Komponente hat; ich lebe in der Welt mit Andern, beides ist nicht zu trennen. Daher spricht Husserl später auch von einer *„natürlichen Wir-Einstellung"* oder „natürlichen kommunikativen Einstellung" und von ihrer „natürlichen . . . Ausdrucksweise im kommunikativen Plural."[42] Das greift über auf die philosophische Besinnung selbst. Indem der cartesianische Denkversuch sich in einer Ich-Rede ausspricht",[43] impliziert er eine kommunikative Verbundenheit; wir sprechen über eine Möglichkeit, die jeder realisieren kann und soll. Schon damit, daß diese Aussprache möglich ist, wird die Einsamkeit des Nachdenkens zu einer offenen Einsamkeit. „Alles menschliche Leben ist kommunikativ, und selbst wenn es monoempirisch und monologisch ist, hat es hinsichtlich seiner Erfahrungs- und Erkenntnisgegebenheiten einen Sinn angenommen, der auf mögliche Übernahme durch Andere . . . hinweist."[44] Um von dieser höheren Naivität der Betrachtung loszukommen, bedarf es einer entschiedenen Wendung.

Die Kur, die Husserl in den *Ideen I* anwendet, ist so radikal, daß sie mit der Naivität auch das Problem selbst austreibt oder doch bagatellisiert. Der cartesianische Ansatz verführt zu einem transzendentalen Solipsismus, da nur „Ich und Erlebnisstrom in Beziehung auf sich selbst" dem prinzipiellen Zweifel standhalten.[45] Die Andern gehen zwar ebensowenig verloren wie die Welt, aber sie treten nur auf als weltliche Objekte, die in Beziehung stehen zu mir, sofern ich selbst der Welt angehöre als Lebewesen und Person.[46] Wie alle transzendente Wahrnehmung so gibt auch die Fremderfahrung nur Empirisch-Zufälliges. Während ich für mich selbst notwendig bin, liegt kein Widersinn in der Möglichkeit, „daß alles fremde Bewußtsein, das ich in ein-

---

[40] *Ideen* I, S. 57, 62.

[41] Vgl. §§ 28, 36, 47 und die Abhandlung S. 294 ff. Schutz knüpft hier immer wieder an bei seiner Auslegung der sozialen Lebenswelt.

[42] *Erste Philosophie* II, S. 56, 59, 55.

[43] *Ideen* I, S. 57.

[44] *Erste Philosophie* II, Beil. XII, S. 394.

[45] *Ideen* I, S. 107; zu den Parallelen bei Descartes vgl. Laín Entralgo, a.a.O. Bd I, S. 29–49.

[46] Berücksichtigung finden sie daher ausgiebig in den konstitutiven Untersuchungen des 2. Buches, d.h. auf einer zweitrangigen Ebene.

fühlender Erfahrung setze, nicht sei."[47] So aber stehe ich als transzendentales Ego nicht in der Beziehung zu Andern, sondern einzig über ihr. Von einer *transzendentalen Intersubjektivität* kann keine Rede sein, nur von einer *innerweltlichen*; indem ich mich als menschliches Ich realisiere, werde ich in der „Verknüpfung von Bewußtsein und körperlichem Leib zu einer naturalen, empirisch-anschaulichen Einheit" erfahrbar, und nur dadurch wird „so etwas wie Wechselverständnis zwischen den zu einer Welt gehörigen animalischen Wesen möglich."[48] Das Paradox der Vergemeinschaftung geht völlig in dem der Verweltlichung auf. Dem transzendentalen Subjekt für die Welt gelingt es, seine Mitsubjekte auf Distanz zu halten, indem es sie in die Welt verweist; aber damit verlieren sie den Status wirklicher Mitsubjekte.

Doch weit davon entfernt, solche Konsequenzen zu ziehen, überspringt Husserl die Schwierigkeiten, wenn er etwa beteuert: „jeder trägt die Bürgschaft seines absoluten Daseins ... in sich selbst", bevorzugt ist mein Ich nur „in Beziehung auf sich selbst,"[49] oder wenn er beim Erweis der prinzipiellen Erfahrbarkeit alles Wirklichen geradewegs vom eigenen zu irgendeinem und jedem Ich und schließlich zu einer „einheitlichen Geisterwelt" gelangt.[50] Obwohl Husserl die Gefahr des Solipsismus klar vor Augen hatte, seit er es erstmalig mit der phänomenologischen Reduktion versuchte,[51] fehlt doch „die explizite Stellungnahme zu dem Problem des transzendentalen Solipsismus, bzw. zu der transzendentalen Intersubjektivität, zu der Wesensbezogenheit der mir geltenden objektiven Welt auf die mir geltenden Anderen."[52]

Was Husserl bei dieser Selbstkritik im Auge hat, sind freilich nur Ergänzungen und Verbesserungen, keine umstürzenden

---

[47] *Ideen* I, S. 107.
[48] Ebd. S. 130–31.
[49] Ebd. S. 106–07 (Hervorhebung nicht im Text).
[50] Ebd. § 48; dieser Paragraph weist im Text der Gesamtausgabe zudem zahlreiche Verbesserungen und Ergänzungen auf, die um 1928/29 entstanden.
[51] Vgl. *Idee der Phänomenologie*, S. 20.
[52] *Ideen* III, „Nachwort", S. 150; hier rechtfertigt Husserl sich mit dem Rückverweis auf seine Vorlesungen von 1910/11 (vgl. dazu *Huss.* VIII, S. 433) und auf *Ideen* II; dessen Publikation soll aber gerade ausgeblieben sein, weil dort das Problem der Intersubjektivität nicht recht gelöst ist (vgl. Schutz, *Collected Papers* I, S. 140).

Neuerungen. Kritisiert wird nicht, was in den *Ideen* steht, sondern was noch nicht darin steht. Der allmähliche Übergang zu einem konkreteren Ansatz und zu einer gründlicheren Ausführung läßt sich deutlich verfolgen in den Vorlesungen zur *Ersten Philosophie* von 1923/24. Dort wird der bisherige „cartesianische Weg" in die Phänomenologie nach einem neuerlichen Versuch aufgegeben zugunsten eines „Wegs des Psychologen". Nicht die Rechts-gültigkeit des cartesianischen Ansatzes wird in Zweifel gezogen, wohl aber seine anfängliche Leere, Sachferne und Vagheit; er ist „ein Anfang, nicht ein Ende". „Der Umsturz aller Vorurteile war am Anfang eine sinnvolle und notwendige Forderung", nötig ist aber eine „radikale verdeutlichende und klärende Besinnung über das, was diese Umsturzforderung für mich, den Anfangen-den, notwendig beschließt."[53] Der neue Weg von der Psychologie aus behält von vornherein das Leben der Subjektivität mit all ihren Strukturen im Blick. Im Zentrum steht der Gedanke von den *intentionalen Implikationen*, von den Sinnhorizonten einer jeden Erfahrung[54]; er findet sich bereits in den *Ideen*, wird aber erst jetzt wirklich fruchtbar gemacht für den transzendentalen Ansatz. Die Lehre daraus: ich k a n n einen einzelnen Gegenstand oder Akt gar nicht reduzieren, ohne nicht in eins das Ganze der Welt und des Lebens mit zu reduzieren; jede Einzelreduktion ist „Reduktion im Vorgriff."[55]

Davon profitiert auch das Phänomen der Intersubjektivität. Wie ich nicht nur a u f den Akt der Erinnerung, sondern auch in ihm reflektieren und reduzieren kann und wie ich dabei ein im-pliziertes Ich mit implizierten Akten gewinne – das Paradox der

[53] *Erste Philosophie* II, S. 169, 165; vgl. dazu die Rückblicke S. 75–81, 125–30, 164–66, Beil. II, ad 81 ff. (!), ad 125 ff., Abhandlungen, S. 263–66, 282–83. Landgrebes Deutung dieser Vorlesungen als „Abschied vom Cartesianismus" (*Der Weg der Phänomenologie*, S. 163 ff.) setzt sich aus-drücklich in Widerspruch zu Husserls Selbstinterpretation.

[54] Vgl. *Erste Philosophie* II, S. 436: „Alle Geheimnisse liegen in der Klärung von Implikation und Explikation, Horizont, Index etc."

[55] Ebd. S. 317. Dieser neue Weg findet sich wieder in der *Krisis* (3. Teil, B), in seiner Konkretheit harmonisiert er mit dem von der Lebens-welt aus (3. Teil, A). Zur Verschiedenheit der Wege vgl. Boehms Einleitung in *Huss.* VIII; ihren durchgehenden Zusammenhang mit dem Paradox der Subjektivität betont Th. Seebohm, *Die Bedingungen der Möglichkeit der Transzendental-Philosophie. Edmund Husserls transzendental-phänomeno-logischer Ansatz, dargestellt im Anschluß an seine Kant-Kritik*, Bonn 1962, S. 50–54.

Verzeitlichung! –, so kann ich nicht nur auf den eigenen Akt der Fremderfahrung reflektieren, sondern auch in ihm, und übe ich in ihm Epoché, so stoße ich auf ein impliziertes Ich, das nicht ich selbst bin.[56] Eine universale Epoché, die sich ihrer Implikationen bewußt ist, führt nicht zu „meiner privaten Subjektivität", sondern direkt zur „Alleinheit eines endlosen Lebenszusammenhanges", in dem alle Andern beschlossen sind.[57] Sie führt nicht mehr bloß zum *ego cogito*, sondern geradewegs zum *nos cogitamus* einer *transzendentalen Intersubjektivität*.[58]

Den Gedanken einer *intentionalen Gemeinschaft* hat Husserl in sein Spätwerk übernommen. Der einen Welt entspricht „nicht eine Vielheit von getrennten Seelen, jede auf ihre reine Innerlichkeit reduziert, sondern: so wie es eine einzige universale Natur gibt als einen in sich geschlossenen Einheitszusammenhang, so gibt es nur einen einzigen seelischen Zusammenhang, einen allheitlichen Zusammenhang aller Seelen, alle nicht äußerlich, sondern innerlich, nämlich durch das intentionale Ineinander der Vergemeinschaftung ihres Lebens, einig". Ein jeder hat nicht nur seine Welthorizonte, sondern auch „seinen Einfühlungshorizont, den seiner Mitsubjektivität", und darin ist „jedes andere Ich im voraus schon intentional impliziert". Erst die natürlich-mundane Einstellung verwandelt dies ursprüngliche *intentionale Ineinander* in ein *reales Außereinander* durch die leibliche Lokalisierung des Seelischen.[59] Freilich beläßt diese intentionale Gemeinschaft jeder Seele „ihr Für-sich- und In-sich-Sein, ... ihr originales Leben."[60] Wir sind nicht identisch, sondern beziehen uns miteinander auf Identisches, und zwar so, daß wir die fremde Intention mitvollziehen ähnlich der eigenen Vergangenheit, wobei die Intention des einen in die des andern „hineinreicht". In aktueller Vergemeinschaftung entsteht zwischen uns eine Gemeinschaft; über eine bloß innerweltliche Intersubjektivität sind

---

[56] *Erste Philosophie* II, 47. Vorl.

[57] Ebd. S. 436, 133,

[58] Ebd. S. 316. Hierin sieht auch Husserl das wichtigste Ergebnis des neuen Weges, vgl. ebd. S. 129, 174, 313.

[59] *Krisis*, S. 258–59; Husserl bewegt sich hier auf dem Boden einer intentionalen Psychologie (der folgende § 72 transponiert das Gefundene auf die transzendentale Ebene); einer naturalistischen Psychologie muß der innerseelische Zusammenhang verschlossen bleiben (vgl. dazu *Ideen* II, S. 342, III, § 4).

[60] *Krisis*, S. 258.

wir damit deutlich hinaus. ,,Das Ich ... ist nicht mehr ein isoliertes Ding neben anderen solchen Dingen in einer vorgegebenen Welt, es hört überhaupt das ernstliche Außer- und Nebeneinander der Ichpersonen auf zugunsten eines innerlichen Ineinan-
der- und Füreinanderseins.''[61]

Das Wir der natürlich-kommunikativen Einstellung kehrt hier
auf höherer transzendentaler Ebene wieder, expliziert und zu
sich selbst gebracht. Was aber auch wiederkehrt, ist eine ,,tran-
szendentale Naivität ... als Parallele der natürlichen Naivität.''[62]
Das neu eröffnete Feld einer gemeinsamen transzendentalen Erfahrung unterliegt wiederum der Kritik.

Vergangenes verweist auf Gegenwärtiges, Fremdes auf Eige-
nes, doch die Implikation ist hier und dort nicht von gleicher Art.
Meine Vergangenheit ist ,,in sich unselbständig ..., ein volles
Konkretum ist nur die gesamte Einheit meines in ursprünglicher
Erfahrung gegebenen Lebens'', die Andern sind selbständig,
nämlich nicht als bloßes Moment in meinem Leben beschlossen.[63]
Hier zeigt sich die Grenze einer immanenten Betrachtung, die ihr
Muster nimmt von der paradoxen Selbstzeitigung; ein mittlerer
Weg zwischen reinem Innen und reinem Außen drängt sich auf.
Zwischen mir und den Andern besteht eine ,,Diskretion, ein
Außereinander und Ineinander, alle in mir, alle außer mir ...''[64]
Es bleibt eine wirkliche Differenz zwischen mir und den Andern.
Diese Scheidung muß explizit werden in einer radikalen Betrach-
tung. Hier fälle letztlich ich die Unterscheidung, in der ich zugleich um mich und die Andern weiß. Das Wir verliert seine
scheinbare Substanzialität, da ich es mir trotz aller Zugehörigkeit gegenüberstellen kann. Hier, wo die Andern mir weder
schlechthin untergeordnet, noch schlechthin gleichgeordnet sind,
macht sich das *Paradox der Vergemeinschaftung* geltend. Mit

[61] Ebd. S. 346.
[62] *Erste Philosophie* II, S. 170.
[63] Ebd. S. 176; vgl. auch *Cart. Meditationen*, S. 125, 134–35: Das
Eigene ist das ,,Unabtrennbare'', ähnlich *Ideen* I, § 38.
[64] Transcr. (1933)B I 14 XIII, S. 29; eben das besagt hier ,,Implika-
tion'': ein ,,geistiger Zusammenhang'' zwischen Monaden, ,,der keiner
äußerer getrennter Objekte ist, wo außen und innen sich ausschließen''
(*Phän. Psychologie*, S. 484); desgleichen in der Sprache der *Cart. Meditationen*: die intentionale Gemeinschaft ist mehr als ,,reale Trennung',
weniger als ,,reelle Verbindung'' (S. 157); vgl. ebenso die zitierte Stelle:
Krisis, S. 258.

kung ist wirksam in einer ersten Untersuchung, die sich auf die *Potentialitäten* des transzendentalen Ego stützt.[129] Die *Hier-Dort-Korrelation* soll die Konstitutionsbasis abgeben für die Intersubjektivität. Das Resultat: Weil das Du „eine Weise des Dort" ist, mögliche Dort aber mit meinem Hier in eins gesetzt sind, ist das transzendentale Ego bereits ein „Plurale tantum im Aufriß"; das Ur-Ich hat sich immer schon dekliniert. Doch das fremde Ich, das sich so ergibt, bleibt zunächst ein bloßer „Typ", und das Wir, das sich mit dem Selbst zugleich konstituiert, ist nichts weiter als „das formale Sein der universalen Hierabwandelbarkeit meines transzendentalen ego."[130] Die Intersubjektivität bedeutet „Ausgestaltung" des formalen Aufrisses, den das transzendentale Ego darstellt.[131] Damit ist unser Problem völlig überspielt, der Spielraum eigener Möglichkeiten wird nicht überschritten. Um eine wirkliche „Reziprozität der Perspektiven"[132] zu gewährleisten, wäre nämlich nicht nur nachzuweisen, daß in meinem Hier-Dort-System Andere Platz haben, sondern daß dieses System von vornherein dezentriert ist durch fremde Hier, die sich nicht einseitig von meinem Hier herleiten lassen. Die Konkretheit des Wir darf nicht erst einer Konkretion des Ich entspringen, wenn die Gleichursprünglichkeit der Andern mit mir erwiesen werden soll. Man mag einwenden, daß die Möglichkeit eines Auftretens Anderer ja schon ausreicht, um meinen angeblichen Vorrang hinfällig zu machen, die offene Endlichkeit der Welt deutete zuvor ebenfalls darauf hin. Doch dann müßte Möglichkeit eben mehr besagen als Variationsbreite des wirklichen Ich; die Absolutheit meines Hier

---

zu implizieren, daß seine Konstitution zumindest formal als eine der Selbstkonstitution meines Erlebnisstromes parallele Konstitution begriffen werden kann" (a.a.O. S. 148); mit der Forderung nach einer parallelen Konstitution geht er freilich hinaus über das vieldeutige Angelegtsein, den Verweis des Ich auf Andere, mit dem man sich vielfach begnügt (so etwa Broekman, a.a.O.S. 40–41, 82 ff., 209–10).

[129] D. Sinn, *Die transzendentale Intersubjektivität mit ihren Seinshorizonten bei Edmund Husserl*, Diss., Heidelberg 1958.

[130] Ebd. S. 83–91. Ähnlich heißt es bei W. Szilasi: „Das reine ego als eidos ist Ausdruck für den Einheitsgrund aller möglichen, zu jedem transzendentalen Ich in einer bestimmten Weise zugehörigen Variationen" (*Einführung in die Phänomenologie Edmund Husserls*, Tübingen 1959, S. 121).

[131] Sinn, a.a.O. S. 99; vgl. überhaupt §§ 26, 27.

[132] Vgl. Schutz, *Collected Papers* I, S. 11–13.

wäre prinzipiell in Frage zu stellen, wozu Husserl sich nirgends bereit erklärt.[133]

Mehr verspricht eine weitere Studie, die sich den Andern von der Zeitlichkeit her nähert, und zwar von der konstitutiven Ur-form der Zeitlichkeit, der *lebendigen Gegenwart*, wie Husserl sagt.[134] Im Gegensatz zur Hier-Dort-Mannigfaltigkeit bietet sich die Zweiheit von Selbstgegenwart und Mitgegenwart eher einer parallel-gleichstufigen Betrachtung an, weil die Mitgegenwart der Andern von vornherein als *Mitaktualität* und nicht etwa erst als meine Potentialität fungiert. Die „transzendentale Koexistenz", ein nun wahrhaftes Plurale tantum, wird in der Sphäre der Vor-Zeitlichkeit, des präobjektiven und präreflexiven anonymen Fungierens aufgesucht. Der entscheidende Gedanke ist hierbei der, daß „das Ich nicht die leiseste Verfügungsgewalt über sich selbst als anonym bleibendes Faktum hat", da es sich in und vor allem intentionalen Tun und Leiden als fungierendes Ich immer schon hinnehmen muß. Dieses Ich-fungiere, das ich bin, ohne es ursprünglich vor mir zu haben, ist von einer Einzigkeit, die noch keinen Ausschließlichkeitscharakter hat, wie er einem Gegen-stand zukommt, den ich als einzig setze und anspreche. „Die be-sonders geartete Einzigkeit meiner Ich-gegenwart schließt dem-nach jeden Solipsismus aus; sie verweist in sich als faktische und anonyme auf die Möglichkeit von ebensolchen faktischen und anonymen Mitgegenwarten."[135] Die „Gleichheit der Hinnahme-weisen"[136] ist es, die Selbst- und Mitgegenwart in ihrer unmittel-baren Verbundenheit auf ein und dieselbe Stufe rückt. Hiermit ist in der Tat erreicht, was erreicht werden soll, nämlich eine Offenheit des eigenen Lebens für fremdes Leben, das seine Mög-lichkeit nicht erst von mir herleitet. Die auffällige Diskrepanz

[133] Wie sehr der Interpret sich damit zufrieden gibt, zeigt die arglose Rechtfertigung des Idealismus als „der sich am Ende (!) herausstellenden Monadologie" (a.a.O. S. 45); wenn man sowenig Husserls Angriffsflächen sieht, kann man ihn kaum überzeugend verteidigen.

[134] K. Held, *Lebendige Gegenwart. Die Frage nach der Seinsweise des transzendentalen Ich bei Edmund Husserl, entwickelt am Leitfaden der Zeit-problematik*, Den Haag 1966, *Phaenomenologica* 23. Diese Untersuchung aus der Schule Landgrebes stützt sich weitgehend auf die C-Manuskripte; die Fremderfahrung wird im Hinblick auf die Selbsterfahrung behandelt; vgl. vor allem III, C–D.

[135] Vgl. zu all dem ebd. S. 162–63.

[136] Ebd. S. 168.

dieser wohldokumentierten Deutung zu allem, was Husserl sonst äußert und was schlecht in dieses Deutungsschema hineinpaßt, wird erklärt mir dem Zwang zur Vergegenständlichung, dem Husserl sich beim reflexiv-anschaulichen Aufweis dieser vorgegenständlichen Gemeinsamkeit ausgesetzt sah.[137] Ein ursprünglicher Zugang zu mir wie zu den Andern wäre also gefunden; Schwierigkeiten macht nur die Explikation des Gegebenen. Doch lassen sich Selbstgegenwart und Mitgegenwart von Anfang an derart parallelisieren? Unser Interpret kann dies nur deshalb annehmen, so scheint mir, weil er wiederum nur, wenngleich auf radikale Weise, die *Möglichkeit* der Andern aufweist. Die *wirkliche* Fremderfahrung nimmt bei Husserl den bekannten Weg: Das eigene Ich ist zuerst als Subjekt, dann als Objekt evident, das fremde Ich zuerst als Objekt, dann als Subjekt.[138] Auf diesem Weg geht aber verloren, was Husserl den Andern am Ende ebenfalls zusprechen muß, nämlich eine radikale Vorweltlichkeit und Vorzeitlichkeit, die mich und die Andern auf dieselbe Stufe stellt. Mit dieser unaufgelösten Spannung zwischen Sinn und Realisierung des Sinnes erklärt sich die Diskrepanz zwischen vielen Textstellen.[139] Um den fraglichen Solipsismus voll und ganz zu überwinden, müßte man eine Sicht- und Denkweise finden, die der Wirklichkeit der Andern derart gerecht würde, daß die vorthematische Gemeinsamkeit erst gar nicht in eine egozentrische Sichtweise hineingezwängt wird. Daß ich unausdrücklich schon mit Andern wirklich verbunden bin, kann ich erst rückblickend

---

[137] Ebd. S. 155–56, 159–60.

[138] Vgl. Qu. Lauer, *Phénoménologie de Husserl. Essai sur la genèse de l'intentionnalité*, Paris 1955, S. 384, 386; Held dagegen versucht die weltlich-leibliche Vermittlung durch eine „originäre Mitgegenwart" zu neutralisieren (a.a.O.S. 154–56).

[139] Für Husserl besteht nur eine scheinbare Diskrepanz; denn wenn er auf das wirkliche Auftreten der Andern zu sprechen kommt, so geht er den bekannten Weg. Die Einzigkeit der Andern läßt dem Ich den Rang eines „universalen Geltungsträgers" (vgl. schon die Überschrift zu Transcr., 1934, B I 14 XI); ich finde zwar „Andere als seiend im Fungieren", aber „indirekt aus meinem Fungieren" (Transcr., 1931, C 2 I, S. 3); und transzendentale Koexistenz besagt: „Monaden im Plural, koexistierende Monaden als Möglichkeit, darin liegt, das Sein der einen läßt offen die Möglichkeit des Seins einer anderen. Die Möglichkeit meines monadischen Seins liegt in meiner Wirklichkeit und alle anderen Möglichkeiten ..." (Transcr., 1931, C 17 I, S. 6). Wird die zentrale Rolle des Ich nicht eigens erwähnt, so versteht sie sich doch wohl von selbst.

einsehen und rechtfertigen im Durchgang durch die ausdrückliche Fremderfahrung, durch die Evidenz des Du.[140] Die Entscheidung fällt damit in den Bereich ausdrücklicher Zuwendung zu den Andern, wo nicht nur das Angelegtsein auf mögliche, sondern das Angewiesensein auf wirkliche Andere auf dem Spiel steht, wo ich nicht nur offen bin, sondern mich öffne. Da der Interpret mit Husserl am irreduziblen Charakter des verantwortlichen Ich festhält,[141] müßte er diesen Gesichtspunkt akzeptieren; doch eben auf dieser fundamentalen Ebene kann Husserls Lösung nicht befriedigen. Wie zweifelhaft damit der vorweltliche Status des Ich wird, wurde schon angedeutet. Die vorliegende Interpretation aber hinterläßt die Frage, ob selbst das so eindringlich entfaltete Motiv einer ursprünglichen Offenheit des Ich innerhalb des von Husserl übernommenen Denkrahmens voll sich entfalten kann.[142]

Der Weg durch das weltliche „Außen" führt zu wirklichen Andern, aber nicht auf radikale Weise; der Weg durch mein „Innen" ist radikal, führt aber, für sich genommen, nur zu möglichen Andern.[143] Da die beiden Grundpfeiler, die Husserls Theorie der Fremderfahrung stützen, sich als nicht tragfähig erweisen, scheinen alle Auswege verbaut. Und doch sind weiter Versuche zu verzeichnen, die ebenfalls beim Ur-Ich ansetzen. Die wirkliche Pluralität soll in dieser Arché verankert werden, was dazu führt, daß der Charakter des Ich teils verstärkt, teils geschwächt wird. Der eine Versuch führt in die Nähe des spekulativen Idealismus, der

---

[140] Die von Held allzu unvermittelt gleichgesetzt wird mit der ungegenständlichen wie unausdrücklichen Mitgegenwart (a.a.O. S. 156); ein ungegenständliches Du muß nicht auch unausdrücklich sein.

[141] Ebd. S. 161, 168.

[142] Den Zweifel verstärkt noch Helds klares und instruktives Nachwort zu L. Robberechts, *Edmund Husserl. Eine Einführung in seine Phänomenologie*, Hamburg 1967; da wird die „Verweltlichung des nicht-weltlichen Ich" gerechtfertigt mit dessen Konkretion in einer „unaufhaltsamen Bewegung der Selbstobjektivation" (S. 142); der Verf. verhehlt freilich nicht die Fraglichkeit dieser Lösung, die der französische Autor des Buches implizit korrigiert.

[143] Husserl selbst plädiert freilich in beiden Fällen für den inneren Weg; zum ersten: „Die radikale Weltbetrachtung ist systematische und reine Innenbetrachtung der sich selbst im Außen ‚äußernden' Subjektivität" (*Krisis*, S. 116); zum andern: Die Innenrichtung der Religion ist parallel mit der „phänomenologischen Innenrichtung, bei welcher durch mein Inneres hindurch der Weg geht in alle Anderen (als Innen-Andere, nicht als äußerliche Menschen ...) und dadurch erst auf die Welt und auf eigenes und fremdes Menschendasein" (Transcr., 1931, E III 9, S. 31).

andere in die der Lebensphilosophie; eine deutliche Scheidung erschwert der vielfältig schillernde Begriff des Lebens, der hier entscheidend wird.[144]

Eine *Verstärkung des Ichcharakters*, in der das individuelle Ich sozusagen überwandert würde, brächte Husserl in die Nachbarschaft Fichtes. Doch trotz aller Berührungspunkte scheint es offenkundig, daß Fichtes Rückgang auf ein lebendiges *überindividuelles Ich*, aus dem die Intersubjektivität als Bedingung meines Selbstbewußtseins zu deduzieren wäre, bei Husserl keinen Widerhall findet. „Das sich selbst setzende Ich, von dem Fichte spricht, kann es ein anderes sein als das Fichtes?" Wenn nicht, dann sind alle welt- und gemeinschaftsbildenden Konstitutionen aufzuklären durch ein anschauliches „Mich-selbst-befragen", durch ein Befragen meines individuellen Selbstbewußtseins.[145] Dieses wäre also nicht einfach Resultat, sondern Quelle meiner philosophisch-expliziten wie meiner vorphilosophisch-anonymen Leistungen; lediglich seine Seinsweise wandelt und vertieft sich im Laufe der Selbstauslegung, die beim letztfungierenden Ur-Ich endet. Weil Husserl das aktuelle Bewußtsein in seiner *Faktizität* zum Angelpunkt aller Besinnung macht,[146] verschließt er sich einer Gedankenbewegung, in der zuerst im Gange der gewöhnlichen Anschauung festgestellt wird, d a ß es die Andern gibt, sodann im Ausgang von einer intellektuellen Anschauung erschlossen wird, daß es sie geben m u ß. Bei einer solchen Methode des „sans quoi non", wie Merleau-Ponty es nennt, vergißt das reflektierende Individuum den Weg, der zu den allgemeinen Möglichkeitsbedin-

---

144 Bei Husserl selbst: „Das Wort Leben ... bedeutet zwecktätiges, geistige Gebilde leistendes Leben: im weitesten Sinn kulturschaffend in der Einheit einer Geschichtlichkeit" (*Krisis*, S. 315). Zu den historischen Einflüssen, besonders von Seiten Diltheys, vgl. H.-G. Gadamer, *Wahrheit und Methode. Grundzüge einer philosophischen Hermeneutik*, Tübingen ²1965, S. 229–40. Eine zureichende spekulative Entfaltung des Begriffes vermißt Fink („L'analyse intentionnelle et le problème de la pensée spéculative", in: *Problèmes actuels de la phénoménologie*, Paris 1952, S. 74–78).

145 Vgl. *Krisis*, S. 205–06, ähnlich *Erste Philosophie* I, S. 376, II, S. 326. Stärker ist Fichtes Einfluß in der Ethik (vgl. Diemer, a.a.O. S. 373, Toulemont, a.a.O. S. 251); der deduktive Weg zu den Andern findet sich z.B. skizziert in: Transcr. (1920?) F I 24, S. 76–77.

146 Zur Aktualität vgl. ausdrücklich *Ideen* I, S. 115–16, *Krisis*, S. 271–72; die Faktizität schließt natürlich nicht aus, daß das aktuelle Ich als Ich, als „Jedermann", überindividuelle, allgemeine Funktionen ausübt, daß es insofern a u c h allgemein ist.

gungen der Erfahrung geführt hat; es vergißt seine eigenen Voraussetzungen und gelangt um diesen Preis zu einer Überindividualität, die nur scheinbar voraussetzunglos in sich steht. Die entscheidende Frage, wie es für mich, das individuelle Ich, Andere gibt, wird zur Vorfrage degradiert und einer Phänomenologie zugewiesen, die lediglich Bewußtseinstatsachen zu liefern hat für die nachfolgende und endgültige formale Herleitung. Für Husserl dagegen bleibt die genannte Frage maßgebend, da er in seiner Auslegung der konkreten Erfahrung nicht über diese hinaus, sondern in sie hinein geht und der Versuchung widersteht, die wirkliche Individualität durch eine nur abstraktiv zu gewinnende Überindividualität zu hintergehen; diesen Maßstab erkennt auch unsere Kritik an Husserl an.[147] Trotz allem ergibt sich eine gewisse Nähe zwischen beiden Denkern insofern, als eben auch Fichte ein *lebendiges Ich* ins Zentrum rückt und nicht bloß ein *formales Ich*, mit Scheler zu reden, eine Ichheit. Erst so kommt es ja zu dem Problem einer transzendentalen Intersubjektivität, von dem Kant und die Neukantianer mit ihrer Scheidung zwischen einem formalen transzendentalen Subjekt und einer wirklichen Pluralität von empirischen Subjekten nichts wissen.[148] Die Nähe verstärkt sich noch, wenn wir an den prämundanen und präsozialen Charakter des Husserlschen Ur-Ich denken; diesem werden zwar Individualität und Faktizität zugesprochen, doch beides nicht im mundanen Sinne.[149] Daher ist es

[147] Zu unserm Gedankengang vgl. die ständige Kritik an der herkömmlichen Transzendentalphilosophie bei Merleau-Ponty, *Phénoménologie de la perception*, Paris 1945, sowie die Kritik an der rekonstruktiven Methode bei R. Boehm, „Husserl et l'idéalisme classique", in: *Revue phil. de Louvain* 57, 1959, S. 351–96. Zu Fichtes Theorie vgl. R. Lauth, „Le problème de l'interpersonnalité chez J. G. Fichte", in: *Archives de philosophie* XXV, 1962, S. 325–44.

[148] Von dieser Seite ist daher keine Lösung zu erwarten. G. Pedroli spricht dem Begriff der transzendentalen Intersubjektivität jeden Sinn ab, weil darin konkrete Erfahrungswirklichkeit und prinzipielle Erkenntnismöglichkeit und -gültigkeit vermischt seien (*La fenomenologia di Husserl*, Turin 1958, S. 195); H. Wagner bemüht sich immerhin im Gefolge Hönigswalds um eine entsprechende Vermittlung, wobei Husserls Konkretisierung des Transzendentalen, einschließlich der Intersubjektivität, trotz aller bekannten Vorbehalte aufgegriffen wird („Kritische Bemerkungen zu Husserls Nachlaß", in: *Phil. Rundschau* I, 1953, S. 1 ff., 93 ff.). Zu Husserl und dem Neukantianismus vgl. neuerdings die erwähnte Arbeit von Kern.

[149] Theunissen spricht von einer „extramundanen" Individualität und

nicht zu verwundern, daß man mitunter Fichtes Lösungsversuch herbeizitiert, um Husserls letzte Denkabsichten zu deuten. So beruft Fink eine „Selbstung des absoluten Seins" und gelangt dabei zu einem Ur-Ich, „das dem Unterschied von *ego* und *alter ego* voraufliegt, das erst den Plural aus sich hervorbrechen läßt"; „der Plural der Subjekte gründet in einer Lebenstiefe vor jeder selbsthaften Individuation."[150] Doch diese radikale Umdeutung des Ur-Ich in einen eshaften Ur-Grund dürfte sich schwer belegen lassen bei Husserl, dessen Grundmethode die der Selbstbesinnung und Selbstauslegung ist. Abgesehen davon wird hiermit der Setzungscharakter des Ich derart eingeschränkt, daß wir uns weniger Fichte als der Lebensphilosophie nähern.

Die entgegengesetzte Deutungsvariante, die sich damit ankündigt, hat ihr eigenes Recht, aber auch ihre eigenen Schwierigkeiten. Die *Abschwächung des Ichcharakters*, durch die das Ich gleichsam unterwandert wird, eröffnet einen Ausweg aus unserm Dilemma in Gestalt eines *präindividuellen Lebens*. Diese Möglichkeit wird genutzt in einer Richtung, die man als „relationalistische Phänomenologie" bezeichnen mag.[151] Zielpunkt dieser Deutung ist eine ursprüngliche Relationalität, eine Dialektik von Selbem und Anderem, von Eigenem und Fremdem, in der Husserls Auflösung des zwiefachen Paradoxes von ihrer Einseitigkeit befreit würde. Ausgangspunkt ist auch hier die Zeitlichkeit des Ich, auf Grund deren dieses immer schon auf Anderes bezogen ist.[152] Doch

Faktizität (a.a.O. S. 19–20), was freilich die sachlichen Vorbehalte nicht ausräumt; vgl. außerdem Broekman, a.a.O. S. 197–98.

[150] „Die Spätphilosophie Husserls in der Freiburger Zeit", in: *Edmund Husserl 1859–1959, Recueil commémoratif* ..., Den Haag 1959, *Phaenomenologica* 4, S. 113; von einem „nichtindividuierten Ineinander" spricht Fink bereits in seinem Aufsatz von 1933 (*Studien zur Phänomenologie*, S. 137), auf Fichte weist er hin in: *Royaumont*, S. 373. Ebendort erwähnt auch J. Hyppolite zugleich mit Fichte die Möglichkeit eines „transzendentalen Feldes ohne Subjekt" (vgl. die Diskussion S. 319–33), ein Beitrag von Hyppolite über Fichte und Husserl findet sich in: *Husserl und das Denken der Neuzeit, Akten des zweiten Internationalen Phänomenologischen Kolloquiums*, Den Haag 1959, *Phaenomenologica* 2.

[151] Zu nennen ist hier E. Paci, der u.a. von Merleau-Ponty, Sartre und Whitehead beeinflußt ist und eine Art von Husserl-Renaissance in seinem Land angeregt hat; darüber berichtet C. Seni, „La fenomenologia in Italia", in: *Revue internationale de Philosophie* 19, 1965, S. 125–39. Zum folgenden vgl. Paci, *Tempo e verità nella fenomenologia di Husserl*, Bari 1961, vor allem Kap. V–VIII.

[152] Jegliche Beziehung (relazione), auch die intersubjektive, knüpft

was den entscheidenden Schritt von einer bloßen Möglichkeit zur ursprünglichen Wirklichkeit der Intersubjektivität ermöglicht, ist die Deutung der lebendigen Gegenwart als eines prä-individuell fungierenden Lebens, das sich in den Individuen zerteilt, verzeitlicht und enthüllt. Das Ur-Ich ist nichts anderes als dieses allumfassende Leben, das jeder in sich selbst entdecken kann. ,,Ich bin Ich, einzeln und individuell, aber ich bin auch, wie jedes andere Ich, der versunkene Kontinent, aus dem ich hervortrete. Spreche ich von Ursprung, von Ur-Ich, so spreche ich von meinem individuierten und indeklinablen Ich in der ersten Person, aber zugleich spreche ich von dem ursprünglichen subjektiven Leben, das sich in allen Monaden individuiert.''[153] Damit ist der Solipsismus an der Wurzel getroffen; denn *indirekt* ist die Kommunikation nur auf der Stufe der individuierten Gegenwart, *direkt* vollzieht sie sich immer schon in der präindividuellen Gegenwart.[154] Würde diese wiederum vorweltlich und vorleiblich verstanden, so wäre schwer einzusehen, wie sich bereits hier ein wirklicher, erfahrbarer Kontakt herstellen soll; eben deshalb kommt Husserl ja nicht los von der Zweiheit einer inneren Selbsterfahrung und einer zunächst äußeren Fremderfahrung. Dieser Schwierigkeit entgeht Paci, indem er die Ursprungssphäre selbst schon als leiblich erweist. ,,Ich kann den andern Leib fühlen, sofern auch er der ursprünglichen Natur angehört, aus der auch ich aufgetaucht bin.''[155] Aus dieser Sicht heraus werden alle Einzelmomente der Husserlschen Theorie gedeutet: die Paarung als ,,primum relazionale'', die Einfühlung als ,,cosentire'', als ,,coesistere implicito'', die Appräsentation als ,,Anerkennung der Funktion des Andern.''[156] Der Leib erweist sich wirklich als ,,Umschlagstelle'', da

sich bei Husserl an die Zeit, ,,sofern die Vergangenheit die erste Form des Anderen meiner selbst ist, das in mir ist'' (ebd. S. 60).

[153] Ebd. S. 241; zur Unterscheidung von präindividueller und individuierter Gegenwart vgl. S. 166–80 (wo geologische und botanische Metaphern sich häufen). Vgl. in diesem Zusammenhang auch E. Filippini, ,,Ego ed alter-ego nella ,Krisis' di Husserl'', in: *Omaggio a Husserl*, Mailand 1960; dieser Interpret macht freilich bei der Dialektik Ich-Anderer Halt.

[154] Paci, a.a.O. S. 174.

[155] Ebd. S. 143, ähnlich S. 174, dagegen S. 43: Das Cogito ,,hat in sich den Leib ...'' Wie viele Andere ordnet Held die ursprüngliche Zeitlichkeit der Leiblichkeit vor (a.a.O.S. 136); rühren nicht zuletzt daher die sachlichen Schwierigkeiten, von denen wir sprachen?

[156] Paci, a.a.O. S. 143, 174; es heißt geradezu, daß ,,das Cogito in der transzendentalen Phänomenologie dem Paar seinen Platz geräumt hat''

hier der Weg nach innen zugleich nach außen, der Weg zum Selbst zugleich zur Welt und Mitwelt führt, ohne daß diese sich jenem unterordnen.

Doch handelt es sich hier wirklich noch um ein Selbst? Hinter all diesen Überlegungen zeichnet sich eine gefährliche Tendenz ab. Deutlich sichtbar wird sie, wenn das Selbst bezeichnet wird als „Selbstentfremdung des ursprünglichen Lebens", als „Struktur" oder „Form" dieses Lebens, als „Ichheit" (egoità).[157] Soweit die Interpretation Husserls von dieser Tendenz gezeichnet ist, kann sie nicht überzeugen. Es gibt zuviel Zeugnisse, die dafür sprechen, daß Husserl das *ego cogito* zum Fundament seiner Welt- und Fremdauslegung macht, daß er eben ein Ur-Ich und nicht bloß ein Ur-Leben meint.[158] Und was noch schwerer wiegt, es gibt dafür einen entscheidenden Grund, nämlich das Erfordernis einer kritischen Selbstverantwortung und Selbstrechtfertigung meines Erkennens und Tuns. Freilich redet auch unser Autor nicht einer unkritischen Hinnahme des Lebens das Wort. Ausdrücklich betont er den ursprünglichen und unaufhebbaren Wechselbezug von Vernunft und Leben, von Cogito und Prä-cogito.[159] In dem Falle genügt es aber nicht, den Solipsismus auf der Stufe eines präindividuellen Lebens zu unterwandern, weil das individuelle Ich dieses Leben selbst wieder primär von sich

(S. 145). Freilich beweist der oft zitierte Satz, „daß das ego und alter ego immerzu und notwendig in ursprünglicher Paarung gegeben sind" (*Cart. Meditationen*, S. 142) ohne weiteres gar nichts für eine wechselseitige Angewiesenheit von eigener und fremder Leiberfahrung; dazu bedarf es einer völligen Neuinterpretation.

[157] Ebd. S. 169. Radikaler noch deutet P. Caruso, anknüpfend an Sartres frühe Konzeption, das transzendentale Ego Husserls als die ekstatische Zeitlichkeit eines „Bewußtseins ohne Subjekt" („L'io trascendentale come ‚durata esplosiva'. Intenzionalità e tempo nella fenomenologia di Husserl", in: *Archivio di Filosofia*, 1960, S. 49–72). Schon bei Scheler heißt es: „. . . ein in Hinsicht auf Ich-Du indifferenter Strom der Erlebnisse fließt ‚zunächst' dahin, der faktisch Eigenes und Fremdes ungeschieden . . . enthält" (*Wesen und Formen der Sympathie*, Bonn ²1923, S. 284); zu fragen ist nur, was hier „zunächst" besagt.

[158] Ich stimme darin überein mit Van Breda, der im menschlichen Bewußtsein „den einzigen archimedischen Punkt" sieht und ein subjektloses Bewußtseinsfeld ablehnt (*Royaumont*, S. 323, 329), sowie mit Gadamer, der auf dem Ichcharakter des transzendentalen Lebens besteht („Die phänomenologische Bewegung", in: *Phil. Rundschau* XI, 1963, S. 29. 35).

[159] Paci, a.a.O. S. 247. Die Nähe zu Merleau-Ponty ist hier wie so oft greifbar, nur daß dieser entschiedener den genannten Wechselbezug im Auge behält.

her auslegen könnte: Paci behilft sich, wie mir scheint, damit, daß er den Ichcharakter abschwächt, aber dies auf eine Weise, die weder den Ansprüchen der Sache, noch denen Husserls, noch seinen eigenen voll gerecht wird. Während das überindividuelle Ich eine zu denkende Möglichkeit bleibt, ist das vorindividuelle Leben immerhin eine schon gelebte Wirklichkeit, eben das gibt den Analysen Pacis ihr Gewicht. Doch das Ich, auf das sich Denkmöglichkeit und Lebenswirklichkeit beziehen, bleibt im Grunde allein, sofern nicht in seinem bewußten Verhalten eine Beteiligung der Andern zutage tritt; denn die vorichliche Gemeinsamkeit bleibt für mich auf Distanz.

Soweit ich sehe, sind damit die Grundmöglichkeiten, Husserl gegen den Vorwurf des transzendentalen Solipsismus zu verteidigen, erschöpft. Weder allein von der Welt, noch allein vom Ich her, weder von einem überindividuellen Ich, noch von einem vorindividuellen Leben her öffnet sich der entscheidende Ausweg. Das besagt nicht, daß die Betrachtung dieser oft recht gedanken- und kenntnisreichen Interpretationen mit einer völlig negativen Ausbeute endet; die verschiedenen Aspekte der Intersubjektivität, die sich andeuteten, werden in unsern späteren Analysen ihren Platz finden. Nur eben, an der entscheidenden Stelle weichen alle Versuche aus; sie beweisen nicht, was unter den gegebenen Voraussetzungen zu beweisen wäre, ,,daß mein transzendentales Bewußtsein in eben seinem Sein affiziert wird durch die außerweltliche Existenz von fremdem Bewußtsein gleicher Art.''[160] Wie kommt es, daß Husserl gerade hier seine Interpreten im Stich läßt? Welche Voraussetzungen sind da im Spiel?

6. Fremderfahrung und Intentionalität

Aufschlußreich ist die Art und Weise, wie Husserl die Andern in den Blick bringt. Seine Auslegung der Fremderfahrung durchläuft, wie schon gezeigt, zwei typische Grundphasen. In einer

---

[160] Sartre, *L'être et le néant*, S. 291. Diese Forderung erfüllt auch L. Kelkel nicht, der Husserl gegen Sartre in Schutz nimmt; denn er zeigt nur die radikale Möglichkeit und die faktische Wirklichkeit der Andern, nicht aber deren radikale Wirklichkeit auf der Stufe des transzendental-faktischen Ego (vgl. Le problème de l'autre dans la phénoménologie transcendantale de Husserl, in: *Revue de Métaphysique et Morale* 61, 1956, S. 40–52).

ersten Phase gehen wir zurück auf den reinen Vollzug des *Miteinanderseins* im Wir und des *Füreinanderseins* im Ich-Du-Verhältnis, wobei letzteres vom Wir her verstanden wird. Die Andern, die an dieser kommunikativen Einstellung mitbeteiligt sind, sind mir *gleichgestellt*. Ich erlebe sie weder als inner-, noch als außerweltlich, sondern als solche, die gemeinsam mit mir die Welt erfahren und leiblich ihr angehören.

Mit der Frage, wem denn diese Gemeinsamkeit gegeben ist, setzt eine zweite Phase ein. Ich und die Andern treten radikal auseinander; in ihrem *Gegenübersein* sind sie für mich Objekte mit subjektivem Charakter: *cogito cogitantes*. Vor mir also müssen die Andern sich ausweisen, doch wie? Indem sie aus der Welt begegnen als Körperdinge, die erst auf Grund der Ähnlichkeit mit meinem Leib zu Ehren leiblich-seelischer-transzendentaler Subjekte kommen.[161] Man mag ruhig darauf hinweisen, daß ,,das Sein der Anderen für mich sich macht'' in der passiv-assoziativen Erfahrung, daß weder eine ausdrückliche Setzung meiner selbst, noch eine ausdrückliche Setzung des fremden Körpers dem Verstehen des andern Subjektes vorausgeht, das ändert nichts daran, daß Selbst- und Weltgegebenheit implizit als Motivationsfundament fungieren für die Fremdgegebenheit.[162] Im konstitutiven Sinne bin ich zuerst als Subjekt da, dann als Objekt, ist der Andere zuerst als Objekt da, dann als Subjekt. Als ursprüngliches Subjekt gebe ich den intentionalen Rahmen vor, in dem die Andern mir faktisch begegnen; da ich die Andern konstituiere, ohne gleichursprünglich von ihnen konstituiert zu sein, sind die Andern mir zunächst *unterstellt*.

Beide Phasen der Auslegung sind einander zugeordnet, die intersubjektive Reduktion a u f das Wir und die primordiale Reduktion i n n e r h a l b des Wir; nur im naiven Anfangsstadium geht

---

[161] Dieses Interpretationsschema steht noch durchaus in der cartesianischen Tradition, vgl. dazu Laín Entralgo, a.a.O. Bd. I, S. 171.

[162] Zur Passivität der Fremderfahrung vgl. *Cart. Meditationen*, S. 123, 138 ff., zum direkten Verstehen der Andern, wo der Körper nur implizit als ,,Unterlage'' fungiert, vgl. *Ideen* II, § 56h. Theunissen zeigt, wie auch die Deskriptionen der natürlichen Einstellung ständig von der transzendentalen Deutung überlagert sind (a.a.O. §§ 21, 22). Das schwierige Problem der Fundierung, die fragwürdige Prävalenz des Elementaren, ist ebenfalls unter dem Gesichtspunkt der einseitigen Konstitution zu betrachten.

die Gemeinsamkeit voraus, in der kritischen Grundlegung erweist sich die Eigenheit als das Frühere.

Offenbar ist es der Versuch, die Andern dem *Schema der Intentionalität* einzupassen, der ein gleichrangiges Verhältnis zwischen mir und den Andern *a limine* ausschließt. Husserl verfängt sich in der Alternative: Wir, die wir die Welt gegenüber haben, und nach der berechtigten Auflösung dieses Wir: Ich, der ich die Welt und die Andern gegenüber habe. Ist der Andere nicht notwendiges Moment meiner Ichstruktur, so ist er zufälliger Gegenstand innerhalb dieser Struktur; alle Vermittlungen von Notwendigkeit und Zufälligkeit mildern diesen Gegensatz nur ab, ohne ihn radikal zu revidieren. Husserls Denken folgt hier der Tendenz zu einer universalen Objektivation, die erst Halt macht vor dem Ich als dem Zentrum und der Welt als dem Boden und Horizont aller Objektivation, nicht aber vor einem Du. Eine originale Seinsweise des Du kann sich nicht recht durchsetzen, weil die Andern zwar nicht im Endstadium, wohl aber in einem folgenschweren Anfangs- und Durchgangsstadium zum Es degradiert werden.[163]

An einigen Grundzügen der Intentionalität wird diese Konsequenz sichtbar. Die Intentionalität als ein *Gegenüberhaben* schließt eine volle *Wechselseitigkeit* aus. Für das Verhältnis zu den Dingen gilt, daß ich ein Gegenüber ha be, ohne ein Gegenüber zu sein. „Alles dem Subjekt originär Eigene ist einig im Ich und gehört damit zur Ichseite. Alles andere ist ihm gegenüber. Es ist das hinsichtlich aller konstituierten ‚Dinge‘, ‚Sachen‘ eine ungleichseitige, nicht umkehrbare Beziehung.‘‘[164] Intentionalität als ein Sich-beziehen-auf ist nur denkbar als subjektives, nicht als objektives Geschehen, daher die Prävalenz des Ich. Alles ist dem

---

[163] In Husserls Terminologie hat jedweder Akt sein „Objekt‘‘, der theoretische Akt seinen „Gegenstand‘‘ (*Ideen* I, §§ 37, 148). – Auf die Gleichsetzung von Sein, Gegenstandsein, intentionalem Gegebensein wird vielfach hingewiesen, so etwa von Landgrebe (*Der Weg der Phänomenologie*, S. 198 ff.), Fink (*L'analyse intentionnelle* ..., a.a.O. S. 68 ff.), M. Müller (*Existenzphilosophie im geistigen Leben der Gegenwart*, Heidelberg ³1964, S. 103 ff.), Lauer (a.a.O. pass.) und, speziell für den Fall der Intersubjektivität, von Theunissen. Im Gegensatz zu Theunissen mache ich freilich nicht die Intentionalität als solche für die Egozentrik verantwortlich; außerdem fehlt es bei Husserl nicht an Gegentendenzen.

[164] Vgl. zu diesem Zitat und den beiden folgenden Zitaten *Ideen* II, S. 318.

Ich gegenüber, das besagt, alles ist wirklicher oder möglicher Gegenstand und kommt erst als wirklicher Gegenstand zur eigentlichen Gegebenheit. – Anders nun das Verhältnis zu mir selbst. Auch das Ich kann ,,als solches Gegenüber fungieren. Dann hat es als Ich sein Gegenüber und ist zugleich für ein anderes Ich oder in der Reflexion sich selbst gegenüber." Gälte das Zugleich im strengen Sinne, so bestünde eine wirkliche Reziprozität. Doch so ist es in der Selbsterfahrung nicht, ,,ich ,werde' mir zum Gegenstand", das heißt, ich trete mir nicht wirklich gegenüber, sondern komme auf mich zurück; dabei bleibt das fungierende Ur-Ich, das reflektiert, selbst wiederum ungegenständlich.[165] – Und im Verhältnis zu den Andern? Hier ist ein zeitliches Zugleich für Husserl möglich, nicht aber das erforderliche konstitutive Zugleich.[166] Im voraus muß ich den Andern gegenüber haben als Ur-Ich, um ihm dann gegenüber sein zu können als soziales Ich. ,,Ur-Ich" besagt gerade ein Erfahrungszentrum, das alles gegenüber hat und haben kann, ohne selbst ein Gegenüber zu sein oder sein zu können; es ist indeklinabel.[167]

In ihrer eigentümlichen Dynamik bedeutet Intentionalität ferner ein zielgerechtes *Meinen*, das durch die Gegenwart des Gemeinten erfüllt oder enttäuscht wird. Die Initiative geht einseitig von mir aus, der ich intendiere, nicht von etwas, das mir von sich aus begegnet. Ich werde zwar affiziert, doch die Affektion ist nur der Anlaß für mein Wort, nicht selbst schon Anspruch, auf den ich zu antworten habe. Daher bekommt das Erwartete den positiven Charakter der Erfüllung, das Überraschende dagegen den negativen Charakter der Enttäuschung.[168] Die Inadäquation, die das Bewußtseinsleben in Gang hält, wird einseitig als ,,Mehrmeinung" gedeutet, nicht auch als Überfülle des

---

[165] ,,Ich finde in diesem beständigen Sichspalten des Ich und dann wieder Identifizieren ein Ur-ich, das ich als Urpol, als ursprünglich fungierendes Ich bezeichne, und (das) das dem Ur-ich zum Gegenüber, zum seienden Ich gewordene Ich ... in sich trägt" (Transcr., 1931, C 2 I, S. 3).

[166] Das mit ,,Koexistenz" und ,,Zugleichsein" der Monaden (*vgl. Cart. Meditationen*, S. 156, 166, dazu Held, a.a.O. S. 156 ff.) ein konstitutives Zugleich angezielt wird, bestreite ich nicht.

[167] Zu den Verhältnissen von Einem-Etwas, Etwas-Etwas, Einem zum Andern vgl. K. Löwith, *Das Individuum in der Rolle des Mitmenschen*, München 1928, § 13.

[168] In einer Passage über Erfahrung und Praxis heißt es freilich auch: ,,das jeweils Erfahrene hat den Charakter des Anrufenden" (Transcr., 1932, A V 6, S. 17).

Gegebenen, und Transzendieren besagt ein ,,Über-sich-hinaus-meinen'', nicht aber ein Eingehen auf Fremdes.[169] Immerhin kann dem Verhältnis von Ich und Welt eine gewisse Einseitigkeit nicht abgesprochen werden, doch gänzlich unangemessen ist diese Sichtweise der Begegnung mit Andern. Gewiß kann der Andere betrachtet und behandelt werden als ein Wesen, das bestimmte Reaktionen erwarten läßt und ausführen soll; doch bei all dem bleibt er eine ständige Quelle der *Überraschung*, bietet und verlangt er mehr, als ich im voraus gewärtigen kann; er sprengt den Rahmen, den ich ihm vorhalte. Diese Überraschung, die in der fremden Gegenwart als einer Quelle von Möglichkeiten gründet, wird zwar in der Deskription nicht geleugnet, aber in der transzendentalen Begründung abgefangen, sofern der Andere als modifizierte ,,Wiederholung'' meines Ich auftritt.[170]

Intentionalität bedeutet schließlich *Horizontintentionalität*. Als Objekt begegnet auch der Andere aus einem Gesamthorizont, letztlich aus dem Welthorizont. Es ist bezeichnend, daß Husserl die natürliche Einstellung ohne weiteres als Weltglauben versteht, wobei die intersubjektive Komponente als eine Art von Fremdglauben keine Eigenständigkeit gewinnt. Es kann nicht anders sein, da ein radikales Verhältnis zu den Andern als weltvorgängigen Subjekten sich nur auf dem Wege der Reflexion herstellt, vom eigenen Ich und der eigenen Welt her ,,innerhalb und mit den Mitteln dieses Eigenen.''[171] So aber, als ein Glied der Welt und ein Mitglied der durch mich selbst vorgezeichneten Monadenwelt,[172] ist der Andere von vornherein eingefangen in ein mundanes und soziales Ordnungssystem; als Einzelner bringt

---

[169] Vgl. *Cart. Meditationen*, S. 84. Th. W. Adorno spricht von einer ,,Bagatellisierung des hyletischen Moments als bloßer ,Bestätigung' der Wahrnehmung'' (*Zur Metakritik der Erkenntnistheorie. Studien über Husserl und die phänomenologischen Antinomien*, Stuttgart 1956, S. 160); P. Ricoeur zeigt die problematische Spannung auf zwischen Synthese des Sinnes und erfüllender Gegenwart (,,Étude sur les ,Méditations Cartésiennes' de Husserl'', in: *Revue phil. de Louvain* 52, 1954, S. 75–109, vgl. Teil VI). Die Deutung der Intentionalität als ,,Begegnung'' und ,,Koexistenz'', als ,,Austausch von Sinn und Gegenwart'' (A. de Waelhens, ,,Phénoménologie husserlienne et phénoménologie hégelienne'', in: *Existence et signification*, Löwen/Paris 1958) scheint uns bereits eine überzeugende Weiterführung Husserlscher Gedanken.

[170] *Cart. Meditationen*, S. 239.

[171] Ebd. S. 131.

[172] Ebd. S. 167–68.

er ebensowenig etwas radikal Neuartiges hinzu wie ein Ding. Die *Einzigkeit*, die Husserl dem eigenen Ich und dem gesamten Weltgeschehen zuspricht und die er auch den Andern, wie wir gesehen haben, zusprechen will, bleibt diesen versagt. Ich und Welt sind Bedingung dafür, daß überhaupt etwas ist; sollten die Andern an dieser einzigartigen Stellung teilhaben, so müßten sie radikal von sich selbst her zu verstehen sein, und zwar im Hinblick auf das zu stiftende Ganze, nicht aber im Rahmen eines vorgegebenen Ganzen. Damit würden sie aber wiederum das Schema einer intentional-gegenständlichen Fremderfahrung sprengen.[173]

Wenn Husserl so entschieden an diesem Schema festhält, so unterliegt er nicht einfach einem formalen Denkzwang. Bestimmend ist das Motiv einer radikalen theoretischen und praktischen *Selbstverantwortung und Selbstrechtfertigung*, wie es vor allem in den späteren Schriften drängend hervortritt. Dieser Radikalismus verbindet sich mit der Suche nach einer „absoluten Sicherheit'', die nur das „Bewußtseinsabsolute'' zu gewährleisten vermag.[174] Angelegt ist diese radikale Lösung schon frühzeitig, so etwa in dem programmatischen Aufsatz über *Philosophie als strenge Wissenschaft*; sie zeigt sich hier in der Art und Weise, wie der doppelte Kampf gegen den relativierenden Naturalismus und Historismus geführt wird. Ideen, die das Erkennen, Werten und Handeln gültig normieren sollen, müssen *transnatural* und *transhistorisch* sein; die eidetische Reduktion auf das reine Wesen, vor allen Fakten, macht diese Ideen sichtbar. Diese verweisen einerseits auf eine fundierende Wirklichkeit, andererseits auf ein Bewußtsein, in dem sich Wesen und Fakten konstituieren. Dieses Bewußtsein muß, ungeachtet seines individuellen Charakters, ebenfalls aller Natur und Geschichte voraus sein, wenn es seiner Rolle gerecht werden soll; es gelangt rein zu sich selbst in der

---

[173] Vgl. dazu die Äußerung von H. Kuhn, „daß . . . das Einzigartigpersonhafte nur im Lichte des Allgemeinsten (eben der Gesamtordnung) entdeckt werden kann'' (*Begegnung mit dem Sein. Meditationen zur Metaphysik des Gewissens*, Tübingen 1954, S. 131). Auch J. Thyssen erwähnt die Kluft zwischen apriorischem Verstehen und faktischer Selbstbekundung der Andern, aber mit einer fragwürdigen realistischen Pointe: „Es ist für die Andern ganz einerlei, ob ich verstehend . . . ihren Sinn als selbständige Iche einfühle oder nicht'' („Wege aus dem geschlossenen System von Husserls Monadologie'', in: *Actes du XIème Congrès International de Philosophie*, Vol. II, Amsterdam/Löwen 1953, S. 192–93).

[174] *Cart. Meditationen*, S. 55 und *Ideen* I, S. 139.

transzendentalen Reduktion.[175] Weil schließlich die Lebenspraxis immer nur relativen Zielen zugewandt ist, müssen die
leitenden Ideen wie auch das entsprechende Bewußtsein *hyper-
praktisch* sein, zugänglich nur der reinen Theorie.[176] Die anschau-
liche Einlösung dieser Forderungen führt zu entschiedenen Einseitigkeiten, zum relativen Primat des *reinen Wesens* vor dem
Konkreten[177]; zum Primat des *reinen Bewußtseins* von Leib,
Gesellschaft und Geschichte vor der leiblichen, gesellschaftlichen,
geschichtlichen Existenz; zum Primat der *reinen Theorie* vor der
Lebenspraxis. Uns interessiert in diesem Zusammenhang das
zweite Primat, das in der Auflösung des doppelten Paradoxes sich
bereits zeigte. Es ergibt sich aus der Art und Weise, wie Natur,
Gesellschaft und Geschichte ihres nur angemaßten Absolutheits-
charakters entkleidet werden, nämlich aus ihrer Rückführung
auf ein Bewußtsein von ... Jedes Bestehen auf dem irreduziblen
Eigenrecht dessen, was da reduziert wird, setzt sich dem summa-
risch zu verstehenden Vorwurf des transzendentalen Anthropologismus aus; eine wirkliche Vermittlung von Subjekt und Objekt, von Subjekt und Subjekt wird damit, wie mir scheint, unter-
bunden zugunsten einer ebenfalls nur angemaßten Absolutheit
des Bewußtseins. Bringt das Spätwerk mehr als eine vollständige-
re Entfaltung der reinen Subjektivität, die alleiniger Ursprung
bleibt? Wird der philosophische *horror alieni* wirklich besiegt?

Damit kehren wir zu unserm Problem zurück. Vor dem Forum
des Bewußtseins hat sich alles auszuweisen, Gott und die Welt
und so auch die Andern, die sich in mir konstituieren.[178] Die
kritische Reduktion auf das Für-mich gipfelt in einer Verantwortung für mich und vor mir, dies ist geradezu ihr Privileg.
Vor wem sollte ich mich sonst rechtfertigen? Eine fremde Instanz
müßte sich selbst wiederum vor mir ausweisen, wollte ich nicht
meine kritische Absicht vorschnell fahren lassen. Also antworte

[175] Diese kündigt sich in dem erwähnten Aufsatz *e negativo* an, wenn
Husserl die gleichzeitige Naturalisierung der Ideen und des Bewußtseins
(S. 14 bzw. 294–95) und die Reduktion des Geistes auf faktische Geistes-
gebilde und empirisches Geistesleben (S. 49 ff. bzw. 323 ff.) kritisiert.

[176] Vgl. die Kritik der „Weltanschauungsphilosophie'' (ebd. S. 55 ff.
bzw. 328 ff.).

[177] Vgl. dazu noch *Cart. Meditationen*, § 34; doch an diesem Punkt
kommt es zu deutlichen Korrekturen, weil das Cogito ursprünglich Wesen
und Faktum in sich vermittelt.

[178] Vgl. *Logik*, S. 222.

dessen Auflösung sucht Husserl die völlige Verweltlichung der Andern aufzufangen in einer transzentalen Intersubjektivität, ohne doch das Wir als schlechthin Erstes stehen zu lassen.

Wie zuvor die natürliche Wir-Einstellung in der transzendentalen Sphäre wiederauflebte, so erleben wir nun eine Neuauflage des cartesianischen Ansatzes zugleich mit dem Versuch, ihn von den solipsistischen Konsequenzen freizuhalten. Das scheint zunächst wenigstens zu gelingen. Der erneute Rückgang vom Wir auf dessen Für-mich erschließt keine neue Sphäre höherer Dignität, sondern es ist dies eine „Art Epoché in der Epoché,"[65] eine „abstraktive" oder „thematische Epoché" durch „Abblendung des Fremden": die bekannte „Reduktion auf die Eigenheitssphäre."[66]

In ihr vollzieht sich eine Reinigung im Sinne der *Vereinsamung.* „Die Epoché schafft eine einzigartige philosophische Einsamkeit, die das methodische Grunderfordernis ist für eine wirklich radikale Philosophie."[67] Das vereinsamte Ich ist nicht mehr „ein Ich" im Sinne des „einer unter anderen", es heißt nur durch Äquivokation „Ich"; es ist kein „Einzelner" im Sinne einer absichtlichen oder zufälligen Absonderung „aus der Gemeinschaft der Menschheit, der er sich ... auch dann noch zugehörig weiß", sondern es ist in seiner „Einzigkeit" und „Undeklinierbarkeit" das „Ur-Ich."[68] Erst damit haben wir das „absolute ego als das letztlich einzige Funktionszentrum aller Konstitution."[69]

Das Paradox der sozialen Subjektivität löst sich ähnlich auf wie das der menschlichen Subjektivität überhaupt. In der natürlich-kommunikativen Einstellung weiß ich mich immerzu in wirklichem oder möglichem Umgang mit Andern; die neuerliche Reduktion enthüllt das Füreinander in Ich und Du sowie das Miteinander im Wir als Resultat einer *Selbstdeklination,*[70] einer

[65] *Krisis,* S. 262.
[66] Vgl. *Cart. Meditationen,* § 44, dazu die völlig parallele Gedankenführung in: *Erste Philosophie* II, 53. Vorl., *Logik,* § 95, *Krisis,* §§ 54–55, 71–72.
[67] *Krisis,* S. 187–88. Vgl. schon *Erste Philosophie* I, Beil. X (20er Jahre), S. 334, zu Descartes: „War ich zuerst der einsame Mensch, einsam als Denker, so bin ich jetzt in einer neuen Einsamkeit, nicht mehr Mensch, sondern *ego.*"
[68] *Krisis,* S. 188.
[69] Ebd. S. 190.
[70] Die Reduktion ergibt das Ur-Ich, das „sich – aber durch eine beson-

strukturierten „personalen Monadisierung" oder „monadischen Pluralisierung."[71] In der Selbstabwandlung, in der ich zu Andern und zu mir selbst komme, vollzieht sich in mir die „Urscheidung Ich und Anderer."[72] Auch in dieser Bewegung der *Vergemeinschaftung* behauptet sich eine Identität in der Differenzierung. Ich bin und bleibe derselbe, der ich zugleich Subjekt für die Gemeinschaft und Glied in ihr bin; mich selbst rechne ich der Gemeinschaft zu, selbst wenn ich dann „bloß bevorzugtes Glied, nämlich als Ich der transzendentalen Andern" bin.[73] Das Ur-Ich steht nicht unvermittelt „über" dem sozial eingeordneten Ich, sondern lebt in ihm. Die Ichheit des letzteren ist der Index dafür, daß ich nicht völlig im gemeinsamen Leben aufgehe als ein bloßes Glied, sondern Abstand und Stellung nehmen kann zu meinem sozialen Verhalten; insofern bleibe ich ein bevorzugtes Glied. Daher ist die Äquivokation des Wortes „Ich": das einzige Ur-Ich und ein soziales Ich, eine „wesensmäßige Äquivokation."[74] Die radikale Reflexion, in der ich fern aller Konstruktion und Deduktion „mich selbst befrage,"[75] führt nicht zu einem neuen Ich, sondern zum Ich als neuem. Wie das transzendentale Ich als weltstiftendes immer schon anonym fungiert in der weltlichen Einstellung, so fungiert es als gemeinschaftsstiftendes immer schon in der kommunikativen Einstellung, obwohl es sich zunächst dort als mundanes, hier als soziales Ich auffaßt.

Die Auflösung des Paradoxes der Vergemeinschaftung verschafft dem Wir, so scheint es, einen vorweltlichen Status, ohne daß Ich und die Andern zu einer Einheit verschmelzen. In meiner Selbstdeklination verbinden sich Nähe und Distanz: die Andern sind Abwandlungen meines Ich, aber sie sind eben nur Abwandlungen, nicht Teile. Das eine Extrem, das jede Intersubjektivität aufhöbe, nämlich die totale *Verinnerlichung* der Andern, ist somit

---

dere ihm eigene konstitutive Leistung – für sich selbst deklinierbar macht" (ebd. S. 188), daher „der Unterschied des absolut einzigen ego ... und des sich personal sozusagen deklinierenden Ich" (ebd. S. 417).

[71] Ebd. S. 417; von einer „Vervielfältigung" des Ich (so auch Th. Lipps, vgl. Theunissen, a.a.O.S. 99) spricht Husserl auch in der analogen Sphäre der Selbsterfahrung (*Erste Philosophie* II, S. 91, 93).

[72] *Krisis*, S. 260, ähnlich *Cart. Meditationen*, S. 176, 241 (ad. 124, 33).

[73] *Krisis*, S. 188–89.

[74] Ebd. S. 188.

[75] Vgl. ebd. S. 206.

vermieden; doch trifft das tatsächlich ebenso zu für das Extrem der *Veräußerlichung*?

Prüfen wir daraufhin das Verhältnis von Vergemeinschaftung und Verweltlichung. Da ein und dasselbe Ich sich weltlich und sozial realisiert, können die beiden konstitutiven Bewegungen nicht einfach nebeneinanderher laufen, sie greifen ineinander. Einerseits *vollendet sich* die Verweltlichung mittels der Vergemeinschaftung. „Aus dieser Vergemeinschaftung konstituiert sich der gemeine Sinn ‚Welt für alle' . . .,"[76] erst diese Welt ist „objektiv" im vollen Sinne. Das greift über auf die „Selbstobjektivation"; zum realen Menschen-Ich werde ich erst, indem ich mich auch von den Andern her erfahre, dabei ist „jedes monadische ego in der einen Monadengemeinschaft, einer Gemeinschaft, durch monadische Implikation funktional für die Weltkonstitution und darin für die Konstitution jedes monadischen ego zum vermenschlichten ego . . . bzw. zur menschlichen Person verleiblicht, körperlich lokalisiert und temporalisiert in der allgemeinsamen Natur . . ."[77] „Glied der realen Welt" besagt also zugleich „Mitglied der realen Menschheit". Die volle Bestimmtheit des weltlichen Status durch die gemeinsame Erfahrung scheint nicht mehr zu sein als das letzte Resultat einer konstitutiven Bewegung, in der unser vorweg schon gemeinsames Leben sich verweltlicht. Die mittlere Position eines nachichlichen, aber vorweltlichen Wir wäre so nicht erschüttert.

Doch der ontologische Status der Andern bleibt merkwürdig in der Schwebe. Die Andern haben kein „Sein im absoluten Sinne", für mich sind sie, was sie in sich sind; dabei kann ich sie „nur finden, aber nicht . . . schaffen."[78] Wo aber finde ich sie? Dort, wo ich jegliche Wirklichkeit finde, die nicht reelles Bestandstück meines immanenten Zeitflusses ist: auf dem Boden der Welt, dem alle transzendente Wirklichkeit entstammt. Nur ein weltlicher Körper, meinem eigenen Leibkörper ähnlich, gibt das

---

[76] *Krisis*, S. 416.

[77] Ebd. S. 417. Die Verzahnung von Selbst- und Fremdkonstitution entwickelt Husserl ausführlich in den *Ideen* II, §§ 46, 47, 52, 56h, 57. Vgl. dazu Theunissen, a.a.O. §§ 10 ff.; der Autor subsumiert Vergemeinschaftung und Verweltlichung als ein „Zu-*einem*-Anderen-werden" und ein „Zu-*etwas*-Anderem-werden" unter den Begriff der „Veranderung" (S. 84).

[78] *Cart. Meditationen*, S. 238 (ad 89,7), 168.

„Motivationsfundament" ab für eine Setzung, die über die äußere Körperlichkeit hinausgeht; dadurch bleibt der Andere im ganzen einer „Evidenz *äußerer* Erfahrung" unterstellt.[79] Für das Verhältnis von Mundanität und Sozialität folgt daraus nun umgekehrt, daß die Vergemeinschaftung in der Verweltlichung, konkret gesagt, in der Verleiblichung *gründet*. Damit hebt eine Gegenbewegung an, die längst gebannt schien. Nicht von ungefähr führen selbst die Vorlesungen zur *Ersten Philosophie*, in denen Husserl mit großem gedanklichen Aufwand einen Neuansatz versucht, zu dem Resultat:'' Mindestens ... scheint es denkbar, daß ich allein bin, oder daß in meinem gesamten Erfahrungsfelde keine fremden Leiber je auftreten, mittels derer ich in der Weise der Einfühlung fremde Subjekte erfahren könnte."[80] Und in den *Cartesianischen Meditationen* wird die „innerweltliche Existenz aller anderen Ich" ohne weiteres in den „Cartesianischen Umsturz" mit einbezogen, da Menschen nur „Erfahrungsgegebenheiten vermöge der sinnlichen Erfahrung ihrer körperlichen Leiber" sind; da die vorweltliche Existenz sich aber nur innerweltlich bekundet, bleibt auch sie von dem Umsturz nicht verschont.[81] In der *Krisis* schließlich vermeidet Husserl derart scharfe Formulierungen, ohne daß jedoch eine Revision der bisherigen Sichtweise zu erkennen ist. Alles Zögern, alle Einschränkungen und alle Zurückhaltung können nicht darüber hinwegtäuschen, daß Husserl am Ende prinzipiell nicht weiter ist, als er bereits – mit Descartes – in den *Ideen* war. Die „schlichte apodiktische Evidenz" ist mir allein vorbehalten.[82] Ich als das letztverantwortliche und selbstgewisse Subjekt bin notwendig, die Andern sind zufällig wie alles Weltliche und Leibliche, eingeschlossen die eigene Leiblichkeit und Menschlichkeit.

Wie die Auflösung des Paradoxes der Verweltlichung eine *transzendental-mundane Spaltung* zurückließ, so hinterläßt nun die Auflösung des Paradoxes der Vergemeinschaftung eine *tran-*

---

[79] Ebd. S. 140, 175. Das bestätigt zu Genüge die übliche Auslegung der Fremderfahrung in ihrem Stufengang: Wahrnehmen, Verstehen, Wechselverständigung, Lebensverbundenheit, Liebe (vgl. z.B. *Krisis*, S. 307–08); wir kommen darauf in späteren Kapiteln zu sprechen.

[80] *Erste Philosophie* II, S. 176; man achte auf die vorsichtigen Einschränkungen und Verbesserungen in diesem Text.

[81] *Cart. Meditationen*, S. 58; zur Abhängigkeit der Fremderfahrung von der Gültigkeit der sinnlichen Erfahrung vgl. auch Ingarden, ebd. S. 207.

[82] Ebd. S. 175.

szendental-soziale Spaltung. Beides hängt aufs engste zusammen. Die mittlere Position eines Ineinander gemeinsamen Lebens, das verschiedene Subjekte vor aller Weltlichkeit verbindet, kann sich nicht recht halten, da die Fremderfahrung, im Gegensatz zur Selbsterfahrung, die Welt voraussetzt. Wieder geht es um das *Gewicht,* das den Andern in diesem Beziehungsgefüge zufällt. Der zuvor geäußerte Verdacht eines transzendentalen Akosmismus verdichtet sich hier zu dem eines transzendentalen Solipsismus: Im Grunde bin ich prämundan und präsozial zugleich, Mundanität und Sozialität verdanke ich einzig mir selbst.

4. Die Aporie des transzendentalen Solipsismus

Der Vorwurf eines wie immer gearteten Solipsismus erfordert eine präzise Angabe darüber, wie dieser Vorwurf zu verstehen ist. Nur so verringert sich die Gefahr, daß wir als Kritiker zuviel angreifen oder als Fürsprecher zu wenig verteidigen. Von einer Aporie sprechen heißt zugleich, den Weg mitbedenken, der zu der fraglichen Position führt. Bei diesem Versuch können wir unmöglich vom Weltproblem absehen, doch behandeln wir es hier nur, soweit das vorliegende Thema unmittelbar davon mitbetroffen ist.

Die Scheidung in Mundanität und Transzendentalität, in positives Vorkommen und konstitutives Hervortretenlassen begreift Husserl unter den Gegensätzen von Bezweifelbarkeit und Unbezweifelbarkeit, Zufälligkeit und Notwendigkeit, Relativität und Absolutheit, so in den *Ideen I* bei der Durchführung der transzendentalen Epoché.[83] Die Mißverständnisse, die dieser stark cartesianisch gefärbte Text nahelegen könnte, werden vollends beseitigt, wenn man ihn aus dem größeren Werkzusammenhang versteht. In den erwähnten Gegensatzpaaren spiegelt sich nicht die Problematik einer erkenntnistheoretischen Vergewisserung oder ontologischen Substanzenlehre, sondern die phänomenologisch aufzuweisende Differenz verschiedener *Seinsweisen.* Bewußtsein und weltliche Realität treten auf verschiedene Weise auf und korrespondieren verschiedenen Erfahrungsweisen, zwischen ihnen ,,gähnt ein wahrer Abgrund des Sinnes.''[84] Wenn

---

[83] Vgl. durchgehend: 2. Abschnitt, 2. und 3. Kap.
[84] *Ideen* I, S. 117 (Hervorhebung nicht im Text); zur Differenz ver-

von der Zweifelhaftigkeit der Wirklichkeit die Rede ist, so handelt es sich nicht um eine „faktische Zweifelsmöglichkeit", sondern um eine prinzipielle, bezogen auf das „wahrhafte Sein des Zweifelhaften", das alles Weltliche charakterisiert.[85] Die Welt ist von der Art, daß sie ihre Garantie nicht in sich selbst trägt. Weltliches Sein ist nur von anderm her verständlich, einzig das Bewußtsein, kein isoliertes, sondern ein welterfahrendes Bewußtsein, läßt sich von sich selbst her verstehen, denn es i s t für sich, selbstbezüglich, irrelativ. So interpretieren wir den Gegensatz von Relativität und Absolutheit, der sich in dem Satz ausspricht: Alles weltliche Sein ist angewiesen auf Bewußtsein, das Bewußtsein ist auf kein weltliches Sein angewiesen.[86] Eine „absolute Realität" ist daher ein Widersinn, und eben diese widersinnige „Verabsolutierung" der Welt, wie sie in der natürlichen Einstellung geschieht, gilt es in der transzendentalen Reduktion aufzuheben; dabei wird die Wirklichkeit nicht umgedeutet, sondern von einer falschen Deutung befreit; sie erscheint nun als das, was sie wirklich ist: als Welt für mich bzw. für uns.[87] Die natürliche Weltgewißheit, die Husserl später deutlich gegen die Zweifelhaftigkeit der einzelnen Wirklichkeit abhebt,[88] steht in keinem Widerspruch zur Relativität der Welt und auch nicht zu ihrer prinzipiellen Zweifelhaftigkeit, die im Gedanken der „Weltvernichtung" zum Ausdruck kommt. Daher sah Husserl auch keinen Grund, von der Konzeption einer Lebenswelt her den cartesianischen Ansatz zu

schiedener Seinsweisen vgl. ebd. §§ 42–44, *Cart. Meditationen*, S. 117; Levinas hat schon frühzeitig diesen Aspekt betont (vgl. *La théorie de l'intuition dans la phénoménologie de Husserl*, Paris 1930, S. 22–23, 187–88).

[85] *Krisis*, Beil. VI (1937), S. 407, Anm.; vgl. auch schon *Ideen* I, S. 109.

[86] Vgl. *Ideen* I, S. 115–16, wo Descartes' Definition der Substanz modifiziert übernommen wird, ähnlich *Ideen* II, § 64, *Logik*, § 103. Die hier nicht zu erörternde Vieldeutigkeit der diesbezüglichen Begriffe analysiert R. Boehm: „Zum Begriff des ‚Absoluten' bei Husserl", *Zeitschr. für phil. Forschung* XIII, 1959, S. 214–42; den Zusammenhang mit den *Log. Untersuchungen* (Kategorien der Selbständigkeit und Unselbständigkeit) und darüber hinaus mit Brentano zeigt De Boer ,a.a.O.S. 395–404.

[87] Vgl. *Ideen* I, S. 134–35, ähnlich *Logik*, S. 215, *Phän. Psychologie*, S. 288–89.

[88] Vgl. z.B. *Krisis*, Beil. VI, S. 407.

[89] Vgl. die Kontinuität von *Ideen* I, § 49 über *Erste Philosophie* II, 33. S. 25 u. 34. Vorl. bis zu *Krisis*, Beil. VI; eine nichtige Welt wäre freilich selbst noch ein intentionales Phänomen, das den Anspruch auf eine Welt nicht schwinden ließe und das Ich nicht einfachhin weltlos machte (vgl. hierzu *Erste Philosophie* I, S. 337–38).

widerrufen.[89] Durch Umwandlung des universalen „Vorurteils"
einer Welt in ein einsichtiges Urteil wird für ihn die Kluft
zwischen Mundanität und Transzendentalität überbrückt.[90]
Entsprechendes gilt für die transzendental-soziale Spaltung.
Die Zufälligkeit der Andern und schließlich auch die Zufälligkeit
meiner selbst als eines leiblichen Subjekts charakterisiert lediglich deren *Seinsweise* als eine abkünftige. Die Kluft schließt sich
wiederum durch die Verwandlung von Vorurteilen in einsichtige
Urteile; indem ich mir der faktisch immer schon vollzogenen
Konstitution, der Selbstdeklination (und Selbstrealisierung) bewußt werde, sind die Andern (und ich selbst) für mich, was sie an
sich sind. Ich setze sie nicht mehr blindlings, ich weiß mich
„motiviert, sie zu setzen, sie ursprünglich rechtmäßig zu setzen."[91]
Als letztgültiges Sinnesfundament bin ich das an sich „*Erste*",
bin ich „früher" als alles, was sich in mir erst konstituiert: „Wir
,früher' als Welt, Ego ,früher' als Wir."[92] Dieses Subjekt, das
nichts anderes besagt als „die Zentrierung, die alles Leben als
Ichleben ... hat,"[93] wäre in seinem Grundbestand prämundan
und präsozial. Hier und nirgends sonst stellt sich unser Problem,
das Problem nämlich, welches Gewicht, welche „Seinsdignität"[94]
dem Ich im Verhältnis zu Welt und Mitwelt zukommt. Der Vorwurf eines empirischen Akosmismus und Solipsismus trifft
Husserl nicht, da er das Wie von Welt- und Fremdgegebenheit
in Frage stellt, nicht ihr Daß. Die prinzipielle Zweifelsmöglichkeit als der Index bestimmter Seinsweisen tut dem natürlichen
Welt- und Fremdglauben keinen Abbruch, der Zweifel geht vielmehr von ihm aus. Auf der Ebene empirischer Tatsächlichkeit
würde man bei Husserl wie bei jedem ernsthaften Transzenden-
talphilosophen offene Türen einrennen.[95] Wenn Husserl daher von
„Solipsismus" in rechtmäßigem Sinne spricht, so denkt er an

---

[90] Zur Verwendung des Begriffs „Vorurteil" vgl. etwa *Erste Philosophie*
II, S. 461, 465, 479, 481, *Logik*, § 104, *Krisis*, S. 73.
[91] *Erste Philosophie* II, S. 494, vgl. auch Bd. I, S. 220.
[92] Transcr. (1933) B I 14 XIII, Vorblatt; vgl. auch *Ideen* III, „Nach
wort", S. 146, 151, *Cart. Meditationen*, S. 61, *Krisis*, S. 70.
[93] Transcr. (1931)C 3 III, S. 1.
[94] *Erste Philosophie* II, S. 215; vgl. auch Transcr. (1929)B III 1: „Seins-
vorzug der konstitutiven Subjektivität."
[95] Vgl. *Erste Philosophie* II, S. 496–97; alles realistisch-erkenntnis-
theoretische Argumentieren ist damit von vornherein unterlaufen.

eine Selbsterfahrung, die „Durchgangserfahrung" ist und nicht „terminierende" Erfahrung.[96]

Doch damit nicht genug, selbst eine Priorität des Ich besagt nur, daß das Ich ein *relativ Erstes* ist, bezogen auf eine Konstitutionsfolge, in der das Ich selbst erst zu einem konkreten, welthaften und sozialen Subjekt wird. Der „Abgrund" zwischen Konstituierendem und Konstituiertem, der den abrupten Beginn der Selbstbesinnung markiert, schließt Vermittlungsstufen nicht aus, auf denen das Ich seinen Vorrang zwar nicht einbüßt, aber sozusagen seine Rechte delegiert.[97] Die Bedeutung von Zufälligkeit und Notwendigkeit, von Relativität und Absolutheit differenziert und relativiert sich damit. Für diese Stufenfolge gilt zweierlei: Noch das Erste und Höchste hat teil an der *Faktizität*, schon das Letzte und Niederste hat teil an der *Notwendigkeit* des Ganzen. Zunächst zum ersten, auch das letztbegründende Ich ist ein „apodiktisch-faktisches Ego", das Ich-bin eine „Urtatsache."[98] Die zweifelsfreie Selbsterfahrung des Cogito stellt nur den ausgezeichneten Fall einer „empirischen Notwendigkeit" dar, der „Notwendigkeit eines Faktums", an dem ein Wesensgesetz beteiligt ist.[99] Zum andern, alles was sich in mir konstituiert, unterliegt festen Wesensgesetzlichkeiten. Es bleibt nur der Unterschied zwischen relativen und letzten Wesensnotwendigkeiten, zwischen relativer und letztgültiger Verständlichkeit, ein Unterschied, der innerhalb eines faktisch-notwendigen Gesamtgeschehens Stufen der Reflexion, Grade der Ursprünglichkeit bezeichnet.[100] Der Einsicht in den Grund dieses Geschehens steht

---

[96] Vgl. Transcr. (1927)B I 9 VI, S. 3; der transzendentale Solipsismus bleibt eine notwendige „philosophische Unterstufe" (*Cart. Meditationen*, S. 69, ebenso S. 176, 181); dazu Theunissen, a.a.O.S. 153–55.

[97] Es gibt ein „wahres Sein höchster Stufe" und damit zugleich „Stufen der Vorgegebenheit" (*Erste Philosophie* II, S. 269–70), „Stufen des Absoluten" (Transcr., 1934, C I, S. 4), eine „Stufenfolge der Apodiktizität" (Transcr., 1935, K. III 12, S. 37).

[98] *Cart. Meditationen*, S. 167, *Logik*, S. 209.

[99] *Ideen* I, S. 109; als Sonderfall unterliegt das Cogito keinem innerweltlichen Entstehen und Vergehen (vgl. *Ideen* II, S. 103); später spricht Husserl geradezu von einem „absoluten Faktum" (Transcr., 1934, C I, S. 4); Sartre kennt eine „nécessité de fait" (*L'être et le néant*, Paris 1943, S. 307–08, 334, 342). Die Tragweite dieser Denkweise bleibt später noch zu erörtern.

[100] Vgl. *Cart. Meditationen*, S. 164; Husserl spricht auch von einer „relativen Apodiktizität der Welt" (*Erste Philosophie* II, Beil. XIII), von

gegenüber die Einsicht in das, was in dem Geschehen ans Licht kommt. Das besagt also, ,,daß die allgemeine faktische Struktur der gegebenen objektiven Welt, ihr Aufbau als bloße Natur, als Animalität, als Menschlichkeit, Sozialität verschiedener Stufen und Kultur in sehr weitem Maße ... eine Wesensnotwendigkeit ist."[101] Beschlossen darin ist die Selbstrealisierung der Monaden als ,,Auf-die-Welt-kommen", desgleichen die Selbstdeklination zur Gemeinschaft, auch die Andern sind mir gegeben ,,in Notwendigkeit und nicht in Willkür."[102] Das Resultat dieser Überlegungen: Sofern Verweltlichung und Vergemeinschaftung des Ich unzweifelhaft immer schon eingetreten sind, unterstehen sie aufs Ganze gesehen einer relativen Notwendigkeit; als selbst strukturbildend sind sie mehr als bloß empirische Vorkommnisse innerhalb eines vorgängigen Strukturrahmens.

Wenn unsere Deutung zutrifft, ist dann unser Einwand hinfällig? Keineswegs, er hat sich nur verdeutlicht. Wiederholt bezeichnet Husserl Sozialität und Leiblichkeit als notwendig für das Ich.[103] Solche Äußerungen müssen den Eindruck von Unentschlossenheit oder Inkonsequenz erwecken, solange außer Acht bleibt, daß diese Notwendigkeit lediglich Etappen des konstitutiven Gesamtvorgangs und damit die Konkretion des Ich betrifft.[104] Der Vorrang des Ich bleibt unangetastet, trotz empirischer Zweifellosigkeit und relativer Notwendigkeit von Welt und

einem ,,kontingenten Apriori" (*Logik* § 6). Zur Differenzierung des Begriffs der Notwendigkeit vgl. Toulemont, a.a.O.S. 283–94.

[101] *Cart. Meditationen*, S. 164; vgl. dazu *Erste Philosophie* II, S. 256–57; *in concreto* ist das Bewußtseinsleben das ,,Universum aller transzendentalen Faktizität".

[102] *Cart. Meditationen*, S. 168, 175.

[103] Vgl. etwa *Ideen* II: Person bezeichnet (möglicherweise) eine ,,prinzipiell relative Seinsart" (S. 319), als Person in der Welt ist das Subjekt ,,soziales Subjekt" (S. 412), oder *Krisis*, S. 256: Es ist ,,ein Apriori, daß Selbstbewußtsein und Fremdbewußtsein untrennbar ist" (ein Satz, der häufig aus dem Zusammenhang gerissen und überinterpretiert wird). Diese Aussagen, die in der personalen bzw. phänomenologisch-psychologischen Einstellung getroffen werden, lassen sich durchaus in die transzendentale Sphäre einer ,,absoluten Intersubjektivität" (*Krisis*, S. 275) transponieren, sofern man sie im Sinne Husserls recht versteht. – Zur Notwendigkeit des Leibes: ein immerhin denkbares leibloses Ich hätte weder Welt noch Mitwelt (vgl. *Ideen* I, § 54).

[104] Vgl. dazu Transcr. (1933) E III 9, S. 6: Auslegung meiner Welthabe besagt, ,,das ,konkrete Ego', die konkrete Apodiktizität in ihre implizierten ,Elemente' auflösen"; außerdem: *Krisis*, S. 275, Z. 29.

Mitwelt; auf diese Egozentrik bezieht sich aber der Vorwurf eines transzendentalen Solipsismus und Akosmismus. Der Solipsismus wäre nur zu überwinden durch den Nachweis, daß die Andern gleichursprünglich partizipieren an der „Urtatsache", als welche Husserl das Ich-bin bezeichnet. Eine solche *Gleichursprünglichkeit* würde eine verschiedene Gegebenheitsweise keineswegs ausschließen; man denke an die Zeitlichkeit, wo Gegenwart, Vergangenheit und Zukunft sich „in eins" konstituieren.[105] Doch diesen Gedanken weist Husserl ausdrücklich von sich, obwohl er Zeitlichkeit und Gemeinschaftlichkeit häufig parallelisiert; die Selbstgegenwart bedarf in ihrer Selbständigkeit nicht eo ipso einer Fremdgegenwart auf die Art, wie Gegenwart Vergangenheit und Zukunft notwendig impliziert.[106]

Sofern die Interiorität eines reinen prämundanen und präsozialen Ich nicht in sich selbst durchbrochen ist, tut sich eben der doppelte Spalt auf, von dem wir eingangs sprachen. „Das erfahrene ‚Äußere' gehört nicht zur intentionalen Innerlichkeit", nur die „Erfahrung vom Äußeren" gehört dazu; das gilt für das Bewußtsein vom Leibe, mutatis mutandis aber auch für das Bewußtsein von den Andern.[107] Der Leib, der Innen und Außen zu vermitteln hätte, spielt eine Schlüsselrolle, wenn Leiblichkeit und Sozialität als „transzendental Sekundäres" eingeordnet werden.[108] Die Selbständigkeit aber, die für das Ich in Anspruch genommen wird, das Nichtangewiesensein auf Welt und Mitwelt, verwehrt den Andern die Gleichrangigkeit einer Seinsweise, die der meinen ebenbürtig wäre. Was ich im Grunde bin als Ur-Ich, bin ich ohne die Andern; nur was ich in der Folge konkret geworden bin als mundanes und soziales Subjekt, bin ich auch durch die Andern. Die einseitige Verlagerung des Gewichts auf ein konstituierendes Ur-Ich, dem kein ebenso ursprüngliches Du gegenübersteht, läßt mich im Grunde ohne Partner.[109]

---

[105] Vgl. *Cart. Meditationen*, S. 109; von einer „Gleichursprünglichkeit der konstitutiven Momente" spricht Heidegger in *Sein und Zeit*, Tübingen ⁷1953, S. 131.

[106] Vgl. die bereits zitierte Stelle in *Erste Philosophie* II, S. 176.

[107] Zum Bewußtsein vom Leibe vgl. *Phän. Psychologie*, S. 282, wo sich auch das Zitat findet, zum Bewußtsein von Fremdem vgl. *Cart. Meditationen*, S. 131, zur Selbständigkeit des Selbstbewußtseins *Ideen* I, § 38.

[108] Vgl. zu dieser Formulierung *Cart. Meditationen*, S. 131.

[109] Vgl. hierzu die ähnlich lautende Conclusio bei Theunissen, a.a.O. § 28, nur daß dort dem transzendentalen Solipsismus ein „guter Sinn"

Dieser Einwand entwächst keineswegs einem Argumentieren von außen her. Husserls konstitutive Forschung nimmt sich zum transzendentalen Leitfaden den ,,erfahrenen Anderen, so wie er sich mir geradehin ... gibt''; die Andern haben aber den Sinn: ,,Monaden, für sich selbst genau so seiend, wie ich für mich bin.''[110] ,,Monadische Pluralisierung'' besagt daher: ,,In dem ego ... konstituiert sich ein ego, das andere egos hat, jedes eins und jedes an und für sich absolutes Funktionssubjekt.''[111] Dies die eine Seite, nun die andere. Der Sinn, den die Andern meiner konstitutiven Leistung verdanken, stellt sie mir gleich; daß sie aber diesen Sinn nur aus mir schöpfen, eben das nimmt ihnen die Gleichrangigkeit, die ich ihnen ausdrücklich zuspreche. Ich nehme, indem ich gebe. Bildlich gesprochen ist es so, als wollte ein Gott Götter schaffen; sind sie Götter, so sind sie nicht seine Geschöpfe; sind sie seine Geschöpfe, so sind sie keine Götter. Ohne es zu wollen, bestätigt Husserl diese Argumentation doch, wenn er ,,mein mir selbst apodiktisch gegebenes Ego'' als das ,,einzige in absoluter Apodiktizität von mir als seiend zu setzende'' tituliert.[112] Wie wenig eine solche Lösung Husserl befriedigt, zeigt sich darin, daß er den Titel der Andern immer wieder aufwertet, nicht ohne freilich dem Ich sogleich einen noch höheren Titel zu reservieren. So sind auch die Andern jeweils ein Ur-Ich, ich aber bin das ,,primordiale Ur-Ich.''[113] Auch der Andere ist Bezugszentrum als ,,anderer Einziger'', doch ich bleibe ,,das

abgewonnen wird. In der Grundkritik treffe ich mich mit Interpreten wie K. Hartmann, der die ,,Einpoligkeit in der ontologischen Dependenz'' von Ich-Welt, Ich-Andere moniert (*Husserls Einfühlungstheorie auf monadologischer Grundlage*, Diss., Bonn 1953, S. 108), oder wie R. F. Beerling, der wegen der ,,prinzipiellen Unabhängigkeit'' des transzendentalen ego den wichtigsten Aspekt der Intersubjektivität mißachtet sieht, nämlich den ,,dialektischen Selbstvollzug des ego als konstitutiv und konstituiert in eins'' (*De transcendentale vreemdeling, een studie over Husserl, fenomenologie en sociale wetenschappen*, Hilversum/Amsterdam 1965, S. 50). Das gleiche gilt für die einleuchtende Kritik vieler französischer Autoren wie Sartre, Merleau-Ponty, De Waelhens, Wahl, Ricoeur, Levinas.

[110] *Cart. Meditationen*, S. 122–23, 157.

[111] *Krisis*, S. 417.

[112] *Cart. Meditationen*, S. 166, vgl. ebenso *Logik*, S. 222, *Krisis*, S. 190. Sämtliche Hervorhebungen sind nicht im Text.

[113] Transcr. (1929)B III 1, S. 25. Andererseits wird die Primordialität selbst wieder ausgeweitet zu einer ,,intersubjektiven Primordialität'' (vgl. C 17 V, Umschlag, zitiert bei Diemer, a.a.O.S. 279), gemeinsam erhalten wir eine ,,intersubjektive Eigenheitsspäre'' (*Cart. Meditationen*, S. 137).

einzige Ich": ,,In seiner Einzigkeit setzt es ,andere' einzige transzendentale Ich-als 'andere', die selbst wieder in Einzigkeit Andere setzen."[114] Durch die verbalen Revisionen scheint unverändert das alte Schema hindurch.

Es klafft ein Zwiespalt zwischen dem, was in der konstitutiven Vergemeinschaftung durch Selbstdeklination erreicht werden soll, und dem, was auf diese Weise wirklich erreicht wird. Wie in der transzendentalen Auslegung die ,,Spannung zwischen Weltvorstellung und Welt selbst" verschwinden müßte,[115] so müßte auch die Spannung zwischen Vorstellung der Andern und diesen selbst verschwinden. ,,Der Erweis dieses Idealismus ist ... die Phänomenologie selbst."[116] Der Satz mag gelten, tatsächlich bleibt die Explikation des Sinnes hinter diesem selbst zurück. Damit wird aber die Auflösung des doppelten Paradoxes fraglich; denn diese steht und fällt mit dem Status eines prämundanen und präsozialen Ur-Ich, das nur sich selbst voraussetzt und dennoch Welt und Mitwelt aus sich zu entfalten vermag. Die Aporie des transzendentalen Akosmismus und, was uns hier interessiert, die des transzendentalen Solipsismus hängt an dieser Voraussetzung. Bevor wir diese näher prüfen, betrachten wir die vielfältigen Versuche einiger Interpreten, dennoch einen Ausweg aus diesem Dilemma bei Husserl selbst zu finden. Ein Gelingen solcher Versuche würde unsern Einwand entkräften.

5. Versuchte Auswege aus der Aporie

Die meisten Rettungs- und Auswegsversuche stützen sich auf die Forschungsmanuskripte aus Husserls Nachlaß. Um es vorweg zu sagen, wenn der bisherige Anschein nicht trügt, so hat Husserl ausdrücklich seine Grundposition in Sachen Intersubjektivität und Sozialität, wie sie sich in den Zwanzigerjahren ausgebildet

[114] Transcr. (1934)B I 14 XI, S. 25 (Hervorhebung nicht im Text). Ich bestreite nicht, daß der Gedanke einer übergreifenden Sphäre der Einzigkeit, abgehoben von aller bloßen Vorhandenheit, ein fruchtbares Motiv ist, wohl aber bestreite ich, daß Husserl es bei seinen Voraussetzungen zu nutzen vermag; auf eine anders lautende Deutung komme ich später zu sprechen.

[115] Vgl. *Erste Philosophie* II, S. 480.

[116] *Cart. Meditationen*, S. 119. Diesen Satz nimmt auch Seebohm zum Maßstab seiner konsequenten Darstellung (vgl. a.a.O. S. 144), nur sieht er den Erweis wirklich erbracht.

hat, nicht nur nicht preisgegeben, sondern sie im Gegenteil bis ans Ende immer wieder bekräftigt.[117] Insofern wäre den Interpreten zuzustimmen, die einer schließlich erreichten Geschlossenheit der Husserlschen Konzeption das Wort reden, was freilich nicht schon für eine sachliche Konsistenz spricht. In den Versuchen, die hier zur Debatte stehen, wird diese Problemlage durchweg nicht geleugnet; man versucht aber, durch eingehendere Deutung, gestützt auf bestimmte Phänomenbereiche und bestimmte Textfunde, Husserls Position vom Makel des Solipsismus zu befreien, ohne sie aufzugeben oder entscheidend umzuwandeln. Uns scheint aber, daß hierbei die Aufweise teils ihren Ansprüchen nicht genügen, teils den Boden des Husserlschen Denkens verlassen.

Die Versuche lassen sich bestimmten Denkmustern zuordnen. Diese sind vorgezeichnet in Husserls Konzeption, wo die Fremderfahrung auf einem *doppelten Fundament* ruht, auf Welt- und Selbsterfahrung. Keine der beiden Erfahrungen reicht für sich aus. Wäre der Andere nur *in mir*, so wäre er prinzipiell notwendig für mich, er wäre aber kein alter ego; wäre der Andere nur *aus der Welt*, so wäre er kein alter ego und bliebe prinzipiell zufällig für mich. Die Lösung, daß die Andern in meinem Leben impliziert sind und eine relative Notwendigkeit haben, wenn und sofern es sie gibt, schafft nicht das erforderliche Gleichgewicht. Der Sinn der Intersubjektivität verlangt, wie gezeigt wurde, ein Mittleres zwischen Innen und Außen; die Andern können weder bloß Bestandteil *meiner* Erfahrungsstruktur, noch bloß *weltliche* Erfahrungstatsache sein; das Paradox der Vergemeinschaftung geht weder im Paradox der Verzeitlichung auf, noch in dem der Verweltlichung.

Beginnen wir mit dem Versuch, von der *Welt* her zu den Andern zu gelangen. Gewiß kann man sich auf Husserl berufen mit der Behauptung, daß die faktisch vorgegebene Welt, einschließ-

---

[117] Obwohl Husserl in der *Krisis* eine hinreichend deutliche Sprache spricht, noch zwei Bestätigungen aus dem Nachlaß: Die Frage nach *unserer* Welt erfordert sogleich die Rückfrage nach *meiner* Welt: „Ich reduziere also sofort auf (das) primordiale Ego, frage dann, wie es zum sozialen Ego wird ..." (Transcr., 1930, A V 5, S. 83–84); und die alte Konsequenz: Auch bei den Andern ist prinzipiell „Zweifel hinsichtlich ihres Daseins möglich" (Transcr., 1933, A VII 9, S. 30). Von einem auch nur problematischen Widerruf habe ich nichts gefunden.

lich meiner selbst als eines weltlichen Subjekts, die Andern immer schon als mitkonstituierende Subjekte voraussetzt, und daß dies auch für jede mögliche Abwandlungsform dieser Welt zu gelten hat. „Die ontologische Weltform ist die der Welt für alle", wie es an der bereits erwähnten Stelle in der *Krisis* heißt; die transzendentale Besinnung muß daher beim Für-uns und beim Wir ansetzen. Das besagt aber für Husserl keineswegs, eine ursprüngliche Gemeinsamkeit einfachhin voraussetzen. Ein regressives Verfahren, das die Weltvorgegebenheit und damit auch die Fremdvorgegebenheit schlicht zugrunde legt, hat für Husserl stets nur einen vorläufigen Charakter gegenüber dem progressiven Verfahren, das vom Begründeten zum darauf Gegründeten fortschreitet.[118] Auf diesem Wege, der vom letztbegründenden und -begründeten Ur-Ich ausgeht, treten die Andern nur auf, sofern sie faktisch aus der Welt begegnen in äußerer Erfahrung; diese Zäsur zwischen mir und den Andern läßt sich auf diese Weise nicht überwinden. Halten wir an der Idee einer „seienden, also voll bestimmt-einstimmig gedachten unendlichen Welt fest, so sind wir alle für sie notwendig ..."[119] Was aber zu erweisen wäre und so nicht erwiesen wird, ist dies, daß die Andern nicht nur zur *Vollständigkeit*, sondern auch zur *Selbständigkeit* meines Weltlebens beitragen; es geht um den ursprünglichen, nicht um den konkreten Charakter des Ich. Von einer positiven Widerlegung des transzendentalen Solipsismus kann daher keine Rede sein, solange man sich auf die faktisch-vorgängige Gemeinsamkeit der konkreten Welt- und Selbsterfahrung beruft, die doch von Husserl zugestanden sei.[120] Man mag einwenden, daß meine

---

[118] Zur Unterscheidung dieser beiden Verfahren in Auseinandersetzung mit Leibniz und Kant vgl. *Erste Philosophie* I, S. 189–91, 197–98 und pass., *Krisis*, § 30. Vgl. hierzu I. Kern, *Husserl und Kant. Eine Untersuchung über Husserls Verhältnis zu Kant und zum Neukantianismus*, Den Haag 1964, *Phaenomenologica* 16, § 15. Wenn G. Funke sich auf einen regressiven Gedankengang stützt, um den phänomenologischen Idealismus zu entschärfen (*Zur transzendentalen Phänomenologie*, Bonn 1957, S. 27–31: eine Auslegung von B IV 6), so kann dies als adäquate Husserl-Deutung schwerlich überzeugen.

[119] Transcr. (1929) B III 1, S. 78.

[120] Beispiele dafür: Diemer (a.a.O. S. 234–36, 321–23), N. Uygur (*Die Phänomenologie Husserls und die „Gemeinschaft"*, in: *Kant-Studien* L, 1958/59, S. 439–60, vgl. bes. S. 446-51); beide Autoren begründen die Überwindung des Solipsismus mit der Vervollständigung der eigenen Konstitutionsleistungen durch die fremden, wobei Uygur dann doch eine

Welt in ihrer Endlichkeit immerzu schon die *Möglichkeit* offen läßt, auch für Andere da zu sein, gleichgültig, ob diese faktisch auftreten, und daß sie daher *eo ipso* auf Andere verweist.[121] So einleuchtend und fruchtbar dieser Gedanke auch sein mag, ich sehe nirgends einen Hinweis darauf, daß Husserl mit ihm Ernst gemacht hätte; er hätte dann nämlich die Annahme einer primordialen Eigenheitssphäre, die nicht nur einen Ausschnitt, sondern die Grundschicht der gemeinsamen Welt bildet und damit alle Fremdheit im vornherein abfängt, in Frage stellen müssen; für ihn besagt die Möglichkeit anderer Subjekte aber nur eine mögliche Konstitution, die in meiner Welt und damit in mir angelegt ist.[122] Schließlich bleibt noch der Hinweis darauf, daß die Intersubjektivität in der *Objektivität* beschlossen sei. Doch Husserls Begriff der Objektivität besagt ein Mehrfaches. Versteht man darunter die volle faktische Bestimmtheit des Erfahrungsobjektes, so ist man nicht weiter als zuvor. Dasselbe gilt für die „objektive Transzendenz", für die Unabhängigkeit des Erfahrungsobjektes, die wir erst den Andern verdanken sollen; denn diese wird ja gerade als sekundär betrachtet.[123] Denkt man aber an die Gültigkeit von Erfahrungsglaube und Erfahrungsurteilen, so verweist diese nicht auf eine Pluralität von Subjekten, sondern auf ein beliebiges Subjekt, ein „Jedermann."[124]

mangelnde Radikalität des Du zugibt (S. 449). Zeltner bucht als Gewinn für Husserl, „daß schon die transzendentale Struktur der Egoität nicht voll zu begreifen ist" ohne die Konstitution fremder Subjekte (a.a.O.S. 308), obwohl die nachfolgende Kritik nach einer Revision dieser Struktur ruft. Landgrebe bessert eine entsprechende Interpretation auf durch Hereinnahme eines neuen Moments, einer „ursprünglichen Evidenz des Du" (*Der Weg der Phänomenologie*, S. 89–97); später übt er offene Kritik an Husserls Analysen (vgl. S. 205).

[121] Vgl. *Krisis*, S. 256.

[122] Vgl. dazu Diemer, a.a.O. S. 236: „Das primordiale Subjekt ist gewiß der letzte konstitutive Boden für alles Sein, aber trotzdem ist es als solches zugleich wesensmäßig endlich und dies bedeutet: es ist immer angelegt und angewiesen auf Intersubjektivität" – nein, eine radikale Angewiesenheit bedeutet dies doch wohl nicht.

[123] Vgl. *Cart. Meditationen*, § 48.

[124] Vgl. dazu *Erste Philosophie* II, Beil. XII, *Logik*, §§ 95, 96, *Cart. Meditationen*, S. 124, in *Ideen* III, S. 65 spricht Husserl von einer „ideellen Sozialität"; Theunissen deutet diese einleuchtend als fundamentale „Asozialität" (a.a.O. § 24); dabei ist freilich nur gedacht an die Objektivationen der naturalistischen Einstellung, die das Problem der objektiven Gültigkeit nicht erschöpfen.

Versucht man nun, den besagten Schwierigkeiten auszuweichen, indem man nicht bloß vorläufig, sondern schlechterdings von der selbstverständlichen Gemeinsamkeit des Weltlebens ausgeht, so setzt man sich dem Vorwurf aus, in die vorphilosophische Naivität zu fliehen.[125] Dem ließe sich nur begegnen durch den Nachweis, daß dem Rückgang auf ein Ur-Ich, das letztlich alles aus sich schöpft, unüberwindliche Widerstände entgegentreten. Es scheint daher nicht getan mit dem Versuch, die Intersubjektivität als Gegebenheit der Lebenswelt zu behandeln in einer Phänomenologie der natürlichen Einstellung, die sich Husserls grundlegende Fragestellung erspart.[126] Abgesehen davon hält Husserl das relative Primat des Ich selbst in den Deskriptionen der mundanen Mitmenschlichkeit aufrecht, schon deshalb genügt eine bloße Auswechslung der Frageebenen nicht.[127] Alles in allem wäre die Reflexion nicht zu überspringen, sondern im Durchgang durch sie und in ihrer Radikalisierung müßte die Ursprünglichkeit des Wir\ und die Gleichursprünglichkeit von Ich und Du einsichtig werden.

Damit kommen wir zum entgegengesetzten Versuch, der darauf abzielt, bereits im *Ur-Ich* die Andern anzutreffen. Soviel läßt sich vorweg schon sagen, wenn dieser Versuch gelingt, so ist nicht nur ein Vorwerk des Solipsismus gefallen, sondern dessen letzte Bastion. Nachzuweisen ist nun nicht mehr nur die Beteiligung der Andern an der Weltkonstitution, sondern die an der Selbstkonstitution, welche mit Husserl als Urkonstitution zu denken ist. Ein schwieriges Unternehmen, weniger schwierig, aber auch weniger beweiskräftig, wenn die Forderung herabgestimmt wird auf den *formalen* Nachweis möglicher Anderer.[128] Diese Einschrän-

---

[125] Vgl. die Kritik an Hume: *Krisis*, S. 433.

[126] Nahegelegt wird dieser Versuch von Schutz (vgl. etwa: *Das Problem der transzendentalen Intersubjektivität bei H.*, a.a.O. S. 105 ff., *Collected Papers* I, S. 132, 167, 175); dabei wird mir die Rolle der transzendentalen Analysen, die für die Bedeutung, nicht für die Existenz des Sozialen zuständig sein sollen (*Royaumont*, S. 375, 380), nicht recht deutlich. Vielleicht ist die Auseinandersetzung mit dem eigenen Frühwerk (*Der sinnhafte Aufbau der sozialen Welt*, Wien 1932), in dem die transzendentale Egozentrik noch vorherrscht, nicht weit genug gediehen.

[127] Vgl. das solipsistische Gedankenexperiment in *Ideen* II, § 18; ferner: *Erste Philosophie* II, S. 61, wo das Ich nicht nur ,,Urmonade'', sondern auch ,,Urmensch'' ist; schließlich: *Krisis*, § 71.

[128] So macht Seebohm das Gelingen des transzendentalen Idealismus davon abhängig, ob es gelingt, ,,das alter ego so in meinem Erlebnisstrom

ich nur, nachdem ich einen fremden Anspruch zugelassen habe. Wir vermissen hier die Gleichheit, die in der objektivierenden Fremderfahrung eben nicht aufkommen kann. Die Schranke der Ungleichheit wäre nur dann durchbrochen, wenn ein fremder Anspruch meiner eigenen Initiative zuvorkäme und diese mit ermöglichte. Mit der Einsicht in ein solch *bipolares Geschehen* würden wir nicht in naive Selbstverständlichkeiten zurückgleiten, sondern vielmehr die kritische Reflexion radikalisieren. Eine reine Selbstgewißheit, die in einem abgeschirmten Bereich vor aller Welt und Gemeinschaft festgemacht wäre, würde sich damit aber als illusorisch erweisen; denn das Ich wäre nicht erst am Ende, im Zuge seiner Konkretion, sondern von Anfang an, in seinem Ursprung, auf Andere und Anderes angewiesen.

Husserls Idee eines letztgültigen Verstehens der Erfahrung ist für ihn kein abstraktes Ideal, etwa das einer gottgleichen Erkenntnis, sondern es orientiert sich ausdrücklich an dem, was es zu verstehen gilt, so an dem Sinn, ,,den diese Welt für uns alle vor jedem Philosophieren hat'', eine Welt, die ,,aus Wesensnotwendigkeit und nicht aus unserer Schwäche'' immer offene Horizonte mit sich führt; alles andere wäre in Husserls Augen pure Konstruktion.[179] So besehen werden wir Husserls offenem Forschungsgeist nicht untreu, wenn wir uns den Fesseln einer unzulänglichen Betrachtungsweise entwinden und einen Zugang zu den Andern suchen, auf dem sie das Recht, das auch Husserl ihnen nicht absprechen will, wirklich ausüben können, und auf dem sie selbst zu Wort kommen, ohne ihre Sprachmöglichkeit erst von meinem Ich entlehnen zu müssen. Um ein Wort des Aristoteles zu variieren, ,,die Sache selbst weist uns den Weg und zwingt uns weiterzuforschen.''[180]

---

[179] Vgl. *Cart. Meditationen*, S. 177. Deshalb kann man nicht bei der intersubjektiven Evidenz von einer ,,abgeschwächten Form'' des rationalen Ideals sprechen (so E. G. Ballard,'' Husserl's Philosophy of Intersubjectivity in Relation to his Rational Ideal'', in: *Tulane Studies in Philosophy*, Vol. XI, New Orleans/Den Haag 1962, S. 36–37); in der Einfühlung sieht Husserl ,,Fremdes als Fremdes'' so ursprünglich wie nur möglich gegeben, mehr kann er nicht verlangen (vgl. *Erste Philosophie II*, S. 176).

[180] Vgl. *Metaphysik I*, 3, 984a 18 f. Aus ähnlichen Gründen bleibt auch Husserls Konzeption von Wahrheit und Evidenz in Bewegung, vgl. dazu: A. de Waelhens, *Phénoménologie et vérité. Essai sur l'évolution de l'idée de vérité chez Husserl et Heidegger*, Paris 1953.

7. Suche nach einem genuinen Zugangsweg zu den Andern

In der Gemeinsamkeit des Lebens gehen wir unmerklich von einer Einstellung in die andere über; derselbe Mitmensch begegnet als Du und Er, als Glied eines Wir oder eines Man. Nur in kritischen Situationen fallen uns entsprechende Unterschiede auf. Sollen wir Du zueinander sagen? Gehöre ich dieser Gruppe noch an? Hat jener mir persönlich etwas zu sagen? Die philosophische Auslegung hat aber die Aufgabe, den Unterschieden und Zusammenhängen, der Ursprünglichkeit und Abkünftigkeit der einzelnen Zugangsarten ausdrücklich nachzugehen. Wo soll sie beginnen, wo sich in den Zyklus der wechselnden Umgangsformen hineinbegeben?

Feststeht nach allem Vorhergehenden, daß wir nicht beginnen sollten mit der Vergegenständlichung des Andern, weil so die ursprüngliche Nähe und Gleichrangigkeit verloren geht. Drei Wege bieten sich an, auf denen die Schwierigkeiten des Solipsismus vermieden werden; wir werden sie kurz skizzieren, um uns dann für den letzten zu entscheiden.

Man kann einmal davon ausgehen, daß die Welt von sich aus verweist auf eine „Selbstheit", die gegen das Ichsein und das Dusein „neutral" ist, so daß das Problem, wie ein ego zu seinem alter ego kommt, erst gar nicht auftritt.[181] Der Solipsismus wäre damit überwunden auf der *präkonstitutiven Stufe* einer natürlich und kulturell vorgeformten *präindividuellen Gemeinsamkeit.* Sachlich stimme ich dem durchaus zu aus Gründen, die sich später zeigen werden; nur bezweifle ich, ob auf dieser genetischen Frühstufe der Konflikt, den Husserls transzendentale Egozentrik auslöst, voll- und endgültig ausgetragen werden kann; denn der verantwortlich Denkende und Handelnde durchschaut und erlebt die Frühstufe als Ich, nicht als Glied eines Man. Es entsteht die Gefahr, daß entweder das präindividuelle Leben substanziiert oder die Egozentrik nicht wirklich überwunden wird.[182]

---

[181] Vgl. Heidegger, *Vom Wesen des Grundes*, Frankfurt ⁴1955, S. 38; Merleau-Ponty beruft sich konkreter auf eine zwischenleibliche „existence anonyme" (*Phénoménologie de la perception*, S. 406); besagte Folgerung zieht De Waelhens (vgl. *La philosophie et les expériences naturelles*, Den Haag 1961, *Phaenomenologica* 9, S. 127 ff., ähnlich: „Autrui et le ‚problème' de l'alter ego", in: *Existence et signification*, S. 263 ff.).

[182] Zum einen verweise ich auf die schon erwähnte Tendenz bei Paci,

Es bleibt als weitere Möglichkeit der Versuch, direkt in das Zentrum der Fremdbegegnung, in die *Du-Erfahrung* hineinzuspringen. Hier wird eine Transzendenz erreicht, die nicht gegenständlicher oder gar weltlicher Art ist. Es geht nicht mehr um die Konstitution von Etwas oder Jemand, sondern um die *Konstitution des Ich*, sofern der jeweils Andere daran beteiligt ist *im Verhältnis reziproker Grunderfahrung*. Es wiederholt sich hier der cartesianische Weg vom *ego cogito* zu seinem Grund, der sich im *cogito* selbst anzeigt; dieser Weg führt freilich nicht zu einem Seinsgrund, sondern zu einem Du, und zunächst nicht zu einem absoluten, sondern zu einem mitmenschlichen Du. Spuren eines solchen radikalen Überschritts finden sich bei Husserl dort, wo er im Verhältnis des Bewußtseins zu seinem göttlichen Grund „andere Weisen der Bekundung von Transzendenz" andeutet.[183]

Der Zugang zu einem solchen mitschöpferischen Du ist das treibende Motiv in der Philosophie des Dialogs; aus der Vorherrschaft dieses Motivs erklärt sich die Neigung, die sozialen und biologischen Formen der Gemeinsamkeit zu überspringen.[184] Zwei bedenkliche Folgen seien hier benannt, die Fortdauer der *Zerspaltenheit des Subjekts*, die wir bereits bei Husserl festgestellt haben, und die *Negativität*, die einer solchen Ontologie der Interpersonalität anhaftet. Zum ersten, auch die Philosophie des Dialogs braucht vermittelnde Vorstufen, wenn sie nicht methodisch naiv beginnen will, sie braucht eine Sprungbasis. Diese liefert zumeist die moderne Philosophie der Subjektivität in ihrer transzendentalen Gestalt. Der bloße dialektische Gegenschlag gegen die vorhergehende Egozentrik läßt die Sprungbasis in sich unangetastet nach dem Motto: Welt und Mitwelt sind mein als

---

zum andern auf Heideggers „existenzialen ‚Solipsismus'" (Sein und Zeit, S. 188, dazu Theunissen, a.a.O.S. 181); Merleau-Pontys Theorie zeigt zwar noch Spuren einer transzendentalen bzw. existenzialen Egozentrik, doch soviel wird deutlich: die anonyme Gemeinsamkeit unterwandert die Egozentrik, ohne uns der Dialektik wechselseitiger Anerkennung zu entheben (vgl. *Phénoménologie de la perception*, S. 410).

[183] Vgl. *Ideen* I, S. 121–22, dazu: S. Strasser, „Das Gottesproblem in der Spätphilosophie Edmund Husserls", in: *Phil. Jahrbuch* 67, 1959, S. 130–42.

[184] Ich beziehe mich hier auf die bewußt typisierende Darstellung der transzendentalen und dialogischen Theorie des Andern, wie sie Theunissen gibt; zum folgenden vgl. die Interpretation Bubers (a.a.O. §§ 45–67), wo der besagten Typik manche ergänzenden Züge zum Opfer fallen.

mein Entwurf, ich aber bin für und durch das Du, und da dies reziprok gilt: ich entspringe aus dem Bereich des dialogischen Zwischen, dem konstitutiven Urbereich. Wie sich unschwer erkennen läßt, wird hier ähnlich wie bei Husserl ein außer-ordentlicher Ursprungsbereich dem Sog der Verweltlichung und Vergemeinschaftung entrissen, nur daß sich in ihm nicht ein Ur-Ich selbst konstituiert, sondern daß Ich und Du, eine Ur-Zweiheit, einander zu sich selbst bringen; die Prosa des geordneten weltlichen und sozialen Umgangs wird der Uneigentlichkeit, einer mundanen und sozialen „Veranderung'', anheim gegeben. Nur die Tatsache, daß der Konflikt zwischen transzendentaler Egozentrik und dialogischer Beziehung nicht auf einer Ebene ausgetragen wird, macht diesen fragwürdigen Friedensschluß möglich. Das zweite Moment, die Negativität, läßt nicht auf sich warten. Das Du, das mir erst zu einem eigenen Stand verhilft, wehrt sich gegen den positiven Zugriff, durch den es wiederum eingeordnet und der Gesetzgebung meines Ich unterworfen würde; denn dieses Ich verdankt seine Möglichkeiten ja dem vorgegenständlichen Du. Die alte Problematik der negativen Theologie nimmt hier die Gestalt einer negativen Dialogik an.[185]

So sehr wir uns der Intention, die Unmittelbarkeit des Du zurückzugewinnen, verbunden wissen, wir ziehen es vor, einen dritten Weg zu versuchen. Wir gehen zunächst nicht zurück auf ein Man, springen aber auch nicht direkt in die Sphäre des Du hinein, sondern nähern uns diesem indirekt von der *dialogischen Gemeinsamkeit* aus. Das Du, will sagen: der Andere in seiner Einzigkeit, ist hier bereits gegenwärtig, aber als *mitkonstituierend* für das, was mir begegnet; er tritt noch nicht als Du direkt vor mich hin. Während der Andere auf diese Weise im Mitvollzug meines Weltlebens ebenso mit da ist, wie ich selbst mit da bin, frage ich zunächst nicht, mit wem ich es zu tun habe, sondern was ich mit ihm zu tun habe. Da ist weder etwas von Vergegenständlichung und Versachlichung, noch von einer höheren, „überschwenglichen'' Art der Vergegenwärtigung, sondern ein Mittleres ist da. In dieser beiläufigen Art, von den Andern zu reden, kündigen wir die Intentionalität nicht vorschnell auf, wir lockern nur ihren allbeherrschenden Zwang. Indem ich mit jemandem über

---

[185] Diese Negativität ist selbst eines der Grundthemen der Interpretation Theunissens.

etwas spreche oder an etwas arbeite, sind Intentionales und Dialogisches in lebendiger Vermittlung.[186]

Es gibt einiges, das für dieses Vorgehen spricht. Der Ausgang von der kommunikativen Gemeinsamkeit bietet am ehesten die Möglichkeit, entsprechende Motive der Husserlschen Theorie positiv aufzugreifen und so diese Theorie von innen her umzuformen, wie die Sache es verlangt. Bekanntlich setzt Husserls Frage nach den Andern immer wieder bei der kommunikativen Einstellung an. Dort, wo diese Problematik zum ersten Mal anklingt, zu Beginn der *I. Logischen Untersuchung*, begegnet der Andere als Mitsubjekt, dem ich durch sprachliche Kundgabe einen identischen Sinn mitteile und der durch die Kundnahme als Hörender mitfungiert in der Gemeinsamkeit des Gesprächs. Die formale Betrachtung konkretisiert sich, wenn Husserl, etwa im 2. Band der *Ideen*, das Zusammenleben der Personen betrachtet, das sich in einer gemeinsamen Welt darstellt. Husserl steht hier ganz in der klassischen Tradition, wo λόγος immer auch διάλογος, ζῆν immer auch συζῆν besagt. Und schließlich setzt sich das Wir als ein *nos cogitamus* auch in der transzendentalen Sphäre durch. Es kommt nun alles darauf an, die Implikationen dieses Mit- und Füreinander zu entfalten, zunächst im gemeinsamen Tun selbst, dann in der direkten Zuwendung zum Du und im Rückgang auf ein Man, ohne in die Vergegenständlichung zurückzufallen; die Vergegenständlichung ist vielmehr als eine reale, aber abkünftige Möglichkeit des mitmenschlichen Umgangs zu begreifen. Das aktuelle Wir bietet einen Ausweg aus unserer Aporie, wenn sich zeigen läßt, daß hier die Andern, auf Grund einer wechselseitigen Konstitution, von Anfang an teilhaben an der faktischen Apodiktizität, die ich mir selbst zuschreibe.

Die problematische Gegebenheit der Andern hat ihre Parallele in der Zeitlichkeit, der Leiblichkeit, der Sprache, in den eideti_

---

[186] Einen solchen mittleren Weg läßt auch Theunissen offen: ,,Eine Untersuchung, die nicht ... radikalisierend verfährt, könnte mit gutem Recht das mittelbar begegnende Du als die konkrete Wahrheit des ,Anderen' herausstellen'' (a.a.O. S. 495). Einen ähnlichen Versuch unternimmt E. Levinas, der die geschlossene Welt der Intentionalität durch eine ,,extériorité'' des Du aufsprengt und zugleich die Interpersonalität in Welt, Gesellschaft und Geschichte hineinarbeitet (*Totalité et Infini. Essai sur l'extériorité*, Den Haag 1961, *Phaenomenologica* 8); auch die Untersuchungen von Schutz sind, freilich mit Vorbehalt, hier zu erwähnen.

schen und hyletischen Momenten der Wirklichkeit, das heißt, überall dort, wo es sich um sinnkonstituierende *Funktionen* handelt und nicht um ein sinnhaftes *Etwas*.[187] Die Vergegenständlichung kommt hier immer schon zu spät. So kommt Vergangenes zunächst nicht in meiner Erfahrung vor als Gegenstand der Erinnerung, sondern zuvor ist es in der Gegenwart mit da und prägt diese; die Retention bezeichnet gerade ein implizites Haben des Vergangenen. Ähnliches gilt für die Sprache, die allem Ausdruck verleiht, oder für den Leib, der alles direkt oder indirekt vermittelt.[188] Allerdings ist gerade, was den Leib und das Leibbewußtsein anbetrifft, Husserls Rede- und Sehweise mit Zweideutigkeiten belastet; dies ist umso bedeutsamer, als die Leiblichkeit eine Schlüsselstellung einnimmt bei der Lösung unseres Problems.[189] Wir werden also Gelegenheit nehmen, diesen allgemeineren Problemhintergrund mit zu beleuchten und umgekehrt von ihm aus Anregungen zu empfangen für unser eigentliches Thema. Dabei entspricht dem Leben miteinander das unmittelbare Fortwirken der Vergangenheit, der leibliche Vollzug, das Sprechen der Sprache, all dies begleitet von einem präreflexiven Wissen; die ausdrückliche Erfassung dieser Phänomene findet dagegen in der direkten Zuwendung zum Du ihr Gegenstück; auch eine sekundäre, äußerliche Auffassung ist in all diesen Fällen möglich.

Schließlich ist das kommunikative Miteinander die *alltägliche, natürliche Weise* des mitmenschlichen Umgangs, in der wir uns immer schon befinden, ohne uns erst zu ihr erheben zu müssen.

---

[187] Zur Bedeutung der „funktionellen Probleme" vgl. *Ideen* I, § 86.

[188] Vgl. Transcr. (zw. 1930 u. 34?) E III 1, S. 1: Sprache, Wissenschaft und Kunst sind zunächst „in Funktion", bevor sie als „Realität" auftreten und erforschbar werden.

[189] De Boer weist (im Anschluß an Ricoeur) darauf hin, daß Husserl von Anfang an, ähnlich wie schon Brentano, die Relation zum eigenen Leib gleichsetzt mit der Relation zu einem Wahrnehmungsobjekt, ohne daß dieses Schema durchgreifend revidiert würde (a.a.O. S. 440–43). Mag dieses Urteil sich auch vom Spätwerk her abschwächen, auf keinen Fall kann ich R. M. Zaner beipflichten, wenn er in seiner Kritik an Marcel, Sartre und Merleau-Ponty, unter Berufung auf A. Gurwitsch, Husserls Leibbewußtsein gegen eine leibliche Existenz ausspielt (vgl. *The Problem of Embodiment. Some Contributions to a Phenomenology of the Body*, Den Haag 1964, *Phaenomenologica* 17). Ich verweise auf meine Studie: „Das Problem der Leiblichkeit bei Merleau-Ponty", in: *Phil. Jahrbuch* 75, 1968, S. 347–65.

Unser Sprechen und Denken ist dieser natürlichen Erfahrungsweise am ehesten angemessen. Indem wir von ihr ausgehen, vermeiden wir leichter die Sprachlosigkeit, die sich in der direkten Du-Zuwendung bemerkbar macht und sich in einer negativen Ontologie auswirkt. Die personale Einzigkeit von Ich und Du bedeutet uns zunächst nichts anderes als das Mehr, das unser gemeinsames Leben in Atem hält.

8. Vorblick auf den einzuschlagenden Weg

Die Wahl des Ausgangspunktes hat sich nicht zuletzt darin zu bewähren, daß dieser weitere Wege eröffnet und es gestattet, die Implikationen des anfänglichen Phänomens zu entfalten. Im aktuellen Zusammenleben sind zwar alle anderen Möglichkeiten beschlossen, doch um diese zu entdecken, bedarf es geeigneter Blickwendungen. Das *dialogische Geschehen*, von dem wir ausgehen, erschließt sich erst vollends im Aufblick zum *Du*, mit dem ich es zu tun habe (Hintergrund des Dialogs), im Rückblick auf das immer schon vorausgehende *Mitsein* (Untergrund des Dialogs) und im Seitenblick auf den möglichen und faktisch schon eingetretenen *Zerfall* (Abgrund des Dialogs). „Möglichkeit" besagt hier jeweils Verschiedenes, einmal die höchste Möglichkeit mitmenschlichen Lebens, zum andern die immer schon verwirklichte Möglichkeit der Habitualität und schließlich die Möglichkeit eines Abfalls von der Intention des Dialogs. In Zusammenwirken, Liebe, sozialer Zugehörigkeit und Kampf konkretisiert sich der intersubjektive Zusammenhang, und immer aufs neue zeigt sich, wie dieses Zwischenreich der einseitigen Verfügung des Einzelnen entzogen ist. Dabei verdient der Übergang von einer Möglichkeit zur andern sowie die wechselseitige Beziehung dieser Möglichkeiten unser besonderes Augenmerk. Dieser allmählich sich ausweitende Zyklus der Mitmenschlichkeit bildet das Kernstück unserer Untersuchung (Kap. III–VI).

Eingerahmt ist diese Zyklik durch eine abstrahierende Vorbetrachtung und eine radikalisierende Nachbetrachtung. Die Vorbetrachtung hat einen vorläufigen Charakter; sie sucht zunächst in der parallelen *Selbsterfahrung* nach analogen Formen, die uns das methodisch weniger erschlossene Verständnis der Fremderfahrung erleichtern, und nach offenen Stellen in meiner Welt und

in mir selbst, die den Übergang zum Wir vorbereiten (Kap. II).
Die Nachbetrachtung nimmt die hier geknüpften Fäden wieder
auf, nachdem die Intersubjektivität sich bereits Geltung verschafft hat; die Frage nach dem Standort, von dem aus sich all
die gefundenen Phänomene überschauen lassen, führt uns zum
Einzelnen, in dessen Einsamkeit Husserls Ur-Ich ein beschränk-
tes Recht findet (Kap. VII).

In der *Methode* folgt unsere Untersuchung Husserl, allerdings
mit Vorsicht und unter Vorbehalt. Wir setzen jeweils ein mit der
intentionalen Analyse, in der wir den allgemeinen Sinn auslegen,
der den faktischen Erfahrungsgang regelt und der sich zugleich
in ihm manifestiert; dabei halten wir uns in den Grenzen, die der
Intentionalität gesteckt sind. – Diese Analyse wird zu einer
genetischen, sofern die verschiedenen Gestalten der Intersubjektivität nur zu verstehen sind im Rahmen einer ,,Geschichte'' von
Sinn und Bewußtsein.[190] Zwei Vorbehalte sind dennoch anzu-
melden. Husserls Versuch in Auslegung einer ,,inneren'' Sinngeschichte die Wahrheit der ,,äußeren'' Tatsachengeschichte
philosophisch zu erschließen, kann schwerlich überzeugen; schon
die Scheidung, die sich nahe legt, in eine sublim-ontologische
Sonntagsgeschichte und eine trivial-ontische Werktagsgeschich-
te erscheint suspekt.[191] Ferner hat es unsere genetische Betrachtung in stärkerem Maße mit Verhältnissen wechselseitiger Fundierung zu tun, als dies bei einer einseitig ,,von innen ausstrahlenden Sinngeschichte'' der Fall wäre.[192] – Die Abfolge von *De-*

---

[190] Nach anfänglicher Reserve gegen eine empirische ,,Geschichte'' des
Bewußtseins (vgl. etwa *Phil. als strenge Wissenschaft*, S. 29 bzw. 307)
konkretisiert sich in Husserls Spätwerk der Sinn des empirischen Werdens
zu einem Sinn im transzendentalen Werden; die anfängliche Reserve
dauert fort in der Unterscheidung von ,,innerer'' und ,,äußerer'' Geschichte (vgl. vor allem *Krisis*, Beil. III).

[191] Vgl. dazu als eine Kritik unter andern die von P. Ricoeur: ,,Husserl
et le sens de l'histoire'', in: *Revue de Métaphysique et Morale* 54, 1949, S.
280–316). Unsere essentielle Betrachtung hält sich offen für den Sinn, der
in der Geschichte der Theorie und Praxis darüberhinaus impliziert ist.

[192] Vgl. *Cart. Meditationen*, S. 124, zur einseitigen Fundierung des
Fremden im Eigenen: ebd. S. 127. In den *Log. Untersuchungen* II/1, S.
264 f. unterscheidet Husserl selbst zwischen einseitiger und wechselseitiger
Fundierung; ebendort erwähnt er auch eine Methode im ,,Zickzack'' (S.
17), die er in den *Ideen* II anwendet und die er später ausdrücklich der
genetischen Betrachtung zugrunde legt (*Krisis*, S. 59). Diese Ansätze zu
einer Methode der ,,Verschränkung'' (so Zeltner, a.a.O. S. 312) sind bei
aller Kritik zu berücksichtigen; vgl. hierzu auch Diemer, a.a.O. S. 113–17.

skription der Erfahrungswirklichkeit und *Kritik* der Erfahrung, die wiederum eine Kritik der Kritik nach sich zieht, verteilt sich bis zu einem gewissen Grade auf die nun folgenden Kapitel einerseits und auf das Schlußkapitel andererseits; das Ergebnis der abschließenden „Selbstkritik" der Phänomenologie differiert von dem Husserls.[193] – Schließlich bleibt das schwierige Problem der *transzendentalen Epoché*. Dieses ist so sehr mit dem Ergebnis unserer Untersuchungen verquickt, daß wir vorweg nur andeuten, was versucht werden soll. Der angekündigte Ausgang vom Wir, der alles weitere bestimmt, bringt es mit sich, daß wir die Wirklichkeit als ein Für-uns betrachten, daß wir im Dialog reflektieren und ihn von sich selbst her verstehen. Mit Husserl zu sprechen, betätigen wir ausdrücklich nur eine „*intersubjektive Reduktion.*"[194] Ob damit mehr erreicht ist als eine naive Vorstufe, angesichts einer Irreduzibilität der Gemeinsamkeit, müssen die Analysen selbst erweisen. Im Endkapitel werden wir die nötigen Folgerungen ziehen, wenn wir das einzigartige Für-mich des Betrachters mitbedenken; dann fragt sich, wie es mit der „*eigenheitlichen Reduktion*" und der einseitigen Reflexion auf den Dialog bestellt ist. Husserl erwähnt selbst den Anschein, „als ob die universale Epoché gar nicht durchführbar sei und im Versuch sie durchzuführen ihre Grenze an meinem eigenen menschlichen Ichsein habe"; in meinem Menschsein wären in der Tat Welt, Leib und Sozietät schon mitgesetzt. Beruhigt werden wir mit der Versicherung, „daß die universale Epoché gar nicht scheitern kann, weil sie ihrem Sinn nach nicht eine Entscheidung für Sein oder Nichtsein ist", sondern dazu da ist, „das reine Ich zu entdekken."[195] Nun, eben diese Entdeckung löst Zweifel aus; damit steht in der Tat nicht Sein und Nichtsein von Welt und Mitwelt auf dem Spiel, wohl aber die Dignität ihrer Seinsweise innerhalb der konstitutiven Gesamtordnung, die auf das Ich hin zentriert ist.

Der transzendentalen Sichtweise bleiben wir insofern verbunden, als wir nicht als selbstverständlich voraussetzen, daß es die Welt und die Andern gibt, sondern uns fragen, wie es sie gibt.

---

[193] Vgl. dazu *Cart. Meditationen*, §§ 13, 63, weiteres bei Seebohm, a.a.O. Kap. VII.

[194] *Erste Philosophie* II, S. 319; zur Reflexion „im" Dialog vgl. die Reflexion und Epoché „in" der Fremderfahrung, von denen Husserl des öfteren spricht (z.B. *Ideen* I, § 38, *Erste Philosophie* II, 47. Vorl.).

[195] *Krisis*, S. 409–10.

Damit grenzt sich unsere Untersuchung ab gegen alles spezial-
wissenschaftliche *Verstehen und Erklären*, das sich auf dem Boden
der natürlich-kommunikativen Einstellung abspielt. Diese Ab-
grenzung erinnert an die früher erwähnte Trias von transzendentaler Einstellung auf der einen, personaler und naturalistischer
Einstellung auf der andern Seite. Doch dieses Schema ist bei
Husserl zu sehr durch seine egozentrische Sicht geprägt und zu
wenig einer wirklichen Vermittlung von Ich und Welt, von Ich
und Gemeinschaft geöffnet, als daß wir es in der gegebenen Form
akzeptieren könnten.[196] Wenn sich unser Ausgang von einem
gemeinsamen Leben in einer gemeinsamen Lebenswelt bewährt,
dann lassen sich von dieser vorwissenschaftlichen, philosophisch
zu explizierenden Voraussetzung her Stufen wissenschaftlicher
Objektivation aufzeigen. Der Philosophie bliebe gegenüber den
Sozialwissenschaften die Aufgabe, das im Blick zu halten, was in
jede Methode eingeht und doch in keiner von ihnen aufgeht: die
Sozietät *in statu nascendi et renascendi*. In diesem Sinne heißt es
bei Merleau-Ponty: ,,La philosophie n'est pas un certain savoir,
elle est la vigilance qui ne nous laisse pas oublier la source de tout
savoir.''[197]

Abschließend einige Bemerkungen zur *Lage der Interpretation*,
in der wir uns befinden und mit der wir uns auseinanderzusetzen
haben. Was uns hierbei interessiert, ist Husserls transzendental-
phänomenologischer Idealismus, seine transzendentale Egozentrik, soweit diese sich auf das Verhältnis von Ich und Welt, von
Ich und den Andern auswirkt. Man gestatte uns in diesem Zusammenhang eine grobe Unterscheidung: es gibt den Typ der
konsequenten und der *gebrochenen* Interpretation. Im ersten Fall
plädiert der Interpret für die konsequente Geschlossenheit der
Husserlschen Konzeption, sei es, daß er ihr auch sachlich zu-
stimmt, sei es, daß er sich am Ende sachlich von ihr absetzt. Die
sachliche Zustimmung muß ich der Husserlschen Theorie der
Intersubjektivität versagen. Eine sachliche Zurückhaltung kann

---

[196] Vgl. schon unsere Kritik in dieser Arbeit S. 6–8. Gerade die bloße
Parallelisierung von intentionaler Psychologie und Phänomenologie, die
in den späteren Werken üblich ist, spiegelt allzu sehr die Paradoxie der
Verweltlichung und ihre zweifelhafte Auflösung wider.
[197] ,,Le philosophe et la sociologie'', in: *Signes*, Paris 1960, S. 138. Den
Übergang von der phänomenologischen Auslegung des Dialogs zur objektiven Erforschung des Sozialen skizzieren wir in Kap. VI, 3.

dagegen dem rechten Verständnis zugute kommen und sich auf die Forderung Husserls berufen, ,,während wir auf dem Wege sind, mit dem Führer nicht über Vernunft und Unvernunft des Weges zu streiten.''[198] Diese Zurückhaltung geben wir auf, da der Weg zu den Andern inzwischen oft und bedächtig unter Führung Husserls begangen wurde. Was zudem das Gespräch mit den Vertretern einer konsequenten Deutung über Gebühr belastet, ist der Umstand, daß diese sich in der Verteidigung Husserls allzu oft auf die innere Konsequenz seiner Konzeption berufen, wenn deren sachliche Gültigkeit angezweifelt wird, und daß sie infolgedessen zu wenig Verständnis aufbringen für die Versuche, Husserls Theorie umzuformen und sich nicht bloß am Ende von ihr zu distanzieren.[199]

Damit kommen wir zur zweiten Möglichkeit einer gebrochenen Interpretation. Da wir von den sachlichen Schwierigkeiten der Husserlschen Theorie uns überzeugt haben, geben wir dieser Möglichkeit den Vorzug in den folgenden Analysen, soweit diese sich auf Interpretationen stützen. Geleugnet wird hierbei nicht eine ausdrücklich zutage liegende Konsequenz, behauptet wird aber gleichzeitig eine untergründige Inkonsequenz. Husserl setzt selbst den Erfahrungswissenschaften die Forderung entgegen: ,,Halten wir uns nicht an die Reflexionen, in denen sie sich über ihre Methode und Arbeit aussprechen ..., sondern an die wirkliche Methode und Arbeit selbst.''[200] In der Philosophie hat es eine solche Scheidung schwerer, da hier die kritische Selbstrechtfertigung des Vorgehens unmittelbar zum Thema gehört, einen Sinn hat sie aber auch hier, und sie geht auch in Husserls eigene philosophiegeschichtliche Betrachtungsweise ein.[201] Dementsprechend

---

[198] *Krisis*, S. 440.
[199] Auf diese Situation weist auch H. A. Asemissen hin (*Strukturanalytische Probleme der Wahrnehmung in der Phänomenologie Husserls*, Köln 1957, S. 64). Ein Beispiel: Gadamer wehrt alle Einwände ab, die von Schutz, Fink, Wahl, Levinas, Merlan, Ingarden gegen Husserls Theorie erhoben werden (vgl. *Die phänomenologische Bewegung*, a.a.O. S. 29–33), um andernorts selbst zuzugeben: ,,Zunächst wird der andere als Wahrnehmungsding gefaßt, das alsdann durch Einfühlung zum Du ,wird' '', und der Grund: Husserls Orientierung ,,am Innesein des Selbstbewußtseins'' (*Wahrheit und Methode*, S. 236) – quod erat refutandum! Ähnliches zeigt sich bei De Boer, Lauer, Theunissen und anderen.
[200] *Krisis*, S. 228. Merleau-Ponty hat dies zu einer seiner Maximen gemacht.
[201] Vgl. dazu *Krisis*, Teil II.

lassen sich in Husserls Phänomenologie Brüche aufzeigen zwischen der offen *praktizierten Methode,* ihren Problemen und Resultaten einerseits und der geschlossenen *Interpretation der Methode* und ihrer Resultate andererseits.[202] Eine Interpretation, die mit solchen Bruchstellen rechnet, wird Gegenmotive aufspüren, die der offiziellen Gedankenlinie zuwiderlaufen und deren Unzulänglichkeit, wenn nicht aufwiegen, so doch abmildern. Das verschafft uns die Möglichkeit, Husserls Deskriptionen aufzugreifen, obwohl eine zweifelhafte Gesamtdeutung im Hintergrund steht und vielfach selbst in die Deskriptionen hineinspielt; gerade auch die Forschungsmanuskripte, in denen der systematische Zwang sich lockert, bieten hierfür eine gute Handhabe. Benachbarte Denkweisen können wir nun leichter zulassen, nachdem unser Eingangskapitel einer einfachen Verwischung der Grenzen vorgebeugt hat.

Was die Möglichkeit und Dienlichkeit einer derart gebrochenen Interpretation anbelangt, so steht die Intersubjektivität natürlich nicht einzig da. Mehr noch als die vielbeachtete Zeitlichkeit, die als reine Vollzugsform des Lebens den Status des Ich leichter im Dunkeln läßt, erzwingen Phänomene wie Leib, Raum, Wahrnehmung, Empfindung, Bewegung, Praxis, Sprache, Kunst eine mittlere Betrachtungsweise, die von einer reinen Innenansicht ebenso weit entfernt ist wie von einer reinen Außenansicht und die der Seinsweise des Menschen als eines ,,Zwischenwesens'' gerecht wird.[203] An entsprechenden Deutungsversuchen fehlt es nicht. Mit all dem reden wir nicht einem realistisch-idealistischen

---

[202] Hieran knüpft Ricoeur seine Unterscheidung zwischen einem Idealismus als Methode: alles ist *für* mich, und einem Idealismus als Lehre: alles ist *in* mir und *durch* mich (*Analyses et problèmes dans ,,Ideen II''* de Husserl, a.a.O. S. 357 ff. u.ö., vgl. dazu *Cart. Meditationen,* S. 60); ähnliche Widersprüche zwischen dem idealistischen Programm und der faktischen Ausführung notiert Landgrebe (*Der Weg der Phänomenologie,* S. 164–65, 192–93, vgl. auch: ,,La phénoménologie de Husserl est-elle une philosophie transcendentale?'' in: *Études philosophiques* 9, 1954, S. 317–19); De Waelhens behilft sich angesichts dieser ,,Malaise'' mit einer *interpretatio benigna* (vgl. *Royaumont,* S. 144 u.ö.); Wahl verweist auf realistische Gegentendenzen (ebd. S. 429, dazu: ,,Notes sur la première partie de Erfahrung und Urteil de Husserl'', in: *Revue de Métaphysique et Morale* 56, 1951, S. 6–34)usf. Husserl leidet nicht an einer realistisch-idealistischen Schizophrenie, hält De Boer diesen Autoren entgegen (a.a.O. S. 471), doch weist er mehr nach, als daß Husserl sich gesund *glaubt?*

[203] Vgl. Kierkegaard, *Abschließende unwissenschaftliche Nachschrift zu*

Tauziehen das Wort, sondern drängen darauf, daß eine solche Alternative wirklich überwunden und nicht bloß einseitig unterlaufen wird. Wieviel dabei abhängt von einer rechten Vermittlung der verschiedenen Einstellungen, muß sich im folgenden Kapitel zeigen, wo wir auch realistischen Motiven, wenngleich nicht der Denk- und Argumentationsweise des Realismus, Geltung zu verschaffen suchen; die spätere Behandlung unseres eigentlichen Themas wird ihren Nutzen daraus ziehen.

Soviel zu unserm Versuch, Husserls Phänomenologie von innen her aufzusprengen und die gedankliche Ausführung in Einklang zu bringen mit den sachlichen Intentionen, die sie bewegen. Verstehen ist eines, kritisches Antworten ein anderes. Man tut einem Denker keinen Gefallen, wenn man sich um jeden Preis auf die innere Konsequenz seines Werkes versteift; nicht selten sind es schwache und brüchige Stellen, die ein Werk am Leben halten, da in ihnen ein Mehr sich ankündigt, ein Mehr an Möglichkeiten.

den philosophischen Brocken, Gesammelte Werke, 16. Abt., Düsseldorf/Köln 1957–58, 2. Teil, S. 32.

KAPITEL II

OFFENHEIT DES ICH UND SEINER WELT

1. Analogie von Selbsterfahrung und Fremderfahrung

Eine Analogie von Selbst- und Fremderfahrung ist die Bedingung dafür, daß sich in den verschiedenen Formen meines Verhältnisses zu mir und meiner Welt bereits das Verhältnis zu den Andern und unserer Welt abzeichnet.

Die Analogie fordert ein Identisches, das sich in korrespondierenden Verhältnissen abwandelt. Selbst- und Fremderfahrung kommen zunächst darin überein, daß beides *Reflexionen* sind in dem weiten Sinne einer „Abwendung von der natürlichen Einstellungsrichtung auf das Objekt."[1] In diesem Bereich der Reflexion ist zu unterscheiden zwischen der noematischen Reflexion auf den gegenständlichen Sinn (einer konkret-ontologischen, eidetischen, logischen und hyletischen Reflexion), der noetischen Reflexion auf das Erleben und der Reflexion auf das Subjekt des Erlebens.[2] Quer zu diesen Unterscheidungen steht eine Sonderung innerhalb von Lebenswelt, Leben und Lebenssubjekt: diese können mein, fremd oder gemeinsam sein, in allen Fällen wird ein Zugang zur Subjektivität gewonnen. Die Selbstreflexion steht also der Fremdreflexion auf besondere Weise nahe als eine Sonderart der *Subjekt-Reflexion*, und darauf kommt es uns an. Es versteht sich, daß die Selbsterfahrung allen Erfahrungsabwandlungen offen steht in Selbstwahrnehmung und Selbsterinnerung, Selbsterfahrung und Selbstbeurteilung, Selbsterkenntnis und Selbsteinschätzung und Selbstbehandlung, das gleiche gilt für die Fremderfahrung.[3] In diesem weiten Sinne gilt für Husserl:

---

[1] *Ideen* II, S. 5, Anm.

[2] Vgl. insbesondere *Ideen* I, S. 362, 369, *Krisis*, S. 174–75.

[3] Vgl. *Ideen* I, §§ 38, 77, 78, II, S. 185, *Erste Philosophie* I, S. 263 ff., II, 42. Vorl.

,,alle Sozialität vollzieht sich durch Reflexion'', oder besser: sie kommt ans Licht durch Reflexion.[4] Reflexion in einer solch umfassenden und radikalen Bedeutung hebt sich ab vom Leben und Wirken in der Welt, indem sie den Sinn thematisiert, den die Wirklichkeit in unserm Erleben gewinnt. Die Frage nach dem Sinn alles Wirklichen schafft eine einheitliche Frageebene, auf der die Welt in eins mit dem welterfahrenden und weltgestaltenden Leben des Einzelnen und der Gemeinschaft in den Blick rückt. ,,Die phänomenologische Methode bewegt sich durchaus in Akten der Reflexion.''[5] Am Anfang steht die Weigerung, von der fertigen Wirklichkeit her das sinnenthüllende Geschehen selbst zu einer solchen zu degradieren. Innerhalb der so gewonnenen Sinnsphäre geht es nicht mehr um Wirklichkeit oder Nichtwirklichkeit, sondern um eine *Zentrierung*, die Verhältnisse der Über- und Unterordnung oder der wechselseitigen Zuordnung schafft; das gilt auch für mein Verhältnis zu den Andern.

Die Parallele von Selbst- und Fremderfahrung bereitet den Boden für den Versuch, die Mitursprünglichkeit der Andern nicht in ihrem Auftreten als Gegenstand, sondern in ihrem Auftreten als Mitsubjekt zu suchen. Die formal-einheitliche Struktur der Subjekterfahrung bildet die Klammer zwischen unserer Vorbetrachtung und der späteren Hauptbetrachtung. Deren Grundlinien zeichnen sich bereits ab, wenn wir zunächst einen Aufriß geben von den *Formen des Selbstverhältnisses*, ausgehend vom ursprünglichen Weltverhalten und endend bei dem Versuch einer direkten Selbstbemächtigung.

Der Versuch, die Selbsterfahrung in sich zu vollenden, zeigt deren unüberwindliche *Grenze* an. Diese läßt es fraglich erscheinen, ob die Analogie von Selbst- und Fremderfahrung einzig von der ersteren her zu entschlüsseln ist. Für Husserl wird die ,,Selbstreflexion'' zur ,,einzigen Urgestalt'' der Subjekt-Reflexion.[6] Der Andere ist ein ,,anderes Ich'', die Gemeinschaft eine Abart der ,,Gemeinschaft mit mir selbst''. Der *rocher de bronze* für die Selbstvergewisserung und die Egozentrik besteht in der Identität von

---

[4] Vgl. *Erste Philosophie* II, S. 408, ähnlich *Erste Philosophie* I, S. 265; es gibt also Reflexionen, ,,die nicht Reflexionen des Reflektierenden auf sich selbst sind'' (ebd. S. 262).

[5] *Ideen* I, S. 177.

[6] *Erste Philosophie* I, S. 263.

erkennendem und erkanntem Ich. Ließe sich zeigen, daß die eigene Identität nicht absolut in sich befestigt ist, daß dem Ich vielmehr ein Moment der Fremdheit innewohnt, wodurch sein Leben durchlässig wird für Welt und Mitwelt, so würde sich das Privileg der Selbsterfahrung einschränken. Die Fremderfahrung erhielte ein eigenes Privileg, und es legte sich am Ende nahe, das analoge Verhältnis auch umgekehrt zu betrachten. Damit kündigt sich eine Gleichursprünglichkeit aller Subjekte an als eine Möglichkeit, die im Dialog Wirklichkeit wird.

Der leitende Gesichtspunkt dieser Vorbetrachtung ist die *Offenheit des Ich*, zunächst die Offenheit des Ich für eine Welt, die nicht sein Besitz, sondern sein Gegenpart ist, und im Zusammenhang damit die Offenheit des Ich und seiner Welt für Andere, die seine Partner sind. Welterfahrung und Selbsterfahrung bilden für Husserl die tragenden Fundamente der Fremderfahrung; diese Fundamente sind zu überprüfen, nachdem sich ihre mangelnde Tragfähigkeit erwiesen hat. Es bleibt die Frage nach dem ,,wahren Selbst'' und der ,,wahren Welt.''[7]

2. Die Grundspannung von Reflexion und Leben

Von mir selbst kann ich nur uneigentlich reden, ich bin es, und bin es auch wieder nicht; Lebensvollzug und reflexive Aufhellung fallen nie schlechtweg zusammen. Ist die Selbstbesinnung einmal erwacht, so hat sie zu rechnen mit der unaufhebbaren Spannung zwischen Reflexion und Lebensvollzug. Dabei sind beide Spannungspole nicht äußerlich verknüpft, sondern jeder verweist in sich selbst auf seinen Gegenpol.

Selbstwahrnehmung als *Reflexion* setzt ihrem Wesen nach ein unreflektiertes Bewußtsein voraus, das als solches reflektiert wird.[8] Sie selbst ist keine ursprüngliche, sondern eine *modifizierte* Bewußtseinsweise, und sie gewinnt daher keinen eigenen beherrschenden Stand, sondern bleibt ein ,,unselbständiges Moment'' in der Einheit einer ,,einzigen konkreten cogitatio.''[9] Doch nicht nur von ihrem Gegenstand her, sondern auch in ihrer eige-

---

[7] Vgl. *Erste Philosophie* II, S. 283.
[8] Vgl. hierzu und zum folgenden *Ideen* I, §§ 38, 45, 77, 78, II, §§ 23, 57, *Cart. Meditationen*, S. 132 und öfters.
[9] *Ideen* I, S. 85–86.

nen Vollzugsweise erweist sich die Reflexion als relativ. Da sie sich
selbst wiederum unreflektiert vollzieht, ist sie nicht mehr als ,,ein
besonderer Modus des ,Ich lebe' im allgemeinen Zusammenhang
des Ichlebens.''[10] Doch umgekehrt gilt auch, daß ich um das *präreflexive* Leben ausdrücklich nur weiß durch Reflexion und daß
ferner dieses Leben prinzipiell reflektierbar, daß es ,,wahrneh-
mungsbereit'' ist.[11] Die Naivität des Lebens ist der Möglichkeit
nach immer schon gebrochene Naivität.

Die Spannung, die dieser widerstrebenden Einheit innewohnt,
läßt sich nicht auflösen, weder im Rückgang zu einer ungebrochenen Naivität, noch im Aufstieg zu einer alles durchdringenden
Reflexion. Das Leben trägt s c h o n die Möglichkeit der Reflexion
in sich, die Reflexion ist n o c h unmittelbares Leben; beides
kommt nie zur Deckung; nur Akzentuierungen sind möglich, die
ein Moment hervor- und das andere zurücktreten lassen.[12]

Vorweg erörtern wir kritisch die Rolle, die diese Spannung im
Gesamtgefüge des Husserlschen Denkens spielt. Dabei fällt ein
neues Licht auf die Schwierigkeiten einer einseitig egologisch orientierten Grundlegung, von denen wir ausgingen, und Ansätze
zu einer Korrektur werden sichtbar.

3. Befreiung aus den Fesseln der natürlichen Einstellung

Lebe ich nicht in der transzendentalen Einstellung, wo ich auf
Erlebnissinn, Erleben und Erlebnissubjekt reflektiere, so bin ich
geradehin anderem zugewandt, ich lebe in der *natürlichen Einstellung* in die Welt hinein als in den Horizont alles Wirklichen
und Möglichen. Es gilt die Alternative: Ich bin bei der Welt
selbst oder bei mir und der Welt als meiner, implizit auch bei den
Andern und der Welt als unserer. Doch mit dieser einfachen Entgegensetzung ist es nicht getan, die natürliche Einstellung bedarf
einer weiteren Klärung. Was heißt hier ,,natürlich''? Inwiefern
ist diese Einstellung auf die Welt beschränkt? In welchem Sinne
bin ich darin ,,bei der Welt''? Die letzte Frage läßt eine Zweideutigkeit ahnen, die wichtige Konsequenzen hat.

[10] *Ideen* II, S. 248.
[11] *Ideen* I, S. 104.
[12] Vgl. dazu ausführlicher: G. Brand, *Welt, Ich und Zeit. Nach unveröffentlichten Manuskripten Edmund Husserls*, Den Haag 1955, §§ 13–14;
Broekman, a.a.O. Kap. IV.

„Natürlichkeit" meint einmal die *Ursprünglichkeit* eines Lebens, dessen Ausrichtung nicht erst einer freien Wahl oder künstlichen Verrichtung entspringt. Ich habe immer schon meine Stellung in der Welt, wenn ich ausdrücklich Stellung nehme, „ich brauche nicht erst in ihr Posto zu fassen."[13] Diese Grundeinstellung, die Husserl mit Platon als „Doxa", mit Hume als „Glauben" bezeichnet, bedeutet eine Urpassivität, in der ich immer schon und immerfort bei der Welt bin, und dies vor aller tätigen Befragung und Vergewisserung, vor jeder Position und Negation.[14] Die transzendentale Befragung erscheint mithin wie jegliche Methodik als künstlich und unnatürlich.[15] Wie jede Einstellung so ist auch die natürliche Einstellung zur Welt kein expliziter Akt, sondern ein *impliziter Grundakt*, der durch alle Einzelerfahrungen hindurchgeht, und darüberhinaus ist sie kein partikulärer, sondern ein *universaler Grundakt*, der selbst noch alle Erfahrungsweisen, alle Sondereinstellungen durchdringt und zusammenhält; sie wird zur „natürlichen, unreflektierten, unphilosophischen Einstellung des Lebens."[16]

Doch „Natürlichkeit" besagt noch mehr als die Ursprünglichkeit der Lebensausrichtung, sie bezieht sich auch auf die *Zielgerichtetheit* selbst; nicht nur geht alles bewußte Verhalten von einem faktischen Außer-sich-sein aus, sondern es ist selbst ein intentionales Aus-sich-heraus-gehen. Insofern ist das, was in der natürlichen Einstellung gegenwärtig wird, Arché und Telos allen Verhaltens. Vollends deutlich wird dies im Vergleich mit der Gegenform. Die transzendentale Einstellung ist nicht nur unnatürlich im Sinne des Künstlichen, sondern auch im Sinne des Widernatürlichen, da sie „die völlige Umkehrung der natürlichen Lebenshaltung ... in eine ‚unnatürliche'" darstellt.[17] Da freilich die transzendentale Betrachtung das natürliche Welterleben seinem eigenen Sinn nach beschreiben will, hält sie sich zunächst an dessen Ausrichtung; Ausgang der anfänglich noematischen

---

[13] *Ideen* I, S. 390; diese Einstellung ist ein „dauernd Bestehendes" (ebd. S. 63). Vgl. auch die historische Deutung dieser „ursprünglichen Einstellung" in: *Krisis*, S. 327.
[14] Vgl. *Ideen* I, §§ 103–06.
[15] Vgl. dazu *Ideen* II, S. 180, 183.
[16] *Cart. Meditationen*, S. 59.
[17] *Krisis*, S. 204, ähnlich S. 251; als „widernatürlich" bezeichnet Husserl die Reflexion in den *Log. Untersuchungen* II/1, S. 9, 11.

Reflexion ist im einzelnen der „jeweils geradehin gegebene Gegenstand", im ganzen die „schlicht gegebene Lebenswelt."[18] Doch aufs weitere gesehen steht die transzendentale Einstellung quer zur natürlichen, da sie eine „universale Interessenwendung" bedeutet.[19] Die Vermittlung beider Einstellungen bleibt problematisch.

Das *Woraufhin* der natürlichen Einstellung ist einzig und allein die *Welt*. „Das natürliche Leben ist, ob vorwissenschaftlich oder wissenschaftlich, ob theoretisch oder praktisch interessiertes, Leben in einem universalen unthematischen Horizont. Das ist in der Natürlichkeit eben die immerfort als das Seiende vorgegebene Welt."[20] Auch ich selbst und die Andern gehören als menschliche Subjekte diesem Universum an. Die natürliche Einstellung ist also stets *Weltleben*, der Seins- und Erfahrungsglaube stets Weltglauben. Alles, was dieses Universum übersteigt, ob ich und die Andern, die wir die Welt erfahren, ob das Absolute, in dem die Teleologie dieses Erfahrungsgeschehens gründet, enthüllt sich der transzendentalen Reflexion, die das in seine Naivität verschlossene intentionale Leben aufschließt.[21] Es bleibt fraglich, ob der Weg in die Subjektivität primär zu mir selbst führt, gewiß führt er auch zu mir angesichts einer Subjekterfahrung, die einheitlich alle Glieder der offenen Subjektgemeinschaft umgreift; in dem umfassenden Begriff der Reflexion ist diese Voraussetzung enthalten. Wenn dies aber gilt, dann kann unmöglich der geschlossene Welthorizont an einer Stelle durchlässig werden, ohne daß er zugleich als ganzer aufgesprengt würde. So ist es undenkbar, daß etwa fremde Subjekte als wirkliche Subjekte von sich selbst her begegnen, ohne daß sich zugleich die Welt auf neue Weise darstellt und den Blick freigibt auf mehr als sie selbst. Und sollte diese Möglichkeit sich verwirklichen, was wird dann aus der anfänglichen natürlichen Einstellung? Damit rühren wir an die nächste Frage.

Wie sind wir in der natürlichen Einstellung bei der Welt? Offensichtlich müssen wir mit Husserl unterscheiden zwischen einer weltlichen Einstellung vor und nach der transzendentalen

---

[18] *Cart. Meditationen*, S. 87, *Krisis*, S. 175.
[19] *Krisis*, S. 149.
[20] Ebd. S. 148.
[21] Vgl. ebd. S. 212–13.

Blickwende.[22] Husserls Anstrengung war zeitlebens darauf gerichtet, einen rechten philosophischen Anfang zu machen, den Boden einer letztgültigen Erfahrung zu gewinnen. Daher äußert er sich viel mehr über das zu überwindende Vorher als über das in Aussicht stehende Nachher eines Lebens in der Welt.

Durchweg ist es eine *anfängliche ungebrochene Naivität*, die der natürlichen Einstellung zugeschrieben wird. Sie ist nicht bloß gekennzeichnet durch die Selbstvergessenheit einer *Hingabe* an die Welt, sondern darüberhinaus durch die Selbstvergessenheit einer *Verlorenheit* an die Welt. Selbsthingabe ist zugleich Selbstverlorenheit, Welthingabe zugleich Weltverlorenheit.[23] Vor der philosophischen Selbstbefreiung ist jegliches Sein b e i der Welt verfälscht zu einem bloßen Sein i n n e r h a l b der Welt, die „natürliche objektive Einstellung" krankt am „Objektivismus" des natürlichen, doch keineswegs gesunden Menschenverstandes.[24] An dieser prinzipiellen Naivität partizipieren alle nichtphilosophischen Lebens- und Kulturformen, sei es die alltägliche und mehr als alltägliche Praxis, seien es Wissenschaft, Kunst und positive Religion, das gleiche gilt auch für den mangelnden Radikalismus der traditionellen Philosophie.[25] Das schließt nicht aus, daß in all dem bereits wahre Ideen latent fungieren, andernfalls fehlte jedes Motiv, die Weltverlorenheit zu überwinden, und jedes Recht, die weltlichen Ziele in ein philosophisch geführtes Leben zu integrieren. Die Frage ist nur, wie sich dieses Mehr zu Wort meldet.

Die Gleichsetzung von Objektivität und Objektivismus, die Husserl für alles außengerichtete Leben vornimmt, läßt eine weitere Erklärung zu. Alles Weltverhalten ist für Husserl *welt-*

22 Vgl. dazu *Krisis*, S. 138–40, 179–80 sowie § 59: „Die Psychologie ‚vor' und ‚nach' der phänomenologischen Reduktion."
23 Vgl. zu diesen Termini: *Erste Philosophie* II, S. 77, 88–90, 121; „Selbstvergessenheit" besagt hier anfängliche Vergessenheit, wie sie der platonischen Anamnesis vorausgeht, Husserl spricht daher häufiger von „Latenz" (vgl. die Selbstkorrektur ebd. S. 90) oder von „Selbstverhüllung" (ebd. S. 77). Fink kennzeichnet die natürliche Einstellung als „Situation der Selbstentfremdetheit des Geistes" („Was will die Phänomenologie E. Husserls", in: *Studien zur Phänomenologie*, S. 176).
24 Vgl. *Krisis*, S. 183, 204, 339.
25 Vgl. dazu etwa *Erste Philosophie* II, 28.–30. Vorl., *Logik*, Einleitung, *Cart. Meditationen*, § 64, *Krisis*, pass.; dogmatische und phänomenologische Einstellung werden schon in den *Ideen* I, §§ 26,62 kontrastiert.

liche Praxis im Sinne einer Konstitution, der jegliches Seiende als ihr Gebilde entspringt.[26] In diesem Prozeß bin ich nicht theoretisch interessiert am Hervorbringen, an der Konstitution und ihren Leistungen als solchen, sondern ich bin praktisch interessiert am Hervorgebrachten; dieses konstituiert sich zwar in mir, tritt mir aber doch als „fertig" entgegen, solange ich in meinem Werk aufgehe und den sinngebenden Grund unbeachtet lasse.[27] Was mich fesselt und bestrickt, ist also nichts Fremdes, auf das ich immerhin frei antworten könnte und das vielleicht selbst die befreiende Distanzierung provozierte, so im Falle einer fremden Person, die einen Anspruch auf Erwiderung erhebt, gefesselt bin ich vielmehr durch mein eigenes „Produkt", durch mein Konstitut. Aus dieser Fessel befreit nur der Bruch mit dem direkten Lebensvollzug; denn nicht die Art und Weise, w i e ich nach außen gerichtet bin, sondern bereits die Tatsache, d a ß ich nach außen gerichtet bin, bewirkt den Selbstverlust. „Nur wenn der Geist aus der naiven Außenwendung zu sich selbst zurückkehrt und bei sich bleibt, kann er sich genügen."[28] Ausgehend von der ‚Bewußtseinspraxis' und ihren ‚Werken' etabliert sich so das Ich als „uninteressierter Zuschauer"; es kündigt alle weltlichen Interessen auf zugunsten des „ihm einzig verbleibenden Interesses, zu sehen und adäquat zu beschreiben."[29] Nur die *reine Theorie* vermag also das Ich aus seiner Selbstverlorenheit zu erlösen, eine Theorie, die einen durch und durch reflexiven Charakter hat.

Husserl weiß zu gut, daß jede Reflexion bezogen bleibt auf ein präreflexives Leben und daß daher auch diese Theorie nicht schlechthin sich selbst genügt. „Alle transzendentale Erfahrung setzt natürliche voraus, ist eine Umbiegung der natürlichen . . ."[30]

---

[26] In diesem Sinne spricht Husserl auch von einer „idealen" und „theoretischen Praxis" (vgl. z.B. *Krisis*, S. 23, 113) und von einer „in einem weitesten Sinne praktischen Vernunft" (*Cart. Meditationen*, S. 111); vgl. auch den Begriff der „Erzeugung" (*Logik*, § 63).

[27] „Im schlicht natürlichen Leben terminieren alle Zwecke in ‚der' Welt" (*Krisis*, S. 180); umgekehrt zu dieser naiven Sinnbildung ist die transzendentale Reflexion ein „Zurückgehen von einem ‚Fertig-Seienden' auf seine intentionalen Ursprünge" (ebd. S. 171).

[28] Ebd. S. 345–46.

[29] *Cart. Meditationen*, S. 73. Nähe und Ferne zu Hegel, wie Husserl ihn versteht, verrät eine Notiz: „Der Philosoph ist . . . nur Zuschauer des objektiven Ganges der Vernunft" (*Erste Philosophie* I, S. 410).

[30] *Erste Philosophie* II, S. 488; vgl. auch *Ideen* III, „Nachwort" S. 148: zum Ausgang der „transzendentalen Umstellung", ebenso *Krisis*, S. 154.

Was aber vorausgesetzt ist, kann im Fortschreiten nicht verloren gehen; es stellt sich die Frage nach einer *fortdauernden gebrochenen Naivität*. Bereits innerhalb der transzendentalen Forschung geschieht ein ,,Rückgang zur Naivität des Lebens, aber in einer über sie sich erhebenden Reflexion''. Der ,,Bruch der Naivität'' bedeutet keine ,,völlige Abwendung'' von den natürlichen Lebensinteressen und der Lebenswelt, da sie ja im Gegenteil zu explizieren sind.[31] Doch mit dem theoretischen, unbeteiligten Rückgang auf das Leben ist es nicht getan; denn das präreflexive Leben ist nicht nur Objekt der Reflexion, sondern der Reflektierende ist zugleich Subjekt dieses Lebens. Auch die transzendentale Epoché ändert nichts an dem ,,in der personalen Subjektivität fortwerdenden und fortgeltenden Interesse.''[32] Um einen begründeten Anspruch auf völlige Autarkie zu erheben, müßte der Philosoph in der Lage sein, nicht nur alle weltlichen Interessen, seien sie theoretisch oder praktisch, zu verstehen, sondern sie auch als Interessen zu absorbieren. Soweit geht Husserl keineswegs, da er der Philosophie den Charakter eines zwar führenden, aber doch besonderen Berufes zuspricht mit eigenem Berufsinteresse, eigener Berufszeit und eigenen Berufsvertretern.[33] Damit stellt sich das Problem eines beteiligten Rückgangs in das Leben. Kehre ich in meine Rolle ,,als Mensch in meiner Menschheit, in meiner Welt'' zurück, so gilt: ,,Die alte Naivität kann ich nie mehr erlangen, ich kann sie nur verstehen''. Vor dieser Naivität bewahrt mich das ,,Einströmen'' der transzendentalen Einsichten in mein natürliches Leben; ,,meine transzendentalen Einsichten und Bezweckungen sind dann nur inaktuell geworden, sie sind aber weiter meine eigenen.''[34] Fortan bin ich mir dessen bewußt, daß ich mehr bin als bloßes Glied der Welt. Welt und menschliches Dasein in der Welt haben nun einen ,,neuen Sinn''; dieser rührt her von der miterlebten Beziehung auf mich und die Andern, von einem Wissen, das mich vor einer erneuten Selbstverlorenheit bewahrt.[35]

[31] Vgl. *Krisis*, S. 60, 213, 179–80.
[32] Ebd. S. 140 ähnlich S. 154, 263.
[33] Ebd. § 35; die philosophische Vernunft ist sozusagen das ,,fungierende Gehirn'' der Menschheit (S. 338).
[34] Ebd. S. 214, ähnlich S. 267, wo von einem ,,Rückgang in die natürliche, obschon jetzt nicht mehr naive Einstellung'' die Rede ist.
[35] Ebd. S. 275; dem entspricht die Charakterisierung der Epoché als

Der Vermittlung von Leben und Reflexion in einem reflexiv aufgehellten Leben entspricht die *Vermittlung von Theorie und Praxis,*" die im Übergang von theoretischer zu praktischer Einstellung sich vollziehende Synthesis der beiderseitigen Interessen", eine „Synthesis der theoretischen Universalität und der universal interessierten Praxis."[36] Die Praxis öffnet sich dem, was die theoretische Vernunft entdeckt, und diese erhält damit eine „übertheoretische Menschheitsfunktion", nämlich die „Funktion der Vermenschlichung des Menschen"; am Ende wird die Unterscheidung in theoretische, praktische und ästhetische Vernunft überhaupt hinfällig.[37]

Die Alternativfrage, mit der wir diese Überlegungen einleiten, hat sichtlich an Kraft verloren. Wie bin ich in der natürlichen Einstellung bei der Welt? Vor dem Einbruch der transzendentalen Frage bin ich an die Welt verloren, nach dem Einbruch bin ich im Grunde gar nicht mehr bei der Welt, sondern ich bin und bleibe bei mir selbst, der ich alles in mir schließe. Die Rückkehr in die natürliche Einstellung ist nur *cum grano salis* zu verstehen als vorübergehende Abwendung von mir als dem Sinngrund, denn zurückgelassen habe ich ja nichts, zu dem ich wirklich zurückkehren könnte. Die Unterscheidung, die wir getroffen haben zwischen Weltverlorenheit und Welthingabe, Selbstverlorenheit und Selbsthingabe, bleibt ohne Wirkung, sofern wir Husserl zu folgen bereit sind. Kann uns aber anderes davon abhalten als das vage Bedürfnis nach einer „Rettung in die vorphilosophische Naivität?"[38]

4. Streit um das Eigenrecht der natürlichen Einstellung

Die Natürlichkeit der natürlichen Einstellung, so stellten wir fest, bezeichnet nicht nur deren Ursprünglichkeit, sondern auch deren Zielgerichtetheit. Der ungebrochenen Naivität einer außen-

einer „völligen personalen Wandlung" (S. 140). Zum Ganzen vgl. auch Husserls Antwort auf „die vermeintliche Schwierigkeit, daß man in der ἐποχή verbleibend, ‚nie zur Welt zurückkommt'" (*Erste Philosophie* II, Beil. XXX).

[36] *Krisis*, S. 329.

[37] *Logik*, S. 29, *Krisis*, S. 429, 275. Vgl. hierzu überhaupt die zahlreichen Passagen zum Thema der praktischen Verantwortung in der *Ersten Philosophie* II und in der *Krisis*.

[38] *Krisis*, S. 433.

gerichteten Weltpraxis macht die transzendentale Reflexion ein
Ende. Diese Umstellung bedeutet jedoch mehr als einen dialek-
tischen Gegenzug zu dem, was ihr vorausgeht, sie soll eine radikale und endgültige Umkehrung der Lebensrichtung bewirken.
Ist ein solches Leben in der Reflexion aber imstande, die Ziele
der natürlichen Praxis wahrhaft zu integrieren? Unter diesem
Gesichtspunkt wollen wir die vorgeschlagene Vermittlung von
Leben und Reflexion, von Praxis und Theorie nochmals überprüfen.

Das erneuerte Leben in der Welt und mit den Andern ist für
Husserl ein Leben vernünftiger *Selbstverantwortung*. Das besagt
zweierlei. Einmal weiß ich mich als *Ursprung* meiner Akte auf
Grund eines habituellen, reaktualisierbaren Bewußtseins meiner
sinnenthüllenden Freiheit. Eine schlechthinnige Verantwortungs-
losigkeit kann es nicht mehr geben; den Verlust meiner Freiheit
erführe ich an mir selbst, den Verzicht auf sie müßte ich selbst
noch verantworten. Fortan gibt es nur noch eine Geschichte des
Selbst mitsamt ihrer Vor- und Nachgeschichte und ihrer drohen-
den Verfallsgeschichte. Der Gewinn einer neuen Lebenshaltung
und eines neuen Lebenssinnes ist definitiv. Doch diese Bestimmung reicht nicht aus. Ich habe mich zu verantworten, doch wo-
für? Für das, was ich anstrebe. Das verantwortliche Leben ist
erst voll charakterisiert, wenn sein *Ziel* angegeben ist. Nun betrachtet Husserl die individuelle und gemeinsame Geschichte
nicht nur als ein Leben aus Vernunft, sondern als ein Leben auf
Vernunft hin. Als ,,Vernünftigseinwollen'' ist es zugleich ein
,,Sich-selbst-wollen'', da ich der Träger Vernunft bin; dieser
Vernunftwille betrifft ursprünglich mich selbst, implizit auch
alle Andern; er kulminiert in der Philosophie, wo die Vernunft
ausdrücklich sich selbst will.[39] Selbstverständnis und Selbstverwirklichung bilden nicht etwa nur das Gegengewicht, das die
Hingabe an Anderes und Andere aus der Selbstverlorenheit befreit und vor erneutem Selbstverlust bewahrt, sie tragen das
Hauptgewicht. Die ,,Vergessenheit'' oder ,,Verschlossenheit'' der
natürlichen Einstellung bedeutet primär eine Verschlossenheit
meiner selbst, von dem aller Sinn ausgeht; dem entspricht im
transzendental gereinigten Leben die Offenheit und das Offenhalten in Treue zu sich selbst. In der ,,Unendlichkeit des Lebens

39 Vgl. *Krisis*, S. 275, 429.

und Strebens auf Vernunft hin" kehrt das Ich zu seinem Ursprung zurück; denn Vernunft besagt das, „worauf der Mensch
als Mensch in seinem Innersten hinaus will"; nur die Faktizität
des Sich-vorweg-seins rückt das Ziel in eine unaufhebbare, aber
als solche durchschaubare Ferne.[40]
Die transzendentale Reduktion und Reflexion ist nach all dem
mehr als ein aufhellender und vermittelnder Zwischenakt, sie
wächst sich aus zum *Grundakt* eines wahren Lebens, da sie Ursprung und Ziel verbindet in Gestalt einer zwar unabgeschlosse-
nen, aber in sich geschlossenen „absoluten Reflexion."[41] Die zwei-
deutige Rede von einer gebrochenen, verstandenen Naivität enthüllt nun ihren Sinn. Soll Naivität der Erfahrung mehr besagen
als Fesselung durch das Gegebene, nämlich Offenheit für Neues,
Überraschendes, Unvorhersehbares, Unbezähmbares, so hat sie
in der außengerichteten Erfahrung keinen rechten Platz mehr.
Alle Fremdheit entpuppt sich als verkannte Eigenheit oder als
deren Modifikat. Was kann Naivität dann noch anders besagen,
als daß ich mich selbst überrasche? Nur weil konstitutives Leben
und reflexive Auslegung nie zur Deckung kommen, bleibt ein
Rest von *transzendentaler Naivität.* Das fungierende Ich, das sich
selbst voraus ist, bildet seine Welt nicht in einem Tun, das sich
selbst zum Thema hat, sondern die Welt bildet s i c h im fungierenden Leben, das daher auch als „Stätte" der Sinnbildung bezeichnet wird.[42] Dieses „naiv vorgebende Bewußtsein"[43] wird lediglich als solches durchschaut. Desgleichen behält diese reflexive
Schau ihre eigene Weise der Naivität, die wiederum in einer
wiederholten Reflexion der Reflexion, einer Kritik der Kritik
als unaufhebbar erwiesen wird.[44] Alles konzentriert sich am Ende

[40] Vgl. ebd. S. 272–75. Die „Teleologie", die noch ausführlicher zu
untersuchen wäre, spielt eine entscheidende Rolle in den E-Manuskripten.
Vgl. dazu das erwähnte Werk von Paci mit seiner eigenwilligen Deutung.
[41] Transcr. (nach 1930) A V 5, S. 21; hier werden drei Stufen unterschieden: schlichtes Dahinleben, explizites Zielbewußtsein, höchste Ziel-
kritik, einmündend in ein „Sich-selbst-wollen" (vgl. S. 20–22).
[42] Zum Sichbilden, Sichmachen, Sichkonstituieren vgl. *Logik*, S. 147,
Cart. Meditationen, S. 117, 123; zum Bewußtsein als Stätte oder Urstätte
vgl. z.B. *Krisis*, S. 102, 116, *Erste Philosophie* I, S. 167.
[43] *Krisis*, S. 70.
[44] Vgl. *Cart. Meditationen*, §§ 13, 63, *Logik*, § 102, *Krisis*, S. 185. Vgl.
dazu L. Eley, *Die Krise des Apriori in der transzendentalen Phänomenologie
Edmund Husserls*, Den Haag 1962, *Phaenomenologica* 10, S. 14: „Das
transzendentale Leisten spaltet sich in Leisten und Thematisieren."

auf das reine Bewußtsein als das „Wunder aller Wunder.''[45] Jegliche Naivität, die zu verstehen wäre als eine Offenheit für Fremdes, das ich nicht von mir selbst erwarte, das vielmehr mich erwartet, entspringt lediglich einer anfänglichen Selbstverblendung oder einer vorübergehenden Selbstabblendung.[46]

Dieser totalen Reflexion läßt sich auf ihrem eigenen Boden schwerlich etwas entgegensetzen, was ihre Allgewalt brechen könnte, es sei denn der Hinweis darauf, daß sie eben nur Reflexion und Theorie ist. Wie schon gesagt, leugnet Husserl nicht, daß die Interessen der natürlichen Einstellung fortdauern, die transzendentale Reflexion führt daher zu einer *Ichspaltung*.[47] Weltliche Praxis und philosophische Theorie entfalten nicht nur ihr Eigenleben, sie entfalten es auch in entgegengesetzter Richtung. Als natürliches Ich bin ich immer auch interessiert an der Wirklichkeit dessen, was mir begegnet; als phänomenologisches Ich bin ich nie an der Wirklichkeit selbst interessiert, sondern nur daran, was Wirklichkeit bedeutet. Ein Beispiel: Für mich als bedürftiges Leibwesen, als produzierenden Arbeiter, als Sozialpolitiker, als Entwicklungsstrategen kommt es darauf an, daß genügend Nahrungsmittel vorhanden sind und daß sie gerecht verteilt werden. Diese Trivialität berücksichtigt Husserl so: „Breche ich (sc. meine phänomenologischen Forschungen) ab, so bin ich wieder natürlicher Mensch und setze mein natürliches Leben fort.''[48] Die Schwierigkeit liegt aber gerade in diesem Bruch; die außengerichtete Praxis bringt mich der Ursprungssphäre nicht näher, während die innengerichtete Theorie die Lebensinteressen nicht in sich aufzunehmen vermag. Diese

---

[45] *Ideen* III, S. 75.

[46] Erst bei der Rückkehr in die natürliche Einstellung geschieht es, daß „das immer Neue, das Erfahrung und sonstige Bewußtseinsaktion beibringt, sich mit der zeitweise unterbrochenen schlichten Geltung zur Einheit einer Geltung verknüpft'' (*Phän. Psychologie*, S. 472). Gewiß heißt es im Hinblick auf positive Wissenschaft und Religion: „Die Naivität wird überwunden, aber Naivität wird auch, nämlich in allen ihren echten Evidenzen, gerechtfertigt'', überwunden wird ihre „verborgene ‚Relativität''' (Transcr., 1930, E III 4, S. 58–59), wobei sie jedoch ihr Recht einseitig von der absoluten Reflexion entlehnt.

[47] Vgl. *Cart. Meditationen*, S. 73 sowie *Erste Philosophie* II, S. 424: Ich fasse einen Entschluß, der „mein ganzes künftiges Leben scharf in zwei sich durchsetzende Schichten spaltet und korrelativ mein personales Ich spaltet''.

[48] Ebd. S. 425.

Schwierigkeit sieht Husserl durchaus, wenn er sich wehrt gegen den Vorwurf einer „doppelten Wahrheit", einer objektiven und einer subjektiven, sowie gegen die Gefahr einer „Abschnürung" des theoretischen Lebens vom praktischen und ein „Zerfallen des konkreten Lebens des Theoretikers in zwei zusammenhanglose . . . Lebenskontinuitäten."[49] Doch eine dialektische Vermittlung von natürlicher und transzendentaler Einstellung, die der Voraussetzungslosigkeit der letzteren zuwider liefe, kommt Husserl nicht in den Sinn. Besagte Spaltung vollzieht sich für ihn im absoluten Ich.[50]

Die schon erwähnte Synthesis von Theorie und Praxis soll zustande kommen durch eine Wandlung der gesamten Praxis; dabei wird die *äußere*, alltägliche, natürliche, relativ-situationshafte Lebenspraxis geläutert zu einer *inneren*, höheren, universalnormativen Praxis, einer Praxis aus Einsicht, in der die endliche Praxis sowohl kritisiert wie über sich selbst hinausgehoben wird.[51] Wiederholt beruft Husserl sich auf den platonischen Weg von den unvollkommenen Erscheinungen zu deren Idee, auf dem ja bekanntlich ebenfalls eine Umwendung (περιαγωγή) stattfindet, doch bleibt hier ein wichtiger Unterschied; der Aufstieg zu den Ideen, der bei Platon Stufen der Wirklichkeit durchläuft, verwandelt sich bei Husserl in einen Rückstieg, der direkt auf das Ich zuläuft.[52] Den Chorismos, der sich innerhalb des eigenen Lebens auftut in Gestalt einer gegenläufigen Bewegung von Leben und Reflexion, schließt Husserl derart, daß er das „äußerlich absichtliche Handeln" in der Welt selbst zu einem „Konstituierten" macht.[53] Das besagt, die äußere Praxis, die sich von der inneren absetzt, verdankt ihre relative Eigenständigkeit lediglich

---

[49] *Krisis*, S. 179, 329.

[50] Vgl. *Erste Philosophie* II, S. 427.

[51] Vgl. *Krisis*, S. 328–34; zu dieser Differenzierung der Praxis, die auf Platon zurückgeht (*Politeia* IV, 443 c–d: τὴν ἔξω πρᾶξιν und τὴν ἐντός), vgl. bereits *Phil. als strenge Wissenschaft* (s.o.I, 6), außerdem: *Erste Philosophie* I, S. 259, 292 ff., *II*, S. 203 ff., 295 ff., 323 ff. usf. In Transcr. (1930–34?) E III 1, S. 3 bezeichnet Husserl als „innere Praxis" jene, „die das eigene und das menschheitliche Sein überhaupt teleologisch zu gestalten sucht".

[52] Vgl. ausdrücklich *Erste Philosophie* II, S. 13, zur περιαγωγή: *Politeia* VII, 518c–d, 521c.

[53] Vgl. *Krisis*, S. 180; in diesen Zusammenhang gehört auch die Unterscheidung von „Erzeugung" als Konstitution und als handelndem Hervorbringen (*Logik*, § 63), die in dieser Form keineswegs selbstverständlich ist.

einer bestimmten Selbstauffassung des transzendentalen Ichs, nämlich einer Selbstvergessenheit, die in der transzendentalen Reflexion rückgängig gemacht wird. Ich verstehe dann „die einseitig verschlossene natürliche Einstellung als eine besondere transzendentale, als die einer gewissen habituellen Einseitigkeit des gesamten Interessenlebens", und in diesem Verstehen enthüllt sich das transzendentale Ich als „konstituierende Gegenseite" des äußerlich handelnden Ich, womit „meine volle Konkretion" hergestellt ist.[54]

Da die Einseitigkeit einzig der natürlichen, die Vollständigkeit einzig der transzendentalen Einstellung beigelegt wird, geht die Vermittlung allein auf Kosten der ersteren. Man mag uns noch so oft versichern, nichts gehe verloren, entscheidend ist doch, wie die fraglichen Momente gewahrt sind. Husserl sieht genau, daß die natürliche Praxis mit allem, was sie bewegt, nur dann Aussicht hat, ihre Eigenrechte ungeschmälert zu behaupten, wenn sie nicht bloß in ein neues Wissen integriert wird, sondern in ein neues Leben, das zugleich eine neue Praxis darstellt. Eine solche Integration versucht Husserl, indem er die antike Konzeption einer Theoria, die als βίος θεωρητικός mehr ist als bloßes Wissen, erneuert. Doch der einseitig reflexive Charakter einer transzendentalen Theorie, die nichts gelten läßt als das Für-mich alles Wirklichen, hat diese integrative Kraft nicht. Das kritische Verstehen des weltlichen Handelns und Erkennens ist allemal mehr, aber auch weniger als dieses selbst, weil das weltliche Verhalten nicht nur zu verstehen ist, sondern umgekehrt auch immer aufs neue beibringt, was zu verstehen ist; von einer einseitigen „Konstitution" kann keine Rede sein, es sei denn, ich betrachte die natürliche Vorgeschichte, die in der transzendentalen „Umstellung" impliziert ist, als pure Selbstverlorenheit, wie Husserl es tut.[55] Diese Bagatellisierung der Vorgeschichte bringt un-

---

[54] *Krisis*, S. 209, 214. Damit ist für Husserl dem eigentümlichen Recht der „natürlich-vernünftigen Lebenstätigkeit" Genüge getan (vgl. *Erste Philosophie* I, S. 246) und dem Einwand begegnet, daß er an die „ursprünglich-konkrete, die praktisch-tätige Subjektivität und an die Probleme der sogenannten ‚Existenz'" nicht herankomme (vgl. *Ideen* III, „Nachwort" S. 140).

[55] Vgl. *Erste Philosophie* II, S. 475–76: „Was wir kritisieren sollen, muß schon dasein ... Das Leben als ein leistendes geht voran ...", die Vorgegebenheit der Welt ist die naiv erbrachte Leistung und nicht mehr.

weigerlich eine Bagatellisierung der Nachgeschichte mit sich. Wiederholt heißt es bei Husserl: ich k a n n in die natürliche Einstellung zurückkehren, m u ß ich es aber nicht auch, wenn ich den Anforderungen und Bedürfnissen nachkommen will, die mir als leiblichem, sozialem Wesen zufallen? Husserl würde dies kaum bestreiten, doch wie will er es begründen? Der Hinweis darauf, daß ich auf Grund meiner Verweltlichung und Vergemeinschaftung ein menschliches Wesen bin und bleibe, fruchtet nicht; denn er begründet nicht, warum ich die bestehenden mundanen Interessen weiterverfolgen s o l l; eine triftige Begründung müßte eben annehmen, daß da etwas ist, was im Interesse des transzendental orientierten Lebens nicht aufgeht. So aber divergieren Weg nach innen und Weg nach außen in einer alternierenden Bewegung, deren Wechsel ungeklärt bleibt. Einer Vermittlung, die das Primat einseitig der transzendentalen Reflexion zuerteilt, entgleitet das Leben, das zu sich selbst gebracht werden soll.[56]

Im Verhalten des Ich finden wir die Schwierigkeiten wieder, die sich in unserm Anfangskapitel ergaben. Der prämundane und präsoziale Status des Ich ist das genaue Resultat einer verabsolutierten transzendentalen Reduktion. Der Protest, den Welt und Mitwelt ihrer fraglichen Gewichtsverminderung entgegensetzen könnten, verhallt ungehört, solange allem Fremden das Wort abgeschnitten wird. Wie das geschieht, soll hier kurz gezeigt werden in konsequenter Anpassung an unser Problem. In der schwierigen Streitfrage um den Husserlschen Idealismus, halten wir uns an die Position Husserls, wie sie im Spätwerk zutage tritt; auch hier sind es hintergründige Zweideutigkeiten, die weitere Wege offenlassen.

Jegliches Seiende, so müssen wir sagen, konstituiert sich in mir nicht bloß als sinnhaft, sondern als Sinn; da die Perspektive des Für-mich, die ich in der transzendentalen Reduktion einnehme, als schlechthin erschöpfend gilt, fallen Sein und phänomenales Für-mich-sein, d.h. *Sein* und *Sinn* schlechterdings zusammen, wobei sich das Für-mich zu einem Durch-mich steigert; von dem ergänzenden Für-uns-sein können wir absehen, da dieses selbst

[56] Auch Landgrebe kommt zu dem Ergebnis, daß es Husserl nicht gelinge, ,,den Zusammenhang zwischen dem ,theoretisch' auf letzte Begründung der Erkenntnis gerichteten Ich und dem ,praktischen', dem freien sittlichen Ich in befriedigender Weise herzustellen'', was eine wirkliche Offenheit des Ich verhindere (*Der Weg der Phänomenologie*, S. 202).

wieder aus mir stammt. Mit Husserl zu reden: die transzendentale Subjektivität ist „sinn- und seinkonstituierend", wobei Sein nichts anderes besagt als das identische Sichdurchhalten des Sinnes im Fortgang der Erfahrung.[57] Vielfach wird darauf hingewiesen, daß Konstitution nicht zu verwechseln sei mit realer Produktion oder Kreation. Soll dies als Einschränkung verstanden werden, so fragt sich, wo denn der Ort ist, an dem etwas zum Vorschein käme, was in der Konstitution nicht aufgeht, sondern ihr entgegenkommt? Wenn die natürliche Einstellung nichts weiter ist als ein voraussetzungsloses transzendentales Leben, das lediglich gegen sich selbst verschlossen ist, dann ist die transzendentale Konstitution schlechthin verantwortlich dafür, daß etwas ist und was es ist. Ausgenommen davon ist nur ihr eigenes „Vor-sein", im übrigen fällt die spezifische Seinsweise eines Seienden restlos zusammen mit dessen spezifischem Konstituiertsein.[58]

[57] Vgl. dazu *Cart. Meditationen*, S. 117, ähnlich schon *Ideen* I, S. 135; andernorts ist einfach von „Seinssinn" und „Seinsgeltung" die Rede (so etwa *Logik*, S. 207, *Krisis*, S. 148); demgegenüber wird dem konstituierenden Ich ein „Vor-sein" zugeschrieben (so etwa Transcr., 1934, B I 14 XI, S. 18; 1934, C 13 II, S. 9). Vgl. dazu Finks frühen Aufsatz: Das transzendentale Noema (im Gegensatz zum psychologischen) „ist das Seiende selbst" als „transzendentale Geltung" (*Studien zur Phänomenologie*, S. 132–33); inzwischen befleißigt sich der Autor einer kritischen Differenzierung, vgl. zum Phänomen-Begriff: „Les concepts opératoires dans la phénoménologie de Husserl", in: *Royaumont*, S. 224 ff. Kritik an der Gleichsetzung von Sinn und Sein übt ebenfalls Asemissen, a.a.O. S. 69–70.

[58] So spricht denn auch Fink in seinem autorisierten Aufsatz von 1933 von einer „Kreation", die den Ursprung der Welt aufklärt (*Studien zur Phänomenologie*, S. 139–46, entsprechend: G. Berger, *Le cogito dans la philosophie de Husserl*, Paris 1941, S. 94 ff.). Nimmt man Husserl bei seinen idealistischen Worten, so wird man mit Ricoeur von einer „Destruktion der ontologischen Problematik" sprechen müssen, da das „Für-mich" zu einem „Aus-mir" hinübergleitet und nichts bleibt, was die Epoché einschränken könnte (vgl. *Kant et Husserl*, in: *Kant-Studien* XLVI, 1954, S. 54–58). Es bleibt nur der Versuch zu zeigen, daß Husserls konstitutive Forschungen eine solch extreme Selbstdeutung nicht fordern; vgl. dazu R. Sokolowski, *The Formation of Husserl's Concept of Constitution*, Den Haag 1964, *Phaenomenologica* 18, wo als neutrale Formel: „coming-to-be" vorgeschlagen wird (S. 217); das Bewußtsein wäre notwendige „Bedingung der Möglichkeit", nicht aber „zureichender Grund" für das weltliche Sein (Boehm, *Zum Begriff des „Absoluten" bei Husserl*, a.a.O. S. 237–38). Um eine kritische Differenzierung der „Konstitution" bemühen sich auch Biemel, Fink, Ingarden, Merlan in: *Royaumont*, S. 45 ff., 227 ff., 384 ff.; Gadamer weist demgegenüber jeden Anklang an „Produktion" und „Kreation" zurück, spricht aber dabei der Differenz von Sein und Sinn

Möglichen Einwänden entzieht Husserl sich, indem er immer wieder, wenn er in einen idealistisch-realistischen Disput gerät, eine in der Tat dubiose Gegenposition aufbaut: die Annahme einer schlechthin bewußtseinsfremden, äußerlichen, irrelativen Realität, die nur zufällig in Kontakt tritt mit einem Bewußtsein. Die differenziertere These, innerhalb der unüberspringbaren Korrelation von Ich und Welt bedeute Wirklichkeit ein relativ eigenständiges An-sich-sein, das nicht meiner Konstitution entlehnt ist, sondern sie hervorruft, wird meines Wissens stets stillschweigend übergangen.[59]

Wollte man demgegenüber geradewegs auf „realistische", subjektsunabhängige Elemente der Erfahrung pochen und damit einer „wirklichen Wirklichkeit" das Wort reden, so hätte der transzendentale Idealist nach wie vor leichtes Spiel mit der Erwiderung: All das mag es geben, doch es hat sich im Wie seiner Gegebenheit vor mir auszuweisen, wenn es nicht bei einer leeren Behauptung bleiben soll. Hier hilft keine Symptombehandlung; denn der transzendentale Betrachter ist Idealist nicht erst durch das, was er vorbringt, sondern schon durch die Art, wie er vorgeht. Deshalb führt meines Erachtens keine bloße Ergänzung der transzendentalen Fragerichtung durch eine ontologische und erst recht kein erkenntnistheoretischer Disput aus dem Dilemma, sondern nur eine vermittelnde Sichtung der verschiedenen Einstellungen, in denen das Ich jeweils mitbetroffen ist.[60] Soll die „wirkliche Wirklichkeit" mehr sein als eine dogmatische An-

eine letzte Berechtigung ab (vgl. *Die phänomenologische Bewegung*, a.a.O. S. 31–33 *Royaumont*, S. 265), dem kann ich nicht folgen.

[59] Einige bezeichnende Stellen: *Ideen* I, § 55, III, „Nachwort" S. 149–55, *Erste Philosophie* I, S. 247–48, 277–78, II, Beil. XXX, *Logik*, §§ 94, 96, *Car*⁴. *Meditationen*, § 41.

[60] Für eine besondere „wirkliche Wirklichkeit" (vgl. H. Conrad-Martius, „Die transzendentale und die ontologische Phänomenologie", in: *Recueil commémoratif*) hat Husserl nur den Vorwurf der Naivität und den Hinweis auf „transzendental-idealistische Ontologien" parat (vgl. *Erste Philosophie* II, S. 481–82). Und H. Spiegelberg trifft dort, wo er nach „realistischen Elementen" bei Husserl fahndet (vgl. *The Phenomenological Movement. A Historical Introduction*, Den Haag ²1965, *Phaenomenologica* 5 u. 6, B. I, pass.), gewiß wunde Stellen, doch wie sie heilen? Eine ergänzende Epistemologie (vgl. ebd. B. II, S. 694 und: „The ‚Reality-Phenomenon' and Reality", in: *Philosophical Essays in Memory of Edmund Husserl*, Cambridge, Mass. 1940) würde doch wohl nur erweisen, was Husserl keinen Augenblick leugnet.

nahme, so muß ihr eine Erfahrungsweise entsprechen, in der sie sich unüberhörbar meldet. Eben dies trifft auf die natürliche Einstellung zu, allerdings nur dann, wenn das Sein bei der Welt mit den Andern, in das ich mich leiblich eingesetzt finde, die transzendentale Umstellung als nicht weiter herleitbar überdauert. Auf diese Möglichkeit weisen die Schwierigkeiten hin, die sich einer einseitig egologisch zentrierten Konstitution der weltlichen und dialogischen Praxis in den Weg stellen.

Die Verteidiger Husserls gehen im Prinzip nicht anders an unsere Streitfrage heran, wenn sie versichern, daß Idealismus und Realismus auf verschiedenen Ebenen liegen und sich von daher bestimmen.[61] Freilich muß sogleich hinzugefügt werden, daß damit das Problem erst beginnt, da alles ankommt auf das Gewicht der Einstellungen zueinander. Kants Schlichtung zwischen einem transzendentalen Idealismus und einem empirischen Realismus hilft dabei nicht weiter, da hier der kritischen Reflexion nur die *quaestio iuris* und nicht auch die *quaestio facti* aufgebürdet wird, was Husserl als mangelnden Radikalismus rügt.[62] Die fragliche Gewichtsverteilung bemißt sich aber daran, wie der *Übergang* zwischen natürlicher und transzendentaler Einstellung verstanden wird. Zu Hegels *Phänomenologie des Geistes* notiert Husserl: „Hegel versucht darzustellen, wie der menschliche Geist vom Standpunkt der naiven Welt- und Lebensauffassung durch die in ihr enthaltenen Widersprüche auf den Standpunkt der Philosophie getrieben wird."[63] Die nämliche Bewegung findet sich bei Husserl, und was daran zweideutig sein könnte, hat Fink mit Husserls Billigung geklärt. Für ihn ist die transzendentale Reduktion, weltlich gesehen, völlig unmotiviert, sie setzt sich nur selbst voraus; der daraus folgende Subjektivismus „ist nicht den unmittelbaren Wahrheiten der natürlichen Einstellung entgegengesetzt ..., sondern er enthält alle diese Wahrheiten in sich, nur daß er sie eben als solche einer bestimmten bisher verabsolutierten relativen Situation erkennt und sie aufhebt in der vollen transzendentalen Wahrheit, die die mun-

---

61 Vgl. dazu die Interpretation von De Boer, a.a.O. S. 473.

62 Broekman verspricht sich, so scheint mir, zuviel von der bloßen Einheit der Einstellungen (vgl. a.a.O. Kap. VII), während Asemissen entschieden das verschiedene Gewicht geltend macht (a.a.O. S. 52).

63 *Erste Philosophie* I, S. 312; ähnlich beurteilt Platon die propädeutische Funktion der mathematischen Künste (vgl. *Politeia* VII, 521c ff.).

dane als Moment enthält."[64] Einzig die faktische Selbstvorfind-
lichkeit des transzendentalen Ego bietet der Aufhebung Einhalt
und führt zu dem merkwürdigen Schauspiel, daß das Ich immer
nur hinter seinen naiv erbrachten Leistungen herlaufen kann und
frei nur ist in der Betrachtung seiner fertigen Leistungen.[65]

Es fragt sich, ob nicht hier die mundane Naivität so radikal
ausgetrieben wird, daß sie umschlägt in eine nicht mehr durch-
schaute transzendentale Naivität, die nicht aus dem Wesen der
Reflexion folgt sondern aus ihrer Verabsolutıerung. Der philosophische Betrachter interpretiert den Weg, den er als weltlich
Handelnder und Mithandelnder durchläuft, nicht aus der Sicht
des Handelnden selbst, wo alles auch für ihn ist, sondern definitiv aus der Sicht des Reflektierenden, wo alles nur noch für ihn
ist. Indem er sich zu einer „reinen Korrelativeinstellung" erhebt,[66] in der alle Vorgegebenheit in Selbstgebung und Selbstvorgegebenheit zurückgenommen wird, hebt er die Korrelation auf,
die zu verstehen er sich vorgenommen hat. Weil der Betrachter
sich nur vorläufig, nicht radikal in die Bewegung einbezieht, die
er reflektiert, entsteht der *Schein einer Voraussetzungslosigkeit* in
Gestalt eines „Bewußtseinsabsoluten", das Natur, Geschichte,
Gesellschaft und das Leben in ihnen erst aus sich hervorgehen
läßt.[67]

[64] Vgl. *Studien zur Phänomenologie*, S. 110, 148–49; nicht umsonst
behandelt Husserl die Motivation des philosophischen Anfangs in „Vorme-
ditationen" (vgl. den Beginn der *Ersten Philosophie* II); harte Kritik an
diesem Anspruch auf eine philosophische Autarkie übt schon M. Farber,
*The Foundation of Phenomenology. Edmund Husserl and the Quest for a
Rigorous Science of Philosophy*, Cambridge Mass. 1943, S. 543–60.

[65] Die genetische Betrachtung wird damit zur „Hinnahme und Analyse
der Verdinglichung", so Adorno (*Zur Metakritik der Erkenntnistheorie*,
S. 226), dessen von Hegel und Marx inspirierte kritische Interpretation
zwar vielfach von Übereilung und fruchtloser Einseitigkeit diktiert sein
mag, die aber die schwachen Stellen des Husserlschen Idealismus genauer
trifft als der Versuch manch eines eingeweihteren Interpreten. Ähnliche
Kritik an der mangelnden Vermittlung von Natürlichem und Transzendentalem übt Eley, dessen Blickwinkel freilich ein anderer ist als der uns-
rige (vgl. a.a.O. 2. Teil). Es bleiben hier Gesprächsmöglichkeiten offen,
die nicht mit dem Hinweis auf einen Pluralismus der Methoden abzutun
sind.

[66] Vgl. *Krisis*, S. 182.

[67] Den Nerv unserer Kritik trifft schon Levinas: Die Reduktion ist
„eine Reflexion auf das Leben, das man in seiner ganzen Fülle und seinem
ganzen konkreten Reichtum betrachtet, – aber man betrachtet dieses
Leben, man lebt es nicht mehr", nur eine Freiheit der Theorie ist voraus-

Soweit unsere extreme Deutung, die wir mit Bedacht gewählt haben, weil sie eher erkennen läßt, wo eine Korrektur anzusetzen hat. Man kann gewiß geltend machen – wir selbst werden es immer wieder tun –, daß Husserls Einsicht in die Relativität aller Reflexion, seine Bemühung um eine Motivation der Reduktion und die Beschreibung der Praxis (etwa in den *Ideen II*) seine idealistischen Beteuerungen desavouieren. Die besonders von Merleau-Ponty eingeschärfte Unabgeschlossenheit einer transzendentalen Reduktion, die sich reibt am Widerstand des Lebens, das selbst zur Wahrheit finden will und soll, liegt immerhin in der Linie dessen, was Husserls Gedanken bewegt. Doch dies scheint mir das äußerste, was sich in diesem Punkte zugunsten Husserls sagen läßt; er öffnet halbwegs Türen, durch die er selbst nicht geht.[68]

Ziehen wir daraus die Folgerungen, die sich in unsern weiteren Ausführungen zu erhärten haben. Wenn die natürliche Einstellung ein Gegenpart der transzendentalen sein soll und nicht bloß eine naive Vorstufe, so muß etwas Irreduzibles die transzendentale Reduktion überdauern und begrenzen. Wird laut Husserl in der Reduktion die Verabsolutierung der Welt behoben, so besagt das nicht schon, daß diese ihr relatives Sein als bloßen Sinn von mir empfängt. Ein eigenständiges Sein in der Relation kann sich aber nur Geltung verschaffen in einer natürlichen Einstellung, die zwar keine *Selbstverlorenheit* mehr wäre, wohl aber eine *Selbsthingabe* an etwas, das sich zu erkennen und zu tun gibt; eben darin läge das verkannte Eigenrecht der natürlichen Einstellung, das

gesetzt, praktische und axiologische Intentionalität kommen nicht zu ihrem Recht (*La théorie de l'intuition* ..., S. 203, 219–23), ähnlich J. Wahl: Die Reflexion muß wieder an ihren Platz gerückt werden (vgl. *Royaumont*, S. 127). Die berechtigten Bedenken, die von marxistischer Seite gegen einen absoluten Anfang der Philosophie vorgebracht werden (vgl. etwa L. Goldmann in: *Royaumont*, S. 108–14, 161–62, 326–28), lassen sich zerstreuen mit der Unterscheidung zwischen einem vorphilosphischem Anfang und einem philosophischen, der nur in der Methode, nicht in den Quellen radikal ist (vgl. Ricoeur, *Finitude et culpabilité*, Paris 1960, I, S. 24–26).

[68] Wenn De Waelhens versichert, bei Husserl gebe es eigentlich keinen Bruch zwischen Natürlichem und Transzendentalem (*Royaumont*, S. 163), so macht er sich die Interpretation zu leicht, obwohl sein Beitrag mitsamt der anschließenden Diskussion zur sachlichen Klärung Vorzügliches leistet (ebd. S. 143–69); Van Breda räumt immerhin eine Zweideutigkeit der Husserlschen Position ein (ebd. S. 321–22).

nicht einfach in einer höheren transzendentalen Wahrheit aufgeht.[69] Die ursprüngliche Naivität wäre gebrochen; fortdauern
würde sie dergestalt, daß mir weiterhin Neues, Überraschendes
entgegentritt, doch ohne mich zu überwältigen und zu fesseln;
ich erwarte nicht mehr alles von außen. In einer Beziehung auf
die Wirklichkeit, die um sich als subjektive Beziehung weiß, nicht
in einer endgültigen Reflexion, sondern sozusagen in einem „discours indirect,"[70] etabliert sich eine *Sphäre der Vermittlung*, und
einzig ihr sind Begriffe angemessen wie Austausch, Dialog,
Begegnung, Offenheit, die bisweilen allzu unbefangen der
Husserlschen Intentionalität unterlegt werden. Das „Natürliche"
würde hier weder „in neuer Ursprünglichkeit wieder aufgebaut",
noch auch „bloß nachkommend als schon Endgiltiges interpretiert,"[71] die Spannung zwischen Reflexion und präreflexivem
Leben entzöge sich dieser Alternative. Eine transzendentale
Reflexion, die in Schranken gehalten würde durch das natürlich
Vorgegebene, verlöre zwar die Möglichkeit, das Ich völlig frei zu
machen von der Bindung an die Welt[72], aber sofern sie mich nicht
mehr einzig für mich selbst befreit, sondern für das Sein-beim-
Andern, ermöglicht diese, was die totale Reflexion unterbindet:
ein verantwortliches Handeln in der Welt.

Abschließend zwei Bemerkungen, die auf weitere Zusammenhänge hindeuten; die eine betrifft den theoretischen Charakter
der Befreiung aus der Weltverlorenheit, die andere einen möglichen sozialen Beitrag dazu.

Da das außengerichtete Leben als solches mich mir selbst ent-
fremdet und nicht etwa nur ein blindes und triebgefangenes Verhalten, wird die Reflexion zum Allheilmittel, und zwar die
theoretische, transzendentale Reflexion, die mit jedem im weite-

---

[69] Vgl. dazu Ricoeur: „L'attitude naturelle est à la fois la dissimulation
de *l'apparaître pour moi* du monde et la dissimulation de *l'être de l'apparaître*", letzteres droht bei Husserl verloren zu gehen (*Kant et Husserl*,
a.a.O. S. 46). S. Strasser geht in eine ähnliche Richtung, wenn er die erste,
vorwissenschaftliche und die zweite wissenschaftliche Objektivität in
einer dritten, philosophischen Objektivität fundiert sein läßt gemäß dem
Motto: Nichts ist für uns objektiv ohne uns, nichts ist objektiv durch uns
(*Phänomenologie und Erfahrungswissenschaft vom Menschen*, Berlin 1964,
vgl. bes. S. 80).
[70] So De Waelhens, *Royaumont*, S. 152.
[71] Vgl. *Cart. Meditationen*, S. 165.
[72] Vgl. *Krisis*, S. 154.

sten Sinne praktischen Interesse bricht. Daraus resultiert ein absolutes *Privileg der Philosophie*, der äußerste Radikalismus ist „philosophischer Radikalismus", die letzte Verantwortung „Erkenntnisverantwortung."[73] Es fragt sich, ob nicht hier das Gewicht der Fesseln unterschätzt und das Mittel zur Lösung der Fesseln überschätzt wird. In der Tat, ist die Selbstverlorenheit in ihrem Kern Selbstverhüllung, so ist die Selbstbefreiung in ihrem Kern Selbstenthüllung, die theoretische Reflexion läuft allem übrigen Verhalten den Rang ab.[74] All das hängt zusammen mit der Einschätzung der natürlichen Einstellung. Nur wenn alles, was im natürlichen Leben da ist und was ich selbst in diesem Leben bin, einzig in einem konstituierenden Bewußtsein gründet, ist die philosophische Bewußtwerdung nicht ein Mittel, sondern das Mittel, mich aus der Weltverlorenheit zu befreien. Anders, wenn die natürliche Einstellung mich mit einer Wirklichkeit konfrontiert, die als solche in der transzendentalen Besinnung nicht aufgeht. Bin ich nicht frei, soweit ich einer Anforderung entspreche und nicht blindlings einem Anreiz folge, selbst wenn ich nicht auf die Anforderung reflektiere und nicht ausdrücklich weiß, wie solches vor sich geht? Lassen nicht Arbeit, Forschung, Kunstschaffen, sozialer Umgang, religiöse Verehrung eine *implizite* Selbstverantwortung zu und in eins damit eine *implizite* Relativierung der Welt, die nicht durch philosophische Reflexion vermittelt ist?[75] Das schwierige Verhältnis von realer Freiheit und Freiheitsbewußtsein wird von Husserl allzu einseitig angefaßt.

Die Möglichkeit eines Anspruchs, der an mich herantritt, verweist in besonderem Maße auf das gleichrangige Verhältnis des Dialogs und damit auf den sozialen Beitrag zur Selbstverloren-

---

[73] Vgl. *Erste Philosophie* II, 30. Vorl. Toulemont spricht in diesem Zusammenhang von einer „démesure de la philosophie" (a.a.O. S. 321 ff.).

[74] Ich verweise besonders auf *Ideen* I, S. 135: philosophische Verabsolutierung der Welt; *Erste Philosophie* I, S. 283: theoretische Erlösung daraus; *Erste Philosophie* II, S. 77: Erlösung aus der Selbstverhüllung, S. 283: Selbsterkenntnis als Selbstumschöpfung. De Boer bemerkt zu Recht, daß diese Selbstentfremdung und ihre Überwindung mehr im Hegelschen als im Marxschen Sinne zu verstehen ist (a.a.O.S. 531), ich sehe darin eine implizite Kritik.

[75] Eine implizit vollzogene Epoché läßt Husserl durchaus gelten, aber nur innerhalb der Philosophie, vorher hätte das keinen Sinn (vgl. z.B. *Krisis*, S. 246).

heit und der Befreiung aus ihr. Doch billigt Husserl den Andern, wie nicht anders zu erwarten, auch hier keine entscheidende Rolle zu. Da ich im außengerichteten Leben nur die Welt als wirklich gelten lasse, rechne ich in ihr die Andern ebenso der Welt zu wie mich selbst, so daß die Verlorenheit an die Welt zugleich „Selbstverlorenheit ist und Selbstverlorenheit der Anderen."[76] Daraus befreit die transzendentale Umkehr, die bekanntlich primär zu mir und meiner Welt, sekundär zu uns und unserer Welt führt. Das bedeutet einen *Primat der Selbstbefreiung* in dem doppelten Sinn einer Befreiung für mich und durch mich. Es fragt sich in diesem Falle, ob nicht der fremde Beitrag zur Selbstentfremdung unterschätzt und der eigene Beitrag zur Selbstbefreiung überschätzt wird. Wiederum hängt dies zusammen mit dem Charakter der natürlichen Einstellung. Nur wenn alles, was ist und was ich bin letzten Endes in meinem konstituierenden Bewußtsein gründet, vermag ich derart einseitig den Bann der Entfremdung zu brechen, wobei die Andern für mich mitbefreit werden. Geht aber die Wirklichkeit der Andern nicht einseitig auf meine Konstitution zurück, so ist auch hier zu unterscheiden zwischen einer Selbstverlorenheit und einer Selbsthingabe an die Andern; die kommunikative Einstellung in dieser doppelten Form ginge sowenig in der weltlichen Einstellung auf wie die Einstellung der transzendentalen Reflexion, in der Husserl den Weg zu den Andern sucht. Im Gegensatz zu dieser böte sie die Möglichkeit einer ursprünglichen Verantwortung vor den Andern, wobei die Andern durch ihren Anspruch an mich zu meiner Befreiung beitrügen und nicht nur einseitig mitbefreit würden. Diese wechselseitige Inanspruchnahme könnte sich verwirklichen in einer gemeinsamen weltlichen Praxis, ohne daß wir in die zweifelhafte Alternative von direktem Weltbezug und reflexivem Selbstbezug des Lebens hineingedrängt würden. Bei Husserl breitet sich die Selbstverantwortung zwar aus in einer impliziten Verantwortung für die Andern, da unser gemeinsames Leben nicht zu trennen ist.[77] Doch tragen die Andern nicht von Anfang an zu meiner

---

[76] Transcr. (1930)E III 4, S. 12.
[77] Zur Selbstverantwortung des Einzelnen und der Gemeinschaft und zur innere Einheit der einzelnen Selbstverantwortungen vgl. *Erste Philosophie* II, S. 197 ff.; dem entspricht die Idee einer „sozialen Vernunft" (vgl. die Platon-Interpretation ebd. I, S. 16); erwähnt wird auch die „Verantwortung vor Anderen" (Transcr., 1931, E III 9, S. 80).

Selbstbefreiung und Selbstwerdung bei, da sie einerseits von der Welt und andererseits von mir selbst her erfahren werden, ohne je unmittelbar einen Anspruch geltend machen zu können.

Mit all diesen Schwierigkeiten haben wir zu rechnen, wenn wir im folgenden das direkte Verhalten zur Welt sowie die unausdrücklichen und ausdrücklichen Formen des Selbstverhältnisses aufzeichnen. Stets handelt es sich um besondere thematische Akzente, um Interessen und Einstellungen; eine Zergliederung dieser Grundbegriffe schicken wir voraus.

5. Thema, Interesse und Einstellung

Themen, die in vorübergehenden Interessen und dauerhaften Einstellungen entstehen und in Interessenkonflikten miteinander streiten, geben der Wirklichkeit ihr Relief, dem Bewußtseinsleben sein dynamisches Gefälle. Dies zu zeigen, beginnen wir mit der Ausgliederung des Thematischen aus dem Unthematischen, kommen dann zur Ausweitung des Thematischen im Mitthematischen und fragen uns am Ende nach der Dauerhaftigkeit der Themen in besonderen Einstellungen und nach ihrer Rückgliederung in ein Lebensganzes.[78]

a) *Thema und Nicht-Thema.* – ,,Thema" und ,,Interesse" beziehen sich auf das *Gemeintsein* des Gegenstandes im Streben und Wollen des Ich im Gegensatz zum *Gegebensein* des Gemeinten für das Ich. Gemeintsein und Gegebensein sind beide auf ihre Weise perspektivisch orientiert und begrenzt. So ist an der Vorgegebenheit eines Gegenstandes, dem ich mich zuwende, das wirklich Gegebene zu unterscheiden vom mehr oder weniger Mitgegebenen. Diese Differenz verweist auf einen leiblichen Bezugspunkt, um den sich mein Anschauungs- und Verfügungsbereich als ,,Gesamtbereich der Affektion" ordnet.[79] Nennen wir dies die *faktische* oder *extensive Perspektive*: Ich bin hier und jetzt in einer bestimmten Verfassung und habe damit einen begrenzten

---

[78] Die wichtigsten Stellen zu Thema, Interesse, Einstellung: *Ideen* I, § 122, II, § 5, *Erste Philosophie* II, 42. Vorl., *Phän. Psychologie*, Beil. XI, *Erfahrung u. Urteil*, §§ 18–20, 47; zur Aufmerksamkeit: V. *Log. Untersuchung* § 19, *Ideen* I, § 92; zu Aktualität und Inaktualität: *Ideen* I, §§ 33–37, 115, II, § 5, *Cart. Meditationen*, § 19.

[79] *Krisis*, S. 111.

Spielraum.[80] Daß etwas anschaulich und verfügbar ist, besagt aber keineswegs, daß ich mich damit beschäftige. Bei wachem Bewußtsein ist innerhalb der aktuellen Gegenwart nochmals zu unterscheiden zwischen dem wirklich Gemeinten und dem mehr oder weniger Mitgemeinten; jedes Erfassen ist ein „Herausfassen" aus einem Hintergrund.[81] Diese Differenz verweist auf einen sozusagen inneren Standort, um den sich ein Interessenfeld gruppiert. An die Stelle der raum-zeitlichen Erfahrungsnähe und -ferne treten hier Ichferne und Ichnähe, gemessen an dem Grad der inneren Beteiligung: etwas „liegt mir nahe"; in Nähe und Ferne stuft sich die Affektion ab zu einem „affektiven Relief."[82] Wir können hier von einer *intentionalen* oder *intensiven Perspektive* sprechen: Ich bin aus auf dieses und nicht jenes und schaffe damit ein begrenztes Interessenfeld. Natürlich greifen beide Perspektiven im „Wandel der Affektion und Aktion"[83] ineinander als zwei Aspekte eines einzigen Geschehens. Nur für ein Subjekt, das auf etwas ausgeht, gibt es ein Orientierungszentrum, von dem es ausgeht. Keineswegs verteilen sich die beiden Aspekte auf Bewußtsein und Leib; denn schon die leiblichen Bedürfnisse meinen etwas und zwar selektiv; aus diesem Vorfeld der Freiheit konstituiert das freie Wollen ein „Feld der Freiheit", in dem willentliches Tun und faktisches Können zusammentreffen.[84]

Wir können nun unterscheiden zwischen Thema und Nicht-Thema. *Unthematisch* ist das, was uns nur gegeben oder mitgegeben ist, *thematisch* dagegen das, worauf wir „vorzüglich gerichtet

---

[80] Vgl. Transcr. (1931)E III 9, S. 67: Meine „faktische Wirklichkeit" ist faktisch in einem „Spielraum von Möglichkeiten", speziell zur praktischen Zentrierung und Orientierung der Welt vom Leib aus: *Phän. Psychologie*, S. 489–90; es ergibt sich eine „praktische Nahwelt" und „Fernwelt" (Transcr., 1933 0.34, A V 12, S. 7); zu Erfahrungsnähe und -ferne und den „offenen Spielräumen" des Bewußtseins vgl. auch *Erste Philosophie* II, S. 148–49.

[81] *Ideen* I, S. 77.

[82] Vgl. *Passive Synthesis*, S. 166–68, zu „Ichnähe" und „Ichferne": *Ideen* I, S. 205.

[83] *Krisis*, S. 111.

[84] Vgl. *Ideen* I, S. 195, ähnlich *Cart. Meditationen*, S. 82. Zwischen Interesse des Strebens und Handelns unterscheidet Husserl in *Erfahrung u. Urteil*, § 20. Wie wenig die zeitliche Perspektive für Husserl rein zeitlich ist, wie sehr etwa die „Breite der Gegenwart" durch praktische Interessen bestimmt ist, zeigt Brand, a.a.O. § 18; das gleiche gilt für die räumliche Perspektive.

sind". Dem Thema entspricht das *Interesse* als Eigenart der Akte, in denen wir „in einem vorzüglichen Sinne leben."[85] Dieser noematisch-noetische Vorzugscharakter ist weiter zu differenzieren und zu entfalten.

b) *Thematisches Objekt.* – „Interesse" meint zunächst einen bestimmten Aktmodus, eine *Vollzugsweise*, nämlich die *Spontaneität* eines Aktes im Gegensatz zu vorhergehenden „Aktregungen" und nachwirkenden „Zuständlichkeiten". Es handelt sich um ein „explizites Bewußtsein", um das „Sichrichten-auf" in der Zuwendung und das „Gerichtetsein-auf" in der Beschäftigung mit etwas, um den „geistigen Blick" oder „Ichblick", der dem Cogito eigen ist, sofern das Ich als „vollziehendes Subjekt" darin lebt, sofern es „dabei ist" (inter-est).[86] Dieser geistige Blick ist keine Zutat zu einem zunächst bloß physischen Sehen, sondern er macht es, daß schon die Wahrnehmung als „Thesis" mehr ist als ein objektiver Prozeß und daß, platonisch gesagt, nicht das Auge sieht, sondern die Seele mit dem Auge sieht.[87] So wie der Ichblick kein eigener Akt ist, so ändern auch Zu- und Abwendung nichts an dem noematischen Bestand der Erlebnisse; derselbe „attentionale Kern", dasselbe also in derselben Orientierung und Erscheinungsfülle, erscheint nur in verschiedenem Licht, wenn es primär bemerkt, noch eben mitbemerkt und völlig unbemerkt ist. Dabei ist die Aufmerksamkeit von mehr als psychologischer, nämlich von transzendentaler Bedeutung; denn ein Erfahrungsobjekt ist notwendig in attentionaler Abschattung gegeben, und Analoges gilt für das nichttheoretische Verhalten.[88]

„Interesse" besagt also bisher, daß ich mich einem Objekt zuwende (das Sichöffnen überhaupt) und daß ich mich diesem Objekt zuwende und nicht jenem (das bestimmte, begrenzte Sichöffnen). Es handelt sich demnach um die *aktuelle* Bevorzugung eines thematischen Objekts bzw. eines Objektzusammenhangs.[89]

---

[85] Vgl. *Ideen II*, S. 11.
[86] Zur Etymologie vgl. *Phän. Psychologie*, S. 412.
[87] Vgl. zu all dem *Ideen* I, §§ 35–37, 115 außerdem schon V. *Log. Untersuchung*, § 19.
[88] Vgl. hierzu *Ideen* I, § 92, speziell zur analogen Ausweitung der Aufmerksamkeit: ebd. §§ 35, 37.
[89] „Thema" ist für Husserl, genauer gesagt, ein gegliedertes Ganzes, Korrelat einer artikulierten Synthesis (vgl. *Ideen* I, § 122).

Am Objekt in seiner wechselnden Beleuchtung läßt sich die freie Beweglichkeit des Blicks ablesen, das „Ich tue", das immer mit einem „Ich kann" durchsetzt ist. Im willentlichen Interesse bekundet sich eine Freiheit, die allem tätigen und leidenden Verhalten erst seinen Ichcharakter verleiht. Am „Aus-sich-frei-herausgehen" und „In-sich-zurückgehen" läßt sich das Ich von etwas anrühren, indem es sich selbst dazu bestimmt.[90]

c) *Thematischer Sinn.* – Die Hinwendung zur Welt geschieht aber nicht nur in bestimmter Richtung, sondern auch auf je besondere Weise. Zu unterscheiden ist zwischen dem, was intendiert wird, und der Weise, wie es intendiert wird; dabei läßt dieses Wie sowohl eine materiale Differenzierung zu (dasselbe Objekt als Naturding, Gebrauchsding, Symbol usf.) wie auch eine formale Differenzierung (dasselbe Objekt als Korrelat des Wahrnehmens, Erinnerns, Urteilens, Begehrens, Handelns, Reflektierens usf.).[91] Die Bevorzugung eines bestimmten Objekts konkretisiert sich in der Bevorzugung eines bestimmten Sinnes, des thematischen Sinnes.

d) *Thematisches Feld.* – Da jeweils etwas als etwas intendiert wird, erschöpft sich die Intention nicht in dem bestimmten Objekt, sondern geht durch das einzelne hindurch auf einen allgemeinen Sinn, der weitere Verweisungszusammenhänge eröffnet. Der thematische Gegenstand fügt sich ein in ein thematisches Universum, ein „Gebiet", während das Sonderinteresse des Einzelaktes umgriffen wird von einem Gesamtinteresse.[92] Interesse bedeutet damit die aktuelle Bevorzugung eines thematischen Feldes, in dem das einzelne mit einem bestimmten Ganzen vermittelt wird.

e) *Unterthema und Randthema.* – Die Akzentuierung des Bewußtseinslebens nach Thema und Interesse besagt nicht, daß alles übrige schlechthin fortfällt; eine solche Zerstückelung des

[90] Zum Zusammenhang von Aufmerksamkeit und Freiheit, einem Thema Descartes', vgl. *Ideen* I, S. 231; das schließt die Vorstufe eines unwillkürlichen Interesses und Aufmerkens nicht aus (vgl. *Erfahrung u. Urteil* §§ 20, 47).
[91] Zur Unterscheidung von Was und Wie vgl. schon I. *Log. Untersuchung*, §§ 12, 13, V. *Log. Untersuchung*, §§ 16 ff. Der formalen Differenzierung entspricht das, was Husserl als Qualität oder thetischen Charakter der Akte bezeichnet im Gegensatz zu ihrer Materie (vgl. V. *Log. Untersuchung*, § 20, *Ideen* I, § 129).
[92] Vgl. dazu *Ideen* III, § 7, *Erste Philosophie* II, 42. Vorl.

Bewußtseins schlösse den motivierten Übergang zu andern Themen aus. So beantwortet Husserl die Frage, ob nicht „in jedem Puls des Ichlebens Akte aller Sphären miteinander verflochten" sind, eindeutig positiv; ein Subjekt, das etwa nur erkennt und nicht auch zugleich strebt, will und wertet, ist undenkbar, da noch das „bloße Erkennen" als ein Wissenwollen auf Wissenswertes aus ist.[93] Doch haben wir „in der Sphäre der spontanen Aktvollzüge ... sich überschiebende Spontaneitäten in einer verschiedenen phänomenologischen Dignität ..., die eine als sozusagen herrschende, als diejenige, in der wir vorzugsweise leben, die andere als dienende oder als beiseite, als im Hintergrund verbleibende, in der wir nicht vorzugsweise leben."[94]

Die *Dominanz* einer bestimmten Verhaltensweise ist es also, die das jeweilige Thema hervortreten läßt. Dabei werden weitere Verhaltensweisen in Dienst genommen als implikative *Teilakte* eines Gesamtaktes bzw. als implikative *Teilaktionen* einer Gesamtaktion; das gilt für solche Verhaltensweisen, die positiv zur Konstitution des aktuellen thematischen Sinnes beitragen in Gestalt von Unterthemen. So dient das Herstellen und Bedienen von Geräten dem theoretischen Messen oder aber dieses dem Produzieren und Handeln; man denke an die verschiedene Rolle der Geometrie innerhalb der ägyptischen und der griechischen Kultur, dort dient sie primär der Landvermessung, hier etabliert sie sich als theoretische Disziplin. Von dieser Über- und Unterordnung sind aber nicht nur die formalen, sondern auch die materialen Differenzen des thematischen Sinnes betroffen; man denke etwa an das Verhältnis von Mathematik und Physik, das ein innertheoretisches ist, oder an das Verhältnis von Funktionalität und Formgestaltung innerhalb der Architektur.

Die untergeordneten Bewußtseinsweisen erschöpfen sich aber keineswegs in dem Dienst an dem dominierenden Sonderinteresse, da dieses ihren Sinn nicht voll ausschöpft. Das vorwaltende Interesse läßt Raum für *Nebenakte*, deren Sinn als bloßes Randthema im Hintergrund verbleibt. So geht etwa der affektive und ästhetische Gehalt physikalisch-optischer Phänomene nicht in

---

[93] Vgl. *Erste Philosophie* II, S. 99, I, S. 47–48 sowie *Ideen* II, S. 26.
[94] *Ideen* II, S. 12, schon in den *Ideen* I spricht Husserl von einer „archontischen These" (S. 288 u. Beil. XXII); hierzu wie auch zum folgenden vgl. ebenfalls *Erste Philosophie* II, 42. Vorl.

das physikalische Theorem ein, er ist nur Nebensache. Von einem
Randthema sprechen wir, um anzudeuten, daß auch das Unthematische ein mögliches Thema darstellt im umfassenden
„Feld der Potentialität".[95] Auch das, was wir zunächst als nur
Gegebenes oder Mitgegebenes beiseite gesetzt haben, ist im weitesten Sinne mitthematisch. Plötzliche Störungen und Einfälle,
die vom herrschenden Interesse ablenken und sich in zusammen-
hanglosen Akten und zerstreuten Aktionen auswirken können,
lösen immer auch einen Interessenkonflikt aus, der die Verabsolutierung eines bestimmten Interesses Lügen straft. Jede Affektion ist vieldeutig und vielschichtig; es fällt mir mehr ein, als
ich suche, und was unversehens auftritt, ist der Nährstoff weiteren Verhaltens.[96]

f) *Habituelles Thema.* – Erst wenn die aktuelle Bevorzugung
eines bestimmten thematischen Objektes und Bereiches sich zu
einer dauerhaften Haltung festigt oder immer schon gefestigt
hat, haben wir es mit einer *Einstellung* zu tun. Zur Dominanz des
aktuellen Themas tritt die *Konstanz* eines habituellen Themas,
das seine eigentümliche Genesis hat. Sofern es sich dabei um die
Wahl spezieller Themen handelt, spricht Husserl von Berufsin-
teressen und Berufseinstellungen, die zeitweise in den Hintergrund
treten können, aber auch dann bestimmend bleiben im Lebensganzen, weil sie die Verantwortung des Handelnden konkretisieren.[97]

g) *Lebensthema.* – Fassen wir zusammen: Vorübergehend oder
dauerhaft meine ich dieses und nicht jenes, meine es so und nicht
anders, als Glied dieses und nicht jenes Sinnbereiches; das einzelne ist jeweils auf bestimmte Weise vermittelt mit einem bestimmten Ganzen. Zwei Fragen bleiben damit offen. Wie ver-

[95] *Ideen* I, S. 231.
[96] Zu Konzentration, Störung, Einfall vgl. *Ideen* I, S. 302, II, S. 6–7,
Erste Philosophie II, S. 314, *Logik*, S. 283, *Krisis*, S. 152; auf eine gewisse
Einseitigkeit habe ich schon früher aufmerksam gemacht (s.o.S. 47–48).
Zur gesamten Problematik verweise ich ergänzend auf A. Gurwitsch,
Théorie du champ de la conscience, Desclée de Brouwer 1957, wo das
Bewußtsein gegliedert wird in Thema, thematisches Feld (in innerer, be-
deutsamer Beziehung zum Thema), Rand (in äußerlicher, bloß zeitlicher
Beziehung zum Thema); der Deutung des Randbewußtseins kann ich
freilich nicht zustimmen; sie scheint mir bedingt durch eine allzu statische
Betrachtung, die durch die Konzeption eines ichlosen Bewußtseinsfeldes
nahe gelegt wird.
[97] Vgl. etwa *Erste Philosophie* II, S. 103–04, 314, *Krisis*, § 35.

halten sich die bestimmten Interessen zu einander, wiewiet sind
sie als gleichrangig und gleichursprünglich, wiewiet als ursprünglich und abkünftig anzusprechen? Und die weitere Frage: Wie
fügen sich die besonderen Interessen in einen Gesamtzusammenhang ein? Gefordert ist die Hinordnung auf ein umfassendes und
richtungsgebendes Lebensziel, das ich eigentlich meine. In
letzter Vertiefung bedeutet Interesse den absoluten Vorrang
eines regierenden *Grundthemas*, das in allen Einzelaktionen und
Sondereinstellungen durchgehend verfolgt wird; diesem Grundthema entspricht das *Leben im ganzen*.[98] Hierbei handelt es sich
auch um eine *quaestio iuris*; beantworten läßt sie sich nur in
Besinnung auf den Sinn der Einzelinteressen, der diese belebt und
zugleich über sich hinaus treibt, gleichgültig, ob wir uns *de facto*
dieser Dynamik verschließen oder nicht. Die Einigung des Lebens
ist keine bloße Tatsache, sondern ein Problem. Zu denken ist hier
an die Fundierungs- und Verweisungszusammenhänge, die
Husserl im Formalen wie im Materialen aufsucht. Ein besonders
heikler Zusammenhang ist eben der von Lebenspraxis und theoretischer Reflexion. Da sowohl Weltliches wie Ichhaftes zum
,,affektiven Gesamtbereich'' gehört, fällt auch das Wechselspiel
von natürlicher und transzendentaler Einstellung in den Bereich
des Thematisierens.[99]

6. Präreflexives Tatbewußtsein

Unsere Analysen beginnen bei der natürlichen Einstellung in
ihrer nicht entarteten Form; damit vermeiden wir die Gefahr, daß
der Reflexion mehr aufgebürdet wird, als sie zu tragen vermag.
Dabei befolgen wir Husserls Rat, nicht unmittelbar mit dem Ich
und seinen Erlebnissen anzufangen, sondern vom Gegenstand
zurückzufragen auf die Akte und schließlich auf das in ihnen
fungierende Ich; die Reflexion ist zuvörderst noematische Reflexion.

Lebe ich selbstverantwortlich in der direkten Einstellung, so
gilt mein Interesse primär einem weltlichen Thema. Das schließt

---

[98] Vgl. Transcr. (1930)C 4, S. 1: Der reife Mensch hat eine ,,Ganzheit-
vorstellung des künftigen Lebens'', einen ,,Lebenszweck'' (zitiert bei
Brand, a.a.O. S. 130).
[99] Vgl. *Krisis*, S. 111.

gewiß nicht aus, daß es mir in letzter Hinsicht auch um mich selbst (und um Andere) geht, doch die Subjektivität, die sich so realisiert, wird im einfachen Vollzug nicht thematisch. Heißt das nun, daß ich nur die Sache setze und daß die Sache mich derart von mir fernhält, daß ich als Erlebender aus dem Erlebnisgehalt ausgeschlossen bleibe? Bin ich schlechthin selbstvergessen, solange ich nicht reflektierend auf mich zurückkomme? In welchen Sinne kann man hier von ,,unbewußter" Tätigkeit sprechen?[100]

Betrachten wir daraufhin zunächst die konkrete Erlebnisweise einer *Handlung*, die in einer Willenssetzung gründet und wertende wie theoretische Setzungen in sich schließt. Wie beim Erkennen Leervorstellung und erfüllende Anschauung zu unterscheiden sind, so hier *Entscheidung* und *Tat*; die Entscheidung ist darauf angelegt, in die Tat umgesetzt zu werden, und wenn die Verwirklichung erfolgt, so ist sie begleitet von einer praktischen Evidenz, einem unmittelbaren Wissen um Gelingen oder Mißlingen der Tat.[101] Was ist nun das Gewollte? Es ist nicht etwas, was an sich ist oder geschieht, sondern ein *agendum*, eine zukünftige Tat, die von mir ausgeführt werden soll und in meiner Macht steht. Und entsprechend ist das Getane ein *actum*, eine vorliegende Tat, die von mir ausgeführt wurde.[102] Im Objekt der praktischen Intention und ihrer Erfüllung findet das Ich sich selbst wieder; am praktischen Objekt kann es unmittelbar ablesen, was es selbst sein soll und sein kann und wozu es sich gemacht hat. Der Bezug auf das Ich zeigt sich nicht erst in der Reflexion auf die subjektiven Gegebenheitsweisen, sondern in sich selbst erweist sich das praktische Objekt als ,,bewußtseinsrelativ"; versuche ich den

---

[100] Vgl. *Logik*, S. 30; häufiger spricht Husserl von ,,Anonymität".

[101] ,,Die praktische Vormeinung, der Entwurf, kommt in der Synthesis zur erfüllenden, verwirklichenden Identifizierung mit äußerer Handlung und Werk" (*Erste Philosophie* II, S. 207, ähnlich S. 295); zu Leermeinung und Erfüllung in der Praxis vgl. ferner: V. *Log. Untersuchung*, § 15, VI. *Log. Untersuchung*, § 13, *Ideen* I, §§ 37, 95, II, S. 9–10, 186–88.

[102] Vgl. P. Ricoeur, *Le volontaire et l'involontaire*, Paris ²1963, S. 42 bzw. 196, zur *Entscheidung*: ,,la décision signifie, c'est-à-dire désigne à vide, une action future qui dépend de moi et qui est en mon pouvoir", zur *Tat*: sie ist ein ,,étant fait par moi". Vgl. zudem die Äußerungen von Husserl über die ,,praktische Möglichkeit" (*Ideen* II, § 60), von Scheler über den ,,zu realisierenden Willensinhalt" (*Der Formalismus in der Ethik und die materiale Wertethik*, Bern/München ⁵1966, S. 138 ff.) und von Aristoteles über die πρακτά als die Gegenstände praktischer Überlegung und Entscheidung (*Nik. Ethik* III, 5).

Täter aus der Tat wegzudenken, so verfälsche ich deren Sinn, aus der Tat wird eine bloße Tatsache.[103]

Schwieriger steht es um die sog. reine *Erkenntnis*, die ihren Gegenstand gerade so ins Licht rücken soll, wie er an sich ist; „Objektivität" besagt hier, daß der sachverändernden Einmischung des Subjekts gewehrt wird. Diese Objektivation läßt zwei Grundmöglichkeiten zu.[104] Sie ist einmal konkrete Praktik, die Lebenswelt und Lebenspraxis ins Auge faßt und dabei die Beziehung auf das Subjekt nicht ausläßt, sondern nur reflektierend von sich abrückt. Man denke an die Beurteilung einer Tat, an die Geschichtsbetrachtung, die alle Aktionen in *res gestae* verwandelt, oder an die philosophische Lebensbetrachtung, die am einzelnen Verhalten allgemeine Züge bloßlegt. Die andere Möglichkeit der Objektivation findet sich in der bloß abstrakten Theorie, die alle Beziehungen auf ein Subjekt soweit wie möglich ausschaltet; was bleibt ist die „bloße Natur" der Naturwissenschaften. Kann man hier von einer „völlig selbstvergessenen Erfahrung" sprechen?[105] Es gilt hier doch wohl dasselbe wie für jegliche natürliche Einstellung: ich k a n n sie selbstverantwortlich durchleben. Einmal bedeutet diese Objektivation eine „Wendung" zum bloßen Gegenstand, die auf den konkreten Lebenszusammenhang zurückweist.[106] Ferner ist jede Erkenntnis als „Akt" des Ich eine *Erkenntnistätigkeit*; sie gehört in den Zyklus des „Ich tue" und „Ich kann", was sich in der aufmerkenden Zuwendung bekundet, und sie hat als verantwortbares Ziel

---

[103] Vgl. dazu *Ideen* II, S. 15: „Gemütsprädikate" (die wesentliche Komponenten des praktischen Objekts sind) finde ich am Gegenstand selbst, sie sind insofern *objektiv*; doch da sie innerlich auf wertende Subjekte zurückverweisen, sind sie auf besondere Weise *subjektiv*, „bewußtseinsrelativ". Den Gedanken, daß „ich selbst mit zum praktischen Thema gehöre", entwickelt Husserl im Zusammenhang mit der gemeinsamen Praxis (vgl. Transcr., 1921, A V 23, S. 7–8, 17); darauf werden wir später eingehen.

[104] Vgl. *Ideen* II, S. 16–17.

[105] Vgl. *Erste Philosophie* I, S. 266, wo von einer „reflexionslosen" Unterschicht bloßer Sachen die Rede ist, ähnlich *Ideen* II, S. 15, Anm. 2; ich verweise dazu auf Landgrebes Kritik (*Der Weg der Phänomenologie*, S. 204–05).

[106] Vgl. dazu *Ideen* I, § 37, II, §§ 4–7; ausdrücklich stellt Husserl in Frage, daß es Akte gibt, die von vornherein nur theoretisch objektivieren (*Ideen* II, S. 16).

die Erkenntnis des Gegenstandes, die zu bewerkstelligen ist.[107] Auch im *cognoscendum* findet das Ich sich wieder; wie jede Praxis hat auch die theoretische Praxis ihr Thema, in der der Erkennende mit vorkommt.

Je konkreter das Projekt und das Werk, desto konkreter auch das Ich, das darin beschlossen ist als verschiedenartiges ,,Interessen-Selbst.''[108] Im wissenschaftlichen Resultat finde ich mich bis zu einem gewissen Grad wieder als exterritorialer und extemporaler Jemand, der für alle möglichen Erkenntnissubjekte steht,[109] im politischen Handeln und Planen als soziales Subjekt, das seine öffentliche Rolle spielt, in der grundlegenden Lebenswahl und Lebensführung als Person, die unaustauschbar ist. Der Konkretisierung entsprechen Grade der Verleiblichung. Denn mein Tun ist keine reine Produktion, sondern bleibt angewiesen auf leibliche Vermögen, jede Besinnung auf die Vorgegebenheiten unseres Verhaltens läßt dies erkennen. Als ,,Könnensbewußtsein'' ist das Tatbewußtsein von vornherein das eines leiblichen Ichs.[110]

Im Verlauf des Handelns bleibt freilich das Thema als Thema des Ich ebenso unthematisch wie das Ich selbst und seine Motive. *Ausdrücklich* bin ich bei der Sache, die zu tun oder zu erkennen ist. Daher sprechen wir von einem präreflexiven Tatbewußtsein. Erst die Reflexion enthüllt, was *unausdrücklich* mitgemeint war. Wenn ich mir oder Andern Rechenschaft gebe über mein Wollen und Tun, so frage ich: *Was* wolltest du und tatest du? *Wie* kam es dazu? *Warum* tatest du es?[111] Antworte ich: E s geschah mit mir, weil . . . , so weise ich die Verantwortung von mir, indem ich mich ausschließlich auf äußerlich wirkende naturale oder soziale Sachgründe berufe; damit ginge das Subjekt tatsächlich ganz in der Sache auf und bliebe selbst anonym. Antworte ich aber: I c h tat es, weil . . . , so übernehme ich zumindest im Ansatz die Verantwortung, indem ich mich auf inner-

---

[107] Vgl. *Ideen* II, S. 26 und zur Bedeutung des ,,Aktes'': *Erste Philosophie* II, S. 95.

[108] *Erste Philosophie* II, S. 100.

[109] Wir ,,werden'' hier ,,zu rein theoretischen Subjekten'' (*Ideen* II, S. 25).

[110] Vgl. *Ideen* II, § 60.

[111] Dieses λόγον διδόναι hat im sokratischen Gespräch sein Urbild (vgl. dazu *Erste Philosophie* I, S. 11).

lich wirkende Beweggründe berufe. Kausales und motivierendes
Weil sind hier streng auseinanderzuhalten.[112] Das nachträgliche
Einstehen für die Tat hat jedoch nur dann einen Sinn, wenn ich
im Vollzug der Handlung diese bereits *implizit* verantwortete;
das läßt sich nur so deuten: indem ich selbsttätig bei der Sache
war, war ich nicht an sie verfallen. Ohne die implizite Verantwortung vor der Reflexion bliebe die explizite Verantwortung in
der Reflexion buchstäblich gegenstandslos.[113] Das schließt nicht
aus, daß die Reflexion eine wichtige Rolle spielt für das ,,Er-
wachen'' des Ich.[114] Doch dazu braucht es nicht unbedingt die
radikale Form einer verallgemeinernden philosophischen Selbstbesinnung. Der verantwortliche Kontakt mit der Wirklichkeit
erfordert nicht die ausdrückliche Entfaltung aller Implikationen, die er ins Spiel setzt.

7. *Präreflexives Vollzugs- und Selbstbewußtsein*

Ursprünglich verstehe ich mich also von den Zielen her, die ich
verfolge; das Ich ,,bildet, gestaltet als aktives primär nicht sich,
sondern Sachen zu Werken.''[115] Hier kann die noematische Reflexion ansetzen. Doch darüberhinaus bleibt noch das, was einer
noetischen und ichlichen Reflexion offensteht, nämlich der Akt-
vollzug und das Ich, das in den Akten lebt.

Zu unterscheiden ist hier eine doppelte Latenz des Ich, die
vor dem Erwachen des Ichbewußtseins und die nach ihm. Im
ersten Fall verfügt das Subjekt noch gar nicht über sich und ist

---

[112] Vgl. zu dieser Unterscheidung *Ideen* I, S. 112, II, 3. Abschnitt.
Deutlich bestimmt Ricoeur die Reziprozität von Ich und Beweggrund:
,,le motif ne fonde la décision que si la volonté se fonde sur lui. Il ne la
détermine qu'autant qu'elle *se* détermine'' (*Le volontaire et l'involontaire*,
S. 65). Schutz' Unterscheidung zwischen subjektiven Um-zu-Motiven
(= zukünftige Ziele) und objektiven Weil-Motiven (= vergangenheits-
bestimmte Umstände) verschleiert diesen Sachverhalt (vgl. *Collected
Papers* I, S. 69 ff.); alle Motive sind subjektiv, haben aber eine objektive
Seite, sofern sie an der persönlichen und sozialen Geschichte teilhaben und
weiterhin nicht erschöpft sind durch das, was der Handelnde als Motiv
angibt; das bedingt eine objektive Motivforschung *im* subjektiven Hand-
lungsfeld.
[113] Ricoeur spricht daher von einer ,,imputation pré-réflexive du moi''
(*Le volontaire et l'involontaire*, S. 57 ff.).
[114] Vgl. *Erste Philosophie* II, S. 411.
[115] *Ideen*, II, S. 252.

„prinzipiell noch unfähig . . . , seiner selbst innezuwerden", es ist *vorthematisch,* anonym und latent im strengen Sinne; im andern Fall bleibt es lediglich unbeachtet, ist reflektierbar, wenn auch aktuell *außerthematisch.*[116] In der verantwortlichen Tätigkeit muß bereits die zweite Möglichkeit gegeben sein; die Genesis des Bewußtseins lassen wir hier noch außer acht.

Der Bruch mit der natürlichen Einstellung beseitigt nicht ohne weiteres die Neigung, das neu Entdeckte von dem her zu verstehen, was man zurückgelassen hat, und das Ich, wenn nicht als weltlichen Gegenstand, so doch wie einen solchen aufzufassen. Auch Husserls Sprache hält sich zunächst in dieser Zweideutigkeit auf. Wie die Dinge, so bleibt auch das Ich oft im „Hintergrund", es „affiziert" mich und ist „wahrnehmungsbereit", doch dies in einem eigentümlichen Sinne; während Dinge in mein Blickfeld treten müssen, um erfaßt werden zu können, ist das unreflektierte Erlebnis prinzipiell wahrnehmbar „durch die bloße Weise seines Daseins."[117] Solange diese Seinsweise nicht positiv von sich selbst her bestimmt wird, legt sich das Mißverständnis nahe, das Ich sei etwas, was notwendig immer mit „vorkommt". Entsprechendes gilt für den Leib, der immer „mit dabei ist,"[118] und für die Andern, „auch sie sind in meinem Anschauungsfeld als Wirklichkeiten, selbst wenn ich nicht auf sie achte."[119]

Was über diese anfängliche und vordergründige Bestimmung hinausführt, ist der Sinn dessen, was als Ich ausgesprochen und angesprochen wird. Das Ich ist ursprünglich Vollzugsich, Aktsubjekt, Lebenssubjekt; das lebendige Fungieren ist seine eigentümliche Seinsweise, die sich in jeder Thematisierung immer wieder in die Anonymität zurückzieht.[120]

„Das Ich ist ursprünglich nicht aus Erfahrung . . ., sondern aus Leben (es ist, was es ist, nicht für das Ich, sondern selbst das Ich)."[121] Gleichwohl muß es in einem unmittelbaren *Vollzugs-bewußtsein* auf sich selbst bezogen sein, da die nachträgliche Reflexion das Ich nur enthüllt, nicht schafft. Jede Vorgegebenheit ist ein Für-sein, jede Selbstvorgegebenheit ein Für-sich-sein im

---

[116] Vgl. *Erste Philosophie* II, S. 417, dazu Beil. XVI, XVII.
[117] Vgl. hierzu *Ideen* I, § 45.
[118] *Ideen* II, S. 144.
[119] *Ideen* I, S. 58.
[120] Vgl. *Krisis,* S. 111, 457–58, *Erste Philosophie* II, Beil. XVII.
[121] *Ideen* II, S. 252.

ungegenständlichen Sinne. So gilt denn: „das Sein des Ich ist immerfort Sein und Für-sich-sein durch Selbsterscheinen, durch absolutes Erscheinen, darin das Erscheinende notwendig ist"; und da dieses Selbsterscheinen aller Thematisierung vorausgeht und noch in der Reflexion fortdauert, ist es der „Urmodus des Erscheinens."[122] Wahrnehmungsbereit ist das Ich, indem es sich ständig selbst affiziert in seinem Fungieren.[123]

Das ursprüngliche Vollzugsbewußtsein bezieht die Leiblichkeit und Gemeinschaftlichkeit mit ein. Das „Ich tue" geschieht als „Ich bewege" in der „kinästhetisch fungierenden Leiblichkeit", dabei sind wir „miteinander fungierend" füreinander da als „ständig fungierende Wir-Subjektivität."[124]

8. Die mitmachende Reflexion auf das Ziel

In der Hingegebenheit an die Sache ist das Ich primär außer sich und nur implizit bei sich, erst in der Reflexion tritt es aus dem Hintergrund. Doch besagt das notwendig, daß es seine sachlichen Interessen aufkündigt in radikaler Neuorientierung? Gewiß vollzieht sich in jeder Reflexion eine „Ichspaltung"; ich trete mir bzw. meinem Leben gegenüber und bin doch identisch mit diesem Gegenüber; nur mittels dieser Identität in der Differenz kommt es zu einer Selbsterfassung.[125] Doch wieweit reicht dieser Spalt?

Normalerweise bricht in der Reflexion kein Interessenkonflikt aus. Es kommt zu keiner Spaltung der Stellungnahmen, weil das reflektierende Ich zunächst die Interessen des sachgerichteten Ich teilt. „Mitglaubend, mitvermutend, mitzweifelnd" lebt es im

---

[122] *Erste Philosophie* II, S. 412. Zum vorgegenständlichen „Selbsterscheinen" des ursprünglichen Zeitflusses vgl. schon *Zeitbewußtsein*, §§ 39, 40, Beil. VI, VIII, IX, XII, dazu die Andeutungen in den *Cart. Meditationen*, S. 81 (wo das ursprüngliche Für-sich-sein freilich als „Auf-sich-selbst-intentional-zurückbezogen-sein" gedeutet wird, vgl. auch S. 18) u.S. 156. In Sartres „cogito préréflexif" wird dieser Gedanke fortgesetzt.

[123] Zur Selbstaffektion vgl. *Erste Philosophie* II, S. 412, *Krisis*, S. 111 und, ausdrücklich so benannt: Transcr. (1921)E III 2, S. 26; Broekman verfolgt diesen Gedanken zurück bis auf Kant (a.a.O. S. 154 ff.).

[124] Vgl. *Krisis*, S. 108–11.

[125] Vgl. *Cart. Meditationen* § 15, *Erste Philosophie* II, 40. Vorl.; auf diese Vorlesungen beziehen sich auch die Seitenangaben im folgenden Text.

Mitvollzug dieser Interessen (96). ,,Schlicht reflektierend kann ich nicht anders als mit mir selbst zu sympathisieren, als, über mich reflektierend, meine Interessen zu übernehmen'' (98).[126] Diese Gesamtsympathie schließt Kritik und Konflikt im einzelnen nicht aus, so etwa, wenn ich in der Erinnerung eine frühere Annahme in Frage stelle oder in der Reue eine frühere Entscheidung widerrufe. Aber das positive Gesamtinteresse bleibt gewahrt, fragt sich doch jeweils, was an die Stelle des Negierten tritt (95). Selbst der Skeptiker, der die Möglichkeit der Vergewisserung prinzipiell in Zweifel zieht, bleibt an dem Bezweifelten interessiert (109).[127]

Diese *mitmachende Reflexion* bleibt für Husserl eine ,,natürliche Reflexion.''[128] Wie nämlich ein natürlicher Seinsglaube jede Erfahrung durchzieht, so lebt in der Reflexion ein ,,natürlicher Mitglaube''(92), solange mich nicht eine besondere Motivation von dieser Solidarität befreit (98). Die Feststellung: ,,Ich sehe dieses Haus'' bedeutet im Normalfalle zugleich: ,,Ich glaube, daß dieses Haus wirklich ist'' (92).

Fragwürdig ist nun die Deutung, die Husserl von dieser Reflexion gibt; er verfällt hier der gleichen Einseitigkeit wie schon in der Analyse der natürlichen Einstellung. Diese vereinigt in sich ohne Alternative Selbsthingabe und Selbstverlorenheit; entsprechend besagt die mitmachende oder natürliche Reflexion als bloßes Gegenstück zur transzendentalen oder reinen Reflexion nicht etwa nur, daß ich weiterhin sach- und weltinteressiert bin, sondern daß ich mich zugleich als weltliches Objekt auffasse (120–21). Das kann jedoch auf eine Reflexion, die dem verantwortlichen Weltverhalten eingefügt bleibt, nicht zutreffen. Die Alternative: Interesse an der Wirklichkeit oder Interesse am Erleben der Wirklichkeit und am Erlebnissubjekt reicht offensichtlich nicht aus. Das Ich interessiert sich hier weder direkt für sich, noch wird es als bloß sachliches Moment den Sachzielen zugeschlagen. Zu suchen ist nach einem Mittleren, einer Reflexion innerhalb der direkten Einstellung, die doch meinem ,,Eigensein'' (97) keine Gewalt antut.

Wenn freilich der ursprünglich thematische Sinn ,,vom Sub-

---

[126] Vgl. hierzu Sartres Unterscheidung zwischen ,,réflexion pure'' und ,,réflexion impure ou complice'' (*L'être et le néant*, S. 201, 670).

[127] Deshalb ist die transzendentale Reduktion für Husserl auch kein eigentlicher Zweifel (vgl. schon *Ideen* I, S. 65–66).

[128] Vgl. *Cart. Meditationen*, § 15.

jektiven nichts enthält" (98, Anm.), dann kann sich nur in der radikalen Abwendung von ihm das Subjektive enthüllen. Die Fragen: Was ist das, woraus besteht es, wie entstand es? führen auf rein sachliche Strukturen und Ursachen. Bedenken wir aber, daß auch in solchen Fragen ein verantwortliches Ich fungiert, so müssen wir konkreter fragen: In welchem Sinne gilt mir das, was meine, was bezwecke ich damit, als was ist es mir gegeben? Und weiter: Wie meine, sage, bewerkstellige ich das? Und schließlich: Wem ist diese Aufgabe gestellt und wem ist diese Tat, dieses Werk zuzuschreiben? Diese Fragen bringen zum Vorschein, was bereits im direkten Tatbewußtsein beschlossen ist. Der *Sinn als das Woraufhin* weist auf mich selbst zurück als auf den, der „in jedem Aktus Abzielender" ist (96), der Beweggründe gelten läßt und in der Handlung oder Erkenntnis eine tätige Bewegung auf das Ziel hin vollzieht. Die *Besinnung auf das Ziel*, einschließlich dessen, was dieses Ziel rechtfertigt und ermöglicht, fügt sich dieser Bewegung ein; sie ist praktische Reflexion in dem weiten Sinne, in dem wir von Lebenspraxis sprachen, gewissermaßen eine Pro-flexion, ein Sich-nach-vorn-beugen, das nicht nur rekapituliert, was bereits ist, sondern interessiert bleibt an dem, was noch nicht ist.[129]

In diesen Zusammenhang gehört auch die ethische Reflexion, die das motivierende Weil expliziert und kritisch prüft in der Besinnung auf das Gutsein der Güter, die ich schaffe, gebrauche, erstrebe, auf ihre „Wertheit."[130] Die Vergegenständlichung und Substantivierung dieses Aspektes erfolgt erst nachträglich in einer axiologischen Reflexion, einem Sonderfall der eidetischen Reflexion; der Rückbezug auf die Ziele des Handelns und Strebens, die diesen Aspekt zuvor schon enthalten, verwehrt jede Hypostasierung von Werten, jede Etablierung einer eigenständigen Wertsphäre, die ursprünglich einem detachierten Wert-

---

[129] Husserl spricht selbst von einem engeren und weiteren Begriff von Selbstbesinnung: „die reine Ichreflexion und Reflexion auf das gesamte Leben des Ich als Ich und die Besinnung im prägnanten Sinn der Rückfrage nach dem Sinn, dem teleologischen Wesen des Ich" (*Krisis*, S. 510, Anm.); aber jede radikale Besinnung auf das Ziel endet unweigerlich bei einem „reflektiven Willen" (*Erste Philosophie* II, S. 7). Vgl. dagegen H. Kuhn, *Das Sein und das Gute*, München 1962, S. 240–54, wo versucht wird, das Ich von seinem Lebensziel her zu fassen und so die Belange einer praktischen Philosophie wiederzubeleben.

[130] *Ideen* I, S. 238.

nehmen oder Wertfühlen offen steht.[131] In diesen Zusammenhang gehört ferner die Achtsamkeit auf die Mittel, etwa die
sprachliche Sorgfalt, die dem Besprochenen zu größerer Durchsichtigkeit verhilft. Auf solche Weisen achte ich schließlich auch
auf mich selbst, um die Sache besser zu erfassen, wirke ich auf
mich ein, um dem Werk eher gerecht zu werden, beherrsche ich
mich, um über die Dinge Herr zu werden. Die Selbstsetzung ist
in diesem Falle bloße *Mitsetzung*, Mitbejahung, Mitschätzung, ist
ein Mitwissen (con-scientia). Auch diese sekundäre Blickwende
braucht ein Motiv, sie findet es in der Sache. Hemmungen auf dem
Wege, das Verfehlen des Zieles sowie die Ansprüche der Andern
legen Fragen nahe wie: Habe i c h das gesagt? W i e konnte ich
das tun? W a s soll ich weiter tun?

Einzig als Täter gehe ich in das Thema mit ein und ziehe ich
das Interesse auf mich. Es ist die Eigenart der natürlichen Einstellung, „immerzu Objektivitäten zu haben – durch ein voran-
gegangenes und f e s t g e h a l t e n e s objektives Wissen – und nun
das reflektiv erfaßte Ich als Aktsubjekt auf diese Objektivitäten
zu beziehen . . .''(120)[132] Das Ich tritt mit auf, soweit e t w a s für
mich gegeben ist und durch mich zu setzen ist; es interessiert,
sofern es im Für-mich der Sache beschlossen ist, sofern es als
„Ichpol'' den Gegenpol bildet zum Gegenstand. Dem Für-mich
haftet freilich etwas Zweideutiges an. Eine Sache oder Person,
der ich mich widme, ist ebenso für mich wie etwas, das ich besitze
oder genieße. Einmal bedeutet das Für-mich, daß etwas oder
jemand sich gibt in einem Verhalten, das in mir seinen *Ursprung*
nimmt und nur beiläufig in mir sein Ziel findet.[133] Zum andern
kann es besagen, daß etwas oder jemand in ein Verhalten eingespannt ist, das in mir selbst auch sein primäres *Ziel* hat. Die zielgerichtete Reflexion hält fest an der Ausrichtung auf anderes.

[131] Der explikative und reflexive Charakter des Wertens wird von den
Vertretern einer Wertlehre zu wenig berücksichtigt; vgl. dazu die Kritik
an Scheler bei Ricoeur, *Le volontaire et l'involontaire*, S. 69 ff.

[132] Freilich fährt Husserl fort: „. . . wobei zudem das Ich selbst als
objektiv menschliches aufgefaßt und gesetzt wird'', d.h. in „natürlicher
Reflexion'' verdinglicht wird.

[133] Vgl. dazu Aristoteles, *Nik. Ethik* VI, 2 1139a/30-31: „Ursprung der
Handlung ist die Entscheidung, das Woher der Bewegung, nicht ihr
Worumwillen . . .'' (πράξεως μὲν οὖν ἀρχὴ προαίρεσις – ὅθεν ἡ κίνησις
ἀλλ᾽ οὐχ οὗ ἕνεκα – ...).

9. Vollzugseinheit von Leben und Reflexion

Wenn in der mitmachenden Reflexion das sachliche Ziel Hauptthema bleibt und die Betrachtung des Lebensziels nur ein Neben-
thema ist, so fragt sich, wie beides sich zusammenfügt zu einem
thematischen Ganzen in der Vollzugseinheit von Leben und Reflexion.

Wir gehen von zwei Feststellungen aus. Die erste lautet: Das
Thema des Lebens und das der Reflexion sind einander impli-
zierende *Gesamtbereiche*; immerzu ist irgendwie die Welt für mich
da als Zielpol, und immerzu bin ich selbst irgendwie für mich da
als Ursprungspol meines Verhaltens. Anders als Einzelgegen-
stände der Welt und Einzelzüge des Ich sind die Welt und das
Ich ständig aktuell, wenngleich wechselnd thematisch. Dabei
hält sich das reflektierte Leben, dem die Welt primär und das
Welterleben des Ich sekundär thematisch ist, zwischen den Extremen reinen Erlebens und reiner Reflexion mit ihren einseitigen Polarisierungen. Innerhalb der Aktualität spontanen Voll-
zugs und lebendiger Gegenwart muß also die thematische Über-
und Unterordnung auftreten.

Wie aber übt die Reflexion ihren Dienst am Leben aus? Nicht
als Teilakt, da sie doch einen eigenen Gegenstand hat, sondern
als *Teilaktion*, sei es als bloßer Seitenblick, sei es als Zwischen-
aktion. Dabei ist das vordergründige Thema nicht auch das
Hauptthema, denn das Erleben des Ich wird auf ein anderes, auf
sein Ziel hin betrachtet. Ähnlich prüft der Arbeiter das Material
auf seine Tauglichkeit und bleibt doch am Werk interessiert. Ich
lebe und achte mit auf das Leben. Die thematische Einheit wird
gewahrt, weil das reflektierende Ich nicht nur dasselbe ist wie
das reflektierte, sondern auch dasselbe will. Die Stellungnahme
des Ich erleidet keine Spaltung.

Sie erleidet keine grundlegende Spaltung, aber nicht doch eine
vorübergehende? Lassen sich Haupt- und Unterthema so einfach
versöhnen? Dazu eine zweite These: ,,Was wir aktuell erleben . . .,
sehen wir nicht,''[134] und umgekehrt: Was wir sehen, erleben wir
nicht aktuell. Was hier in Frage steht, ist die *Gleichzeitigkeit* von
Erleben und Reflexion, die in deren Vollzugseinheit vorausgesetzt ist.

[134] *Ideen* I, S. 369.

Wenn gesagt wird, das Ich könne von sich selbst nur vergangene Erlebnisse oder Erlebnisphasen erfassen, so scheint mir das
nur bedingt richtig.[135] Zwar fängt das naive Erleben nicht erst
an, wenn die Reflexion einsetzt, sondern es war schon da und
dauert fort; das unreflektierte Erleben ist nur einem „Nachgewahren" zugänglich.[136] Doch diese Retention setzt als bloßes
Mitgewahren voraus, daß ich zugleich und zunächst mein gegenwärtiges Erleben wahrnehme; das ist möglich, weil das schon
begonnene Erleben fort-dauert. Im Fortgang der Reflexion gibt
es kein „zeitliches Auseinander", sondern „in der lebendigen
Gegenwart habe ich in Koexistenz das verdoppelte Ich und den
verdoppelten Ichaktus; also das Ich, das jetzt kontinuierlich das
Haus betrachtet, und das Ich, das den Aktus vollzieht: ‚Ich bin
dessen inne, daß ich kontinuierlich das Haus betrachte,' und der
ev. sich ausspricht in der Form: Ich betrachte das Haus."[137]
Sofern ich in der Wahrnehmung reflektiere und nicht etwa in der
Erinnerung oder Erwartung,[138] erfasse ich mein Erlebnis primär
als jetzt seiend und damit auch als soeben gewesen und sogleich kommend.[139] Wäre es anders, so hätte es keinen Sinn zu
sagen: Ich sehe dieses Haus, oder auch: Ich achte auf das Sehen
dieses Hauses; die Gegenwart ließe sich ausdrücklich überhaupt
nicht setzen, sondern nur durchleben.

Ist damit die Spannung von reflektiertem und reflektierendem
Leben behoben? Nicht ganz, die Koexistenz hat ihre Grenzen,
denn was wir von uns sehen, erleben wir eben nicht aktuell. Vor
uns haben wir nur *Passivitäten* des Ich. Das gilt einmal für *ab-
laufende* Erlebnisse, sei es, daß sie in ursprünglicher Passivität

---

[135] So stellt Schutz fest, daß wir selbst zukünftige Akte nur *modo futuri
exacti* vorstellen können (*Collected Papers* I, S. 147, 214 ff.); ähnlich
äußert sich Husserl über die ausdrückliche Erwartung: „Die Vorstellung
der erfüllten Erwartung ‚schließt' notwendig ‚ein' die Vorstellung, daß
die Erwartung selbst vergangen ist" (*Zeitbewußtsein*, S. 156); doch gilt
dies auch für die Besinnung auf das, was zu tun ist?

[136] Vgl. *Erste Philosophie* II, S. 88–89, *Ideen* I, S. 104, 179.

[137] *Erste Philosophie* II, S. 89; vgl. auch Transcr. (1933) A V 5, S. 3: „...
im Jetzpunkt berühre ich mich als fungierendes Ich, in der aktuellen Reflexion, in der *anonymen lebendigen Zeitigung* lebend, habe ich eine *andere
Zeitigung* als reflektives Thema, und beide sind partial *in Deckung* ..."
(zitiert bei Brand, a.a.O. S. 70).

[138] Zur Reflexion in der Vergegenwärtigung vgl. *Ideen* I, S. 84–85,
178–79, *Erste Philosophie* II, 39., 44. u. 47. Vorl.

[139] Vgl. *Ideen* I, S. 178.

ablaufen wie eine schlichte Dingwahrnehmung, eine leibliche Begierde, eine Schmerzempfindung, sei es, daß sie in sekundäre Passivität übergehen und schließlich weiterdauern in Form passiver Zuständlichkeit, so die gewonnene Erkenntnis, die gefällte Entscheidung.[140] Das direkt Gegebene und Gesetzte gilt weiter, aber ich lebe nicht aktuell darauf zu, solange ich reflektiere. Ähnliches gilt für *an-laufende* Erlebnisse. „Z.B. ein Glaube ... ‚regt' sich; wir glauben schon, ‚ehe wir es wissen'. Ebenso sind ... Gefallens- oder Mißfallenssetzungen, Begehrungen, auch Entschlüsse bereits lebendig, ehe wir ‚in' ihnen ‚leben', ehe wir das eigentliche cogito vollziehen, ehe das Ich urteilend, gefallend, begehrend, wollend ‚sich betätigt.'"[141] Wir leben noch nicht darin, weil wir auf andere Ziele aus sind, oder etwa, weil die Reflexion uns hinhält; man denke an die Reflexion auf eine drohende Gefahr oder eine sachliche Anforderung, wo wir vorsichtig oder ängstlich unsere Möglichkeiten abwägen.

Der „schöpferische Anfang"[142] steht noch aus oder liegt schon zurück; ihn habe ich tatsächlich immer nur mitgegenwärtig im Nachgewahren der Retention oder im Vorgewahren der Protention, es sei denn, ich erlebe ihn im Vollzug selbst. So kann ich nicht meinem *Tun* zusehen, sondern nur meinem passiven *Lebenslauf*; ich sehe, wie es mit mir weitergeht oder angeht. Passivität des Bewußtseinslebens besagt ja, daß dieses, getrieben von seiner eigenen Schwerkraft und der Anziehungskraft der Dinge, nicht als objektiver Prozeß, aber doch wie ein solcher abläuft. Es handelt sich um ein Leben auf Zinsen und auf Kredit, nicht um ein Leben gegenwärtiger Produktivität.

Die Lebensziele werden dabei nicht aufgegeben, sie sind sogar mit im Blick; der *Sinn* des Tuns gewinnt an Klarheit, wenn ich ihn durchleuchte, statt einfach auf ihn hin zu leben. Doch das geht auf Kosten der *Gegenwart* des Gemeinten, deren Gewicht abnimmt. Zwar schwindet auch das Übergewicht der Sache, das sich in einer Sachbesessenheit auswirkt, eben darin liegt das Be-

---

[140] Vgl. ebd. S. 179, wo von „ablaufenden Gedanken" die Rede ist; zur Unterscheidung von ursprünglicher und sekundärer Passivität vgl. weiter unten in dieser Arbeit II, 13.

[141] Ebd. S. 281.

[142] Ebd. S. 300.

freiende der Reflexion, doch zugleich bin ich weniger intensiv bei der Sache, der Elan der Handlung lockert sich.[143]

Das Zurücktreten des Lebens in der Reflexion ist der vordergründige Aspekt, den wir gewinnen, wenn wir unsern Blick auf die Lebensphase der Reflexion beschränken. Die Vollzugseinheit von Leben und Reflexion stellt sich wieder her, wenn wir beachten, was hier als dritte These fungieren soll: Jede aktuelle Gegenwart wird umgriffen von einer *thematischen Gegenwart*, die sich von einem Grundthema her bestimmt. Die mitmachende Reflexion ist dann nur „ein besonderer Modus des ‚Ich lebe‘ im allgemeinen Zusammenhang des Ichlebens", sie konstituiert einen „discours indirect."[144]

10. Die reine Reflexion auf den Ursprung

Bereits in der mitmachenden Reflexion tut sich ein Spalt auf im Leben des Ich, der sich aber immer wieder schließt; er bleibt offen, wenn das Ich seinen Lebensinteressen entsagt. Jede Reflexion bringt das Ich zunächst in eine *Schwebelage*; im Vordergrund steht das Geschehen *zwischen* Ich und Welt. Die Doppelsinnigkeit dieser Beziehung: Ich bei der Welt, die Welt für mich, läßt eine doppelte Betrachtungsweise zu, die bisherige, die das objektive *Ziel* im Auge behält, und eine weitere, die den subjektiven *Ursprung* ins Auge faßt. Im letzten Falle senkt sich der Waagbalken nicht zur Welt, sondern zum Ich hin, die natürliche Lebensrichtung ist nicht mehr bestimmend.

Jede Nebenaktion kann sich mit einem gewissen Recht zur Hauptaktion aufwerfen, sofern die Nebensache in der Hauptsache nur partiell amalgamiert ist. In besonderem Maße gilt das für das Verhältnis von Leben und Reflexion. Selbst wenn wir bestreiten, daß das Ich im sachorientierten Leben und in der sachorientierten

---

[143] Diese veränderte Vollzugsweise betrifft das Moment der „Thesis", der impliziten oder expliziten Stellungnahme (vgl. *Ideen* I, S. 282); Husserl spricht selbst im Zusammenhang mit Leben und Reflexion von einem „Mangel", verlegt ihn aber einseitig in das reflexionslose Leben (ebd. S. 180).

[144] Vgl. *Ideen* II, S. 248, zur Unterscheidung von „discours naturel" und „discours indirect": De Waelhens, *Royaumont*, S. 152. In engerem Zusammenhang spricht Husserl selbst von einem ständig mitgegenwärtigen Gesamtthema, dem Einzelschritte und Nebenzüge eines Gedankengangs oder Handlungsablaufs sich zuordnen (*Ideen* I, § 122, II, §§ 4, 5).

Reflexion seinerseits zur Sache degradiert wird, bleibt doch die Tatsache, daß die beiläufige, indirekte Selbstbesinnung eine letzte Frage unbeantwortet läßt: Wer bin ich selbst, der ich auf Anderes hin mit Andern lebe? Die *reine Reflexion*, wie sie hier verstanden wird, fragt direkt nach dem reinen In-sich- und Für-sichsein des Subjekts, sie versucht das Ich nicht von seinen Zielen, sondern von sich selbst her zu erfassen.[145] Freilich ist das Ich nichts neben oder jenseits seiner Akte, sondern es lebt in ihnen, fungiert in ihnen; ,,von seinen ,Beziehungsweisen' oder ,Verhaltungsweisen' abgesehen, ist es völlig leer an Wesenskomponenten . . .''[146] Aber indem es etwas oder jemand bestimmt und sich bestimmen läßt, bestimmt es zugleich sich selbst. Nur so ist es Ursprung seines tätigen und leidenden Verhaltens als ein Ich, das implizit sich selbst mitsetzt und nicht einfach in seinen äußeren Zwecken aufgeht. Die reine Reflexion ist *Besinnung auf den Ursprung*, sofern sie alles, was ist, auch das, was das Ich für sich selbst ist, auf diesen verantwortlichen Ursprung zurückbezieht.

Auf das Ich, das zunächst und immer wieder dazu neigt, sich von der Welt und der Mitwelt her zu verstehen, muß die Frage ,,Wer bin ich?'' wie ein Schock wirken, revolutionierend im ganzen und nicht nur reformierend im einzelnen. Dem Ich, das sich in diesem ,,Umsturz''[147] auf sich selbst zurückgeworfen sieht, schwinden Welt und Mitwelt, da es an ihnen keinen Halt findet. Da das Ich nicht jenseits seiner Akte in sich selbst ruht, impliziert die Frage ,,Wer bin ich?'' die weitere Frage: ,,Wozu bin ich da?'' Der Entzug aller Beweggründe, die den direkten Lebensvollzug bestimmen, bringt das Ich vor den Abgrund seiner eigenen Möglichkeiten; es sieht sich auf sich selbst verwiesen, ohne sich selbst in seine Freiheit einsetzen zu können. Das bloße Mitmachen ist kein Ausweg, da doch das *Machen* selbst in Frage steht. Der Schwindel angesichts der Bodenlosigkeit der eigenen Freiheit wurde seit Kierkegaard genugsam beschrieben.

---

[145] ,,Reine Reflexion'' ist für Husserl die transzendentale Reflexion, die die Subjektivität von allem Nicht-Subjektiven reinigt, und dies im Gegensatz zur ,,natürlichen Reflexion'', die solches voraussetzt (vgl. *Erste Philosophie* I, S. 267 ff., II, S. 418); diese Entgegensetzung versuchen wir hier durch eine weitere Differenzierung aufzulockern.

[146] *Ideen* I, S. 195, vgl. ebenso *Ideen* II, S. 99.

[147] Vgl. *Erste Philosophie* II, S. 165.

Die mundane und soziale *Entwurzelung* ist der Preis, der für die Entdeckung der eigenen Freiheit und Unersetzlichkeit zu entrichten ist. Die Bewegung des Selbstwerdens, die sich im Leben vollzieht, gibt den Hintergrund ab für die theoretische Reduktion, in der der Philosoph versucht, erkennend zum Ursprung seiner selbst und seiner Taten vorzustoßen. Es fragt sich dann, wie eine erneute *Einwurzelung* gelingen kann, die mich auf neue Weise zurückführt zur mundanen und sozialen Wirklichkeit und schließlich auch zu mir selbst, der ich nur in der Ausübung der Freiheit wirklich bei mir bin und nicht etwa in ihrer Zurschaustellung. Es fragt sich ferner, welche Rolle die Andern in der Selbstverwirklichung und Selbstgegenwärtigung spielen.[148]

Von einem Schwindel der Freiheit ist bei Husserl allerdings kaum etwas zu bemerken; das erklärt sich aus der Eigenart der transzendentalen Reflexion, die auf besondere Weise vermittelt zwischen der Besinnung auf das objektive Ziel und der Besinnung auf den subjektiven Ursprung.

11. Die Zwischenstellung der transzendentalen Reflexion

Mit der transzendentalen Epoché versetzt sich Husserl zunächst in die Schwebelage, die jede Reflexion kennzeichnet. Thematisch ist in der „reinen Korrelativeinstellung"[149] die *Korrelation* zwischen Ich und Welt, nicht Ziel oder Ursprung für sich, sondern das Leben a u s dem Ursprung a u f das Ziel z u. Doch dieses „labile Gleichgewicht"[150] verschiebt sich bei Husserl alsbald in eine einseitige Richtung. Von der „höheren Warte der Reflexion" betrachtet der Philosoph die „reine Subjektivität", das „aktuell gelebte Leben in seinem Fürsichsein und Insichsein," will sagen das Ich, das „in seinem eigenwesentlichen Leben und Tun ... in sich selbst und für sich selbst die Erscheinung und

---

[148] Die Doppelbewegung einer Loslösung von der Welt (arrachement) und einer Rückbindung an sie (engagement) sieht P. Thévenaz als charakteristisch an für die Phänomenologie, doch diese Auslegung kulminiert bezeichnenderweise in der komplementären Sichtweise Sartres und Merleau-Pontys („Qu'est-ce que la phénoménologie?" in: *Revue de Théologie et de Philosophie* 2, 1952, vor allem S. 294–316).

[149] *Krisis*, S. 182. Vgl. dazu H. L. van Breda, *La réduction phénoménologique*, 2. „These", in: *Royaumont*, S. 311 ff.

[150] Vgl. van Breda, a.a.O. S. 309.

Geltung von Objekten zustande bringt."[151] Doch diese Überschau über das Leben kann die letzte Station der Selbstbefragung nicht sein, weil das „allüberschauende Ich"[152] eines nicht überschaut: sich selbst, sofern es in der Schau lebt. Die Diskrepanz zwischen anonymem Leben und ausdrücklicher Erfassung des Lebens dauert fort. Das fordert eine weitere Reinigung des Ich, einen Rückgang auf das Leben des Ich in seinem unmittelbaren Für-sich-sein, einen Rückgang auf das Ur-Ich.

Auch hier gerät das philosophierende Ich am Ende vor sich selbst; in der Windstille reiner Theorie verringert sich die Selbstbetroffenheit zwar zur Rätselhaftigkeit eines Wesens, das sich selbst unfaßbar bleibt, doch zugleich wird diese Unfaßbarkeit als solche durchschaut. Auf ihrer äußersten Spitze treibt die Reflexion über sich selbst hinaus, denn das Ich ist immer schon und erreicht sich nie, sooft es auch sich selbst nachläuft. Wie aber kann es nun weitergehen? Auf die regressive, *zentripetale* Bewegung, die zum Ursprung des Sinngeschehens führt, folgt eine progressive, *zentrifugale* Gegenbewegung in Anpassung an eine „universale Sinngeschichte, die, von innen ausstrahlend", Welt und Mitwelt konstituiert.[153] Dabei bleibt die Reflexion auf den Ursprung dominierend; denn alle Reflexion, die von den Zielen ausgeht, alle noematische Reflexion hat einen bloß vorläufigen Charakter, wenn das Mitmachen aufgehoben ist in einem Selbst-machen.

Doch da die ursprüngliche Konstitution immer schon „unbewußt" geschieht und die ausdrückliche Konstitution immer nur Re-konstitution sein kann, kommt es zu der bereits erwähnten Kluft zwischen einer Lebenspraxis und einer reflexiven Theorie, deren Ziele sich nicht vereinigen lassen. Darüberhinaus zeigt sich nun, daß in der Suspension der Lebensziele auch deren Ursprung, das verantwortliche Ich, nicht voll zur Geltung kommt. Die Werke des Lebens entstehen in mir, sie „machen sich in mir", damit sind sie weder meine Tat, noch bin ich ihr Täter, wenn wir diese Begriffe für ein verantwortliches Tun reservieren.[154] Die

---

[151] *Erste Philosophie* II, S. 423, 120.
[152] Ebd. S. 91.
[153] *Cart. Meditationen*, S. 124; zum regressiven und progressiven Verfahren s.o.S. 32.
[154] S.o.S. 75; auch der Begriff der „Teleologie", der in Husserls Spätwerk

Frage „Was soll ich tun?" wird ebenso überspielt wie die Frage „Wer bin ich, wer kann ich sein?", denn der reflektierende Zuschauer geht immer nur von „Fertig-Seiendem" zurück auf seinen Ursprung.[155] Husserls transzendentale Reflexion gewinnt eine mittlere Sphäre der Korrelation, deren Bezugsglieder, nämlich die Wirklichkeit des Gemeinten und die des Meinenden, ihr entgleiten.[156]

Wenn aber objektives Ziel und subjektiver Ursprung derart zusammenhängen, so fragt es sich, ob das Ich in seiner Aktualität sich anders zu fassen bekommt als dadurch, daß es sich primär von Anderem ansprechen läßt und in der Antwort sich selbst einsetzt. Ziel und Ursprung bleiben im direkten Lebensvollzug mitthematisch oder unthematisch; ein Denken, das sie thematisieren wollte, müßte primär von den Zielen des Ich ausgehen. Die reine Reflexion auf den Ursprung würde so in Schranken gehalten durch die mitmachende Reflexion auf das Ziel und diese wiederum durch die Setzung und Verfolgung des Zieles im verantwortlichen Tun selbst. Die erfahrbare Wirklichkeit wäre dann allerdings mehr als ein bloß vorläufiger Leitfaden für eine transzendentale Besinnung, sie wäre ihr unaufhebbarer Ausgangspunkt, der die Ansprüche des Ich begrenzt. Nur so ließe sich wirklich von einer Polarität zwischen Subjekt und Objekt sprechen, wo „doppelte Strahlungen" auftreten im „Vorlauf" vom Ich aus und im „Rücklauf" auf das Ich zu.[157]

In diesem Licht erscheint die transzendentale Reflexion, die eine Besinnung auf das Ziel vereint mit einer Besinnung auf das Selbst, als ein *Zwischenakt*, der dem Leben Einhalt gebietet und es zu sich selbst bringt, ohne es zu überbieten in einem höheren Leben und Tun. Sie erscheint nicht mehr als *Grundakt*, der die Naivität tilgt, wenn der Reflektierende alles Fremde aus sich hervortreten sieht. Das Gleichgewicht, das die Reflexion ins

eine so wichtige Rolle spielt, ist von dieser Schwierigkeit belastet, desgleichen die Konzeption einer ursprünglichen, praktischen Zukunft.

[155] Vgl. *Krisis*, S. 171.

[156] Vgl. dazu die kritische Bemerkung von M. Müller, a.a.O. S. 113: „Eine bloße, absolute, wechselseitige Präsenz der ersten und zweiten Intentionalität füreinander führt zu keiner absoluten Gewißheit über die Realität der Selbstheit, sondern nur zu der der Realität des Urrealen, das da in mir denkt und lebt: Des Geist-Lebens als der absoluten Ursprungsregion."

[157] Vgl. *Ideen* II, S. 105.

Wanken bringt, wird freilich erst voll und ganz zurückgewonnen,
wenn ein Gegenüber auftritt, dem die gleiche Gewichtigkeit eignet wie mir selbst.

12. Die natürliche Reflexion als Selbstentfremdung

Was Husserls Deutung der natürlichen Einstellung in eins
faßt, nämlich Hingabe und Verlorenheit an die Welt, haben wir
gesondert. So war Anfang und Ende unserer bisherigen Betrachtung ein verantwortliches Leben, in dem die Reflexion nur eine
aufklärende Rolle spielt. Doch das Leben ist nicht solch reines
Gelingen. Im Rückblick auf das Leben zeigt sich dem Subjekt,
daß es sich erst und immer wieder aus der Weltverlorenheit
lösen muß; dabei übt die philosophische Reflexion eine *befreiende*
Wirkung, indem sie mit der Verabsolutierung der Welt bricht.
Nur im Lichte einer möglichen Befreiung verstehen wir den
Selbstverlust als Verlust. Dieses Faktum der Selbstverlorenheit
zeigt verschiedene Dimensionen, eine volle Konkretion ist erst
von der sozialen Betrachtung zu erwarten.

Unter *natürlicher Reflexion* im Gegensatz zur reinen oder
transzendentalen versteht Husserl jegliche Reflexion in der
natürlichen Einstellung; wir schränken sie ein auf die theoretische
und praktische Selbstauffassung, die regiert, solange das Ich in
der Welt aufgeht. „Das Leben kann ... ein naives Leben, ein
Leben in Weise der natürlichen Weltlichkeit sein, sofern das Ich
entweder überhaupt nicht reflektiert, nämlich auf sich und sein
Leben, oder reflektierend dieses Leben naturalistisch als Beigabe
von natürlich Gegebenem (Unreflektiertem) faßt: Die Reflexion
ist keine reine Reflexion und das Leben kein reines Leben, und
das reflektiv erfaßte Ich selbst ist Ich-dieser-Mensch, und nicht
das reine Ich."[158] In der objektivistischen Einstellung, nicht in
der objektiven, so fügen wir hinzu, „ist das Bewußtsein zwar ein
besonderes Thema, aber innerhalb des mitgeltenden Univer-
sums", so kommt es zu den verschiedenen Formen der *Verwelt-*

---

[158] *Erste Philosophie* II, S. 418; vgl. schon *Idee der Phänomenologie*;
S. 22: natürliche Reflexion als Mißgriff der Erkenntnistheorie, *Ideen* I, S.
194–95: In allen weltgerichteten Akten „bin ich dabei, aktuell dabei.
Reflektierend fasse ich mich dabei auf als Menschen"; vgl. ferner *Erste
Philosophie* I, S. 267–70, *Cart. Meditationen*, § 15.

lichung.[159] Gemäß dem umfassenden Charakter der Reflexion greift die Verweltlichung auf alles über; das „natürlich Objektive" zieht das „natürlich Subjektive", das eigene wie das fremde, nach sich.[160] Die Verweltlichung besteht darin, daß das fungierende Ich sich nicht als es selbst auffaßt, sondern als anderes, sei es in naturalistischer Außensicht, die das Eigentümliche der Subjektivität erst gar nicht in den Blick bekommt, sei es in personalistischer Innensicht, die es nicht festhält, sondern der Welt zurückerstattet. Indem die natürliche Reflexion eine Kluft aufreißt zwischen dem Ich, das gemeint ist, und der Weise, wie es gemeint ist, kommt es zu einer *Selbstentfremdung*, in der das Bewußtsein „zu einem Anderen" wird.[161] Das geht über die bloße Selbstvergegenständlichung weit hinaus. Das Ich entzieht sich nicht nur sich selbst, es hüllt sich in völlige Anonymität; die Unkenntlichkeit rührt daher, daß das Ich in der Verweltlichung zu dem wird, an das es sich verliert.[162] Daß es nur zu Weltlichem wird, es aber nicht ist, ermöglicht eine Selbstbesinnung und Selbstbefreiung; provoziert wird sie dadurch, daß die Stimme des Ich zwar überhört, aber doch untergründig mitgehört wird; auf gewisse Weise bin ich immer für mich da, desgleichen sind es die Andern.

Der Zustand der Selbstverlorenheit ist freilich kein eindeutiges Phänomen. Die Genesis des Bewußtseins verweist einmal auf eine *Vorform* der Freiheit, wo sich noch gar kein Ich ausdrücklich von Welt und Mitwelt abgesetzt hat. Diese Grundschicht lebt fort in einem möglichen *Aussetzen* der Freiheit; „das schlafende Ich im Gegensatz zum wachen ist die völlige Eingetauchtheit in die Ichmaterie, in die Hyle, das unabgesonderte Ichsein, die Ichversunkenheit, während das wache Ich sich die Materie

---

[159] *Erste Philosophie* I, S. 268; zu den Formen der Verweltlichung s.o.I, 2.

[160] *Erste Philosophie* I, S. 327, außerdem S. 267.

[161] *Ideen* I, S. 131; vgl. auch Transcr. (1930) B I 5 IX, S. 8: „Die Selbstentfremdung vollzieht sich in Form des welterfahrenden Lebens und seiner Implikationen" (zitiert bei Eley, a.a.O. S. 73) – eines bestimmten welterfahrenden Lebens, so schränke ich ein; diese Einschränkung richtet sich auch gegen die zugehörige Interpretation von Brand (a.a.O. § 5).

[162] Erinnert sei an Platons konkrete Deutung der Erkenntnis: sie ist Angleichung (ὁμοίωσις), ihre Ingredienzien sind Fesselung und Befreiung, sie hat immer auch eine praktische Seite (vgl. etwa *Phaidon* 79c ff.).

gegenüberstellt und nun affiziert ist, tut, leidet etc."[163] Von beidem zu unterscheiden ist die Selbstverlorenheit im eigentlichen Sinne als *Gegenform* der Freiheit. Bei der Unfreiheit, die ein wirkliches Ich voraussetzt, denkt Husserl an das Fortgerissensein, an die Fesselung durch die Sinne.[164] Eine solch totale Versachlichung hebt sich ab von einer partiellen, wie sie sich etwa bei der körperlichen Selbstbehandlung oder der seelischen Selbstbeobachtung findet; hier bleibt das lebendige Ich im Hintergrund gegenwärtig und setzt der Versachlichung eine Grenze.[165] Zu fragen ist ferner, ob die erwähnte Form der Unfreiheit die einzig mögliche ist, ob nicht der *inertia* die *superbia*, der Unterwerfung als dem Ausdruck reiner Passivität die Überhebung als der Ausdruck reiner Aktivität gegenübersteht. Unsere früheren kritischen Überlegungen sprechen dafür, daß die transzendentale Reflexion ihre eigene Form der Selbstentfremdung entwickelt. Ist das weltzugewandte Ich von der *Verfallenheit* bedroht, so das reflektierende von einer *Verstiegenheit*; auch darin wäre es nicht es selbst. Schließlich bleibt in allen Stadien des Selbstwerdens die Möglichkeit des *Rückfalls*; in der Geschichte der Freiheit sind wir niemals definitiv an einem guten Ende.[166]

13. Habitueller Welt- und Selbsterwerb

Das Ich, das in der aktuellen Gegenwart lebt, weltzugewandt oder reflektierend, selbstverantwortlich oder selbstverloren, erfaßt weder sich selbst, noch seine Welt als ,,stehendes und bleibendes Sein."[167] Doch wenn ich von mir spreche, so meine ich

---

[163] *Ideen* II, S. 253. Zur Leibnizschen Konzeption eines ,,schlafenden'' oder ,,dumpfen'' Bewußtseins vgl. auch *Ideen* I, S. 79, II, S. 100, 107–08, 253.

[164] *Ideen* II, S. 257, 276; vgl. ferner Transcr. (1930)E III 4, S. 23: ,,Verfall in Passivität, in Unfreiheit''.

[165] *Ideen* II, S. 190.

[166] Husserl denkt selbst an den methodischen Rückfall (*Log. Untersuchungen* II/1, S. 10, vgl. dazu Descartes, II. *Meditation*, A. T. VII, S. 23: sponte relabor in veteres opiniones), aber auch konkreter an ,,Rückfall, Sünde als Abfall von sich selbst'' (Transcr., zw. 1930 u. 34?, E III 1, S. 3), an ein ,,Verfallen'' auf allen Stufen des Aufstiegs (Transcr., 1930, E III 4, S. 23); ,,wesensmäßig bleiben immerzu Spielräume der Unerkanntheit, Unbestimmtheit, der Gefahr, des Irrtums, der Sünde usw.'' (*Erste Philosophie* II, S. 202); in der *Krisis* wird dies historisch konkretisiert.

[167] *Cart. Meditationen*, S. 96; Husserl hält durchwegs an dem statischen Seinsbegriff fest, der auch bei Kant und Fichte anzutreffen ist.

nicht nur, was ich gerade durchlebe, sondern auch das, was ich
über den Augenblick hinaus bin. Ich bin eine Person und habe
eine Welt.

Wir verhielten bisher im Querschnitt der aktuellen Gegenwart;
sie ist der originäre Ausgangspunkt aller Welt- und Selbstbe-
trachtung, da alles Nichtgegenwärtige auf sie verweist. Doch jede
gegenwärtige Setzung ist in sich selbst Fortsetzung, was besagt,
daß sie die Gegenwart durch eine neue Gegenwart verdrängt und
sie zugleich in ihr aufbewahrt. Im zeitlichen Längsschnitt enthüllt sich eine sinnstiftende und sinnbewahrende *Geschichte*,
innerhalb deren Welt und Ich sich miteinander heranbilden.

Für jedes Thema gilt, daß die Ur-aktualität (lebendige Gegenwart) kontinuierlich in Mit-aktualität (Mitgegenwart) übergeht
und schließlich, wenn das Thema aufgegeben wird, ins Dunkel
der In-aktualität (Vergangenheit) absinkt.[168] Doch in der Inaktualität behält die Setzung ihre Gültigkeit: Ich habe etwas
gesehen, bejaht, getan und stehe dazu, solange ich meine Setzung
nicht zurücknehme, und selbst die Zurücknahme bewahrt noch
das Negierte in sich. So bildet sich einerseits eine *Welt*, andererseits eine *Person* mit relativer Beständigkeit und Bekanntheit.
Ich habe Überzeugungen, ich kann mit Dingen umgehen, ich
kenne mich aus, primär in der Welt, sekundär bei mir selbst.
Bereits der Erwerb einer eigenen Welt bedeutet einen indirekten
Selbsterwerb; dieser geschieht ausdrücklich in der Reflexion,
wobei Selbstentwicklung und Selbsterkenntnis Hand in Hand
gehen.[169] Nur indem das Leben in aller Veränderung einen bleibenden Stil annimmt, erwirbt die Person eine gewisse Verläßlichkeit, die freilich im Falle der Verdinglichung zur reinen Verfügbarkeit entartet.[170]

Die Vertrautheit der Welt und des Selbst in der Habitualität

---

[168] Vgl. dazu *Ideen I*, §§ 115, 122, II, S. 5–6, 11–12, *Logik*, Beil. II.
[169] *Ideen* II, S. 252.
[170] Zum Erwerb personaler Eigenheiten und einer eigenen Welt vgl.
ebd. §§ 29, 58–60, *Cart. Meditationen*, §§ 32, 33, 58, *Krisis*, S. 111, 152,
187. Dabei sind die Habitualitäten nicht am Ich wie sachliche Eigenschaften, sondern es sind ,,Beschaffenheiten, die ihm aus der Genese, aus
der Tatsache, daß es den jeweiligen *actus* vollzogen hat, zuwachsen und
nur in Rekurs auf diesen historisch ihm zugehören'' (*Phän. Psychologie*,
S. 211).

ist damit erkauft, daß das sinnstiftende Leben seine Lebendigkeit einschränkt; das Erfahrene wird Etwas, der Erfahrende Jemand. Was ich habe, ist der Hintergrund dessen, was ich aktualisiere. In der Aktualität selbst kommt es ständig zu ,,Umwandlungen des Höheren in das Niedere, des geistig Aktiven in Passivitäten''. Indem das Geistige, d.h. das spontan Gesetzte, sich versinnlicht, in Passivität absinkt, sich niederschlägt, ablagert, sedimentiert, wie Husserl sagt, bildet sich eine *Zwischenschicht* ,,geistiger Sinnlichkeit'', die das ausmacht, was wir Kultur nennen. Geistig ist sie, sofern sie aus freier Aktivität stammt, sinnlich, sofern sie den Zustand der Passivität teilt mit dem Natürlichen der ,,eigentlichen Sinnlichkeit.''[171]

Letzteres fordert eine Scheidung innerhalb der Sphäre der Habitualität. Dem Ich, das sich reflektierend immer schon vorfindet, ist in seiner Selbstvorgegebenheit auch schon eine Welt gegeben. Es ,,setzt ... Sinnlichkeit voraus als Affektion, als Reiz, zunächst Ursinnlichkeit und dann sekundäre. Das Ich hat immer eine Habe.''[172] Alle spontanen Erwerbe weisen zurück auf einen *Untergrund* von Vorgegebenem, Gehabtem, das nicht mehr solcher Betätigung entstammt und seinerseits deren Produkte aufbewahrt. Von der *sekundären Habe*, der geistigen Sinnlichkeit, dem erworbenen Vermögen, hervorgehend aus einer sekundären Passivität, sondert sich die *Urhabe*, die Ursinnlichkeit, das Urvermögen, zurückgehend auf eine ursprüngliche Passivität. Diese Natur in und außer mir ist eine Movens innerhalb der Kultur, auf Grund dessen es immer noch mehr zu erkennen und zu tun gibt über das Erkannte und Getane hinaus; es hält die Kultursphäre offen.[173]

[171] Husserl spricht hier auch von ,,geistloser Sinnlichkeit'', was nicht als Geistfremdheit zu verstehen ist; vgl. zum gesamten Abschnitt *Ideen* II, S. 332–34.

[172] Ebd. S. 335; vgl. auch *Phän. Psychologie*, S. 209: eine ,,passive Intentionalität'' geht voraus.

[173] Zu der Grundunterscheidung vgl. *Ideen* II, §§ 4, 5, 8, 54, 59, Beil. XII, §§ 1–3, *Cart. Meditationen*, §§ 38, 39, zum natürlichen Untergrund des Ich: *Ideen* II, § 61, *Cart. Meditationen*, S. 163, zur Stellung der Natur: u.a. *Ideen* I, § 52, II, § 53, S. 260, *Logik*, § 42, g, *Krisis*, § 34. – Eine ergänzende Bemerkung: Die Begriffe Urhabe, Ursinnlichkeit, Urpassivität sind belastet durch die vielkritisierte Annahme formloser Empfindungsdaten (vgl. dazu die gründliche Kritik von A. Gurwitsch, a.a.O. 1. u. 2. T.); inzwischen ist bekannt, daß Husserl selbst nicht dabei stehen blieb, seine Revision ging aus vom ursprünglichen *Zeitbewußtsein* (vgl. die Einleitung

Als leibliches Ich bin ich also nicht nur das, wozu, sondern auch das, woraus ich mich gebildet habe; gleiches gilt für die Formung einer Welt. Jeder spontane *Anfang* hebt an auf dem Boden eines *Voranfangs*; indem ich beginne, hat es mit mir schon begonnen. Das Ich nimmt immer nur Stellung zu dem, was es als vorgegebenes schon hat. Um dieses prinzipielle Plusquamperfekt zu bezeichnen, spricht Husserl von ,,Ichgehabtzuheiten''[174]; dem entspricht eine Welt, die nicht sinnlos ist, sondern als Tatsache bereits eine Teleologie enthält und damit den Bezug auf mögliche Subjekte.[175]

Auf solch natürlichem Untergrund bilden wir unsere Welt und unsere eigene Person. Dabei sind die früheren Erwerbe ,,nicht tote Sedimentierungen, auch der stets mitbewußte, aber momentan irrelevante, völlig unbeachtet bleibende Hintergrund ... fungiert doch nach seinen impliziten Geltungen mit.''[176] Dieses ungegenständliche Mitfungieren ist die Weise, wie Vergangenes für mich da ist in *impliziter Gewordenheit* noch vor der expliziten, retrospektiv erhellten Vergangenheit. Desgleichen ist Zukünftiges für mich da in einer *impliziten Zukünftigkeit* noch vor der expliziten, prospektiv erhellten Zukunft. Nur weil ich in meinem Welt- und Selbstverhalten geworden bin und sein werde, kann ich auf Vergangenes zurück- und auf Zukünftiges vorausgehen.

---

von Boehm in *Zeitbewußtsein*, S. XXX ff. sowie die erwähnte Studie von Sokolowski), von der *leiblichen Kinästhese* (vgl. Landgrebe ,*Der Weg der Phänomenologie*, S. 111 ff., *Phänomenologie und Geschichte*, Gütersloh 1968, S. 135 ff., U. Claesges, *Edmund Husserls Theorie der Raumkonstitution*, Den Haag 1964, Phaenomenologica 19, §§ 15, 27), von der *Teleologie* des Bewußtseins (vgl. Transcr., 1931, E III 9, S. 21–22, 26, wo der Hyle ein ursprünglicher Gefühlswert zugeschrieben wird, dazu auch: Diemer, a.a.O. S. 85, 122 ff.). Abgesehen von den bekannten antisensualistischen Äußerungen (*Logik*, S. 252–53, *Cart. Meditationen*, § 16, *Krisis*, S. 114) bezeichnet Husserl die Ursinnlichkeit als bloßen Grenzbegriff (vgl. Kern, a.a.O. S. 63), die Passivität bestimmt sich jeweils relativ zur Aktivität (*Erfahrung u. Urteil*, S. 119). Eine unzweideutige Revision, in der die Affektion zu deuten wäre als ,,Verbindung von Ich und Natur'' (vgl. *Ideen* II, S. 338), verhindert, so scheint es, die idealistische Grundkonzeption.

[174] *Ideen* II, S. 214.

[175] Vgl. *Erste Philosophie* II, S. 258; das ist nicht als metaphysische Konstruktion zu verstehen, sondern als metaphysische Implikation, die an jeder Erfahrung abzulesen ist.

[176] *Krisis*, S. 152.

Die Thematisierung von Zeitlichem ist fundiert in ,,Vorgestalten von Zeitigung und Zeit.''[177]

Das implizite An-sich-sein des Gewordenen kann dem Vergessen entrissen werden in der Wiederholung. Diese *Reaktualisierung* ist prinzipiell immer möglich, denn daß etwas für mich ist, besagt eben, daß ich immer wieder darauf zurückkommen kann.[178] Erst nun kommt es zur ausdrücklichen *Aneignung* dessen, was ich habe und bin. Seiend ist, was sich im Wechsel der Erscheinungen als dasselbe durchhält. Schon in der schlichten Wahrnehmung, die in der aktuellen Gegenwart zentriert ist, habe ich kontinuierlich Identisches und bin ich stetig identisch. Die Identität festigt sich im Wiedererkennen als einer Form unausdrücklicher Wiederholung, sie ist die ,,Urform des Wiederaufwachens ... der eigenen Vergangenheit.''[179] Doch erst die Erinnerung, die das, was in der Gegenwart fortdauert, von dieser abrückt in der Vergegenwärtigung einer vergangenen Gegenwart, hat Objekt und Subjekt als identisch seiend. ,,... Wahrnehmung wird erst fruchtbar durch Erinnerung, und so auch Selbstwahrnehmung durch Selbsterinnerung.''[180] Erst der Selbsterinnerung im Verein mit der retentionalen Selbstwahrnehmung gelingt es, das Ich über alle Ichspaltung hinweg zu identifizieren: Ich bin es, der dies getan hat, und in der Vorerinnerung sehe ich, daß dasselbe Ich diese Feststellung wiederum reflektieren kann. ,,Ich sehe, daß ich selbst mich als in höherer Reflexion überschauendes Ich etablieren kann, daß ich in evidenter synthetischer Identifizierung der Selbigkeit aller dieser Aktpole und der Verschiedenheit ihrer modalen Seinsweise bewußtwerden kann.''[181]

Der Vorzug der Reflexion läßt freilich auch ihre Grenze sicht-

---

[177] Ebd. S. 171–72, vgl. auch *Erste Philosophie* II, Beil. XXVIII, außerdem Transcr. (1934)C 13 III, S. 6: ,,Ich ... lebe in meine ... Zukunft hinein, konkret seiend, fertig, ich, der ich bin in meiner Gewordenheit und all ihrem geltungsmäßig intentional Gesetzten ...'' Zur Unterscheidung von impliziter und expliziter Vergangenheit und Zukunft vgl. ausführlich Brand, a.a.O. §§ 20–25 und zur vorgegenständlichen Autogenese des Ich in den Habitualitäten Funke, a.a.O. I. Kap.

[178] Vgl. *Ideen* II, § 29, *Cart. Meditationen*, §§ 27, 32.

[179] Transcr. (1934)C 13 III, S. 18 (zitiert bei Brand, a.a.O. S. 108); vgl. auch *Logik*, S. 282, 284: ,,passive Wiedererinnerung''.

[180] *Erste Philosophie* I, S. 263.

[181] *Erste Philosophie* II, S. 91, die eigene Identität hat auch einen eminent praktischen Sinn (vgl. *Krisis*, S. 272); zur Bedeutung der Wieder

bar werden. Gewiß entwächst der Mensch erst im ausdrücklichen Verhalten zu seiner Vergangenheit und Zukunft der „Stufe des schlichten Dahinlebens", wo er geschichtslos in der Gegenwart aufgeht.[182] Doch das besagt nicht, daß er seiner Welt und seiner selbst je restlos habhaft werden könnte; denn eines umspannt auch die universale Reflexion nicht, nämlich das Leben in der Gegenwart, das sich in der Reflexion auf besondere Art fortsetzt und auch hier seine objektive und seine subjektive Seite behält. Bestehe ich hartnäckig darauf, mich gänzlich des Lebens zu bemächtigen, indem ich die Grenzen dieses Versuches überspiele, so verliere ich erst recht, was ich suche. Wenn die natürliche Außenbetrachtung mich an die Natur verrät, die immer schon ist, so verrät die habitualisierende Innenbetrachtung, wenn sie uneingeschränkt geschieht, mich an die eigene Vergangenheit, an das, was ich schon geworden bin. Husserl ist sich durchaus der Grenzen der Reflexion bewußt, was ihn aber nicht davon abhält, sich in der Reflexion zu etablieren und eine erschöpfende Erfassung des Lebens zu intendieren. Die Schwierigkeiten bleiben nicht aus, wie sich zeigte. Im vorliegenden Fall handelt es sich um die Schwierigkeit, die Zukünftigkeit des Ich nicht nur als „Entgegenleben" zu deuten,[183] sondern auch weiterhin daran zu partizipieren. Gewiß hat die Reflexion als Tätigkeit ihre eigene Zukunft, doch für die bloße Rekonstitution des Lebens bleibt dies eine Zukunft aus zweiter Hand, denn sie beschränkt sich auf die *vita acta*, während die *vita agenda* entschwindet.[184]

erinnerung für die Konstitution des Bewußtseins vgl. auch *Zeitbewußtsein*, §§ 18, 22, dazu Brand, a.a.O. §§ 21–23, Held, a.a.O.S. 32 ff.

[182] Vgl. Transcr. (nach 1930)A V 5, S. 20; in der *Krisis*, Beil. XXVI unterscheidet Husserl zwischen einer naiven (organischen), gebildeten und radikal philosophischen Stufe der Geschichtlichkeit; weiteres dazu findet sich bei Toulemont, a.a.O. S. 133–40, und bei H. Hohl, *Lebenswelt und Geschichte. Grundzüge der Spätphilosophie E. Husserls*, Freiburg/München 1962, Kap. 4.

[183] Vgl. *Zeitbewußtsein*, S. 106, 301, dem entspricht eine Offenheit des Zukunftshorizontes (ebd. §§ 24, 26, vgl. auch *Erste Philosophie* II, S. 203).

[184] Zu dieser Unterscheidung vgl. Kuhn, *Begegnung mit dem Sein*, S. 211; daß selbst die Erinnerung als ein „ich kann" ihren Zukunftshorizont hat, versteht sich (vgl. *Phän. Psychologie*, S. 476), doch das hilft nicht weiter. Das hier auftretende Problem wird von Brand (vgl. zur Zukunft vor allem a.a.O. §§ 24, 25) völlig überspielt, desgleichen von Van Peursen (*Royaumont*, S. 204); Held weist wenigstens darauf hin, daß in der Reflexion die Protention an der Retention, das Unbekannte am Bekannten gemessen wird (a.a.O. S. 39 ff.).

Die Spannung von Leben und Reflexion, von der wir ausgingen, erweist sich in der Reflexion als unaufhebbar. Welt und
Ich in ihrem lebendigen Kern lassen sich nicht in einen festen
Besitzstand überführen, es bleibt so etwas wie ein *monde sauvage*
und ein *esprit sauvage*.[185] Doch indem die Reflexion die unmittelbare Einheit des Lebens lockert, macht sie die Einheit erst zum
Problem. Der habituelle *Selbsterwerb* weist zurück auf die aktuelle *Selbstgegenwärtigung*, und diese verweist wiederum auf die
ungegenständliche *Selbstgegenwart* in Einheit mit der ungegenständlichen Gegenwart der Lebenswelt. Die ausdrückliche Setzung der Einheit gründet in deren impliziter Gegenwärtigung,
und diese gründet im Vollzug der Einigung selbst. Wie geschieht
diese Einigung, wie kommt es zu e i n e m Selbst in e i n e r Welt?

14. Passiver Lebenszusammenhang in der Zeit

Was mir in der Erfahrung entgegentritt, ist nicht in schlichter
Einheit mit sich selbst, sondern es gewinnt und behauptet seine
Identität im Wechsel der Erscheinungen für mich, der ich selbst
nur im Wechsel der Lebensphasen und -weisen meine Einheit
erhalte. Die objektive und subjektive Einheit entsteht aus einer
lebendigen Einigung, nur der unreflektierte Blick findet sie fertig
vor. Die Grundform der sinnbildenden Einigung ist die Zeit; denn
wie immer etwas mit anderem zusammenhängt und gleichgültig
wieweit es in einem Sinnzusammenhang steht, es nimmt teil an
dem ,,Formensystem der universalen Zeitlichkeit'', das selbst
schon Motivationsbeziehungen herstellt.[186] Die Frage nach der
Einheit der Welt und des Selbst spitzt sich zu in der Frage nach
einem *zeitlichen Lebenszusammenhang*.[187]

Der Versuch einer radikalen und universalen Reflexion hat gezeigt, daß eine *aktive Einigung* immer schon zu spät kommt. In

---

[185] Vgl. Merleau-Ponty, *Signes*, S. 228, außerdem: *Le visible et l'invisible*, Paris 1964, S. 219, 223–24. Zur Grenze des Selbstbesitzes vgl.
schon Augustinus, *Confessiones* X, 8: ,,animus ad habendum se ipsum
angustus est''.

[186] Vgl. *Cart. Meditationen*, S. 108–09, *Ideen* II, S. 227–28 und *Ideen* I,
S. 292: das ursprüngliche Zeitbewußtsein ist die ,,Ursynthese''.

[187] Zum ,,Lebenszusammenhang'' vgl. *Erste Philosophie* II, S. 153,
außerdem schon: *Zeitbewußtsein*, S. 56, 301; Heidegger hat diesen Problemtitel aufgegriffen in *Sein und Zeit*, S. 387 ff.

gegenständlicher Reflexion erfährt das Ich sich „nur in dem Ergebnis seiner bereits vollzogenen Leistungen, aber nicht im Vollzug dieser Leistungen. Seine eigene, beides übergreifende Identität kann nie zum Objekt werden."[188] Um die Zeit aus Gegen-
wärtigem, Vergangenem und Zukünftigem aktiv zusammenzu-
fügen, dürfte ich nicht zeitlich leben, sondern müßte schlechthin
über der Zeit stehen. Die Reflexion wäre nicht mehr Reflexion,
nämlich Enthüllung des Lebens als besonderer Modus eben dieses
Lebens, sondern absoluter Ursprung; die Zeitlichkeit wäre nicht
mehr Zeitlichkeit, da sie in einem zeitlosen Momentanbewußtsein
unterginge. Daher sieht Husserl die Zeitlichkeit nicht als aktive
und diskrete, sondern als *passive, kontinuierliche Synthese* an.[189]

Die passive Einheitsbildung läßt sich zunächst wieder am Objekt ablesen. Indem Husserl die schlichte Erfahrung von kategorialen Akten wie Kolligieren, Disjungieren, Prädizieren abhebt, unterscheidet er zwischen einer „ästhetischen" und einer
„kategorialen Synthesis". Diese weist auf jene zurück, da in der
ausdrücklichen Sonderung und Verknüpfung nur kategorial bestimmt wird, was das Erfahrene implizit bereits für mich ist. Die
ästhetische Synthesis macht die „somatisch-psycho-physische
Verwurzelung der anschauenden und denkenden Erkenntnis"
verständlich[190]; sie betrifft nicht nur den zeitlichen Ablauf,
sondern auch die räumliche Abschattung, das Zusammenspiel
der Sinnessphären und die Gliederung nach Merkmalen und
Teilen.[191] Ermöglicht wird die sinnliche Synthesis durch die
Implikation des Einzelnen im Ganzen. Indem ich ein Moment
herausfasse, erfasse ich anderes mit, von dem es sich abhebt. Die

---

[188] Landgrebe, *Der Weg der Phänomenologie*, S. 201.

[189] *Ideen* I, S. 292; von Anfang an setzt Husserl Auffassungen wie der
von Lotze, Vorstellungen eines zeitlichen Übergangs seien nur „als Er-
zeugnisse eines zeitlos zusammenfassenden Wissens" möglich, die These
entgegen, „daß Wahrnehmung der Dauer selbst Dauer der Wahrnehmung
voraussetzt" (*Zeitbewußtsein*, § 7). Vgl. auch Merleau-Ponty, *Phénoménologie de la perception*, S. 475: „... une conscience thétique *du* temps qui
le domine et qui l'embrasse détruit le phénomène du temps."

[190] *Erste Philosophie* I, S. 228 (Kritik an Kant).

[191] Zur Zweiteilung der Synthese vgl. vor allem: *Ideen* II, § 9, außerdem: VI. *Log Untersuchung*, §§ 47, 48, *Ideen* I, § 118 (wo auch das praktische Verhalten einbezogen wird), *Cart. Meditationen*, §§ 38, 39; wichtige
Ansätze finden sich schon in der III. *Log. Untersuchung*, §§ 8–9, 21–23;
speziell zur passiven Synthesis vgl. neben *Erfahrung u. Urteil* neuerdings
auch *Husserliana* XI, vor allem den 3. Abschnitt.

Glieder der Synthese werden nicht diskret voneinander abge-
gesetzt, sondern gehen ineinander über auf dem Hintergrund
einer mitgesetzten Einheit. In der Explikation etwa, wo ich etwas
im einzelnen betrachte, ist der Gegenstand nicht schlechthin
identisch mit seinen Besonderheiten, aber er ist identisch in
ihnen; so kommt es zu einer ,,Synthesis der Überschiebung."[192]
Als *Thesis*, die kontinuierlich fortläuft, ist bereits das Wahrnehmen, wie übrigens auch das Streben, ein spontaner Akt des
Ich, nicht aber als *Syn-thesis*.[193] Im rezeptiven Verhalten lasse
ich mich auf ein Zusammenspiel ein, das ich nicht Schritt für
Schritt hervorbringe, sondern gleichsam ,,inszeniere."[194] Diese
Sphäre des mir Zugehörigen, aber nicht durch mich persönlich
Geschaffenen, ist die der anonymen Leiblichkeit. Nur hier hat
der Begriff einer passiven Synthesis seinen Sinn. Bedeutet Synthesis aktive Zusammensetzung, Passivität dagegen Hinnahme
einer puren Mannigfaltigkeit, so ist dieser Begriff schlechterdings
widersprüchlich; er meint aber ein Mittleres, nämlich: ,,que le
multiple est pénétré par nous et que, cependant, ce n'est pas nous
qui en effectuons la synthèse."[195]

Es geht mehr von mir aus, als ich ausdrücklich und willentlich
hervorbringe. Diese Vorgabe macht sich geltend auch in den
höheren Formen der Spontaneität, wo ich Schritt für Schritt eine
objektive Einheit aufbaue, so etwa im Urteil. Einerseits schließt
das Urteil etwas in sich, das sich beurteilen läßt, das bereits vor-
geformt ist; eine bloße Materie ließe sich nicht begreifen, ja nicht
einmal sagen.[196] Sofern nicht alle Vorgegebenheiten selbst wieder
aus früherer Aktivität stammen können – wie hätte diese dann
einsetzen können? –, verweist die aktive Synthese auf eine pas-

---

[192] Vgl. *Erfahrung u. Urteil*, § 24, b, außerdem schon *Log. Untersuchungen* II/2, S. 150: ,,Einheit der Identifizierung" in der Wahrnehmung,
nicht aber ,,Einheit eines *Aktes* der Identifizierung" (vgl. auch S. 34–36).
[193] *Ideen* II, S. 19, ähnlich *Ideen* I, S. 292.
[194] Vgl. *Ideen* II, S. 98, 259, 336; die Rezeptivität ist für Husserl die
unterste Stufe der Spontaneität (vgl. z.B. ebd. S. 24, 213, 335).
[195] Merleau-Ponty, *Phénoménologie de la perception*, S. 488. Der Synop-
sis des Mannigfaltigen ,,korrespondiert" also nicht nur eine Synthesis wie
bei Kant, sondern diese ist in jener schon am Werk, und die Rezeptivität
,,verbindet" sich nicht nur mit der Spontaneität, sondern ist selbst schon
eine Form der Spontaneität (vgl. *Kritik der reinen Vernunft*, A 97). Vgl.
dazu ausführlich Kern, a.a.O. 5. Kap.
[196] Immer finden wir ,,geformte Vorgegebenheiten" (*Cart. Meditationen*, S. 113), ,,geistiges ,Material' " (*Krisis*, S. 114).

sive. Doch mit dieser *Passivität vor der Aktivität* ist es nicht getan, eine *Passivität in der Aktivität* ergänzt sie.[197] Das Be-urteilte, der Urteilsgegenstand, wird im Urteil ausdrücklich auseinandergenommen und zusammengesetzt, nicht so das Ge-urteilte, der Urteilssinn, er läßt sich nur nachträglich als Ergebnis thematisieren. Das Gegebene wird im Urteil der Zeit entrückt und zum Stehen gebracht, doch in einer Form, die sich selbst wieder zeitlich entfaltet; nacheinander kommt immer nur Bestimmtes in den Griff auf dem Hintergrund eines thematischen Ganzen, das kontinuierlich im Griff bleibt.[198] Auch die aktive und diskrete Synthese spielt sich ab in einem offenen thematischen Feld, eines umfaßt sie nicht, das aktuell entstehende Gebilde selbst. Das Urteil, das ich fälle, den Entschluß, den ich fasse, und auch – wie sich zeigen wird – die fremde Frage, die ich beantworte, kann ich nicht in diesem selben Akt explizieren und beurteilen. Selbst meine Produkte warten noch auf eine ausdrückliche Aneignung, diese aber hat ihre eigenen Grenzen.

Was die noematische Reflexion gezeigt hat, bestätigt die noetische Reflexion und schließlich der radikale Rückgang auf die lebendige Gegenwart, die aller primären und sekundären Vergegenständlichung voraus ist. Auf allen Stufen der Zeitlichkeit stellt sich die Einheit her „im Übergang", der zeitliche Übergang ermöglicht erst die ausdrückliche Identifikation.[199] Das gilt für die Zeitigung, in der sich Zeitobjekte für mich konstituieren, wie auch für die Selbst-Zeitigung, in der ich mich und meine Erlebnisse in die Zeit einordne, wie schließlich auch für die Vor-Zeitigung als die ursprüngliche Zeitlichkeit, in der sich all das vollzieht. Vor aller identifizierenden Selbsteinigung lebt das Ich bereits seine Einheit, ist es mit sich in Konnex.[200] Die *präreflexive*

---

[197] Vgl. *Erfahrung u. Urteil*, S. 119; auf andere Weise ist natürlich jede Passivität in der Aktivität, sofern sie nämlich in ihr fungiert; die Urteilsgestalt hat die Erfahrungsgestalt unter sich, „aber das Unter-sich ist zugleich ein In-sich" (*Logik*, S. 105).

[198] Vgl. *Ideen* I, §§ 94, 122, II, § 4, *Logik*, § 42 und *Cart. Meditationen*, S. 155–56 (die „Allzeitlichkeit" idealer Objekte bedeutet „Erzeugbarkeit" zu einer beliebigen Zeit, dazu vgl. Held, a.a.O. S. 49–56).

[199] Vgl· zu diesem Ausdruck: *Zeitbewußtsein*, S. 45, 81, 117; Merleau-Ponty spricht von einer „Übergangssynthesis" (*Phénoménologie de la perception*, S. 480); darin klingt die augustinische Zeitanalyse nach: „. . . utid quod (sc. animus) expectat per id quod adtendit *transeat* in id quod meminerit" (*Confessiones* XI, 28).

[200] Vgl. Transcr. (1933)A V 5, S. 5: „Ich bin *ständig fungierend* und

Ureinigung geschieht nicht durch mein Tun, aber auch nicht ohne mein Zutun, denn es ist dies die Form meines Verhaltens. In dem ich in der Welt meine Ziele verfolge, stellt sich ein erster Lebenszusammenhang her, noch ohne daß ich darauf bedacht wäre, ihn zu schaffen.[201]

15. Offenheit, Fremdheit und Ungenügen des Selbstseins

Von den drei Paradoxien unseres Anfangskapitels, der Paradoxie der Verweltlichung, der Vergemeinschaftung und der Verzeitlichung, findet nur die letztere bei Husserl eine annähernd befriedigende Auflösung. Weder geht das Ich in der Zeit auf, noch steht es über der Zeit, vielmehr lebt es stehend und strömend zugleich in einer stetig sich wandelnden Gegenwart.[202] Entsprechendes gilt nicht für die beiden andern Paradoxien. Das Ur-Ich zeitigt sich bereits, ,,bevor" es sich verzeitlicht, doch es ist und bleibt prämundan und präsozial, sofern es erst durch Verleiblichung, Verweltlichung und Vergemeinschaftung zu

durch all mein Fungieren in Bezug auf das Fungieren *dasselbe Ich*, das Ich, das jede Leistung behält, – nur ständig in *Selbstzeitigung* und ontischer *Zeitigung* lebend ... Das ständige Ich ständig Urquelle, *identisch* nicht durch ein ,Identifizieren', sondern *als ureinig Sein*, seiend im urtümlichsten *Vor-sein* ...'', und ebd. S. 8: ,,... ich bin nicht nur ,etwas' für mich, sondern ich bin ich, – als Ich ,bin' ich affiziert, mich zuwendend, beschäftigt in der oder jener Aktivität bin ich in einer Weise *ständig mit mir in Konnex* ...'' (Hervorhebung v. Verf.). Weitere Nachlaß-Stellen bei Held, a.a.O. S. 37 f. (Zeitigung), 83 ff. (Selbstzeitigung), 94 ff. (Vor-Zeitigung, Vor-Zeit, Vor-sein etc.).

[201] Vgl. Transcr. (1930)C 17 IV, S. 1–2: ,,Passiv besagt also hier ohne Tun des Ich, mag auch das Ich ... tuendes Ich sein, der Strom geschieht, der Strom ist nicht aus einem Tun des Ich, als ob es darauf gerichtet wäre, es zu verwirklichen ..., außer für den Phänomenologen, der eben damit aus diesem Vorsein Sein schafft ...''

[202] Nur sofern ,,Vor-Zeitigung" (vgl. schon *Zeitbewußtsein*, S. 83: ,,präphänomenale, präimmanente Zeitlichkeit") im Gegensatz steht zur objektiven ,,Zeitigung" (entsprechend: Vor - sein, objektives Sein), qualifiziert Husserl sie auch als Un-, Über- oder Allzeitlichkeit (vgl. schon *Zeitbewußtsein*, S. 112: ,,Die subjektive Zeit konstituiert sich im absoluten zeitlosen Bewußtsein, das nicht Objekt ist", ähnlich: *Erste Philosophie* II, S. 471 f.); zu den sachbedingten Begriffsschwierigkeiten vgl. Held, a.a.O. S. 112 ff., 123 ff. Problematisch bleibt in dieser Konzeption einer vorleiblichen Ur-Zeitlichkeit der Zusammenhang von Erlebniszeit und kosmischer Zeit; vgl. Schutz, *Collected Papers* I, S. 216, zur Praxis: ,,The vivid present originates ... in an interaction(!) of *durée* and cosmic time", ähnlich Sokolowski, a.a.O. S. 222.

einem mundanen und sozialen Ich wird. Dies erklärt sich, so
suchten wir zu zeigen, aus der reflexiven Grundtendenz, die es
darauf abstellt, Seiendes aller Art herzuleiten von einem subjektiven Ursprung, der sich freilich dem reflexiven Zugriff unaufhörlich entzieht. Diese einseitige Sichtweise führt zu einer transzendental-mundanen und transzendental-sozialen Spaltung; darin werden nicht nur Welt und Mitwelt theoretisch verzeichnet,
überdies verkümmert die gemeinschaftliche Lebenspraxis zu
einem transzendentalen Schauspiel. Die erneute Besinnung auf
das Verhältnis von Ich und Welt, auf Möglichkeiten und Grenzen
der Selbsterhellung und Selbstaneignung ging darauf aus, besagte Einseitigkeit zu korrigieren. Einem abschließenden Resümee soll es vorbehalten bleiben, in der Offenheit des eigenen
Lebens Ansätze zu suchen für ein intersubjektives Verhältnis,
das nicht durch eine transzendentale Egozentrik verfälscht ist.

Die Spannung zwischen Reflexion und Leben bildete den Ausgangspunkt unserer Überlegungen. Im direkten Lebensvollzug
bin ich zwar nicht notwendig selbstverloren, aber ich bin auch
nicht ausdrücklich mir nah; ich bin ausdrücklich bei meinen
Zielen, doch nicht ebenso bei meinen Zielen als solchen, ich bin
unausdrücklich bei mir selbst, doch schon gar nicht bei mir als
einem Ich. Die Reflexion aber, in der ich mein Leben ausdrücklich zu fassen versuche, führt zu einer Spaltung von Leben und
Reflexion, in der das Gemeinte sich immerzu entzieht. Die
Spannung von aktuellem Leben und Erfassen dieses Lebens, von
Leben in der Gegenwart und Stellungnahme zur Gegenwart,
bleibt in der Reflexion unaufhebbar und kehrt hier in modifizier-
ter Form wieder. Das Ich ist für sich selbst in einer Urnähe, zum
Greifen nah und doch dem direkten Zugriff entzogen. Ich bin
Ich, abstandslos, doch habe ich mein Leben nicht in absoluter
Immanenz; Leben heißt für das Ich, sich selbst ständig transzen-
dieren, außer sich sein. Die Reflexion kann dieses ursprüngliche
Geschehen nicht anhalten und kann es nicht in einen abge-
schlossenen Welt- und Selbstbesitz überführen, doch sie ist es,
die das Geschehen in den Blick rückt und eben damit ihre eigene
Insuffizienz zu erkennen gibt.[203]

[203] Zu dieser Einsicht kommt auch Husserl, vgl. Held, a.a.O.S. 119–20:
,,Sehen ist gleichsam auf die Helle der Distanz angewiesen; aber die Distanz ist auch schon die erste Entfernung des Sichtbaren.'' Daher sind

Was sich hier kundtut, ist die innere Grenze meines theoretischen und praktischen Tuns. Niemals setze ich etwas schlechthin, stets setze ich etwas als etwas, greife Vorgegebenes auf, das schon etwas besagen will und immer noch mehr besagen kann; weder Anfang noch Ende meiner Entwürfe liegen völlig in meiner Hand. Anders gesagt, in allem *aktiven* Verhalten bin ich zugleich *passiv*, nehme ich hin, was mir aus früherer Aktivität oder vor aller Aktivität in Anschauung und Streben gegeben ist und was meine Setzung motiviert.[204] Sachlicher Beweggrund und ichhafter Ursprung, Vernunft und Freiheit lassen sich nicht trennen. Kein objektives Motiv ist absolut zwingend, da selbst der einleuchtendste Grund meine Zustimmung braucht, um zur Geltung zu kommen; keine subjektive Setzung ist absolut schöpferisch, da selbst der willkürlichste Akt, der *acte gratuit*, etwas hinzunehmen hat, was ihn bewegt, nämlich die Möglichkeit der Freiheit: ich bin ,,zur Freiheit verdammt'', ob ich will oder nicht. Alles Ergreifen ist ein Vorgreifen und Aufgreifen, alles Agieren ist auch ein Reagieren.[205] Dabei sind Aktivität und Passivität, Spontaneität und Rezeptivität, Tranzendenz und Faktizität nicht aufzuteilen auf verschiedene Funktionen, etwa auf eine aktive Geistigkeit und eine passive Sinnlichkeit, auf Bewußtsein und Leib; denn alles vernünftige Setzen ist von sich aus angewiesen auf die Hinnahme von Sagbarem, und alles sinnliche Hinnehmen ist von sich aus geöffnet der freien Setzung, indem es Zusagendes anbietet. Da ist nichts von einer r e i n e n Aktivität und Passivität. Ich bin kein Subjekt mit einem Leib, sondern leibli-

,

,absolute Sichthelle ohne beginnendes Dunkel, – Urnähe, die nicht auch schon erste Ferne wäre, Abstraktionen, Grenzbegriffe''. Gleichwohl bleibt Husserl, wie auch sein Interpret, stehen bei der Reflexion auf die lebendige Gegenwart des Ich, weil er in ihr Welt und Mitwelt zurückzugewinnen glaubt; diese Möglichkeit bestreiten wir.

204 Vgl. Husserls Beschreibung der Intentionalität in *Ideen* II, S. 219; ,,Das Subjekt verhält sich zum Objekt, und das Objekt reizt, motiviert das Subjekt''; und S. 213: ,,Dem aktiven steht gegenüber das passive Ich, und das Ich ist immerfort, wo es aktiv ist, zugleich passiv, sowohl im Sinn von affektiv als rezeptiv – was wohl nicht ausschließt, daß es auch bloß passiv sein kann . . .''

205 Merleau-Ponty spricht häufig von ,,reprendre'' und ,,reprise'' (vgl. *Phénoménologie de la perception*, pass.), Husserl von einem ,,Reagieren'' (*Ideen* II, S. 217); vgl. auch Transcr. (1930)E III 4, S. 26, wo es im Zusammenhang mit einem ,,Vorsein'' der Vernunft heißt: ,,Der Mensch muß schon in der Freiheit sein, um Freiheit verwirklichen zu können''.

ches Subjekt, leiblich das Ich und ichhaft der Leib.[206] Eine
amorphe Materie könnte nicht mein Interesse wecken und mein
Tun motivieren, sie ist nur als Grenzfall denkbar. Die Besinnung
auf das weltliche Verhalten des Subjekts, auf den zirkulären Zusammenhang von Aktivität und Passivität, erzwingt die schon
erwähnte Revision des sensualistischen Empfindungsbegriffs.
Was immer in meinem Erfahrungsfeld auftritt, läßt sich auf seine
Bedeutung hin befragen; ohne einen inchoativen Sinn wäre es
nicht da für ein Subjekt, das es notwendig so oder so meint. Da
der Sinn nicht an sich vorhanden ist ohne Bezug auf ein Subjekt,
da er aber auch nicht anfänglich durch uns geschaffen ist, werden
wir verwiesen auf ein Für-uns-sein der Wirklichkeit vor aller Aktivität. Dies ist die Sphäre der Sinnlichkeit mit ihrer passiven
Sinnbildung, sie ist für vernünftiges Tun empfänglich, ohne darin
aufzugehen.[207]

„Was immer ich tue, ich bin im Sein."[208] Dieses Schon-sein bedeutet *Welt-* und *Selbstvorgegebenheit* in eins. Das ist zunächst
nicht zu verstehen als äußeres Prius: Welt und Ich waren schon
da, sondern als inneres Prius: ich bin mir voraus und habe eine
Welt; meine Gegenwart trägt in sich die Geschichte des aktiven
und die Vorgeschichte des passiven Ich, darin bekundet sich die
Zeitlichkeit auf ursprüngliche Weise.[209] Durch alles Verhalten

---

[206] Vgl dazu meine Studie: *Das Problem der Leiblichkeit bei Merleau-
Ponty*, a.a.O. S. 356 ff.; zur Dialektik von Bewußtsein und Leib, Transzendenz und Faktizität vgl. auch De Waelhens, *La philosophie et les expériences naturelles*, S. 72 ff.

[207] Vgl. Levinas, *La théorie de l'intuition* . . ., S. 134: „la sensibilité
déjà est susceptible de la raison". Husserl spricht in diesem Zusammenhang von „verborgener Vernunft" (*Ideen* II, S. 276, ähnlich *Krisis*, S.
96–97, 106), von „instinktiven Tätigkeiten" (*Erste Philosophie* I, S. 326),
aufschlußreich ist die Nähe und Ferne zur traditionellen Transzendentalphilosophie: Indem er in seinen Deskriptionen alle Affektion bezieht auf
ein *weltinteressiertes* Ich, unterhöhlt er den konstruktiven Ansatz Kants,
der einen „rohen Stoff" voraussetzt; indem er in seiner transzendentalen
Ausdeutung alle Vorgegebenheit zurückführt auf ein einseitig *weltkonsti-
tuierendes* Ich, überbietet er den Kantischen Idealismus noch, das transzendentale Ich bleibt, mit Fink zu reden, von der „Ohnmacht der Rezeptivität" verschont (*Studien zur Phänomenologie*, S. 126). Diese Spannung
wird in der vergleichenden Studie von Kern m.E. nicht hinreichend deutlich.

[208] *Erste Philosophie* II, S. 266.

[209] Vgl. dazu Levinas: „la conscience est retard sur elle-même" („Intentionalité et sensation", in: *Revue internationale de Philosophie* 19, 1965,
S. 46).

hindurch geht ein impliziter Weltglaube und Selbstglaube, ich habe eine Stellung zur Welt und zu mir selbst vor aller ausdrücklichen Stellungnahme. Ich bin schon, das besagt, ich habe eine Welt; eine Welt ist schon da, das besagt, ich bin mir voraus. Indem ich leiblich mir selbst vorgegeben und auf gewisse Weise äußerlich bin, ist die Welt mir auf gewisse Weise innerlich; Weltliches muß nicht erst in mich „hineinkommen", noch ist es „in" mir. In meinem Leib als einem Vor-Ich, keinem bloßen Nicht-Ich, einem „fait assumé", keinem bloßen „fait subi,"[210] bin ich offen für die Welt als meinen Gegenpart, dem ich nicht völlig ausgeliefert bin, über den ich aber auch nicht völlig verfüge.

Wenn überhaupt, so ist der Dialog mit den Andern bereits hier angelegt. Indem die Welt und ich selbst mir voraus sind und mir nicht völlig gehören, lebe und wirke ich in einem offenen Bereich, nicht in einer Enklave, zu der ich den Andern Einlaß gewähre im Zuge einer einseitigen Konstitution. Nicht nur verweist die Kulturwelt auf ein konkretes Wir und die Idealität auf ein Jedermann, was ist und was ich bin, ist von Anfang an Andern zugänglich und geht Andere mit an. Da die Dinge und das leibliche Ich dem fremden Zugriff ausgesetzt sind, läßt Husserls Annahme einer nur mir zugehörigen primordialen Natur und eines primordialen Leibes sich einfach nicht halten.[211] Das Für-mich ist keine abstraktive Grundschicht vor dem Für-uns, sondern ein abstraktes Moment innerhalb dessen; „meine" Welt, „mein" Leib, „mein" Ich sind von vornherein mehr als das. Der Ungedanke einer fundierenden Eigenheitssphäre kann sich nur halten, solange man die Affektion seitens der Welt in der Reflexion subjektivistisch mißdeutet. „Si autrui doit exister pour moi, il faut que ce soit d'abord au-dessous de l'ordre de la pensée. Ici la chose est possible, parce que l'ouverture perceptive au monde, dépossession plutôt que possession, ne prétend pas au

---

[210] Vgl. Merleau-Ponty, *Phénoménologie de la perception*, S. 113 und, freilich mit einer anderen Nuance, Sartre, *L'être et le néant*, S. 346.

[211] Gerade das „Für-Jedermann-da- und zugänglich-sein, Jedermann in Leben und Streben etwas Angehen oder Nichtangehenkönnen", das allen weltlichen Objekten und auch meinem Leibe zukommt, sucht Husserl zunächst auszuscheiden (*Cart. Meditationen*, S. 127), es bleibt „das spezisch private egologische Sein" (ebd. S. 35). Vgl dagegen Sartres radikale Gegenthese: „... la structure du monde implique que nous ne pouvons *voir* sans *être visibles*" (a.a.O. S. 381).

monopole de l'être, et n'institue pas la lutte à mort des consciences."[212] Im Herzen der Aktivität wohnt ein Moment der Passivität, des Selbstentzugs, der „inneren Schwäche,"[213] das mein Leben durchlässig macht für Welt und Mitwelt. In der *Offenheit* des eigenen Lebens ist die Offenheit für die Andern, in der Welt- und Selbsthinnahme die Aufnahme der Andern mitangelegt.

Wie ich aber zu mir selbst nur komme, indem ich von mir Abstand nehme im ausdrücklichen Selbstverhalten, so komme ich zu den Andern nur, indem ich von ihnen abrücke und sie zu Andern werden lasse im ausdrücklichen Fremdverhalten. Diese Stufe des Verhaltens, auf der die intra- und intersubjektive Einigung erst problematisch wird, steht insofern am Anfang, als wir in Erkennen und Handeln selbsttätig zu übernehmen haben, was wir schon sind. Was dem Verhalten zu den Andern seine völlige Unvergleichbarkeit nimmt, ist die *Fremdheit* gegenüber mir selbst. Sie tritt zutage, und zwar als unüberwindliche Fremdheit, wie wir gesehen haben, wenn ich mich selbst in meiner zeitüberdauernden Einheit zu erfassen suche. Hier gilt: „dasselbe Ich, das jetzt aktuell gegenwärtige, ist in jeder Vergangenheit, die die seine ist, in gewisser Weise ein anderes, eben das, was war und so jetzt nicht ist, und doch in der Kontinuität seiner Zeit das eine und selbe, das ist und war und seine Zukunft vor sich hat. Als verzeitlichtes kann es, das aktuell jetzige Ich, auch mit seinem vergangenen ... Ich doch verkehren, mit diesem Zwiesprache halten, Kritik daran üben, wie an Anderen."[214] Die Gemeinschaft mit Anderen hat eine Parallele in der zunächst unausdrücklichen „Gemeinschaft mit mir selbst."[215] Ausdrücklich wird sie in einer Ichspaltung, die in der Unterscheidung die Identität entdeckt. Diese Identität gibt der Selbstgegenwart ihr einzigartiges Privileg; nur hier kommen Sein und Bewußtsein zur Deckung, zur

---

[212] Merleau-Ponty, *Signes*, S. 214–15; vgl. auch *Phénoménologie de la perception*, S. 427: „si c'est lui (sc. l'esprit) qui se pense comme affecté, il ne se pense pas comme affecté, puisqu'il affirme à nouveau son activité au moment où il paraît la restreindre", die Folge: „mon Cogito est par principe unique, il n'est pas ‚participable' par un autre".

[213] Merleau-Ponty, *Phénoménologie de la perception*, S. VII, 489.

[214] *Krisis*, S. 175.

[215] Vgl. z.B. Transcr. (1931)E III 9, S. 83 ff.; weitere Stellen bei Toulemont, a.a.O. S. 83–86, und bei Held, a.a.O. S. 164 ff.

reflexiven Deckung in der Selbstvergewisserung; hier ist die Quelle aller Selbstverantwortung. Husserl nimmt dies zum Anlaß, einseitig die Fremderfahrung in Parallele zu setzen mit der Selbsterfahrung; der Andere ist ein „vergegenwärtigtes" Ich, das nicht mit mir identisch ist, er ist ein *alter ego*. Die Fremdheit meiner selbst in der Selbstvergegenwärtigung ist die Grundstufe für das Verständnis der Fremdheit der Andern in der „Appräsentation."[216] Doch sollte dieses analoge Verhältnis nicht auch in umgekehrter Richtung zu betrachten sein?

Die Selbstbesinnung zeigt, daß ich mir nicht nur auf besondere Weise nah, sondern auch auf besondere Weise fern bin. Das *Ungenügen* des isolierten Selbstverhältnisses besteht darin, daß ich im weltlichen Wirken keiner aktuellen *Kooperation* fähig bin – das mitwirkende Ich ist nur mitaktuell oder vollends inaktuell –, und daß ich vor allem in der Selbstzuwendung keiner aktuellen *Korrespondenz* fähig bin – das reflektierte Ich hat schon gesprochen oder wird erst noch sprechen –. So läßt denn die Gemeinschaft mit mir selbst weder ein eigentliches Cogitamus, noch eine wirkliche Gleichzeitigkeit von Cogito und Cogitor zu. Die eigentümliche Schwebe, die das isolierte Verhältnis von Ich und Welt charakterisiert, rührt eben daher, daß die Welt auf mich selbst zurückweist, dieses Selbst aber nicht faßbar ist, sondern auf gewisse Weise ein Nichts bleibt.[217]

Es stellt sich am Ende die Frage, ob nicht der aktuellen Mitgegenwart der Andern ein eigentümliches Privileg zukommt, das nicht von mir entlehnt ist. Die Fremdheit meiner selbst wäre dann nicht nur als Vorstufe einer abkünftigen Fremderfahrung zu betrachten, sondern umgekehrt auch oder vielleicht gar primär als Nachstufe einer ursprünglichen Wir- und Du-Erfahrung. Nicht der Andere als sekundäres Ich, sondern Ich als eine Art von Wir und als ein anderes Du, das wäre die Folge eines solchen Perspektivenwechsels.[218]

---

[216] Vgl. *Krisis*, S. 189: „Die Selbstzeitigung sozusagen durch Ent-Gegenwärtigung ... hat ihre Analogie in meiner Ent-Fremdung (Einfühlung als eine Ent-Gegenwärtigung höherer Stufe ...)".

[217] Vgl. Held, a.a.O. S. 133.

[218] Helds Intentionen gehen auch in diese Richtung, wenn er am Ende von einem „Umweg" über die Mitgegenwart Anderer spricht (ebd. S. 183), nur sehe ich nicht, wie sie von seinen und Husserls Voraussetzungen her wahrzumachen sind.

Die Offenheit des eigenen Selbstseins läßt die Andern zu, seine Fremdheit weist auf sie hin, sein Ungenügen ruft sie herbei. In eigener Person treten sie aber erst auf, wenn ich mich auf sie und auf unsere gemeinsame Welt einlasse. Das Denken nähert sich damit einen weiteren Schritt der Konkretion des Lebenszusammenhangs. Das bisher künstlich isolierte Selbstsein nimmt an dieser Konkretion teil und gewinnt nun seine volle Gestalt.

KAPITEL III

DIALOG ALS GEMEINSAMES WELTVERHALTEN: INDIREKTER UMGANG MITEINANDER

1. Der Dialog als lebendige Mitte

Der Entschluß, die Andern zunächst indirekt von gemeinsamen Zielen her zu betrachten, fordert eine vorläufige Eingrenzung des Themas. Thema des weltlichen Umgangs miteinander ist ein aktuelles *Woraufhin*, das uns in Anspruch nimmt als vereint intendiertes und zu realisierendes Ziel in einem umfassenden Horizont; es kommt so zu einem *Zusammenwirken* auf dem Hintergrund eines gemeinsamen Lebens, das die Andern als *Mitsubjekte* zur Mitgegenwart bringt. Wie der Logos überhaupt (s.o. II, 6), so bleibt auch der Dia-logos zunächst implizit im gemeinsamen Tun; er reicht hinein in eine Zone gemeinsamer Leiblichkeit. Soweit wir im folgenden das Zusammenwirken reduzieren auf die theoretische Verständigung, vereinfachen wir aus methodischen Gründen.

Der Ausgang von der Kompräsenz des *nos cogitamus* versetzt uns in eine *lebendige Mitte*, von der aus Wege weiterführen, die jetzt noch nicht zu beschreiten sind. Vorerst gilt es, das dialogische Geschehen von seinen eigenen Zielen her zu verstehen und seine Autonomie zu sichern gegen Explikationsversuche aller Art. Wir grenzen diesen Mittelbereich nach mehreren Richtungen ab, um ein eigenes Untersuchungsfeld zu gewinnen.

1) Die obere Grenze des Dialogs wird überschritten, wenn die gemeinsame Sache zurücktritt hinter der fremden Person, die direkt das Interesse auf sich zieht. Nicht jede reflexive Blickwende führt über den Dialog hinaus, nämlich nicht die mitmachende Reflexion auf das Ziel, die den Andern als Mitsubjekt mitbegegnen läßt, wohl aber die reine Reflexion auf den Ursprung, die ihn als Gegensubjekt von sich selbst her begegnen läßt (s.o. II, 8, 10).

2) Die untere Grenze des Dialogs wird überschritten, wenn der Andere oder das Ich in Überwältigung oder Unterwerfung selbst der Sache zugeschlagen und in einer „natürlichen Reflexion" verweltlicht wird (s.o. II, 12). Wie zuvor bei der natürlich-weltlichen Einstellung gehen wir auch jetzt bei der natürlich-kommunikativen Einstellung von der unverfälschten Lebensweise aus; denn nur ein Wesen, das im Grunde mit Andern lebt, kann sich faktisch an sie verlieren und sie an sich fesseln.

3) Nicht der Raum gemeinsamer Weltbezogenheit, wohl aber die Aktualität des lebendigen Umgangs wird verlassen, wenn wir nicht mehr darauf achten, was wir gemeinsam tun und erleben, indem wir eine Gemeinsamkeit bilden, sondern darauf, was wir gemeinsam haben und wie wir natürlich und geschichtlich in einem Mitsein verbunden sind. Das interpersonale Verhalten habitualisiert sich zu sozialen Verhältnissen, sobald wir vom gemeinsamen Leben in der Gegenwart zurückgehen auf die dauernde Gemeinsamkeit, die sich in der Vergegenwärtigung, vereint mit der Gewärtigung, enthüllt (s.o. II, 13). Diese genetische Betrachtung stellen wir zurück, bis wir wissen, wer sich in einer derartigen Geschichte zu dem bildet, was er ist.

4) Schließlich bleibt eine letzte Schranke, die auch in den nachfolgenden Kapiteln nicht durchbrochen wird. Wir reflektieren nicht auf das gemeinsame Leben als Wesen, die über der Gemeinschaft stehen und deren Leben unbeteiligt abrollen lassen, sondern wir reflektieren in dem gemeinsamen Leben, sofern wir selbst als Betroffene und Beteiligte ihm angehören. Die Enthaltung von den Lebensinteressen, die wir in der Betrachtung üben, für uns selbst und stellvertretend für die Andern, lenkt unsern Blick unmittelbar auf die Strukturen des gemeinsamen Lebens und der gemeinsamen Welt. Wir beschreiben die Andern, wie sie mit uns leben und uns begegnen, ohne daß jeder die Andern für sich „aufbaut". Die Sphäre der Reflexion, in der wir uns bewegen, ist eine intersubjektive Sphäre (s.o. II, 1). Offen bleibt die Frage nach der Reflexion selbst, ob ich als Einzelner nicht doch die Möglichkeit habe, nicht nur in der Gemeinschaft, sondern auch zu ihr Stellung zu nehmen. So zeigt sich am Horizont der Fremd- und Gemeinschaftserfahrung nochmals die Selbsterfahrung, nun aber nicht in abstraktiver Sicht: Ich ohne die Andern, sondern in radikaler Sicht: Ich für die Andern (vgl. Kap. VII).

Innerhalb des derart abgegrenzten Untersuchungsfeldes halten wir uns zunächst an die Grundform des Dialogs. Dessen Eigenart ist abzuheben gegen das monologische Verhalten, und dies auf der aktiven wie der passiven Stufe, auf der objektiven wie der subjektiven Seite. Des weiteren sind Vor-, Neben- und Ersatzformen des Dialogs sowie seine extensive Reichweite und seine intensive Abstufung in die Betrachtung einzubeziehen. Am Ende soll deutlich werden, wie der Dialog in seiner expliziten und impliziten Gestalt auf gewisse Weise alles Wirkliche umspannt, da er der Ort ist, an dem alle Gemeinsamkeit als solche gebildet oder übernommen wird.

Bei all dem kommt es darauf an, die Welt- und Selbstgegenwart zu erweitern durch die Dimension der *Fremdgegenwart*, doch wie? Indem wir uns hineinversetzen in den aktuellen Umgang miteinander, wird nicht eine absolute Ichzentrierung beschränkt durch eine von mir selbst zu leistende Dezentrierung, vielmehr finde ich mich von vornherein vor in einem polyzentrisch geordneten Feld, in einem „Polsystem."[1] Die Andern sind mit da in einer *Kompräsenz*, sie sind mittätig in einer *Koaktivität*, wobei sie selbst nicht allein aus meiner Thesis, die Gemeinsamkeiten nicht allein aus meiner Synthesis hervorgehen. Was so in den Blick rückt, ist das *Zwischenreich* der Inter-subjektivität, des Dia-logs, des Mit-einander. Es stellt sich die Frage, wie dieser Mittelbereich sich eint, welche Gestalten die Einheit annimmt, welche Tiefe und Weite sie erreicht. Ob dieser Bereich sich als letztursprünglich behaupten kann, ist eine weitere Frage, die ständig mitschwingt.

2. Die trinarische Struktur des Dialogs

Konstitutiv für das dialogische Zusammenwirken ist eine dreifache Verhaltensrichtung: *Sach*- und *Fremdverhältnis* und das darin beschlossene *Selbstverhältnis*. Ich wende mich an jemand wegen etwas, arbeite mit ihm an einem Werk, spreche mit ihm über eine Sache. Diese trinarische Struktur ist rein zu halten von allen Umdeutungen.

Das Neue, das mit den Andern in das, nur abstraktiv abzusondernde, binarische Verhältnis von Ich und Welt eindringt,

[1] *Krisis*, S. 186.

läßt sich weder der Welt zuschlagen als ein Ding oder Gut besonderer Art im allgemeinen Wirk- oder Zweckzusammenhang, noch läßt es sich meinem eigenen Leben einordnen als ein besonderes Erlebnismoment; beides nähme mir den Partner, mit dem ich mich verständigen könnte. Obwohl die lebendige Wirklichkeit der Andern an der Welt und an meinem Selbstsein abzulesen ist, ist sie doch mehr als eine darin beschlossene Implikation. Um ihr im tätigen Umgang wie in der theoretischen Betrachtung gerecht zu werden, genügt es nicht, die Andern darin einzubeziehen, sie sind vielmehr als eigene Bezugszentren anzuerkennen. Die Andern denke ich nicht, wenn ich nicht auch von ihnen her denke.

Die Eigenart des Dialogs ist aber nicht nur bedroht durch die Reduktion des Fremden auf Weltliches und Eigenes, sondern auch durch die Rückführung des Eigenen und Fremden auf eine im Grunde ungeschiedene Gemeinschaft. Wir und die Welt – wiederum wäre die dreigliedrige Struktur in eine zweigliedrige verwandelt, doch ebenso wäre der Dialog kein Dialog mehr. Daß das Ich allen Andern gegenübertreten kann, ist ein Zeugnis für seine Einzigkeit, die es nicht schlechthin im Mitsein aufgehen läßt.

Mit der sachlich-personalen Doppelrichtung des eigenen Verhaltens erhalten die Andern eine eigentümliche Funktion im Dialog, räumlich gesprochen: sie erhalten einen eigenen Ort, nicht mir gegenüber wie die Sache, nicht mir im Rücken wie ich selbst, sondern an meiner Seite.[2] Ursprünglich gegenwärtig und vertraut sind sie mir *nicht als Gegenstand* einer besonderen Intentionalität, *sondern als mitfungierend* in aller Intentionalität. Gleich mir selbst ist auch der Andere ,,ursprünglich nicht aus Erfahrung ..., sondern aus Leben.''[2a] Ich weiß um ihn, indem ich mit ihm einer Sache zugewandt bin; als Mitgegenwart geht die Fremdgegenwart der ausdrücklichen Fremderfahrung und Fremdbegegnung voraus. Erst wenn ich die dialogische Einstellung verlasse und über den Andern spreche, vergegenständliche ich ihn;

[2] Auf die Verwandtschaft von Ortsadverbien und Personalpronomina hat schon W. v. Humboldt hingewiesen (vgl. Heidegger, *Sein und Zeit*, S. 119).

[2a] Vgl. *Ideen* II, S. 252: zur Vorgegebenheit des Ich; zu den Andern als ,,mitfungierenden'' Subjekten vgl. *Krisis*, S. 111–12, zu ihnen als ,,Mitkonstituierenden'' vgl. Transcr. (1930/31)C 17 II, S. 9.

doch da er so erst zum Gegenstand wird, ist er es nicht ursprünglich. Auf andere Weise sprengt auch die übergegenständliche Fremdbegegnung den Rahmen des sachlichen Dialogs.[3]

Das Sein mit den Andern enthält überhaupt die Warnung, über der Vielfalt der Erfahrungsarten nicht die gleichzeitige Komplikation der Erfahrungsstruktur zu vergessen. Die zweidimensionale „Fläche" mit ihrer objektiven Über- und Unterordnung ist zu ergänzen durch eine dritte Dimension der „Tiefe", in der alles, was mir gegenübertreten kann, mir als dem Funktionszentrum der Erfahrung näher oder ferner steht.[4] Auf analoge Weise ist alles zunächst und zugleich mit da, sei es als unselbständiges Moment, als verselbständigtes Gebilde oder als selbständiges Wesen. Das soziale Mit zeichnet sich nur dadurch aus, daß es mir einen gleichrangigen Partner an die Seite stellt.

Die Dreigliedrigkeit des dialogischen Zusammenlebens besagt, daß dieses sich in drei Richtungen zugleich entfaltet. Im weltvermittelten Umgang liegt der Akzent auf der gemeinsamen Sache. Dabei können die Partner sich selbst mehr oder weniger aussprechen und einander ansprechen, oft treten sie ganz hinter der Sache zurück; diese Unterschiede berühren nicht die Grundstruktur des Zusammenwirkens. Von unmittelbarer Bedeutung für die folgenden Überlegungen ist dagegen die Einsicht, daß der Andere im Dialog nicht Objekt einer Wahrnehmung oder Bestrebung oder eines nachkommenden Verstehens ist, sondern Partner in einem gemeinsamen Tun. Bloße Wahrnehmung und bloßes Verstehen sind nur implizite Unterstufen oder explizite Vor- und Zwischenstufen im Horizont des gemeinsamen Interesses, das nun näher zu untersuchen ist.

---

[3] Zur direkten dialogischen Einstellung vgl. Transcr. (1932)A V 5, S. 109: Nicht der Andere ist thematisch, sondern „was er sagt", wenn ich darauf eingestellt bin, „daß ich seine Mitteilung verstehe und ‚übernehme'"; dieser Interessenrichtung folgt unsere philosophische Deskription: „Beachten wir die innere Situation, und zwar ich beschreibe die meine, und nicht etwa von außen, was ich zwei Personen mir gegenüber einzeln zuteile und dann auch mich und meinen Partner im Nebeneinander mir denkend mir und ihm zuteile. Das Miteinander der Anderen ist *für mich* ja miteinander, und *wir* sind dabei in Einheit einer Funktion" (ebd. S. 111).

[4] Husserl spricht von einer „Tiefendimension" als der „Dimension lebendiger Geistigkeit" im Gegensatz zur „Fläche" als der Ebene objektiver Wirklichkeiten (*Krisis*, § 32, ähnlich S. 381); vgl. auch oben S. 55–56.

3. Die Eigenart der sozialen Akte

Wir versetzen uns geradewegs an den Ort des lebendigen mitmenschlichen Umgangs, wo sich eine gemeinsame Welt bildet und ein gemeinsames Leben. ,,Die Sozialität konstituiert sich durch die spezifisch sozialen, kommunikativen Akte ...''[5] Diese ,,Sozialisierung''[6] besagt nicht, daß wir erst durch aktive Gemeinschaftsbildung Gemeinsames haben und in unserm Leben verbunden sind, wohl aber, daß die Gemeinsamkeit erst hier verantwortlich gesetzt wird. Daher empfiehlt es sich, von der spontanen Wechselverständigung auszugehen.

Spezifisch soziale Verhaltensweisen wie Rede und Gegenrede, Liebe und Gegenliebe, Vertrauen und Gegenvertrauen sind ,,Akte, in denen sich das Ich an Andere wendet ... und welche ferner diese Wendung verstehen, sich ev. in ihrem Verhalten danach richten, sich zurückwenden in gleichstimmigen oder gegenstimmigen Akten usw.'' (194). Zur gemeinschaftsbildenden Kommunikation genügt also nicht die äußere *Fremdwahrnehmung* und ein entsprechendes Verhalten, so etwa, wenn ich einem unleidlichen Menschen aus dem Wege gehe (192). Es genügt auch nicht das *einseitige Verstehen* von innen heraus, noch auch das *parallele Wechselverständnis* mitsamt den entsprechenden nebeneinanderher laufenden Akten (191).[7] In diesen Fällen ist der Andere eine Wirklichkeit in meinem Wirkungsfeld oder das Zentrum eines möglichen Wirkungsfeldes, aber er ist nicht Mitwirkender in einer ,,personalen Wirkungsgemeinschaft.''[8] Ich bin bis zu einem gewissen Grade auf dasselbe aus wie der Andere, doch bin ich es nicht gemeinsam mit ihm. Hierzu bedarf es, wenigstens der Intention nach, einer beiderseitig bewußten und beabsichtigten

---

[5] *Ideen* II, S. 194. Die wichtigsten Stellen zur Grundlegung der Gemeinschaft in der Kommunikation: *Ideen* II, § 51 (hierauf beziehen sich die Seitenangaben im folgenden Text), *Erste Philosophie* II, 47. Vorl. und Beil. XII, *Phän. Psychologie*, S. 484–86, 510–15, *Cart. Meditationen*, § 58, *Krisis*, S. 111–12, 175–76, 307–08, dazu aus dem unveröffentlichten Nachlaß: Transcr. (1921)A V 23: *Gemeingeist* I, S. 2–7, (1921)M III 3 IX 1: *Gemeingeist* II (diese beiden Manuskripte zitieren wir mit den genannten Titeln), (1932)A V 5, S. 104 ff., (1932)A V 6, S. 17–38.

[6] *Phän. Psychologie*, S. 484.

[7] Zum ,,Nebeneinander'' vgl. auch Transcr. (1932)A V 5, S. 111, (1932)A V 6, S. 30, 38.

[8] *Erste Philosophie* II, S. 137.

,,*Wechselbeziehung*" (193), in der die Partner ,,'einander bestimmen', gemeinsam und nicht nur einzeln, also personal verbunden
tätig sind" (192), in der sie auftreten, ,,füreinander gegeben als
,Genossen', nicht als Gegenstände, sondern Gegensubjekte,[9] die
,mit'-einander leben, verkehren, aufeinander bezogen sind, aktuell oder potentiell ..." (194). Als potentielle Kommunikation
lassen sich die übrigen Verhaltensweisen in das konkret soziale
Verhalten integrieren.[10]

Die soziale Komponente meines Verhaltens im Gegensatz zur
sachlichen prägt sich aus in der Aktionsweise. Insofern meine
Akte einen interpersonalen Charakter haben, zeigen sie die spezifisch *adressierende* Vollzugsart des Sich-wenden-an-jemand, sei
es aktiv in der Anrede oder reaktiv im Anhören, und dies in Ergänzung zur *intentionalen* Vollzugsart des Sich-richten-auf-et-
was.[11] Gewiß gilt auch für die sachliche Orientierung meines Verhaltens, daß ich nur tätig werde, indem ich mich bestimmen lasse,
und auch hier kann die Gesamtaktion charakterisiert sein als
aktiver Ausgriff oder als reaktives Nachgeben. Dennoch unterscheidet sich die sachliche Motivation prinzipiell von der interpersonalen, und wollen wir den Begriff des Dialogs analog aus-
weiten und auch im ersten Fall von Dialog sprechen, so müssen
wir sogleich eine Einschränkung hinzufügen: es ist hier erst die
unterste Stufe des Dialogs erreicht. Das Ding motiviert mich
durch das, was es ist; sein Sinn steht mir offen oder ist mir verschlossen, aber es öffnet sich und entzieht sich nicht selbst. Ich
mache etwas mit ihm, ohne daß es entgegennimmt, ich empfange
von ihm, ohne daß es von sich aus gibt. Nur im uneigentlichen
Sinne kann ich mich an den Gegenstand wenden, ihn befragen,
seine Ansprüche erfüllen. Mein Verhalten zu Etwas ist kein Zueinander und Miteinander im vollen Sinne; denn das Etwas kann
nicht sich zu mir verhalten, es kann mir nicht wirklich ent-

---

[9] Vgl. auch Transcr. (1930)E III 4, S. 12: Der Andere als ,,Gegen-Ich".
[10] Für Husserl dagegen bilden sie die konstitutiven Vorstufen der
Kommunikation (vgl. *Krisis*, S. 307–08, Transcr. (1932)A V 6, S. 30 ff.,
dazu Toulemont, a.a.O. S. 102–04); ich verweise auf meine frühere Kritik
(S. 44–45) sowie auf spätere Überlegungen (IV, 10; VI, 3).
[11] Das Sich-wenden ,,als Subjekt an Subjekte" (*Ideen* II, S. 419, ähnlich S. 194 und Transcr., 1932, A V 6, S. 30), die ,,adressierende Intention"
(*Phän. Psychologie*, S. 484), ist die soziale Variante der aktuellen Zuwendung (s.o. II, 5).

sprechen und widersprechen, als Ersatz-Du würde es zu einem Fetisch.[12]

Die fremde Person in ihrer Eigenspontaneität ist ursprünglich nicht Gegenstand, sondern *Adressat* meines Verhaltens, Geber und Empfänger des mitgeteilten Sinnes; sie ist implizit oder explizit *angesprochenes Du*, nicht besprochenes Es. Dementsprechend tritt der Vokativ als der Kasus der Anrede aus der Reihe der übrigen Kasus heraus.[13] Zum Wesen der Kommunikation gehört es, daß das eigene Tun auf das Mittun des Partners angewiesen ist und sich nur im Konnex mit ihm verstehen läßt. Das wird sichtbar an der eigentümlichen Verschmelzung von Aktivität und Passivität im sozialen Verhalten sowie an der besonderen Art der interpersonalen Einigung.

4. Interaktion im Gespräch

Da im sozialen Verhalten die eigene Aktion nicht n e b e n der fremden herläuft in Form einer ,,bloßen Zweiheit,''[14] da wir vielmehr e i n a n d e r bestimmen, wird hier die eigene Aktion durch die fremde nicht nur äußerlich erweitert, sondern innerlich ergänzt, es kommt zu einer *Interaktion*.[15] Das gilt für Bitte und Gewährung, Befehl und Gehorsam, Liebe und Gegenliebe, Verpflichtung und Gegenverpflichtung, zeigt sich aber schon an der einfachen *Wechselrede*, der auch Husserl eine grundlegende Funktion zuschreibt.[16]

[12] Vgl. Buber über das Leben mit der Natur: ,,Die Kreaturen regen sich uns gegenüber, aber sie vermögen nicht zu uns zu kommen, und unser Du-Sagen zu ihnen haftet an der Schwelle der Sprache'' (*Ich und Du*, in: *Werke* I, München 1962, S. 81).

[13] Diese Einsichten der Dialog-Philosophie (zum Vorzug des Vokativs bei Humboldt, Ebner, Rosenstock-Huessy vgl. Theunissen, a.a.O. S. 286) nimmt auch Husserl auf: ,,Die Form der Mitteilung ist verständlich durch den vorgängigen Anruf, etwa ,Du', ev. aber auch durch die sprachliche Form, der als solcher diese Mitteilungsform anhaftet'', es begegnen sich ,,Adressant'' und ,,Adressat'' (*Gemeingeist* I, S. 3,5); Anregungen mögen ausgegangen sein von A. Reinach, ,,Die apriorischen Grundlagen des bürgerlichen Rechtes'', in: *Jahrbuch für Philosophie und phänomenologische Forschung*, Bd. I, Halle 1913 (vgl. Theunissen, a.a.O. §§ 74–77).

[14] Transcr. (1932)A V 5, S. 110.

[15] Husserl spricht von ,,Wechselaktion'' (*Phän. Psychologie*, S. 512).

[16] ,,Aller Sozialität liegt zugrunde ... der aktuelle Konnex der Mitteilungsgemeinschaft, der bloßen Gemeinschaft von Anrede und Aufnehmen der Anrede, von Ansprechen und Zuhören'' (Transc., 1932 A V

Im sachbezogenen Dialog steht die Sache im Mittelpunkt; sie motiviert unser Verhalten und gibt das Maß ab. Doch nimmt jeder die Sache nicht nur so, wie sie für ihn, sondern auch so, wie sie für den Andern ist; das Sachverhältnis ist durch das des Andern mitbestimmt, eigenes und fremdes Verhalten durchdringen sich in einem wechselseitigen Geben und Empfangen.[17]

Reduzieren wir die Wechselrede auf ihre einfachste Form, so ergeben sich zwei Phasen: *Rede und Gegenrede* lösen einander ab. Die Initiative liegt einmal bei mir, einmal beim Andern; von den Unterschieden einer offenen oder versteckten, einer augenblicklichen oder nachhaltigen Initiative sehen wir ab. Der Wechsel der Initiative schließt nicht aus, daß wir in beiden Phasen gleichzeitig tätig sind, einer im *Anreden*, der andere im *Zuhören*. Die zeitliche Verschiebung ist unumgänglich; wie ich für mich verschiedene Aspekte einer Sache nur nach und nach herausheben kann, so lassen sich auch eigene und fremde Aspekte nur nacheinander thematisieren. Volle Gleichzeitigkeit kann es nur geben in der passiv-kontinuierlichen Einigung, wo Eigenes und Fremdes nicht ausdrücklich geschieden sind, das heißt, im gemeinsamen Verhalten, das der theoretischen und praktischen Verständigung vorausgeht oder aus ihr hervorgeht. Auf andere Weise gilt dies auch für das direkte Füreinandersein. Wenn wir schließlich die Wechselrede exemplifizieren durch *Frage* und *Antwort*, so deshalb, weil hier die wechselseitige Angewiesenheit ausdrücklich wird; es wird sich zeigen, daß in jeder Anrede ein Moment der Anfrage, in jeder Gegenrede ein Moment der Antwort enthalten ist.

Entscheidend ist nun, daß sowohl Rede und Gegenrede in ihrer Abfolge wie Anreden und Zuhören in ihrer Gleichzeitigkeit sich nur aus der inneren Zuordnung zu einem Gesamtgeschehen verstehen lassen. Frage und Antwort vereinigen sich zu einer *gegenläufigen Doppelbewegung*, einer Bewegung, die vom Fragenden ausgeht und in der Entgegennahme der Antwort ans Ziel kommt, und einer Gegenbewegung, die vom Zuhörenden ausgeht und sich

6, S. 35), diese lebt von der „spezifischen Aktivität der Mitteilung (des Sichmitteilens), die als Gemeinschaft schaffende Leistung literarisch geradezu ‚Kommunikation' heißt" (ebd. S. 32).

[17] Vgl. *Gemeingeist* I, S. 5. Zur Dialektik von Geben und Nehmen bei den Griechen vgl. R. Merten, *Der Logos der Dialektik. Eine Theorie zu Platons Sophistes*, Berlin 1965, I, 1 u. 2.

im Erteilen der Antwort erfüllt. Subjekt dieser Bewegung ist ein „Doppelich."[18] Dabei sind Bewegung und Gegenbewegung von Anfang an durch jenes Ziel geprägt; der entscheidende Augenblick aber, der die Erfüllung der beiderseitigen Intentionen einleitet, ist der *Übergang* von der fragenden Hinwendung des einen zur antwortenden Rückwendung des andern. Betrachten wir dieses Geschehen zunächst vom Fragenden, dann vom Antwortenden aus.

Indem ich den Andern auf etwas hin anspreche, ergreife ich die Initiative und werde von mir aus tätig. Doch was heißt hier Tätigsein? Auch der Welt gegenüber verhalte ich mich zugleich aktiv und passiv (s.o. S. 126), doch nur insofern, als mein Tun auf dem Boden einer passiven Vorgegebenheit anhebt und selbst wieder dahin absinkt. Die Dinge wirken in der Motivation auf mich ein, sie wirken aber nicht mit. Ich kann ihnen nichts zumuten, ich kann nur mit ihnen rechnen. Tätiges und leidendes Verhalten alternieren, aber das Leiden ist immer nur ein vermindertes Tun; im vollen Sinne tätig bin ich nur, wenn ich selbst bis ans Ziel gehe. Anders im interpersonalen Verhalten. Die dialogische Frage zielt von vornherein hin auf die fremde Antwort, die nur in meiner Annahme zur Geltung kommt. In der Frage liegt eine „Zumutung" an den Andern.[19] Dieses Tun ist weder ein aktives Bewirken, noch ein passives Dulden, sondern ein *Geben und Überlassen*. Der Redende gibt dem Hörenden etwas zu verstehen, überläßt es aber ihm, auf seine Worte hinzuhören, auf seine Fragen einzugehen, und indem er schließlich selbst zum Hörenden wird, überläßt er dem Andern vollends die Initiative, zustimmend oder ablehnend zu antworten und zurückzufragen. Die Aktion wird hier nicht von einer Passion abgelöst, wie wenn ich im Urteil innehalte und nochmals hinschaue, sondern sie vollendet sich in ihr. Die Entgegennahme der Antwort bringt die

---

[18] Transcr. (1932)A V 6, S. 37. Vgl. auch *Phän. Psychologie*, S. 512: „Die soziale Verbundenheit konstituiert sich ... in herüber und hinüber laufenden Akten, die Ich und anderes Ich zur Einheit bringen in einer Wechselaktion, die (als) die einzelnen subjektiven Akte bewußtseinsmäßig vom *ego* zum *alter ego* laufen und sich übergreifend decken." Es handelt sich um „Bewußtseinsverflechtungen" (ebd. S. 513).

[19] Vgl. *Ideen* II, S. 192–93: „auf die Rede folgt Antwort, auf die theoretische, wertende, praktische Zumutung, die der Eine dem Anderen macht, folgt die gleichsam antwortende Rückwendung ..."

Frage erst an ihr Ziel und ist konstitutiv für sie; daher begrenzt die fremde Aktion die eigene nicht eigentlich, sondern er-gänzt sie.[20] Solches Zusammenwirken gelingt nur, wenn der jeweils Handelnde in seinem Tun an sich hält und dem Andern Raum läßt. Nur in solch verhaltenem Tun wird Leben „gezeugt" in gemeinsamer Bemühung. Ohne die Zurückhaltung wird die Gabe zur Fessel, und es gilt dann Sartres Satz: „Donner, c'est asservir."[21]

Nun die andere Möglichkeit, ich werde von jemand angesprochen und höre zu. Die Passivität des Zuhörens ist wiederum keine bloße Vorstufe für meine volle Aktivität, sondern bereits deren Beginn. Auch wenn der Andere das Gespräch eröffnet, bin ich daran beteiligt; meine Bereitschaft und Fähigkeit zur Aufnahme erleichtert oder erschwert das Beginnen. Und im Vernehmen weiß ich mich sogleich auf eine künftige Antwort hin angesprochen. Schon das Hören ist eine Tätigkeit, aber eine solche, die entgegennimmt; diese Rezeption vollendet sich in der eigenen Antwort. Das Mittun des Hörenden läßt sich bestimmen als ein *Annehmen und Übernehmen*.[22] Ich lasse mir zunächst etwas sagen, akzeptiere es freilich nur auf Kredit, solange ich nicht weiß, was mir alles zugemutet wird, und übernehme schließlich in der Erwiderung selbst die Initiative. Doch in der Antwort bleibe ich gebunden an den Anfang, den die fremde Frage gesetzt hat, wie ich mich in der Frage an das Ende binde, das die fremde Antwort setzen wird. „In Anrede und Aufnahme der Anrede kommen Ich und anderes Ich zu einer ersten Einigung."[23]

[20] Reinach spricht daher von einer „Vernehmungsbedürftigkeit" der sozialen Akte (a a.O. S. 707). Zur Einheit von Aktion und Passion, freilich einseitig zugespitzt auf die direkte Ich-Du-Beziehung, vgl. Theunissen, a.a.O. § 60.

[21] *L'être et le néant*, S. 658; die Möglichkeit eines Gebens, das nicht verfälscht wäre durch Generosität, laut Sartre die „Kardinaltugend des Besitzenden", deutet dieser andernorts an (vgl. die Bemerkungen zu S. Weil in: *Saint Genet, Comédien et martyr*, Paris 1952, S. 531–32); sie würde voraussetzen, daß das Gegebene *im Grunde* auch schon dem Andern gehört.

[22] Zum „Übernehmen" fremder Intentionen vgl. *Phän. Psychologie*, S. 484–85, Transcr. (1932)A V 5, S. 109–10, (1932)A V 6, S. 17 ff., 36; bei W. v. Humboldt heißt es, „daß auch das Verstehen ganz auf der inneren Selbstthätigkeit beruht, und das Sprechen mit einander nur ein gegenseitiges Wecken des Vermögens des Hörenden ist" (*Gesammelte Werke*, Akad. Ausgabe, VI/1, S. 176), vgl. dazu Löwith, a.a.O. § 26.

[23] Transcr. (1932)A V 6, S. 36–37.

Überlassen als ein Tun, das an sich hält, und Übernehmen als ein Tun, das sich anregen läßt, das sind zwei Verhaltensweisen, die sich ergänzen wie Aus- und Einatmen. Es hat keinen Sinn, Aktion und Passion gegeneinander auszuspielen, beide leben von der ,,Teilnahme'',[24] dabei ist der Redende nicht gefeit gegen die Versuchung sich selbst durchzusetzen, der Hörende nicht gegen die Versuchung, kleinlich sich selbst zu bewahren.

Schließlich eine letzte Korrektur. Reden und Zuhören, Fragen und Antworten bewegen sich bereits auf einem gemeinsamen Boden und geben selbst den Boden ab für eine weitere Gemeinsamkeit. Doch diese wird erst besiegelt in der vollen Wechselseitigkeit, wenn der Fragende selbst für etwas einsteht und der Antwortende sich einer Bestätigung aussetzt. Erst hier überläßt der eine und übernimmt der andere die volle Initiative in wechselseitiger Verantwortung.[25]

5. Erfüllungszusammenhang von Frage und Antwort

Im Dialog stehen wir Rede und Antwort, indem wir für e t w a s einstehen. Die wechselseitige Angewiesenheit der Partner muß sich im *noematischen Gehalt* des Dialogs abzeichnen, da er sich in der Gemeinsamkeit bildet. Es ist zu fragen, was die bloße Sachfrage von der Anfrage, die bloße Sachbehauptung von der Antwort unterscheidet; die thematischen Horizonte des Gesprächs lassen wir noch außer acht.

a) Die dialogische Verständigung schafft nicht die Gemeinsamkeit der Welt, sondern entfaltet sie; denn wie ich als Einzelner nur tätig werde auf dem Boden einer Welt, so werden wir gemeinsam tätig auf dem Boden einer gemeinsamen Welt. Die Genesis dieser passiven Gemeinsamkeit bleibt später noch zu betrachten.

b) Für den aktuellen Dialog genügt es nicht, daß uns gemeinsam etwas vorgegeben ist, es muß auch gleichzeitig thematisch werden und verschmelzen zu einem einzigen ,,attentionalen Kern.''[26]

---

[24] Vgl. zu diesem Begriff Buber, a.a.O. S. 120–21.

[25] Vgl. Löwith, a.a.O. S. 113: Seine Rede verantworten heißt, ,,über etwas zu einem andern so reden, daß man der Antwort des andern wiederum Rede steht und damit seine eigene Rede vor ihm verantwortet''. Zur wechselseitigen Verantwortung vgl. auch *Erste Philosophie* II, S. 198.

[26] Vgl. zu diesem Terminus *Ideen* I, S. 230.

c) In den verschiedenen subjektiven Modis wie eigene und fremde Setzung, Frage und Antwort, Sagen und Vernehmen behauptet sich ein identischer Sinn, ein „noematischer Kern" von wechselnder Bestimmtheit, im Falle des Urteilens ein Aussagekern: „S ist P" oder „S soll P sein". Dieses Transsubjektive bringt und hält den Dialog in Gang und garantiert zugleich seinen Zusammenhang.[27]

d) Der identische Sinn ist es, der in Frage und Antwort gemeint ist und in der Mitteilung, in Übergabe und Übernahme, zu einem gemeinsamen wird. Doch die Identität des Gemeinten in der sachlichen Übereinstimmung unabhängig gebildeter Urteile reicht nicht aus; eigene und fremde Behauptung müssen in einem intersubjektiven *Erfüllungszusammenhang* stehen, wenn es zu einem Dialog kommen soll.[28] Nehmen wir zunächst die monologische Frage, die rein sachlich motiviert ist. In ihr ist das Sein oder der Zweck des Gegenstandes selbst fraglich; der Gegenstand ist in der Schwebe, läßt verschiedene Möglichkeiten offen, zumeist von verschiedenem Gewicht; der Schwebezustand wird beendet, wenn i c h mich in einer mehr oder weniger fundierten Setzung für eine Möglichkeit entscheide.[29] Zur dialogischen *Anfrage* wird die Frage, wenn ich es dem A n d e r n überlasse, den Ausschlag zu geben; meine Frage fordert eine fremde Setzung heraus und erwartet von ihr die Erfüllung. Umgekehrt wird die Setzung erst zur *Antwort*, wenn sie auf eine fremde Zumutung eingeht und fremde Ansprüche erfüllt oder enttäuscht. Der dialogische Erfüllungszusammenhang gibt dem Gehalt von Frage und Antwort sein Gepräge; die Frage ist ihrem Sinn nach bestimmt als Frage a n jemand und die Antwort als Antwort a u f jemandes Frage, sowie ein Urteil in sich selbst ein Urteil ü b e r etwas ist. Daher gibt es auch eine eigene Form der dialogischen Nichtentsprechung, unabhängig von der sachlichen Wahrheit; im *Überfragen* verpasse ich die mögliche Antwort, im *Vorbeireden*

[27] Zum „noematischen Kern" vgl. ebd. 3. u. 4. Abschnitt pass.

[28] Vgl. V. *Log. Untersuchung,* § 29: Zustimmung ist mehr als bloße Übereinstimmung, sie ist ein „Übergangserlebnis", Frage und Antwort stehen in einem koordinierenden „Erfüllungszusammenhang"; zur Erfüllung der fremden Intention durch die eigene und der eigenen durch die fremde vgl. auch *Phän. Psychologie,* S. 484–85, Transcr. (1932)A V 6, S. 37.

[29] Zur objektiven Fraglichkeit und dem Frageakt vgl *Ideen* I, § 103, *Passive Synthesis,* § 15, *Erfahrung u. Urteil,* § 21.

die vorausgehende Frage. Dabei ersetzt die wechselseitige Erfüllung unserer Intentionen nicht die Erfüllung durch die gemeinte Sache, die in der Selbstgegebenheit „sich durch sich selbst bestätigt."[30] Im Gespräch wird nicht die Sache selbst weitergegeben, sondern deren Sinn; ich übernehme, was der Andere meint, realisieren muß ich es selbst in Anschauung und Tun gemäß den eigenen Möglichkeiten. So verbinden sich sachliche und soziale Motivation; ich erfrage oder antworte etwas, weil der Andere darauf antworten soll oder es mir abverlangt.[31]

e) Die gegenständliche Erkenntnis ist für Husserl ein „Übergangserlebnis", Erfüllung einer leeren Intention oder, so ergänzen wir, Verständnis einer überraschenden Gegebenheit; doch brauchen Intention und Erfüllung, Gegebenheit und Verständnis nicht ausdrücklich auseinanderzutreten, wenngleich jede ernsthafte Neuentdeckung von der Leere der Erwartung vorbereitet wird und unter staunender Betroffenheit ans Licht tritt.[32] Ähnlich im Dialog. Rede und Gegenrede implizieren stets Frage und Antwort; denn in der Rede als einem bloßen *Ansetzen* rechnen wir mit der Reaktion des Andern, und in der Gegenrede als einem *Fortsetzen* beziehen wir uns auf dessen vorausgehende Aktion.[33]

---

[30] Vgl. *Log. Untersuchungen*, II/2, S. 56. Tritt der sachliche Bezug zurück, so kommt es zum „Gerede": „Man versteht nicht so sehr das beredete Seiende, sondern man hört schon nur auf das Geredete als solches" (Heidegger, *Sein und Zeit*, S. 168); zur Verselbständigung eines Gesprächs, das „sich in sich selbst verfängt", vgl. auch Löwith, a.a.O. §§ 22, 27.

[31] So heißt es bei Brecht: „... man muß dem Weisen seine Weisheit erst entreißen./Darum sei der Zöllner auch bedankt:/Er hat sie ihm abverlangt." – Verzeichnet ist die intersubjektive Motivation in der Deutung von Schutz: Das Um-zu-Motiv der eigenen Handlung wird zum Weil-Motiv der fremden (vgl. *Der sinnhafte Aufbau der sozialen Welt*, §§ 30–32, *Collected Papers* I, S. 22–26, dazu in dieser Arbeit S. 98); verkannt ist, daß in der Interaktion schon meine *Intention* durch die fremde mitbestimmt ist, nur das ergibt eine gemeinsame Sinnbildung. Vgl. auch die Kritik von Theunissen (a.a.O. S. 410–12) und von J. Habermas („Zur Logik der Sozialwissenschaften", *Phil. Rundschau*, Beiheft 5, 1967, S. 112 ff.); letzterer macht die Egozentrik eines Aufbaus des Sozialen, bei dem die Kommunikation subjektivistisch verkürzt wird, generell der Phänomenologie zum Vorwurf, obwohl eine Nuancierung angebracht wäre.

[32] Zu dieser Deutung des Erkenntnisvorganges vgl. VI. *Log. Untersuchung*, §§ 6–8, zu unserer Korrektur s.o. S. 47–48. Entsprechendes gilt für das Verhältnis von Entscheidung und Tat in der Praxis, die wir in unseren Analysen immer mit vor Augen haben.

[33] Zu „Ansetzen" und Fortsetzen im intrasubjektiven Bereich vgl. *Ideen* I, §§ 110, 122; diese Gedanken weiten wir hier aus.

Unausdrückliche Zustimmung und Erwartung sind durchaus normal, vor allem, wenn das Gespräch bereits in Fluß ist, während die ausdrückliche Frage zumeist Neues ankündigt oder das Gespräch wachhält und die ausdrückliche Antwort die Gemeinsamkeit besiegelt. Dabei hebt die Frage besonders hervor, daß etwas aussteht, während die Antwort eigens die Bereitschaft bekundet, die Leere auszufüllen in Bestätigung, Ergänzung oder Korrektur.

f) Die Möglichkeit, nachträglich aus dem Wechselspiel von Frage und Antwort einen abstrakten Aussagekern auszusondern, legt die Auffassung nahe, der gemeinsame Umgang füge der Sache nur äußerlich etwas hinzu ,was für diese selbst nicht ins Gewicht falle. Dem steht entgegen, daß die Sache im gemeinsamen Tun ihre konkrete Gestalt annimmt und diese Genesis nie völlig hinter sich läßt.[34] Der berechtigte Versuch, in persönlicher Aneignung einen Bedeutungskern abzulösen, der unabhängig von den Andern Geltung hat, ist selbst eine Reaktion auf das gemeinsame Tun und bleibt diesem verbunden.[35] Erst auf dem Boden dieser Voraussetzung läßt sich fragen, wie Autarkie des Einzelnen und Interdependenz der Gemeinschaftsglieder sich zueinander verhalten (s.u. III, 13, 14).

g) Bereits in Frage und Antwort gewinnt das Befragte einen Sinn, an dessen Enthüllung wir gemeinsam beteiligt sind. Doch ein einseitiges Verhör schafft noch kein gemeinsames objektives Resultat, auf das wir beide zurückkommen können.[36] Das Sein des Gegenstandes wird erst ausdrücklich zu einem Für-uns-sein, wenn Setzung und Gegensetzung sich treffen in einem *Einver-*

---

[34] Zum Urteil überhaupt vgl. ebd. S. 236: ,,Im Noema steht das ,,S ist P'' nicht allein; sondern, so wie es da als Inhalt herausgedacht wird, ist es ein Unselbständiges; es ist jeweils in wechselnden Charakterisierungen bewußt, die das volle Noema nicht entbehren kann ...''; vgl. auch die Ablehnung einer ,,bloßen Vorstellung'' in der V. *Log. Untersuchung*, 3. Kap.

[35] Es handelt sich um eine Abstraktion von den ,,Einverständnisbeziehungen'' (vgl. *Ideen* II, S. 193); vgl. auch Gadamers Kritik an dem Versuch, die Philosophiegeschichte zu reduzieren auf reine Probleme, die aus dem Fragezusammenhang herausgelöst sind (*Wahrheit und Methode*, S. 357–59).

[36] Die Beantwortung der Frage ist freilich nicht identisch mit der Erfüllung des Wunsches nach Beantwortung (vgl. *Log. Untersuchungen*, II/1, S. 451); auf der letztgenannten Ebene ergibt sich auch schon im Verhör eine Übereinstimmung – ein Hinweis darauf, daß auch der theoretische Dialog im weitesten Sinne praktisch ist und nicht in bloßer Wissensvermittlung aufgeht.

ständnis, das wiederum relativ unabhängig ist vom sachlichen Wahrheitsgehalt. Im Einverständnis stellt sich eine einheitliche Beziehung zur Welt her in Form einer „kommunikativen Umwelt."[37] Die Art dieser Einigung ist nun genauer zu untersuchen.

6. Der Dialog als Zentrum gemeinsamer Zeitigung

Die dialogische Einigung ist im Bereich der individuellen Erfahrung bereits vorgebildet. „Im Wechselverständnis treten meine Erfahrungen und Erfahrungserwerbe mit denen der Anderen in einen ähnlichen Konnex wie die einzelnen Erfahrungsreihen innerhalb meines ... Erfahrungslebens."[38] Daher spielt die Ursynthese der Zeitlichkeit auch hier eine entscheidende Rolle, nun aber in Gestalt einer gemeinsamen Zeitigung.[39]

Frage und Antwort, Rede und Gegenrede stehen nicht nur in einem sachlichen, sondern auch in einem zeitlichen Zusammenhang, der sich passiv ergibt im gemeinsamen Umgang. Indem ich in der *Gegenwart* die Sache von mir aus redend darbiete, meine ich sie zugleich so, wie sie der Hörende *gleichzeitig* empfängt. Die gegenwärtige Rede ist aber nur eine Phase im Gesprächsablauf, als Fort-setzen einer fremden Vorrede und als An-setzen einer fremden Gegenrede. Indem ich also jetzt rede, *behalte* ich die vorausgehende fremde Rede (mitsamt dem gleichzeitigen eigenen Hören), die wiederum auf eine frühere Rede zurückverweist, und ich *antizipiere* als offene Möglichkeit eine *nachkommende* Rede (mitsamt einem eigenen Hören), die wiederum eigene Möglichkeiten der Erwiderung erwarten läßt.[40] Bin ich es, der gegenwärtig zuhört, so modifiziert sich das Ganze entsprechend. Dieser Verweisungszusammenhang betrifft in eins den Gesprächsgegenstand und die Gesprächsakte.

Das Ineinandergreifen unserer Aktionen in der Kooperation, sich abhebend von einem Hintergrund des Zusammenlebens, bildet das Zentrum einer gemeinsamen Zeitigung, die sich zu einem gemeinsamen Zeitfeld ausweitet. Das besagt zunächst

---

[37] Vgl. *Ideen* II, S. 192–93.
[38] *Krisis*, S. 166.
[39] Vgl. ebd. S. 175; zur Zeitigung überhaupt vgl. o.II, 14.
[40] Vgl. Husserls Analyse der Lektüre und Rede, wo „vordeutend Sinn hinweist auf einen neuen Sinn" (*Ideen* II, S. 241).

nicht, daß einer im Erfahrungsfeld des andern als Zeitobjekt auftritt, und auch nicht, daß sich in reflexiver Zeitigung ein ständiges Wir-Subjekt konstituiert, vielmehr besagt es, daß wir in einer „zeitlichen Gemeinschaft", in „Koexistenz" leben[41]; die „intersubjektive Gegenwart"[42] öffnet sich auf eine gemeinsame Vergangenheit und Zukunft hin.[43]

Die offenen Horizonte des Gemeinschaftslebens blenden wir vorerst ab und beschränken uns auf die aktuelle, bestimmte Zusammengehörigkeit in einer nicht nur gleichzeitig, sondern vereint durchlebten Gegenwart. Ausdrücklich konstituiert sich die Gemeinsamkeit, wo wir miteinander aus dem einheitlichen Welthorizont etwas herausgreifen und heraussetzen und in gemeinsamer Gegenwart eine gemeinsame Zukunft eröffnen, eine gemeinsame Vergangenheit erwerben. Dabei kommen die Horizonte des Zugleich, des Vorhin und Nachher nicht völlig zur Deckung; doch die Verschiedenheit der individuellen Perspektiven beeinträchtigt nicht die Gleichzeitigkeit, sondern setzt sie in gewissen Grade voraus.[44] Schließlich sind wir in der gemeinsamen Beschäftigung mit einem Thema zugleich füreinander mitgegenwärtig, zumeist freilich nur implizit.

Was sich so im zeitlichen Fortgang herausbildet, ist eine „Ich-Du-Synthesis,"[45] die aber im sachgerichteten Umgang primär in der Synthese von Mein und Dein auftritt. Zu fragen ist nun, wie der Prozeß der intersubjektiven Einigung vor sich geht und welcher Art die daraus resultierende Einheit ist. Die Wechselbestimmtheit des sozialen Verhaltens deutet darauf hin, daß auch dieses im Zeichen einer *Passivität* steht, und zwar zwiefach, im Sinne einer Passivität in und vor der Aktivität (s.o. S. 123).

[41] *Cart. Meditationen*, S. 156.
[42] *Ideen* II, S. 205 und Krisis, S. 256: „Mitmenschliche Gegenwart".
[43] Zur Radikalisierung dieser Konzeption im Nachlaß: „strömende Urkoexistenz" (Transcr., 1931, C 3 VI, S. 2), fremde Gegenwart als „Mitgegenwart" auf der Stufe der ursprünglichen „lebendigen Gegenwart", vgl. Held, a.a.O. III, C; zur Problematik dieser Lösung vgl. o. S. 36–38. Auf die gemeinsame lebendige Gegenwart in der Kommunikation hat auch Schutz immer wieder hingewiesen (vgl. *Collected Papers* I, S. 147, 218 ff., 318, 324 und zuvor schon: *Der sinnhafte Aufbau der sozialen Welt*, § 20).
[44] Vgl. *Ideen* II, S. 205: Subjekte können nicht dasselbe Hier und dieselben Erscheinungen haben in einem Jetzt.
[45] *Krisis*, S. 175.

Indem wir dem passiven Zusammenhang auf beiden Stufen nachgehen, gewinnen wir die Sicht auf das eigentümliche Zwischenreich des Dialogs.

7. *Passiver Zusammenhang im gemeinsamen Tun*

Synthesis besagt im Bewußtseinsleben, daß ein identischer Sinn im Wechsel der Meinungen und Erscheinungsweisen entsteht, wodurch die Meinungsgehalte partiell zur Deckung kommen. Für den Erfüllungszusammenhang des Dialogs bedeutet das, daß Mein und Dein, die Sache für mich und für dich, zur Deckung gelangen im Einverständnis, und zwar so, daß die jeweils begrenzte Deckung mitgewahr wird im Erfüllungsbewußtsein. Wird dabei Eigenes und Fremdes in aktiv-diskreter Synthesis gesondert und zusammengesetzt? Eine einfache Überlegung zeigt, daß dies nicht der Fall ist. Im Gespräch verfügt jeder bis zu einem gewissen Grade über die Sache, ü b e r die wir uns verständigen, nicht aber über das Werk der Verständigung, d a s wir erst zustandebringen, also auch nicht über das aktuelle Mein und Dein; dieses wird ursprünglich nicht thematisch. Wie ich im privaten Umgang mit der Sache einiges ursprünglich, anderes noch oder schon im Griff habe und das Ganze mir offen steht, ohne daß ich es aktiv umgreife, so auch im sozialen Umgang, nur daß hier mehrere spontane Bewegungen ineinandergreifen. Auch die Interaktion kann nur als passiver Zusammenhang, als eine Art passiver Synthesis verstanden werden.

Das Zusammenwirken ist ein „verbunden-einheitliches Verhalten,"[46] eine polyzentrisch gegliederte Gesamtbewegung, deren Teilbewegungen interferieren und deren Führung abwechselt, da jeweils ein Partner zurücktritt und dem Andern den Vortritt läßt. In jeder Gesprächsphase lebt einer im *Hauptvollzug*, der andere im *Mitvollzug*.[47] Die Parallele zum individuellen Bewußtseinsleben mit seiner thematischen Akzentuierung und Gliederung legt sich nahe (s.o. II, 5), doch bleibt ein entscheidender Unterschied. Das Verhalten des Partners versinkt keinen Augen-

---

[46] *Ideen* II, S. 192.
[47] Als „Mitvollzieher" (Transcr., 1932, A V 5, S. 114) lebt der Andere im „Mitvollzug" (Transcr., 1932, A V 6, S. 36) und vollzieht eine „Mit-Stellungnahme" (*Phän. Psychologie*, S. 213).

blick in Inaktualität, noch spielt es eine nur dienende Rolle, vielmehr versieht der Andere eine komplementäre Rolle, da er mein Verhalten nicht nur passiv unterbaut, sondern sich aktiv daran beteiligt in der Übernahme und Übergabe der Initiative, die von Anfang an mitangelegt ist. Es ist dies eine wirkliche *Koaktualität*, die ihre Grenze nur darin findet, daß wir einzig nacheinander die Initiative ergreifen können. Im Gespräch gibt jeweils einer den Ton an mit einer Frage, einer Behauptung oder einem Vorschlag, was den Spielraum möglicher Erwiderungen von vornherein einschränkt; daher sind wir hier nicht gleichzeitig e b e n s o aktiv oder passiv wie der Andere. Gemessen am Ziel des Dialogs bedeutet dies keine Unvollkommenheit, da der Gegenstand nur im dauernden Übergang, in Zu- und Rückwendung, seine artikulierte Gemeinsamkeit erhält.[48]

Die Einheit von Mein und Dein, die sich so ergibt, ist also das Werk beider Partner, über das in *statu nascendi* keiner für sich verfügt. Der Dialog ist ,,une opération commune dont aucun de nous n'est le créateur."[49] Wie die intrasubjektive Einigung in der eigenen, so zeigt auch die intersubjektive Einigung in der gemeinsamen Zeitigung einen *passiven Aspekt*: die koaktive Synthesis schließt eine korrelative Passivität der Beteiligten in sich. Die Einheit stellt sich her im ,,Übergangserlebnis" wechselseitiger Intention und Erfüllung, und es kommt zu einem ,,im Konnex erwachsenen und übergreifenden Gemeinschaftsbewußtsein."[50] Um allein eine aktive Synthese zustande zu bringen, müßte ich z u g l e i c h als Partner im Dialog leben und als Betrachter und

---

[48] Theunissen betrachtet in seiner Buber-Interpretation den Sachdialog als unvollendete Vorstufe für ein reines, schweigendes Ich-Du-Verhältnis, und zwar wegen der relativen Ungleichheit der Gesprächspartner (a.a.O. §§ 52, 60); das scheint mir nicht sinnvoll, da das gemeinsame Weltverhalten in der direkten Begegnung nicht ,,aufgehoben" ist und daher sein Eigenrecht verlangt.

[49] Merleau-Ponty, *Phénoménologie de la perception*, S. 407; Husserl nennt das gemeinsame Werk auch eine ,,Resultante" (Transcr., 1932, A V 6, S. 22); vgl. außerdem die hermeneutische Bestimmung des Dialogs bei Gadamer, *Wahrheit und Methode*, S. 340 ff.

[50] *Krisis*, S. 166. Vgl. auch *Gemeingeist* II, S. 17: ,,Bewußtsein vereinigt sich so mit Bewußtsein, alle Zeit übergreifend, übergreifend die Zeit in Form der Gleichzeitigkeit wie in Form der Zeitfolge. Personales Bewußtsein wird eins mit anderem individuell von ihm notwendig getrennten Bewußtsein, und so kommt die Einheit eines überpersonalen Bewußtseins zustande."

Lenker über ihm stehen, ich müßte die fremde Rede erwidern und zugleich sie von der eigenen Rede abheben und beide umgreifen. Doch das gelingt mir nicht; wie ich mein Ziel zunächst nur vor mir habe, indem ich es bejahe und verwirkliche (s.o. II, 6), so habe ich das mir Gesagte ursprünglich nur, indem ich mich hörend und antwortend darauf einlasse. Ein Mein und Dein umgreifendes Bewußtsein erwächst erst aus nachträglicher Reflexion und bleibt daher begrenzt. ,,C'est seulement après coup, quand je me suis retiré du dialogue et m'en ressouviens, que je puis le réintégrer à ma vie, en faire un épisode de mon histoire privée ...''[51] Ich kann wie ein Dritter, wie ein Zeuge, den vergangenen Dialog überschauen und zu ihm Stellung nehmen. Wir können dies auch gemeinsam tun; es lassen sich hinterdrein Verträge schließen, die das gemeinsame Resultat fixieren, und hier sehe ich im wörtlichen oder übertragenen Sinne meine eigene Signatur neben der fremden; doch der Vertrag setzt die lebendige Einigung als geschehen voraus. Die von keinem umgriffene, von einem auf den andern *übergreifende Einheit* wird nicht selbst gegenständlich im Augenblick, da sie sich bildet; an der lebendigen Gegenwart des Dialogs findet die private wie die gemeinsame Reflexion ihre Grenze. Die Einheit bildet sich, indem einer mit dem andern einer Sache zugewandt ist in einem verdoppelten Verhalten, dessen Einzelzüge sich verschränken und in einem Dritten treffen, das zu einem gemeinsamen wird.

8. Passiver Zusammenhang im gemeinsamen Leiden

In der dialogischen Verständigung einigt man sich nicht nur in etwas, sondern auch über etwas. Im gemeinsamen *Tun* können wir ein Ziel nur verfolgen, wenn wir uns zugleich im gemeinsamen *Leiden* anregen lassen von dem, was uns vorgegeben ist.[52] Das Worüber des Urteilens (wie auch das Woran des Handelns)

---

[51] Merleau-Ponty, *Phénoménologie de la perception*, S. 407; auch für Scheler geschieht die ,,Sonderung des Selbsterlebens vom Fremderleben'' erst in der Erinnerung (*Wesen und Formen der Sympathie*, S. 286).

[52] Vgl. *Cart. Meditationen*, S. 111: Es gilt, ,,daß Ich-akte in der Sozialität ... durch Vergemeinschaftung verbunden, sich in vielfältigen Synthesen der spezifischen Aktivität verbindend, auf dem Untergrunde schon vorgegebener Gegenstände ... neue Gegenstände ursprünglich konstituieren.'' Zum folgenden vgl. o. II, 13–15.

wird nicht selbst im Urteil gesetzt und gebildet, sondern es ist implizit als Substrat der Bestimmung voraus- und mitgesetzt oder auch explizit hingenommen in einem rezeptiven Verhalten. Die Zweiheit von Sinn und Gegenwart, von Begriff und Anschauung ist für unser Verhalten unüberwindlich; entsprechend wird in der Mitteilung nicht die Gegenwart weitergegeben, sondern die Bedeutung. Denken und Sprechen sind dabei schöpferisch nur in Bezug auf die Form des Sinnes, nicht in Bezug auf ihn selbst; denn das Seiende ist, was es ist, „‚vor' unserem Urteilen". Da dieser implizite Sinn freilich erst hervortritt, wenn wir ihn explizieren, ist er umgekehrt nur „aus unserem Urteilen und für mögliche Urteilende."[53] Diese Zirkularität von expliziter Setzung und impliziter Vorgabe haben wir vor Augen, wenn wir innerhalb der prädikativen eine vorprädikative Gemeinsamkeit aufsuchen.

Der Gegenstand der Verständigung mag theoretisch sein oder praktisch, individuell oder allgemein, geschaffen oder vorgefunden, am Ende verweist alles auf ein gemeinsames *Diesda* als letztes Substrat der Verständigung.[54] Soll dieses den Boden abgeben für eine ausdrückliche Verständigung, so muß es der Scheidung in Mein und Dein *vorausliegen* und sie doch *zulassen*. Daraufhin ist die gemeinsame Erfahrung zu untersuchen.

Eine gewisse unausdrückliche Gemeinschaft bildet sich bereits durch die „Vergemeinschaftung des schlicht Wahrnehmungsmäßigen."[55] Ihre volle Aktualität erreicht diese freilich erst, wenn uns nicht nur potentiell dasselbe offensteht in der einen Welt, sondern wenn uns auch dasselbe affiziert; ferner: wenn wir mit unserm Interesse auf dasselbe in demselben Sinn antworten, sodaß unsere äußeren und inneren Blickrichtungen konvergieren; schließlich: wenn wir zugleich mitgewahren, daß wir es mit demselben zu tun haben. Nur so erleben wir die Welt als aktuell gemeinsame.

Eigene und fremde Sinnlichkeit durchdringen einander im gemeinsamen Durchleben der Erfahrung. „Jeder Einzelne hat seine Sinnlichkeit, seine Apperzeptionen und bleibenden Einheiten, die kommunizierende Vielheit hat gewissermaßen auch eine Sinn-

---

[53] *Logik*, S. 105.
[54] Zum Diesda, dem aristotelischen τόδε τι, vgl. *Ideen* I, § 14, *Logik*, § 82.
[55] *Krisis*, S. 166, vgl. ebd. S. 307.

lichkeit, eine bleibende Apperzeption und als Korrelat eine Welt mit einem Unbestimmtheitshorizont. Ich sehe, ich höre, ich erfahre nicht nur mit meinen Sinne(n), sondern auch mit denen des anderen, und der andere erfährt nicht nur mit seinen, sondern auch mit meinen Sinnen. Und das ist nicht bloß eine objektive Rede, sondern eine Bewußtseinstatsache, für mich und für jeden anderen, etwas was für mich beständig wirksam ist in meinem Verhalten, schon in dem Verhalten in der Sphäre meiner Passivität, meiner Affektion und bloßen Rezeptivität. Wir richten uns alle danach in unserem Sinnesleben, wir richten uns nach ,unseren' und ein jeder nicht nur nach seinen sinnlichen Erfahrungen."[56] Nehmen wir zum Beispiel die Verbindung zwischen Schauspielern und Zuschauern im Theater. Das, worin man sich einigt, ist kein bloß sinnliches Phänomen, aber eines, das wie alles Geistige durch die Sinne geht.[57] Bereits der gefüllte Saal, dann die Aufmerksamkeit ringsum, schließlich die Beifalls- und Mißfallensäußerungen bestimmen mit darüber, wie der Schauspieler seine Sache darbietet und der Zuschauer sie aufnimmt. Wir erleben die Aufführung. Ohne das unmittelbare Übergreifen des fremden Hörens und Sehens auf das eigene gäbe es kein Publikum; wir würden nebeneinander, nicht miteinander etwas erleben.[58] Gewiß kann der Einzelne versuchen, sich der allgemeinen Wirkung zu entziehen; doch eine kritische Distanzierung setzt die Mitbetroffenheit schon voraus.

Das Gesagte betrifft nicht nur die Affektion in der Wahrnehmung, sondern den Gesamtbereich der Affektion: Bedürfnisse, Gefühle, Genüsse, Instinkte. ,,Wie die Einzelsubjekte ihre Aktivität auf dem Grund einer dunklen, blinden Passivität entfalten, so gilt dasselbe auch von der sozialen Aktivität. Aber schon die Passivität, das instinktive Triebleben kann intersubjektiven Zusammenhang herstellen."[59] Alles tätige Hervor-

---

[56] *Gemeingeist* II, S. 11–12.
[57] Vgl. Transcr. (1932)A V 5, S. 125: ,,Das Sinnliche bleibt notwendig die Brücke zum ‚Geistigen'''.
[58] Ausdrücklich betont Husserl: ,,Wir sehen, wir hören usw. nicht bloß nebeneinander, sondern miteinander ..." (Transcr. K III 1 III, S. 19–20).
[59] *Phän. Psychologie*, S. 514. Zur Reichweite der gemeinsamen Affektion vgl. etwa: *Gemeingeist* I, S. 13: ,,Einheit genießender Gemeinschaft''; *Gemeingeist* II, S. 13: gemeinsame Bedürfnisse, Gefühls- und Triebsinnlichkeit; Transcr. (1931)C 17 I, S. 34: mitleben, mitwahrnehmen, mit-

bringen gemeinsamer Lebensformen und Werkgestalten weist zurück auf eine ursprüngliche *Ko-affektion*, der ein *Mit-leiden* antwortet oder antworten kann.[60]

Fragen wir uns nun, auf welche Weise der Zusammenhang einer gemeinsamen Rezeptivität zustande kommt. Da im gemeinsamen Verhalten ein „ähnlicher Konnex"[61] besteht wie im eigenen, können wir anknüpfen an die Unterscheidung von sinnlich-passiver und kategorial-aktiver Synthesis. Erstere ist als Thesis ein spontanes Tun, nicht aber *als Synthesis*.

„Die intersubjektiv identische Lebenswelt für alle dient als intentionaler ‚Index' für die Erscheinungsmannigfaltigkeiten, die, in intersubjektiver Synthesis verbunden, es sind, durch die hindurch alle Ichsubjekte (und nicht etwa jedes bloß durch seine ihm individuell eigenen Mannigfaltigkeiten) auf die gemeinsame Welt und ihre Dinge ausgerichtet sind, als Feld aller im allgemeinen Wir verbundenen Aktivitäten usw."[62] Wir haben also ein *einziges Erfahrungssystem*, ein „Gesamtsystem von Mannigfaltigkeiten,"[63] in dem alles Wirkliche und Mögliche seinen Ort hat. Die eine Gegenwart ist allseitig offen. Wie für mich die Welt in ihrer Gegenwart kontinuierlich übergeht in Mitgegenwart, so geht die selbsterlebte *Urpräsenz* über in miterlebte *Appräsenz*. Wie eigene Wirklichkeit und Möglichkeit, so gehören auch eigene und fremde Wirklichkeit zur „Funktionsgemeinschaft einer Wahrnehmung."[64]

Dabei *überdecken* sich partiell eigenes und fremdes Erfahrungsfeld; wir sehen dasselbe aus verschiedener Perspektive. Ist mir der Andere fern, so kann ich einen Konnex herstellen in der Vergegenwärtigung, indem ich mich sprungweise in die fremde

---

glauben, mitfreuen, mitfürchten; außerdem: Scheler, *Wesen und Formen der Sympathie*, S. 300: Wir leiden miteinander ein und dasselbe, obwohl unsere Zustände nur gleich, nicht identisch sind.

[60] Vgl. *Cart. Meditationen*, S. 127: „das Für-Jedermann-da- und zugänglich-sein, Jedermann in Leben und Streben etwas Angehen oder Nichtangehenkönnen" eignet allem Weltlichen. Zur Koaktivität und Kompassivität vgl. auch Laín Entralgo, Bd. II, S. 234–35.

[61] *Krisis*, S. 166.

[62] Ebd. S. 175–76.

[63] Ebd. S. 167.

[64] Vgl. *Cart. Meditationen*, S. 150; dort spricht Husserl freilich von der einseitigen Fremderfahrung, die seines Erachtens der gemeinsamen Welterfahrung zugrunde liegt.

Gegenwart versetze; diese hängt zwar zusammen mit der eigenen Gegenwart, doch bleibt dieser Zusammenhang wie bei der Erinnerung weithin im Dunklen.[65] Die Theorie des historischen und psychologischen Verstehens legt das Hauptgewicht auf ein solches Sich-hineinversetzen. Doch weder stellt solches Fremdverstehen erst die Beziehung zu den Andern her, noch vollendet es sie; denn Partner sind wir nicht, sofern einer in die Gegenwart des andern hinüberspringt, sondern sofern einer die Gegenwart mit dem andern teilt.

Der Zusammenhang gemeinsamer Erfahrung ist zugleich ein bewegter Zusammenhang; wie im eigenen Erfahrungsgang kommt es auch hier zu einer Synthesis der *Überschiebung*.[66] Was mir jetzt gegeben ist, erfasse ich unmittelbar als etwas, was soeben dem Andern gegeben war oder ihm sogleich gegeben sein wird, und umgekehrt desgleichen. In diesem Übergang erleben wir gleichzeitig die eigene Wirklichkeit als Verwirklichung fremder Möglichkeiten und die fremde Wirklichkeit als Verwirklichung eigener Möglichkeiten. Hinüber und herüber waltet ein ständiger Erfüllungs- und Enttäuschungszusammenhang. Man denke an einen gemeinsamen Arbeitsprozeß oder an ein Ballspiel, das im Gange ist; hier wirft der eine so, daß der andere fangen kann, dieser stellt sich auf den Wurf ein, beide stimmen ihre Bewegungen aufeinander ab; im Mannschaftsspiel greift diese Doppelbewegung auf weitere Mitspieler über, zugleich werden die möglichen Reaktionen der Gegenspieler miteinbezogen; daraus ergibt sich das Zusammenspiel. Oder ein anderes Beispiel: Im Konkurrenzkampf erwacht der Neid, wenn einer dem andern mißgönnt, was er selbst gern erreicht hätte; dabei deckt sich in seiner Erfahrung die fremde Wirklichkeit unmittelbar mit einer eigenen, vielleicht nur eingebildeten Möglichkeit; alles weitere Verhalten baut darauf auf.

Der Zusammenhang im gemeinsamen Leiden, im gemeinsamen Erfahren, Streben, Fühlen, Sich-bewegen, stellt sich *passiv* her,

---

[65] Zum Sprung in die Vergangenheit vgl. *Zeitbewußtsein*, Beil. III, außerdem *Ideen* I, § 141.

[66] Vgl. dazu *Erfahrung u. Urteil*, § 24, b; ähnlich Merleau-Ponty, *Phénoménologie de la perception*, S. 406: Meine Perspektive hat keine festen Grenzen, ,,sie gleitet unwillkürlich über (glisse spontanément) in die des Andern''; Gadamers Begriff der ,,Horizontverschmelzung'' weist in die gleiche Richtung (vgl. *Wahrheit und Methode*, S. 289–90).

sofern immer schon Eigenes kontinuierlich in Fremdes übergeht. Noch vor einer ausdrücklichen Verständigung kommt es zur Einigung zwischen uns, „stillschweigend und sogar unvermerkt,"[67] und auch alle Unstimmigkeit setzt einen Fundus an Übereinstimmung voraus. Indem ich bei der Sache und bei der Welt bin, bin ich es also mit Andern. Für mich selbst kann ich Vergangenes und Gegenwärtiges nur konfrontieren und vereinigen, wenn zuvor in meiner aktuellen Gegenwart die Vergangenheit fortdauert. Ebenso muß das, was Andern gegenwärtig ist, mir schon mitgegenwärtig sein, wenn ich es als Fremdes von Eigenem abhebe und mit ihm in Übereinstimmung bringe. Wir haben nicht zwei Originalsphären, die erst zu vereinigen sind, sondern eine einzige Sphäre, die eine Sonderung und ausdrückliche Einigung zuläßt. So antwortet Husserl auf die Frage nach der Identifikation des fremden Leibkörpers in seiner Gegebenheit für mich und für den Andern: „Das Rätsel entsteht erst, wenn die beiden Originalsphären schon unterschieden worden sind, – eine Unterscheidung, die schon voraussetzt, daß die Fremderfahrung ihr Werk getan hat," wir würden sagen: daß die gemeinsame Erfahrung ihr Werk getan hat.[68]

Gewiß ist auch die aktive Verständigung keine reine Aktivität, doch nur deshalb, weil Eigenes zugleich dem Andern angeboten und Fremdes zugleich übernommen wird. Hier dagegen, im gemeinsamen Erfahren, ist der Unterschied von Mein und Dein noch gar nicht ausdrücklich gesetzt, wie ja auch in der schlichten Erfahrung die Unterschiede des Jetzt, Früher und Später noch nicht akzentuiert werden. Man muß sich hüten, in diesen kontinuierlichen Zusammenhang eine größere Bestimmtheit und Eindeutigkeit hineinzutragen, als ihm ursprünglich innewohnt. Ist der fliegende Pfeil hier oder dort? Habe ich dies gesehen oder der Andere? Stammt der Einfall von mir oder vom Andern? Wenn ich so frage, habe ich die Bewegung schon zum Stillstand gebracht, und vergebens werde ich mich bemühen, durch Zusammenfügung den bewegten und lebendigen Zusammenhang nachträglich zu erzeugen. Wie der Pfeil hier ist, indem er von

---

[67] *Krisis*, S. 166.
[68] Vgl. *Cart. Meditationen*, S. 150 und dazu auch Merleau-Pontys Kritik an einer angeblich privaten Hyle: „Il n'y a pas de *hylè*, pas de sensation sans communication avec les autres sensations ou avec les sensations des autres ..." (*Phénoménologie de la perception*, S. 464).

dort kommt und dorthin weiterfliegt, so ist der Erfahrungsgegenstand bei mir, indem er zugleich bei Andern ist. Einer ist er nur im *Dazwischen* und im ständigen *Übergang.* „„Das' Ding selbst ist eigentlich das, was niemand als wirklich gesehenes hat, da es vielmehr immerfort in Bewegung ist, immerfort, und zwar für jedermann, bewußtseinsmäßig Einheit der offen endlosen Mannigfaltigkeit wechselnder eigener und fremder Erfahrungen und Erfahrungsdinge."[69] Alle Scheidung geschieht auf dem Hintergrund dieser ursprünglichen zweideutigen Einheit, da „keine Analyse hervorheben kann, was nicht verborgen in gewisser Weise schon in impliziter Synthesis impliziert war" und da „wir nur Teile herausheben können, wo wir Teile hineingemeint haben, sei es auch in Form verworrener Mitmeinungen."[70] Wenn wir trotzdem auch hier schon von Eigenem und Fremdem sprechen, so zeugt das nur von der Verlegenheit der Reflexion, die das, was noch ungeschieden ist, nur indirekt erfassen und begreifen kann, indem sie den Boden ihrer Unterscheidungen mitbedenkt. Freilich ist die „bloße Erfahrung" eine Abstraktion; konkret betrachtet ist in der Erfahrung nicht nur die Möglichkeit ausdrücklicher Verständigung angelegt, es wirken in ihr immer auch schon Einverständnisse nach, deren Artikulation in Verworrenheit zurückgesunken ist. Ein rezeptives Verhalten gibt es diesseits und jenseits der Schwelle des Dialogs.

9. Mittun als spontanes Einstimmen

Offen ist nun noch die Frage, wie in der Indifferenz gemeinsamen Erlebens die Scheidung in Mein und Dein, in Ich und Du angelegt ist. Was berechtigt mich zu sagen: ich erlebe etwas mit Andern? Wie kommt es, daß „die Erscheinungen zweier Subjekte ... nicht zu identischen Erscheinungen zusammenfließen wie die optischen Erscheinungen zweier Augen?"[71] Die Antwort: die Erfahrung ist zwar als Synthesis kein spontanes Tun, wohl aber *als Thesis*, eben als rezeptives Verhalten, in dem ich mich einer

[69] *Krisis*, S. 167. Merleau-Ponty spricht von einem „état de neutralité" in Bezug auf die Wahrnehmungswelt (a.a.O. S. 405).
[70] *Ideen* II, S. 21.
[71] Vgl. *Ideen* II, S. 205, und an anderer Stelle: „Wir sind viele Sinnessubjekte, aber als kommunizierende kommen einem jeden alle Sinne zugute ..." (*Gemeingeist* II, S. 12).

Sache zuwende, auf etwas eingehe, mich auf etwas einlasse, sei es theoretisch oder praktisch. Zwar läßt sich jeder mit den Andern beeindrucken und antwortet mit ihnen, gleichläufig oder gegenläufig, doch bleibt jeder einzelne für sich „Aus- und Einstrahlungszentrum" eigener Affektionen und Aktionen, „aktives und passives Ich."[72] Er ist eine Person, die selbstverantwortlich etwas und sich selbst verwirklicht; von den Vorstufen und der Verfallsstufe der Freiheit sehen wir hier ab.

Das heißt nun keineswegs, daß sich nachträglich doch noch innerhalb des umfassenden Erfahrungsfeldes Eigenes gegen Fremdes aufrechnen läßt, beides entwickelt sich ja miteinander; nicht umsonst überschreitet Husserl die Sphäre der konkreten Personalität, wo er eine reine „Eigenheitssphäre" abzusondern sucht, sein Ur-Ich ist nicht mehr ein Ich.[73] Vielmehr hat der Gesamtraum der Erfahrung mehrere Zugänge, er öffnet sich von mir und den Andern aus auf je besondere Weise. Daß ein Subjekt auftritt, für und durch das die Wirklichkeit ihren Sinn enthüllt, das ist ein Grundfaktum, das alle mundanen und sozialen Determinanten durchbricht. Daß ferner ein leiblich, geschichtlich, sozial bestimmtes Subjekt auftritt, besagt, daß die Wirklichkeit ihren Sinn auf konkret-einmalige Weise enthüllt. Innerhalb der gemeinsamen Präsenz ist die Urpräsenz des einen Appräsenz für den andern. Die Fremdheit rührt daher, daß durch Andere jeweils Möglichkeiten realisiert sind, die ich ebenso, nämlich gleichzeitig, nicht realisieren kann.[74] Indem die fremde Wirklichkeit sich mit eigenen Möglichkeiten deckt, fügt sie sich in den Zusammenhang der *Sozialität*; indem sie als Wirklichkeit mir nicht greifbar ist, unterbricht sie den Zusammenhang durch eine absolut neue *Individuation*. Wenn die Wirklichkeit sich mir in jedem Augenblick erneuert – das heißt ja lebendige Gegen-

---

[72] Vgl. *Ideen* II, S. 105, 213.
[73] Vgl. *Krisis*, S. 188.
[74] Vgl. *Ideen* II, S. 206: „Das zentrale Hier, worauf die Erscheinungsmodi bezogen sind und das ihrem konkreten Wesensgehalt in dem zugehörigen Jetzt Individuation verleiht, ist nicht austauschbar und so sind auch die individuellen Phänomene nicht austauschbar wie überhaupt alles Subjektive in seiner Individualität." Zur „absoluten Individuation" vgl. ebd. § 64. Merleau-Ponty spricht von einem unveräußerlichen „Selbst" (soi): „Die Koexistenz muß jeweils vom einzelnen gelebt werden"; von daher der mißverständliche Satz: „Il y a là un solipsisme vécu qui n'est pas dépassable" (*Phénoménologie de la perception*, S. 410–11).

wart –, so gewinnt sie vollends einen neuen Sinn durch das Auftreten eines Anderen. Was wir gemeinsam erleben, geht *kontinuierlich* ineinander über; daß ich es erlebe und mit mir die Andern, verweist auf *diskontinuierliche* Einsatzpunkte, die nicht aufeinander zurückzuführen sind.

Die Gesetzlichkeit, die hier waltet, ist gleich der sinnlichen Synthesis vorgebildet in der eigenen Leiblichkeit. Wenn ich etwas perzipiere, mich leiblich bewege, Gefühlen nachgebe, so ist das, wie schon gezeigt, ein spontanes Tun nur im eingeschränkten Sinne. ,,Eine passive Nachgiebigkeit im ,ich bewege' etc. ist ein subjektives Vonstattengehen, und frei heißt es nur, sofern es 'zu meiner Freiheit gehört', d.i. sofern es wie jedes subjektive Vonstattengehen inhibiert und vom Ich aus zentripetal wieder freigegeben werden kann; d.h. das Subjekt 'billigt', sagt zur Reizaufforderung als Aufforderung zum Nachgeben ja und gibt praktisch sein fiat.''[75] Das ,,ich tue'' reduziert sich also auf ein *Geschehenlassen*, auf ein ,,Inszenieren'';[76] ich mache nicht eigentlich, sondern mache mit, indem ich mir nachgebe und einwillige in das, was unwillentlich von mir ausgeht und auf mich zukommt. Das betrifft auch das aktive Urteilen, Entscheiden, Schaffen, sofern es der leiblichen Mitwirkung bedarf. Gehen wir über zur Sphäre der Zwischenleiblichkeit, wo eigene und fremde Sinnlichkeit synästhetisch ineinander greifen, so zeigt sich auch hier: An mir liegt es nur mitzumachen, mich dem intersubjektiven Zusammenspiel zu überlassen oder zu verweigern. Das Zustimmen beschränkt sich zunächst auf ein *Einstimmen*; ohne diese Einwilligung wäre die Erfahrung freilich nicht mehr als ein I c h - leide-mit-Andern anzusprechen.[77]

Fassen wir zusammen, was dialogische Verständigung und gemeinsame Erfahrung vereint leisten. In der gemeinsamen Hinnahme öffnen wir uns auf das hin, was wir gemeinsam h a b e n

---

[75] *Ideen* II, S. 257. Vgl. auch Aristoteles, *Nik. Ethik* III, 7: In der freiwilligen Handlung liegt bei uns das ,,Nein und das Ja'' (1113b/8, ,,der Ursprung (ἀρχή) liegt bei einem selbst'', wie beim Steinwurf (1114a/19).

[76] Vgl. *Ideen* II, S. 98, 259, 336.

[77] Vgl. Transcr. (1932) A V 6, S. 20–21: unser Wollen ist nicht identisch, ich kann im Handeln nur ,,mitgehen''. Schutz prägt den Begriff einer ,,mutual tuning-in relationship'' zur Kennzeichnung einer präkommunikativen sozialen Beziehung (vgl. den Aufsatz: ,,Making Music Together'', in: *Collected Papers* II, Den Haag 1964, Phaenomenologica 15, S. 161–62).

und worin wir bereits verbunden sind, um dann in der Wechselverständigung eine ausdrückliche Gemeinsamkeit zu schaffen.
Was zunächst implizit für uns gilt, wird in der aktiven Verständigung als für uns geltend herausgestellt. Es bildet sich eine
gemeinsame Wahrheit, die im Einverständnis erhärtet ist. Wie
freilich Begriff und Urteil zurückbleiben hinter dem, was unserm
Verständnis vorgegeben ist, so bleibt die ausdrückliche Verständigung zurück hinter dem, was in unausdrücklichem Einverständnis schon da ist.

10. Die Person im Personenverband

Wir stützen uns auf die vorausgehenden Analysen, wenn wir
nun weiterfragen, wer letzten Endes das Subjekt des gemeinsamen Tuns und Leidens ist. Zwei extreme Deutungen gilt es
fernzuhalten, die bei aller partiellen Berechtigung dem Gesamt-
phänomen nicht gerecht werden. Dem Organizismus ist das fragliche Subjekt eine *subsistierende Ganzheit*, die jede weitere Rückfrage ausschließt, da die Einzelnen in ihr als bloße Glieder beschlossen sind. Einem ebenso extremen Individualismus zeigt
sich nur eine *äußerlich verknüpfte Kollektion* von Individuen, die
nebeneinanderher leben. Gehen wir dagegen aus vom Dialog als
dem Ort der Gemeinschaftsbildung, so treffen wir auf eine *innere
Verbindung* selbsttätiger Personen. ,,Seiendes ist mit Seiendem
in intentionaler Gemeinschaft. Es ist eine prinzipiell eigenartige
Verbundenheit, eine wirkliche Gemeinschaft . . .''[78] Sie aktualisiert sich in der Kommunikation, wo wir miteinander auf dasselbe
ausgehen; dabei sind wir uns weder schlechthin innerlich, noch
schlechthin äußerlich.

In diesem Zusammenwirken entsteht eine kommunikative
Umwelt sozialer Objektitäten für eine soziale Subjektität, den
Personenverband. ,,Wir sind in Beziehung auf eine gemeinsame
Umwelt – wir sind in einem personalen Verband: das gehört
zusammen.''[79] Zur Deutung dieser doppelseitigen ,,höheren Ein-

---

[78] *Cart. Meditationen*, S. 157. Zur Problematik der ,,intentionalen Gemeinschaft'' (von ,,intentionaler Verbundenheit'' spricht Husserl schon
in *Ideen* II, S. 191) vgl. oben I, 3.

[79] *Ideen* II, S. 191 (ähnlich: *Cart. Meditationen*, § 58). In den *Ideen* II,
§ 51 spricht Husserl gleichbedeutend von ,,sozialer Subjektität oder Subjektivität, Personenverband, Subjektverband, intersubjektivem Verband,

heit'' bedient Husserl sich der Kategorie des fundierten Ganzen, die er schon in der *III. Logischen Untersuchung* ausführlich expliziert im Rahmen einer formalen Ontologie. Ein fundiertes Ganzes ist das Zusammenbestehen von Teilinhalten, die ohne einander nicht sein können. Dabei ist zu unterscheiden zwischen einer Einheit der ,,Durchdringung'', wo unselbständige Teile ineinander fundiert sind (z.b. Tonqualität und -intensität), und einer Einheit der ,,Verbindung'', wo selbständige Teile zusammen einen neuen Inhalt fundieren (z.b. Töne in einer Melodie).[80] Letzteres gilt *mutatis mutandis* für die Interaktion. Es entsteht da ein Neues, eine komplexe Sinngestalt, aber in einem eigenständigen Verhalten der Mitwirkenden. Des Anderen ,,Tat ist . . . mittelbar auch meine Tat, und ist das Verhältnis ein wechselseitiges, so ist meine Tat und seine Tat zugleich für mich eine komplexe Tat, die nur zu einem Teil von ihm und zu einem von mir unmittelbar getane und zu tuende. Die gesamte Handlung und Leistung ist meine Handlung und ist auch seine Handlung im höheren fundierten Sinn, während jeder für sich, ,an seinem Teil' unmittelbar an der Sache handelt und eine primäre Handlung vollzieht, die ausschließlich die ihm eigene ist, die aber Teil der sekundären, fundierten ist, die die volle eines jeden von uns ist. So bei allen Gemeinschaftswerken.''[81]

Die Gemeinsamkeit wird nur verständlich, wenn wir sie gleichzeitig sehen unter dem Aspekt der Ganzheit und der Ursprünglichkeit. Einerseits haben wir ein *soziales Ganzes*, dessen Glieder die Einzelnen sind, volle Handlung ist erst die gemeinsame. Das

---

Gemeinschaftsverband, Gemeingeist''; ausdrücklich betont er, daß die Rede vom ,,Gemeingeist'' nicht nur bildlich oder gar fiktiv ist (vgl. *Gemeingeist* II, S. 21, *Phän. Psychologie*, S. 513–14). Der Personenverband im vollen Sinne verlangt freilich eine dauerhafte und nicht nur vorübergehende Verbundenheit (vgl. *Phän. Psychologie*, S. 514–15); wir kommen darauf zurück in Kap. V.

[80] Vgl. vor allem III. *Log. Untersuchung*, §§ 21, 22. Zur Herkunft dieser Forschungen vgl. *Logik*, § 27; Husserl weist hier (S. 76) auf B. Erdmanns Logik (ersch. 1892) hin, wo ,,Gegenstände höherer Ordnung'' eingeführt und nicht nur mathematisch, sondern auch schon durch die ,,juristische Person'' exemplifiziert werden. Zum Problem der Einheitsbildung in der Wahrnehmung vgl. A. Gurwitsch, a.a.O. pass.

[81] *Gemeingeist* II, S. 3–4 (Hervorhebung nicht im Text). Hierher erklärt sich die Rede von ,,personalen Einheiten'', von ,,Personalitäten'' ,,höherer Stufe'' oder ,,höherer Ordnung'' (vgl. *Ideen* II, S. 195, *Gemeingeist* II, S. 4–7, *Phän. Psychologie*, S. 514, *Cart. Meditationen*, S. 160).

Zusammenleben geschieht in wechselseitiger Teilhabe, selbst noch die isolierte Person gehört als Grenzfall der Sozietät an.[82] Ausgeschlossen ist damit eine bloße Kollektion von Individuen. „Mein Leben ist Leben in meinem Wir, also jedenfalls ein Leben nicht in äußerlicher Kollektion des zusammen im Raum Seins und der Zeit Seins, sondern des innerlichen an dem Leben der Anderen in Erfahrung, in Denken, in Sorgen, in Liebe oder Abneigung usw. Anteil Habens."[83] Ausgeschlossen ist aber auch die ungebrochene Einheit eines subsistierenden sozialen Organismus, und zwar durch eine *personale Ursprünglichkeit*; denn der Subjektverband ist „kommunikativ konstituiert" durch Einzelsubjekte.[84] „Jedes Ich ist Subjekt der Handlung, aber jedes in einer Funktion, und so ist die verbundene Vielheit aller das volle Subjekt."[85] Eben das macht die gebrochene Einheit der Interpersonalität aus: Miteinander entfalten Einzelne ihre Freiheit.

Husserl bleibt freilich hierbei nicht stehen, wie wir wissen. Miteinander konstituieren wir die Welt, doch in jedem von uns konstituiert sich zuvor das Miteinander selbst. Hierbei ist das Erleben des Einzelnen nicht mehr mitfundierend in der Gemeinschaft, sondern schlechthin fundierend für sie; das einseitige Fremdverstehen wird zur „ersten und grundlegenden Weise" des Verstehens.[86] Die Gleichursprünglichkeit der verbundenen Personen, auf die auch Husserl hinauswill, geht verloren; sie erfasse ich nur, wenn ich zugleich von mir und den Andern ausgehe, ohne die Verbindung selbst wieder einseitig herzuleiten. Das verbun-

---

[82] Vgl. *Ideen* II, S. 196–97 und zum Begriff des „Ganzen": *Phän. Psychologie*, S. 513, zum Einzelnen als „Glied": *Ideen* II, § 51, pass., *Gemeingeist* II, S. 2.

[83] Transcr. (1934)E III 8, S. 4; vgl. auch zur „Teilhabe": *Krisis*, S. 166, gegen eine bloße „Kollektion": *Ideen* II, S. 196, *Erste Philosophie* II, S. 198; entsprechend ist die Welt „Gemeinwelt", nicht bloß „Kollektivwelt" (Transcr. 1932, A V 6, S. 20). Zur Kritik an einer Konzeption, die nur eine äußerliche Verknüpfung kennt, vgl. auch oben I, 3.

[84] Vgl. *Ideen* II, S. 196; wir sind tätig „wie Glieder eines verbundenen Ganzen" (ebd. S. 192), sind eine „Mehrheit von Personen", Glieder eines „personalen Ganzen" (*Phän. Psychologie*, S. 513). Die Analogie von Einzelperson und Gesamtperson bzw. Organismus, von der Husserl häufig spricht, hat hier ihre Grenze; weiteres dazu in Kap. V.

[85] *Gemeingeist* II, S. 20 (Hervorhebung nicht im Text); Hegels Satz: „Das besondre Individuum ist der unvollständige Geist" (*Phänomenologie des Geistes*, Hamburg ⁵1952, Phil. Bibl. Meiner, S. 26) muß in diesem Sinne eingeschränkt werden.

[86] *Ideen* II, S. 192.

dene Verhalten der Interaktion verweist auf ein *Wir-Bewußtsein*, das sich in eins als unthematisch-ungegenständliches Selbst- und Fremdbewußtsein darstellt. Uns geht nicht nur gemeinsam etwas an, implizit gehen wir auch einander an. Indem wir miteinander bei der Sache sind, ist nicht nur jeder für sich da, sondern füreinander sind wir da in einem übergreifenden Vollzugsbewußtsein.[87]

Wenn wir das Verhalten der Personen aus der Wechselverbindung verstehen, vermeiden wir die Hypostasierung des Ganzen wie auch die Isolation der Individuen. Von dem gemeinsamen Sinn her bildet sich zwischen uns eine Gemeinschaft. Doch das ist nicht alles. Die Analyse der gemeinsamen Erfahrung hat gezeigt, wie der aktuellen Verbindung eine faktische Verbundenheit, der Wechselbestimmung ein gemeinsames Affiziertwerden vorausgeht. Nicht für sich allein, sondern in der Interpersonalität hat jeder einen „Untergrund von Erlebnissen" und einen „Untergrund von Natur."[88] Das verantwortliche Zusammenwirken hebt sich ab von einer Schicht ursprünglicher und zugleich geschichtlich durchformter Sinnlichkeit, einer Sphäre der *Zwischenleiblichkeit*, die zu kennzeichnen ist als *präpersonale Anonymität*.[89] Hier ist die Nahtstelle, wo die personale Einzigkeit in der Kommunikation sich einpaßt in eine soziale Zusammengehörigkeit v o r und n a c h der Kommunikation.[90] Wir sind nicht

[87] Vgl. Transcr. (1931)C 17 I, S. 33: Die Seelen sind „in aktueller oder potentieller Gemeinschaft, in aktuellem oder potentiellem Konnex, wovon das „commercium", der Umgang in seinen vielfältigen Gestalten nur Besonderheit ist. Wir könnten statt Umgang Angang sagen; die Seelen sind nicht für sich nur, sie gehen einander an" (freilich: „Der Urmodus des Angehens ist die Einfühlung", ebd. S. 34). Vgl. auch Sartre, *L'être et le néant*, S. 485: „. . . la reconnaissance des subjectivités est analogue à celle de la conscience non-thétique par elle-même; mieux, elle doit être opérée *latéralement* par une conscience non-thétique dont l'objet thétique est tel ou tel spectacle du monde"; freilich verringert Sartre die Bedeutung dieses Wir-Bewußtseins zur bloßen Sondererfahrung, der keine grundlegende Rolle zufällt für die Intersubjektivität.

[88] *Ideen* II, S. 280.

[89] Merleau-Ponty sieht eigenen und fremden Leib vereinigt in einer „existence anonyme" (*Phénoménologie de la perception*, S. 406), einer „intercorporéité" (*Signes*, S. 213).

[90] Wir teilen daher nicht die Überzeugung, „daß weder vom transzendentalen noch vom dialogischen Ansatz aus irgendein gangbarer Weg zur Konstitution des Gesellschaftlichen führt" (Theunissen, a.a.O. S. 6), und wir wehren uns gegen die Abschnürung der „Intimität" von einer „Sphäre der Öffentlichkeit" (vgl. ebd. S. 491–92).

nur „intentional" verbunden in einer gemeinsamen Sache, sondern auch „reell" in dem, was wir sind; nur muß dieses Sein selbst noch von der Kommunikation her verstanden werden als ihr faktischer Untergrund, der erst in einer abkünftigen Sichtweise zum mundanen Faktum wird. Als natürliche Generations- und Geschlechtswesen und als Glieder einer Kulturgemeinschaft sind wir bereits auf die Andern bezogen und von ihnen mitgeprägt, wenn wir uns ihnen zuwenden; die Andern sprechen schon aus mir, wenn ich mit ihnen spreche. Ihr „Einfluß bestimmt die persönliche Entwicklung, ob die Person selbst später etwas davon weiß, den Grad und die Art des Einflusses selbst zu bestimmen vermag oder nicht."[91] Selbst- und Fremderfahrung sind keine disjungierenden, sondern akzentuierende Momente einer Gesamterfahrung; nicht nur verweisen die Andern auf mich, sondern an mir entdecke ich auch die Andern. Das macht nicht nur Husserls Reduktion auf das reine Für-mich einer Eigenheitssphäre fraglich, sondern auch den Rückgang auf das reine Füreinander einer Ich-Du-Sphäre. Ausdrücklich wird uns das habituelle Mitsein als der Untergrund des aktuellen Dialogs in einem späteren Kapitel beschäftigen.

Fassen wir zusammen. Das Wir ist weder eine substantielle Ganzheit noch eine Kollektion von Individuen, sondern die *interpersonale Verbindung* in wechselseitiger Übernahme und Übergabe bei gleichzeitiger Hinnahme einer *präpersonalen Verbundenheit*. Nicht das Wir ist einfachhin, sondern jeder von uns setzt sich und findet sich vor als Glied eines gegliederten Wir und eines ungegliederten Man. Als Mitwirkende haben wir ein Geschehen zu verantworten, das in seiner Gesamtwirkung die Verfügungsgewalt des Einzelnen überschreitet.[92]

11. *Sprachlich vermittelter Umgang*

Nachdem wir die Struktur des sachgerichteten Umgangs soweit durchleuchtet haben, heben wir nun einen Aspekt hervor,

---

[91] *Ideen* II, S. 268.

[92] Husserl spricht von der „Schicht eines allgemeinen überpersonalen und doch personal leistenden Bewußtseins, in allen beteiligten Personen lebendig, durch sie hindurch strömend und von ihnen vielmehr ausströmend und doch durch sie hindurchströmend, als ob es eine Einheit

der bisher nur beiläufig behandelt wurde: das Miteinander-
Offenbarmachen und Füreinander-Offenbarwerden des Sinnes
in einem sinnlichen Medium. Wir beschränken uns dabei auf das
universale Medium der Sprache, die das Subjekt mit der Welt,
mit sich selbst und mit den Andern vermittelt. Die sprachliche
Verleiblichung steht hier für den generellen Zusammenhang von
Leiblichkeit und Gemeinschaftlichkeit, der sich zunächst wieder
am Gegenstand, an dessen gemeinsam erwirkter Ausdrucksge-
stalt, ablesen läßt. Das vielfältige Phänomen der Sprache betrachten wir nur unter einem sehr beschränkten Blickwinkel,
soweit nämlich das Miteinandersprechen die allgemeine Struktur des Miteinander konkretisiert. Entsprechend der Thematik
dieses Kapitels liegt der Ton auf dem Moment des *aktuellen*
Besprechens von etwas; weitere Aspekte wie das unvermittelte
Ansprechen und Sichaussprechen, die habituelle Form des vorliegenden Sprachfundus, die Funktionalisierung und Naturalisierung der lebendige Rede und der Rückzug in den Monolog
werden hier nur angedeutet.

Was Husserls Theorie der Sprache angeht, so zeigt sie ähnliche
Unebenheiten wie seine Theorie der Intersubjektivität, mit der
sie aufs engste verknüpft ist. Keinen Zweifel läßt Husserl daran,
daß faktisch die vorgegebene Lebenswelt immer schon sprachlich ausgelegt und auslegbar ist durch uns, die wir als Menschheit
unmittelbar oder mittelbar zu einer ,,Sprachgemeinschaft'' verbunden sind.[93] Doch andererseits rückt auch hier die transzendentale Egozentrik alles ins Zwielicht. Ein prämundanes und
präsoziales Ur-Ich, in dem Welt und Menschheit sich erst konstituieren, ist notwendig aller Sprache voraus; in ihm bildet sich
eine Sprache, es selbst aber verdankt der Sprache im radikalen
Sinne nichts.[94] Der Akt einseitiger Einfühlung muß auch für die

---

der Personen wäre mit einem Bewußtsein und einem personalen Leisten''
(*Gemeingeist* II, S. 19–20).

[93] Vgl. die deutlichen Aussagen in der *Krisis*, S. 213, 369–70, außerdem
Transcr. (1932)A V 6, 5: ,,sprachliche Mitteilung ... ist immer beteiligt
im Bau des Erfahrungssinnes der Welt, in der wir handelnd leben''.

[94] Der Phänomenologe, der das ,,früher völlig Verschlossene und Unsagbare'' des Ursprungs freilegt, gelangt zu einer ,,neuartigen Sprache
(neuartig, obschon ich die Volkssprache, wie es unvermeidlich ist, aber
auch unter unvermeidlicher Sinnverwandlung verwende)'' (*Krisis*, S. 214,
ähnlich: S. 60); die Einschränkung zeigt die Schwierigkeit des Übergangs

Entstehung der sprachlichen Verbindung herhalten, denn zuvor ist niemand für mich da, mit dem ich verbunden sein könnte.[95]

Wenn wir im folgenden dennoch auf Husserls Deskriptionen zurückgreifen, ist eine grundlegende Revision stets miteingeschlossen, ganz im Sinne der bisherigen Überlegungen.[96]

a) Wie der Leib, so steht auch die Sprache zunächst in Funktion; in der objektiven Rede trägt sie zur Realisierung der gegenständlichen Intention bei, ohne selbst Gegenstand zu sein.[97] In der Dreizahl ihrer Grundfunktionen zeigt sich wiederum die trinarische Struktur des Dialogs. Etwas wird von mir einem Andern in Kundgabe und Kundnahme vermittelt. – Grundlegend ist die *objektive Bedeutungsfunktion*; sie macht aus dem Laut ein bedeutsames Zeichen, das für einen Sinn steht, den jemand meint; das ist mehr als ein Anzeichen, das durch sein bloßes

von der natürlichen in die transzendentale Einstellung, der seine eigenen Voraussetzungen aufheben soll – und es doch nicht kann (vgl. oben II, 4).

[95] Vgl. *Ideen* II, S. 95: ,,Es scheint ... im Kinde die selbsterzeugte und dann analogisch gehörte Stimme zuerst die Brücke für die Ichobjektivierung, bzw. die Bildung des ,alter' abzugeben'', ähnlich Transcr. (1935) K III 11, S. 8: ,,Zu den Lippenbewegungen und dem Sprechen der Mutter etc. fremder Leib als Leib und Einfühlung''; nicht ausgeschlossen ist, daß derart sprachliches Verständnis tradiert wird ,,durch die erzeugenden Eltern und mittelbar durch ihre Vorfahren'' (Transcr. A VII 20, S. 42, zitiert bei Diemer, a.a.O. S. 21). – Daß aber die Sprache Husserls Ansatz gänzlich in Frage stellt, betonen auch andere Kritiker (vgl. K. Hartmann, a.a.O. S. 71 ff., Zeltner, a.a.O. S. 314–15, Beerling, a.a.O. S. 67, H abermas, *Zur Logik der Sozialwissenschaften*, a.a.O.S. 119–20, 123–24 und, auf breiterer Grundlage, Merleau-Ponty, ,,Sur la phénoménologie du langage'', in: *Signes*, S. 105 ff.); der Versuch von Funke, im Rahmen eines transzendentalen ,,Seinsstrukturen entwerfenden Sprechens'' den Solipsismus zu überwinden (a.a.O. Kap. V), überzeugt mich sachlich und interpretatorisch ebensowenig wie das intensive Bemühen von H. Hülsmann, die Sprache als ,,Schematismus'' zwischen Anschauung und Begriff zu etablieren (vgl. *Zur Theorie der Sprache bei Edmund Husserl*, München 1964, dazu meine Rezension in: *Phil. Rundschau* XV, 1968, S. 44 ff.).

[96] Die wichtigsten Stellen zum Thema: Sprachlicher Ausdruck als Bedeutungsträger bzw. als Kommunikationsmittel: I. *Log. Untersuchung* u. VI. *Log. Untersuchung*, §§ 1–10, *Ideen* I, §§ 124–27, III, § 20, *Logik*, §§ 1–5; Sprache als verstehbares Kulturobjekt: *Ideen* II, § 56h, *Phän, Psychologie*, § 16 u. Beil. IX; Sprache als Medium der Tradition: *Krisis*, Beil. III; Kommunikation und Mitteilungsgemeinschaft: Transcr. (1932) A V 6, S. 1–41, *Gemeingeist* I, S. 2–7.

[97] Vgl. *Krisis*, S. 370: Sprache als ,,Funktion und geübtes Vermögen, korrelativ auf die Welt ... bezogen'', dazu Gadamer, *Wahrheit und Methode*, S. 382: Sprache und Verstehen sind ,,nie bloß Gegenstand, sondern umgreifen alles, was je Gegenstand werden kann''.

Gegebensein auf anderes Seiendes verweist.[98] Bei den Worten einer Rede frage ich zunächst nicht, was sie sind, sondern was sie bedeuten. Durch den Sinn, den sie aussprechen, stiften die Worte eine „Mitteilungsgemeinschaft mehrerer Personen", die sich in einem „Allgemeinsamen" treffen.[99] – Das Aussprechen von etwas im Besprechen impliziert ein Sichaussprechen, zur objektiven Bedeutungsfunktion gesellt sich die *subjektive Ausdrucksfunktion*. Das besagt nicht bloß, daß etwa ein formulierter Entschluß faktisch den Akt des Entschließens mitanzeigt, sondern daß der Akt sich darin artikuliert; ich verstehe auch mich selbst besser, wenn ich mich ausspreche, und eine nicht vorfabrizierte Rede hat auch für den Redenden Überraschungen bereit. Wie das Sachbewußtsein begleitet ist von einem un- oder mitthematischen Selbstbewußtsein, so die Sachaussage von einer entsprechenden Selbstaussage.[100] – Durch die Verlautbarung erhält der Sinn eine vorübergehende, durch die Dokumentierung eine dauerhafte „Existenz in der realen Welt"; damit ist er prinzipiell allen zugänglich, jede bewußte Äußerung kann als mögliche Äußerung für jemanden, als „mögliche Mitteilung" angesehen werden.[101] Dabei ist die Sachmitteilung immer auch un- oder mitausdrückliche Selbstmitteilung; deren Beiläufigkeit ist allerdings wesentlich; versuche ich direkt über mich zu sprechen, so spalte ich mich in Mitteilungssubjekt und Mitteilungsobjekt, direkten Konfidenzen sind damit Grenzen gesetzt.[102] Die Kundgabefunktion ist also kein zusätzliches, sondern ein wesentliches Moment der sprachlichen Äußerung, ihre volle Struktur hat die Sprache im

[98] Vgl. I. *Log. Untersuchung,* §§ 1–5.

[99] Vgl. *Krisis,* S. 371.

[100] Husserl hebt von der „objektiv-idealen Seite" des Ausdrucks (der Bedeutungsfunktion) eine „subjektive Seite" ab (I. *Log. Untersuchung,* 1. Kap.); letztere meint aber nur, daß der Ausdruck „Anzeichen" ist für die psychischen Akte (ebd. S. 33), die „sich mitverflechten" (vgl. *Logik,* S. 21); die Reflexivität des Sich-mit-ausdrückens ist zuwenig beachtet. Vgl. dagegen Heidegger, *Sein und Zeit,* S. 162: „Alle Rede über . . ., die in ihrem Geredeten mitteilt, hat zugleich den Charakter des Sichaussprechens". Zur Unterscheidung von Bedeutungs- und Ausdrucksfunktion vgl. auch Schutz, *Der sinnhafte Aufbau der sozialen Welt,* § 24.

[101] Vgl. *Krisis,* S. 369, ähnlich *Logik,* S. 18, 23–24.

[102] Zum „Sichmitteilen" vgl. I. *Log. Untersuchung,* §§ 7, 25 und wörtlich so: Transcr. (1932)A V 6, S. 35, dazu Löwith, a.a.O.S. 109: „In der etwas mitteilenden Mitteilung teilt der eine, indem er Etwas mitteilt, zugleich *sich selbst* einem *andern* mit. Der eigentliche Sinn des ‚mit' der Teilung liegt im Ein-ander".

Gespräch als der *Einheit von Besprechen, Sichaussprechen und Ansprechen in eins mit dem Anhören.* Zum aktuellen Gespräch kommt es erst bei bewußter Kundgabe und Kundnahme; da diese beiden Momente dabei unzertrennlich sind, bezeichnen wir die dritte Funktion der Sprache als *dialogische Mitteilungsfunktion.*[103]

b) Eine intersubjektive Vermittlung gelingt der Sprache nur, indem sie Geistiges mit Sinnlichem vermittelt. Diese Voraussetzung behandelt Husserl ausführlich im Rahmen einer ,,Fundamentanalyse, die alle geistigen Objekte, alle Einheiten von Leib und Sinn befaßt.''[104] Wir beschränken uns hier auf das Verstehen der fremden Rede im Gespräch, wo nicht der Andere thematisch ist, sondern was er meint.

Das Wort, konkret gesprochen: die Rede gehört zu den ,,komprehensiven Einheiten'', zu den *Einheiten von geistigem Sinn und physischem Leib,* von Ausgedrücktem und Ausdruck.[105] Die Differenzierung dieser Einheit ist erforderlich; denn das Wort ist nicht die Sache, sondern steht für sie, und im Reden und Hören bin ich nicht schlechthin bei ihr, sondern in einer ,,sprachlichen Abschattung.''[106] Doch erst die nachträgliche Reflexion läßt eine solche Scheidung zu. Redend und hörend leben wir i n der Sprache, nicht a u f sie h i n. Es gilt nämlich, daß wir keineswegs ,,im Lesen das Schriftzeichen auf dem Papier ... zum ,Thema' theoretischer oder gar praktischer Stellungnahmen machen; das Schriftzeichen ,erscheint', wir ,leben' aber im Vollzug des Sinnes'' (244). Die Wortzeichen werden ihrer ,,Funktion'' (238) nur gerecht,

---

[103] Husserl spricht von einer ,,kommunikativen Funktion'' der Kundgabe und Kundnahme (*I. Log. Untersuchung,* § 17). B. Liebrucks faßt, im Anschluß an K. Bühler, die ,,Dreistrahligkeit der semantischen Relation'' als ,,Einheit von Ausdruck, Darstellung und Mitteilung'' (*Sprache und Bewußtsein,* Bd. 1, Frankfurt 1964, S. 215–21), sie ist zu verstehen als das ,,bildende Organ des Gedankens'' (S. 497).

[104] *Ideen* II, S. 243. Husserl macht in diesem Zusammenhang keinen Unterschied zwischen Gespräch und einseitigem Zuhören, Zusammenarbeit und einseitigem Zusehen, Kommunikation und Einfühlung, doch die Gesetzmäßigkeiten sind transponierbar. Zahlenangaben im folgenden Text beziehen sich auf *Ideen* II, § 56h.

[105] ,,Ausdruck'' meint hier das sinnliche Medium; zumeist versteht Husserl darunter aber die Ausdruckseinheit von Sinn und ,,Leib'', speziell von Wortbedeutung und Wortlaut, oder auch nur die reine Bedeutung (vgl. *Ideen* I, § 124).

[106] Gadamer, *Wahrheit und Methode,* S. 424.

wenn der kommunikative Akt nicht bei ihnen als seinem Gegenstand „stehen bleibt", sondern durch sie „hindurchgeht."[107] (240) – Die *Einheit* von Wortbedeutung und Wortlaut ist also *das Primäre*, sie wird „mit einem Schlage" wahrgenommen wie jegliches Objekt (228), und die Ausdruckseinheit ist „Voraussetzung ... für die Konstitution der fundierten Realität als einer Stufen in sich schließenden und ... nicht in sich selbst schon diese Realität." (245) Wenn Husserl vom Fremdverstehen sagt: „... durch den Ausdruck ist für das erfahrende Subjekt die Person des Anderen überhaupt erst da, und sie muß überhaupt erst da sein, damit sie in eine reale Einheit höherer Stufe als Stufe eintreten kann" (ebd.), so können wir auch von der Sprache sagen, daß sie vor aller objektiven Analyse in Kundgabe und Kundnahme überhaupt erst als Sprache lebendig sein muß. – Die funktionale Einheit der Sprache ist keine äußerlich verknüpfte Einheit zweier Realitäten, sondern eine „*verschmolzene Einheit*" (237); der Sinn „beseelt" die Worte, die Worte „verleiblichen" den Sinn.[108] Dem entspricht die einheitliche Apperzeptionsweise des Verstehens, das eine sinnliche Wahrnehmung in sich schließt und doch mehr ist als diese. – Da das Sprechen auf Sinn aus ist und dieser die Sprache zur Sprache macht, ist die Einheit zugleich eine *akzentuierte Einheit*, akzentuiert auf den Sinn hin, der seinen Ausdruck f i n d e t und dann, wie der Mensch, seinen Leib h a t (240). „Das Wort ‚meint' etwas, ... das Wort mit der seinem Wortlaut anhaftenden Tendenz fordert eine Bedeutung und ist eins mit ihr als Wort."[109] Ist aber der Sinn in gleicher Weise auf die Sprache angewiesen? Gewiß ist er es in der Mitteilung, aber

---

[107] Vgl. auch I. *Log. Untersuchung*, §§ 10, 23 und *Logik*, S. 20: Wo die Rede „in natürlicher Funktion" ist, „da ist die praktische Intention des Sprechenden offenbar nicht letztlich auf die bloßen Worte gerichtet, sondern ‚durch' die Worte auf deren Bedeutung".

[108] Vgl. auch *Logik*, S. 20: „redend vollziehen wir fortlaufend ein inneres, sich mit Worten verschmelzendes, sie gleichsam beseelendes Meinen. Der Erfolg dieser Beseelung ist, daß die Worte und die ganzen Reden in sich eine Meinung gleichsam verleiblichen und verleiblicht in sich als Sinn tragen"; bei der „sprachlichen Verleiblichung" (*Krisis*, S. 369) handelt es sich um ein „zweiseitiges" Phänomen (vgl. *Logik*, S. 22, *Ideen* I, S. 303–04), um „doppelseitige Einheiten" (*Ideen* II, S. 341, *Phän. Psychologie*, S. 398). Zur Einheit der „Verschmelzung" vgl. auch III. *Log. Untersuchung*, §§ 8, 9. Erinnert sei an Aristoteles: der Leib als οἰκεία ὕλη (*De anima* II, 414a/26).

[109] *Ideen* II, S. 102.

auch schon im reinen Anschauen und Denken? Die Frage ist schlecht gestellt, denn diese Reinheit ist allenfalls eine Tendenz, die sich in Sprache und Gespräch und gegen sie durchsetzt und sie eben damit voraussetzt. Die Transzendenz des Sinnes gegenüber seinem sprachlichen Medium ist die Bedingung für seine Übersetzbarkeit, wobei diese wörtlich und übertragen zu verstehen ist; wir transzendieren die Sprache immer nur in der Sprache.[110] – Die Ausdruckseinheit ist schließlich eine *lebendige Einigung*, keine fertige Einheit. Innen und Außen vereinigen sich in der sprachlichen Verleiblichung stets aufs neue, allen sprachlichen Erwerben zum Trotz.

c) Im natürlichen Sprechen achten wir höchstens nebenbei auf die Worte, wir leben in einer gewissen „Sprachunbewußtheit."[111] Das besagt nicht, daß wir gar nicht um die Sprache wissen. Beim Reden und Hören, Schreiben und Lesen erscheinen die Wortzeichen mit. Wie bei aller leiblichen Betätigung gibt es auch hier ein *unreflektiertes Vollzugsbewußtsein* nebst einem entsprechenden Erfüllungsbewußtsein.[112] Schwierigkeiten im Verständnis und Ausdruck sind es, die den Blick spontan zurücklenken auf die sprachliche Vermittlung; so schärft etwa die Berührung mit fremden Sprachen die eigene Sprachbewußtheit. Die einsetzende *sprachliche Reflexion* fragt nicht mehr: Was sagt einer? sondern: Wie sagte er, wie sagt man überhaupt? und schließlich: Welches sind die Regeln und Ausdrucksmöglichkeiten dieser Sprache, wie entstand sie, was ist überhaupt

---

[110] Merleau-Ponty bezeichnet die Bedeutungsintention als „l'excès de ce que je veux dire sur ce qui est ou ce qui a été déjà dit" (*Signes*, S. 112). Zur „Übersetzung" vgl. *Krisis*, S. 368, Merleau-Ponty, *Phénoménologie de la perception*, S. 218–19, Gadamer, *Wahrheit und Methode*, S. 362 ff. Husserl ist freilich geneigt, auch ein sprachloses Denken zu konzedieren (vgl. I. *Log. Untersuchung*, § 8, *Ideen* I, S. 304), von daher kann selbst die Rede von einer „Ver-leiblichung" mißdeutet werden. Dem leistet Hülsmann Vorschub, wenn er alles Psychologische und Soziale zum „Epiphänomen" der Sprache erklärt und von einer „Bewegung des Denkens" spricht, „die im Sprechen Sprache erst sein läßt" (a.a.O. S. 213, 216).

[111] Vgl. Gadamer, *Wahrheit und Methode*, S. 381–82; der Autor betont, daß die Sprachunbewußtheit nicht aufgehört hat, „die eigentliche Seinsweise des Sprechens zu sein".

[112] Vgl. *Cart. Meditationen*, S. 52: „Der Ausdruck ... hat seine bessere oder schlechtere Anpassung an das Gemeinte und Selbstgegebene, also seine eigene in die Prädikation mit eingehende Evidenz oder Nichtevidenz."

Sprache? Es kommt zu den verschiedenartigsten praktischen und theoretischen Einstellungen, zu vorübergehenden und beständigen.[113] Doch all diese Reflexionsarten setzen das *lebendige Sprechen* der Rede voraus, und sie bewegen sich selbst noch im Medium der Rede und Wechselrede; nur wenn diese Voraussetzung abgeblendet oder übersehen wird, verfestigt sich das Sprechen zur *gesprochenen Sprache*, die vorliegt. Konkret betrachtet ist die Sprache weder reiner personaler und interpersonaler Sprechakt, noch bloß anonym erworbenes Sprachvermögen, weder reines lebendiges Wort, noch bloß bestehender Sprachfundus, vielmehr ist sie aktuell und habituell, personal und anonym in eins: „Le langage nous transcende et cependant nous parlons."[114] Die Grenze der sprachlichen Reflexion zeigt sich schon im alltäglichen Gespräch; die akustische Selbstbespiegelung eines Redenden, der „sich selbst gern reden hört", tritt in Konkurrenz zum sachgerichteten Sprachvollzug.

d) Die aktuelle und habituelle Versinnlichung des Gemeinten in der Sprache ermöglicht die intersubjektive Vermittlung. Geht man aus vom einseitigen Verstehen und Verstandenwerden, so legt sich die Auffassung nahe, im Gespräch werde jeweils von einem Partner fertig ausgedacht und ausgesagt, was der andere Partner zu übernehmen hat. Die Sprache wäre ein bloßes Vehikel zum Transport von Gedanken. Doch wie wir zu zeigen versuchten, ist im Gespräch gar nicht der Andere Ziel meiner Intention, sondern das gemeinsame Thema, das im Wechsel von Reden und Hören, von Rede und Gegenrede Gestalt gewinnt. Husserl spricht von „okkasionellen" Ausdrücken und Aussagen, die ihre Bestimmtheit der Situation verdanken und deren konkreter Bedeutungsgehalt nicht selbst ausgedrückt, sondern nur mitangezeigt wird.[115] Im Gespräch durchleben wir eine gemein-

---

[113] Husserl spricht etwa von „grammatischer Einstellung" (*Krisis*, S. 368).

[114] Merleau-Ponty, *Phénoménologie de la perception*, S. 449; der Autor unterscheidet zwischen „parole" (parole parlante) und „langage" (parole parlée), ähnlich wie De Saussure (S. 229). An anderer Stelle (*Signes*, S. 107 ff.) zeigt er, wie „Synchronie" und „Diachronie" (De Saussures Gegensatzpaar) dialektisch ineinander greifen in einer Phänomenologie der Sprache, die vom sprechenden Subjekt ausgeht, aber nicht bei ihm stehen bleibt; Legitimation und Limitation der strukturalistischen Sprachforschung lassen sich hieraus herleiten.

[115] Vgl. I. *Log. Untersuchung*, § 26; die immense Bedeutung dieser Aus-

same Situation; leitend ist die gemeinsame Sache; doch daß und wie diese herausgegriffen und in Angriff genommen wird, das ist mitbestimmt durch die Interessen und faktischen Voraussetzungen des Partners. Der eigene Beitrag zum Gespräch läßt sich nur verstehen im Zusammenhang mit dem fremden. „Dans le dialogue présent, je suis libéré de moi-même, les pensées d'autrui sont bien des pensées siennes, ce n'est pas moi qui les forme, bien que je les saississe aussitôt nées ou que je les devance, et même, l'objection que me fait l'interlocuteur m'arrache des pensées que je ne savais pas posséder, de sorte que si je lui prête des pensées, il me fait penser en retour."[116] Wir geben einander zu denken; das ist nur möglich, wenn wir redend und hörend *in der Sprache denken*.[117] Deren dialogische Funktion besteht nicht in der Übertragung eines fertigen Sinnes, sondern in der *gemeinsamen Sinnbildung*. So kommt es zum Gespräch als einem „sinngeladenen phonetischen Ereignis, dessen Sinn weder in einem der beiden Partner, noch in beiden zusammen sich findet, sondern nur in diesem ihrem leibhaften Zusammenspiel, diesem ihren Zwischen."[118]

e) Der gemeinsame Umgang spielt sich auf verschiedenen Ebe-

drücke für die Alltagspraxis wird Husserl erst nach und nach klar (vgl. *Log. Untersuchungen* I, S. XIV, außerdem *Krisis*, S. 125–26).

[116] Merleau-Ponty, *Phénoménologie de la perception*, S. 407. Levinas spricht von einer „dépossession originelle", einer „première donation" durch die Sprache, in der das Ding dem individuellen Hic et Nunc entrissen und dem Andern angeboten wird (*Totalité et Infini*, S. 148–49).

[117] Merleau-Ponty spricht von einer „pensée dans la parole". „L'orateur ne pense pas avant de parler, ni même pendant qu'il parle; sa parole est sa pensée", ähnlich beim Hörer (a.a.O. S. 209). Die beigefügte Unterscheidung zwischen ursprünglicher, echter und sekundärer, gewohnter Rede (ebd. S. 207) scheint mir nur relativ; die originelle Rede ist nie ganz neu, da sie *Vergangenes* fortsetzt, die gewohnte Rede ist wenigstens darin neu, daß sie Vergangenes *fortsetzt*, andernfalls ist sie überhaupt keine freie Rede mehr. Zum sprechenden Denken vgl. auch Reinachs Bestimmung der sozialen Akte als solcher, „die nicht in Worten und dergleichen ihren zufälligen, nachträglichen Ausdruck finden, sondern die im Sprechen selbst sich vollziehen" (a.a.O. S. 728), in einer „Identität von Äußerung und sich äußerndem Erlebnis", wie Theunissen kommentiert (a.a.O. S. 380, ähnlich S. 292).

[118] Buber, a.a.O.S. 272. Zur gemeinsamen Sinnbildung vgl. auch Löwith, a.a.O.S. 118: „Keiner überantwortet dem andern zum bloßen Nachdenken einen schon bestimmt formulierten Gedanken, sondern dieser gewinnt allererst in gemeinsamer Wechselrede seine bestimmte Formulierung".

nen ab; wir schaffen Gemeinsames, indem wir hinnehmen, was uns vereint anrührt. Nicht nur die tätige Stellungnahme findet ihrer Ausdruck im Wechsel der *Aussagen,* auch die bloße Erfassung dessen, wozu wir Stellung nehmen, realisiert sich bereits in einem vor- oder auch überprädikativen *Sagen und Weitersagen.*[119] Wo wir aber die Sache „berühren" und sie besprechend und benennend gegenwärtigen, ohne sie als Worüber einer Aussage von uns abzurücken, nehmen wir auch von einander nicht den Abstand, der sich in der wechselseitigen Stellungnahme herstellt. Man denke an die Gemeinschaft, die zwischen dem Erzähler und seinen Zuhörern entsteht, wenn das Erzählte die Erzählrunde gefangennimmt. Der „Glaube", eine unausdrückliche Stellungnahme, greift vom Redenden auf die Zuhörer über, breitet sich unter ihnen aus und schlägt resonanzartig auf den Redenden zurück; man vergißt am Ende, wer da spricht, die Sache scheint sich selbst auszusprechen. Den Extremfall einer Begeisterung, die von der Dichtung ausgeht, sich durch den Mund des Rhapsoden manifestiert und mit gleichsam magnetischer Kraft alle Beteiligten aneinander kettet, beschreibt Platon im *Ion.*[120] Doch braucht man nicht nur an solch ein bezaubernd-verführerisches Überwältigtsein zu denken, auch das nüchtern-besonnene Gespräch ist keine bloße Artikulation des gemeinten *Sinnes,* es enthält immer auch Hinweise auf die wirkliche und mögliche *Gegenwart* des Gemeinten, die in der Sprache symbolisch vergegenwärtigt wird.[121]

Die Sprache artikuliert aber nicht nur den Sinn und indiziert

---

[119] Vgl. dazu Aristoteles' Äußerungen über die Wahrheit der schlichten Erfassung: „Das Berühren und Sagen ist wahr – behauptendes Aussagen (κατάφασις) und Sagen (φάσις) ist nicht dasselbe –, das Nichtwissen aber ist ein Nichtberühren (μὴ θιγγάνειν)" (*Metaphysik* IX, 1051b/24 ff., vgl. außerdem: *De interpretatione* 4,16b/26–28); zur überprädikativen Rede vgl. unten IV, 9.

[120] 533c ff. Merleau-Ponty spricht generell von einer „Verzauberung" (enchantement) durch Rede und Lektüre, da uns währenddem die beherrschende Distanz gegenüber ihrem Sinn fehlt (*Phénoménologie de la perception,* S. 209).

[121] Liebrucks weist darauf hin, daß wir es außer bei mathematischen Zeichen immer zu tun haben mit „Widerfahrnissen, die real und ideal zugleich sind" (a.a.O.S. 348), und er lokalisiert daher das Bedeutungsproblem zwischen objektiver Bezeichnung und subjektivem Ausdruck: „Die Sprache ist der Ausdruck des Eindrucks, sofern dieser bedeutend ist" (ebd. S. 357).

die Gegenwart, sie gibt auch der unmittelbaren Betroffenheit Ausdruck, einer *Zuständlichkeit* vor der subjektiv-objektiven und intersubjektiven Differenzierung, die dem gegenständlichen Besprechen und der dialogischen Anrede voraus- und zugrundeliegt.[122] Gesondert tritt dieses Moment hervor als *Ausruf*, als Ausruf des Erstaunens oder Entsetzens, der Freude oder des Schmerzes, in Situationen also, in denen das Ich vom Erlebten überwältigt wird. Menschliches Sprechen ist zwar der Möglichkeit nach immer schon mehr als Ausruf, aber es behält doch auch immer etwas davon. Im Rhythmus und der Modulation der Stimme wie im Duktus der Handschrift kommt unwillkürlich mehr zum Ausdruck als das, was wir willkürlich zum Ausdruck bringen.[123] Diese unbeabsichtigten Anklänge schaffen nicht selbst schon eine intentionale Gemeinsamkeit, aber sie geben den Boden ab für den gemeinsamen Umgang mit der Sache, der sich in einer Atmosphäre der Besinnlichkeit oder der Geschäftigkeit, der Spannung oder der Lässigkeit, des Vertrauens oder des Argwohns vollzieht. Auch der ,,Hintergrund, der vor allem Verhalten liegt", ist bereits ein sozialer Hintergrund.[124] Das aktuelle Miteinander realisiert sich in der Sprache, doch so, daß sich in ihr die gemeinsame Situation mit ausspricht, in der wir uns bereits befinden. Während wir sagen, was wir m e i n e n, deutet sich mit an, was wir s i n d. Die sprachliche Verwirklichung weist zurück auf den Hintergrund eines Schweigens diesseits und jenseits des Gesprächs.

---

[122] Vgl. Husserls ,,Empfindungszuständlichkeit, die noch nicht gegenständliche Auffassung ist" (*Ideen* II, S. 23).

[123] In der Sprache der Psychologen: die ,,Ausdruckshandlung" erschöpft nicht die Möglichkeiten der ,,Ausdrucksbewegung". Zur Bedeutung von Tonfall und Wortklang vgl. etwa *Ideen* II, S. 235, 239; das Unausschöpfliche der leiblichen ,,Sprachgeste" wird von Merleau-Ponty besonders hervorgehoben (vgl. *Phénoménologie de la perception*, S. 209 ff.). Vgl. außerdem Liebrucks a.a.O. S. 174: ,,Nur der etwas bedeutende Laut ist Sprachlaut. Das besagt nicht, daß der Sprachlaut nicht *auch* Ausdruckslaut, nicht auch Naturlaut sei. Ausdruck und Natürlichkeit sind in ihm Momente geworden." Liebrucks knüpft hier an Herder an.

[124] Vgl. *Ideen* II, S. 279; Heidegger spricht hier von ,,Mitbefindlichkeit" (*Sein und Zeit*, S. 162); vgl. auch Löwith, a.a.O. § 32. Husserl betont mit Recht, daß die Sprachgemeinschaft als solche noch keine ,,personale Gemeinschaft" ist im Sinne eines auf einer ,,Zwecksetzung beruhenden Ganzen" (*Gemeingeist* I, S. 20, vgl. auch *Ideen* II, S. 316).

12. Intersubjektive Wahrheit im Einverständnis

Die dialogische Verständigung kommt ans Ziel im Einverständnis, wo ich mit Andern in der gemeinten Sache übereinstimme. Dieses gemeinsame Sein-bei-etwas ist begleitet von einem unmittelbaren Erfüllungsbewußtsein, das sachliche Evidenz und intersubjektiven Konsens in sich vereint; der Logos wird zum sozialen Logos in einer ,,Homologie.''[125] Den Prozeß der Einigung haben wir untersucht; fragen wir uns nun, was das Einverständnis dem Einzelnen einbringt und wieweit es reicht.

Der Verständigung lassen sich drei Funktionen zuschreiben im Prozeß der Wahrheitsfindung; die erste betrifft die Ausführung der Intention, die zweite ihre Gültigkeit, die dritte ihre Entstehung.

Einmal ist zu nennen die *Bereicherung* des individuellen Erlebens; der Spielraum der eigenen Lebenswirklichkeit erweitert sich im gemeinsamen Erleben, in Gespräch und Zusammenarbeit. Da das einzelne sich nur im Ganzen bestimmt, ist dies keine bloß äußere Zutat. Zu denken ist dabei ebenso an die Entschränkung der extensiven Perspektive, wodurch uns mehr zugänglich wird, wie an die Entschränkung der intensiven Perspektive, wodurch uns dasselbe besser zugänglich wird.

In der Ergänzung des Eigenen durch Fremdes tritt nicht Fertiges zu Fertigem, sondern ein und dasselbe bestimmt sich im Zusammenspiel gemeinsamen Erkennens und Tuns. Etwas ist aber nur, sofern es sich im Wechsel der Erscheinungen bewährt und bestätigt.[126] *Bewährung* besagt also immer auch intersubjektive Bewährung. Was gelten soll, muß sich nicht faktisch, aber ideell gesehen vor jedermann ausweisen können. Sofern allem menschlichen Verhalten ein Moment leerer Antizipation anhaftet, vermag die fremde Zustimmung oder Ablehnung das

---

[125] Zum griechischen Begriff der ὁμολογία als einer Übereinstimmung mit sich selbst und den Andern im Logos vgl. meine Studie: *Das sokratische Fragen. Aporie, Elenchos, Anamnesis*, Meisenheim 1961, S. 77 ff. Auch Husserl verweist auf Platon als den Begründer einer Lehre von der ,,sozialen Vernunft'' (*Erste Philosophie* I, S. 16). Entsprechend wird die Ethik, die es zu tun hat ,,mit der Idee von personalen Vielheiten überhaupt, in möglicher Wechselverständigung stehend'', zu einer Sozialethik (vgl. *Erste Philosophie* II, S. 199–200).

[126] Vgl. dazu *Ideen* I, §§ 139–41, *Cart. Meditationen*, §§ 26–28, *Krisis*, § 47 u. Beil. XVIII.

Gewicht meiner Setzung zu verstärken oder zu vermindern.[127] Einsicht und Entscheidung gewinnen an Überzeugungskraft, je mehr sie in wechselnden Situationen erprobt wurden, Einverständnis und Einmütigkeit steigern diese Überzeugungskraft. Das Konvergenzargument wird nur verachten, wer den Menschen auf ein abstraktes Subjekt reduziert. Freilich zählt die fremde Stimme nur, wenn sie eine eigene ist, und meine Setzung bewährt sich nur, wenn ich sie der Billigung aussetze. Die wechselseitige Anerkennung ist nicht moralische Zugabe, sondern Aufbauelement des Dialogs, der auf ein Einverständnis hindrängt.

Die fremde Rede ergänzt und bestätigt aber nicht nur den Sinn, den etwas für mich hat, sie gibt auch die *Anregung*, mich auf bestimmte Weise einer Sache zuzuwenden oder von ihre abzulassen; sie weckt und lenkt mein Interesse und hält es wach.[128] Im Gespräch werden nicht fertige Resultate ausgetauscht, sondern es bildet sich ein Einverständnis in einer wechselseitigen Belebung der Freiheit; einer ist mitverantwortlich für Richtung und Intensität der Betätigung des anderen und für Beginn und Fortgang der Betätigung. Dabei geht bereits von der Anerkennung der Fremdheit eine befreiende Wirkung aus. Indem ich fremde Weltaspekte akzeptiere, relativiere ich die eigene Perspektive. Motive werden frei für die Scheidung von Schein und Wirklichkeit, da deren naive Gleichsetzung sich im Erfahrungsaustausch als hinfällig erweist.[129]

Betrachten wir nun die mögliche Reichweite des Einverständnisses. Als laufendes Einverständnis läßt dieses *Verwirklichungsgrade* zu sowie die *Nichtverwirklichung* im Widerstreit.

Zunächst freilich stehen intersubjektive Einigkeit und Uneinigkeit sowenig auf einer Stufe wie sachliche Bejahung und Verneinung. Wie im Seinsglauben der natürlichen Einstellung

---

[127] Zum verschiedenen „Gewicht" der Motive vgl. *Ideen* I, §§ 103, 138.

[128] Vgl. *Gemeingeist* I, S. 3: Lenkung der Aufmerksamkeit und Weckung des Interesses in der Mitteilung, die es nicht nur mit dem „Was" der Kundgabe, sondern auch mit dem „Daß" der Kenntnisnahme zu tun hat; vgl. auch oben II, 5.

[129] Vgl. dazu, freilich unter einem beschränkten Gesichtspunkt, *Ideen* II, § 18e–h. Levinas betont, daß die Beziehung mit dem Andern im Gespräch eine Generalisierung besagt und im Überschreiten des bloß Individuellen bereits ein „ethisches Ereignis" ist (*Totalité et Infini*, S. 149); Strasser verknüpft den Dialog mit einer „Dialektik" der Standpunkte (*Phänomenologie und Erfahrungswissenschaft vom Menschen*, S. 232 ff.).

die Wirklichkeit immer schon unausdrücklich gesetzt ist, so ist im gemeinsamen Glauben der kommunikativen Einstellung diese Wirklichkeit immer schon als gemeinsame gesetzt; andernfalls könnte ein Gespräch nicht einmal beginnen. Die ,,intersubjektive Einstimmigkeit der Geltung" stellt sich als das ,,Normale" heraus, da die Einigung ,,zumindest als vermöglich erzielbar für jedermann im voraus gewiß ist."[130] Diese Vorgewißheit, in der sich eine *Prävalenz des Einverständnisses* kundtut, wird freilich erst explizit, wenn die Einheit zerbricht oder zu zerbrechen droht. Das bewußte Einverständnis, das durch alle Unstimmigkeit hindurch den ursprünglichen sozialen Pakt unterschreibt, ist wie jede Affirmation der Negation abgerungen.[131]

Wenn das Einverständnis eine Abstufung zulassen soll, muß es sich zwischen den Extremen absoluter Unstimmigkeit und absoluter Einstimmigkeit bewegen. Die *absolute Unstimmigkeit* würde mit der Gemeinsamkeit der Welt diese selbst aufheben, da wir sie nur gemeinsam haben. Es muß etwas da sein, worüber wir uns uneins sind. ,,Ein Grundbestand gemeinsamer Erfahrungen ist vorausgesetzt, damit überhaupt Wechselverständigung statthaben kann."[132] Das Gleiche gilt für die Gesetze der Verständigung; uneinig bin ich nur mit jemand, mit dem ich mich verständigen kann.

Umgekehrt könnte man meinen, die Ergänzung des Eigenen durch Fremdes lasse einen restlos stimmigen Zusammenhang zu; die Unstimmigkeit wäre nur eine zufällige Abweichung gegenüber der prinzipiellen Möglichkeit einer *absoluten Einstimmigkeit*. Doch dem steht entgegen die Endlichkeit all unseres weltlichen Verhaltens. Unsere Welt ist in einer ,,unaufhörlich beweglichen Relativität."[133] In der ,,Vergemeinschaftung" unserer Erfahrun-

---

[130] *Krisis*, S. 166; es gibt eine ,,universale Normalstimmigkeit", die sich immer wieder ,,restauriert" (ebd. S. 464); wir ,,glauben" trotz aller Auffassungsdifferenzen an die gemeinsam daseiende Welt (*Phän. Psychologie*, S. 496).

[131] Vgl. *Ideen* I, § 106: Die Affirmation, die ,,unterstreicht", und die Negation, die ,,durchstreicht", sind beide bezogen auf eine vorausgehende ,,Position", letztlich auf den schlichten ,,Urglauben". Zum ,,Bruch" der Einstimmigkeit vgl. *Krisis*, S. 164, 464.

[132] *Ideen* II, S. 80; die faktische Einstimmigkeit, die in der ,,Weltvernichtung" aufgehoben würde, umfaßt auch die Wechselverständigung (vgl. *Ideen* I, S. 116).

[133] *Krisis*, S. 168 und ebd. S. 465: Die Lebenswelt ist in einer ,,Bewe-

gen „findet beständig auch ein Geltungswechsel in wechselseitiger Korrektur statt", entsprechend der „beständig mitfungierenden Korrektur", die Widersprüche innerhalb der eigenen Erfahrung auflöst.[134] Die Korrektur geschieht durch eine
Näherbestimmung, die sich im vorgezeichneten Rahmen hält,
oder durch eine Umbestimmung, die diesen sprengt; das Gemeinte erweist sich als anders oder gar als anderes, die Bewährung ist
immer nur partiell, die „Seinsgewißheit" eine „Vorgewißheit".[135]
Unstimmigkeiten können im eigenen Erleben auftreten, sofern
das Erfahrene jeweils seine offenen Horizonte hat und die Meinung ihre Vor- und Mitmeinungen; sie treten im gemeinsamen
Erleben auf, sofern jeder von seinem Standpunkt und seiner Herkunft aus die gemeinsame Situation anders durchlebt und anders
zu interpretieren veranlaßt ist. Da aber die wechselnden Standpunkte nie völlig disparat sind, kommt es dennoch zu einer „Sinnbereicherung" und „Sinnfortbildung", und induktive Bewähr-
ungen erhärten sich zu Überzeugungen.[136] Da ferner unsere Interessen ihre näheren und weiteren Ziele haben, können wir im
Naheliegenden einig sein und im Weiterliegenden uneinig und
umgekehrt. All dies mag gelten für den Bereich der alltäglichen
Doxa, gilt es aber auch für die Episteme, die es mit speziellen
oder universalen Strukturen zu tun hat? Abgesehen davon, daß
diese Strukturen als ursprünglich „implizierte Wesen"[137] selbst
zu suchen sind und nicht einfach auf der Hand liegen, verweisen
sie immer zurück auf die Ausgangserfahrungen, die sie regeln.[138]
Es gibt keine allgemeine Wahrheit *à part*, und wir können die
Ebene der relativen Wahrheiten ebensowenig überspringen wie
die der relativen Übereinkünfte.[139]

gung der ständigen Geltungsrelativität", in einem „Fluß der Seinsgel-
tungen".

[134] Ebd. S. 165–66; vgl. auch *Erste Philosophie* II, 33. Vorl.

[135] *Krisis*, S. 165–66.

[136] Vgl. ebd. S. 130, 161.

[137] Vgl. ebd. S. 383.

[138] Vgl. *Ideen* III, S. 31: Es ist ein „absolut fester Rahmen vorgezeichnet ... durch den Sinn der Ausgangswahrnehmung"; vgl. dazu unten IV,
11.

[139] Zur Rechtfertigung der Doxa als der „alltäglich-praktischen Situ-
ationswahrheit" gegenüber der Episteme vgl. *Krisis*, §§ 34, 44; in der
Logik, § 105 setzt Husserl die „lebendige Wahrheit" des Lebens und der
Besinnung auf das Leben gegen den „verkehrten skeptischen Relativismus" und den „verkehrten logischen Absolutismus"; Einseitigkeiten in

Da die Unstimmigkeit keine äußere depravierende Zutat ist für das menschliche Erkennen und Handeln, sondern in deren unaufhebbaren Offenheit und Unabgeschlossenheit gründet, ist der *Konflikt*, in dem die Gegensätze ausgetragen, und die *Korrektur*, in der sie ausgeglichen werden, etwas, was aus dem menschlichen Zusammenleben nicht fortzudenken ist. Wie man im persönlichen Suchen sich selbst ständig in Frage stellt, so stellt man im gemeinsamen Suchen einander in Frage und setzt das Erreichte aufs Spiel. Die Tilgung von Unstimmigkeiten ist so sehr eins mit dem Fortgang des Lebens selbst, daß es oft „stillschweigend und sogar unvermerkt" geschieht und nicht immer „ausdrücklich, in Wechselverhandlung und Kritik."[140] Wie es ein sozusagen unschuldiges theoretisches und praktisches Mißlingen gibt, so auch einen unschuldigen Kampf, der nicht auf Leben und Tod geht, ein Gegeneinander, in dem das Mit- und Füreinander nicht zerfällt, sondern sich entwickelt.[141] In einem Wettstreit, in dem man vereint um die Sache bemüht ist, siegt nicht eigentlich einer über den andern, sondern die Wahrheit siegt in dem, der sie besser vertritt, und sie läßt als gemeinsames Gut auch den Unterlegenen an sich partizipieren.[142] Einmütigkeit miteinander (ὁμόνοια) und Wohlwollen füreinander (εὔνοια) vertragen sich durchaus mit der sachlichen Auseinandersetzung, sofern wir darin „dasselbe wollen und dasselbe nicht wollen". Sofern schließlich in den Fragen privater und öffentlicher Lebensführung kein Fachwissen ausreicht und auch kein prinzipielles Wissen und Wollen es uns erspart, erfinderisch experimentierend in die Zukunft hinein zu leben, ist der Kompromiß etwas Normales; fruchtbar ist freilich nur der Kompromiß zwischen Einsicht und Ein-

der Ausführung dieser einleuchtenden Konzeption haben wir in Kap. II abzuwehren versucht.

[140] *Krisis*, S. 166; zur „kritischen Einigung" in „wechselseitiger Korrektur" vgl. auch ebd. S. 112, 257, 464.

[141] Die lebensfördernde Funktion selbst der Aggression weist K. Lorenz in seiner biologischen Verhaltensforschung nach (*Das sogenannte Böse, Zur Naturgeschichte der Aggression*, Wien 1963); wir schließen daraus nicht, daß das Böse bloß ein sogenanntes ist, wohl, aber daß es ein bloß sogenanntes Böses gibt.

[142] Vgl. Platon, *Charmides* 166d: „Oder meinst du nicht, daß es ein gemeinsames Gut (κοινὸν ... ἀγαϑὸν) für fast alle Menschen ist, wenn jegliches Ding offenbar wird, wie es sich mit ihm verhält?" Eine bloß individuell orientierte Leistungsgesellschaft ist hier an der Wurzel getroffen.

sicht, nicht der zwischen Vernunft und bloßer Macht oder der zwischen Machtinteresse und Machtinteresse, der den Dialog in ein abgekartetes Spiel von Monologen verwandelt. Die Entartung des Agonalen in der φιλονιχία als dem Bestreben, sich selbst um jeden Preis durchzusetzen, den Gegner niederzuhalten oder gar zu vernichten, ist nicht zu heilen durch ein gesichtsloses Einerlei. In einem faulen Pluralismus, wo jeder ängstlich sich selbst bewahrt, ohne sich der fremden Prüfung auszusetzen, in einer bequemen Toleranz, die den Andern aus Gleichgültigkeit ,,ihre Wahrheit" beläßt, erschlafft der Dialog, während er im kämpferischen Fanatismus auseinanderbricht. Die dialogische Verbundenheit gedeiht nicht in der vorschnellen Versöhnung, sondern in einer widerstrebenden Harmonie, in der ,,kommunikativen Einstimmigkeit aus Unstimmigkeit, also als Möglichkeit sich wechselseitig zu korrigieren und so in der Gemeinschaft zu einer Wahrheit zu kommen."[143]

Menschliches Einverständnis besagt, daß wir uns von einem gemeinsamen Boden aus auf gemeinsame Ziele zubewegen. Diese intra- und intersubjektive *Harmonie*, die wenigstens in Ansätzen eine sinnhaft geregelte Wirklichkeit entstehen läßt, ist alles andere als eine Selbstverständlichkeit; als fortwirkendes Grundfaktum liegt sie nicht apriori fest und ist sie nicht ein für allemal garantiert. Sie stellt sich her ohne unser Zutun in der passiven Sphäre vorgegebener Übereinstimmung und mit unserm Zutun in der aktiven Sphäre aufgegebener Übereinstimmung.[144] Husserl spricht von einer ,,wunderbaren Teleologie", deren Faktizität er durch die Hypothese einer *Weltvernichtung* sichtbar macht, partielle Irrationalitäten sind auch so nicht ausgeschlossen. Doch diese Denkmöglichkeit ist zu ergänzen durch eine radikalere Irrationalität, durch die verwirklichte, von uns zu verantwortende Möglichkeit der *Weltstörung*; sie lassen wir noch beiseite

---

[143] *Krisis*, S. 464.

[144] Zur passiven Übereinstimmung vgl. Husserls wiederholten Hinweis auf eine intersubjektive Regelung der Sinnlichkeit trotz aller möglichen Anomalien (z.B. *Ideen* II, § 18, S. 279, 336, *Erste Philosophie* I, Kant-Abhandlung S. 208 ff., *Phän. Psychologie*, S. 499 ff., *Gemeingeist* II, S. 11–13); auf Grund einer ,,allgemeinsamen Leiblichkeit" (*Phän. Psychologie*, S. 500) ist schon der ,,Logos der ästhetischen Welt" (*Logik*, S. 257) ein Dia-logos.

wegen ihres nicht eidetisch einzuordnenden Charakters.[145] Allen auftretenden Dissonanzen zum Trotz ist die Harmonie keine Erfindung oder Hypothese, sondern eine Idee, die in der objektiven Erfahrung vorgezeichnet ist und in eins mit ihr entspringt.[146] Wie ohne Prätention und Präsumption der Wahrheit keine Rede und Handlung möglich ist, so ohne Prätention und Präsumption des Einverständnisses kein theoretischer oder praktischer Dialog. Das Einverständnis ist freilich kein Endzustand und kein fertiges Werk, mag es sich auch in Lebens- und Werkformen niederschlagen, es bleibt eine vorgegebene und aufzugreifende Tendenz, eine ,,vermeinte und zu vermeinende Einheit."[147] Immerhin läßt sich mit Heraklit sagen: ,,Unsichtbare Harmonie ist stärker als sichtbare", es liegt nicht alles zutage, was uns eint.

Im Einverständnis hat die Wahrheit ihre soziale Gestalt, nur so ist sie das Telos des Dialogs. Das mag gelten, sofern ich mich auf die Andern einlasse, doch muß ich dies auch tun? Ist die Möglichkeit, daß sich mir etwas als wahr und gut erweist, abhängig davon, daß ich fremde Zustimmung einhole? Da doch auch die intersubjektive Ergänzung kein definitives Ganzes schafft und die intersubjektive Bewährung nicht schlechthin die Wahrheit verbürgt, werden meine Grenzen nur zurückgeschoben im gemeinsamen Suchen. Und Anregung und Befreiung durch die Andern scheinen überholt in der selbständigen Aneignung. So genügt am Ende der ,,Eine", der sich auf die Sache versteht und bloß noch konfrontiert ist mit ,,der Wahrheit selbst."[148] Die Stärke dieses Einwands beruht auf der Transzendenz der

---

[145] Vgl. zur Faktizität der weltlichen Teleologie: *Ideen* I, S. 121, 139 – sie bleibt das Feld einer kritischen Metaphysik (*Erste Philosophie* I, S. 394, *Cart. Meditationen*, S. 182) –; zur Kontingenz der Welt und zur ,,Weltvernichtung": oben I, 4; zur Harmonie der Monaden: *Cart. Meditationen*, S. 138. Der Gedanke einer sozialen Teleologie wird vor allem in den E-Manuskripten weitergeführt; vgl. Transcr. F I 20, S. 1–2: ,,Auflösung ... tragischer Dissonanzen in der Idee einer sozialen Teleologie" (zitiert bei Diemer, a.a.O. S. 64). Es bleibt fraglich, ob diese teleologische Sichtweise der Praxis und ihren Konflikten voll gerecht wird (vgl. unser Kap. II, speziell, S. 75, 110).

[146] Vgl. die implizite Kritik an Leibniz in den *Cart. Meditationen*, S. 138, ähnlich *Erste Philosophie* II, S. 48.

[147] *Cart. Meditationen*, S. 97; die Evidenz ist ein ,,Endmodus" (ebd. S. 92), durch sie hat das Bewußtseinsleben ein ,,Angelegtsein auf ,Vernunft', ... eine durchgehende Tendenz dahin" (*Logik*, S. 143).

[148] Vgl. Platon, *Kriton* 48a.

Wahrheit, die sich auch sozial nicht einfangen läßt. Einer kann Recht haben gegen die Vielen, die Wahrheit hat einen aristokratischen Aspekt. Isolieren wir jedoch diesen Aspekt, so verfehlen wir die konkrete „Wahrheit in ihren Horizonten"[149]. Wenn wir immer schon mit den Andern die Welt teilen und uns wohl oder übel auf die Andern eingelassen haben, kann der Bruch nicht soweit gehen, daß er jedes vorausgehende Einverständnis rückgängig und jedes bevorstehende Einverständnis überflüssig macht. Anfang und Ende meiner Wahrheitssuche bleiben einem sozialen Feld zugehörig. Ich bin nicht völlig mit mir eins, solange ich mit den Andern uneins bin. Die sachliche Anerkennung, die ich ausspreche, behält ohne das Einverständnis ein Moment der Unerfülltheit; denn eine zu realisierende Wahrheit will sich nicht in mir allein behaupten, sondern sich ausbreiten und „einströmen" ins gemeinsame Weltleben. Der Abstieg, um mit Platon zu reden, ist in der Einsicht und Entscheidung mitangelegt, da wir im Leibe und in der Gemeinschaft leben. Die Wahrheit, an die der Einzelne rühren mag, wird fruchtbar erst in Welt und Mitwelt. Erst im Einverständnis, das die individuellen Differenzen nicht ausräumt, sondern aufeinander abstimmt, erreicht die Wahrheit ihre volle Gestalt und Kraft.

Es bleibt allerdings die Frage, wieweit ich mich auf den Andern einlasse und einlassen soll. Wir betrachten daher im folgenden die Formen der Selbständigkeit, die sich im Dialog ergeben und Einverständnisse verschiedener Valenz bedingen. Das zeigt uns die innere Spannweite des Dialogs und führt uns am Ende an dessen Rand.

13. Selbständigkeit im Dialog

Das kommunikative Verhalten kennt weder eine absolute Selbständigkeit noch eine absolute Abhängigkeit, wohl aber eine Skala zunehmender Selbständigkeit und gesteigerter Mitwirkung. Diesseits der unteren Grenze liegt das bloß passive Mitmachen, jenseits der oberen Grenze das eigenständige Aneignen und Hervorbringen, zwischen beiden das Wechselspiel aktiven Über-

---

[149] Vgl. *Logik*, S. 246; Husserl wendet sich hier gegen eine fälschliche Verabsolutierung der Wahrheit. Vgl. auch die konkret, nämlich zeitlich und sozial angelegte philosophische Selbstbesinnung: *Erste Philosophie* II, S. 203.

nehmens und Überlassens. Unser Interesse gilt hier dem mittleren Bereich und damit der inneren Spannweite des Dialogs.[150]

Noch vor der Schwelle des verantwortlichen Dialogs liegt das hörige Verhalten der *passiv-rezeptiven Übernahme*. Es fehlt nicht der sachliche Bezug, denn mit der Übernahme von Einsicht, Entscheidung oder Gefühl tritt für mich etwas in Geltung. Ich kann „,ohne weiteres' das Verstandene in Mitgeltung übernehmen, ohne eigene Aktivität."[151] Das besagt, ich nehme noch nicht aktiv Stellung, es bleibt bei einem „passiven Mitgehen" auf dem Boden eines schlichten Mitglaubens.[152] Dabei werde ich auf meine Weise affiziert und reagiere entsprechend, aber eben noch nicht als aktives Ich. Soweit eine wirkliche Stellungnahme vorliegt, sind es Andere, die persönlich oder anonym in mir Stellung nehmen und als eine Art von *Über-Ich* fungieren. Hierher gehören die Phänomene der Nachahmung, des Nachsagens, Nachmachens, Nachfühlens, wo Fremdes mir unmittelbar „suggeriert" wird.[153] Dieses passive Mitmachen ist allerdings nicht nur Vor- oder Verfallsform eines verantwortlichen Lebens, sondern dessen ständiger Untergrund, wie noch zu zeigen ist.

In der *aktiven Übernahme* wird das passive Mitgehen abgelöst durch die aktive Mit-Stellungnahme, das „frei überlegte mich für die Entscheidung des anderen Entscheiden."[154] Hier tritt mir der Andere als *Autor* entgegen, als Urheber in verschiedener Hinsicht je nachdem, ob ich etwas in glaubender oder einsichtiger Zustimmung übernehme.[155]

In der *glaubenden Übernahme* lasse ich mich von der Sache motivieren, doch nicht so, wie sie auf mich, sondern wie sie auf den Andern wirkt. Ich glaube dabei nicht an den Andern ,sondern ich glaube dem Andern, was er sagt, und zwar deswegen, weil es ihm

---

[150] Anregungen zu den folgenden Überlegungen geben: *Ideen* II, § 60c, *Phän. Psychologie*, § 42, *Krisis*, Beil. III; freilich hat Husserl zumeist schon die Aneignung einer Tradition im Auge, weniger den traditionsstiftenden und -fortführenden Dialog.

[151] *Krisis*, S. 372.

[152] *Phän. Psychologie*, S. 213.

[153] Ebd. S. 214.

[154] Ebd. S. 213.

[155] Wir verstehen „Autor" hier im weiteren Sinne (vgl. das lateinische *auctor*); entsprechend heißt es bei Husserl: „Ich bin nicht der Autor (sc. meiner Entscheidung), ich folge fremder Autorität ..." (*Phän. Psychologie*, S. 213).

wahr oder gut scheint. Zustimmung und Ablehnung sind durchaus mein Werk, aus dem schlichten Mitglauben wird eine bewußte Stellungnahme. Ihr objektiver Gehalt ist wahr oder falsch wie der eines selbständigen Urteils, nur ist die Evidenz abgeschwächt; denn das durch Andere vermittelte Urteil ist eine abgeleitete, keine ursprüngliche Vernunftsetzung.[156] Die Entschiedenheit dieser Setzung wird durch die mangelnde Einsicht nicht notwendig herabgemindert; ich kann den Worten des Andern so fest glauben wie meinen eigenen Augen. Diesem theoretischen Glauben entspricht ein praktisches Vertrauen in der Übernahme einer Entscheidung. Der Andere fungiert hier als Autorität, als Urheber im Sinne des *Gewährsmannes*, dessen Entscheidung ich „nachbilde."[157] Will ich diese rechtfertigen, so berufe ich mich auf ihn, der mir in der fraglichen Angelegenheit überlegen ist. Die Überlegenheit kann vorübergehend und zufällig sein wie beim Augenzeugen vor Gericht, sie kann beständig und fachmännisch sein wie bei den Anweisungen eines Arztes, sie kann beständig und umfassend sein wie beim Rat eines erfahrenen und einsichtsvollen Menschen. Soweit Allgemeinsames im Spiel ist, ist der Glaube eine Vorstufe des Wissens, soweit Einmaliges und Einzigartiges in Frage steht, ist er die Form des Wissens selbst.

Auf einige Punkte sei gesondert hingewiesen. 1) Die glaubende Übernahme, die in der Anerkennung einer fremden Autorität gründet, bedeutet durchaus einen möglichen Vernunftakt, nur daß hier eine stellvertretende Vernunft leitend ist. Das Problem der Autorität ist damit allerdings längst nicht erschöpft. Der persönlichen Autorität steht gegenüber die amtliche Autorität eines Amtsträgers, dem man möglicherweise aus einsichtigen Gründen Entscheidungsrechte überträgt, ohne freilich die nötige Einsicht mitübertragen zu können, sowie die gewaltsame Autorität eines puren Machthabers, dem eine vernünftige Legitimation fehlt. Diese Komplikationen, in denen der Dialog teils beschränkt, teils aufgekündigt wird, lassen wir hier noch beiseite, ebenso das weitere Problem des Hintergrundes persönlicher Glaubwürdigkeit, der mit der sachlichen Befähigung nicht zusammenfällt.[158] –

---

[156] Vgl. *Ideen* I, § 141.
[157] Vgl. *Phän. Psychologie*, S. 213.
[158] Die Vernünftigkeit einer Anerkennung der Autorität, die Gadamer so nachdrücklich vertritt, bleibt *de facto* weitgehend ein Postulat; der

2) Ein verantwortlich Glaubender handelt niemals nur aus stellvertretender, sondern immer auch aus eigener Einsicht heraus, nur reicht diese nicht aus für eine sachbegründete bzw. gleichgewichtige Entscheidung. Meinen Glaubensakt kann ich vor mir nur rechtfertigen, wenn die fremde Person sich anderweitig ausweist. Wie ist das möglich? Einmal ist die Sache selbst, die ich dem Andern glaube, nichts schlechthin Neues, sie fügt sich ein in meinen Welthorizont und hat darin bei aller partiellen Unbestimmtheit eine „Struktur der Bestimmtheit."[159] Freilich läßt dieser allgemeine Rahmen nur eine negative Kontrolle zu, die umso weniger ausrichtet, je individuell-einmaliger die Sache ist. Zum andern ist der Andere eine bestimmte Person, die sich vielleicht früher in ähnlichen Situationen, in verwandten Bereichen, vor mir oder vor Zeugen ausgewiesen hat und die sich gleichzeitig ausweist durch das, was sie mitsagt oder mittut; eine Fülle verschiedenartiger Motivationen ist hier möglich. Die selbständige Anerkennung ist immer auch kritische Anerkennung; im Konfliktsfall wäge ich eigene und fremde Einsicht gegeneinander ab; vermeiden könnte ich den Konflikt nur in einem Akt blinder Unterwerfung, der als sozialer *acte gratuit* die Gefolgschaft um ihrer selbst willen suchen würde. – 3) Das Übernommene, das ich sachlich nicht hinreichend rechtfertigen kann, hat doch seine immanente Vernünftigkeit und Kohärenz; das Gemeinte läßt sich mehr oder weniger deutlich verstehen, auftretende Widersprüche sprechen gegen die Sache selbst. – 4) Menschliche Autorität beruht immer nur auf einer relativen Überlegenheit, sei es auf Grund der größeren Fülle oder des intensiveren Verständnisses des Gegebenen, sei es im Einzelfall, in einem Teilbereich oder im Ganzen. Vom faktisch umgrenzten Spielraum der Freiheit hängt es ab, wieweit wir den Vorsprung der Anderen aufholen können, von unserm Interesse und der Bedeutung der Sache, wieweit wir dies versuchen und versuchen sollten. Wie unser aktuelles Leben mit Potentiellem durchsetzt bleibt, so auch mit Übernommenem; gleich dem Vorsprung des Daseins läßt sich der des Mitseins nicht gänzlich aufholen.

Satz, daß wir grundsätzlich dem Vorgesetzten Autorität nur zubilligen, „weil er mehr überschaut oder besser eingeweiht ist" (*Wahrheit und Methode*, S. 264), stößt heftiger mit dem Bestehenden und Überlieferten zusammen, als der Autor wahrzuhaben scheint.

[159] *Cart. Meditationen*, S. 83.

Die Stufe autoritativer Abhängigkeit ist überschritten in der *einsichtigen Übernahme*. Ich stimme dem zu, was der Andere sagt, aber nicht bloß, weil es ihm so scheint, sondern aus ,,eigener Vernunft.''[160] Habe ich das Gemeinte selbst vor Augen mit hinreichender Klarheit, was ist mir dann noch der Andere? Gewiß nicht Bürge der Wahrheit. In der Einsicht bin ich auf mich selbst gestellt. Sofern ich eine gültige Erkenntnis gewonnen habe, ist es gleichgültig, wer vor mir, mit mir und nach mir die gleiche Erkenntnis macht. Zwar fordert die Einzelwahrheit einen Gesamtzusammenhang, wo die fremde Ergänzung und Bestätigung dann doch eine Rolle spielt, aber desungeachtet bleibt ein Unwiderrufliches: Soweit ich etwas wirklich als es selbst sehe, gilt es. Zwar drängt meine Einsicht auf fremde Anerkennung hin, doch diese Angewiesenheit betrifft nicht die Voraussetzung der jeweiligen Wahrheit, sondern ihre Vollendung. So scheint in den angegebenen Grenzen eine wirkliche Unabhängigkeit von den Partnern erreicht.

Hier ist nun zu unterscheiden zwischen dem sachlichen *Wahrheitsgehalt* und dem subjektiven *Wahrheitsgeschehen*. Dem entspricht die mehrfache Funktion des Einverständnisses, das nicht nur meine ,,Sätze'' ergänzt und bestätigt, sondern auch zur Setzung anregt.[161] Das Weil der Übernahme ist auf ähnliche Weise zu differenzieren.

Die Gültigkeit des Wahrheitsgehaltes, für die ich allein bürgen kann, ist ein zentraler, aber doch nur abstrakter Gesichtspunkt. Der Erkennende ist ein konkretes Subjekt mit einer personalen und interpersonalen Geschichte, in der jede Wahrheit ihren Ort hat und ebenso der Partner, der durch seine sachliche Vorgabe und Anregung mitschuldig daran ist, daß ich eine eigene Stellung gewinne. Meine eigene Einsicht ist der fremden ,,nacherzeugt''; sie ist eine ,,Nachstiftung'' von etwas, das im Andern seine ,,Urstiftung'' hat.[162] Der Andere fungiert weiterhin als Urheber, doch nun im Sinne des *Stifters*, der mir nicht notwendig über, wohl aber voraus ist als der Erste in einer Situation, in meinem persönlichen Leben, in der Geschichte meiner Kulturgemeinschaft oder

---

[160] *Phän. Psychologie*, S. 214.
[161] Zum ,,noematischen Satz'' als dem Korrelat einer beliebigen Setzung vgl. *Ideen* I, § 133.
[162] Vgl. *Phän. Psychologie*, S. 212–14, *Ideen* II, S. 269.

der Menschheit, als schlechthin Erster oder als relativ Erster in einer „Verständnisverkettung."[163] Was Husserl als Urstiftung bezeichnet, ist das ursprüngliche Auftreten eines wiederholbaren Sinngebildes, sei es alltäglicher oder sublimer Art. Der Grad der Originalität ist verschieden, ebenso auch die Richtung der Innovation. Es kann ein konkreter Sinn gefunden werden, der dem Augenblick dient: ein rettender Einfall, ein zündendes Wort, oder ein umfassender Sinn, der uns der Situation enthebt: ein weitsichtiger Plan, ein fruchtbarer Gedanke; neben den Meistern der Stunde stehen die Baumeister der Zukunft. Übernehme ich nun einen solchen Sinn, so weist dieser sich selbst als abkünftig aus; er ist als „Nachgestalt" bewußt, wenn ich seine Genesis zurückverfolge. In der selbständigen Einsicht ist also der vorausgehende Dialog noch mitgegenwärtig, er ist in ihm „sedimentiert". Fassen wir zusammen mit Husserls Worten: „Meine Entscheidung ist nachgebildete Entscheidung, und doch habe ich mich in freier Vernunft entschieden. Ich kann es vor mir selbst rechtfertigen. Andererseits bleibt es dabei, daß sie nicht rein aus mir stammt, ich bin nicht der Autor . . ., ich folge fremder Autorität, aber aus eigener Vernunft zugleich . . ., ich bin das durch Andere frei motivierte Subjekt von Überzeugungen in Nachstiftung."[164]

Eine stärkere suggestiv wirkende Formkraft geht vom „Vorgesetzten" aus, wenn dieser zugleich als *Vorbild* auftritt, das nicht nur einen allgemeinen Sinn übermittelt, sondern auch seine konkrete und individuelle Verwirklichung vorlebt. Einem bewunderten Vorbild nacheifern, das ist die Vorstufe jeder selbständigen Lebens- und Werkgestaltung; die Wahl des Vorbildes ist die Vorwahl des eigenen Lebenszweckes. Freilich droht die Gefahr, daß es bei einer kraftlosen Nachahmung bleibt. Gerade die konkrete Repräsentanz in einer relativ fertigen oder als fertig angesehenen Gestalt verführt dazu, an das Vorbild zu glauben, statt ihm zu glauben, bei ihm auszuruhen, statt sich von ihm anregen zu lassen, zu kopieren, statt selbsttätig zu antworten. Sokrates, der Ironiker, war nicht umsonst auf eine abstoßende Wirkung bedacht – Alkibiades vergleicht ihm mit einem Silen –, und Kierkegaard, der Verfechter einer indirekten Mitteilungsform,

---

[163] *Krisis*, S. 371.
[164] *Phän. Psychologie*, S. 213–14. Zur Geschichte des Sinnes in Urstiftung, Vorgestalt und Nachgestalt vgl. auch *Cart. Meditationen*, § 38.

warnt: „Ethisch verstanden gibt es nichts, worauf man so gut schläft, wie auf der Bewunderung einer Wirklichkeit."[165]

Die Bindung an den Vorgänger lockert sich weiter, wenn die Übernahme eines positiven Gehaltes abgelöst wird durch die *Übernahme einer Frage*, die mir Möglichkeiten eigener Initiative eröffnet. Ich empfange eine Motivation, „die mich motiviert, überhaupt Lehren der Vernunft einzuschlagen, mich in die Lage bringt, daß ich sehen kann und sehen muß, den passiven Affektionen folgend."[166] Auch hier ist einer der Urheber, doch nun im Sinne eines bloßen *Anstifters*, der in der Fragestellung einen Fragegehalt vorlegt zu selbständiger Beantwortung. Der andere übernimmt etwas als fraglich und erfragenswert, weil der Frager so will. Auch die Frage ist eine Urstiftung, im Bereich der aktiven Betätigung ist sie sogar deren grundlegende Form, und ihre Übernahme läßt ebenfalls eine Entwicklung zu. Sie kann zunächst mechanisch und gedankenlos mitgemacht werden. Sie läßt sich bewußt übernehmen, zunächst auf Kredit, wenn man dem Andern den Sinn der Frage glaubt – auch schlecht gestellte Fragen lassen sich so tradieren –, dann in eigener Regie, wenn einem ihr Sinn einleuchtet. Diese Bewegung kulminiert in der Antwort, die als positive Setzung keine bloße Nachstiftung mehr ist.

Es liegt auf der Hand, daß ich nicht allen Fragen gleich viel verdanke. Es gibt das unbestimmte Aus-fragen, das viele Wege offen läßt, das gezielte An-fragen, das bereits Wege der Lösung vorzeichnet, ein Ab-fragen von solch eindeutiger Bestimmtheit, daß es die Antwort in den Mund legt, schließlich die rhetorische Schein-Frage, die durch ihre Form nur das appellative Moment der Rede verstärkt. Nur das gezielte Fragen ist produktiv in der Art, daß sie mich auf den Weg bringt. Das eindeutige Abfragen bleibt der positiven Wissensvermittlung nahe, während das vage Ausfragen mich nur veranlaßt zu antworten, ohne mir darin weiterzuhelfen, meine Antwort nähert sich der selbständigen Setzung. Die verschiedenen Frageweisen in ihrer ausdrücklichen oder unausdrücklichen Gestalt ordnen sich bestimmten Ge-

---

[165] *Unwissenschaftliche Nachschrift*, 2. Teil, S. 64. Zu den Entwicklungsstadien von einem „vorvernünftigen" zu einem „vernünftigen" Leben vgl. *Erste Philosophie* II, S. 199: „das Erwachsen von Vorbildern, vorbildlichen Einzelhandlungen und vorbildlichen Persönlichkeiten, die dann zunächst Nachahmung und später wahre Nachfolge finden".

[166] *Phän. Psychologie*, S. 213.

sprächstypen zu, dem informativen, dem didaktischen oder dem protreptischen Gespräch, die allerdings nie völlig rein auftreten im konkreten Dialog.

Machen wir nun den Sprung von der Übernahme zur *Übergabe* als deren Komplement. Hier stifte ich selbst einen Sinn, indem ich von mir aus beginne. Von den Möglichkeiten bloßen Nach-redens, Nach-dem-Munde-redens und Daherredens können wir hier absehen, da in ihnen das Niveau eines verantwortlichen Dialogs verlassen ist. Indem ich mich selbsttätig an den Andern wende, habe ich eine größere Selbständigkeit als zuvor in der Übernahme; aber es ist doch nur die Selbständigkeit des Gebers, der auf die Mitwirkung des *Nehmers* angewiesen bleibt. Wenn ich dem Andern mit meiner Initiative zuvorkomme, so kommt er mir mit seinen aktuellen und potentiellen Erwartungen zuvor, die sich in einer Frage aussprechen oder im Verhalten oder in der Lebenssituation kundtun können. Da ich darauf aus bin, dem Andern nicht etwas anzutun, sondern ihm etwas zu überant-worten, hat dieser von Anfang an einen Einfluß darauf, was und daß ich rede, selbst wenn es meine Sache ist, ausdrücklich zu beginnen. Die eigene Urstiftung ist also im Dialog immer auch von fremder Mitstiftung begleitet. Der Einfluß der Andern nimmt zu mit der Bestimmtheit, Höhe und Intensität ihrer Er-wartung. Die zunehmende Selbständigkeit des Hörenden spiegelt sich in der abnehmenden Überlegenheit des Redenden; am Ende hätte dieser jenem nur noch voraus, daß er die Einsicht ausspricht und nicht der andere, die Ungleichheit wäre nur noch die des dialogischen Nacheinander.

Betrachten wir die durchlaufene Stufenfolge: passive Übernah-me, aktive Übernahme in Glaube oder Einsicht, Übernahme einer bloßen Frage, selbständiger Beginn, so zeichnet sich eine auf-steigende Bewegung der Emanzipation ab, die bei der Autarkie des *Monologs* endet. Im „Gespräch der Seele mit sich selbst" verinnerlicht sich der Dialog zur Dialektik, wo der Denkende sich selbst fragt und antwortet.[167] Die reine Setzung dessen, was ist, tritt an die Stelle von Übergabe und Übernahme. Für die all-gemeinen Grundwahrheiten würden dann die abgewogenen Wor-te des Aristoteles gelten: „Der Weise ... kann, auch wenn er für sich ist, betrachten, und je weiser er ist, desto mehr. Vielleicht

[167] Vgl. Platon, *Theaitet* 189e–190a.

kann er es besser, wenn er Mitarbeiter hat, aber immerhin ist er am meisten sich selbst genug."[168] Die Existenz des Weisen gilt zwar nicht als umfassende Lebensform, aber doch als höchste. Was uns hier interessiert, ist nicht diese äußerste Möglichkeit selbst, sondern die Tendenz zu ihr hin. Dazu nun einige abschließende Überlegungen.

14. Vom Dialog zum Monolog

a) Das Eingehen auf den Andern in Frage und Antwort erhält nur dann den negativen Anstrich der Abhängigkeit, wenn es mir einzig um die Sache geht. Die Übernahme erscheint dann als faktische Vorstufe, die Übergabe als akzessorische Nachstufe der eigenen Einsicht. Vom Dialog selbst her gesehen, der auf ein gemeinsames Verhältnis zur Sache ausgeht, sind *Übernahme und Übergabe* die *positive Weise,* wie die Andern für mich zur Geltung kommen. Meine Rede ist in sich selbst Antwort, die ein fremdes Hören vollendet, und Frage, die sich selbst wieder im Anhören erfüllt. Die fremden Ansprüche setzen mir eine innere Grenze ähnlich jener, die ich mir selbst setze, wenn ich eines verfolge und eben damit anderes ausschließe.

b) Die glaubende Zustimmung ist eine unvollkommene, oft unüberwindliche Vorstufe der einsichtigen Zustimmung, wenn wir auf das Resultat sehen. Im Fortgang des Dialogs aber ist der Glaube ein *ständiger Kredit*; jenseits von Überhebung und Kleinmut traue ich dem Andern zu, daß er mir etwas zu sagen hat, und mir, daß ich ihm etwas zu sagen habe. Am Anfang sollte die Bereitschaft stehen, ,,einfältig auf Eiche und Felsen zu hören, wenn sie nur wahr reden"[169]; denn die Autorität erweist sich erst im Gespräch, wenn wir uns an der Sache messen. Diese vielleicht durch frühere Gespräche verstärkte Voreingenommenheit ist kein überwindliches Vorurteil, sondern die unerläßliche Vorwegnahme einer möglichen Zustimmung; sie findet sich ebenso, wenn ich für mich eine Sache anschaue oder überlege, bevor ich mich entscheide. Wie durch alles Wahrnehmen ein Wahrnehmungs-

---

[168] *Nik. Ethik* X, 7, 1177a/32 ff.; in der Autarkie sieht Aristoteles eines der Kriterien für das Glück, das sich in der Schau vollendet.
[169] Platon, *Phaidros* 275b–c.

glaube hindurchgeht, so durch alles soziale Verhalten ein Fremd-glauben.[170]

c) Der Dialog ist nicht reine Übermittlung einer Sache, sondern gemeinsame Verwirklichung einer Einsicht, die sich auf dieselbe Sache richtet. So ist die Übernahme *keine bloße Übernahme*. Indem ich in der Nachstiftung auf meine Weise und aus meiner Situation heraus den vernommenen Sinn hörend realisiere, verhalte ich mich selbst in der Reproduktion produktiv, sonst wäre ich ein Resonanzboden und kein Hörender und potentiell Antwortender.[171] Je abstrakter freilich der Gegenstand ist, desto näher kommt die Sinnverwandlung einer bloßen Sinnwiederholung.[172] Umgekehrt ist die Übergabe *keine vollständige Übergabe*, die den Sinn für den Andern zu Ende führt; wie die Übernahme immer etwas von einer Antwort hat, so hat die Übergabe immer etwas von einer Frage (vgl. o. S. 145). Im Dialog findet sich nie die bloße Nachstiftung eines Vorgegebenen, sondern immer auch eine gleichzeitige Mitstiftung. Der Redende gibt nicht alles in den Dialog, der Hörende entnimmt diesem nicht alles. Die Möglichkeit des Rückzugs aus dem Dialog ist hier angelegt.

d) Die Verwandlung, die der übernommene Sinn in der Übernahme erfährt, bezeichnen wir als *Aneignung*; das Übernommene „eigne ich ... mir selbsttätig an, und es wird zu meinem Eigentum."[173] Der Terminus, der sich hier eingebürgert hat, betont freilich einseitig die Zentrierung auf das Ich hin. Folgen wir der ursprünglichen intentionalen Außengerichtetheit des Ich, so müssen wir das gemeinte Phänomen interpretieren als wiederholbares Selbst-sein-bei-der-Sache; das schließt, zunächst wenig-

---

[170] Hier treffen wir uns mit Gadamers Verteidigung der „Vorurteile" als notwendiger Bedingungen des Verstehens (*Wahrheit und Methode*, S. 250 ff.).

[171] Zur Kritik an der romantischen Theorie des Verstehens als bloßer „Reproduktion einer ursprünglichen Produktion" vgl. ebd. S. 280. Husserl unterscheidet zwar deutlich zwischen einem sachbezogenen Mitverstehen und einem einseitigen Verstehen der fremden Individualität (vgl. etwa *Krisis*, S. 112), doch bleibt letzteres grundlegend.

[172] Vgl. *Krisis*, S. 371: der dokumentierte Sinn ist „zurückzuverwandeln"; immerhin spricht Husserl anläßlich des Kunstwerks von einem „Urwerk" mit einem „Ursinn", der sich im „Wandel der Interpretation" zugleich durchhält und ändert; statt von einem „interpretierenden Nachverstehen" sollte man aber eher von einem „interpretierenden Mitverstehen" reden (vgl. *Phän. Psychologie*, S. 116–18).

[173] *Ideen* II, S. 269.

stens, die Nebenvorstellung aus, einer verdränge den andern aus dem Besitz, ,,stehle'' dem andern die Welt.[174] Die Aneignung also geschieht bereits im Dialog, aber da doch nur *implizit*. Ich darf nicht auf Aneignung und Erwiderung hin zuhören, wenn ich im Gehörten den Andern verstehen will und nicht anläßlich des Gehörten mich selbst.[175] Aber indem ich höre und auf meine Weise höre, verstehe ich allmählich mehr, eigne ich mir schon an, und in der Verschmelzung von Eigenem und Fremdem bereitet sich die Erwiderung, die mögliche Korrektur der eigenen oder fremden Vorstellungen bereits vor. Eine rein-objektive Rezeption ist Sache des Tonbands, nicht des menschlichen Hörers.

e) Allerdings ist es oft so, daß auf eine erste Phase vorwiegender Rezeption eine Nachphase vorwiegender Klärung und Verdeutlichung folgt, daß Verständnis und Antwort erst nachträglich ausreifen in der *stillen Fortsetzung des Dialogs* durch den Einzelnen. Wie jedes Ereignis in der Zeit hat auch der Dialog seine Nachwirkung, die allmählich abklingt, sich aber in der Erinnerung erneuern läßt. Im unmittelbaren Nachklang des Dialogs höre ich noch die Stimme des Andern, doch schon gedämpft durch meine Interessen, die nicht alles gleich stark fortwirken lassen. Meine Freiheit wächst in der Erinnerung, die zwar nichts ändern, aber willkürlich hervorheben kann; der unmittelbaren Sprechsituation enthoben, verweile ich nun hier oder dort, überspringe das eine, setze das andere ein. Ähnliches gilt für die *stille Erwartung eines Dialogs*, die unmittelbare Einstimmung und den Vorausgriff auf eine ferne Möglichkeit, ähnliches auch für den *imaginären Dialog*. In der Distanz der Reproduktion liegt die Chance eines eindringlicheren Verständnisses, doch die Gefahr des Mißverständnisses wächst ebenfalls.

f) Der *Überschritt zum Monolog* ist vollzogen, wenn ich nicht mehr auf den Andern höre, ihm auch nicht mehr meine Stimme leihe, sondern seine Stelle mitbesetze. Ich rede nicht mehr, weil mich jemand fragt, und erwarte die Antwort nicht mehr von einem Andern. Die *Tendenz*, selbst bei der Sache zu sein und auf sie einzugehen, ist im Umgang mit ihr beschlossen; diese Ten-

---

[174] Vgl. Sartre, *L'être et le néant*, S. 313: In Gestalt des Andern ist jemand da, ,,qui m'a volé le monde''.

[175] Löwith spricht von einer ausdrücklichen Gegentendenz zur Erwiderung und Aneignung, die es allein gestattet, sich vom andern etwas sagen zu lassen (a.a.O. S. 116).

denz kann sich freilich nur beschränkt auswirken je nachdem, was ich zu meinem Beruf mache. Indem ich von einer Autorität lerne, bin ich dabei, die Stelle, die sie für mich vertritt, selbst einzunehmen gemäß meinen Möglichkeiten, und ein wirklicher Lehrer wird den Lernenden in dieser Tendenz bestärken. Vorurteile sind, soweit möglich und wichtig, in Urteile zu verwandeln, nicht weil sie notwendig irrig sind, sondern weil sie Vorurteile sind.[176]

g) Zweierlei ist hierbei aber zu beachten. Der Monolog, in dem ich ausdrücklich nur mit der Sache konfrontiert bin und auf Andere nicht achte, ist doch ein *impliziter Dialog*. Was der Einzelne von sich aus denkt, tut und schafft, fügt sich ein in den gemeinsamen Horizont derer, die mitdenken, mithandeln, mitleben und dabei Wirkungen empfangen und ausüben. Wie ich in jeder Setzung implizit meine früheren Entscheidungen und Überzeugungen ergänze, bestätige oder widerrufe, so setze ich mich immerfort auch mit fremden Setzungen auseinander. Selbst im Monolog führe ich einen unausdrücklichen und beiläufigen Dialog mit Andern, deren Bild ich mir vorhalte, deren Rat oder Verbot mich begleitet, deren Gegenmeinung mich herausfordert. Dabei müssen Anregung durch die Andern und Auswirkung auf sie keineswegs auf der gleichen Ebene liegen wie das Projekt, das in diesem Spannungsfeld steht. So findet der Wissenschaftler „Urmaterialien der Sinnbildung" in der „vorwissenschaftlichen Kulturwelt,"[177] er nötigt diesem Material einen völlig neuen Sinn ab etwa in Gestalt mathematischer Sätze, und diese wirken sich wiederum in technischen Erfindungen aus. Oder der Dichter partizipiert am Leben der Gesellschaft, schöpft aus der Alltagssprache, gestaltet daraus ein Bühnenwerk, und dieses

---

[176] Kants Maxime: „Habe Mut, dich deines *eigenen* Verstandes zu bedienen" wird von Gadamer wohl doch zu schonungslos kritisiert (*Wahrheit und Methode*, S. 256); denn aus ihr spricht nicht notwendig die Überlegenheit, wohl aber die Unersetzlichkeit der Person, die frei wird, indem sie s e l b s t einen Anfang macht; „produktive Vorurteile" (ebd. S. 263) erweisen sich doch nur in der Produktion als solche. In diesem eingeschränkten Sinne verstehen wir auch die „theoretische Autonomie", die Husserl mit Descartes in Anspruch nimmt (*Cart. Meditationen*, S. 44). Es scheint mir, daß Gadamer sich allzu bedingungslos der Tradition anvertraut, indem er sie zum Garanten der Wahrheit macht. Vgl. dazu auch die Kritik von Habermas; *Zur Logik der Sozialwissenschaften*, a.a.O. S. 174 ff.

[177] Vgl. *Krisis*, S. 378.

strahlt ungeachtet seiner künstlerischen Eigengesetzlichkeit zurück in das politische Leben und in den Alltag der Sprache. Indem es entsteht, nimmt jedes Werk Fragen auf und gibt Antworten, greift es in den allgemeinen Dialog ein. In dem alten Streit um engagierte Kunst und Wissenschaft kann es nicht um die Frage gehen, ob das geschaffene Werk moralische, politische, religiöse Wirkungen ausübt, sondern nur darum, wieweit man diese Wirkungen bewußt anstreben und fördern soll in der Produktion und Interpretation. Der direkte Weg ist hier nicht immer, aber oft der wirkungsloseste. Der Monolog ist also nie reiner Monolog, er ist immer schon durchtönt von fremden Stimmen und weist zurück auf den ausdrücklichen Dialog, dessen Reichtum er filtern und klären, aber nicht ausschöpfen kann.

h) Das zweite Moment nun, weil der Monolog impliziter Dialog bleibt, läßt sich die Emanzipation nicht nur als Befreiung von, sondern auch als *Befreiung für die Andern* verstehen; denn nur der Einsichtige kann im Dialog mit eigener Stimme auftreten. Doch wenn der Andere die Einsicht auch hat? Sehen wir davon ab, daß menschliche Weisheit ihre Grenzen hat, was sollen Weise, die sich begegnen, anders tun, als sich freundlich grüßen?

Der Monolog bewahrt Spuren des Dialogs in sich, doch bilden sie nur den Hintergrund; die im Monolog errungene Selbständigkeit kann sich in den Dienst des Dialogs stellen, doch bleibt das vorerst eine Möglichkeit. Eine reine Autarkie läßt sich nicht erreichen, da ich immer schon mit den Andern lebe, angewiesen auf sie und keineswegs unempfindlich gegen ihr Einverständnis, doch immerhin bleibt sie erstrebbar. Warum das? Weil im sachgerichteten Umgang miteinander der Andere ausdrücklich nur beachtet wird, soweit er etwas hinzugibt, nicht sofern er sich selbst gibt und mit sich eine Welt. Das gemahnt uns an die Grenzen des bisherigen Themenkreises.

15. *Die offene Gesprächsrunde*

Wenn wir bisher zwischen dem Gesprächspartner im Singular und im Plural keinen Unterschied machten, so geschah das mit Bedacht. Das Sachgespräch läßt seinem Wesen nach eine offene Gesprächsrunde zu; esoterisch ist nur das reine Ich-Du-Verhältnis. Die folgenden Überlegungen sollen gewisse Einseitigkeiten der Dialog-Philosophie korrigieren und zugleich den Blick öffnen auf die Horizonte des Dialogs, an denen die äußere Spannweite des Miteinanderseins sichtbar wird.

Beginnen wir auf der Seite der *Zuhörerschaft*. Weil der jeweils Redende primär auf sein sachliches Thema konzentriert ist, das seine Rede zusammenhält, kann er sich an ein *Ihr* wenden, ohne sich zu zersplittern und ohne zwischen seinen Zuhörern wählen zu müssen. Weil die Sache mehrere Personen gleichzeitig ansprechen kann, kann es auch der Redende, der sie darbietet. Das Thema schafft einen Kreis Interessierter, doch dieser steht prinzipiell weiteren Interessenten offen. Man wird einwenden, anreden heißt auf mögliche Erwiderung hin anreden, erwidern kann aber immer nur Einer. Entweder rede ich also zu einer Menge, die sich beeinflussen läßt, aber zu keinem verantwortlichen Gespräch taugt, oder ich rede in Wirklichkeit immer nur mit Einem, während die übrigen lediglich mitzugegen sind.[178] Darauf wäre zu erwidern: Adressat der Rede oder Frage sind Einzelne, aber eben alle zugleich, wobei ich es offen lasse, wer von ihnen ausdrücklich auf meine Worte zurückkommt, ich gewärtige es von allen. Das setzt allerdings voraus, daß ich die Andern nicht auf das hin anrede, was nur einem Einzelnen zugänglich ist, sondern auf solches hin, was jeder mit den übrigen Partnern des Zuhörerkreises gemein hat. Diese Beschränkung auf eine bestimmte Interessentenrolle findet sich aber auch schon im Sachgespräch zu zweit, so daß dieses nicht vor der Gesprächsrunde besonders ausgezeichnet ist. Die Zweierverbindung gewinnt erst ihre Sonderart, wenn der Partner als dieser Einzelne angesprochen wird, die Dreierverbindung, wenn der Dritte aus dem Gespräch heraustritt in die Distanz.

Auf der Gegenseite, auf der Seite des *Redenden*, scheint die Singularität unabdingbar, reden kann jeweils nur Einer. Doch ist es so, daß dieser immer nur für sich spricht? Ein Seitenweg soll uns näher an diese Frage heranbringen.

Die Eigenart des Dialogs steht und fällt mit der Unterscheidung

---

[178] So Löwith, der das Miteinandersprechen auf das „wir beide" eingeschränkt wissen will (a.a.O. S. 109–10) und dem das Zu-zweit-sein als „eigentliches Miteinandersein" gilt (S. 54–56); nicht die Einsamkeit, aber die Intimität wird gegen die Öffentlichkeit ausgespielt.

von beredetem Es und angeredetem Du. Bleibe ich bei dieser Alternative stehen, so wird auch die dritte Person, über die ich rede zum Es. „Das eine Grundwort ist das Wortpaar Ich-Du. Das andre Grundwort ist das Wortpaar Ich-Es; wobei, ohne Änderung des Grundwortes, für Es auch eins der Worte Er und Sie eintreten kann."[179] Derart beredet wird der Andere entpersönlicht, nämlich zu einem Gegenstand unter anderen nivelliert, der Verfügung des Redenden unterstellt, ohne eigene Erwiderungsmöglichkeit dessen Entwürfen eingeordnet. Das Bereden „bedarf ... nicht der faktischen Anwesenheit des Beredeten. Ja, diese würde den Beredenden ebenso wie den Beredeten selbst irritieren. Auch das zeigt sich im klatschhaften Bereden besonders deutlich: ich werde da nur beredet, wenn ich nicht zugegen bin. Aber auch da, wo ich in meiner Anwesenheit ganz neutral mit ‚er' tituliert werde, fühle ich mich peinlich berührt."[180] Daß diese Analyse eine Möglichkeit menschlichen Verhaltens zutreffend wiedergibt, daran ist nicht zu zweifeln. Doch wäre die anfangs erwähnte Alternative erschöpfend, so gäbe es nur die Eigentlichkeit der Ich-Du-Beziehung und daneben den unvermeidlichen, in Schranken zu haltenden Abfall in das Ich-Es-Verhältnis. Eine Ehrenrettung der dritten Person, des *Er und Sie*, muß von einer Unterscheidung ausgehen. Ich kann mit dem Du nicht nur ü b e r jemand reden, indem ich ihn beobachtend und urteilend von uns *fernhalte*, ich kann auch v o n jemand reden, indem ich ihn stellvertretend in unser Gespräch *einbeziehe*. Das Er ist nicht eindeutig.[181]

Beginnen wir mit einem alltäglichen Beispiel. Jemand läutet. „Ist Ihre Frau da? – Nein, sie ist nicht da, kann ich etwas ausrichten? Oder kann i c h etwas für Sie tun?" Der Abwesende kommt in userm Gespräch vor, doch nicht eigentlich als Gegenstand. Frage und Antwort zielen nicht ab auf das bloße Vorhan-

---

[179] Buber, *Ich und Du*, a.a.O. S. 79.

[180] Theunissen, *Der Andere*, S. 284; Theunissen stützt seine Auffassung mit zahlreichen Zitaten aus den Schriften Humboldts, Ebners, Rosenstock-Huessys, Marcels (vgl. S. 283–84).

[181] Als „mehrdeutig" bezeichnet auch Schapp die dritte Person (*Philosophie der Geschichten*, Leer 1959, S. 313, vgl. auch: *In Geschichten verstrickt*, Hamburg 1953, S. 191). Schapp macht in seinem Spätwerk den erzählbaren Zusammenhang der Geschichte zum Angelpunkt seiner Überlegungen. – Die von Theunissen immerhin angedeutete Möglichkeit eines Redens „vom Andern" kraft der „Latenz des Du im Es" bleibt allzu sehr dem oben erwähnten Schema verhaftet (vgl. a.a.O. S. 292).

densein des Dritten, sondern auf dessen Gegenwart als Gesprächspartner, die der Besucher sucht und die ich, so gut es geht, vertrete. Ich spreche nicht über den Abwesenden, sondern bin sein *Fürsprecher*, sage an seiner Stelle, was er selbst nicht sagen kann: ,,Ich bin nicht da." Und der Besucher fragt ihn durch mich, was er ihn selbst nicht zu fragen brauchte: ,,Bist du da?" In seiner Abwesenheit durch mich vertreten, fungiert der Dritte mit im Gespräch. Die anfängliche Frage kann aber auch einen andern Sinn haben. Der Fremde vergewissert sich über die Anwesenheit des Dritten, um diesen Umstand in seine Pläne einzubeziehen; hier ist der Andere tatsächlich versachlicht. Der bloße Wortlaut ist selten eindeutig, und selbst das Verhalten ist es nicht immer.

Von komplizierterer Form, aber auch von weiterreichender Bedeutung ist der Vorgang der *Erzählung*. Der Erzähler vertritt nicht bloß einen abwesenden Gesprächspartner, sondern er bringt, womöglich zum ersten Mal, in Worte, was Andere, vielleicht sogar die Anwesenden selbst, erlebt haben, sei es, daß der Erzähler dies als Gefährte oder Zeuge miterlebt hat, sei es, daß es ihm überliefert wurde. Werden hier nun nicht doch Abwesende beredet, ihre Taten zu Vorgängen versachlicht? Wiederum, es muß nicht so sein, es ist auch nicht so in einem Erzählen und Zuhören, das am Tun und Geschick der Betroffenen Anteil nimmt und sich selbst davon betreffen läßt. Eine solche Erzählung schafft eine gemeinsame Situation zwischen Erzähler und Zuhörern, in deren Gegenwart die Abwesenden durch Vergegenwärtigung miteinbezogen sind.[182] Gegenstand sind gar nicht diese, sondern das, was sie unternahmen und was ihnen widerfuhr; was jene durchmachten, ,,machen" wir ,,mit", im äußersten Fall in einem selbstvergessenen Benommensein, in normalen Fall in einem verantwortlichen Vernehmen, bei dem durch die vergegenwärtigte Gegenwart die eigene hindurchblickt. Sofern hier reflektiert wird, so ist es eine Reflexion im Andern, nicht auf ihn, eine zielgerichtete Reflexion.[183] Wird der Andere aber direkt porträtiert, so sinkt er wiederum nicht ab zum Es, sondern tritt als Du

[182] Buber spricht von der Vergegenwärtigung als einer miterlebenden ,,Realphantasie", die sich zu ihrem Höhepunkt steigert, ,,wo ich und der andere von einer gemeinsamen Lebenssituation umschlossen sind" (*Urdistanz und Beziehung*, a.a.O. S. 422).

[183] Vgl. hierzu oben II, 8.

vor uns hin, ansprechbar, wenn auch dem aktuellen Gespräch entrückt. Wir bemächtigen uns nicht der fremden Gegenwart, sondern erleben sie mit, wobei der Raum des Dialogs sich ausweitet. Die Personen, von denen die Rede ist, sind kein aktuelles Du, aber auch kein Es, sie sind vertreten im Erzähler und durch ihn bezeugt, einbezogen in die dialogische Einstellung. Sie könnten durchaus anwesend sein, ohne daß sie sich peinlich berührt fühlen müßten, und sie sind sowenig in die Distanz verwiesen, daß sie jederzeit, falls gegenwärtig, für den Erzählenden einspringen könnten.[184] Die Erzählung kann einen glücklichen oder katastrophalen Ausgang nehmen. Vor allem der letztere läßt uns anhalten und, da jeder Ausweg abgeschnitten scheint, zurückfragen, wie es dazu kam und wie es zuging. Die Gewissenserforschung zieht die Tatsachenforschung nach sich und damit die Versachlichung; das *fieri*, das wir mitmachen, erstarrt zum *factum*, das wir kritisch prüfen. Eine solche Distanzierung bricht mit der unmittelbaren, bewundernden und geängstigten Teilnahme und bereitet zugleich den Boden für eine neue, verantwortliche Teilnahme – wenn wir uns nicht auf die Distanz versteifen; man denke an Sartres *Huis clos*, wo alle Kommunikation erstickt in der Luftleere eines bloßen Urteilens, sprich: Aburteilens.[185] Das Mitgehen in der Erzählung ist früher als die sachliche Feststellung, und es ist aufs Ganze gesehen auch wahrer, weil der ursprünglichen Ausrichtung auf die *vita agenda* angemessen.[186]

Illustrierend sei auf drei Bereiche hingewiesen, wo die Erzählung in unserm Sinne einen wichtigen Platz hat. Die Geschichtsschreibung ist ihrem Ursprung nach ebensosehr Geschichtserzählung, vermischt zunächst mit Geschichtenerzählung, wie kritische Geschichtsforschung. Die antiken Autoren lassen ihre Akteure persönlich auftreten mit sinngemäß erfundenen Reden, anstatt nur von ihnen zu berichten.[187] Sie halten das Geschehene

---

[184] Wenn Marcel schreibt: ,,lorsque je parle de quelqu'un à la troisième personne, je le traite comme indépendant – comme absent – comme séparé'' (*Journal Métaphysique*, Paris 1927, S. 137), so gilt das eben nicht für die hier beschriebene Gesprächssituation.

[185] Buber sieht das Menschsein in der doppelten Bewegung von ,,Urdistanzierung'' und ,,In-Beziehungtreten'' (*Urdistanz u. Beziehung*, a.a.O. S. 411 ff).

[186] Zur Perspektive der *vita agenda* und der *vita acta* vgl. oben S. 119.

[187] Vgl. Thukydides (*Hist.* I, 22, 1), der aus der Unmöglichkeit wört-

nicht sich und dem Leser von Leibe, sondern nehmen es beispielhaft als Mahnung und Warnung für die Nachwelt. Sie bemühen sich, das Andenken an die Vorwelt wachzuhalten; an jemand denken, das besagt aber nicht nur: wissen, daß es ihn gibt oder gab, sondern: ihn in der Vergegenwärtigung an der lebendigen Gegenwart teilnehmen lassen. Die asketischere und differenziertere Methodik der modernen Historie drängt diese Motive in den Hintergrund, doch kann ein lebendiges Geschichtsverhältnis ihrer nicht völlig entraten.[188] – Geschichten sind ein vorzügliches Feld der Dichtkunst. Auch ihre Figuren sind nicht bloße Sachinhalte, sondern imaginäre Mitspieler. Auch hier besteht die Gefahr eines bloßen sympathetischen Fortgerissenwerdens in eine imaginäre Welt, dem moderne Bühnenautoren mit desillusionierenden Mitteln entgegenwirken; ein Dialog verlangt, daß wir nicht den eigenen Boden unter den Füßen verlieren.[189] – Schließlich sei daran erinnert, daß die Autoren der Bibel sich nicht nur in Gebeten und Gesängen an Gott wenden, sondern zugleich von Gott sprechen, indem sie bezeugen, was dieser an seinem Volk und seiner Gemeinde gewirkt hat; auch das religiöse Reden kennt ein Mittleres zwischen dem Du der Anrede und dem Es des Beredens.

Als ein Indiz für die Versachlichung gilt die Vergangenheit des Es, von dem ich nichts eigentlich erwarte wie vom Du in seiner Gegenwart. Und ist es nicht so, daß in den Geschichten über jemand der Mitmensch „nicht aus der gegenwartenden Zukunft, sondern aus der Vergangenheit begegnet?"[190] Nein, wenigstens nicht in der mitbeteiligten Erzählung; denn hier gegenwärtigen wir den Andern von seinen Lebenszielen her, mit seinen Erwar-

licher Dokumentation eine rhetorische und dramatische Tugend macht, und zwar in voller kritischen Besonnenheit; vgl. außerdem die Differenzierung der künstlerischen Redeweise (λέξις) in Erzählung (διήγησις) und Darstellung (μίμησις) bei Platon (*Politeia* III, 392c ff.).

[188] Wir reden damit nicht einer archaisierenden Geschichtsbetrachtung das Wort, wohl aber einem konkreten, immer *auch* dialogischen Geschichtsbewußtsein in aller Tatsachenforschung (vgl. dazu etwa P. Ricoeur, „Objectivité et subjectivité en histoire," in: *Histoire et vérité*, Paris ²1955, S. 23 ff.).

[189] Über den Zusammenhang von wirklicher und phantasierter Welt vgl. *Erfahrung u. Urteil*, §§ 39 ff.

[190] So Theunissen, a.a.O. S. 406 in seiner Kritik an Schapp; zur Gegenwart des Du und dem Gewesensein der Gegenstände vgl. Buber, *Ich und Du*, a.a.O. S. 85 ff.

tungen also, die mehr oder weniger bestimmt in die zukunfts-
gerichtete Gegenwart des Dialogs hineinreichen und sich darin
auswirken. Doch da das entscheidende Moment die Vergegenwärtigung ist, muß es nicht eine Erzählung sein, die unsern
Dialog ausweitet. Abwesende können auch an einer gemeinsamen
Beratung beteiligt sein, wenn die Anwesenden ihre vermutlichen
Intentionen berücksichtigen, wie sich überhaupt der dialogische
Konnex immer auch ins Praktische wenden läßt. Schließlich ist
es möglich, daß wir einen Abwesenden in Gedanken und Worten
bei einem schwierigen Unternehmen *begleiten*.

Soviel ist allerdings richtig, für die Andern und von den Andern können wir nur sprechen, wenn wir mit diesen schon auf
irgendeine Weise verbunden s i n d. In den aktuellen Dialog als
ständige Gemeinschaftsstiftung und -fortsetzung dringen die
Andern ein, die immer schon, zumeist unausdrücklich, oft auch
ausdrücklich, aus dem Redenden sprechen und in seinen Worten
mitvernommen werden. Ich und Du, die sich über eine Sache verständigen, verweisen auf einen Hintergrund des Wir, den sie
aktualisieren, aber nicht erschöpfen; es könnten noch Andere
mithören und mitsprechen. Das Wir, sofern es nicht nur in den
Dialog hineinwirkt, sondern sich selbst bildet und immer schon
gebildet hat, bleibt einer späteren Erörterung vorbehalten. Was
aber hier bereits ansteht, ist die gestufte *Nähe und Ferne* derer, die
aktuell oder potentiell mit mir am Dialog teilnehmen.

16. Die Horizonte des Dialogs

Ein aktueller Dialog setzt erst ein, wenn ich mich mit Andern
in wechselseitiger Bestimmung auf dasselbe einstelle und mich
darüber verständige. Wir haben gezeigt, wie in einer Art von
Fürsprache auch Abwesende in den Dialog einbezogen werden
können. Doch nun ist die Frage noch allgemeiner zu stellen: Was
ist mit den Andern, die nicht in einem aktuellen Konnex der
Verständigung oder auch nur der Erfahrung mit mir stehen? Sie
sind ,,Subjekte möglicher Wechselgemeinschaft,[191] jeder Mitmensch ist ein *mögliches Du* für mich. Wie aber ist ein mögliches
Du für mich ,,da'', wenn mein Interesse einer Sache gilt, die ich
mit jemand oder allein verhandle? Als *Mitsubjekt*, das sich mit

[191] *Cart. Meditationen*, S. 158.

mir in einen *gemeinsamen Welthorizont* teilt und mein aktuelles Erfahrungs- und Interessenfeld teilen ka nn, indem es mit mir verkehrt. „Wie jedes Ichsubjekt ein originales Wahrnehmungs- feld hat, in einem freitätig zu eröffnenden Horizont, der zu immer neuen, immer wieder bestimmt-unbestimmt vorgezeichneten Wahrnehmungsfeldern führt, so hat ein jedes seinen Einfühlungs- horizont, den seiner Mitsubjektivität, zu eröffnen durch direkten und indirekten Verkehr ...".[192] Das Mitsein der Andern als möglicher Gesprächspartner wird nur verständlich aus der Sicht des Dialogs selbst. Der „soziale Zusammenhang", der sich da stiftet, greift auf mögliche Partner über und macht jeden zum „Glied einer in unbestimmt endlose Weiten sich forterstrecken- den personalen Wirkungsgemeinschaft, und zuletzt einer Menschheit".[193] Die „intentionale Gemeinschaft" ist eine offene Gemeinschaft. Freilich rückt diese Einsicht bei Husserl in ein Zwielicht, weil er nicht ausgeht von einem ansprechbaren Du, sondern von einem wahrnehmbaren Es; der Andre kommt zu- nächst in meinem Welthorizont vor wie ein Ding.

Wer Welt-Horizont und Erfahrungs-Feld sagt, sagt auch *Orientierungszentrum*; das Ganze gruppiert sich um einen Mittel- punkt, einen Standort inmitten des Ganzen. Nach welchem Standort soll sich für mich die Gesamtwirklichkeit richten, wenn nicht nach dem meinen? Denn nur soweit sie von ihm aus zu- gänglich ist, ist sie originär zugänglich, nicht weil ich mehr bin als die Andern, sondern einfach weil ich Ich bin. In meinem Welt- verhältnis werden die Andern zu *Mit-subjekten*, wird die Mensch- heit zur *Mit-welt*; Ich – und alle Andern, und die Andersheit stuft sich ab.[194] Widerspricht diese Egozentrik nicht aller Dialogik? Ist der Horizont nicht ein völlig dialogfremdes Moment? Wäre es so, man müßte die Welteinstellung als solche verantwortlich machen für den praktischen Egoismus bzw. für dessen leibfrem- den Bruder, den transzendentalen Solipsismus. In der Tat führt

---

[192] *Krisis*, S. 258.
[193] *Erste Philosophie* II, S. 137.
[194] Ausgehend von einem „beschränkten Kern unserer Nächsten" sind alle Menschen „jeweils ,mir' bewußt als ,meine' Anderen, als mit denen ich in aktuellen und potenziellen, unmittelbaren und mittelbaren Einfühlungs- konnex treten kann ...", so hat jeder Mensch seine „Mitmenschheit" (*Krisis*, S. 369); so leben die Personen in „verschiedener personaler ,Orientierung'" (*Phän. Psychologie*, S. 506). Zur Konstitution einer „Mitwelt" vgl. auch Löwith, a.a.O. § 10.

Theunissen den unüberwundenen Solipsismus bei Husserl darauf zurück, daß dieser die fremden Subjekte nur von der Welt und eben damit auch vom Ich her thematisch macht.[195] Erst in dem weltentrückten Zwischenbereich der einen Ich-Du-Beziehung fällt mit der Perspektivik auch der Vorrang des Ich.[196] Das wirft eine Menge Fragen auf, hier nur soviel: Stört denn die Perspektivik wirklich die Gleichrangigkeit der Dialog- und Lebenspartner?

Zunächst, was heißt denn das, ich stehe im Mittelpunkt von Welt und Mitwelt? Halten wir uns an die außengerichtete Dynamik des natürlichen Erfahrungslebens, so besagt das: Von dem Ort aus, an dem ich stehe, enthüllt sich auf irgendeine Weise alles, was ist, sei es, daß es in meinen Gesichtskreis fällt, sei es, daß es dessen weiteren Horizonten zugehört. Das Subjekt ist „immer, in jedem Jetzt, im Zentrum ..., im Hier, von wo aus es alle Dinge sieht und in die Welt hineinsieht ..."".[197] Der Standort, im engeren, aber auch im weiteren Sinne, ist ein *Von-hier*, Ausgangspunkt einer egofugalen Bewegung, nicht ein *Woraufhin*, Zielpunkt einer egopetalen Bewegung; er ist der „Nullpunkt" aller Orientierungen.[198] *Nähe* besagt dementsprechend: Etwas liegt bereit, „liegt mir nahe", daß ich darauf eingehen kann, Jemand steht bereit, „steht mir nahe", daß ich mit ihm darauf eingehen kann, und umgekehrt: Ich bin bereit, mit Jemand auf Etwas einzugehen. Die Bereitschaft weist in eine doppelte Richtung wie das sachliche Verhalten als Übergang von der Intention zur Erfüllung und von der Überraschung zum Verständnis und wie das dialogische Verhalten als Übergang von der eigenen Frage zur fremden Antwort und der fremden Anrede zur eigenen Erwiderung.[199] Immer sind wir uns nahe; das gilt im eigentlichen Sinne für das intersubjektive Verhalten, wo die Initiative zur *Annäherung* von beiden Seiten ausgehen kann,

[195] Vgl. a.a.O. §§ 19, 20 und zur Ichzentrierung von Umwelt und Mitwelt und der daraus resultierenden Ichabhängigkeit S. 29–30.
[196] Vgl. a.a.O .S. 261, 265.
[197] *Ideen* II, S. 159.
[198] Ebd. S. 158, er ist immer auch praktischer Nullpunkt (vgl. *Phän. Psychologie*, S. 490.)
[199] Zu Nähe und Ferne vgl. oben S. 89, zur zwiefachen Akzentuierung des Übergangserlebnisses vgl. oben S. 47, 145. Von „Bereitschaft" sprechen wir ähnlich, wie Husserl von „wahrnehmungsbereiten" Erlebnissen spricht (*Ideen* I, § 45).

im uneigentlichen Sinne für das objektive Verhalten, wo die Initiative primär bei mir und nur sekundär bei dem liegt, was mich affiziert. Der Standort, nach dem sich Nähe und Ferne bemessen, ist somit keine Instanz, vor die Andere und Anderes zitiert werden, sondern in ihm dokumentiert sich die bestimmte und beschränkte Weise, wie Welt und Mitwelt für mich offenstehen und ich für sie offen bin. Die Rede vom Mittelpunkt suggeriert die Vorstellung, als stünde ich in der Mitte, gleichwie einst die Erde als der ruhende Mittelpunkt des Weltalls galt. Aber ich ruhe gar nicht in mir selbst, sondern bin in ständigem Aufbruch fort von mir selbst und bin nur so bei mir; der Standort setzt mir in dieser Bewegung einen bestimmten Spielraum.[200] Erst wenn ich mich selbst zum Woraufhin meiner Eigenbewegung mache, gerät alles in einen egozentrischen Sog und wird, wenigstens, was seinen Sinn angeht, von mir abhängig. Husserls Denken leistet einer solchen Sichtweise allerdings Vorschub, wenn er aus der Reflexion mehr macht als einen Zwischenakt (s.o. II, 3, 4. 8).

Weil die Perspektive nicht darüber entscheidet, was ist oder gilt, sondern nur darüber, wie etwas erscheint, verträgt sich meine Perspektive mit der aller Andern. Im dialogischen Geschehen kommen die fremden Perspektiven ausdrücklich zur Geltung. Der Dialog ist *polyzentrisch* angelegt; ich erlebe die Wirklichkeit zugleich von ,,hier" und von ,,dort" aus. Dieses Zugleich ist ursprünglicher als die Möglichkeit, mich auf den fremden Standpunkt zu stellen; denn der Andere spricht mich an und tritt mir entgegen, indem er *von ,,dort" aus* spricht. So ist ja auch das dialogische Verstehen etwas anderes als ein Sich-hineinversetzen in den Andern. ,,Von-hier" und ,,Von-dort" sind gleichursprünglich in der gemeinsamen Sachorientierung des Dialogs; so konstituiert sich eine *wechselseitige Nähe* der Partner, die sich in der gemeinsamen Sache mehr oder weniger nahe kommen.

Die perspektivische Offenheit mit ihren wechselnden Horizonten ist von großer Vielfalt, ebenso die Skala mitmenschlicher Nachbarschaft; wir greifen an dieser Stelle nur die wichtigsten Unterscheidungskriterien heraus.

[200] Vgl. Heidegger, *Sein und Zeit*, S. 107: ,,Das Hier meint nicht das Wo eines Vorhandenen, sondern das Wobei eines ent-fernenden Seins bei ... Das Dasein ist ... zunächst nie hier, sondern dort ..." Das Wesen des Daseins ist ,,exzentrisch" (*Vom Wesen des Grundes*, S. 42).

Da ist zunächst die *objektiv fundierte Nähe*, bestimmt durch das Eigengewicht der Sache, in der wir uns nahe sind oder sein können. Gleichgültig, ob wir in einem aktuellen oder potentiellen Konnex stehen, die objektive Bedeutsamkeit der Sache differiert in eins mit der Inanspruchnahme des Ich und dem Anspruch aufeinander. Nicht alles verlangt den gleichen Ernst. Die Einigung über eine politische Verfahrensfrage bringt uns nicht so nah wie eine gemeinsame politische Zielsetzung; Weinkenner bleiben sich fremder als Liebende. Das betrifft freilich nur die ausdrückliche Nähe; im Horizont einer Aktionseinheit oder eines Lebensganzen nimmt das Vordergründige ein Mehr an Sinn an oder vorweg. Über die verschiedenen Rollen des Mitsubjekts bis hin zum Du, das alle Sonderrollen übersteigt, haben wir später noch zu reden. – In den Zusammenhang der sachlich fundierten Nähe gehören auch die Grade der Sinnverwirklichung und der Verwirklichungsmöglichkeit; Fachmann und Laie sind sich objektiv weniger nah als Fachleute unter einander, Berichterstatter und Zuhörer weniger als Erlebnisgefährten unter sich. – Endlich gilt dies auch, auf andere Weise, für die Stufen des Einverständnisses. Dem intimen Gegner bin ich eng verbunden im Interesse an der Sache, nicht aber im Verständnis der Sache.

Wichtiger für uns ist nun die *subjektive Nähe*, wo an die Stelle der objektiven Über- und Unterordnung die subjektiv-faktische Nebenordnung tritt; denn hier entscheidet sich, ob überhaupt ein aktueller Dialog zustande kommt oder zustande kommen kann. Wir nehmen die frühere Unterscheidung auf zwischen der intensiv-intentionalen Perspektive des ,,ich will", der *Ansprechbereitschaft*, und der extensiv-faktischen Perspektive des ,,ich kann", der *Ansprechbarkeit* (s o. II, 5). Bereitschaft des Ich, das sich interessiert, und Bereitschaft der Sache, die gegeben ist und das Interesse weckt, wirken zusammen im ,,ich tue", doch ihr Beitrag deckt sich nicht völlig; denn immer meine ich mehr als mir gegeben ist, und immer ist mir mehr gegeben, als ich meine.[201]

Zu beginnen ist mit der ,,*inneren*" *Interessen-Perspektive*; denn was einer kann und ist, zeigt sich erst in dem, was einer will. Der aktuelle Dialog setzt einen gemeinsamen ,,attentionalen Kern" voraus. Wir interessieren uns für dasselbe. Dieses vorausgesetzte

---

[201] Vgl. *Cart. Meditationen*, S. 82: Es gibt überall ein *,,Ich kann* und *Ich tue*, bezw. *Ich kann anders als ich tue*".

Interesse schattet sich kontinuierlich ab vom Interesse für dasselbe thematische Objekt zum Interesse für dasselbe Gebiet, vom intensiven zum beiläufigen, vom dauernden zum vorübergehenden, vom ausdrücklichen zum unausdrücklichen Interesse; Intensität und Dauerhaftigkeit variieren selbst im aktuellen Dialog. Vor aller aktiven sozialen Verbindung schafft dieses Interesse eine zunehmende Möglichkeit solchen Konnexes, eine *innere Nähe und Ferne*, die relativ unabhängig ist vom zeitlichen und räumlichen Abstand. Mein jeweiliges Interessenfeld steht einem variablen *Kreis von Mitinteressenten* offen. Es bildet sich der „Berufskreis" der Arbeiter, Künstler, Wissenschaftler[202] und so auch der Kreis der Philosophierenden, die in der „Einheit eines geistigen Raumes" miteinander verkehren können.[203] Zumeist kommt es dabei zu einem direkten oder indirekten Kontakt, aber das muß nicht sein; Platon beispielsweise ist als Denker Laotse nahe, näher als vielen aus seiner Umgebung, obwohl er von dessen Philosophie nichts gewußt hat. Durch alle Sonderinteressen hindurch geht schließlich ein Grundinteresse, das aus jedem Menschen, aller Ferne ungeachtet, einen Mitmenschen, einen ansprechbaren Partner, macht.[204]

Die Ansprechbarkeit füreinander, nicht das gemeinsame Vorhandensein in Zeit und Raum, ist der Grundcharakter der Intersubjektivität, weil sie vor aller Versachlichung dem Lebensvollzug selbst angehört. Doch diese Grundmöglichkeit realisiert sich erst in der Verschmelzung der „*äußeren" Perspektiven* voll und ganz; Äußerlichkeit ist hier nicht verstanden als Zugabe, sondern als Verwirklichung der bloßen Intention in einem Tun, das ein faktisches Können voraussetzt.[205] Das „ich will" ist immer ein „ich will jetzt"; der aktuelle Dialog spielt in der Gleichzeitigkeit, nur so stoßen unsere Interessen auf einander. Die Gleichzeitigkeit schattet sich ab in der bloßen *zeitlichen Nähe*, die in zeitliche Fernen übergeht. Die *zeitgenössische Mitwelt* derer, die prinzipiell ansprechbar sind, weist zurück auf die *Vorwelt* derer, die ansprechbar waren, und voraus auf die *Nachwelt* derer, die ansprechbar sein werden. Nähe und Ferne drücken auch hier eine wechsel-

---

[202] Vgl. *Krisis*, Beil. XVII, außerdem oben II, 5, f.
[203] *Cart. Meditationen*, S. 47.
[204] Vgl. ebd. § 58, *Krisis*, § 36.
[205] Zur faktischen Begrenzung der Verständigung vgl. *Ideen* I, § 48.

seitige Beziehung aus, nur daß für unser weltliches Erleben die Gegenwart den Vorrang hat; der Lebende leiht den Vor- und Nachfahren nicht nur sein Ohr, sondern auch seine Stimme. Auf diese Weise reicht die zeitliche Gemeinschaft über die Gegenwart hinaus. ,,Ich bin faktisch in einer mitmenschlichen Gegenwart . . ., ich weiß mich faktisch in einem generativen Zusammenhang, im Einheitsstrom einer Geschichtlichkeit, in der diese Gegenwart die menschheitliche und die ihr bewußte Welt historische Gegenwart einer historischen Vergangenheit und einer historischen Zukunft ist.''[206]

Doch nicht mit allen Zeitgenossen kann ich in einen unvermittelten dialogischen Kontakt, in ,,Berührung" treten, sondern nur mit denen, die mir durch *leiblich-räumliche Nähe* verbunden sind.[207] Das bedeutet keine vorschnelle Versachlichung der Andern, denn diese Räumlichkeit ist als lebendige Form des Beieinanderseins zu verstehen. ,,Der Geist, der Mensch als Glied der personalen Menschenwelt hat nicht einen Ort, so wie Dinge einen Ort haben . . . ; sondern er hat einen Ort, das sagt, er steht in beständiger Funktionsbeziehung zu einem Leib . . .''[208] So spricht auch der Andere v o n dort a u s, er steht im ,,Nullpunkt" und läßt von dort aus die Räumlichkeit entspringen mit mir, der ich von hier aus spreche und wirke. Dieser soziale Raum ist ursprünglicher als der physikalische Raum, der erst in der Nivellierung des ,,gemeinsamen Umgebungsraumes" entsteht.[209] Halten wir uns an das dialogische Miteinander, so geht das eigene Hier

---

[206] *Krisis*, S. 256; wir leben in einer ,,immanenten gemeinsamen Zeit des Wir – Wir-Gegenwart, Wir-Vergangenheit, Wir-Zukunft" (Transcr., 1930, A V 5, S. 80). Schon bei Dilthey heißt es: der Einzelne ist nicht zeitlich, sondern ,,zeit-genössisch" bestimmt, Generation besagt Zeitlichkeit des Lebens und Zusammenleben (vgl. Löwith, a.a.O. S. 26).

[207] Zur ,,Berührung" vgl. *Ideen* II, S. 350, 375, *Gemeingeist* I, S. 2–7, II, S. 4.

[208] *Ideen II*, S. 204.

[209] Ebd. S. 202; den ,,sozialen Raum" (vgl. auch Transcr., 1932, C 16 III, S. 1, 12) baut Husserl freilich wiederum egologisch auf (vgl. *Ideen* II, §§ 18, 46, 52, *Cart. Meditationen*, §§ 53–55) im Gegensatz zu Heideggers Gliederung des Weltraumes von der gemeinsamen Praxis her (*Sein und Zeit*, §§ 22–24). Zu Husserls Theorie der Räumlichkeit, unter Ausklammerung des Sozialen, vgl. die erwähnte Studie von Claesges; die gesamte phänomenologische Forschung ist berücksichtigt in der abgewogenen Arbeit von E. Ströker: *Philosophische Untersuchungen zum Raum*, Frankfurt 1965.

in das fremde Dort über in einer ungeschiedenen *Miträumlichkeit*. Wir erfahren und wirken von einem gemeinsamen Hier aus, keinem Raumpunkt, sondern einem gemeinsam besetzten, gegliederten Platz wie Zimmer, Haus, Stadt, Land, Erde. Die räumliche Nähe nimmt wiederum kontinuierlich ab. Bereits der Dialog selbst zeigt einen gewissen Spielraum; man kann sich „auf den Leib rücken" oder „auf Abstand halten", das leibliche Verhalten drückt hier ein inneres Verhalten aus; die Gesprächsnähe kann in bloße Rufweite übergehen, und schließlich reißt die Verbindung ab, wie es sinnfällig wird in der Abschiedszene. Die Mitwelt gliedert sich am Ende in eine *Nah- und Fernwelt*. Dieser Weltraum ist ein „hodologischer Raum", wie K. Lewin es genannt hat; Nähe und Ferne sind mitbestimmt durch die natürlichen und technischen Möglichkeiten der Annäherung; die Werkzeuge dazu bedeuten wie alle Werkzeuge eine „Erweiterung des Leibes."[210]

Die Räumlichkeit ist nur ein abstrakter Aspekt der Leiblichkeit; konkret gesehen ist der Leib Organ des Erkennens, Handelns und Fühlens und darin bei aller Typik und Regularität von Individuum zu Individuum mehr oder weniger verschieden. So ist auch die *Zwischenleiblichkeit* ein Feld größerer oder geringerer Nähe. Hierher gehören die Konvergenzen und Divergenzen der Geschlechter, der Generationen, der Verwandtschaft, der Anlagen, der Gesundheit. Diese betreffen nicht den Sinn, den etwas für uns hat, sondern die Weise, wie uns etwas affiziert. Sie entscheiden nicht darüber, ob ein Dialog zustande kommen kann, wohl aber haben sie einen Einfluß darauf, wie tief die Annäherung geht. Gerade die Intensität des Interesses ist nicht nur Sache der willentlichen Bemühung, sondern auch der Beeindruckbarkeit. Das leibliche Befinden *disponiert*, selten freilich eindeutig, für den Dialog; ob man mit jemand leicht reden kann, das liegt nicht einfach in seiner oder in meiner Hand. Wahlverwandtschaften reichen hinein in einen Bereich des Nicht-Wählbaren, in „einen Hintergrund, der . . . von allem Verhalten vorausgesetzt ist."[211]

[210] *Ideen* III, S. 7; zum Bewußtseinshorizont mit „seinen Bekanntheiten und offenen Spielräumen, seinen Nähen und Fernen" vgl. *Erste Philosophie* II, S. 148–49, zur „praktischen Nahwelt" und „Fernwelt": Transcr. (1933 o.34) A V 12, S. 7. Den Zusammenhang von Raum und Weg berücksichtigen auch Heidegger (*Sein und Zeit*, § 23) und Sartre (*L'être et le néant*, 385–86).
[211] *Ideen* II, S. 279.

Wir haben bisher säuberlich getrennt zwischen der „inneren" Nähe der Interessengleichheit und der „äußeren" Nähe des zeitlichen Miteinander und räumlich-leiblichen Beieinander; diese Trennung wird dem konkreten Mitsein nicht gerecht. Weil nämlich unsere Intentionen nicht in Zeit, Raum und Leib vorkommen, sondern sich in ihnen realisieren, durchdringen sich innerlichgeistige und äußerlich-natürliche Nähe im Zwischenbereich der Kulturwelt, die sich in der Geschichte bildet und sich selbst wieder in *Kulturkreisen* anordnet.[212] Man denke an die Sprachnähe, die weder auf bloße Interessenverwandtschaft, noch auf bloß natürliche Nähe zurückzuführen ist. Ähnliches gilt für die konkrete Räumlichkeit und Leiblichkeit in ihrer geschichtlichen Durchformung.

Dennoch, das Leben in die Ferne, im Abstand zur nächsten Mitwelt, bleibt eine ständige Möglichkeit. Es kann einer in engem Kontakt stehen mit Abwesenden, von denen ihn das Exil trennt, mit Verstorbenen, deren Ansprüche er vertritt und deren Andenken er wachhält, oder mit Kommenden, denen er vorarbeitet. Nietzsches „Fernstenliebe" hat ihren guten Sinn, nicht zuletzt für den, der an einem zukunftsträchtigen Werk schafft. Nur hebt das die Eigenbedeutung der unmittelbaren Nahwelt nicht auf. Da alle Abwesenheit des Andern auf seine lebendige Gegenwart verweist, kommt der wirklichen Gegenwart von Mitmenschen, die leibhaftig da sind, eine bewährende Kraft zu. Die *Offenheit in der Nähe* ist ein Prüfstein für die *Offenheit in die Ferne.* Der Dialog in die Ferne verkümmert leicht zu einem versteckten Monolog, da der Abwesende ähnlich, wie Platon von der Schrift sagt, sich weder selbst schützen noch helfen kann, oder er entartet zu einer Fluchtbewegung, wenn nämlich die wirkliche Ferne nicht ausgehalten, sondern in eine illusionäre Nähe verwandelt wird. Sodann ist die äußere Nähe des Menschen neben mir niemals n u r äußere Nähe, sondern latenter Anspruch und inchoativer Dialog. So ist der Nächste im biblischen Sinn oft gerade der räumlich Nächste, jemand, der am Wege liegt und dem nur der Vorübergehende unmittelbar helfen kann. Nicht daß wir im Raum wie Dinge unter Dingen vorkommen, wohl aber daß wir von einem räumlichen Hier und Dort aus einander entgegenkommen,

---

[212] Vgl. dazu *Cart. Meditationen*, § 58, *Krisis*, § 36 und *Phän. Psychologie*, Beil. XXVII.

ist konstitutiv für das menschlich-leibliche Zusammenleben.[213] Der aktuelle Dialog hat seine Horizonte, hinter dem Dialogpartner tut sich eine Mitwelt potentieller Partner auf. Nähe und Ferne bilden sich in einem Prozeß der Annäherung und Entfernung. Das Problem einer Sozialität, die einerseits dem Dialog vorausgeht und andererseits aus ihm hervorgeht, ist nur erst angedeutet. Ich kann die Andern ansprechen, weil ich immer schon in einer abgestuften Nähe mit ihnen verbunden bin; ich bin hier mit den Andern. Auf diese faktisch bestehende und immer wieder neu gebildete Gemeinsamkeit werden wir im übernächsten Kapitel zurückkommen.

17. Der vermittelte Dialog

Aktuelle An- und Abwesenheit des Dialogpartners bilden keine erschöpfende Alternative. Der Partner kann *in einem Andern* anwesend sein, in einem personhaften Zeugen oder in einem dinghaften Zeugnis, und das in beliebiger Iteration. Die Rahmenstruktur des Dialogs bleibt unverändert, doch das Wie der Übergabe und Übernahme ändert sich in der Vermittlung, die ihre eigene Technik entwickelt. Diese indirekte Übermittlung ist bedeutsam für die Ausweitung des Dialogs über die Enge der zeitlichen und räumlichen Gegenwart hinaus.

Beginnen wir mit der *lebendigen, mündlichen Übermittlung*. Der Vermittler übernimmt als Hörer, was er Andern weitergeben wird, und teilt als Sprecher mit, was er von Andern übernommen hat; er teilt sich nacheinander in die Funktion der getrennten Gesprächspartner, die er vertritt. Diese beliebig iterierbare ,,Verständnisverkettung'' gründet in einer Verkettung der Erfahrungen; ich erlebe mit, was Andere mit Andern erleben oder er-

---

[213] Die wechselnde ,,Erlebnisnähe und -ferne'' wird auch von Schutz gründlich bedacht (vgl. *Der sinnhafte Aufbau der sozialen Welt*, §§ 33 ff.); zustimmen kann ich dem Autor freilich nicht, wenn er eine soziale ,,Umwelt'' *personaler* ,,Mitmenschen'' abhebt von einer ,,Mitwelt'', ,,Vorwelt'' und ,,Folgewelt'' *anonymer* ,,Nebenmenschen'', ,,Vorfahren'' und ,,Nachfahren'' und dabei die Umwelt definiert durch die räumlich-zeitliche Koexistenz in einer ,,face-to-face relationship'' (vgl. *Collected Papers* I, pass.); dies würde nur gelten, wenn der Andere primär verstehbares Subjekt-Objekt wäre und nicht primär anredbares Eigensubjekt, das auch in der Ferne dies bleibt.

lebt haben und diese mit wieder Anderen.[214] Ein identischer Sinnkern wird weitergegeben, aber dieser zeigt eine „intentionale Mittelbarkeit."[215] Wie bei der Erinnerung in der Erinnerung das Erinnerte auf eine doppelte Gegenwart verweist, auf die der früheren Erinnerung und auf die aktuelle Gegenwart, so verweist beim Hören im Hören das Gehörte ebenfalls auf eine doppelte Selbstgegenwart, auf die des Übermittlers und auf die eigene. In der Art der Übermittlung zeigen sich wichtige Unterschiede.

a) Die Vermittlung hilft Abstände zu überbrücken, die einem Wechselverständnis entgegenstehen. Das gilt für den *inneren Abstand* mangelnden Verständnisses, so beim Sach-Interpreten und beim Sprach-Dolmetscher, [216] für die *räumliche Ferne* gleichzeitig Lebender und für den *zeitlichen Abstand* zwischen Vor- und Nachfahren; konkret sind diese Möglichkeiten vielfach miteinander verknüpft. Während bei der bloßen Überbrückung der räumlichen Ferne eine persönlich gezielte Anrede und eine vernehmbare Rückantwort, also ein voller Dialog möglich ist, wenn auch in zeitlicher Verschiebung von Reden und Hören, ist bei der Überbrückung des zeitlichen Abstandes der Dialog auf die reine Vergegenwärtigung angewiesen; einer redet, wenn der Hörende noch nicht ist, dieser hört, wenn der Redende nicht mehr ist; das Medium der Vergegenwärtigung ist der Übermittler. Diese Weitergabe eines Sinnes in einsinniger Richtung ist das, was wir als Tradition bezeichnen.

b) Was mir der Andere mitteilt, kann eigens als fremde Meinung vom Redenden und Hörenden verstanden und auch so bezeichnet sein (in der Schrift tun dies die Anführungszeichen), aber es muß nicht so sein. Wie ich mich spontan erinnere, ohne die Vergangenheit mit der Gegenwart zu kontrastieren – jene ist in dieser schlicht mit da –, so kann einer auch Fremdes schlicht übernehmen und übermitteln, ohne es ausdrücklich gegen das

---

[214] Zur iterierbaren „Verkettung" in der Intersubjektivität vgl. *Erste Philosophie* II, S. 136, *Cart. Meditationen,* S. 158, *Krisis,* S. 258, 371; zur „Verkettung" als „komplexer Verknüpfung" vgl. schon III. *Log. Untersuchung,* § 20.

[215] *Erste Philosophie* II, S. 136.

[216] Die Übersetzung in fremde Sprache hebt die „identische Zugänglichkeit" nicht auf, sondern macht sie nur zu einer „uneigentlichen, indirekten" (*Krisis,* S. 368), dasselbe gilt für die „erläuternde Reproduktion" (*Logik,* S. 18).

Eigene abzusetzen. Mehr noch, die *schlichte* Übergabe und Übernahme ist der lebendige Untergrund aller *bewußten Tradition.* Diese läßt sich nicht völlig artikulieren und auf einzelne Glieder in der Kette aufteilen; denn bevor wir uns zueinander verhalten, haben wir uns schon beeinflußt, sind wir schon voneinander geprägt.

c) Der vermittelte Dialog bildet eine *Kette selbständiger Dialoge,* wenn der Übermittler primär im eigenen Namen zuhört und spricht und so dann vor einem Dritten vertritt, was er von mir vernommen hat. Wer einen Dialog beginnt, muß mit einer solchen Fortführung des Dialogs rechnen; es ist dies die normale Weise, wie ein Sinn sich fortpflanzt und ausbreitet. Es handelt sich dagegen um *Haupt- und Nebendialog,* wenn der Übermittler primär im fremden Namen zuhört und spricht und so als bloßer Übermittler fungiert. Der Hauptdialog nimmt den unmittelbaren Dialog in Dienst; die Intention des selbständig Hörenden und Redenden geht durch die Äußerungen des Übermittlers hindurch auf das, was der vertretene Partner gesagt hat oder vernehmen soll.[217]

d) Auch in der bloßen Übermittlung bleibt der Übermittler eine *Mittelsperson.* Der untergeordnete Dialog ist ein wirklicher Dialog, nicht auf der Ebene sachlicher Einsicht, aber in der gemeinsamen Ermöglichung solcher Einsicht. Dem Übermittler wird etwas anvertraut, und er liefert etwas aus. Zu verantworten hat er nicht, ob das Übermittelte wahr ist, wohl aber, daß er es getreu weitergibt.

e) Die *Mitwirkung des Übermittlers* variiert je nachdem, wieweit das sachliche Verständnis und die sachliche Anteilnahme reichen. Je lebendiger und selbständiger die Übermittlung, desto inniger die Verschmelzung mit der persönlichen und geschichtlichen Situation des Übermittlers; keine Übernahme ist ja eine bloß passive Übernahme, und schon die vermittelnde Sprache gibt dem Sinn eine bestimmte Färbung. Die Einschaltung eines lebendigen Mittlers wirkt ebenso sinnbelebend wie sinnverengend, der Möglichkeit nach auch sinnentstellend. Die Loslösung des übermittelten Sinnes von der Person des Übermittlers schreitet fort in der wörtlichen Wiedergabe durch die wiederholbare

[217] Zur Unterscheidung von herrschender Hauptaktion und dienender Nebenaktion s.o.II, 5, e.

Sprachformel; diese macht sich in besonderem Maße die Idealität der Sprache, ihre „geistige Leiblichkeit" zunutze.[218] Die Rolle des Übermittlers sinkt ab zu der des bloßen Überbringers. Je mechanischer die Weitergabe erfolgt, desto näher kommt sie der rein materiellen Vermittlung, ohne deren Effizienz zu erreichen.

f) Soweit die aktuelle Vermittlung sich auf funktionale Zusammenhänge reduzieren läßt, ist ein *Ersatz* möglich durch *technische und maschinelle Medien*, die den Raum überbrücken wie Telephon und Television und Informationen sammeln, sondieren, umsetzen und weitergeben wie der Computer. Die Kommunikationstechnik erweitert den Spielraum leiblicher Kommunikation durch qualitative Reduktion; so wird etwa die leibliche Gegenwart beschränkt auf Stimme und Bild oder der konkrete Sinn verwandelt in normierbare Daten; aller Ausdruck ist technisch gefiltert.[219]

Das schriftliche Zeugnis, das wir als nächstes betrachten, kommt einer Tendenz der mündlichen Mitteilung entgegen, nämlich jener, den Sinn möglichst verfügbar zu haben. Hier, in der *materiellen, schriftlichen Übermittlung*, verdinglicht sich der Sprachleib der *viva vox* zum *Sprachkörper*. Macht schon die „sprachliche Verleiblichung aus dem bloß innersubjektiven Gebilde das objektive, das ... für jedermann verständlich da ist", so gibt ihm die dokumentarische „Verkörperung" vollends „Existenz in der realen Welt."[220] Auch hier haben wir eine doppelte Gegenwart, eine lebendige Gegenwart im Akt der Niederschrift und der Lektüre und eine objektive Gegenwart im vorhandenen Dokument. Freilich gewinnt der Sinn in der mundanen Vorhandenheit ein bloß abgeleitetes Sein; er ist gebunden an eine wiederholbare Leibgestalt, nicht an einen einmaligen Leib.[221] Das erfahrbare Ding i s t hier und jetzt, der denk- und mitteilbare Sinn t r i t t hier und jetzt a u f. Der doppelten Gegenwart entspricht eine innere Sinngeschichte und eine äußere Textgeschichte.

---

[218] Vgl. *Logik*, S. 19.
[219] Zur Grenze aller Information vgl. C. F. v. Weiszäcker, „Sprache als Information", in: *Die Sprache*, hsg. v. der Bayerischen Akademie der Schönen Künste, München 1959, S. 45 ff.
[220] *Krisis*, S. 369.
[221] Vgl. dazu *Ideen* I, S. 61, II, S. 238–39, 243, *Phän. Psychologie*, Beil. IX, *Logik*, §§ 2, 5, *Krisis*, Beil. III, S. 367 ff.

Die *Verkörperung* verleiht dem übermittelten Sinn eigenen *Bestand*. Die mündliche Überlieferung ist gebunden an den aktuellen Kontakt, den der Übermittler gewährleistet. „Es fehlt das verharrende Sein der ‚idealen Gegenstände' auch während der Zeiten, in denen der Erfinder und seine Genossen nicht in solchem Konnex wach oder überhaupt nicht am Leben sind"; diese Zwischenzeiten überbrückt das Dokument, indem es „Mitteilungen ohne unmittelbare oder mittelbare persönliche Ansprache ermöglicht, sozusagen virtuell gewordene Mitteilung ist."[222] Ferner ist in der mündlichen Weitergabe der Sinn dem Willen und Können der Mittelsperson ausgeliefert. Im Sachmedium, das ja nichts anderes ist als Medium, als Funktionsträger, erreicht er dagegen die Objektivität des „es steht da". Nicht als ob diese sekundäre Objektivität von den Mühen des Verständnisses entbinden würde, aber die Mehrdeutigkeit des Sinnes wird nicht noch verstärkt durch die ausdrückliche oder unausdrückliche Deutung des Übermittlers. Derart überbrückt das Dokument den Abstand zwischen Mitteilung und Mitteilungsempfang, indem es den Sinn äußerlich festhält.

Was unterscheidet nun den *dialogischen Schriftverkehr* von der monologischen Aufzeichnung und auf welch besondere Weise vollzieht sich der schriftliche Dialog? Wenn Husserl Aufzeichnungen als „mögliche Mitteilungen" tituliert,[223] so hat dies einen doppelten Sinn. Zunächst ist das Dokument als Äußerung bereits im plizit auf mögliche Mitwisserschaft angelegt; es mag sein, daß sich diese Möglichkeit aus der Niederschrift ergibt ohne ausdrückliche Intention des Verfassers, wenn dieser dagegen gleichgültig ist, oder daß sie sich gegen dessen Intention durchsetzt, wenn dieser seine Gedanken geheimhalten will.[224] Die fremde Rezeption und die Weiterverbreitung kann aber überdies vom Autor ex plizit intendiert werden; er schreibt nicht, obwohl er sich damit aussetzt, sondern um sich zu eröffnen. Erst hier sprechen wir von einem dialogischen Verhalten. Ein solches ist damit gegeben, daß Schreiber und Leser gleichursprünglich an der Konstitution des geschriebenen Sinnes beteiligt sind, der eine als Urstifter, der andere als Mit- und Nachstifter. Der Autor

---

[222] *Krisis*, S. 371.
[223] *Krisis*, S. 369.
[224] Vgl. o. III, 14, g: über den impliziten Dialog.

schreibt für den oder die Leser, und erst in der Reaktivierung des Sinnes, der in den Sprachzeichen sinnlich vorgegeben und durch sie „geweckt" wird,[225] in der Lektüre also, erreicht die schriftliche Mitteilung ihre volle Aktualität. Der Leser ist nicht ein *alter auctor*, sondern er versteht das Geschriebene auf neue Weise, wie der Autor selbst es nicht verstehen kann, es sei denn nachträglich als sein eigener Leser.[226] Die Grundstruktur des Dialogs bleibt im schriftlichen Austausch erhalten.

Seine Besonderheit hat der schriftliche Dialog darin, daß hier das gleichzeitige Miteinander von Sprechen und Hören abgelöst wird durch das *Nacheinander von Schreiben und Lesen*. Die Gleichzeitigkeit, die zum Wesen des aktuellen Dialogs gehört, wird indirekt erreicht durch die objektive Dauer des Dokuments, das im Zeitfeld des Schreibers wie des Lesers auftritt und zwischen deren lebendigen Gegenwarten vermittelt. Doch wo ist dann die „eigentliche Gegenwart" des Schriftdialogs zu suchen, in der Niederschrift oder in der Lektüre? Was hier auseinander tritt, ist die *Intention* des Mitteilens und die *Erfüllung* im Vernehmen. Die *Gegenwart des Schreibenden* ist noch keine gemeinsam durchlebte Gegenwart, diese bereitet sich erst vor. Der Schreiber nimmt die mögliche Gegenwart des Lesers v o r w e g und verschafft sich darin eine materielle, stellvertretende Präsenz. Die *Gegenwart des Lesers* ist erst die volle, eigentliche Gegenwart, weil sich in ihr die bloße Möglichkeit des Dialogs verwirklicht in der aktualisierten Gemeinsamkeit.[227] Freilich haftet dieser erfüllten Gegenwart ein Moment der Leere, der Uneigentlichkeit an, da der Schreiber nicht in lebendiger Person zugegen ist. Durch das Dokument scheint die vergangene Gegenwart des Schreibenden hindurch, auf sie greift der Leser z u r ü c k.[228] Vorgriff und Rückgriff bleiben zunächst allerdings implizit. Der eine schreibt jetzt auf die

---

[225] *Krisis*, S. 371.

[226] Vgl. Gadamer, *Wahrheit und Methode*, S. 181: Der Künstler „ist, sofern er selbst reflektiert, sein eigener Leser"; dabei fehlt ihm die radikale Distanz zu sich selbst.

[227] Der lateinische Briefstil trägt dem Rechnung in der Wahl des Tempus, das sich von der Situation des Lesers, nicht von der des Schreibers her bestimmt.

[228] Vgl. *Gemeingeist* I: In der zeitlich distanzierten Mitteilung ist das vergangene Ich „das gebende", das zukünftige Ich „das empfangende" (S. 4–5); in „Fernbestimmung" und „Fernmitteilung" fehlt die unmittelbare „Berührung" (S. 6).

Zukunft hin, die im Dokument angebahnt wird; der andere liest jetzt von der Vergangenheit her, die im Dokument geweckt wird; ausdrückliche Vor- und Rückerinnerung stellen auch hier nur eine sekundäre, allzeit mögliche Verhaltensweise dar. Schließlich eröffnet sich im Dialog *à distance* die weitere Möglichkeit, mich nicht nur in die Gegenwart des Schreibenden bzw. des Lesenden zu versetzen, sondern mich überdies in ihn selbst hineinzuversetzen. Die Verständnisfragen, die mir aufkommen und die ich im mündlichen Gespräch an den Partner selbst oder an seinen Vertreter richten würde, stelle ich mir nun selbst und beantworte sie an seiner Stelle. Wie wird der Andere das verstehen? Wie kann der Andere das gemeint haben? Freilich ist dieser imaginäre Standortwechsel, wie schon öfters betont, noch nicht der Dialog selbst. Der eine spricht den andern ja nicht an, als ob dieser an seiner Stelle wäre, sondern als einen, der wirklich dort ist und ihn von dort aus vernehmen soll. Der Abstand gehört zum Dialog, der zeitliche Abstand gehört zum schriftlichen Dialog; dieser ähnelt darin der Wiedererinnerung, die den Abstand zu ihrem Gegenstand nicht aufheben kann.[229]

In der relativen Selbständigkeit des Geschriebenen, das nicht in einer gemeinsamen Situation vermittelt, sondern zwischen getrennten Situationen, lockert sich auch die Verbindlichkeit der Partner füreinander. Der schriftlichen Äußerung haftet immer ein besonderes Moment der *Unbestimmtheit* an. Der Leser muß das Geschriebene nicht nur von seinem Standort aus verstehen, er muß es auch auf seine besondere Situation anwenden, die der Schreiber nur ungefähr vorwegnehmen kann.[230] Es treten hier bedeutsame Unterschiede auf je nach Art des mitgeteilten Sinnes, der mehr oder weniger der besonderen Situation enthoben sein kann, und je nach dem Charakter des Adressaten, der als bestimmte Person oder bestimmter Rollenträger selbst angesprochen oder als anonymes Glied einer Gruppe nur mitangesprochen wird. Als *persönlicher Briefkorrespondent* kann ich nicht mehr darüber befinden, ob der Dialog beginnt; er hat schon begonnen

[229] Eine solche Aufhebung wäre „Aufhebung der Zeit und Zeitlichkeit" (Brand, a.a.O. S. 121).
[230] Vgl. Platon, *Politikos* 294a–b: Das geschriebene Gesetz ist unfähig, „das für alle Zuträglichste und Gerechteste genau (ἀκριβῶς) zu umfassen und so das Beste zu befehlen", weil die menschlichen Lebenssituationen dauernd wechseln.

wie in der mündlichen Anrede. Ich behalte aber einen Spielraum darin, wann und wie ich antworte und worauf, und zwar deshalb, weil der Partner mit der Anfrage nicht genau meine Situation anzielen kann; meine konkreten Interessen und Möglichkeiten und mein derzeitiges Befinden sind ihm nur auf bestimmt-unbestimmte Weise vorbekannt.[231] Als *anonymer Leser* kann ich darüberhinaus entscheiden, ob überhaupt ein Dialog beginnt; denn der Autor eines Werkes wendet sich nur an mögliche Leser, weckt Interesse und läßt offen, wann und wo einer darauf eingeht. Freilich ist die Erwartung des Autors nicht völlig unbestimmt; er wendet sich an Vertreter eines bestimmten Fachkreises, an Glieder seines Sprach- und Kulturkreises.[232] Zwischen persönlichem Partner und anonymem Publikum steht schließlich der *Amtspartner*, etwa ein Richter, vor dem ich klage; er ist als Amtsträger bestimmt und zur Antwort verpflichtet.

Der schriftliche Dialog scheint dem mündlichen den Rang abzulaufen, bedenkt man die Dauerhaftigkeit, Unbestechlichkeit und allgemeine Zugänglichkeit des schriftlichen Dokuments und die gesteigerte Selbständigkeit der Partner. Das Schriftwerk, das Werk überhaupt, gibt freie Hand und einen freien Kopf, mit Gehlen zu reden: es ,,entlastet'' vom Andrang der Situation. Doch bleibt dies ein zweischneidiger Erfolg. Die größere Verfügbarkeit ist erkauft mit einer geringeren Lebendigkeit und Beweglichkeit. Das geschriebene Wort ist weniger sorglich auf die jeweilige Situation des Empfängers, auf seine Verständigungsmöglichkeiten und Bedürfnisse abgestimmt; es erweckt in seiner Beständigkeit eher den Anschein des Fertigen und verführt in seiner Äußerlichkeit dazu, es ,,getrost nach Hause zu tragen''. So wird im Wettstreit zwischen geschriebenem und gesprochenem Wort die Überlegenheit der Schrift wieder fraglich. Nicht umsonst bezeichnet Platon die geschriebene Rede als ,,Schattenbild der

---

[231] Vgl. dazu bei entsprechender Modifikation *Ideen* II, S. 241–42, 270–75, *Cart. Meditationen*, S. 148–49.

[232] Zu dieser anonymen Ausbreitung vgl. *Gemeingeist* II, S. 7: ,,Ich wirke durch das fremde Wollen hindurch in dem Sinne, daß das Erzeugte, etwa ein technisches Werk, das nach meiner Idee ausgeführt wird, Ausgangspunkt für geistiges Wirken anderer wird. Es wird von anderen nachgeahmt, und es verbreitet sich ein Typus von Wirken und Werken in der Kultur, oder es wird dann weiter verbessert, und so geht es fort, ohne meine Absicht, in unbekannte Personen und Umgebungen, die auch von mir nichts zu wissen brauchen.''

lebendigen und beseelten", die „mit Einsicht geschrieben wird
in des Lernenden Seele, wohl imstande, sich selbst zu helfen, und
wohl wissend zu reden und zu schweigen, bei wem es sich empfiehlt."[233] Der Unterschied zwischen einer „ursprungsechten"
und einer „sinnentleerten Tradition" macht sich geltend.[234] Im
Gefälle des Dialogs, im Wechsel von Fülle und Leere, in der wechselseitigen Angewiesenheit von Tun und Haben, bleibt der mündliche Dialog die lebendige Mitte. Nicht selten hält der Autor
selbst noch mit literarischen Mitteln diesen Hintergrund wach,
indem er dem Hang zum Allzuvertrauten entgegenwirkt, den
Leser auf Abstand hält, ihn zu eigenen Reaktionen provoziert;
das Geschriebene stellt sich selbst in Frage und zerstört seinen
falschen Zauber.

Die hier angedeutete Problematik weist bereits über den Rahmen hinaus, in dem wir uns bisher bewegt haben, und das in
mehrfacher Hinsicht. Mediator und Medium stellen nicht nur den
Kontakt her in einem Dialog *à distance*, sie bewahren auch als
Zeuge und Zeugnis das gemeinsam Erreichte, halten uns entgegen, was wir gemeinsam sind, indem sie das lebendige Erinnern vertreten in lebendiger Person oder verwirklichen im
Werk. – Jedem Werk haftet aber eine Zweideutigkeit an; was
uns hilft, indem es uns bestimmte Funktionen abnimmt, droht
umgekehrt über uns zu verfügen und wird zugleich zum möglichen Werkzeug, mit dem wir einer über den andern zu verfügen
trachten; die soziale Verfallsgeschichte meldet sich an. – Schließlich ruft im Gegenschlag die Mittelbarkeit des Dialogs nach dem
lebendigen Partner, der als Person nicht zu ersetzen und nur un-
vollkommen zu vertreten ist. An diesem Punkt werden wir unsere
Betrachtungen zunächst fortsetzen.

Nachdem wir bislang den normalen Dialog in großen Umrissen
aufgezeichnet und seine intensive und extensive Reichweite angedeutet haben, wenden wir uns nun dem Dialogpartner selbst
zu. Nachdem wir betrachtet haben, wie wir, geleitet von sach-

---

[233] *Phaidros* 276a. Im gleichen Sinne spricht Levinas von einer „Assi-
stenz" des Bedeutenden in der Kundgabe des Bedeuteten: „Cette assist-
ance mesure le surplus du langage parlé sur le langage écrit redevenu
signe" (*Totalité et Infini*, S. 157). Von einer „gelockerten Verbindlichkeit"
der Personen in der Abfolge: Wechselrede, Briefwechsel, Schriftwerk
spricht auch Löwith (a.a.O. § 31).

[234] Vgl. *Krisis*, S. 376.

lichen Interessen, miteinander umgehen, fragen wir uns jetzt, mit wem wir da eigentlich umgehen. Was nun eigens freizulegen ist, ist das Interesse füreinander, das beim sachgerichteten Umgang miteinander im Hintergrund blieb. Wir verfolgen dies Ziel, indem wir zunächst in die subjektiven Hintergründe des Dialogs eindringen und schließlich die Grenze des sachgebundenen Dialogs noch oben hin überschreiten.

KAPITEL IV

AUFGIPFELUNG DES DIALOGS: DIREKTER ZUGANG ZUEINANDER

1. Vom Mitsubjekt zum Gegensubjekt

Solange ich einem weltlichen Ziel zugewandt bin, weiß ich den Andern aktuell oder potentiell an meiner Seite; er ist mitthematisch, soweit unsere Welt sich in Mein und Dein abschattet; er ist mein *Mitsubjekt*, mit dem ich rede, handle, fühle. Wie ich selbst verhält sich der Andere aber nicht nur zur Welt, sondern immer auch zu sich selbst; er ist selbst jemand und weckt über das gemeinsame Weltinteresse hinaus mein Interesse. Folge ich diesem Interesse, so wird der Andere selbst zum Thema in der direkten Zuwendung; er tritt mir frontal gegenüber als *Gegensubjekt*, das ich anrede und anhöre, an dem ich handle und das an mir handelt. Ich wende mich nun nicht mehr an ihn wegen etwas, sondern um seiner selbst willen. Der lebendige Zusammenhang des Dialogs löst sich in der reinen Ich-Du-Beziehung. Wir sind nicht mehr *miteinander* verbunden in einem Dritten, sondern verhalten uns *zueinander*.

Hiermit stehen wir an einem gefährlichen Schweideweg. Der eine Weg führt über die untere Grenze des Dialogs hinaus zum Andern als bloßem *Gegenstand*; der andere führt weiter in die Horizonte des dialogischen Geschehens hinein und dann über die obere Grenze des Dialogs hinaus zum Du als *lebendigem Gegenüber*. Der zweite Weg öffnet sich uns, wenn wir uns streng an die Funktion halten, die der Andere im gemeinsamen Weltverhalten ausübt und von da aus einen Zugang suchen zum Du-selbst. Wegzeichen sind uns gesetzt in den parallelen Weisen des Selbstverhaltens vom Blick auf mein Werk über den Seitenblick auf mein Erleben bis hin zur radikalen Blickwende, die das Ich in seiner Ursprünglichkeit zu fassen sucht – es vergeblich versucht in der

reflexiven Ichspaltung, die an kein Ende kommt. Der Fremderfahrung mag auf ihre Weise gelingen, was der isolierten Selbsterfahrung verschlossen bleibt, nämlich vorzudringen zum lebendigen Selbst, dem fremden und dem eigenen (s.o. II, 15).

Die folgenden Betrachtungen fügen sich zu einer dreigliedrigen
Bewegung des Aufstiegs, des Verweilens auf der Höhe und des
Abstiegs, und sammeln sich in einem einheitlichen Bezugspunkt,
dem Du der Anrede, das in den Modifikationen des Du-Verhaltens
nicht nur gegenwärtig, sondern auch anerkannt ist. Wenn schon
der theoretische Sachdialog als gemeinsame Erkenntnispraxis
seinen Ort hat in der praktischen Philosophie, so erst recht das
Verhalten zum Andern in seinem Anspruch und seiner Ansprechbarkeit.

In der ersten Bewegung, die sich eng an die vorausgehenden
Ausführungen anschließt, achten wir auf den Andern, sofern er
am sachorientierten Verhalten nicht nur beteiligt ist *als Jemand*
in Ausübung einer Funktion, sondern in ihm auch implizit oder
explizit gegenwärtig ist (vgl. 2–7). Das Du in seiner Einzigkeit
wird nicht verkannt, aber doch nicht ausdrücklich gewürdigt; es
bleibt im Hintergrund, da auch die vorübergehende Zuwendung
zur fremden Person dem gemeinsamen Sachinteresse untergeordnet bleibt; wir erinnern an die mitmachende Reflexion auf
das Ziel. Freilich finden sich Formen des Dialogs, die das Sachinteresse abschwächen. – In einer radikalen Blickwende nehmen
wir sodann das *Du-selbst* in den Blick; das sachliche Desinteresse
an dem, was der Andere meint, tut und kann, wirkt sich aus zugunsten eines Interesses an dem, was er für sich ist in lebendiger
Ursprünglichkeit (vgl. 8–14). An die Stelle des ergänzenden Mit-
Ich tritt das Gegen-Ich. Hier sei erinnert an die reine Reflexion
auf den Ursprung. Wenn der sachvermittelte Dialog gipfelt im
sachlichen Einverständnis, so kulminiert das unmittelbare Ich-
Du-Verhalten in der wechselseitigen Anerkennung und Zuneigung.
Die besondere Weise der intersubjektiven Einigung in der Gleich-
zeitigkeit von Cogito und Cogitor verdient dabei unser vornehm-
liches Interesse. Die wechselseitige Bestätigung geht hier aufs
Ganze und nimmt den Charakter einer Zeugung an. – Das reine
Du hebt sich in seiner Einzigkeit aus dem weltlichen und sozialen
Zusammenhang heraus. In einem abschließenden Gedanken-
schritt ist zu zeigen, wie das Du desungeachtet *für Welt und Mit-*

welt steht und sie, denen es doch weiterhin angehört, in sich sammelt und wie die Rückwendung und der Abstieg zu ihnen in der Ich-Du-Beziehung mitangelegt ist. Die leibliche Vermittlung gewinnt hier eine besondere Bedeutung (vgl. 15–16).

Eine doppelte These stellen wir unsern Überlegungen voran: Das soziale Mitsubjekt des gemeinsamen Weltverhaltens geht in seiner ersetzbaren Rolle nicht auf, sondern trägt in sich einen *Kern einzigartigen Selbstseins*; umgekehrt ist das einzigartige Du kein welt- und gesellschaftsenthobenes Subjekt, sondern es trägt um sich eine *Aura der Anonymität*. Anders gesagt: der indirekte Weg zum Andern durch die Welt ist keine bloße Mittelbarkeit, der direkte Weg zum Andern erreicht keine Unmittelbarkeit jenseits der Vermittlungen, sondern eine in ihnen. Der Weg zur lebendigen Gegenwart des Du ist vergleichbar dem Sprung in eine ferne Gegenwart, die in der Vergegenwärtigung als einmalige Gegenwart sich heraushebt aus den räumlichen und zeitlichen Zusammenhängen, aber gleichwohl implizit auf sie verweist. Uns geht es vor allem darum, in der Entgegensetzung von Mitsubjekt und Gegensubjekt den Zusammenhang aufzuzeigen und den Übergang von der indirekten zur direkten sowie von der direkten zur indirekten Begegnungsweise.

2. Die Vieldeutigkeit der Anrede

Der Übergang von einer Gegenwartsweise zur andern ist nur dann kein Bruch, wenn der Andere jeweils als derselbe auftritt und ich ihm als demselben entgegentrete. Dies läßt durchaus zu, daß wir uns auf wechselnde Weise und mit wechselnder Bestimmtheit gegenüber treten, nur muß ein unwiderruflicher *Kern der Personalität* gewahrt sein derart, daß in diesem Wechsel nichts auftritt, was von Grund auf zu korrigieren oder zu modifizieren wäre. Erläuternd weisen wir hin auf den analogen Geltungswechsel in der Dingerfahrung, wo zu unterscheiden ist zwischen Näherbestimmung (der Baum ist eine Buche), partieller Umbestimmung (der Baum ist keine Buche, sondern eine Ulme) und radikaler Umbestimmung (der Baum ist kein Baum, sondern eine Baumatrappe).[1] Die Analogie hat ihre Grenze in der Differenz

---

[1] Vgl. *Ideen* II, § 15e, *Cart. Meditationen*, § 19, *Krisis*, § 47, *Erfahrung u. Urteil*, §§ 8, 21.

zwischen dinglichen Eigenschaften und personalen Eigenarten. Der Dialogpartner zeigt einen solchen identischen Kern in der Möglichkeit anzureden und sich anreden zu lassen, eine Möglichkeit, die freilich noch weitere Momente in sich schließt. Diese Möglichkeit ist in den uns bekannten Sprachen angezeigt durch die *zweite Person* bzw. durch den einzigartigen Kasus des *Vokativ* (s.o. S. 139). Doch das sprachliche Indiz ist keineswegs eindeutig; nicht jeder der Du sagt, gibt einer freien Antwort Raum, und wenn es einer tut, so nicht immer auf die gleiche Weise.

In der zweiten Person rede ich den *Gefährten* an, dem ich in gemeinsamer Rede oder in gemeinsamem Tun verbunden bin. Die Anrede in ihrer vollen Gestalt ist begleitet von einer unbestimmten, relativ äußerlichen Bezeichnung (Sie da; Herr Nachbar), von einer allgemeinen Berufs- oder Amtsbezeichnung (Herr Kollege; Herr Kellner; Herr Präsident) oder von einer bestimmten Namensnennung, wenn der Partner bekannt oder zusätzlich mit mir befreundet ist. In der verschiedenen Weise der Anrede bekundet sich die Funktion, die der Andere im gemeinsamen Tun ausübt.[2]

In der zweiten Person rede ich ebenfalls den *Freund* (Verwandten, Geliebten) an, dem ich über alle partikulären Rollen hinweg unmittelbar als ihm selbst zugewandt und zugetan bin. Der Name, mit dem ich ihn anrede, bezeichnet hier primär nicht ihn in seiner sozialen Stellung, sondern ihn in seiner personalen Einzigkeit.

Schließlich dauert auch in der Versachlichung der Person zum *Fremdobjekt* die direkte Anrede fort. Auch zum Sklaven, einem „beseelten Werkzeug,"[3] sagt man Du, oft unter dem Anschein patriarchalischer Besorgnis. Hier fixiert der Name den Andern nur in seiner individuellen Einmaligkeit, die er mit den Dingen teilt. Gleich der Anredeform ist auch der Name kein deutliches Indiz für das wirkliche Verhältnis zwischen uns.[4]

Diese verschiedenen Anredeweisen lassen jeweils Differenzierungen zu. Das gilt einmal für den Grad der *Ausdrücklichkeit*, den die Anrede erreicht und der ihr einen wechselnden Nachdruck

---

[2] Vgl. dazu oben III, 16: innere und äußere Horizonte des Dialogs.
[3] Aristoteles, *Nik. Ethik* VIII, 13, 1161b/4.
[4] Vgl. dazu Buber, *Ich und Du*, a.a.O. S. 101, 120: „Du sagen" bedeutet nicht unbedingt auch „Du meinen".

verleiht. – Das gilt ferner für den Grad der *Annäherung*, der sich ebenfalls sprachlich manifestieren kann im Namen statt des Titels, im Vornamen statt des Familiennamens, im Du statt des Sie.[5] Wenn auch nicht genau ablesbar am sprachlichen Ausdruck, zeigt sich hier doch ein Übergang von der sachorientierten zur persönlichen mitmenschlichen Beziehung, von der Berufsgenossenschaft zur Berufsfreundschaft und zur Freundschaft überhaupt. Auch die Nähe ist allerdings nichts Eindeutiges; es gibt die Ur-Nähe vor der Entfernung und die erworbene Nähe durch freie Annäherung, das Du vor und nach dem Sie, und außerdem gibt es die erzwungene Nähe, eine Schein-Nähe. – Damit gelangen wir zu einer dritten Skala zunehmender *Vertiefung*. Du sagt das Kind in seiner Hörigkeit und der Erwachsene in seiner relativen Selbständigkeit; es gibt eine Genesis der Ich-Du-Beziehung so gut wie eine Genesis der dialogisch geübten Sachverantwortung.

Was all diese Formen und Varianten des Du-Sagens zusammenhält, ist die direkte Hinwendung zum Andern. Doch ist dieser Zusammenhalt mehr als äußerlich? Ist hier wirklich ein identischer Kern gewahrt? Zweifellos fällt die totale Versachlichung des Andern aus dem Rahmen; ich kann sie von der indirekten und direkten Personen-Zuwendung aus verstehen als deren Verfallsform, ich kann sie aber nicht mit ihr zu einem bruchlosen Ganzen vermitteln; diese Verfallsmöglichkeit lassen wir vorerst noch außer acht. Was uns hier interessiert, ist der Zusammenhang zwischen dem indirekt-weltvermittelten und dem direkten mitmenschlichen Kontakt. Um das Problem zu skizzieren, greifen wir auf eine Unterscheidung zurück, die sich bei G. Marcel findet und die Theunissen aufnimmt.[6] Marcel stellt dem Partner der Frage-Antwort-Dialektik, der nur „quelqu'un de déterminé", „un tel" ist, von Theunissen verdeutlicht als „Es-Du", den Partner liebender Verbundenheit gegenüber, der allererst ein „vollkommenes Du" ist. Die Frage ist nun, was sich auf dem innerdialogischen Weg von der Dialektik zur Liebe ereignet.

---

[5] Die Höflichkeitsform entspricht häufig der dritten Person, so im älteren Deutsch („Was will Er?") und noch im heutigen Italienisch („Lei, cosa vuole?"), das spricht gegen eine allzu summarische Ausdeutung der Personalpronomina; außerdem ist die philologische Analyse zu ergänzen durch eine soziologische, auch Machtverhältnisse schlagen sich in der Anredeform nieder (vgl. schon Kant, *Anthropologie*, § 2, Anm.).

[6] A.a.O. § 69.

Eine Wende geschieht gewiß, aber auch eine Umkehr, die uns aus einer Sphäre sozialer Uneigentlichkeit in die Sphäre personaler Eigentlichkeit versetzt? Marcel scheint an beides zu denken, wenn er vom mitmenschlichen Entwicklungsgang sagt: „J'entrevois comme un lent passage de la dialectique pure à l'amour, à mesure que le toi devient de plus en plus profondément un toi; il commence en effet par être essentiellement un lui qui n'a que la forme du toi, si je puis dire."[7] Nun mag faktisch die vertiefende Wendung mit der korrigierenden Umkehr zusammentreffen, wie ja auch der platonische Aufstieg nicht nur die Welt auf ihren Grund hin übersteigt, sondern zugleich aus der Weltverfangenheit befreit. Dennoch bleibt zu fragen, ob nicht sachbezogener Dialog und werkbezogene Zusammenarbeit ihrem eigenen Sinn nach, abgesehen also von Verfallserscheinungen, darauf angelegt sind, den zwischenmenschlichen Ansprüchen auf ihre Weise ebenso gerecht zu werden wie direkte Zuwendung und Zuneigung. Um diese Frage zu beantworten, wenden wir uns nach diesen sprachlichen Präliminarien erneut dem dialogischen Geschehen selbst zu.

3. Das Du in der sozialen Rolle des Mitsubjekts

Im Sachgespräch und im Sachverhalten überhaupt wende ich mich ausdrücklich oder unausdrücklich an einen Mitmenschen, gelange dabei aber nicht zum *Du-Selbst*, sondern zum *Du als* ...; ich bleibe gleichsam auf halbem Wege stehen. Und ebenso bringe ich mich selbst nicht gänzlich ins Spiel, sondern rede und höre *als bestimmtes Ich*. Dies illustriert jede beliebige dialogische Fragestellung. „Wo geht es nach M.?" Indem ich so frage, etabliere ich mich als jemand, der gerade dies wissen will, und vom Andern erwarte ich, daß er mir als jemand entgegenkommt, der die Frage beantwortet. Was wir sonst noch sind und sein können, tritt zurück. Das Gesetz dialogischer Sachlichkeit verlangt ein Mittleres, nämlich daß der Andere sich zur Sache äußert, nicht aber, daß er darüber hinausgehend mir seine persönliche Zu- oder Abneigung kundtut oder dahinter zurückbleibend mich psychologisch und soziologisch einschätzt; dieses Mehr und dieses Weniger kann nur beiläufig geschehen, soll nicht

[7] *Journal Métaphysique*, S. 145.

das Sachgespräch sich auflösen und in ein anderes verwandeln. Die Reduktion auf ein bestimmtes Als stellt sich unweigerlich ein, wenn unser Interesse einer Sache gilt und wir einander als Interessent und Mitinteressent daraufhin ansprechen. Als Subjekt für etwas, als Träger einer Funktion, einer *Rolle* nehmen wir einander in Anspruch.[8] Die Rolle bemißt sich nach der Leistung, die von den einen erbracht, von den andern erwartet wird. Jede Rolle zeigt einen Aspekt der *Universalität* und der *Partikularität*.[9] Wir verfolgen eine gemeinsames Thema, zu dem wir auf je besondere Weise Zugang suchen und haben. Wir meinen dasselbe, dasselbe ist uns gegeben, doch beides hat seine individuelle Abschattung gemäß der jeweiligen intensiven und extensiven Perspektive, nur so können wir einander ergänzen, bestärken, korrigieren. Die Rolle steht für eine spezifische Interessiertheit, dabei entspricht dem ,,Interessen-Selbst" ein Interessen-Du.[10] Der soziale Charakter der Rolle muß nicht immer explizit hervortreten, mitgegeben ist er immer; jedes ,,als" charakterisiert mich zugleich als ,,anders als."[11]

---

[8] Vgl. dazu Husserl: Die Mitmenschen haben als Freunde oder Feinde, Diener oder Vorgesetzte, Fremde oder Verwandte ihren ,,sozialen Charakter" (*Ideen* I, S. 60), als ,,Funktionäre" ihre ,,Zweckbestimmungen" (*Phän. Psychologie*, S. 113); ich gehöre zu einer ,,Funktionsgemeinschaft in verschiedenen Formen" (Transcr., 1934, A IV 12, S. 4), bin etwa ,,Funktionär" als ,,Mitglied einer Forschergemeinschaft" (vgl. *Erste Philosophie* II, S. 209). Dabei meint ,,Funktion" die ,,praktische Bestimmung des Subjekts, die Hinordnung auf einen Zweck, und zwar unter dem Gesichtspunkt eines besonderen Zweckes, der dienend ist für einen umfassenden Zweck des gesamten sozialen Verbandes" (*Gemeingeist* I, S. 18). – Husserl nähert sich damit dem im einzelnen zu differenzierenden Begriff der Rolle, der sich in der empirischen Soziologie eingebürgert hat. Vgl. die zusammenfassende Bestimmung bei Lersch, der sich auf Parsons, R. König, Dahrendorf u.a. beruft: *Rolle* ist die ,,Funktion, die das Glied im Plan des sozialen Ganzen auszuüben hat", und das im Gegensatz zum *Status* (Position) als dem ,,Stellenwert eines Gliedes innerhalb des sozialen Gefüges"; das eine akzentuiert das Statische, das andere das Dynamische am sozialen Gebilde: ,,Einen Status hat man, eine Rolle übt man aus" (*Der Mensch als soziales Wesen*, München 1965, S. 160–61). Diese Unterscheidung weist schon hin auf die Genesis der Rolle, die wir im folgenden Kapitel berücksichtigen.

[9] So unterscheidet E. Goffman zwischen ,,typical role" and ,,a particular individual's actual role performance" (vgl. Habermas, *Zur Logik der Sozialwissenschaften*, a.a.O. S. 121).

[10] Vgl. *Erste Philosophie* II, S. 100, dazu oben II, 5.

[11] Vgl. Löwith, a.a.O. S. 50 und § 10 im ganzen, außerdem Lersch, a.a.O. S. 163: über die ,,Komplementarität der Rollen".

Die Rolle, die einer von uns ausübt, ist prinzipiell *austauschbar*. Objektivität in Erkennen und Handeln besagt ja gerade, daß ich so urteile und handle, wie jeder andere an meiner Stelle auch urteilen und handeln sollte. Die Möglichkeit eines räumlichen Standorttausches, die laut Husserl erst ein intersubjektives Erfahrungssystem konstituiert (s.o. S. 206), ist nur die äußerlichste Form eines solchen Rollentausches. Als Träger einer Rolle, und sei es die vornehmste, bin ich jemand unter anderen, der die mehr oder weniger allgemeine Form des Jedermann beliebig variiert und konkretisiert.[12] Soweit die Individualität ins Spiel kommt, stellt sie eine einmalige, aber keine einzigartige Möglichkeit dar; denn sie fügt sich ein in einen allgemeinen Rahmen: die Rolle des Mathematikers, des Staatsbürgers, des Richters, des Zuschauers, des Landsmannes, und die besondere Möglichkeit des einen weicht nur unwesentlich von den Möglichkeiten der andern ab. Der reinen Funktionalität hängt eine unüberwindliche *Anonymität* an.[13]

Wende ich mich im Rahmen dieser sachlichen Einstellung meinem Partner selbst zu, so geschieht dies in einer Art von mitmachender Fremdreflexion, in der ich von einem begrenzten Ziel aus auf ihn zurückkomme. Hauptthema bleibt die Sache; nicht innerhalb dieses Hauptthemas, aber doch von ihm aus wird der Andere nur mitthematisch. Ich vergewissere mich, ob der Andere seine Rolle erfüllt, ob er mir noch folgt, ob ich ihn nicht überfordere oder seine Intentionen mißverstehe. Diese Fremdreflexion greift auf mich selbst über, da unsere Rollen sich verbinden im gemeinsamen Tun.

Es fragt sich nun, wie die Rollenbeschränkung zu interpretieren ist im Gesamtzusammenhang des intersubjektiven Geschehens. Prüfen wir daraufhin das bereits erwähnte Beispiel, das auch Marcel anführt. Ich frage jemand, der wie ein Einheimischer, ein Polizist, ein Portier aussieht, um Auskunft. Indem ich seine Fähigkeiten und Kenntnisse beanspruche, nehme ich ihn

---

[12] Zum Begriff des ,,Jedermann' vgl. o.S. 33.
[13] Schutz spricht von einer Typisierung der Andern, verbunden mit einer ,,Selbsttypisierung''; er beruft sich u.a. auf W. James und G. H. Mead, die unterscheiden zwischen dem ,,I'' und einem partiellen ,,Me'' (*Collected Papers* I, S. 18–19, 216–17). Daß diese Anonymisierung nicht ausreicht, um die Horizonte des Dialogs zu bestimmen, haben wir früher zu zeigen versucht (vgl. III, 16).

als jemand Bestimmten; in eins damit werde auch ich, zunächst für den Andern und mittels seiner auch für mich selbst, zu jemand Bestimmten, zu einem Fremden, einem Ratsuchenden.[14] Erst indem wir korrelative Rollen übernehmen, betreten wir eine gemeinsame Gesprächsebene. Problematisch ist nun die Deutung, die Marcel bzw. sein Interpret Theunissen diesem Vorgang gibt.

Ich will etwas wissen in der informativen Frage. Dabei fungiert der Andere als bloße „Auskunftsquelle,"[15] einem bloßen Es zugeordnet, das er anzeigt, und selbst ein Es, nämlich Wegweiser, Uhr oder Landkarte vertretend; in diesem Sinne ist er lediglich ein *Es-Du*. Es kommt zu einem Prozeß der Selbstentfremdung, der *Veranderung*, um mit Theunissen zu sprechen; indem ich den Andern direkt, indirekt auch mich selbst auf eine welthafte Rolle reduziere, werden wir nivelliert zu einem beliebigen Jemand, zu einem unter anderen; keiner ist er selbst, jeder nur ein Anderer, im Grunde ein Niemand.[16]

Gewiß ist hier vom Alltagsgespräch die Rede, nicht vom Gespräch „im innerlichsten und höchsten Sinne dieses Wortes."[17] Doch eben dies scheint uns im höchsten Grade fragwürdig, daß das eine vom andern nicht nur abgehoben, sondern auch abgeschnürt wird. Jedes Gespräch, gleichgültig, worum es darin geht, kann und will seinem eigenen Sinn nach ein Gespräch sein, in dem wir als selbstverantwortliche Partner füreinander da sind. Frage ich jemand nach dem Weg, so benutze ich ja nicht einfach seine Fähigkeiten, sondern appelliere zugleich an seine Bereitwilligkeit. Ich empfange Auskunft, der Andere gibt Auskunft. In einem solch zweckgerichteten Umgang miteinander ist *einer für den andern zu etwas da*, aber nicht wie ein Gerät, das in sich selbst schlechthin als zweckhaft bestimmt ist, sondern als Person, die sich zu ihrer zweckdienlichen Rolle so oder so verhält, die ihre

---

[14] Vgl. Marcel, *Journal Métaphysique*, S. 145: „Et je ne deviens pour moi-même un tel que par l'idée médiatrice de l'autre pour qui je suis un tel."

[15] Ebd. S. 173.

[16] Vgl. ebd. S. 173: Ich bin irgendeiner, „en tant que je suis – pour moi-même ou pour quelqu'un d'autre – *un autre*, que je participe de la nature de l'autre", ich bin ein Niemand (ebd. S. 273). Im gleichen Sinne unterscheidet Laín Entralgo zwischen „diálogo personal" und „conversación funcional", wo der Andere ein bloßes Sprachinstrument ist für mich und ich für ihn (a.a.O. Bd. II, S. 220, 255–56).

[17] Theunissen, a.a.O. S. 352.

Rollen übernimmt oder ablehnt, wechselt oder behält und so in ihnen lebt. Wir sind füreinander zu etwas da, das bedeutet, *wir geben einander zu etwas her*. Indem wir uns selbsttätig in den Funktionszusammenhang eines gemeinsamen Verhaltens eingliedern bzw. die immer auch schon geschehene Eingliederung übernehmen, sind und bleiben wir immer mehr als ein bloßes Glied, das in dem Zusammenhang des Ganzen aufgeht.[18]

Das „Interesse" bezeichnet eben nicht nur eine bestimmte Weise des Zugewandtseins und -bleibens, sondern auch ein Geschehen, das Geschehen der Zuwendung selbst. Erst die verantwortliche Betätigung im vorgegebenen mundanen und sozialen Spielraum, das „ich tue", begleitet von einem „ich kann anders als ich tue", macht aus dem Subjekt ein *einzigartiges Selbst*, das nicht nur etwas leistet, sondern in dieser Leistung zugleich sich selbst verwirklicht.[19] Die lebendige Konkreszenz von universalem Sinn und partikulärer Erscheinung entzieht sich einer sozialen und weltlichen Einordnung, weil hier jeder nur für sich einstehen kann. Und weil so das lebendige Sein des Partners mit seiner jeweiligen Sonderrolle nicht erschöpft ist, wird er für mich nicht von Grund auf zu einem Andern als er selbst, sondern er spielt für mich nur eine Rolle, die prinzipiell auch ein Dritter und Vierter an seiner Stelle spielen könnte; das gleiche gilt für mich selbst. Von einer Entfremdung oder Veranderung ließe sich nur dann reden, wenn Ich und Du „eigentlich" allen mundanen und sozialen Zusammenhängen enthoben wären; doch eine solche Voraussetzung widerspräche der *condition humaine*, wie sie sich in der konkreten Weise mitmenschlicher Begegnung ständig bekundet.[20]

---

[18] Vgl. *Erste Philosophie* II, S. 197–98: Die Gemeinschaft verantwortet sich im „Einzelnen, der sich als Glied und Funktionär der Gemeinschaft weiß ... Eine soziale Bestimmung kann ich übernehmen und ablehnen und kann sie in verschiedener Weise erfüllen, dafür bin ich verantwortlich." Ähnlich Löwith, a.a.O. § 16: Das „Dazudasein", zu *etwas* für *einen*, ist eine prinzipiell freie Möglichkeit. Von daher verstehen sich Themen wie Rollenübernahme, Rolleneinweisung, Rollenwechsel, Rollenkonflikt.

[19] So unterscheidet Lersch zwischen „sozialem Selbst" (vgl. W. James und G. H. Mead: „social self") und „Eigenselbst" (*Der Mensch als soziales Wesen*, S. 215 ff).

[20] Vgl. Liebrucks, a.a.O. S. 449: „Nur in der Rolle, die ich im Umgang mit anderen Menschen spiele, finde ich mich als denjenigen, der im Rollenträgerdasein nicht aufgeht"

Der Einwand, daß sich der lebendige Wegweiser durch ein totes Werkzeug ersetzen ließe, verfängt nicht, sofern wir nur dem zwischenmenschlichen Geschehen seine konkretisierenden Hintergründe belassen. Gewiß läßt die lebendig geübte Funktion sich ablösen und einem materiellen Ding übertragen; die Mechanismen des Geistigen und Leiblichen, die sich in der Gewöhnung herausbilden, sind bereits eine Vorstufe zu solcher Entäußerung. Doch daraus folgt keineswegs, daß in Ratsuchen und Ratgeben das Du zu einem Es-Du degradiert wird, sondern es zeigt sich umgekehrt, daß etwas von der lebendigen intersubjektiven Beziehung in die Dinge eingehen kann, wenn diese Beziehung den Umweg durch die Welt nimmt.[21] Das Straßenschild wird nicht einfach hergestellt, sondern dem allgemeinen Gebrauch übergeben; es wird nicht einfach wie ein Naturding gebraucht, sondern ihm wird ein Hinweis entnommen; man glaubt oder gehorcht dem, der es aufstellte oder aufstellen ließ. Das werkvermittelte Verhältnis von Hersteller und Gebraucher hat einen interpersonalen Hintergrund, wenn dieser auch zumeist latent bleibt, wenn er auch noch so oft verleugnet wird, indem einer den andern als „beseeltes Werkzeug" benutzt und ausnutzt.

Einem Ding, das ich gebrauche, erkenne ich einen Zweck zu, stamme er von mir oder von den Andern. Ein Mitsubjekt, das ich in Anspruch nehme oder das mich in Anspruch nimmt, *erkenne ich an, explizit* als Rollenträger, *implizit* als das Du, das die Rolle übernimmt. Entsprechend verantworte ich explizit meine Rolle, implizit mich selbst, der ich in der Rolle lebe. Dieser aktiven Anerkennung geht voraus ein passives Vertrauen (s.o. III, 14, b), und auch dieses tritt doppelt in Erscheinung, als Vertrauen in die *Leistungsfähigkeit* und als Vertrauen in die *Leistungswilligkeit*. Selbstverantwortung, Anerkennung und Vertrauen bilden den personalen Hintergrund des gemeinsamen Sachverhaltens. Während unsere sachlichen Beiträge sich im Zusammenspiel der Rollen ergänzen, kommt aus dem Hintergrund die wechselseitige Anregung zu diesem Tun und die Bestätigung in diesem Tun (s.o. III, 12).[22]

[21] Aristoteles nennt das Werkzeug einen „unbeseelten Sklaven" (*Nik. Ethik* VIII, 13, 1161b/4–5).
[22] Auch Buber spricht von „Funktions-Ergänzung" und „Funktions-Anerkennung" (*Urdistanz und Beziehung*, a.a.O. S. 419); das stellt freilich

Mittelbar ist ein solches interpersonales Verhältnis nicht in dem Sinne, daß der Andere meinem weltlichen Projekt zugerechnet wird, sondern nur insofern, als er mir primär durch die weltliche Rolle hindurch begegnet als einer, der e t w a s gibt oder nimmt. Der Andere ist Mitarbeiter, Werkgenosse, der sein Anerkennung primär im gelungenen Werk findet. Das schließt nicht aus, daß er mir *unmittelbar* mitgegenwärtig ist als er selbst, so wie ich es ja auch für mich selbst bin in meinem Tun; nur bleibt dies eben ein passives Erscheinen, das nicht in aktueller Zuwendung thematisch wird. Die radikale Blickwende ist aber eine ständige Möglichkeit. Ich spreche mit jemand über eine Sache, da fällt mir an seiner Stimme etwas auf, das mich stutzig macht, und ich frage: Was ist mit dir? Wie in der Selbstreflexion erfasse ich auch hier das fremde Befinden als etwas, ,,das nicht nur ist, und innerhalb des wahrnehmenden Blickes dauert, sonder s c h o n w a r, e h e dieser Blick sich ihm zuwandte,''[23] und das zudem auch schon mitausgesprochen war. Was der vollen Zuwendung vorausgeht, ist eine Du-Vergessenheit, in der das Du abgeblendet, aber nicht notwendig verkannt ist. Der bekannten Maxime Kants: ,,Handle so, daß du die Menschheit, sowohl in deiner Person, als in der Person eines jeden anderen, jederzeit z u g l e i c h als Zweck, niemals b l o ß als Mittel brauchst'' geschieht auch schon in der impliziten Anerkennung Genüge.[24]

Die Scheidung zwischen dem Du als einem bestimmten und als einem einzigartigen macht es möglich, daß wir jemand eine bestimmte Tauglichkeit aberkennen und ihn zugleich als Person anerkennen. Wie sachliche Verbundenheit noch nicht persönliche Freundschaft und Liebe besagt, so besagt sachliche Gegnerschaft noch nicht persönliche Feindschaft und Haß. Wir verkehren miteinander in einem *Vorfeld*, das auf eine mögliche intime Verbundenheit voraus- oder auf eine wirkliche intime Verbundenheit zurückweist. Zugleich mit dem Sach- und Selbstbezug halten wir uns eine dritte Dimension offen: die Beziehung zu

die schroffe Entgegensetzung von ,,Sozialem und Zwischenmenschlichem'' (vgl. das gleichlautende Kapitel a.a.O. S. 269 ff.) in Frage.

[23] *Ideen* I, S. 104.

[24] Zur Interpretation dieser Maxime, die auch Husserl aufgreift (vgl. *Ideen* II, S. 190–91), vgl. Löwith, a.a.O.S. 141 ff. Auch Aristoteles integriert die Sphäre des Nützlichen in die vollendete Freundschaft (vgl. *Nik. Ethik* VIII, 3).

den Andern, nur daß wir so nicht thematisch in diese Dimension vordringen bis zum Du als es selbst; das Sachinteresse läßt uns vorzeitig innehalten.

4. Der Andere im Rahmen meines Weltentwurfs

Das Vorfeld gemeinsamen Weltlebens erscheint in der zuvor erwähnten Deutung Theunissens nicht als Sphäre, in der wir gemeinsam unser Selbst zu verwirklichen trachten, sondern es ist dies, mit Heidegger zu sprechen, ein Bereich der Uneigentlichkeit. Uns selbst gewinnen wir nur, indem wir diese Sphäre unter uns lassen in der unmittelbaren Du-Begegnung. Im weltvermittelten Umgang wird jeder durch den Andern selbst zu einem Andern, und nur in dieser Veranderung stiften wir eine gemeinsame Welt. Wir haben diese Deutung in Zweifel gezogen, aber noch nicht die Motive betrachtet, die dem zugrunde liegen. Gerade sie verdienen aber besonderes Interesse, und ihre Erörterung bringt uns dem Versuch näher, die Gleichheit: ich so gut wie jeder andere, als das Gesetz dieser Sphäre zu würdigen.

Theunissen unternimmt in dem öfters zitierten Werk den Versuch, transzendentale und dialogische Philosophie, Husserl und Buber miteinander zu versöhnen, der modernen Philosophie der Subjektivität ihr Recht zu lassen und sie durch eine Philosophie der reinen Ich-Du-Beziehung zu ergänzen. Dabei fällt der Transzendentalphilosophie die ,,Ursprünglichkeit des Anfangs", der Philosophie des Dialogs die ,,Ursprünglichkeit des Ziels, des vollendenden Endes" zu. ,,Der Anfang wäre je mein individuelles Ich, das Ziel das aus der Begegnung hervorgehende Selbst."[25] Die philosophische Reflexion folgt der ,,ontologischen Geschichte des Menschen"; deren erste Phase ist die ,,transzendentale Relativierung der Welt" (im Zentrum steht das vorsoziale und vorweltliche ,,Ur-Ich", wie Husserl es nennt), in der zweiten Phase geschieht die ,,verweltlichende Veranderung des relativierenden Subjekts" (ich konstituiere den Andern als einen, der mich als soziales und mundanes Ich konstituiert und mir in der Einordnung meinen Vorrang nimmt, meine Welt dezentriert), und in der dritten Phase erfolgt das ,,dialogische Selbstwerden"

---

[25] Der Andere, S. 488; die folgende Seitenangaben beziehen sich auf dieses Werk.

(489). Wo die Veranderung regiert, ist die Sphäre der Öffentlichkeit, wo das Selbstwerden geschieht, die Sphäre der Intimität (491–92). Zwar mildert der Autor am Ende diesen abrupten Gegensatz ab, indem er als mittleren Bereich die Frage-Antwort-Dialektik des Dialogs gelten läßt und eine Sichtweise (unsere Sichtweise!) zugesteht, in der ,,das mittelbar begegnende Du als die konkrete Wahrheit des ‚Anderen'" erscheint (495, Anm. 7); aber es wird nicht recht ersichtlich, wie er dieses Zugeständnis wahr machen will, nachdem er zuvor der transzendentalen Welt- und Fremdkonstitution derart freien Lauf gelassen hat.

Zunächst also stehe *Ich im Mittelpunkt der Welt*, und einzig aus und in mir gewinnt die Welt uranfänglich ihren Sinn; diese anfängliche Überlegenheit bezahle ich damit, daß ich mir den Andern, ein *alter ego*, nur begegnen lassen kann als jemand, der seinerseits die Welt auf sich hin zentriert und mich so aus dem Zentrum verdrängt, mich gleich sich selbst zu einem unter andern, zu einem Andern macht; ich wahre meine Überlegenheit aber insofern, als auch diese Selbstbeschränkung indirekt noch von mir ausgeht. Diese transzendentale Theorie der Fremderfahrung, die von Husserl her entwickelt wird (vgl. vor allem §§ 10–18), endet mit dem klaren Resultat: Die ,,Partnerlosigkeit . . . ist es, die den ‚guten' Sinn des transzendentalen Solipsismus primär bestimmt" (155).

Diese Partnerlosigkeit macht sich auch noch im Dialog bemerkbar. Denn solange wir *weltliche* Interessen verfolgen, was eben besagt, daß jeder primär *seine* Interessen verfolgt, stehen wir nicht etwa nur in einem Feld der Vermittlung, sondern auch in einem Gebiet, in dem eine prinzipielle *Ungleichheit* herrscht. ,,Auch als Anredender bin ich der Mittelpunkt, von dem die Initiative ausgeht" (286).[26] Die sachliche Anfrage repräsentiert ,,zunächst wenigstens gerade die weltentwerfende Intentionalität" (353), und der Angeredete wird zu einem ,,Es-Du" erniedrigt, weil er als intentionales Korrelat meiner Einstellung bzw. meines Aktes sich der ,,Herrschaft der Intentionalität" nicht entziehen kann (351). ,,Zunächst wenigstens" soll es so sein; denn meine Herrschaft schwindet, je weiter die sachliche Rede hinter der reinen Anrede zurücktritt, und sie erlischt in der schweigenden

[26] Auf die Mehrdeutigkeit dessen, was Ichzentrierung besagt, haben wir bereits hingewiesen, vgl. o. III, 16.

Begegnung mit dem reinen Du, das alle weltlichen Bezüge hinter sich läßt. Die Gleichheit stellt sich jenseits des welthaften Umgangs her, nicht in ihr.[27]

Bei all dem behält die vorausgehende transzendentale Theorie der Intersubjektivität etwas Schillerndes, was vielleicht für die herkömmliche Transzendentalphilosophie überhaupt gilt. Der Verfasser begreift unter der nämlichen Formalstruktur die sublime Form eines transzendentalen Solipsismus bei Husserl, wo das Ich sich in reiner Sinnkonstitution als Ur-Subjekt für die Andern zur Geltung bringt, wie auch die terrestre Form eines transzendentalen Egoismus bei Sartre, wo das Ich sich einzig in realem Kampf gegen die Andern behauptet.[28] Doch immerhin denkt Husserl, wie noch zu zeigen ist, daß mein Ich erst in der Liebe zur Vollendung findet; man mag Sartre vom Grundansatz her für den konsequenteren halten, gleichviel, unser Autor läßt diese möglichen sozialethischen Konsequenzen im Dunkeln, da er sich einzig an die transzendentale Formalbetrachtung hält. Was heißt aber, der Andere ordnet sich meinem Weltentwurf ein, wenn ich etwas von ihm will? Heißt das, ich gebrauche ihn bloß als Mittel? Dann könnte man den weltlichen Umgang nicht als Vorstufe der Liebe in diese absorbieren, sondern müßte ihn von der Liebe und Achtung her revidieren. Nun ist es bezeichnend, daß der Konflikt zwischen realem Interesse und persönlicher Achtung hier gar nicht auftritt oder doch nur verharmlost zum Gegensatz von transzendentaler Weltkonstitution und dialogischem Selbstwerden. Die Welt wird einem transzendentalen Ich überantwortet, das in seiner zweifelhaften übermenschlichen Unschuld niemand

---

[27] Theunissen stellt diesen Übergang dar in der Interpretation Marcels (§ 69) und Bubers (§ 52), wirft allerdings diesem vor, ,,daß er gegen seinen Willen das Gespräch in die Formen der alltäglichen Wechselrede preßt'' (S. 353). Sollte es nicht eher so sein, daß Buber trotz seiner scharfen Zäsur zwischen Es und Du ein Auseinanderklaffen von weltlichem und interpersonalem Verhalten zu vermeiden sucht? Vgl. *Ich und Du*, a.a.O. S. 111: Eine Aufteilung des Gemeinschaftslebens in unabhängige Bereiche,, ... hieße nur die in die Eswelt versenkten Gebiete endgültig der Zwingherrschaft preisgeben, den Geist aber vollends entwirklichen''.

[28] Auch hier geht es um ,,centralisation'' und ,,décentration'' meiner Welt (*L'être et le néant*, S. 313). Ricoeur sieht dagegen in der ,,Dezentrierung'' durch die fremde Perspektive die eigene Perspektive ins Gleichgewicht gebracht (*Le volontaire et l'involontaire*, S. 120); diese Sichtweise scheint uns die einzig angemessene.

weh tun kann. Die vorgesehene Versöhnung von Transzendental-
und Dialog-Philosophie verschwebt ins Leere.

5. Die neutrale Sphäre der Werkgemeinschaft

Nur wenn primär ich es bin, durch den die Welt ihren Sinn
empfängt und dies für alle Andern mit, oder wenn ich es primär
bin, der sich in der Welt durchsetzt und dies gegen alle Andern,
erscheint die Gleichstellung mit den Andern als Selbstverlust.
Durch die Andern werde ich aus meiner Vorzugsstellung verdrängt, und so trete ich nicht auf gleich wie die Andern, sondern
werde zu einem Andern, zu einem bloßen Jemand. Weil die
Einzigkeit im Singular der ersten Person gedacht ist, tut die
Gleichstellung meiner Eigenheit Abbruch; *Gleichstellung* besagt
Verlust der Vorzugsstellung. Freilich ist für Husserl, im Gegensatz
zu Sartre, die ,,Gleichstellung meines Daseins und des aller
Anderen''[29] nichts, was tatkräftig zu überwinden, sondern nur
etwas, was zu verstehen ist als Resultat eines transzendentalen
Geschehens. Ist einmal der Boden des Dialogs erreicht, so gilt
das Kantische Gebot, den Andern ,,als Person, gleichgeordnet
unserer Person, wie sie Glied des Personenverbandes ist'', zu
seinem Recht kommen zu lassen.[30] Husserl ist nun dort, wo wir
mit gutem Grund begonnen haben und von wo aus die soziale
Gleichstellung im Wir einen durchaus positiven Anstrich erhält.

Wir beginnen mit einer Unterscheidung, mit der Aristoteles
Werkschaffen ($\pi o i \eta \sigma \iota \varsigma$) und Handeln ($\pi \rho \tilde{\alpha} \xi \iota \varsigma$) voneinander abhebt: ,,Was durch die Künste geschieht, hat das Gute in sich
selbst; es genügt also, daß dies sich auf gewisse Weise verhält,
wenn es geschieht. Was dagegen den Tugenden gemäß geschieht,
ist nicht gerecht oder besonnen getan, wenn dies sich auf gewisse
Weise verhält, sondern erst, wenn auch der Handelnde sich auf
gewisse Weise dabei verhält ...''[31] Im Schaffen geht es darum,
daß das Werk gut verrichtet werde, im Handeln darum, daß ich
selbst gut werde. Das Werk, für sich betrachtet, ist also neutral

---

[29] *Cart. Meditationen*, S. 158.
[30] *Ideen* II, S. 190. Husserls Begriff der ,,Ent-fremdung'' (*Krisis*, S.
189) hat nicht den Stachel des Freiheitsverlustes wie bei Marx und Sartre
(vgl. o. II, 4).
[31] *Nik. Ethik* II, 3, 1105a/27 ff. Vgl. dazu den Kommentar bei Kuhn:
Das Sein und das Gute, S. 393 ff.

Die Mächte der Selbstsucht regieren zwar, aber nicht von Natur gegenüber meinen Handlungs- und Lebenszielen. Ich zähle nur, soweit ich der Sache gerecht werde. Übertragen wir dies auf unsere gemeinsamen Verrichtungen in der Welt, wozu auch die Sachverständigung zu rechnen ist,[32] so besagt das: Das Werk, für sich genommen, ist *neutral* gegenüber meinen und deinen Lebenszielen; einer zählt für den andern nur, soweit er der Sache gerecht wird.

Sofern die Leistung den Maßstab abgibt für unser Verhalten, sind wir prinzipiell einander gleichgestellt; alle individuellen Unterschiede, die aus der Verschiedenartigkeit unserer Funktionen resultieren, sind demgegenüber beiläufig; sie verleihen jedem einen bloßen Stellenwert im Ganzen, keinen einzigartigen Selbstwert. Diese *Gleichstellung* geht hervor aus der *Suspension aller personalen Einzigartigkeit.*[33] Bevor wir diese Einebnung der personalen Differenzen in einer tiefergehenden Betrachtung rückgängig machen, wollen wir ihren positiven Charakter würdigen. Im Verhalten der Sachlichkeit oder der Objektivität konstituiert sich eine abstrakte Zwischensphäre, in der die Fusion von naturhaftem Selbst- und Fremdstreben als formbarer Untergrund dienstbar gemacht und die Wahl zwischen bewußtem Egoismus und Altruismus im Hintergrund belassen wird. Zwischen Bios und Ethos etabliert sich der *Bereich der Kultur* als ein Bereich von relativer Eigengesetzlichkeit. Welt- und Selbstbildung gehen hier Hand in Hand.

Im *vorgegenständlichen* triebhaften Verhalten nimmt das Ich, besser: das passive Vor-Ich, alles, was ihm aus Welt und Mitwelt begegnet, unmittelbar für sich in Anspruch, wie es auch umge-

---

[32] Ich sehe nicht ein, warum die Sprache im Gegensatz zur Werkwelt einzig als ,,Heimat des Du'' gelten soll (vgl. Theunissen, a.a.O. S. 281).

[33] Vgl. Kuhn, *Das Sein und das Gute,* S. 395: ,,Das Werk der Poiesis ist depersonalisiert''. J. Pucelle bestimmt diesen Zwischenbereich als ,,anonymat de neutralisation ou de médiation''; ähnlich wie Merleau-Ponty nimmt er der Anonymität, der ,,Verdichtung der zwischenmenschlichen Beziehungen'', den Geruch der Uneigentlichkeit (vgl. ,,L'anonymat comme obstacle à la relation intersubjective'', in: *L'homme et son prochain. Actes du VIIIe Congrès des Sociétés de philosophie de langue française,* Toulouse 1956, S. 175 ff.). Bei Heidegger ist nicht deutlich unterschieden zwischen ,,der Möglichkeit für das *Ich,* sich dem *Man* gleichzumachen'', und der Möglichkeit ,,des *Er* oder *Du,* sich *mir* als *Man* anzukündigen'' (De Waelhens, *Une philosophie de l'ambiguïté. L'existentialisme de Maurice Merleau-Ponty,* Löwen/Paris [3]1968, S. 240).

kehrt sich unmittelbar dem hingibt. Ohne weiteres sucht und findet es sich im Andern, findet es im Andern sich selbst, ohne daß Subjekt und Objekt, Subjekt und Mitsubjekt schon wirklich auseinandergetreten wäre. Freilich werden auch die Kinder von vornherein in eine Kulturwelt hineingeboren; ,,Kinder sind für die Erwachsenen und ihre Welt diejenigen Subjekte, die erst in die schon seiende Welt der Erwachsenen hineinwachsen."[34] Aber sie wählen noch nicht selbst, sondern übernehmen das, was die Erwachsenen für sie mitgewählt haben, sind dem ,,Einfluß fremder Gedanken, fremder aufsuggerierter Gefühle, fremder Befehle" ausgeliefert.[35] Solange ihnen die eigene und die fremde Selbständigkeit noch nicht aufgegangen ist, sind sie noch diesseits von Egoismus und Altruismus, sofern man darunter ein verantwortliches Verhalten versteht.[36] Wenn ich nun aber im *gegenständlichen* Verhalten ein Erkenntnis- oder Handlungsziel vornehme und von mir abrücke, so erhebe ich mich zu einem Allgemeinen, das als solches, unabhängig also davon, was ich darüberhinaus intendiere, die eigene und die fremde individuelle Betroffenheit transzendiert. Der allgemeine Sinn, den ich anziele, ist in sich selbst ein *allgemeinsamer*, ein mitteilbarer Sinn; der Logos ist potentieller Dia-logos.[37]

Man beruft sich gern, vor allem in den öffentlichen Bereichen der Ökonomie und der Politik, auf einen ,,natürlichen Egoismus", der uns zwangsläufig der eigenen Hab- und Herrschsucht ausliefert. Es ist nur folgerichtig, daß man, dem Chaos zu steuern, wiederum nur an die Selbstsucht appelliert, sei es in einem wohlfeilen Glauben an die Harmonie des ,,wohlverstandenen Eigennutzes", sei es in verzweifelter Notwehr. Ein solch schlecht fundiertes Gebäude wartet geradezu auf den ,,Starken", der mit diesem Gesetz der Natur Ernst macht, ,,der aufsteht, offenbar als unser Herr, er der Knecht, und eben darin leuchtet recht deutlich hervor das Recht der Natur."[38] Doch was sich hier als Naturgesetz ausgibt, ist nichts als eine dürftig verkleidete Ideologie.

---

[34] C II V, S. 18 (zitiert bei Toulemont, a.a.O. S. 216).
[35] *Ideen* II, S. 268; vgl. o. III, 13: passiv-rezeptive Übernahme.
[36] So äußert sich auch Löwith, a.a.O. § 18.
[37] Zum Zusammenhang von Gegenständlichkeit und Intersubjektivität vgl. auch De Waelhens, *La philosophie et les expériences naturelles*, S. 126–27.
[38] Platon, *Gorgias* 484a–b, aus dem Parforce-Ritt des Kallikles.

aus, sondern durch uns. Indem wir uns auf die Natur hinausreden, geben wir zu, daß wir mehr sind als bloße Naturwesen, die sich nicht erst zu rechtfertigen haben. So ist denn auch die leidenschaftliche Sucht in ihrer Unersättlichkeit ein spezifisch menschliches Phänomen, das die Zyklik natürlicher Triebbefriedigung weit hinter sich läßt. Versteht man dagegen unter einem ,,natürlichen Egoismus'', daß wir uns immer schon seiner Macht ausgeliefert haben, so bleibt doch die Frage, ob es das ist, was wir im zwischenmenschlichen Umgang eigentlich sollen und wollen.

Soviel steht jedenfalls fest, sofern wir uns auf sachliche Ziele einlassen und uns in deren Verwirklichung selbst entäußern, leben wir in einer Sphäre, in der die Entscheidung zwischen Egoismus und Altruismus nicht direkt anfällt. Das Produkt unseres theoretischen und praktischen Tuns gehört, sobald es weltliche Gestalt annimmt, allen; es liegt offen da, ist allgemein zugänglich, noch bevor die konkurrierende Bemächtigung einsetzt.[39] Marx hat so Unrecht nicht, wenn er im Gefolge Hegels die Arbeit zum Fundament einer Menschheitskultur macht, und in Platons Staat wäre der niederste Stand nicht soweit vom obersten abgerückt, hätte Platon ihn nicht als bloßen Erwerbsstand konzipiert.[40] Die Arbeit macht nicht eo ipso frei, da das Werk nicht der letzte Horizont unseres Tuns ist, (,,Arbeit macht frei'' – so stand es auch über einem Lagertor in Auschwitz), aber es bahnt sich in ihr die Freiheit an. Eben weil es dieses neutrale Vorfeld der Sachlichkeit gibt, ist ein sachlicher Wettstreit möglich, wo der Sieg allen zugute kommt (s.o. III, 12). Die Sachlichkeit hat ihre eigene Strenge. Ich kann dem Andern dienen, indem ich ihm widerstehe, weil die Sache es fordert, ihm schaden, indem ich ihm nachgebe, obwohl die Sache es verbietet. Doch das weist bereits voraus auf den konkreten Hintergrund des bloßen Werkzusammenhangs.

In abstrakter Sicht erscheint das Werk als ein Telos, das vom

---

[39] Es bildet sich eine Sphäre der Öffentlichkeit, eine ,,Gemeinwelt'' (*Phän. Psychologie*, S. 489).

[40] Vgl. *Politeia* IV; auch dort, wo Platon idealtypisch die Entstehung der Polis und deren notwenige Arbeitsteilung skizziert (B. II, 369b ff.), werden die körperlichen Berufe nur unter dem Aspekt der Bedürfnisbefriedigung gesehen; daher ihr Charakter des Banausisch-Unfreien gegenüber den ,,freien Künsten''. Vgl. dagegen Hegel, *Phänomenologie des Geistes*, S. 148–49: Die Arbeit ,,bildet'', indem sie die Begierde ,,hemmt''.

Tun ablösbar ist und in sich zu stehen kommt; doch konkret gesehen ist es eingelassen in die Dynamik einer Gebrauchs- und Er-
kenntnisordnung, in der sich das Leben in seiner Ganzheit darstellt; dessen Gut ist nichts, was im Handeln abfällt, sondern es
ist stets latent oder offen gegenwärtig im Handeln selbst, alle
partikulären Ziele umgreifend. ,,Die Poiesis ist vom Werk her zu
beurteilen, das Werk aber von der Praxis her."[41] Entsprechend
verweist das gemeinsame Schaffen auf ein Zusammenleben, das
sich nicht in den funktionalen Zusammenhängen der Werkgestaltung erschöpft. Das Werk, das wir hervorbringen, dient nicht
nur zu etwas, es dient auch jemand. Indem wir *etwas besorgen,*
sorgen wir implizit auch *füreinander*; es sei erinnert an die trinarische Struktur des Dialogs. Durch das Werk hindurch eignen
wir uns die Welt an, jeder auf seine Weise; durch das Werk hindurch herrschen wir übereinander, wenn nicht in definitiver, so
doch in wechselnder Über- und Unterordnung; durch das Werk
hindurch ringen wir um die wechselseitige Anerkennung. Im
gemeinsamen Tun geschieht ein Geben und Nehmen, ein Folgen
und Gebieten, ein Anerkennen und Anerkanntwerden; so zeigten
wir im theoretischen Tun der Verständigung den Wechsel von
Rede und Gegenrede, den Wechsel der Initiative, das Ansich-
halten des Tuns, das dem Andern Raum gibt. Jedermann lebt in
,,einer Natur, die er in notwendiger Vergemeinschaftung seines
Lebens mit dem Anderer in individuellem und vergemeinschaf-
tetem Handeln und Leben zu einer Kulturwelt, einer Welt mit
menschlichen Bedeutsamkeiten gestaltet hat – mag sie auch noch
so primitiver Stufe sein."[42] Diese Kulturgestaltung hat in den
Verhältnissen des *Besitzes,* der *Herrschaft,* des *Ruhmes* ihre
spezifisch *mitmenschliche Dimension,* durch die sie aller bloß
naturalistischen Deutung, etwa nach Art eines Sozialdarwinis-
mus, entzogen ist.[43]

[41] Kuhn, *Das Sein und das Gute,* S. 394, vgl. auch Aristoteles, *Nik.
Ethik* I, 1–2. In die gleiche Richtung weist Husserls Kritik am Objektivismus und Technizismus, die sich berührt mit dem Kampf gegen eine Fetisch-
hisierung der menschlichen Werke, den Marx und Lukács führen; diesen
Zusammenhang betonen E. Paci (*Funzione delle scienze e significato dell'u-
omo,* Mailand 1963) und H. Marcuse (*Der eindimensionale Mensch,*
Neuwied/Berlin 1967, S. 176 ff.).
[42] *Cart. Meditationen,* S. 160.
[43] Haben, Herrschen und Gelten und deren Entartungen in Habsucht,
Herrschsucht und Ehrsucht (vgl. Kants *Anthropologie in pragmatischer*

Konkret betrachtet ist der sachbezogene Umgang miteinander also nicht völlig neutral gegenüber den Forderungen, die das interpersonale Verhalten regieren. Es gibt ein Arbeitsethos eben deshalb, weil ich mich in der Arbeit zu mir und zu Andern verhalte. Doch bleibt hier eine letzte Reserve, die wir schon früher andeuteten. Das Du in seiner Einzigkeit wird von mir nicht positiv akzentuiert, sondern nur implizit berücksichtigt. Wir bewegen uns in der *Sphäre der Rechte und Pflichten*, der Rechte, die jeden vor dem fremden Übergriff absichern, der Pflichten, die jedem den eigenen Rückzug verwehren. Der eine gilt hier nicht mehr, aber auch nicht weniger als der andere. Jedem wird das Seine, das, w o r a u f jeder Anrecht hat, und das, w o z u jeder verpflichtet ist.[44] Innerhalb einer solchen Rechtssphäre, deren Ordnung implizit vollzogen, explizit formuliert und schließlich kodifiziert sein kann, gibt es nur relative Bevorzugungen, die sich, wofern sie nicht der Willkür oder bloßer Gewöhnung entspringen, gerecht aufschlüsseln müssen im Hinblick auf das gemeinsame Ziel. Diese *Gerechtigkeit* ist keine äußere Zutat, sondern sie ist das Gesetz, das dem dialogischen Dasein eingeschrieben ist; denn der Dialog erlischt, sobald der einzelne einseitig eine bestimmte Stellung usurpiert, anstatt sie mit den Andern gemeinsam einzunehmen. In der proportionalen Gleichheit, die sich im Durchgang durch sachliche Ziele herstellt, waltet eine positive Neutralität, positiv insofern, als hier den rein naturhaften Antrieben Schranken gesetzt werden, und insofern, als der naturale Kräfteausgleich in einen verantwortlichen Rechtsausgleich umgestaltet wird. Als soziales Subjekt, das sich mit den Andern am Objekt bewährt, bin ich *mehr* als ein natürlich bestimmtes Individuum, das sich unmittelbar auslebt, *weniger* freilich auch als eine Person, die auf einzigartige Weise die verschiedenen sozialen Rollen übersteigt.[45]

Hinsicht, §§ 81 ff.) lassen sich den Bereichen der Ökonomie, der Politik und der Geisteskultur zuordnen, wie Ricoeur es tut (*Finitude et culpabilité* I, S. 127 ff.).

[44] Es besteht eine „Dialektik von Empfangenwollen und Gebensollen zwischen Individuum und Rolle" (Lersch, *Der Mensch als soziales Wesen*, S. 175).

[45] Ricoeur spricht von einer „mittleren Zone öffentlicher Beziehungen" zwischen Sklaverei und Freundschaft" (*Le volontaire et l'involontaire*, S. 123); zur Funktion der Gerechtigkeit vgl. auch Levinas, *Totalité et*

Die objektive Haltung wird, solange sie nicht in einen Objektivismus ausartet, das Selbstsein des Andern aussparen, den direkten Weg zu ihm hin offenhalten – begehen können wir ihn nur in einem *übergegenständlichen Zueinander*, das alle weltlichen Interessen hintansetzt. In dieser erneuten Blickwende erweist sich das soziale Verhalten als durchlässig für ein ,,überberufliches Leben'' in der persönlichen Begegnung.[46] Darüberhinaus nimmt sie dem sozialen Vorfeld die Zweideutigkeit, die ihm für sich genommen anhaftet. Im Füreinander des weltlichen Umgangs kann ein jeder Rücksicht üben um der Andern oder bloß um seiner selbst willen. Der Leistungsaustausch eignet sich zu einem Kalkül, wo jeder nur gibt, um zu bekommen. Diese Tauschgesellschaft kann vordergründige Erfolge erzielen; eine funktionierende Ordnung besagt daher noch nichts über die Fundamente, auf denen sie ruht. Erst die direkte Zuwendung zum Du macht offenbar, in welchem Licht das soziale Geschehen sich abspielt, ob in einem abgeblendeten oder erloschenen; denn sie widersetzt sich einem jeden sozialen Funktionalismus, der den Einzelnen mit seiner Rolle identifiziert.[47]

6. Direkter und indirekter Dialog

Jeder Dialog, auch der sachlichste, spannt sich aus zwischen dem Pol der Sache, die eröffnet, und dem Pol der Person, der sie eröffnet wird. Dieses Spannungsfeld läßt mannigfache Kon-

---

Infini, S. 54 ff. Der Andere ist hier ,,meinesgleichen,'' ,,mon semblable'' (vgl. *Krisis*, S. 206).

[46] Vgl. Transc. (1930)E III 4, S. 28: ,,Der Mensch als Berufsmensch und doch zugleich Mensch überhaupt, der ein überberufliches Leben hat und haben muß''; hier liegen die Grenzen einer ,,Technologie'' des Lebens, das ethisch geregelte Leben und die Liebe können nicht ,,mechanisiert'' und ,,technisiert'' werden (ebd. S. 15–16); indirekt mag man diesen überberuflichen und übertechnischen Bereich bestimmen als das ,,Private'' im Sinne des von der Öffentlichkeit ursprünglich ,,Freibleibenden'' und willentlich ,,Freigestellten'' (vgl. Transcr., 1933 o. 34, A V 12, S. 15), zur positiven Eigenbestimmung reicht das nicht aus.

[47] Vgl. Buber, *Das Problem der Menschen*, a.a.O. S. 373–74: ,,Das Wir schließt das Du potentiell ein'', freilich nur, wenn das Wir aus selbstverantwortlichen Personen gebildet wird. Andernfalls kommt es zur Selbstentfremdung im ,,Sichfestsetzen der sozialen Tätigkeit'' und der ,,Konsolidierung unseres eigenen Produkts zu einer sachlichen Gewalt über uns'' (Marx, *Die Frühschriften*, Stuttgart 1964, S. 361). Die interpersonale Durchlässigkeit des Sozialen unterliegt sowohl in der abstrakten Dimen-

stellationen zu. Der direkten Zuwendung zum Du gehen verschiedene Stufen voraus; die Zuwendung selbst als eine Innovation geschieht unvermittelt im Nu, aber nicht unvorbereitet. Wir betrachten daher zunächst die allmähliche Annäherung, die nicht durch Änderung der sachlichen Perspektivik zustande kommt, sondern durch Variation der interpersonalen Umgangsweise; dabei verlagert sich der Akzent zusehends auf das Persönliche, und der Kontakt vertieft sich.

Wir unterschieden früher drei Funktionen, die wir miteinander und füreinander in der Sachverständigung ausüben: die Bereicherung des Sinngehaltes, die Bestätigung der Sinngeltung und die Anregung zur Sinnenthüllung (vgl. III, 12). Die beiden ersten Funktionen betreffen das *objektive Was und Daß* des Wahrheitsgehaltes, die dritte Funktion betrifft das *subjektive Wie* des Wahrheitsgeschehens. In unsern grundlegenden Analysen haben wir das Interesse füreinander bewußt minimalisiert, um auf indirektem Wege, vom Sachinteresse her, die Mitgegenwart der Andern zu berühren. In der so gewonnenen Formalstruktur des Dialogs blieb die Tiefendimension der (Inter-)Subjektivität nicht verborgen wie in der Flächigkeit eines selbstverlorenen Objektivismus,[48] aber was noch ausblieb, war die Vertiefung in diese Dimension, mit einer Ausnahme: der Tendenz zur Selbständigkeit. Doch diese Tendenz führt, wie gezeigt, geradewegs zum Monolog, nicht zu den Andern (vgl. III, 14). Die Tendenz wird lediglich aufgefangen dadurch, daß sie ihren Ausgang nimmt beim immer schon gemeinsamen Welterleben und Weltverständnis; radikal umgebogen wird sie erst, wenn unser Interesse sich auf ein neuartiges Ziel verlegt: auf das Du selbst. Es ist bezeichnend, daß Heidegger in *Sein und Zeit*, wo er die Andern nicht nur anfänglich, sondern auch letztlich von der Welt her mitbegegnen läßt, die mitmenschliche Beziehung ihren Höhepunkt erreichen sieht in der Vereinzelung; das Füreinander der Fürsorge erscheint als „Freigabe", als Befreiung voneinander. Der Weg führt direkt vom Man zum eigenen und fremden Selbst in ihrer erworbenen Selbständigkeit; das Ich-Du-Verhältnis ist übersprungen.[49]

---

sion gemeinsamer Poiesis wie in der konkreten Dimension gemeinsamer Praxis faktischen Bedingungen, die wir in Kap. VI eigens prüfen werden.

[48] Vgl. *Krisis*, § 32.

[49] Vgl. *Sein und Zeit*, §§ 25–27, 60, dazu die Kritik von Löwith, a.a.O.

Offenkundig ist hier der Einfluß Kierkegaards, seine Aufforderung, ein Einzelner zu werden, und sein Versuch, diese Vereinzelung in der indirekten Mitteilung zu ermöglichen, nur daß
dieser Einzelne ein Einzelner vor Gott ist.[50]

Die Potenzierung der direkten durch die indirekte Mitteilung,
wie Kierkegaard sie vornimmt, anknüpfend an die Sokratik[51],
mag nicht ausreichen, um in das Ursprungsreich von Ich und Du
vorzudringen, sie führt uns aber an deren Schwelle, wenn wir ihre
positiven Impulse beachten. Um unsere anfängliche Unterscheidung wieder aufzunehmen, was ich dem Andern mitteile, ist ein
positiv Gegebenes, das ich *direkt* angehe; wie und ob der Andere
es aufnimmt, das ist eine Möglichkeit, die ich nicht direkt anzielen
kann als ein von mir zu leistendes ,,Werk'', die ich vielmehr nur
indirekt anregen kann in der Art, wie ich die Sache darbiete und
indem ich sie darbiete. Freilich sind objektives Was und subjektives Wie nur eines durch das andere verständlich. Das Gemeinte
ist immer nur inchoativ, nie definitiv gegeben, es ist immer nur
für jemand, hat Bestand nur in der Bewegung; umgekehrt gelangt das Subjekt stets nur im Gegenstand über sich hinaus. Deshalb bleiben auch alle existenziellen Beteuerungen leer; wie weit
ich in etwas eingedrungen bin, das muß sich am Gegenstand ablesen lassen, über den ich spreche, am Werk, das ich hervorbringe. Direktheit und Indirektheit verstehen wir daher als
Akzentuierung, nicht als Alternative; für die Sprache gilt: ,,Sie
ist immer ,,zwischen'' Mitteilung und Appell.''[52] Unter diesem
Aspekt skizzieren wir kurz noch einmal die Grundstufe des di-
direkten Sachdialogs, um von ihm dann die Spielarten des indirekten Dialogs abzuheben.

Im *Sachdialog* geht es ausdrücklich und primär um die *Sache
selbst*, die ans Licht will und deren Sinn einer dem andern vermitteln kann. Die Sache ist die Brücke zwischen uns; zueinander
kommen wir, indem wir uns in der Sache verstehen. Zwar berück-

§ 21 und die gründliche Interpretation Theunissens, a.a.O. §§ 29 ff., speziell zu userm Problem: S. 179.

[50] Vgl. Buber, *Das Problem der Menschen*, a.a.O. S. 369: ,,Der Einzelne
Kierkegaards ist ein offenes System, wenn es auch lediglich zu Gott offen
ist.''

[51] Vgl. vor allem *Unwissenschaftliche Nachschrift*, 1. Teil, S. 64 ff., dazu
C. Waldenfels-Goes, *Direkte und indirekte Mitteilung bei Sören Kierkegaard*, Diss. München 1967.

[52] Kuhn, *Begegnung mit dem Sein*, S. 73.

sichtige ich Leistungswilligkeit und -fähigkeit des Andern, ich
gehe nicht über ihn hinweg wie über ein Ding, das ich gebrauche;
doch überlasse ich es ihm, sich in das erforderliche Verhältnis zur
Sache zu setzen, und ich erwarte, daß er schon ein entwickeltes
Verhältnis zum entsprechenden Sachbereich hat. Gelingt ihm
das Geforderte nicht, so suche ich einen andern, der sich besser
auf die Sache versteht. Ein Regierungschef, der seine Mitarbeiter
in erster Linie nach pädagogischen oder philanthropischen Gesichtspunkten auswählen wollte, würde seine Aufgabe verfehlen.
Die sachliche Aufgabe aber ist es, die eine gewisse Rücksichts-
losigkeit gegenüber den unmittelbar-persönlichen Belangen gebietet, die eigene Person darin eingeschlossen. Das Resultat dieser
Selbst- und Du-Vergessenheit ist die bereits erwähnte Gleichstellung, die frei macht für das Werk, aber die persönlichen
Eigenarten zurücktreten läßt.

Die Abstraktheit dieser Einstellung liegt auf der Hand; denn
es geht uns ja niemals nur um die Sache, sondern implizit immer
auch um uns selbst; ferner sind wir niemals ein definitiver Jemand, sondern immer im Werden begriffen. Was bisher implizit
blieb, wird explizit auf der Zwischenstufe des *indirekten Dialogs*.
Hier geht es uns nicht primär um die Sache, an der wir uns bewähren, sondern um *unser Verhältnis zur Sache*, um die Be-
währungsmöglichkeit selbst. Dieses Vermögen ist nicht etwas,
was wir direkt anstreben können; es ist ja doch nichts anderes
als eben die Bereitschaft zu ..., das intentionale Sein bei ...
Wir kommen ihm nur indirekt bei von der Sache her, in die wir
uns oder Andere einüben. ,,Was wir nämlich nur tun können, indem wir es zuvor lernen, das lernen wir, indem wir es tun; so
werden wir Baumeister durch Bauen, Kitharisten durch Kitha-
raspielen.''[53]

Dieser Dialog, der sich thematisch zwischen sachlicher Wirklichkeit und persönlichem Können einrichtet, weist in seiner
Zwischenstellung besondere Züge auf. Zunächst rückt die Sache
in eine gewisse *Distanz*, wenn wir deren Für-uns- oder Für-dich-
sein akzentuieren, und umgekehrt ist die Möglichkeit, Abstand
nehmen zu können, die Voraussetzung für eine ausdrückliche

---

[53] Aristoteles, *Nik. Ethik* II, 1, 1103a/32–34. Hierbei tut das Ich nicht
nur, ,,sondern auch Tätigkeiten werden zu Zielen, ebenso Systeme von
Tätigkeiten ... und entsprechende Vermögen'' (*Ideen* II, S. 253).

Einübung. Nur wenn es nicht völlig ernst ist und die Situation uns nicht eine sofortige Antwort abverlangt, können wir uns im Spielraum der Möglichkeiten umtun, uns ein-spielen.[54] – Während der unmittelbare Drang weltlicher Sorge sich abschwächt, tritt die *Fürsorge* umso stärker hervor. Der gewonnene Spielraum ermöglicht es, auf die Besonderheit des Partners einzugehen und, anstatt für das sachliche Vorhaben einen passenden Partner auszusuchen, Sache und Person, Gebilde und Selbstbildung aufeinander abzustimmen. Dabei engt sich der Gesprächs- und Wirkungskreis notwendig ein. Ich kann in eine Öffentlichkeit hineinreden und -wirken, solange ich es den Partnern überlasse, den Sinn, auf je eigene Weise, aufzunehmen (s.o. III, 15). Die Fürsorge, in der diese besondere Weise eigens akzentuiert wird, fordert dagegen eine gewisse *Exklusivität* in Gestalt einer Schulklasse, einer ratsuchenden Gruppe, eines Patienten. Die Exklusivität nimmt zu, je mehr wir uns um die Lebensganzheit kümmern und nicht nur um bestimmte Fertigkeiten, die der Einzelne mit andern teilt. – Das Verhältnis der Fürsorge zeigt eine gewisse Einseitigkeit, die wir, ohne pejorativen Sinn, als *Herablassung* bezeichnen möchten; der eine steigt zum andern herab, um ihm aufzuhelfen.[55] Die Einseitigkeit rührt daher, daß nun statt der gemeinsamen Sache, die sowohl für mich wie für die Andern ist, entweder ihr Für- die-Andern- oder ihr Für-mich-sein thematisch wird. Weder sind wir einfachhin mit-einander bei einer Sache, noch verhalten wir uns direkt zu-einander, sondern gemeinsam sind wir bei einer Sache, sofern sie einem von uns zugänglich ist oder wird. Der Prüfling äußert sich nicht, um den Prüfer etwas zu lehren, sondern um am Gegenstand sein Wissen auszuweisen; der Meister tut den Handgriff nicht, um ein Werk hervorzubringen, sondern um dem Lehrling zu zeigen, wie man es macht. Man teilt sich auch hier so mit, wie man sich als lebendig-gegenwärtiges Ich einzig mitteilen kann, nämlich beiläufig, in-

---

[54] Bekanntlich kommt auch dem wirklichen Spiel eine unausdrücklich wirkende propädeutische Funktion zu neben andern Funktionen; macht einer nie Ernst, so nennen wir ihn verspielt.

[55] So fordert Platon von den Philosophen, daß sie von den Höhen der Schau wieder hinabsteigen (καταβαίνειν), um der gesamten Polis zu dienen (*Politeia* VII, 519d ff.), und noch Kant spricht von einer „Herablassung (Kondeszendenz) zu der Fassungskraft des Publikums" (*Logik*, Einl. VI, A 66).

dem man bei der Sache ist; weil aber desungeachtet Selbstbildung und Selbstdarstellung das eigentliche Ziel sind, behält dieser indirekte Dialog etwas von einem gelenkten Spiel; denn auch „der Spielende weiß wohl, was Spiel ist, und daß, was er tut, ‚nur ein Spiel ist', aber er weiß nicht, was er da ‚weiß' ", eben weil er mit dem Spiel Ernst macht.[56] Das stimmt zusammen mit der *Vorläufigkeit* der Fürsorge, die ja den Andern nicht ersetzen kann – ersetzen läßt sich nur ein Ding, dem es nicht um sich selbst geht –, sondern nur vertreten, auf Abruf, wie ein Vormund für sein Mündel eintritt. Hilfsbedürftigkeit und Hilfsbefähigung können an eine bestimmte Situation oder an einen besonderen Lebensbereich geknüpft sein, so daß die Wechselseitigkeit sich auf andere Weise herstellen kann; sie können aber auch in einer allgemeinen Lebensschwäche oder Lebensunreife gründen, wo die Gegenseitigkeit eine künftige Möglichkeit bleibt. Ohne eine gewisse Überlegenheit wäre die einseitige Fürsorge unmöglich; bei schlechthinniger Überlegenheit bliebe die Fürsorge ohne Partner, sie wäre ein sachliches Besorgen. Ihren negativen Sinn bekommt die Herablassung dann, wenn sie sich verbindet mit Überheblichkeit, die sich an der Unterlegenheit des Andern aufrichtet und so den Unterschied sanktioniert und fixiert. Ein unwiderrufliches Einspringen für den Andern wird zu einem Herrschen über den Andern; die Geschenke des Patriarchalismus sind vergiftet.[57] Was in der Selbstüberhebung vergessen ist: jeder Mensch bleibt ein Lernender, weil sein Tun und Wissen Grenzen hat. Der Lehrer kann vom Schüler lernen, vor allem, was er nicht kann, der Erwachsene vom Kind, vor allem, was er nicht ist. Überdies ist das einmal gewonnene Verhältnis nicht gegen den Verfall gefeit; die fremde Hilfe ist nicht nur fördernd und entwickelnd, sondern

---

[56] Gadamer, *Wahrheit und Methode*, S. 97–98.

[57] In diesem Sinne spricht Heidegger von einer „einspringend-beherrschenden Fürsorge", die dem Andern die Sorge abnimmt, im Gegensatz zur „vorspringend-befreienden Fürsorge", die ihm die Sorge erst als solche zurückgibt (*Sein und Zeit*, S. 122). Bezeichnend ist freilich, daß hier von dem Mittleren einer helfenden Fürsorge, die weder Beherrschung sein muß, noch auch nur Befreiung ist, nicht die Rede ist. Husserl dagegen streift dieses Thema in seiner Liebesethik; die Andern stehen unter der Forderung der Autonomie, „aber sie sind auch für mich Mitsubjekte als Subjekte in meinem ethischen Fürsorgefeld, ihr wahres Wohl und Weh geht mich selbst an . . ." (Transcr., 1930, E III 4, S. 19, vgl. ebenfalls Transcr., 1931, E III 9, S. 53; *Gemeingeist* I, S. 11, 17, 19).

auch pflegend und erhaltend. Insofern ist das sokratische Eingeständnis eigener Unwissenheit nicht bloß ein pädagogischer Trick.

Im indirekten Dialog hilft also einer dem andern, sich ins rechte Verhältnis zur Wirklichkeit zu setzen. Indirekt ist dieses Tun: einer gibt etwas dem andern derart, daß dieser darin zu eigenem Tun angeregt, daß Leben in ihm geweckt wird. Diese Belebung oder Wiederbelebung ist bei aller Einseitigkeit *kein Hervor-bringen, sondern ein Hervor-rufen.*[58] Ich helfe *dir*, das heißt immer auch: ich helfe dir *zu dir*, oder die Hilfe ist ein Gewaltakt, der den Boden des Dialogs verläßt.

7. *Pädagogischer, subsidiärer und therapeutischer Dialog*

Um die formale Struktur des indirekten Dialogs zu konkretisieren, betrachten wir im folgenden drei Grundtypen mitmenschlichen Verhaltens, wo die Fürsorge sich in verschiedenen Ursituationen menschlichen Zusammenlebens bewährt. Gemeinsam ist diesen Situationen, daß hier jeweils die Stellung, die einer mit den Andern in der Welt einzunehmen hat, selbst erst zu gewinnen oder wiederzugewinnen ist. Wir können uns auf Andeutungen beschränken, da es uns hier auf das Exemplarische ankommt.

Beginnen wir mit dem *pädagogischen Dialog*. Der Erzieher trifft sein Gegenüber in einer Situation absoluter oder relativer *Unmündigkeit* an, in der es seine Rechte selbst noch nicht vertreten, seine Bestrebungen selbst noch nicht hinreichend artikulieren und meistern kann; es ist dies eine Situation des Nochnicht, die notwendig damit gegeben ist, daß der Mensch sich und seine Welt nicht selbst schafft, sondern sich in ihr vorfindet. Der pädagogische Dialog ist für den Erzieher noch kein Dialog, in dem der Andere als voller Partner steht, sondern ein solcher, der sich seinen Partner erst heranzieht.

Man ist gewohnt zu unterscheiden zwischen Ausbildung und Bildung. In der *Ausbildung* geschieht die Einführung in partiku-

---

[58] Vgl. *Gemeingeist* I, S. 17: ,,Die Entwicklung der natürlichen Fürsorge ... führt zur Kritik und dann *zur persönlichen Aufforderung* ...'' Auch für Platon ist Bildung (παιδεία) nicht, was manche dafür ausgeben, nämlich: ,,wenn keine Erkenntnis in der Seele sei, könnten sie sie ihr einsetzen, wie wenn sie blinden Augen ein Sehen einsetzen'' (*Politeia* VII, 518c–d).

läre Sach- und Zweckbereiche, in denen ich einmal eine bestimmte Rolle übernehmen und meinen individuellen Beitrag leisten soll. In der *Bildung* geht es um den Grundsinn, der allem Erkennen, Tun und Schaffen innewohnt, der darin implizit und in den Werken des „objektiven Geistes" explizit zum Ausdruck kommt; dieser Grundsinn wartet darauf, daß ich ihn in persönlicher Verantwortung sichte und verwirkliche. Freilich sind Ausbildung und Bildung unauflöslich miteinander verknüpft, nicht anders, wie die reale Welt der Gebrauchsdinge mit der idealen Welt der Kulturobjekte verbunden ist; die Gebrauchsdinge sind kulturell durchformt, stehen je für das Ganze einer geschichtlichen Welt, der ideale Sinn verkörpert sich in Büchern, Musikinstrumenten, Kultgeräten. Freilich können sich Kultur- und Arbeits- bzw. Alltagswelt voneinander entfernen – zum Schaden beider; der Sinn des Alltagslebens bleibt im Halbdunkel, die Kultur wird lebensfremd und lebensarm. Doch eben die Folgen dieser Dissoziation bezeugen, daß das menschliche Leben bei aller inneren Spannung eine Einheit ist, und so auch die erzieherische Einführung in dieses Leben. Jede Ausbildung, als ein mitmenschlicher Umgang, impliziert bereits Bildung, von der es in einer geistreichen Formulierung heißt: „Bildung ist das, was übrig bleibt, wenn man vergessen hat, was man gelernt hat."[59] Ähnliches ließe sich auch vom Erzieher sagen, der ausbildet.

Die Distanz zur Wirklichkeit, von der wir oben sprachen, finden wir in der Erziehung, sofern hier das Paradigmatische und Methodische eine besondere Rolle spielt. Der Musikschüler lernt zwar spielend, aber doch an einem Übungsstück, das selten dazu gedacht ist. Das Erlernen allgemeiner Handgriffe geht allmählich, bei entsprechendem Talent, in das Finden eigener Ausdrucksvarianten über; damit individuiert sich zusehends auch das Verhältnis von Lehrer und Schüler, es wird exklusiver. Ähnlich in der Erziehung zu dem, was zu tun oder zu lassen ist. Das eigene Verhalten erprobt sich zunächst in Bereichen, die der Erzieher weitgehend überwacht und wo er lenkend oder rettend eingreifen kann. Das *Ziel* der Erziehung ist erreicht, wenn der Zögling in einer Berufs- oder Lebensgemeinschaft als selbständiges Glied mit eigener Stimme auftreten kann und der Erzieher als Erzieher

---

[59] Vgl. H. Scholz, „Bildungswerte der Mathematik", in: *Erziehung zur Menschlichkeit, Festschrift für E. Spranger*, Tübingen 1957, S. 119.

überflüssig ist. Prüfungen markieren die Etappen bis zur Erreichung dieses Ziels, wenigstens in der Ausbildung, wo nicht einfach das Lebensalter zählt wie etwa in der staatsbürgerlichen Gemeinschaft.

Da die Erziehung die Unmündigkeit des Gegenüber in Mündigkeit zu verwandeln sucht, ist sie in der Tat eine *Befreiung*, aber keine Befreiung voneinander, sondern *füreinander*.[60] Und warum? Weil die Erziehung selbst ein pädagogischer Dialog ist. Dessen obligates Mittel ist nach sokratischem Muster die Frage, die zur Eigentätigkeit anregt. Aber jede sinnhafte Frage hat etwas, das sie befragt und erfragt (Direktheit und Indirektheit sind in der dialogischen Äußerung nicht zu trennen), und jemand, der fragt. Die Mündigkeit dokumentiert sich eben darin, daß der Mündiggewordene selbständig antwortet und zurückfragt. In der Intention der Erziehung liegt es, den Andern zu sich zu befreien, indem sie ihn für den Dialog befreit; der Erzieher zieht sich damit freilich auch seinen eigenen Kritiker heran. Die Erziehung zielt nicht auf die Selbstgenügsamkeit des Einzelnen ab; sie ebnet lediglich einer relativen Autarkie den Weg, indem sie den Einzelnen auf sich stellt.[61]

Der Mensch, der in die Offenheit des Dialogs gelangt ist und nun selbsttätig mit den Andern seinen Weg in der Welt nimmt, ist damit nicht gefeit vor Ausweglosigkeiten. Die Situation der *Not* ist es, der wir im *subsidiären Dialog* begegnen, wo einer dem andern aushilft. „Zu berichtigen verstehen die Deutschen, nicht nachzuhelfen", heißt es in Goethes *Maximen und Reflexionen*; ob eine Nationaleigenschaft oder nicht, der Unterschied gilt: in der Korrektur sind wir primär bei der Sache, beim Nachhelfen sind wir beim Andern, sofern ihm etwas mißlingt. Auch hier markieren leiblicher Mangel, Berufsmisere und Lebensverzweiflung verschiedene Ebenen, aber solche, die sich implizieren; will man zwischen vordergründiger und wesentlicher Hilfe unterscheiden, so betrifft das nur den Grad der Ausdrücklichkeit, mit der sich der gemeinsame Lebenshorizont aufhellt.

Nehmen wir als Exempel den *Rat*, der aus der Verlegenheit

[60] Im Für-einander als einem selbständigen Verhalten ist der Abstand von-einander impliziert, ohne doch das Ziel zu sein, um das es uns primär geht.

[61] Sie verhilft ihm „zum Anteil an einer Sache und zum Einstand in der Gegenseitigkeit" (Buber, *Über das Erzieherische*, a.a.O. S. 791.).

hilft. Selbst wenn Ratgebender und Ratsuchender, anders als Erzieher und Erzogener, auf gleichem Fuße miteinander verkehren, muß der eine in einer günstigeren Stellung sein, die ihm eine *Übersicht* gestattet dort, wo der andere sich verrannt hat, und es ihm ermöglicht, den Fächer der Möglichkeit für und mit dem andern prüfend zu entfalten. In der Beratung rücken wiederum Ziel und Wege in eine gewisse Distanz; so rät der am besten, der nicht unmittelbar betroffen ist, dem aber das Typische dieser Situation nicht fremd ist. Da aber ein menschlicher Ratgeber niemals über die betreffende Situation hinaus ist, da seine Übersicht, genauer gesagt, nichts anderes ist als eine größere Weitsicht, Umsicht und Klarsicht innerhalb der kritischen Situation, kann er eine Entscheidung nur nahelegen, nicht abnehmen. Das Ziel der Beratung ist erreicht, wenn der Ratsuchende selbstentschlossen seinen Weg weitergeht.

Die Not lähmt die Kräfte des Betroffenen, läßt sie aber intakt, solange sie sich nicht verschärft zur Situation des *Unheils*, einer leiblichen oder seelischen Krankheit, deren Überwindung den *therapeutischen Dialog* fordert. Hier geht es nicht mehr um Belebung und Entfaltung, sondern um Wiederbelebung und Wiederherstellung.

Daß die ärztliche Hilfe sich zwischen Mensch und Mensch abspielt, daß in der Heilung, konkret betrachtet, an Jemand gehandelt und nicht Etwas behandelt wird, hat Viktor v. Weizsäcker ins allgemeine Blickfeld zurückgeholt.[62] Auf einige Momente sei in diesem Zusammenhang hingewiesen. Die spezifische Berufseinstellung des Arztes konstituiert sich, unabhängig von allen sonstigen Motiven, in der ausdrücklichen ,,Hinwendung zum Akt des Schmerzes'' (76). Die Einzelbehandlung eröffnet das ausdrückliche oder unausdrückliche Bekenntnis des Patienten: ,,Ich bin krank'' (76). Mit diesem Geständnis setzt ein *Gespräch* ein. ,,Ich bin krank'', das heißt nicht: ,,etwas ist krank'', etwa eine Lunge (85). Die nächstliegende Reaktion ist daher nicht die

---

[62] Die ersten Denkversuche in Richtung einer medizinischen Anthropologie finden sich in der Aufsatzsammlung: *Arzt und Kranker*, Leipzig ²1941; hieraus wird im folgenden zitiert. Vgl. außerdem A. Mitscherlich, *Krankheit als Konflikt. Studien zur psychosomatischen Medizin* 1 u. 2, Frankfurt 1966–1967; der Autor bezieht in diese Studien vor allem auch Freuds Psychoanalyse mit ein und berücksichtigt intensiv die gesellschaftlichen Aspekte von Krankheit und Heilung.

sachliche Untersuchung; denn in ihr kommt es zu einer Abstraktion von der konkreten Leiblichkeit und vor allem auch zu einer „Abstraktion vom ‚Ich' der ersten Aussage des Kranken," zu einem „Ersetzen des ‚Ich' durch ein ‚Es'". Das Nächstgeforderte ist vielmehr „eine *Frage*: ‚Wo fehlt es dir?' Diese Frage ... bleibt in der Richtung auf die Konkretheit: sie fragt ‚wo'. Sie konserviert das im ‚ich' statuierte Persönliche in dem ‚dir'. Und sie ist keine objektive Untersuchung, sondern eine Frage und konstituiert damit ein Gespräch" (85). Mit dieser Rückfrage ist „die Sachlichkeit und das Urphänomen des Arztseins in die Wirklichkeit eingeführt" (86). Alles weitere bleibt umgriffen von dem gemeinsamen Horizont, der sich in der Bekundung des Schmerzes und der Hinwendung zum Schmerz zwischen Patient und Arzt bildet.[63]

Es könnte scheinen, als sei in der ärztlichen Fürsorge die Zuwendung zum Du bereits an ihrem Ziel, da ja die Hinwendung zur Leiblichkeit auf den Andern selbst geht. Doch das trifft nicht zu. Blicke und Handgriffe des Arztes als Arzt gehen nicht, wie beim Liebenden, „durch den Leib hindurch" auf das Du, das sich in ihm darstellt, sondern halten sich im Gegenteil bei dem Leib auf, sofern dieser des Andern Medium zu Welt und Mitwelt ist; was der Schmerz anzeigt, ist eben die mangelnde Durchlässigkeit und Gefügigkeit dieses Mediums. Die Heilung hat Erfolg, wenn der Kranke wieder frei atmen, sehen, gehen kann, wenn sein Leib ihn nicht mehr hemmt in seinem weltlich-mitweltlichen Verhalten.

Diese Sichtweise bestätigt sich in der Deutung, die De Waelhens dem psychotherapeutischen Verfahren gibt.[64] Patient und Therapeut beginnen in der Behandlung einen Dialog, aber einen gebrochenen Dialog; denn beim Patienten ist das Verhältnis zur Wirklichkeit, zu sich und zu den Andern gestört, sein Leben ist ein „*pseudo-discours*" (154). In der heilenden Analyse bleibt man

---

[63] Mitscherlich ordnet ebenfalls die „Somatotherapie" in eine „Anthropotherapie" ein und unterscheidet zwischen „Symptomdiagnose" und „Beziehungs- oder Interaktionsdiagnose" (a.a.O. 2, S. 142, 157).

[64] Vgl. De Waelhens, *La philosophie et les expériences naturelles*, S. 132–167 (hieraus wird in diesem Abschnitt zitiert). Mögliche Grenzen einer phänomenologischen Adaption der Psychoanalyse (vgl. Ricoeur, *De l'interprétation. Essai sur Freud*, Paris 1965, S. 366–406) können wir hier außer acht lassen.

daher nicht direkt bei der Sache, sondern der Patient löst sich mit Hilfe des Analytikers von der unmittelbaren Wirklichkeit in einem „*discours déréalisé*" (146).[65] Dennoch ist das letzte Ziel keineswegs die Vertiefung in das Seelenleben des Patienten; es geht nicht darum, daß dieser mehr oder gar alles von sich weiß, sondern darum, daß er durch die Annahme dessen, was er in der Welt mit den Andern wirklich geworden ist, ein verantwortliches Gespräch aufnehmen kann. Das Ziel ist die Wiederherstellung des „*discours intersubjectif vrai*" (157).[66]

Mutatis mutandis gilt dies für alle erwähnten und nicht erwähnten Weisen indirekter Dialogführung. Im helfenden Gespräch, das einer *für den andern mit* führt, verhilft der eine dem andern zu seiner Stellung im vollen Gespräch, das er auf gleichem Fuß *mit ihm* führen kann. Vollzieht sich die Selbstverwirklichung im Gespräch, so das Selbstwerden in einer Art von Vor-gespräch. Auch das helfende Gespräch ist, solange es nicht den Intentionen des Dialogs untreu wird, keine sachliche Analyse, auch kein einseitiges Verstehen, sondern Weggenossenschaft, in der einer dem andern auf den Weg hilft, Geschichte, in die Erzieher, Ratgeber, Arzt und Hilfsbedürftiger gemeinsam verstrickt sind.[67]

Abschließend einige ergänzende Bemerkungen. Was hier am indirekten Dialog aufgezeigt wurde, überträgt sich auf die praktische Fürsorge im Anlernen, in der Handreichung oder Heilhandlung, und es hat außerdem seine passiven Vorformen, so etwa in der persönlichen Ausstrahlung des Erziehers oder in der schmerzlindernden Berührung, deren schon das Kind fähig ist.[68] –

---

[65] Ausdrücke wie „désengagement" (144), „déréalisation", „neutralisation" (154–55) erlauben es, von einer therapeutischen Epoché zu sprechen.

[66] Ähnlich Buber: „... der Arzt kann ihn (sc. den Patienten) nur bis zu dem Punkt hin leiten, von dem aus er den persönlichen Weg oder doch seinen Anfang zu erblicken vermag" (*Schuld und Schuldgefühle*, a.a.O.S. 486–87), und Mitscherlich über Freud: „Er wollte dem kranken Menschen helfen, wieder arbeits- und liebesfähig zu werden" (a.a. O. 1, S. 68, zur Deutung der Psychoanalyse als Gespräch besonderer Art vgl. die folgenden Seiten).

[67] V. v. Weizsäcker spricht von einer „Weggenossenschaft von Arzt und Krankem" und von einer „Krankengeschichte ..., in welcher ... Erfassen und Denken Bestandteil eben der Geschichte des Kranken ist" (a.a.O. S. 136).

[68] Diese bezeichnet derselbe Autor als die „erste Heilhandlung", in der alle ärztliche Heilkunst wurzelt (ebd. S. 90).

Ferner treten die skizzierten Gesprächstypen im Konkreten vielfach gemischt auf. Das Erziehen ist nie geradewegs entfaltend,
sondern immer auch zurechtrückend, wie umgekehrt die Heilung
den Geheilten anders, mit geschärften Sinnen beginnen läßt.
Deutlich sichtbar wird dies am Musterbild des indirekten Dialogs,
am sokratischen Dialog, wo elenktische Widerlegungskunst und
maieutische Entfaltungskunst sich verschwistern.[69] – Schließlich
läßt sich die Fürsorge auch technisieren in Erziehungs- und Be-
handlungskunst und institutionalisieren in Bildungsinstitut, Be-
ratungsstelle und Krankendienst.[70] Das gilt freilich nur begrenzt.
Das Kranksein etwa ist zwar ein allgemeiner vergleichbarer
Status, für den man Vorsorge treffen kann, aber doch ein Status
besonderer Art. Es handelt sich nicht mehr bloß um eine *Stellung,
die ich einnehme*, sondern um einen *Zustand, in den ich gerate oder
in dem ich mich befinde*; ich selbst werde krank, gerate in Not,
bin unerfahren. Der reine Betriebskalkulant bucht den Kranken
als Verlustziffer ab und ersetzt ihn; die *Krankheit* ist eine statistisch faßbare Größe, der Einzelfall tritt auf als zufällige Abweichung von einer Norm. Der *Kranke* dagegen fordert Pflege als
Einzelner. So wird in der indirekten Fürsorge hinter den sozialen
Rollen, in denen man mehr oder weniger ersetzbar ist, ein Mehr
sichtbar, das unersetzliche Selbst, mag diese Sicht sich auch im
mitmenschlichen Umgang noch so oft verdunkeln.

Eines bleibt allerdings bedenkenswert: in all den Fällen verlangt die Person nicht nach fremder Zuwendung, weil sie einfachhin ein unersetzliches Selbst ist, sondern im Gegenteil, weil sie
das Selbst, das sie auf dem Grunde einer Selbstvorgegebenheit
zu sein hat, gerade nicht ist; die ihr eigentümliche Stellung in

[69] Vgl. meine Studie: *Das sokratische Fragen*, II. Teil; eine interessante
Parallele zwischen sokratischem und psychoanalytischem Verfahren zieht
M. Landmann, *Elenktik und Maieutik. Drei Abhandlungen zur antiken
Psychologie*, Bonn 1950, S. 46–59.
[70] Zur Technisierung, die inzwischen bis zur maschinellen Program-
mierung reicht, vgl. *Phän. Psychologie*, S. 113: ,,Erziehen ist eine Kunst-
leistung ... Wissenschaftliche, künstlerische, technisch-praktische Ausbildung ist eine Kulturleistung, die den Menschen eine ihnen einverleibte
Sinngestalt gibt''. Entsprechend behandelt Laín Entralgo Pädagogik und
Therapeutik unter dem Gesichtspunkt einer ,,transformatorischen Tätigkeit'', wo die interpersonale Beziehung durch die Objektivation hindurchgeht (a.a.O. Bd. II, S. 218–19); wir werden diesen Umweg später eigens in
Betracht ziehen (s.u. VI, 3).

Welt und Mitwelt ist noch nicht gefunden oder droht verloren zu gehen. So ist es ein *negativer Zustand*, der die fürsorgliche Zuwendung motiviert. Ganz deutlich wird dies in den Grenzsituationen äußerster *Gefahr*, wo nicht diese oder jene Möglichkeit, sondern die Person selbst in ihrem lebendigen Sein auf dem Spiel steht und nach einem leiblichen oder geistigen *Retter* verlangt. Wir nehmen die leibliche Bedrohung nicht davon aus, als sei hier nur ein besonderes Gut gefährdet; denn auf gewisse Weise ist die Leiblichkeit die Person ganz; das bekundet sich im starken Schmerzerlebnis, das alle Kräfte des Ich lähmt.[71] Erst in der Situation der Gefahr bekommt der Anspruch des Andern die Dringlichkeit eines Appells, der keinen Aufschub und keine Ausflucht duldet; einen Freund kann ich mir (bis zu einem gewissen Grad) wählen, nicht einen Gefährdeten; in der Bedrängnis verengt sich der Spielraum der Möglichkeiten zu der einen Möglichkeit der Rettung, und zwar für beide, für den, der die Rettung erwartet, und für den, von dem sie erwartet wird. Eine Situation umschließt beide. Zwar kann sich der Angerufene dem Hilferuf entziehen, aber er kann dieses Verhalten nicht rechtfertigen, da die Person als „Selbstzweck" (Kant), die auf ihre Weise „den höchsten Wert repräsentiert,"[72] sich gegen anderes nicht aufrechnen läßt. Ausgenommen bleibt die Möglichkeit, daß mehrere gleichzeitig meine Hilfe beanspruchen, ferner die problematischere Möglichkeit, daß ich mich selbst in die gleiche Gefahr brächte (wo mir eine Selbstlosigkeit im emphatischen Sinn abverlangt würde); in jedem Fall kommt es hier zu einem Wertkonflikt, zu keiner Wertvermittlung. So stimmen denn auch, sobald einmal das Eigensein der Person entdeckt ist,[73] moralischer *common sense* (man denke an Berg- und Seenot oder das Rote Kreuz) und moralisch-religiöse Satzungen darin überein, daß man dem Gefähr-

---

[71] De Waelhens interpretiert Erfahrungen wie die des Schmerzes als „eine Art von Grenz-Entdeckung des Leibes als reiner Faktizität", als Grenz-Entdeckung, weil die reine Faktizität und die Unterdrückung allen Sinnes immer nur eine *Tendenz* bleibt; reine Faktizität wäre nicht mehr menschliches Dasein (*La philosophie et les expériences naturelles*, S. 73–74). Die „douleur maladie" erschöpft sich daher auch nicht in der „douleur laboratoire".

[72] *Ideen* II, S. 268.

[73] Diese Entdeckung muß nicht in allen Kulturkreisen auftreten und kann, einmal aufgetreten, auch wieder schwinden.

deten und Notleidenden helfen soll.[74] In der Gefahr zeigt sich die Eigengesetzlichkeit der Fürsorge in letzter Zuspitzung, und es zeigt sich zugleich ihre Grenze.

Der motivierende Ausgangspunkt, ein Zustand des Mangels, dem die Gebärde des Sich-herabneigens und Aufhelfens entspricht, schafft eine gewisse *Einseitigkeit*, die in der Fürsorge als solcher nicht überwunden wird. „In der *bloßen* Fürsorge bleibt der Mensch, auch wenn er von stärkstem Mitleiden bewegt wird, wesentlich bei sich; er neigt sich handelnd, helfend dem Anderen zu, aber die Schranken seines eigenen Seins werden dadurch nicht durchbrochen; er erschließt dem Anderen nicht sein Selbst, sondern gibt ihm seinen Beistand; er erwartet ja auch keine wirkliche Gegenseitigkeit, ja er wünscht sie wohl kaum, er 'geht', wie man sagt, 'auf den Anderen ein', aber er begehrt nicht, daß der Andere auf ihn eingehe."[75] Im mitmenschlichen Mitleid ist es der Andere selbst, dem man sich nahe fühlt und der aus dem Hintergrund der Mitwelt ins Licht rückt. Daher auch die Flucht in die Schwäche oder in die Krankheit als der unglückliche Versuch, wo nicht Anerkennung und Liebe, da doch Mitleid zu finden. Aber die volle Gegenseitigkeit, deren Möglichkeit in der Fürsorge herbeigeführt wird, steht aus, solange diese dauert.

Der indirekte oder fürsorgliche Dialog bleibt also in einer gewissen *Schwebe*, die genau seinem „Thema" entspricht: dem Verhältnis des Andern zur Wirklichkeit. Das Du-selbst ist ans Licht getreten, aber nur vorläufig. Die Fürsorge durchbricht das Gesetz der Gerechtigkeit, die Rechte und Pflichten gleichmäßig zuteilt, erreicht aber noch nicht die Liebe, die schlechthin bevorzugt dort, wo jedes Maß versagt. Die Fürsorge geht nämlich, wofern sie nicht schon von ausdrücklicher Freundschaft und

---

[74] Buber macht darauf aufmerksam, daß in der Bibel dort, wo die Menschenliebe *direkt* geboten wird, diese nicht als Liebesgefühl, sondern als „Liebeserweisung" geboten wird; das gilt für *Levitikus* 19, 18 u. 34, wo eine einzigartige Dativkonstruktion: ich soll „ihm" lieben, auftritt (*Gottesfinsternis*, a.a.O.S. 545). Vgl. hierzu auch Laín Entralgo, a.a.O. Bd. II, S. 13–20.

[75] Buber, *Das Problem des Menschen*, a.a.O.S. 367; zur unvollendeten Mutualität vgl. auch *Ich und Du*, ebd. S. 166–68. Für Schopenhauer ist das Mitleid nur deshalb die Grundtriebfeder der Moral, weil im Mitleid nicht einer *zum Andern* hinabsteigt, sondern den *Einen* Willen im Du wiedererkennt.

Liebe durchwirkt ist,[76] nicht ohne weiteres in eine intime Nähe über, in der wir uns einander aufschließen. Sie macht gesprächs- und handlungsfähig für die Öffentlichkeit, liebesfähig für die Intimität – beides verlangt ja einen verantwortlichen Partner –, aber selbst bleibt sie *auf der Schwelle von Publizität und Intimität.* Der Hilfsbedürftige teilt sich dem Helfenden mit, aber sozusagen nur leihweise für die Dauer der Hilfe; im ,,Berufsgeheimnis'' kommt das Ineinandergreifen beider Sphären deutlich zum Aus- druck.[77] Im weiteren Fortgang des Lebens ist der einstmalige Helfer für den Mündigen oder Gesundeten ein möglicher Partner unter anderen, dem man vielleicht Dankbarkeit schuldet, aber nicht ohne weiteres Freundschaftsgesinnung.

So bleibt es auch jetzt noch dabei, solange der negative Beweg- grund fremder Bedürftigkeit vorherrscht, ist die Tendenz zu größtmöglicher Autarkie keineswegs durch ein neues Ziel auf- gefangen. Man kann sich wieder selbstgenügsam seinen eigenen Zielen überlassen, wenn man dem Andern zur gleichen Möglich- keit verholfen hat und dessen Anspruch eines Hilfsbedürftigen erlischt.[78] Darüberhinaus kann der Augenschein der Fürsorge täuschen. So macht sich die Pflege des Betriebsklimas, die indi- viduelle Betreuung der Belegschaft in der erhöhten Arbeits- leistung bezahlt, und dies kann einer für sich in Rechnung stellen. Nicht anders als der Werkgemeinschaft haftet auch der Fürsorge etwas Zweideutiges an, solange ihre Hintergründe nicht erschlos- sen sind. Die entscheidende Wende geschieht erst im direkten Zueinander, das seinen Anreiz primär von dem empfängt, was der Andere *positiv* ist.

8. Zusammenhang und Zusammenhanglosigkeit der Begegnung

Mit der direkten Hinwendung zum Du und mit dessen Rück- wendung erreicht unser innerdialogischer Aufstieg den ihm eige- nen Höhepunkt. Auch in der wechselseitigen Zuwendung ge-

---

[76] Vgl. Buber, *Das Problem des Menschen,* a.a.O. 367.

[77] Wir denken hier etwa an das ärztliche Berufsgeheimnis, nicht an Betriebs- und Amtsgeheimnisse, die nur in einem äußeren Sinn Geheim- nisse zu nennen sind.

[78] So sagt Aristoteles vom Großmütigen (μεγαλόψυχος): ,,Er vermag wohlzutun, scheut sich aber, Wohltaten zu empfangen'' (*Nik. Ethik* IV, 7, 1124b/9–10).

schieht eine Einigung, die etwas Neues entstehen läßt. Doch diese neue Gemeinsamkeit ist zugleich tiefgreifender und schwerer zu fassen als die Gemeinsamkeit des weltlichen Umgangs. Anders als im Miteinander, ist im direkten Zueinander von Ich und Du kein Drittes, Vermittelndes da, in dem sich die Einigung objekthaft manifestiert und verkörpert; vielmehr ist die Einheit, ursprünglich wenigstens, nur im Akt der Einigung selbst anzutreffen und in dem, was in der Wechselbeziehung unmittelbar aus uns wird.

Wir beginnen, indem wir an unsere vorhergehenden Überlegungen anknüpfen. Mit dem Du tritt etwas Neues auf, doch in welchem Sinne? Zunächst ist das Neue hier nicht zu verstehen als schlechthin Erstmaliges; denn es geht uns vorerst nicht eigens um die Urstiftung des Du (und des Ich) – ein einmaliges Ereignis in der Geschichte des Bewußtseins –, sondern um die wiederholbare Möglichkeit einer direkten Zuwendung. Doch auch in diesem eingeschränkten Sinne ist die Neuheit des Du keine Neuheit schlechthin; der Andere, dem ich mich direkt zuwende, ist mir nicht neu, er begegnet mir nur auf neue Weise. Dem entsprechen, bezogen auf den Kontext gemeinsamen Weltverhaltens, Zusammenhang und Zusammenhanglosigkeit der Du-Begegnung.

Ein *Zusammenhang* besteht, sofern unser Leben sich von Anfang an in zwei irreduziblen Dimensionen entfaltet, der weltlichen und der sozialen. Die Hinwendung zur fremden Person bei gleichzeitiger Abwendung von der Welt läßt daher nur explizit hervortreten, was bereits *latent gegenwärtig* war.[79] Das Du, dessen Vieldeutigkeit also in der Tat keine pure Äquivokation ist, können wir von der vorausgehenden Welteinstellung her wie folgt charakterisieren: Du bist der, m i t dem ich etwas in der Welt besorgte und f ü r den ich sorgte oder der dies für mich tat. Der Andere ist mir bekannt-unbekannt wie ich selbst. In Abwandlung eines Husserlschen Satzes können wir sagen: ,,Er ist Mitsubjekt meines Lebens, und lebend entwickelt sich das Mitsubjekt.''[80] An der gleichen

---

[79] ,,Latenz'' besagt keineswegs Verdinglichung wie in Bubers Entgegensetzung von Aktualität und Latenz, von Du und Es (vgl. *Ich und Du*, a.a.O. S. 89, 145); eben dieser interpersonale Aktualismus führt *nolens volens* zur Degradierung des Sozialen, gegen die wir uns wehren (vgl. *Das Soziale und das Zwischenmenschliche*, a.a.O. S. 269 ff.).

[80] Vgl. *Ideen* I, S. 252: ,,Ich bin das Subjekt meines Lebens, und lebend entwickelt sich das Subjekt''. Unsere Umformung des Satzes findet ihre Entsprechung bei Heidegger: ,,Das Sein zu Anderen ist nicht nur

Stelle fährt Husserl fort: ,,Es (sc. das Subjekt) erfährt primär
nicht sich, sondern es konstituiert Naturgegenstände, Wert-
sachen, Werkzeuge etc. Es bildet, gestaltet als aktives primär
nicht sich, sondern Sachen zu Werken''. Von der gemeinsamen
Welteinstellung her, also nicht schlechthin, wie sich bald zeigen
wird, ist die Zuwendung zum Du ebenfalls als Reflexion zu
deuten.[81] Die erkenntniskritische Frage, ob es den Andern überhaupt gibt, ist von daher ebenso überholt wie die Frage, ob es
den Hammer gibt, mit dem ich hämmere. Sinnvoll fragen ließe sich
lediglich, ob und wieso ich immer schon einen Dialog führe, ob
dieser vielleicht bloßer Schein ist, in welche Tiefen er reicht usf.

Von *Zusammenhanglosigkeit* müssen wir sprechen, sofern im Du
etwas *thematisch* wird, das sich zwar nicht schlechthin aller weltlichen Einordnung entzieht, sich aber doch insoweit aus allen
weltlichen Zusammenhängen heraushebt, als es diese selbst erst
mitkonstituiert. Das Hervortreten des Du als Du ist ein Ereignis,
das die relative Kontinuität der Welterfahrung sprengt. Diese
Diskontinuität zeigt einen Doppelaspekt entsprechend der Begegnung selbst, in der zugleich i c h dem Andern entgegengehe und
der A n d e r e mir entgegenkommt, wobei die Initiative von der
einen oder der anderen Seite ausgehen kann. Da ist einmal die
Blickwende, die ich vollziehe. Auch die Blickänderung innerhalb
der weltlichen Einstellung geschieht sprunghaft: ich wende mich
diesem zu statt jenem, ich betrachte es so und nicht anders, doch
hält sich dies alles im einheitlichen Horizont der Welt. Der Blick
des Ich, das etwas sucht, hat seine Ergänzung darin, daß ihm
erwartungsgemäß oder wider Erwarten etwas auffällt oder ein-
fällt; in allem Finden liegt ein Moment der *Überraschung*. Das gilt
bereits für die Sache, die ,,sich'' immerhin erschließt, wenn nur
i c h den rechten Blickpunkt abpasse; daran denkt wohl auch
Platon, wenn er den langen Umgang mit dem Gesuchten gekrönt
sieht durch ein glückhaft geschenktes Mehr: die plötzliche
Schau.[82] Aber mehr noch gilt dies, wenn in der Welt eine fremde

---

ein eigenständiger, irreduktibler Seinsbezug, er ist als Mitsein mit dem
Sein des Daseins schon seiend'' (*Sein und Zeit*, S. 125).

[81] Husserl spricht von der ,,personalen Frage ‚Wer ist das' ..., die
jede Person in Bezug auf sich selbst stellen kann im ‚Wer bin ich?' Und
in Bezug auf Andere: ‚Wer ist er?', worin das ‚Andere' steckt'' (*Ideen* II,
S. 409).

[82] So sagt er von der höchsten Einsicht, daß sie ,,aus langem Umgang

Person auftritt, die mich anspricht und damit den Rahmen der Weltordnung sprengt; denn sie kann sich in freier Initiative selbst erschließen und verschließen. Indirekt zeigt sich diese Möglichkeit schon im weltlichen Umgang, wo einer den andern zwar nicht direkt mit sich selbst überrascht, aber doch mit etwas, das er ihm anbietet.

9. Die Ansprechbarkeit des Du in der Gegenwart

Das Du hebt sich also heraus aus den Zusammenhängen der Welt, in der ich meine Verfügungsgewalt, wenn auch in Grenzen, ausüben kann. Wie aber ist das Du positiv zu charakterisieren? Auf welche Weise ist es mir selbst gegenwärtig? Was bleibt von ihm, wenn das Interesse für das, was der Andere mit mir und für mich tun könnte, zurücktritt? Wer ist dieses Du und wie läßt es sich begreifen und wieweit?

Halten wir uns zunächst an das Wort selbst, an das Pronomen. Das „Du" akzentuiert, wie schon öfters gesagt, im Andern die Grundmöglichkeit, mich *anzusprechen* und *sich* von mir *ansprechen zu lassen*; als Du hat ein jeder eine Stellung im Gespräch. Bisher hatten wir es nur mit der Möglichkeit zu tun, etwas mit dem Andern zu besprechen und eben darin ihn auf e t w a s hin anzusprechen. Wie aber geht es zu bei der direkten Anrede? Worüber spreche ich hier? Gibt es überhaupt noch ein Worüber, wenn in der Rede einzig deren Adressat selbst gemeint ist? Eine Rede aber, die nicht über etwas ginge, hätte die noch einen verstehbaren Sinn?

Setzen wir das gemeinsame Besprechen von Etwas als die Grundstufe des Gesprächs an, so erscheint das reine Ansprechen und Angesprochenwerden als dessen *Grenzfall*, in dem die trinarische Struktur des Sachgesprächs zusammenschrumpft zum binarischen Verhältnis von Ich und Du. Den Übergang bildet

---

(συνουσίας) mit der Sache und dem Zusammenleben (συζῆν) mit ihr plötzlich (ἐξαίφνης), wie ein Licht, das sich an einem überspringenden Funken entzündet, in der Seele entsteht und nunmehr sich selbst nährt" (*Epistulae* VII, 341c–d). Und Proust über die Wahrheiten, die er plötzlich aufsteigenden Erinnerungen verdankt: „ihr erstes Charakteristikum bestand darin, daß ich nicht frei war zu wählen, daß sie mir so und nicht anders einfach gegeben wurden" (*Die wiedergefundene Zeit*, S. 302, aus: *Auf der Suche nach der verlorenen Zeit*, Frankfurt, 1961–62).

dann der indirekte Dialog, wo statt des neutralen Worüber das Für-dich oder Für-mich der Sache in Frage steht. „Ist ‚Es' gar nicht mehr im Spiele, dann bist ‚Du' nicht nur Adressat, sondern auch einziges Thema der Rede, ohne deren Gegenstand zu sein."[83] Doch was heißt das, ein Thema, das nicht Gegenstand der Rede ist, Worte die dich „meinen", aber nicht etwas? Und wie „meinen" sie dich? „‚Gemeint' ist da nicht dieses oder jenes am Anderen, sondern der Andere selbst in der Unmittelbarkeit seines Daseins", und damit eben das, was auch der Vokativ bezeichnet.[84] Doch etwas oder jemand in seiner Unmittelbarkeit „meinen" und sagen, das hat, wie auch unser Autor weiß, seine Schwierigkeiten. Für gewöhnlich gilt: meine ich etwas, das mir in der Erfahrung gegeben ist, so meine ich es immer als etwas, in einem bestimmten Sinn, den es für mich oder für uns gewinnt in einem vermittelnden Sinnganzen. Gemeinter Sinn und erfüllende Gegenwart kommen nie völlig zur Deckung; eine reine, horizontlose Gegenwart wird hintangehalten durch die „Dialektik von Anwesenheit und Abwesenheit," die eben die Endlichkeit unseres Erfahrungslebens ausmacht.[85] Etwas reden heißt dann zugleich: etwas bereden und beredend überschreiten. Es scheint zunächst so, als schlösse die Kluft zwischen Geredetem und Beredetem sich einzig im schöpferischen Wort, wo einer sagt, was er schafft und nicht nur entdeckt. Doch wäre dies kein menschliches Wort mehr; denn da alles menschliche Verhalten von einer Welt- und Selbstgegebenheit ausgeht, hat auch das menschliche Sprechen immer sein „Anderes", das es zur Sprache bringt.[86]

Das Problem, das sich uns stellt, läßt sich auch so formulieren: Wie geht es zu, daß ich den Andern *auf ihn selbst hin* anspreche, betrachte oder behandle?

---

[83] Theunissen, a.a.O. S. 285.

[84] Ebd. S. 286; am ehesten sieht der Autor die Gegenwart des Du gewahrt „in jenen ganz unmittelbaren Ausrufen, in denen ich nur ‚Du' sage und sonst nichts".

[85] Zu dieser Dialektik vgl. De Waelhens, *La philosophie et les expériences naturelles*, pass.; auf die wechselseitige Inadäquation von Sinn und Wirklichkeit haben wir wiederholt hingewiesen (s.o. I. 6; III, 5, e).

[86] So stellt De Waelhens der (Hegelschen) Tendenz, „à refuser tout Autre du langage et à le ramener absolument sur lui-même", die Einsicht entgegen: „S'il est … vrai qu'on puisse identifier notre expérience au langage, on ne le peut qu'en suspendant le langage lui-même à un originel et à une origine qu'il n'est pas …" (ebd. S. 160–61).

Einen Hinweis gibt uns die *Selbstgegenwart*, die keinen Sinn hat oder annimmt, sondern Ort ist der Sinnstiftung. Wenn ich aber Etwas zum Ausdruck und zur Sprache bringe, so drückt sich und spricht sich meine Selbstgegenwart mit aus; sie wird nicht gegenständlich, freilich auch nicht thematisch. Das Ich, das sich selbst mitausspricht, geht dem Sagen nicht v o r a u s wie das Besprochene, es entsteht auch nicht d u r c h das Sagen wie das schöpferisch Gesprochene, aber es lebt i m Sagen selbst. Das unmittelbare und beiläufige Sich-selbst-aussprechen ist sozusagen ein passives Sichaussprechen, das geschieht, sofern ich ein Sprechender b i n, mich nicht selbst dazu mache.[87] Als Vollzugs-Ich lebt das Ich in ständiger Aktualität, abschattungslos, da selbst Licht um sich verbreitend. Sucht es aber sich für sich selbst ins Licht zu rücken, so tritt es als konstituiertes Ich in den Horizont ein, den es als konstituierendes Ich entwirft. Alle ausdrückliche Selbstaussage, so auch das thematische „Ich bin", ist bereits Nach-rede, nicht mehr Rede aus dem Ursprung. Da ich freilich nicht in reiner Gegenwart lebe, sondern gegenwärtig bin als gewordener in einer *leiblichen* Selbstgegenwart, ist auch die unausdrückliche Selbstaussage keine reine Selbstaussage, sondern leibliches Sprechen, das nicht nur sagt, was ich tue, sondern auch, was ich tuend bereits bin. Der „Hintergrund, der vor allem Verhalten liegt",[88] ist zugleich ein Hintergrund, der vor allem Sprechen liegt. Sprechend bringe ich mich mit zum Ausdruck, ohne mich je erschöpfend ausdrücken zu können.

Während ich mich selbst mitausspreche, wird das Du mitangesprochen im Sachgespräch, wo wir eine gemeinsame Gegenwart durchleben. Um nun das Du auf es selbst hin anzusprechen, müßte ich das *Du in seiner Gegenwart* zur Sprache bringen derart, daß ich sprechend nicht über den Andern hinweg, sondern auf ihn zu ginge, mich bei ihm aufhielte. Dies ist nur möglich, wenn

---

[87] Zum impliziten Selbstbewußtsein vgl. II, 7, zur impliziten Selbstaussprache und zur Einheit von Meinen und Sagen vgl. III, 11. Allenfalls können wir hier mit Husserl von einer „Vor-Intentionalität" sprechen (Transcr., 1930, C 17 IV, S. 7, zu diesem Begriffsfeld s.o. S. 124). Was in Frage steht, ist das „Ereignishafte" gegenüber dem „Sinn von Ereignis", um mit Funke zu sprechen (a.a.O. S. 73); freilich bestreitet dieser Autor nicht nur die objektive Kommunizierbarkeit, sondern auch die intersubjektive Offenbarkeit des Sprachereignisses, dem schließe ich mich nicht an.

[88] *Ideen* II, S. 279.

im Sagen selbst das gemeinte Du hervortritt, nun nicht so, daß es, wie Ich, im Sagen lebt, sondern so, daß es diesem entgegenkommt, thematisch wird, aber nicht gegenständlich. Eben dies trifft aber zu auf die Anrede, die nicht feststellt, was der Andere ist oder sein wird, und sich nicht vornimmt, was mit ihm geschehen soll, sondern *hervorruft* ins Da-sein, in die Bereitschaft des Hörens und Antwortens. Besonders deutlich zeigt sich das in der imperativischen Redeform, im Befehl oder in der Bitte, von der Aristoteles sagt, daß sie ,,zwar eine Rede ist, aber weder wahre, noch falsche.''[89] Hören und Antworten sind es eben, die den Sinn solcher Rede erfüllen, indem sie ihn von Anfang mit konstituieren. In der wechselseitigen Zuwendung lebt einer für den andern in ständiger Ankunft, in *zukunftsträchtiger Gegenwart.* Von dieser Gegenwart, die ich im Du habe, sagt Buber, sie sei ,,nicht das Flüchtige und Vorübergleitende, sondern das Gegenwartende und Gegenwährende.''[90] Das ,,Werden ins Sein'' wird hier selbst thematisch und bleibt nicht verdeckt wie dann, wenn wir im Werden das, was bereits ist, auf das hin übersteigen, was noch nicht ist.

Die personale Anrede, die bei dem Angeredeten verweilt, läßt den ihr eigentümlichen Charakter noch deutlicher hervortreten, wenn wir sie in einem größeren Zusammenhang sehen, den wir hier nur andeuten. Wir unterscheiden zwischen einer primär *signifikativen Rede*, die vor allem den *Sinn* artikuliert von dem, was ist oder sein kann, und einer primär *evokativen Rede*, die dessen *Gegenwart* herauf-oder herbeiruft[91]. Es versteht sich, daß diese Unterscheidung nicht disjunktiv, sondern nur akzentuierend sein kann; im Urteilsgebiet findet sie eine gewisse Entsprechung

---

[89] *De interpretatione* 4, 17a 4; Husserl greift das Problem auf, aber nicht unter intersubjektivem Aspekt (vgl. VI. *Log. Untersuchung*, 9. Kap., *Ideen* I, § 127), während Aristoteles auf Rhetorik und Poietik hinweist als die angemesseneren Orte, atheoretische Sätze zu betrachten. Vgl. auch die sprachanalytische Unterscheidung zwischen ,,deskriptiver'' und ,,präskriptiver Sprache'' bei R. M. Hare etwa (W. Stegmüller, *Hauptströmungen der Gegenwartsphilosophie*, Stuttgart ³1965, S. 519); problematisch bleibt hier freilich die Vermittlung der Sprechweisen.

[90] *Ich und Du*, a.a.O. S. 86; vgl. dazu die gründliche Interpretation bei Theunissen (a.a.O. § 53), die auch das Gewicht dieser Problematik bei den übrigen Vertretern der Dialogphilosophie zeigt.

[91] Für letztere gilt, daß sie das Jetzt nicht nur ,,mitanzeigt'' (προσσημαίνει) wie das Verbum des einfachen Aussagesatzes (vgl. Aristoteles, *De interpretatione* 3, 16b 6 ff.).

in dem Gegensatz von Was- und Daß-Urteilen. In der ersten Redeweise versuche ich über etwas nachzudenken und zu sprechen, indem ich seine Einzelmomente durchgehe, im andern Fall suche ich an es selbst zu denken und es selbst zu sagen, indem ich vor ihm verweile oder in es hineingehe.[92]

Die evokative Sprache ist nicht nur die der personalen Anrede, sondern auch die der Schau, der poietischen Gestaltung und der religiösen Symbolik. Sie tritt überall dort in Kraft, wo *etwas als es selbst* gegenwärtigt wird, nicht bloß als funktionaler Teil, sondern als repräsentatives *Sinnbild des Ganzen*, nicht als vergleichbares und brauchbares Exemplar, sondern als *Urbild*, in dem das Ganze da ist „wie am ersten Tag." Dem Symbol ist es ja eigen, daß es nicht einfach für anderes steht, sondern für sich selbst und in sich für mehr als es selbst. Dieses Sagen kann dem gegenständlichen Sprechen vorausgehen als ein Sprechen aus unmittelbarer Betroffenheit (für Kinder und Primitive bleibt dies zunächst die eigentliche Sprechweise), es kann über das gegenständliche Besprechen hinausgehen in der bewußten Anerkennung (so in der aufgeklärten Symbolsprache).[93] Auch dieses Sprechen ist kein schlechthin schöpferisches Sprechen, aber ein solches, das etwas in seinem Entspringen ausspricht und nicht bloß nachspricht, was vorhanden ist. Dieses evokative Sprechen bewährt sich auch an innerweltlichen Dingen und Wesen, sofern sie, betrachtet im Lichte des Ganzen der Wirklichkeit, an dessen ständigem Entstehen teilhaben und auf je besondere Weise den Sinn des Gesamtgeschehens aufleuchten lassen, den wir zu entdecken haben. Die lebendige *Gegenwart* entleert sich erst dann zum flüchtigen Jetztpunkt, wenn wir uns an das *Gegenwärtige* halten, das einmal geworden, auch schon vergangen ist. In gewissem Sinne können wir zu allem Seienden Du sagen, in strengem Sinne freilich nur zur fremden Person, die nicht nur antwortet,

---

[92] Zum Denken an ... vgl. den ursprünglichen Wortsinn von „Andacht", der im niederländischen „aandacht" = „Aufmerksamkeit" deutlich erhalten ist. Das „Mit-einem-Schlag-dasein" des Gegebenen oder Begegnenden (vgl. etwa *Ideen* II, S. 228) wird in diesem Verhalten sistiert und prononziert.

[93] Zum vorprädikativen „Sagen" im Anschluß an Aristoteles vgl. o. S. 173, zur Auslegung von Symbolen: Ricoeur, *De l'interprétation* und *Finitude et culpabilité* II.

indem sie anwest, sondern indem sie entgegenkommt oder gar zuvorkommt.[94]

Das Dasein des Dies-da, die Gegenwärtigkeit des Gegenwärtigen, ist das Unsagbare und Unbegreifbare, das sich fassen, aber nicht erfassen, ,,berühren'', aber nicht umgrenzen läßt.[95] Doch während das Bezeichnen und Begreifen von der Gegenwart ausgeht als ein Schweigen, das sich artikuliert, ist das Evozieren, etwa der Ausruf, der diese Gegenwart meint und auf sie zugeht, ein *Sprechen, das verstummt.*[96] Sollte man aber nicht besser schweigen von dem, worüber man nicht reden kann, wie Wittgenstein es verlangt? Ja, aber so, daß man sprechend – wie anders? – darauf aufmerksam macht, daß da etwas ist, das sich nicht sagen läßt und ohne das doch alles Sagbare ein Nichts wäre. Ein solches Sprechen auf dem Rückzug ist auch die erwähnte Forderung, oder sie wäre eine Trivialität. Das Unsagbare ist und bleibt das ,,Andere'' des Gesagten.

Das Du ist also das Korrelat einer evokativen Rede, die den Andern auf sich selbst hin anspricht und ihn als ihn selbst dasein läßt. Dieser Gedanke ist noch auszuweiten. Die Anrede ruft den Andern zwar in die Gegenwart, aber diese ist gleich der Selbstgegenwart immer schon gewordene Gegenwart, entsprungenes Entspringen, das besagt: *leibliche Gegenwart.* Die mitmenschliche Anrede, die nicht im vollen Sinne schöpferisch ist, ruft den Andern hervor aus einem Zustand, in dem er sich bereits befindet. Es ist dies kein reines Du-sagen, weil es mit zur Sprache

---

[94] Vgl. Buber, *Ich und Du*, a.a.O. S. 81.

[95] ,,Berühren'' meint hier nicht den Grad, sondern die Art der Nähe etwa im Sinne des aristotelischen θιγγάνειν (s.o. S. 173) und gemäß der Unterscheidung zwischen ,,attingere'' und ,,comprehendere'', die Augustinus und Descartes auf die Gotteserkenntnis anwenden; auch für Buber ist der Mensch in seiner einzigartigen Gegenwart nur ,,berührbar'', nicht objektiv ,,erfahrbar'' (*Ich und Du*, a.a.O. S. 89).

[96] Da Hegel einzig die erstgenannte Bewegung vollzieht und darüber seinen Ausgangspunkt ,,vergißt'', ist die Unmittelbarkeit für ihn eine Wahrheit, die alsbald ,,schal'' wird (*Phänomenologie des Geistes*, S. 81). Die gegenläufige Bewegung ist nur sinnvoll, wenn das Sprechen ein ,,ursprüngliches Schweigen'' bricht, aber nicht überwindet (vgl. Merleau-Ponty, *Phénoménologie de la perception*, S. 214, außerdem S. 461-63:zum ,,Cogito tacite''). Husserl widersetzt sich einer universalen Vermittlung mit der aristotelischen Einsicht: ,,Die Form des Dies ist keine Washeit und in diesem Sinne kein Wesen'' (*Ideen* II, S. 301).

bringt, was der Andere schon ist.[97] Deshalb ist das *Wahrnehmen des Du* in der Anrede beschlossen, und es kann zudem der artikulierten Anrede vorausgehen wie die Dingwahrnehmung dem Sachurteil, ist dann freilich schon eine implizite Anrede, ein Schweigen vor der Anrede (im Gegensatz zum Schweigen, in das diese übergeht). Husserls und Sartres Theorie der Fremdwahrnehmung können dazu verführen, einseitig an den neutraldistanzierten Blick zu denken, der feststellt, an den indiskreten Blick, der eigenmächtig in den Andern eindringt, an den feindlichen Blick, der den Andern übermannt.[98] Man übersieht den teilnehmenden Blick, der die Bewegung des Andern mitmacht, und den fragenden Blick, der den Andern sucht. Ein solches Anblicken ist der gewöhnliche Anfang eines Gespräches.[99] Das mitmenschliche Du, dem ich begegne, ist von Anfang an ein leibliches, nur bleibt der Blick hier nicht bei dem Körper des Andern und seinen Eigenschaften stehen, sondern ,,geht'' da ,,hindurch''. Wenn Ebner bemerkt, daß Du (und Ich) grammatisch geschlechtslos sind im Gegensatz zur dritten Person,[100] so darf man daraus nicht entnehmen, daß die Geschlechtlichkeit ausgespart bleibt, sie wird nur nicht als solche hervorgehoben. Alles ist da, Geschlecht, Alter, Typus, nur eben im Lichte des Du.[101]

---

[97] Theunissen unterscheidet: Nicht die Individuen, sondern nur ihr Selbstsein entspringt der Begegnung (a.a.O. S. 487), aber er ,,reinigt'' die Begegnung zu sehr (vgl. etwa die Kritik an Heideggers Begriff der Faktizität, ebd. § 61).

[98] Merleau-Ponty spricht hier mit einem Seitenblick auf Sartre vom ,,regard inhumain'' (*Phénoménologie de la perception*, S. 414). Theunissen dagegen meint, ,,daß alles, was der Anrede voraufgehen mag, wie etwa das Sehen des Anderen, ... noch nicht das Du treffen kann'' (a.a.O. S. 291).

[99] Vgl. Aristoteles, *Nik. Ethik* IX, 5, 1167a 4: ,, Die Freude am Sehen ist der Anfang der Liebe.'' Buber spricht von ,,Beachtungsblicken'' (*Elemente des Zwischen,menschlichen* a.a.O. S. 271, vgl. auch englisch ,,regard'' = ,,Blick, Achtung, Rücksicht''); Laín Entralgo unterscheidet ,,Blick'' (mirada) und ,,bloßes Sehen'' (pura visión) (a.a.O. Bd. II, S. 152); Husserl erwähnt verschiedene Modi der ,,Achtsamkeit'', beschränkt freilich auf den Spielraum der Intentionalität (vgl. *Ideen* I, S. 83). Levinas schließlich konzentriert seine Überlegungen immer wieder auf das menschliche Antlitz (visage) als einen Ausdruck, der das intentionale Schema von Form und Inhalt sprengt in der Koinzidenz von Ausgedrücktem und Ausdrückendem (*Totalité et Infini*, vgl. bes. S. 21–23, 37).

[100] ,,Das Wort und die geistigen Realitäten'', in: *Schriften* Bd. I, München 1963, S. 285; die Sexualität gilt dem Autor als bloße biologische Tatsache gegenüber der ,,Asexualität'' des Geistes (S. 284).

[101] So sagt Buber vom Du, dem ich begegne: ,,Nicht als ob nichts an-

Buber spricht vom „Grundwort Ich-Du". Wir verstehen dieses „Wort" im Sinne des Logos, der „Rede", die nicht auf das laute Sprechen beschränkt bleibt und die ferner nicht nur dem Anschauen, sondern auch dem Wollen und Streben Gestalt und Richtung gibt. Da das Sich-wenden-an ein Grundakt ist, muß an allem Verhalten zum Du die ganze Person beteiligt sein, und umgekehrt muß jede besondere Verhaltensweise, auch die tätige, dem Du gelten können.[102] So ist einerseits die Ansprechbarkeit des Du immer auch schon *praktische und affektive Ansprechbarkeit.* Andererseits kann diese sprachlos auftreten in einem *Handeln am Du,* das freilich die Gegenwart des Andern nicht zweckhaft bewerkstelligen, und in einem *Gefühlsstreben auf das Du hin,* das den Andern nicht einverleiben kann wie ein Triebobjekt; beides reicht hinein in die Sphäre der Zwischenleiblichkeit. Wie sich im Miteinandersprechen ausdrücklich artikuliert, was wir miteinander tun und erleben, so im Einanderansprechen das, was wir aneinander tun und füreinander empfinden. Als ein tätiges Verhalten zum Du kann dann allerdings nur gelten, was einzig in der Anrede-, nicht in der Aussageform seinen adäquaten Ausdruck fände, würde es ausgesprochen.

Zunächst zur *impliziten* Du-Handlung. Wie jede Dingwahrnehmung und jede sachliche Festellung bereits ein Tun in sich schließt, so auch jede Anrede und jeder Anblick des Du. Ich nähere mich dir, gehe auf dich zu, drehe mich nach dir um, greife nach dem Telefonhörer – in all diesen Varianten der Zuwendung lebt ein „*ich tue*". Darin realisiert sich ein „*ich will*": ich will, daß der Andere da sei. Nicht anders als das theoretische und praktische Sachurteil impliziert auch die Anrede eine willentliche Bejahung, die sich freilich erst vollendet in der Entgegennahme und Entgegnung. – Schwieriger zu fassen ist die *explizite* Du-Handlung: ich bin dem Andern „zu-getan", wie wir sagen. Die Handlungen dieser Art lassen sich einer Skala zunehmender Annäherung zuordnen. Am einen Ende steht die Grußhandlung aus *achtungsvoller Distanz,* eine symbolische Geste, die in der Ankunft die Gegenwart füreinander eröffnet, sie im Abschied beschließt oder

---

dres wäre als er: aber alles andre lebt in *seinem* Licht" (*Ich und Du,* a.a.O. S. 83).

[102] In diesen Richtung weisen auch die Bemerkungen Landgrebes, *Der Weg der Phänomenologie,* S. 92 ff.

im Vorübergehen andeutet; der Gruß hält sich auf der Schwelle von Anwesenheit und Abwesenheit. Er hat keinen Zweck, den er verwirklicht, sondern nur den Sinn, die Gegenwart, das Hier und Jetzt darzustellen, und dies in verschiedenen Abschattungen, die in den wechselnden Grußformeln zum Ausdruck kommen.[103] Die Grußhandlung läßt, wie schon die Anrede, eine mehr oder weniger große Verbundenheit erkennen in Verneigung, Handschlag, Umarmung. Am andern Ende der Annäherungsskala finden wir die Liebeshandlung, in der eigene und fremde Gegenwart verschmelzen zu einer *distanzlosen Verbundenheit*. Auch diese Handlung setzt nichts in Werk, sondern provoziert in mannigfachen Gebärden die leiblich vermittelte Gegenwart des Du, so in der sexuellen Mimik.[104] Zwischen distanzierter Achtung und liebender Vereinigung spielen eine Menge von Möglichkeiten, vor allem Handlungen der Fremddarstellung und der Selbstdarstellung vor und für den Andern in Kleidung, Schmuck und ähnlichem, das die Erscheinung selbst hervorhebt, ausbildet, verschönert; der Eros, der „im Schönen zeugt", erzeugt auch Schönheit, ausgehend von natürlich vorgegebenen Ausdrucksgestalten.

Es ist hier nicht unsere Absicht, den Beziehungsreichtum zwischen Ich und Du auszuleuchten; dazu bedürfte es nicht zuletzt einer ausgebildeten intersubjektiven Ästhetik oder Sinnenlehre.[105] Ferner lassen wir die Schattenbilder, die von der ausgesprochenen oder stummen Mißachtung bis zur haßerfüllten Handgreiflichkeit reichen, noch völlig außer Acht. Was all den erwähnten Handlungsarten eine einheitliche Form gibt, ist die Bejahung des Du, das „ich will", dessen Intensität unabhängig ist von dem Grad der Verwirklichung im „ich tue". So lassen sich am Ende auch bloßes An-denken, An-blicken und An-reden den

---

[103] Diese äußern einen Wunsch für die Gegenwart oder Zukunft oder bekräftigen das Füreinander-dasein („Ich sehe dich!" – ein Gruß der Kaffern, „Rieche mich!" – ein altamerikanischer Gruß, vgl. Buber, *Ich und Du*, a.a.O. S. 90), wenngleich der Sinn in den Formeln oft nur noch sedimentiert ist. Vgl. auch Transcr. (1933/34) E III 2, S. 70: Der „Anruf" als „Vorform der Liebe".

[104] Diese sucht den Leib des Andern möglichst auf sich selbst zurückzuführen und seine Vermittlungsfunktionen zurücktreten zu lassen, daher die Betonung bestimmter Körperzonen, die Reduktion der werkzeughaften Gliedmaßen auf Masse, Linie, Glanz usf. (vgl. De Waelhens, *Existence et signification*, S. 206 ff.).

[105] Vgl. dazu Laín Entralgo, a.a.O. Bd. II, S. 149 ff., und die Analysen der Leiblichkeit bei Merleau-Ponty und Levinas.

Du-Handlungen zurechnen, gleichwie das bloße Meinen als Leeranschauung und der bloße Entschluß als Leer-handlung dem Zyklus der Anschauung bzw. des Tuns angehören; die „reine Intention" ist als bloßer Grenzwert bereits ein inchoatives Tun. Was allen Handlungen am Du gemeinsam ist, bestätigt unsere anfänglichen Überlegungen. Hier wird nicht etwas behandelt, das schon da ist und dem ich einen bestimmten Sinn entlocke, sondern in meinem Tun tritt der Andere auf und kommt mir entgegen. Und wie die Anrede verstummt in der Gegenwart, die sie evoziert, so ist dies ein *Tun, das zur Ruhe kommt* in der Gegenwart, die es anheben läßt; es kommt nur deshalb nicht endgültig zur Ruhe, weil die Gegenwart in ihrer Unerschöpflichkeit nicht ein für allemal ist, sondern immer neu entspringt. Dieses Tun, das die Gegenwart des Du meint, kann nie zweckmäßig sein, da es im unmittelbar Getanen ein Nicht-Tubares, ein a-prakton meint. Von daher die Verwandtschaft zu den darstellenden Künsten und zu den religiösen Riten, die nicht den Sinn haben, Brauchbares zu schaffen.

Fassen wir zusammen: In der Ansprechbarkeit hat das Du seine eigentümliche Weise, als es selbst für mich da zu sein; umgekehrt ist das Du in seiner Gegenwart das eigentümliche Korrelat eines Redens, das nicht etwas meint im Rahmen eines Bedeutungszusammenhangs, sondern ein Du in die Gegenwart ruft, und eines Tuns, das nicht etwas schafft, sondern ein Du in die Gegenwart hervorholt; das Du ist das „Thema" eines Verhaltens, das nicht über das Gegenwärtige hinweggeht auf ein fernes Ziel zu, sondern vor dem Du anhält, sich in dessen Gegenwart aufhält.

Hiermit ist der Gesichtspunkt gewonnen, von dem aus das angeschlagene Thema sich durchführen läßt. Zunächst werden wir versuchen, die Seinsweise der Person, die für uns in der zweiten Person thematisch wird, genauer zu umreißen, und dies in abstraktiver Zurückhaltung. Wir sehen noch davon ab, daß der Andere ja angesprochen wird als einer, der mich selbst ansprechen kann, daß er also zugleich das Korrelat eines möglichen Anhörens ist, in dem ich vernehme, wer ich bin. Wir sehen damit auch noch ab von der Dynamik des Zueinander, die der Reziprozität entspringt und eine neuartige Gemeinsamkeit schafft, in der wir durcheinander zu dem werden, was wir sind. Wir halten den Andern zunächst noch künstlich auf Distanz.

10. Außersichsein und ursprüngliches Selbstsein des Du

Die doppelte Gegenwartsweise der fremden Person, als Mit-subjekt im Zusammenhang gemeinsamen Welterlebens und als Gegensubjekt aus allen Zusammenhängen heraustretend, ent-hüllt sich in ihrer Zwiefältigkeit, wenn ich mich dem Du direkt zuwende in einer plötzlichen Blickwende. Wie aber hängt beides zusammen in der fremden Person selbst, ihr Außersichsein bei der Welt und ihr Selbstsein, auf das ich sie direkt ansprechen kann?

Um diesen Zusammenhang zu deuten, knüpfen wir an eine Betrachtung Husserls an, die zwar nicht ausreicht, uns aber an die gesuchte Sache heranführt.[106] Husserl geht aus von einer Situation, in der ich Zeuge werde eines fremden Zornausbruchs. Zunächst erlebe ich die Person, sofern sie außer sich ist, über e t-was entrüstet. Auch für die Einfühlung gilt, ,,daß sie zunächst nicht reflektierende Einfühlung sein muß hinsichtlich der frem-den Person.''[107] Ich verstehe die Reaktion des Andern nur, wenn ich sie wenigstens hypothetisch *mitlebe*. Seine Motivationen sind mir zugänglich, ,,indem ich mich in seine Situation ... hinein-versetze, und im Hineinversetzen m u ß i c h s i e m i t m a c h e n ; ich fühle mich nicht nur in sein Denken, Fühlen, Tun hinein, sondern muß ihm darin f o l g e n , seine Motive werden zu meinen Quasi-Motiven, die aber im Modus der anschaulich sich erfüllenden Einfühlung e i n s i c h t i g m o t i v i e r e n.''[108] Nun kann ich, wie auf mein eigenes, so auch auf das fremde Erleben selbst achten, ,,wo-bei zu beachten ist, daß ich *vom anderen wie von mir selbst* nur eine nachschauende Anschauung haben kann in Form einer *Re-flexion* ... Für den Anderen habe ich keine originäre Reflexion, aber dafür eine *Reflexion ,,in'' der einfühlenden Vergegenwärti-gung* ... Eine wirkliche Reflexion dieser Art kann ich aber nur

---

[106] Vgl. zum folgenden Toulemont a.a.O. S. 90 ff.: La quasi-réflexion en autrui; außerdem s.o. II, 1: Zur Parallelität von Selbst- und Fremd-reflexion.

[107] A V 10 (um 1920), S. 122 (zitiert bei Toulemont, a.a.O. S. 91); vgl. auch Transcr. (1925–28)B I 9 VI, S. 34–35: ,,Einfühlung hat ja ihren Motivationsanhalt an meiner Selbsterfahrung, genauer gesprochen, da ja nicht Selbstreflexion als erfahrende Kenntnisnahme meiner selbst voll-zogen sein muß, an meinem Selbstbewußtsein als passiv mir selbst Er-scheinen.''

[108] *Ideen* II, S. 275.

vollziehen, *wenn ich in dem Anderen mitlebte, quasi* aktiv wäre . .",
weil sonst mein Verständnis „leer" bliebe.[109] Das leere Verständnis ist freilich nur ein Grenzfall, so daß ich im Grunde immer „im
Andern mitlebe." Die Reflexion selbst nun, in der ich dem Andern
nachlebe, zeigt eine doppelte Form, ein äußerliches Verharren bei
dem, was der Andere schon ist, und ein inneres Zurückgehen auf
den lebendigen Ursprung. „Aus ihr (sc. der Persönlichkeit) selbst
entquellen ihre personalen Akte und ihre personalen Modi der
Affektion. Von außen gehen wir nach innen. Folgen wir *dem as-
soziativen Leitfaden*[110], so bewegen wir uns in der immanenten Zeit,
in der sich ausgebreitet haben die Lebensgestaltungen, die Emp-
findungen, Auffassungen, Akte, etc. als konstituierte Einheiten.
Gehen wir nach innen, so heißt das, jetzt versetzen wir uns in das
tätige und leidende Ich selbst, wir werden dann gleichsam affiziert und selbst zu einem Tun motiviert und tun dann: wobei die
Reaktionen als lebendige Ichreaktionen, wie die Aktionen als
freie Ichaktionen ursprünglich aus dem Ich entquellen, ohne daß
Ich und die Ichakte schon immanent reflektiv verzeitlicht sind . . .
Sie waren es vorhin als Vorstellungen; im Nachleben des Ich-
tuns und Ichleidens bringen wir die Vorstellungen zurück in den
status nascendi, in die Aktualität, die erst Vorstellung erwachsen
läßt."[111]

Bevor wir uns Husserls Einsicht, soweit möglich, zunutze
machen, sei nochmals auf den Punkt hingewiesen, an dem unser
eigener Weg sich von dem Husserls scheidet. Im Verstehen ist
uns laut Husserl die fremde Person als Person zugänglich. Verstehen aber besagt hier primär: Sich-hineinversetzen in den
Andern im Zuge einer Als-ob-Stellungnahme, nicht aber: wirkliches Mitsetzen in einer Mitstellungnahme zu dem etwa, was zu
Recht oder zu Unrecht den Zorn des Andern erregt.[112] Das Mit-

---

[109] M III 3 VIII, S. 28–29 (zitiert bei Toulemont, a.a.O. S. 92); ich
durchlebe hier ein „Quasi-Leben" und eine „Quasi-Reflexion" (Transcr.,
1931, B I 5 X, S. 24); vgl. ähnlich *Phän. Psychologie*, S. 510.
[110] D.h. dem Andern, wie er mir als Analogon meiner selbst unmittelbar
mitgegeben ist und vorgegeben für eine thematische Befragung (vgl. *Cart.
Meditationen*, § 51).
[111] M III 3 VIII, S. 14 (zitiert bei Toulemont, a.a.O. S. 91).
[112] Nach der Konstitutionsordnung gehen die „Akte der personalen
Wechselbestimmung" vonstatten „auf Grund wechselseitiger Kompre-
hensionen", der „ersten und grundlegenden Weise" des Fremdverhaltens
(*Ideen* II, S. 191–92); vgl. unsere wiederholte Kritik oben S. 44–45, 137–

leben ist so aber ein *bloßes Mitleben im Andern*, das eine eigene
Antwort auf eine fremde Frage gerade ausschließt.[113] Weil damit
der Zugang zum Andern und seiner Welt nicht originär ist, sondern vermittelt durch mich selbst und meine eigene Welt, komme
ich der fremden Ursprünglichkeit nicht näher als der eigenen, ich
komme lediglich auf sie zurück in der Reflexion. Das Erleben des
des Du bleibt ein *bloßes Nachleben*. Das Ziel, das Du *in statu
nascendi*, wird gerade nicht erreicht, weil wir dessen Erlebnisse
immer nur in diesen Status „zurückbringen". Gleichwohl, das
Ziel gilt.

Wir können in der Tat, wie schon gezeigt, zurückgehen auf den
Andern, mit dem wir etwas zu tun haben, und dies in einer ziel-
bestimmten Reflexion. Da erscheint der Andere in seinem *Außersichsein*, als Subjekt-Pol, der auf seinen objektiven Gegenpol
bezogen ist. Freilich ist dies keine symmetrische Polarität,
sondern eine „ungleiche, nicht umkehrbare Beziehung": das Ich
„hat sein Gegenüber[114]"; es ist nicht für einen Dritten auf Anderes bezogen, sondern bezieht sich selbst auf Anderes. Das Ich geht
außer sich; indem es das Andere als Anderes von sich absetzt,
setzt es sich selbst mit; es vollzieht seine Akte. Als Vollzugs-Ich
ist es aber kein leerer Ichpol, sondern ein Ich, das sich im Vollzug
immer schon vorfindet und diese Vorfindlichkeit durch das aktuell Vollzogene ständig anreichert. Auf dem Grunde eines angeborenen Charakters bildet es in seinem erworbenen Charakter
eine eigentümliche Personalität aus, und ihr entspricht eine
eigentümliche Welt. Das Außersichsein besagt dann ein „ich
will", eine Bewegung der Transzendenz, die auf *Allgemeinsames*
in einem allgemeinsamen Horizont geht, ausgehend von einem
„ich kann", einem faktischen Ausgangspunkt, der dem Allgemeinsamen die *Besonderheit* perspektivischer Brechung gibt. Von
dem her betrachtet, worauf er aus ist, erscheint der Andere *als
Jemand*, als einer unter andern, als Glied eines Wir, von ein-

---

38, 155, 162–63. Toulemont, der sich in seiner Darstellung durchgehend
an Husserls Auslegungsfolge orientiert, begnügt sich in seiner abschließenden Würdigung wie viele andere mit dem Hinweis auf eine bloß methodische Vorordnung der Selbsterfahrung (a.a.O. S. 316–17).

[113] Das Verstehen ist kein Mitleben in *ursprünglicher* „Teilnahme"
(vgl. Scheler, *Wesen und Formen der Sympathie*, S. 258, sowie unsere
Analysen im vorigen Kapitel).

[114] *Ideen* II, S. 318.

maliger Individualität, aber nicht einzigartig. Einer ist dem andern zwar nicht gleich, aber wir sind unter einander vergleichbar, sofern einer wie der andere, implizit wenigstens, dasselbe meint, wenn er es auch auf verschiedene Weise realisiert in Erkennen und Tun.

Das Du in seinem *Selbstsein* tritt nun hervor, wenn, in der Anrede etwa, das Du in seinem *Vollzug* thematisch wird, nicht mehr also, sofern es dieses oder jenes meint, sondern sofern es überhaupt „Zentrum eines eigenen Lebens" ist,[115] sofern es überhaupt i s t. Es tritt nicht mehr auf als bloßes Subjekt des Erfahrens und Gebrauchens, sondern als „Subjektivität (ohne abhängigen Genitiv)."[116] Diese Subjektivität ist nichts Zusätzliches „hinter" dem Weltverhältnis, sondern es ist eben der Andere, der bei sich ist, i n d e m er außer sich ist, dem es implizit um sich selbst geht; diese Selbstbezüglichkeit ist für Husserl nicht anders als für Kant das, was die eigentümliche Seinsweise der Person ausmacht. Sieht man die Zuwendung zum Du im Zusammenhang des Weltverhaltens, so erscheint sie als nachträgliche Rückwendung zum Ursprung, als eine ursprungsgerichtete Reflexion: der Andere in seiner Ursprünglichkeit ist s c h o n da. Weil aber diese Zuwendung nicht einfach das Weltinteresse weiterverfolgt, sondern es zurücktreten läßt, ist sie mehr als bloße Re-flexion. In der Anrede ist der Andere, wie gezeigt, direkt da in zukünftiger, erfüllter Gegenwart, im gesuchten *status nascendi*, den wir in der Reflexion vergebens zu fassen suchen.

Wenn der Andere als Mitsubjekt in seinem Außersichsein nicht der Welt enthoben ist, in die er hineinwirkt, so auch nicht als Gegensubjekt, als Person in ihrem Selbstsein. Das leibliche Hier und Jetzt schwindet nicht dahin in der reinen Gegenwart eines Immerzu und Überall, das Du ist und bleibt ein faktisch begegnendes Du. Doch was wird aus der Faktizität, wenn das Du auf sich selbst hin angesprochen wird? Der Standort, *von wo* der Andere ausgeht in der intentionalen Bewegung nach außen, schmilzt zusammen zu dem Ort, *wo* der Andere selbst weilt.[117]

---

[115] Landgrebe, *Der Weg der Phänomenologie*, S. 94.
[116] Buber, *Ich und Du*, a.a.O. S. 120.
[117] So heißt es bei E. Barret-Browning:
„The names of country, heaven, are changed away,
For where thou art or shalt be, there or here."

Als selbstverantwortliches Lebenszentrum begegnet er aber nicht, wenn er bereits in Zeit und Raum und Wirkzusammenhang von Natur und Gesellschaft eingefügt wird, sondern nur dann, wenn er all diese Ordnungen erst entspringen läßt. Das Du, das ich anspreche, zeitigt, verräumlicht und verleiblicht sich und hat dies immer schon getan, aber erst wenn ich diesen lebendigen Vollzug zum Stehen bringe in der Versachlichung, kommt es für mich als etwas Fertiges in Zeit und Raum, in Welt und Gesellschaft vor. Der „Nullpunkt", von dem Husserl bei der subjektiven Räumlichkeit spricht, ist der *Quellpunkt* aller Ordnungen; objektiv betrachtet ist er zunächst ein Niemals und Nirgends.

Den ursprünglichen Charakter der lebendigen Gegenwart bringt Husserl in den Blick, wenn er sagt, der Andere werde in seiner Aktualität nur erfaßt, sofern seine Erlebnisse noch nicht „ausgebreitet" seien in der „immanenten Zeit" der Reflexion; erst recht hat dies zu gelten für die objektive Zeit der Welterfahrung. Was sich an der Selbstgegenwart zeigt, überträgt sich auf die Fremdgegenwart. Sie ist ein „Mitquellpunkt"[118] innerhalb der gemeinsamen lebendigen Gegenwart, in der wir ständig leben und der alles Gewordensein und Seinwerden entspringt.[119] Ähnlich verhält es sich mit der räumlichen Gegenwart. In seiner raumstiftenden Aktualität tritt das Subjekt hervor, sofern es „immer, in jedem Jetzt, im Zentrum ist", in einem „Hier, das kein anderes außer sich hat, in Beziehung auf welches es ein „Dort" wäre"; leiblich ist das Ich im „Nullpunkt" aller Orientierungen, und da der Leib „Mitglied und Gegenglied" allen Weltverhaltens ist, betrifft dies die leibliche Gegenwart im ganzen.[120] Aber erst im Du wird die zeitliche und leiblich-räumliche Gegenwart, die ich mit Andern durchlebe, erlebbar als lebendige Gegenwart: der Angeredete ist für mich da.

Die Person in ihrem leiblichen Selbstvollzug kommt nicht einfach in der Welt vor wie ein innerweltliches Ding. Die Konstitution der Person hebt Husserl deutlich ab von der Konstitution des Dinges; das Reich der Natur steht im Zeichen perspektivischer *Darstellung*, das Reich des Geistes im Zeichen absoluter *Selbst-*

---

[118] Transcr. (1931) C 3 III, S. 33.
[119] Vgl. dazu ausführlich oben I, 5; II, 14; III, 6.
[120] *Ideen* II, S. 157–59; vgl. dazu oben III, 16.

bekundung.[121] Während das Ding sich als Einheit mannigfaltiger Erscheinungen abgeschattet und immer nur präsumptiv darstellt, „bekundet sich das Ich absolut", d.h. „schlechthin, ohne Erscheinung". Weil nämlich meine Erlebnisse nicht im Raum erscheinen, sind sie auch nicht einseitig und vorläufig da, vielmehr bin ich es selbst, der erscheint, meine „Zuständlichkeiten sind in eins mit ihrem Sein bewußt". Meine Erlebnisse bekunden sich absolut, das besagt, sie erscheinen nicht nur selbst wie das Ding, das ja auch in den sinnlichen Erscheinungen leibhaftig da ist, sondern sie erscheinen als sie selbst, noch nicht eingespannt in den Hiatus des Etwas als Etwas. Dasselbe gilt auch für den Andern, in der analogisierenden Komprehension ist auch er erscheinungslos gegeben. „So tritt Ich mit Ich in Beziehung, als absolut sich Bekundendes mit einem anderen absolut sich Bekundenden", und das überträgt sich auf „jede Art sozialer Einheit".

An diesem Gedanken nimmt Husserl später eine Korrektur vor, die bei aller Berechtigung das zentrale Motiv eher verdunkelt. Ich bin mir zwar apodiktisch gegeben, aber nicht adäquat; von der lebendigen Gegenwart her öffnet sich „ein unbestimmt allgemeiner, präsumptiver Horizont", in den meine Vergangenheit, meine Vermögen und habituellen Eigenheiten gehören.[122] Doch wann trete ich für mich selbst in einen umgreifenden Horizont? Doch nur dann, wenn ich mich in der Reflexion objektiviere, erinnernd feststelle, was ich bin, vorwegnehmend abschätze, was ich kann; denn nun bin ich für mich da als jemand, ich habe ein „Mich".[123]

---

[121] Vgl. *Ideen* II, S. 325. Zur „Absolutheit" des Ich vgl. *Ideen* I, §§ 42, 44, II, §§ 23, 24, zur Ausweitung der Bestimmung auf das fremde Ich: *Ideen* II, Beil. X, Beil. XII, § 7, *Erste Philosophie* II, Beil. XXXI. Als „Bekundung" im einfachen Sinne bezeichnet Husserl auch die bloße „Darstellung" weltlicher Dinge (vgl. z.B. *Ideen* I, S. 146, II, S. 104, *Krisis*, S. 31–32), von „anderen Weisen der Bekundung von Transzendenz" spricht er schon in den *Ideen* I, S. 121–22, und zwar im Zusammenhang mit einer göttlichen Transzendenz. Alle folgenden Zitate finden sich in *Ideen* II, S. 323.

[122] *Cart. Meditationen*, § 9; die Selbstkorrektur (vgl. auch *Ideen* I, Beil. XI–XIII) verbindet sich mit einer Konkretisierung des transzendentalen Ego.

[123] Zur Unterscheidung von „Ich" und „Mich", die wohl auf W. James zurückgeht (*The Principles of Psychology*, London 1890, Bd. I, Kap. X), vgl. *Ideen* II, S. 253, *Erste Philosophie* I, S. 262, *Phän. Psychologie*, S. 208. Für das „Mich", für ein Gefühlserlebnis etwa, gilt: „Denkend kann ich Wahres und Falsches darüber denken ..." (*Ideen* I, S. 102). Scheler vertieft diesen Gedanken in seiner Lehre von den „Idolen der Selbsterkennt-

Durchlebe ich aber einfachhin meine Gegenwart, so bekundet sich mein Ich abschattungslos: ich bin gegenwärtig und zugleich geworden und künftig, nur ist diese Bekundung der „absoluten Selbstheit" eine indirekte, *beiläufige,* die ich nicht einer auf das Ich „als Funktionszentrum zurückgehenden Blickwendung" verdanke.[124] Wenn sich eine Person *ausdrücklich* als sie selbst bekundet, so ist es nur die zweite Person. Diese kann dann aber nicht auftreten als bloßer Teil eines Ganzen wie ein Ding im Natur- oder Kulturzusammenhang, sondern sie muß in ihrem eigenen Licht gesehen werden, abschattungslos.[125] Und das trifft zu auf die fremde Gegenwart, an der ich teilnehme, anstatt den Andern in mein Gegenwartsfeld einzuordnen. Der Andere ist dann für mich schlechthin da oder nicht da, als ganzer; in der inneren und äußeren Annäherung intensiviert sich nur die Anteilnahme an seinem Leben, er wird „wirklicher" für mich. Einseitig und vorläufig tritt er mir nur gegenüber, sofern ich e t w a s von ihm wissen oder haben will. „Um zu wissen, was ein Mensch ist oder was ich selbst als menschliche Persönlichkeit bin, muß ich in die Unendlichkeit der Erfahrung eintreten, in der ich mich von immer neuen Seiten, nach immer neuen Eigenschaften und immer vollkommener kennenlerne."[126] Hier kann ich mich dann über den Andern täuschen wie über mich selbst.

Während ein Ding in der Welt *vorkommt,* in ihr entsteht und vergeht, hat die Person in ihrem Selbstsein, mit Husserl zu reden, einen „*Auftritt*" *und* „*Abgang*", in dem die Welt zum Vorschein kommt und schwindet.[127] Husserl denkt an dieser Stelle an das reine Ich, das „in Aktion tritt und wieder außer Aktion". Wirklich erfassen läßt sich diese Aktualität aber erst im Andern, der mir leiblich hier und jetzt begegnet, dessen Gegenwart zurück-

---

nis", Merleau-Ponty in seiner Theorie der „falschen Gefühle" (*Phénoménologie de la perception,* S. 433 ff.).

[124] Vgl. *Ideen* II, S. 105.

[125] Was sich da „bekundet", ist eine „absolute Existenz", so Ricoeur in kritischer Adaption des Husserlschen Begriffs (*Kant et Husserl,* a.a.O. S. 64).

[126] *Ideen* II, S. 104, vgl. auch § 58.

[127] Ebd. S. 103. Das alte Gleichnis vom *theatrum mundi* klingt hier an, so heißt es etwa in Shakespeares *As you like it:*
„All the world's a stage,
And all the men and women merely players:
They have their exits and their entrances."

weist auf das Grundfaktum der Geburt und vorausweist auf die
Grundmöglichkeit des Todes, wo er ins Leben und aus dem Leben
tritt. Nur wenn man wie Husserl transzendentales und mundanes
Ich scheidet, kann man versuchen, Geburt und Tod als ,,Welt-
vorkommnisse'' zu konstituieren.[128] Widersetzt sich aber die
konkrete Person dieser Scheidung, so sind Geburt und Tod Ereignisse, in denen auf gewisse Weise die Welt überhaupt beginnt und
endet. Was im weltinteressierten Umgang zurücktritt, tritt in den
Grenzerfahrungen von Geburt und Tod, von Wiedergeburt und
Absterben mit besonderer Dringlichkeit hervor, nämlich die
Seinsweise der Person, die ist, indem sie ständig wird und im
Werden sich selbst übernimmt. In ihrem Selbstsein ist sie mehr
als bloßer Funktionär des Weltgeschehens.

11. Einzigartigkeit des Du und der Name

Was in der Anrede hervortritt, ist noch weiter zu entfalten. Die
Anrede ruft in die Gegenwart das Du, das sich selbst bekundet.
Dabei ist das Selbst ein *ursprüngliches* Selbst, das nicht einfach
in der Welt vorkommt, sondern spontan auftritt und erst so
seinen Ort in Welt und Mitwelt findet. Nun ist die Anrede aber
zugleich bestimmte Anrede. Gewiß, die Anrede spricht nicht
über den Andern, sondern evoziert seine Gegenwart; dennoch ist
sie kein unbestimmter Ausruf, sondern ein bestimmter Anruf:
ich meine gerade deine Gegenwart. Da wird nicht ein Augenblick
des Lebens beschworen, sondern eine Person angesprochen, die
mir antworten kann; das Selbst ist ein *bestimmtes* Selbst. Diese
Bestimmtheit ist nicht die der mundanen und sozialen Rollenverteilung; denn was der Andere von Natur aus und durch eigenes wie fremdes Tun geworden ist, blende ich ab in der Blickkonzentration auf das Du, das ich auf es selbst hin anspreche und
das ich gegenwärtig habe in seinem ständigen Werden. Sowenig
das Selbst ein Fertiges ist, das ich vorfinde, sowenig ist es ein
Teilhaftes, das ich in einem Ganzen vorfinde. Doch gibt es eine
andere Bestimmtheit als die Bestimmtheit im Rahmen eines
vorgängigen Ganzen, dessen allgemeine Gesetze sich im einzelnen
konkretisieren und realisieren? Stehen sich nicht in der ständigen
Konkreszenz Wiederholbarkeit des Wesens und Einmaligkeit des

[128] Vgl. u. V, 4 u. 5.

Faktums gegenüber derart, daß eben das Wesen nicht einmalig, das Faktum nicht einzigartig ist? Dem entspräche der Spalt innerhalb der intentionalen Erfahrung, in der ich immerzu etwas, das mir gegeben ist, als etwas meine und bestimme. Wer aber ist dann die fremde Person, die sich doch in der direkten Zuwendung dieser Art von Bestimmtheit entzieht?

Das letztgenannte Problem steht nicht völlig einzig dar, sondern fügt sich in einen größeren Zusammenhang, den wir hier nur andeuten wollen. Der Hiatus von Wesen und Faktum, von Apriori und Aposteriori, wird ständig überbrückt im Geschehen der Konkreszenz selbst, einem Totalgeschehen, da alles einzelne, das sich zeigt, seine volle Konkretion nur im Zusammenhang des Ganzen empfängt. Dieses umfassende Ganze ist die Welt, genauer: das Weltgeschehen, die ständig sich erneuernde Grundtatsache, daß es ein sinnhaftes und sinnverheißendes Ganzes gibt.[129] Das Weltganze läßt sich nicht wie seine Einzelheiten einem vorausgehenden Allgemeinen subsumieren; denn alle Wesenheiten bestimmen nur, was faktisch ist, treten also erst in und an dem faktischen Geschehen auf; so ist selbst das Wesen jedes einzelnen Seienden kein „ein für allemal erfaßbares, sondern ein offenes Wesen."[130] Andererseits ist die Welt auch nicht selbst eine abstrahierbare Idealität, sondern das Ganze der erfahrenen und erfahrbaren Wirklichkeit, welches verhindert, daß diese in disparate Einzelheiten zerfällt. Die Welt als „présence de tout en tout" ist, wenn man so will, „reales und formales Apriori in eins."[131] Diese Totalität jenseits der Alternative von Wesen und Faktum kann nicht selbst Gegenstand der Erfahrung sein, sondern ist „nur als Horizont für seiende Objekte bewußt,"[132] nicht in einem besonderen Akt, sondern in einem impliziten Weltglauben. Daraus ergibt sich die *Einzigkeit dieser Welt*; als der Boden aller Erfahrung können wir sie nicht mehr von einem andern her bestimmen als eine Möglichkeit unter anderen. Sie ist „nicht seiend wie ein Seiendes, ... sondern seiend in einer Ein-

---

[129] *Erste Philosophie* II, S. 258: „... schon das Sein der Welt als Tatsache enthält eine Teleologie"; vgl. zu diesem Begriff oben S. 181
[130] *Ideen* II, S. 229, vgl. auch *Ideen* III, § 7.
[131] De Waelhens, *La philosophie et les expériences naturelles*, S. 119–20; zur kritischen Würdigung des Husserlschen Weltbegriffs in seiner Entwicklung vgl. beim gleichen Autor: *Phénoménologie et vérité*, Kap. IV.
[132] *Krisis*, S. 146.

zigkeit, für die der Plural sinnlos ist. Jeder Plural und aus ihm
herausgehobene Singular setzt den Welthorizont voraus."[133] Es
gibt nicht eine Welt, sondern die Welt.

Nun können wir uns aber andere Welten wenigstens denken;
in einer solchen *freien Variation* der wirklichen Welt erschiene
diese nach Leibnizschem Vorbild doch wieder als eine Möglichkeit unter unendlich vielen, als beliebiges Exempel eines allgemeinen Wesens, als Variante einer invarianten Struktur. Husserl
radikalisiert diesen Gedanken noch, indem er die freie Variation
zu einer schlechthin *ungebundenen Variation* steigert. Die transzendentale Reduktion, die das Ich von der Bindung an die Welt
befreit, kulminiert in einer eidetischen Reduktion, die dieser Welt
überhaupt den Vorrang nimmt in völliger „Gleichgültigkeit gegen
die Wirklichkeit."[134] Hier „variiert sich das ego so frei, daß es ...
nicht einmal als ideale, aber bindende Voraussetzung daran festhält, daß eine Welt der uns selbstverständlichen ontologischen
Struktur für es wesensmäßig konstituiert ist."[135] Eingeschränkt
wird die Variation lediglich dadurch, daß in der jeweiligen Welt
nicht alles kompossibel ist und ebensowenig mehrere Welten
möglich sind; aber das ist selbst eine eidetische Bestimmung,
die der Welt nur eine prinzipielle Einzigkeit garantiert; es bleibt
dabei, daß das Wesen einseitig das Faktum bestimmt.[136] Doch
dieser scheinbare Radikalismus verliert in der „Luft absolut
reiner Erdenklichkeiten"[137] den Boden unter den Füßen. Unter-
schoben wird die Perspektive einer *mens divina*, die eine Welt
ersinnt. Doch der Versuch, eine solche Perspektive einzunehmen,
müßte ausgehen von der wirklichen Welt; sie ist als Ausgangspunkt für uns unüberwindlich und eben deshalb mehr als ein
bloßes Exempel. Die imaginative Variation der Welt macht deren
Faktizität sichtbar, ohne diese mit andern Möglichkeiten gleichsetzen zu können. Wie auch Husserl am Ende einsieht, ist die

---

[133] Ebd.

[134] *Phän. Psychologie*, S. 86.

[135] *Cart. Meditationen*, S. 110–11; vgl. zu diesem Verfahren und seiner
radikalen Deutung auch ebd. § 34, *Logik*, § 98, *Krisis*, S. 154, 383, 400,
am ausführlichsten: *Phän. Psychologie*, § 9, *Erfahrung u. Urteil*, §§ 86–89;
eine weltgebundene Variation wird immer nur als vorläufige zugelassen.

[136] Zur Kompossibilität vgl. *Cart. Meditationen*, §§ 36, 37, 60, außerdem schon: *Ideen* I, § 48.

[137] *Cart, Meditationen*, S. 104, vgl. auch *Krisis*, S. 400: Das Sein der
Welt wird zu einem „frei schwebenden".

Variation kein freischwebendes Spiel mit bloß eidetischen Möglichkeiten, sondern *gebundene Variation*, gebunden an den Spielraum faktischer Möglichkeiten; denn sie ist Variation dieser wirklichen Welt, auf deren Erfahrung alles Aus- und Umdenken zurückgeht. Die wirkliche Welt ist bevorzugt im Umkreis möglicher Welten, weil sie wirklich ist und alle Möglichkeiten von ihr her sich erschließen. Unsere Welt ist die Welt, weil sie wirklich ist.[138]

So läßt sich am Ende etwas an und aus der Welt und dem Weltgeschehen begreifen in einer flexiblen Eidetik, die das Mögliche vom Wirklichen her gewinnt. Aber um dieses Geschehen selbst zu begreifen und zu umgreifen, fehlt uns der absolute Überblick, ,,Offenheit bleibt Offenheit."[139] Wie aber ist es dann überhaupt faßbar als ein bestimmtes, unverwechselbares Geschehen? Es ist indirekt faßbar als ein offenes, mitgegebenes und mitgemeintes Ganzes, direkt aber vielleicht nur in der *Erzählung*, die benennt und berichtet, nicht von außerhalb, sondern auf dem Boden des Geschehens selbst. Das hieße, daß der Logos nie völlig Herr wird über den Mythos, der das ,,Wunder der Rationalität" wachhält.[140] Im Faktum der Vernunft stößt diese an ihre eigene Grenze, was eine Selbstauflösung der Vernunft verhindert.[141] Mit all dem ist Husserls Eidetik nicht völlig abgetan,

---

[138] Vgl. Transcr. (1933) E III 9, S.15: ,,... daß auch für die Welt das Faktum Welt, als in meiner apodiktischen Existenz implizierte, dem Wesenseidos Welt vorangeht ... Jede fingierte Welt ist schon Variante der faktischen und nur als solche Variante zu konstruieren, und so ist das invariante Eidos aller so zu gewinnenden Weltvarianten an das Faktum gebunden". Damit wird ,,das Eidos die Form der Möglichkeit von *Seiendem*. Somit geht die Wirklichkeit den Möglichkeiten voraus und gibt den Phantasiemöglichkeiten erst die Bedeutung von realen Möglichkeiten" (Transcr., 1935, K III 12, S. 34). In diesem Manuskript (Titel: ,,Variation und Ontologie") sowie in E III 9, S. 12–15 (,,Eidos – Faktum", 1933), S. 67–75 (,,Eidos – Faktum, Intersubjektivität", 1931) tritt Husserls Revision mit aller Deutlichkeit zutage; sie betrifft immer Welt, Wir und Ich in eins, wie gleich zu zeigen ist. Vgl. hierzu auch Toulemont, a.a.O. S. 283–94, wo sich weitere Zitate finden.

[139] Transcr. (1935) K III 12, S. 38.

[140] Vgl. *Erste Philosophie* I, S. 394, *Ideen* I, S. 139.

[141] Gemeint ist hier der Mythos nicht als Ersatz, sondern als Ergänzung des Logos, so etwa in Platons *Timaios*, wo die Welt als ,,einzige" (μονογενής – 31b3) gebildet wird aus νοῦς und ἀνάγκη. Die Selbstbegrenzung der Vernunft bewahrt diese davor, selbst mythisch zu werden auf scientifistische, historistische oder spekulative Art; auch Husserls Überlegungen zu Wesen und Faktum der Welt wären daraufhin zu prüfen (vgl. Toulemont, a.a.O. S. 290 ff.).

sie behält ihr Recht, aber ein begrenztes. Das Allgemeine ist
nicht rückführbar auf Faktisches, das als solches keine „normati-
ve Kraft" hat, es bleibt ein idealer Überschuß.[142] Nur hat der
allgemeine Sinn seine vorgeschichtliche und geschichtliche Genesis, von der er nicht ablösbar ist; er ist implizit fungierendes,
regulierendes Wesen im Horizont des Ganzen, bevor er explizit
vergegenständlicht wird in einer „eidetischen Einstellung", und
er geht in dieser Explikation nie völlig auf. Der faktische Boden
aller Idealisierung ist mitzubedenken, verabsolutiert wäre die
allgemeine Wahrheit keine lebendige Wahrheit mehr.[143]

Die Einzigkeit des Weltganzen, nicht das Exemplarische der
Einzeldinge ist der Gegenpart für die Person, die sich ebenfalls
der klassifizierenden Bestimmung entzieht, die darüberhinaus
der Ort ist, wo Einzelding und Weltganzes ihre unwiederholbare
Individualität gewinnen. Ein selbstbewußtes Wesen, das seinen
Wandel miterlebt, kann nicht in denselben Zustand zurückkehren, es hat seine Individuation in sich. Als erlebte partizipiert
die Welt an dieser „absoluten Individuation."[144] Der Ausgang

---

[142] Landgrebes Berufung auf das positivistische Prinzip der „normativen Kraft des Faktischen" (*Der Weg der Phänomenologie*, S. 173, vgl.
auch S. 189) ist nicht glücklich. Merleau-Pontys Bestimmung der Eidetik
als „phänomenologischen Positivismus, der das Mögliche auf das
Wirkliche gründet" (*Phénoménologie de la perception* S. XII) verführt zu
einer gewissen Einseitigkeit; unsere Welt ist nicht „die einzige Welt, *die*
wir konsequent denken können" (S. 255), sondern die einzige, *von der aus*
wir denken können. Vollends fragwürdig scheint mir der Versuch Schapps,
die Eidetik durch den Rückgang auf einen Geschehenszusammenhang zu
ersetzen; H. Lübbe kritisiert diesen fruchtbaren, aber extremen Ansatz
wohl mit Recht als eine Verabsolutierung des Geschichtsbegriffs (vgl.
„Das Ende des phänomenologischen Platonismus", in: *Tijdschrift voor
Phil.* 16, 1954, S. 660 ff.).
[143] Vgl. *Logik*, S. 246, zum Übergang in die „eidetische Einstellung":
Ideen I, S. 145, *Cart. Meditationen*, S. 163, zu Apriori und „Idealisierung":
Krisis, S. 363. Zur Differenz von implizitem und explizitem Allgemeinem
vgl. Merleau-Pontys Unterscheidung von „wirklicher Struktur" und
„ideeller Bedeutung" (*La structure du comportement*, Paris ⁴1960, S. 238
ff.) sowie die entsprechende Adaption der Gestaltpsychologie bei A.
Gurwitsch. Die Revision der Wesenslehre bei Husserl, schon frühzeitig angezeigt von Fink (vgl. *Studien zur Phänomenologie*, S. 217), wird von vielen
Interpreten beachtet, u.a. von De Waelhens, Landgrebe (vgl. *Der Weg der
Phänomenologie*, S. 172 ff., *Phänomenologie und Geschichte*, S. 160 ff.)
sowie in den erwähnten Studien von Seebohm (§ 28), Claesges (S. 30 ff.),
Held (II, F; III, B), Kern (§ 13); Eleys interessante Arbeit, die weitgehend von Adorno inspiriert ist, hat eine zu schmale Textbasis, was
vollends für Adornos „Metakritik" gilt.
[144] Vgl. *Ideen* II, § 64.

vom Faktum der Welt rechtfertigt sich erst im gleichzeitigen Rückgang auf die Faktizität des Subjekts.

Wir werden also zurückverwiesen auf die *Einzigkeit der Subjektivität*, die sich für Husserl ursprünglich im *Singular der ersten Person* darstellt. Das ,,Ur-Ich" in seiner ,,Einzigkeit und Undeklinierbarkeit ist nicht mehr ein Ich.[145] Wie seine Welt ist es keine bloße Idealität, sondern ,,aktuelle Subjektivität", ist es kein bloßes Exempel einer Wesensmöglichkeit, sondern ,,apodiktisch-faktisches Ego."[146] Der eidetische Rückgang zum ,,universalen Eidos *transzendentales ego überhaupt*, das alle reinen Möglichkeitsabwandlungen meines faktischen und dieses selbst als Möglichkeit in sich faßt", ist auch hier nicht Husserls letztes Wort, ist doch jedes mögliche Ich eine ,,Möglichkeitsabwandlung meines faktischen."[147] Die ausdrückliche Revision bleibt nicht aus, ich kann mich nicht völlig frei variieren. Die ,,Vermöglichkeit der Selbstvariation und der Entdeckung der Invariante gehört selbst mit zu meinem apodiktischen Bestande"[148]; dieser Bestand aber ist meine ,,faktische Wirklichkeit", faktisch in einem ,,Spielraum von Möglichkeiten."[149] Die einseitige Bestimmung des Faktums durch sein Wesen wird damit hinfällig; denn ,,ich der Umdenkende, der mich der faktischen Wirklichkeit Enthebende, bin apodiktisch das Ich der faktischen Wirklichkeit und bin das Ich der Vermögen, die ich insbesondere als eidetisch denkendes und sehendes Ich mir faktisch erworben habe. Die Phantasiemöglichkeiten als Varianten des Eidos schweben nicht frei in der Luft, sondern sind konstitutiv bezogen auf Mich in meinem Faktum, mit meiner lebendigen Gegenwart, die ich faktisch lebe, apodiktisch vorfinde und mit allem, was darin enthüllbar liegt. Die apodiktische Struktur der transzendentalen Wirklichkeit ist also nicht vermöge jenes Umdenkenkönnens schon eine solche, die kontingent wäre, ein zufälliges Faktum, das einen Wesensrahmen von anderen Möglichkeiten hätte, die 'ebensogut hätten sein können'."[150]

---

[145] *Krisis*, S. 188.
[146] Vgl. zum ersten: ebd. S. 272, *Ideen* I, S. 116, zum andern: *Cart. Meditationen*, S. 167.
[147] *Cart. Meditationen*, S. 105–06.
[148] Transcr. (1933) E III 9, S. 14.
[149] Ebd. S. 67.
[150] Transcr. (1935) K III 12, S. 34; vgl. auch Transcr. (1933) E III

Diese Einzigkeit greift über auf die Andern. Schon in den *Cartesianischen Meditationen* heißt es: „Das Faktum *ich bin* schreibt vor, ob und welche anderen Monaden für mich andere sind; ich kann sie nur finden, aber nicht, welche für mich sein sollen, schaffen."[151] Ist aber das Faktum „ich bin" Bezugspunkt aller Möglichkeiten, so auch dessen faktische Implikate. In der Selbstvariation werden Welt und Mitwelt „mitvariiert"; „eine wundersame Kausalität einigt . . . alle Seelen, derart daß jede Änderung der Konkretion der einen alle anderen verändert."[152] Gebunden ist diese Variation an das faktische Wir. „Mein faktisches Sein kann ich nicht überschreiten und darin nicht das intentional beschlossene Mitsein Anderer . . ."[153] Die Einzigkeit enthüllt sich als *Einzigkeit im Plural*.

Welt, Wir und Ich fügen sich zusammen zu einem einzigen Geschehen in der mundanen und sozialen Teleologie; sie kommen darin überein, daß sie, ohne empirische Fakten zu sein, ein Moment innerer Vorfindlichkeit zeigen. Was aber von Husserl nicht revidiert wird und weiterhin fragwürdig bleibt, ist die einseitige Abstufung und Zentrierung dieses Geschehens im Ich als dem „letztlich einzigen Funktionszentrum aller Konstitution", das also nicht ursprünglich im Plural steht, sondern durch „Pluralisierung."[154] Das ergibt wichtige Folgen für unser Problem. Das

9, S. 13: „Die Essenz geht der Existenz voraus, die Existenz muß allererst ihr Recht nachkommend ausweisen. Hinsichtlich der Apodiktizität des Ego steht es aber so, daß sie das notwendig Frühere ist, als welche die des Wesens erst einsichtbar macht" (ähnlich: ebd. S. 73, K III 12, S. 41–42, zur Revision von der Zeitproblematik aus vgl. die Arbeit von Held). Daß es sich hier nicht um eine einfache Umkehrung der herkömmlichen Begriffe handelt, sondern um eine Neufassung, dürfte unbestritten sein.

[151] *Cart. Meditationen*, S. 168.
[152] Transcr. (1935) K III 12, S. 10.
[153] Transcr. (1931) E III 9, S. 74–75. Vgl. auch schon *Erste Philosophie* I, S. 256–57: „Das faktische Bewußtseinsleben, das universale in seiner transzendentalen intersubjektiven Immanenz, trägt als ‚Phänomen' in sich das korrelative Faktum der in ihr . . . konstituierten Welt. Konkret genommen, ist es also Universum aller transzendentalen Faktizität." Im gleichen Zusammenhang die Neuakzentuierung: eidetische Transzendentalphilosophie als „Werkzeug" oder Methode für die transzendentale Tatsachenwissenschaft (S. 258).
[154] *Krisis*, S. 190, 417; vgl. auch Transcr. (1931) C 2 I, S. 3: „Ich bin das Einzige; das, was immer für mich ist, ist mir eigen aus der Einzigkeit, in der ich fungiere"; an der „Stufenfolge der Apodiktizität" und dem Primat des Ich hält Husserl bis zuletzt fest (vgl. Transcr. (1935) K III 12, S. 37, dazu oben I, 4).

Ur-Ich ist im strengen Sinne noch nicht das Ich der ersten Person unter anderen Personen, sondern ein *präpersonaler* Lebens – und Weltgrund, den jeder ursprünglich in sich entdeckt und reflektierend „Ich" nennt.[155] In dieser unbestimmten Sphäre gibt es Niemanden, weder mich, noch die Andern. Das fungierende Lebenssubjekt ist *anonym*, absolut anonym, solange es vorthematisch ist, zurücksinkend in Anonymität, wenn es außerthematisch wird, und in seiner Anonymität sich zeigend, während es thematisch ist, denn auch hier ist immer „ein Rest, der unthematisch, der sozusagen in Anonymität bleibt", und dieser Rest ist nichts anderes als das Lebenszentrum selbst.[156] Zu einer bestimmten, *namhaften* Person wird das Ur-Ich erst in der „Selbstdeklination", in der Andere sich in mir konstituieren und ich mich selbst als einer unter ihnen. Die Konsequenz: die bestimmt-namhafte Person ist durch die Einordnung in ein vorentworfenes Ganzes kein einzigartiges Selbst und so auch kein ursprüngliches; umgekehrt bleibt das Ur-Subjekt unbestimmt-namenlos. Dabei geht es nicht um den Untergrund der Anonymität, sondern um eine Anonymität im K e r n des Selbst. Die Einzigkeit, die nicht ursprünglich im Plural steht, bleibt anonym, „unsagbar."[157] Der Grund liegt auf der Hand; wie ich mich nicht selbst er-fassen kann in meiner Ursprünglichkeit, so kann ich mich nicht selbst um-fassen in meiner Ganzheit. Die Bestimmtheit, die ich direkt oder indirekt mir selbst verdanke, betrifft nur einen Teil meiner selbst und keineswegs das Zentrum. Gewiß ist für Husserl „das in diesem Leben Werdende ... die Person selbst,"[158] aber kann sie je a l s sie selbst auftreten? Als Ur-Ich bleibt sie ein fragwürdiges Zwitterwesen, verwiesen in eine präpersonale Anonymität und dennoch aufgerufen zu personaler Selbstverantwortung.

Die Einzigkeit der Lebenswelt verweist auf die Einzigkeit der

---

[155] Vgl. *Krisis*, S. 188. Funke unterscheidet demgemäß zwischen „transzendentaler Subjektivität" und „transzendentalem ego" (a.a.O. S. 22). Zur gesamten Problematik vgl. die entsprechenden Passagen in unserm Kapitel I u. II.

[156] *Krisis*, S. 111.

[157] Vgl. Transcr. (1934)C 13 II, S. 9: „Es (sc. das Strömen) ist als ‚Vorsein' unerfahrbar und unaussagbar, sowie aber das Unsagbare bezw. Unerfahrbare aufgewiesen, also doch erfahren und zum Thema einer Aussage wird, ist es eben ontifiziert", d.h. nicht mehr es selbst.

[158] *Krisis*, S. 272.

erlebenden Subjektivität; diese bleibt anonym-unbestimmt, sofern sie im Singular der ersten Person auftritt. Kehren wir nach dieser Lektion zurück zur Anrede des Du und schauen wir, wie das Problem sich hier ausnimmt. In der Anrede bestimmt sich der Andere bereits dadurch, daß er als *Du*, als angeredete Person, abgehoben ist vom *Ich*, das sich in der Anrede zugleich für sich selbst mitbestimmt als Anredenden. Im Anhören werde ich schließlich auch für mich selbst zu einem ausdrücklich Bestimmten, aber eben durch den Andern; ich vernehme, wer ich bin. Welcher Art ist nun diese Bestimmtheit? Es ist nicht mehr die Bestimmtheit, die aus der sozialen Rollenverteilung erwächst, wo mein Beitrag zur gemeinsamen Welterfahrung und -gestaltung mich als einen unter andern designiert. Mitarbeiter können ihre Funktionen, die sie übernehmen, vertauschen; unvertauschbar sind Duheit und Ichheit als das, was wir selbst sind. Es ist dies eine Bestimmtheit, in der die Einzigkeit gewahrt bleibt, aber als *Einzigkeit im Dual*.[159] Was schon für das Weltverhalten galt, aber in der direkten Begegnung ausdrücklich hervortritt, ist die Strukturiertheit eines gemeinsamen Lebens, in dem jeder seinen *einzigartigen Ort* hat. Für den, der in der Beziehung zum Andern lebt, gibt es nicht mehrere Personen, die auf besondere Weise ein allgemeines Wesen Person exemplifizieren, wobei dann das eigene Exemplar genügt, um alle fremden Möglichkeiten in der Variation durchzuspielen; das gibt es erst in einer nivellierenden Reflexion auf die Beziehung. Indem ich auf das Du hin lebe und gleichursprünglich, wenn auch nicht auf gleiche Weise, beim Andern und bei mir bin, fehlt mir der Spielraum, um Eines abzuwandeln oder gar nur zu vervielfältigen.[160] Da ist nicht ein Ur-Ich, das sich in mein Ich und in ein anderes Ich „dekliniert", sondern – man gestatte uns den unschönen Ausdruck – ein Ur-Du, das in seinem expliziten Auftritt ein Ur-Ich mitauftreten läßt, wenn es angesprochen wird. Nur der Anerkennung des Andern entspringt eine Bestimmtheit, die den Andern und mich

---

[159] Es ist das Paar: Ich und der Andere, der Andere als *alter*, nicht als *alius*; eine natürliche Vorform ist die geschlechtliche Dualität.

[160] Es ist bezeichnend, daß Husserl für die Scheidung in Personalpronomina den grammatikalischen, aber im eigentlichen Sinne unzutreffenden Ausdruck der „Deklination" wählt; in der Deklination wird in der Tat eine Grundform, der Nominativ, abgewandelt, während es für die 1., 2. und 3. Person eine gemeinsame Grundform gar nicht gibt.

selbst nicht auf eine bestimmte Funktion eingrenzt, sondern uns als Du-selbst und als Ich-selbst eine einzigartige Stellung zueinander verleiht.

Diese Bestimmtheit ist die der primär evokativen Rede, die innerhalb der gemeinsam durchlebten Gegenwart das Du und das Ich hervorhebt. Der Erzählung des Geschehens entspricht die *Benennung* der Partner dieses Geschehens. Wie die Erzählung berichtet, wie etwas als etwas auftritt, so bezeichnet der Name den, der an diesem Geschehen mitwirkt. Hinter der sachorientierten Werkgeschichte öffnet sich die Lebensgeschichte von Personen, die gleich dem Geschehen selbst unbegreiflich sind.

Der *Name* spiegelt Eigenart und Vielfalt der Person. Was den Personennamen zunächst von jeder Sachbezeichnung unterscheidet, ist der Charakter eines *Rufnamens*, der sich einzig darin bewährt, daß einer auf ihn hört und antwortet.[161] Der grammatikalische Gebrauch gibt einen Hinweis auf die Einzigartigkeit dessen, dem der Name zugedacht ist; ein Habsburger oder ein Jude, das geht an, nicht aber ein Abraham; der unbestimmte Artikel, der ein Exemplar ausgrenzt, versagt hier seinen Dienst. Der Name verweist auf eine ursprüngliche Namensgebung und auf eine (zunächst stellvertretende) Namensübernahme, die sich in jeder wirklichen Anrede wiederholt. Daß diese Namensverleihung ursprünglich nur auf Andere zurückgehen kann, weist hin auf das, was jeder in seinem Selbstsein Andern verdankt; daß die Namensgebung sich erst in der Namensübernahme vollendet, schließt jede einseitige Konstitution aus.

Nähe und Ferne des intimen und öffentlichen Umgangs färben auf den Namen ab, geben ihm *private und offizielle Züge*, was etwa in der Zweiteilung von Vor- und Familienname deutlich wird. Vom bloßen Berufstitel, der die Eigenart der Person überhaupt zurücktreten läßt, sprachen wir schon früher. Doch selbst der anonyme Berufstitel spezifiziert sich bisweilen zu einem Berufsnamen, so beim Künstler, beim sozialen Revolutionär, beim religiösen Erneuerer, wo das allgemein Erlernbare durch

---

[161] Dieser Gesichtspunkt entgeht Liebrucks, der den Personennamen dem Sachnamen angleicht und beide degradiert zu äußeren Unterscheidungszeichen für das rein Faktische (vgl. a.a.O. S. 357: „Im Namen ist nichts mehr vom Träger enthalten"); es scheint, daß Hegels Vermittlungsgedanke unser Problem verdeckt.

ein persönliches Charisma aufgewogen wird.[162] Am Ende mag
gar der Name mit der Berufsbezeichnung zusammenfallen, wenn
etwa Aristoteles im Mittelalter einfachhin als „philosophus"
tituliert wird; doch hier droht bereits eine fragwürdige Institutionalisierung der Person, eine Verfestigung des Namens im
Begriff.

Das weist hin auf die *Geschichte*, die jeder Name durchmacht
und in der sich die Geschichte der Person manifestiert. Der
Name ruft in die Gegenwart, aber von weither; er läßt mitanklingen, was einer schon ist. Wie jede wiederholte Bezeichnung
setzt auch der Name alsbald historische Patina an. Das entspricht der wachsenden Vertrautheit der Person; Sokrates wird
am Ende zu „dem Sokrates."[163] Doch hat der Name nicht nur
seine Nachgeschichte, er greift auch eine Vorgeschichte auf. Die
mitmenschliche Namensgebung bedeutet gewiß einen Neuanfang, einen Neuanfang aber innerhalb eines schon bestehenden
Lebenszusammenhangs, in dem der Einzelne auftritt, in die er
auf neuartige Weise eintritt. Der Rufname, nicht willkürlich erfunden (selbst die Originalitätssucht ist hier signifikant in sozialer
Hinsicht), zeigt die Spuren einer religiös, sozial, politisch und
geographisch geprägten Geschichte, drückt die Geschlechtlichkeit
mit aus. Der Familienname, der noch stärker dem Vorgegebenen
verhaftet ist, gibt dem Einzelnen einen generativen Hintergrund,
läßt vielfach uralte Lebens- und Berufstraditionen durchscheinen.
So entdeckt Proust im Namen Guermantes eine ganze Topologie
und Chronologie, die sich zu einem mythischen Gespinst verdichtet – ein später Zauber freilich, der nicht ohne alexandrinische
Gelehrsamkeit zustande kommt; der Name führt in seinen Trä-
gern nurmehr ein Schattendasein. Mit der Auflösung fester Gesellschaftsformen wachsen die Chancen des Neuanfangs, die
Prousts Abgesang nur indirekt ankündigt.

Gerade weil der Name mitanklingen läßt, was einer schon ist,
läßt er sich in eine Sachbezeichnung umfälschen, wobei Unter-

---

[162] Der Berufsname zeigt freilich auch andere Aspekte wie den eines
romantischen Doppelgängertums, einer Erwähltheitspose, eines pädagogischen Versteckspiels (man denke an Kierkegaards Pseudonyme, viel zu
geistreich gewählt, um den Autor wirklich verhüllen zu können).

[163] Das Griechische setzt zum Eigennamen den Artikel, wenn von
jemand Bekanntem die Rede ist: ὁ Σωκράτης = „der erwähnte, der bekannte, unser verehrter Sokrates".

töne zu Haupttönen werden. Der Name spiegelt so auch den *Zerfall* der interpersonalen Beziehung und der sozialen Verhältnisse. Er, der die unwiederholbare Einzigartigkeit der Person andeuten soll, eignet sich auch zu deren Diskriminierung. Der Name, der auch ein jüdischer oder polnischer ist, verweist, wenn er nur als solcher genommen wird, seinen Träger in die Anonymität einer Rasse oder Volksgruppe. Kafka gemahnt an die Schrecken solcher Anonymität, wenn er seinen „Helden" nur noch K. nennt. Der offene Verzicht auf den Namen entlarvt einen Prozeß der Depersonalisierung, der in letzter Konsequenz bei der Numerierung endet.

Der Name, in dem die Person auf sie selbst hin angesprochen und in ihrer Einzigartigkeit bestimmt wird, führt also kein esoterisches Eigenleben, sondern realisiert seinen Sinn in den konkreten Zusammenhängen von Welt und Mitwelt.[164] Diese weisen bereits über unser derzeitiges Thema hinaus, machen aber dessen Gewicht spürbar. Die direkte Anrede, die im Namen das Du selbst auf den Plan ruft, ist der Ort der Namensstiftung und der ständigen Namenserneuerung. Nicht umsonst ist es so, daß der öffentliche Umgang sein Genüge findet im offiziellen Namen, während der intime Umgang die Neigung zeigt, der Sonderheit und Anfänglichkeit einer Beziehung einen entsprechenden Ausdruck zu geben; der Eros ist erfinderisch auch in Namen. Das reicht hinein bis in die halbprivate Sphäre, wo der Beiname, der *nom de guerre*, das Offizielle abmildert, noch den Gegner vermenschlicht, sofern er ihn nicht in Schimpfnamen erniedrigt. An der esoterischen Namensgebung wird freilich eine Versuchung sichtbar, die alle liebende Zuwendung antastet, die Versuchung nämlich, die Andersheit des Geliebten zu verharmlosen, ihn zu domestizieren, seine Geschichte umzufälschen, anstatt sie aufzunehmen. Dem steht entgegen eine „Liebe, die nicht am Namen ihre Lust büßt, sondern die Geliebte im Namen liebt."[165] Ein Name, der den Andern antreffen soll, kann nicht willkürlich erfunden werden, er muß gefunden werden, um zutreffend zu sein.

---

[164] Es besteht daher kein Grund, den Eigennamen, sofern er Bedeutung hat für die Mitwelt, als „uneigentlich" zu bezeichnen, wie Löwith es tut (a.a.O. S. 19–20).

[165] Diese Liebe, die der „Fernenneigung" nicht entsagt, bezeichnet W. Benjamin als platonische Liebe in einem erweiterten Sinn (vgl. „Kurze Schatten", in: *Illuminationen*, Frankfurt 1961, S. 319).

Wie die Einzigkeit des Weltgeschehens ihre Entsprechung findet in der Einzigartigkeit der Personen, die an diesem Geschehen wirken, wie die evokative Rede auch auf weltliche Dinge übergreift in einer Art von universeller Anrede, so reicht auch die Benennung durch den Eigennamen in das Weltgeschehen hinein. Der konkrete Lebensraum und die konkrete Lebenszeit, denen die abstrakte Raum- und Zeitordnung ihren unentbehrlichen Bezugspunkt verdankt, erhalten eine bestimmte Aufgliederung in der Benennung; Atlas und Zeittafel widersetzen sich aller Unterordnung unter ein Allgemeines.[166] Aber selbst die Wörter, die aus dem Ganzen allgemeine Wesensarten und Eigenschaften herausgreifen, die sich im Einzelding beliebig konkretisieren, bewahren sich etwas vom Eigennamen, der das Konkrete selbst meint und nicht etwas an ihm. Denn das Wort weist ja von sich aus zurück auf eine bestimmte, eigentümliche oder typische Situation, in der es erstmalig etwas bedeutete. Was aber auf diese Weise anfänglich zu Wort kam und so als solches auftrat, war noch ein einzigartiges Ereignis, war noch kein exemplarischer Fall. Weil im Wort, konkret in den Worten, diese Anfänge aufbewahrt sind, steckt in ihm mehr als ein allgemeiner Sinn, bezeichnet es nicht bloß ein Allgemeines, sondern benennt auch ein Einmaliges.[167] Freilich ist dieser historische Bodensatz vielfach unkenntlich oder doch gleichgültig geworden, und das Hinabsteigen in die Schächte der Etymologie, so ertragreich es sein mag, reicht allein nicht aus, der Sprache ihre Ursprünglichkeit zu wahren; ein gelehrsames Sprechen ist noch kein lebendiges. Tatsächlich gehen Wort und Sache immer wieder eine anfängliche Verbindung ein, wenn etwas neu gesehen und gesagt, nicht bloß nachgesagt wird.

Das Phänomen des Namens führt weit hinein in das Feld der Sprache und der sprachlich gestalteten Erfahrung, weiter, als wir hier gehen können. Die Person in ihrer eigentümlichen Seinsweise weist hin auf eine vertretbare Form des Nominalismus, die

---

[166] Zur konkreten Raumordnung vgl. die leiblich bedingte Bevorzugung der Erde im Weltraum, ein Motiv, das Husserl im Spätwerk wiederholt aufgreift, zur konkreten Zeitordnung: In der Wechselverständigung sind wir „auf gewisse Urstellungs-Tatsachen (Christi Geburt u. dgl.) konventionell bezogen" (*Ideen* II, S. 376).

[167] Bekanntlich bezeichnet das griechische ὄνομα zugleich Wort und Name (vgl. Gadamer, *Wahrheit und Methode*, S. 383).

nicht das Allgemeine bestreitet, sondern nur die Hypostase des Allgemeinen zurücknimmt in das Geschehen, dem Einzelnes und Allgemeines entspringt. Auf dem Hintergrund dieses Geschehens gewinnen die Andern und ich selbst in wechselseitiger Beziehung eine Bestimmtheit, die sich nicht über unser Selbstsein hinwegsetzt.

12. Jeweiligkeit des Du und Exklusivität der Ich-Du-Beziehung

In der Anrede bestimmt sich der Andere als Du, indem er dem Ich gegenübertritt in einem einzigen Geschehen der Sonderung. Doch ist durch diese Einzigkeit im Dual die Einzigartigkeit des Angeredeten, die der Name meint, schon endgültig erwiesen? Das Du ist nicht eine Person, da es durch das ursprüngliche Gegenübersein dem nivellierenden Vergleich, der Ich und Nicht-Ich zusammennimmt, entzogen ist; aber ist es nicht doch eine zweite Person, da meine Anrede sich nicht gerade in diesem Gegenüber erfüllen muß? Wird nicht mit dem Hiatus von *dem Du* und *diesem und einem Du* die Einzigartigkeit des Angeredeten doch wieder hinfällig? Kann überhaupt die Angewiesenheit des Ich auf ein Gegenüber mehr dartun als die apriorische Eigenart des Du? Bleibt damit das jeweilige Du nicht doch ein exemplarischer Fall? Und mehr noch, ist damit nicht auch die Gleichrangigkeit von Ich und Du weiterhin bedroht?

Der Hinweis auf einen entsprechenden Gedankengang bei Sartre mag unser Problem verdeutlichen. Nachdem Sartre zuvor der Existenz des Andern in aller Entschiedenheit „die Natur eines kontingenten und irreduziblen Faktums" zugesprochen hat – „on rencontre autrui, on ne le constitue pas" –,[168] gerät er in empfindliche Schwierigkeiten, sobald sich die Frage stellt, ob nicht der Andere dann, wie alles Erfahrbare, einer bloß hypothetischen Gewißheit unterliegt. Zweifellos kann ich mich doch täuschen in der Annahme, vom Andern erblickt zu werden.[169] Die Antwort, die Sartre sich selbst gibt, stellt seine anfängliche Feststellung wieder in Frage. „Was zweifelhaft ist, das ist nicht der Andere selbst, sondern das *Da-sein* des Andern", eben seine

---

[168] *L'être et le néant*, S. 307, wie Husserl spricht auch Sartre von einem „absoluten Faktum" (S. 419).
[169] Vgl. ebd. S. 334 ff.

„Faktizität, d.h. die konkrete Bindung des Andern an ein Objektsein in *meiner* Welt."[170] Es kommt zu einer Scheidung von „présence empirique" und „présence fondamentale"; zweifelhaft ist nicht das Erscheinen des Andern überhaupt, sondern nur sein Erscheinen in *diesem* Objekt – eine seltsame These: das Sein eines bestimmten Mitmenschen, das sich doch, ursprünglich wenigstens, nicht anders als leiblich bekunden kann, soll in jedem einzelnen Fall zweifelhaft bleiben, im ganzen zweifelsfrei sein. Sartre bleibt dann auch dabei nicht stehen; abrupt weitet er die Gegenwart d e s Andern aus zu einer Gegenwart d e r Andern, zu einer „présence prénumerique", einer Gegenwart des Man.[171] Der letzte Schritt beleuchtet das, worauf alles hinausläuft: Es muß i r g e n de i n e n Andern geben, dessen Blick ich ausgesetzt bin – nur so weiß ich mich als bestimmtes Ich –, es muß aber nicht d i e s e n Andern geben. Apriori und Aposteriori treten doch wieder auseinander; nur der Andere schlechthin, nicht der Andere *hic et nunc* hat teil an der faktischen Notwendigkeit und Zweifellosigkeit des Ich, das als das einzige stets und überall unbezweifelbare Subjekt seinen Vorrang behält. Solange die Grundthese nicht lautet: du bist, sondern: ich bin durch den Andern, solange der Andere nicht primär als mir Begegnender erfaßt ist, sondern nur als Bedingung meiner selbst, bleibt er in seinem Kern anonym, allen Beteuerungen zum Trotz.

Immerhin ist bei Sartre das Problem der Einzigartigkeit jedes Mitmenschen gestellt, während es Husserl in seinen Analysen zur Fremdkonstitution zunächst wenigstens entgleitet; ob d e r Andere oder d i e Andern, es ist ja immer doch e i n *alter ego*, das sich in mir konstituiert. Wie schwierig freilich das fragliche Phänomen zu fassen ist, zeigt sich daran, daß selbst Buber, dem schwerlich eine solche egozentrische Sichtweise nachgesagt werden kann, ihm eine wenig glückliche begriffliche Fassung gibt, wenn er schreibt: „Die erlebten Beziehungen sind Realisierungen des eingeborenen Du am begegnenden; daß dieses als Gegenüber gefaßt, in der Ausschließlichkeit aufgenommen, endlich mit dem Grundwort angesprochen werden kann, ist im Apriori der Be-

---

[170] Ebd. S. 337.
[171] Vgl. ebd. S. 339–42, dazu die gründliche Interpretation von Theunissen, a.a.O. § 44.

ziehung begründet."[172] Wollte man das Apriori im Sinne einer transzendentalen Konstitution verstehen als eine vorwegnehmende Form, die sich je und je faktisch füllt, das eingeborene Du würde dem begegnenden Du den Charakter des Ausschließlichen, der Begegnung selbst den Charakter des Unerwarteten nehmen.[173] Wie aber soll man es sonst verstehen?

Buber denkt in diesem Zusammenhang an die „Geschichte" der Interpersonalität, an das Heraustreten aus einer „ungeschieden vorgestaltigen Urwelt", einer „naturhaften Verbundenheit", an ein „Beziehungsstreben", das sich allmählich zu einer Ich-Du-Beziehung ausformt.[174] Für ein Ich, das sich selbst vorgegeben ist, ist ja von Anfang an alles da, auch das Du, nur eben noch nicht als Du. Ein solch unausgereiftes Streben, das noch nicht um sich und sein Ziel weiß („Voi che sapete che cosa è amor", singt der Page in Mozarts Figaro), kann nicht anders als unbestimmt sein, kann nicht anders als einem Du gelten. Und selbst, wenn das vage Streben zu einer verantwortlichen Beziehung ausreift, ist das bestimmte Du der wechselseitigen Zuwendung ein Du meiner Wahl, einer Wahl innerhalb der gemeinsamen Lebensgeschichte und getroffen in einer Situation, die wie jede Situation mehrdeutig ist, verschiedene Antworten zuläßt.[175] Das „eingeborene Du" verstehen wir also als eine besondere Dimension des Lebens, die in Abhebung gegen die weltliche Dimension einen eigenen Richtungssinn hat, der sich in der einzelnen Begegnung

---

[172] *Ich und Du*, a.a.O. S. 96.

[173] So schreibt Theunissen, in seiner Kritik an Bubers unkritischer Übernahme des Haltungsschemas, daß „das begegnende Du bloß die aposteriorische Erfüllung des Apriori" ist (a.a.O. S. 280).

[174] Vgl. Buber, a.a.O. S. 94–97. Husserl spricht von „intersubjektiven ... Verbindungen aus dunklen und erst in der Enthüllung der Befriedigung ihren Sinn zeigenden intersubjektiven Instinkten" (*Phän. Psychologie*, S. 486, ähnlich S. 514); zu sozialen Instinkten und Trieben vgl. ausführlicher: Transcr. (1930) E III 4, S. 6,10, 21; (1933) E III 5; (1930) E III 10, S. 10; (1931?) A V 22, S. 44–45 („instinktive Kommunikation"); die „Instinkte" sind hier verstanden als „Urtriebe, Uraffektionen", als „das Irrationale, das Rationalität möglich macht", als der „teleologische Grund für alles Rationale" (Transcr., 1933, E III 9, S. 4–5), unverkennbar ist die gleichzeitige Nähe und Ferne zum englischen Empirismus.

[175] Das Verlangen nach einer völligen Eindeutigkeit führt geradewegs in die Schwarmgeisterei; ein Zeugnis dafür ist die Gestalt Eckenstedts in Lagerlöfs *Charlotte Lövensköld*.

nicht erschöpft; davon gingen wir bereits in der Analyse des Dialogs aus.

Dieses Du ist also nicht schlechthin das Du, ist es aber doch auf gewisse Weise, und zwar in seiner *Jeweiligkeit*.[176] Wir greifen zurück auf unsere frühere Voraussetzung, daß ich ein bestimmtes Ich erst werde, indem ich einem bestimmten Du antworte. Daraus ergibt sich nun, daß jeweils im Augenblick der Beziehung das Du in einer Einzigkeit und Ausschließlichkeit auftritt, die sich nur mit der Einzigkeit des Weltgeschehens vergleichen läßt. Wenn nicht ich den Andern konstituiere als einer, der dem faktisch begegnenden Du schon vorweg ist, sondern vielmehr Ich und Du sich mit- und durcheinander konstituieren, dann fehlt mir der einsame Spielraum, innerhalb dessen ich mir diesen oder jenen Andern begegnen lasse, ihn als passenden Partner auswähle. Wie wir im Weltglauben immer schon eine *wirkliche* Welt gegenwärtig haben, so in einem entsprechenden Fremdglauben ein *wirkliches* Du, sei es in bloßer Vorahnung oder ausdrücklicher Anerkennung, sei es aus der Nähe oder Ferne. Da geht nicht voraus ein Ich mit seinen apriorischen Entwürfen, in die es auch die Mitmenschen einfängt; das Apriori ist, wie auch Buber sagt, die Beziehung selbst, und auf sie richtet sich auch das ,,Beziehungsstreben''. Wie das bloße Cogito, so ist auch die konkrete Einheit von Cogito und Cogitor ein faktisches Apriori, im Rahmen des Grundgeschehens, dem Allgemeines und Einzelnes entspringt. Das daran beteiligte Du ist jeweils mein wirkliches Du, nicht der Fall einer allgemeinen Wesensmöglichkeit, sondern die Wirklichkeit, die künftige Möglichkeiten eröffnet, vergangene aufbewahrt, mag es sich nun um Begegnungen mit demselben oder mit andern Partnern handeln.

Die Ich-Du-Beziehung bildet eine Dimension der gemeinsamen Geschichte, in der sich jeder immer schon vorfindet und in die er sich als selbständiger Partner hineinzufinden hat. Wir befinden uns jeweils in einer bestimmten weltlichen und mitweltlichen Konstellation, die wir umwerfen, variieren, beibehalten, aber

---

[176] Von einer ,,Jeweiligkeit der jeweiligen Einzelsubjekte'' spricht auch Husserl, doch geht diese hervor aus einer ,,Vergemeinschaftung'', die eine Leistung des Ich ist (*Krisis*, S. 416). Vgl. auch Löwith, a.a.O. S. 55: ,,Das Verhältnis von Ich und Du ist ein einzigartiges – das besagt aber nicht, daß es für jedes Ich nur ein einziges Du gibt.''

nicht anfänglich schaffen können. Aber was hat es dann mit dem Streben nach einem Du und der Wahl eines bestimmten Du auf sich? Auch hier ist die Analogie zur Welterfahrung aufschlußreich. Ich wähle nicht zwischen diesem und jenem Weltausschnitt, zwischen den Dingen hier und dort als zwischen gleichrangigen Möglichkeiten, da ich als Wählender nicht ortlos, sondern jeweils hier bin; was ich tun kann, ist dies: mich entscheiden, ob ich hier bleibe oder dorthin gehe.[177] Ähnlich in der Beziehung zu den Andern. Ich lasse in der Wahl nicht verschiedene Partner Revue passieren, sondern bleibe dem zugewandt, der mir schon nahe steht, oder wende mich einem Fernstehenden zu. In der Wahl stelle ich nicht eine Beziehung zu den Andern her, sondern variiere die Beziehung, in der ich bereits stehe. Dieses sich wandelnde *Beziehungsgeschehen* hat seine Vorgeschichte langsamen Erwachens, in der sich jeweils ein bestimmtes Du unbestimmt ankündigt für den Heranwachsenden (,,incipe, parve puer, risu cognoscere matrem") und seine Geschichte erstmaliger und wiederholter Beziehungsereignisse, in denen jeweils ein bestimmtes Du als solches hervortritt, wobei Wachstumshemmungen und Verfall nicht ausgeschlossen sind.[178] Weil das Ich nicht über diesem Geschehen steht, sondern in ihm sich heranbildet, korrespondiert dem Wechsel der zweiten Person eine Wandlung des Ich, das sich den jeweiligen Ansprüchen des Du entsprechend darstellt. Dem jeweiligen Du entspricht eine jeweilige Variante des Ich.[179] Die konkrete Typik meiner Persönlichkeit, die sich in den Einzelbegegnungen herausbildet und sie als typische Umgangsweise überdauert, sowie die abstrakte Form der Personalität, die mir

---

[177] Vgl. dazu Merleau-Pontys Charakterisierung der Wahl als Einheit von ,,arrachement" und vorgängigem ,,engagement" (*Phénoménologie de la perception*, S. 515–17).

[178] Zur Vorgeschichte der Liebe: sie nimmt verschiedene Formen an, je nachdem, ob wir schon ,,ethisch erwacht" sind (*Gemeingeist* I, S. 11); es gibt eine ,,Urliebe" in Gestalt der Mutterliebe (Transcr., 1921, E III 2, S. 68).

[179] Vgl. dazu W. James, a.a.O. I, S. 294: ,,a man has as many social selves as there are individuals who recognize him and carry an image of them in their mind". Vgl. außerdem die These Löwiths, a.a.O. S. 58: ,,Das ,Verhältnis' bestimmt einen wie den andern im gleichen Sinne, d.i. ,verhältnis-mäßig' "; Bedenken habe ich freilich gegen die Art, wie am Ende ein ,,unverhältnismäßiges Dasein" des *Individuums* als ,,Kern" der verhältnismäßigen *Person* ausgespart wird (ebd. Kap. IV), denn das eigene und fremde Selbstsein bildet sich doch gerade im Wechselverhältnis.

mit allen andern gemeinsam ist, lassen sich erst nachträglich von
der Aktualität der jeweiligen Beziehung ablösen als deren allgemeine Gestalt; die Vergleichbarkeit betrifft die Gestalt der
Beziehung, nicht die Beziehung als Ereignis. Das gilt für die
Varianten des Ich wie für das wechselnde Du.

Erst wenn man über dem allgemeinen Schema die lebendige
Beziehung vergißt, der es entnommen ist, entsteht der Schein
einer Situation, in der ich, ortlos über der Mitwelt schwebend,
verschiedene Partner gegeneinander abwäge, ein Du neben andern habe und umgekehrt selbst dem abwägenden Blick eines
Andern ausgesetzt bin. Diese Deutung wird freilich nahegelegt
durch eine tatsächliche Lebensmöglichkeit, das Ausgesetztsein in
einer fremden Welt. Platon hat diese Situation, als Durchgangs-
phase auf dem Weg zur Mündigkeit, festgehalten im Bilde des
Kindes, das plötzlich entdeckt, es ist bloß ein untergeschobenes
Kind der Familie, in der es aufwuchs.[180] Für Sartre ist die Situation wechselseitiger Fremdheit geradezu die Grundsituation des
Miteinanderlebens; es ist dies die Situation des: Da ist jemand.
Doch diese Situation der Ent-fremdung ist nicht die ursprüngliche Form der Mitmenschlichkeit; in ihrer Negativität setzt sie
den Verlust einer Vertrautheit mit Welt und Mitwelt voraus,
findet sie in sich selbst kein Genügen. Überwunden wird sie aber
nicht in der reflektierenden Schwebehaltung, die sich über alles
Andere und alle Andern erhebt, sondern nur in einer erneuten
Selbstvergessenheit und Aufgeschlossenheit für den, der mir jeweils hier und jetzt begegnet, in der Wiederaufnahme der Beziehung, in der ich bereits stehe. Diese Beziehung, die meinem
sich-ab- oder sich-aufschließenden Verhalten vorausgeht, ist die
weltliche und mitweltliche Bindung, die ich in meiner Leiblichkeit immer schon eingegangen bin.[181]

Die Welt ist immerzu wirklich in diesem oder jenem Ding, das
die Welt im Ganzen repräsentiert, sofern es als es selbst gegenwärtigt wird. Auf ähnliche, nicht auf gleiche Weise freilich, steht
auch die Person, die nicht nur sie selbst ist, sondern sich als sie
selbst setzt, für die Mitwelt, die im Einzelnen für mich wirklich

---

[180] Vgl. *Politeia* VII, 537e ff.

[181] Es ist bezeichnend, daß Sartre den frühen Tod seines Vaters, leise
triumphierend, als Ereignis deutet, dem er beizeiten seine Freiheit ver-
dankte – eben die Freiheit des Fremdlings (vgl. *Les mots*, Paris 1964, S. 11).

ist. Wie diese unsere Welt nicht bevorzugt ist auf Grund einer besonderen Qualität, etwa als die beste aller Welten, sondern einzig deswegen, weil sie unsere wirkliche Welt ist, so beruht auch die Ausschließlichkeit der Ich-Du-Beziehung, die einseitige Bevorzugung dieses Du nicht auf einem qualitativen Vorzug, sondern zuvörderst auf der Jeweiligkeit seiner aktuellen und sich in gemeinsamen Lebensverhältnissen habitualisierenden Gegenwart. Jede Qualifizierung wäre ein Vergleichen und würde das unvergleichbare Selbstsein des Andern aus dem Auge verlieren.[182] Dieses Du ist im Augenblick der Zuwendung das Du. Der Auftritt des Du ist im strengen Sinn grundlos, weil unvermittelt, grundlos wie das Sein der Welt, Gegenstand des Staunens, nicht der Erklärung.

13. Liebe als Einheit von Achtung und Zuneigung

Das Du, das die theoretische und praktische Anrede in die Gegenwart ruft, ist nichts fertig Vorfindliches, sondern ein *ursprüngliches* Selbst, es ist nicht bloß Glied eines vorentworfenen Ganzen, sondern ein *einzigartiges* Selbst, bestimmt als Du im Gegenübersein für das Ich, bestimmt als dieses Du in der Jeweiligkeit eines ausschließlichen Gegenübertretens. Seine Seinsweise läßt sich positiv nur fassen im Zusammenhang des Grundgeschehens, in dem Welt, Ich und die Andern gleichursprünglich hervortreten. Die Anrede ist ein Reden, das dieses Geschehen im Du auf bestimmte Weise ans Licht bringt und dabei den Gegensatz von Eidos und Faktum unterläuft. Der *Name*, vertreten durch das Pronomen, bezeichnet diese einzigartige Gegenwart der Person. Soweit ist unsere Bestimmung des Du gediehen; eine abschließende Überlegung soll den Gedankengang abrunden; dabei wird sich das Verhalten zum Du, das wir

---

[182] „Der Mensch, der eben noch einzig und unbeschaffen, nicht vorhanden, nur gegenwärtig, nicht erfahrbar, nur berührbar war", wird dann „eine Summe von Eigenschaften, ein figurhaftes Quantum" (Buber, *Ich und Du*, a.a.O. S. 89). Die wirkliche Liebe richtet sich aber nicht auf bestimmte Qualitäten, sondern auf die „einzigartige Weise zu existieren, welche die Person selbst ist" (Merleau-Ponty, *Phénoménologie de la perception*, S. 434), sie betrifft die „Totalität" der Person (Transcr., 1933, E III 9, S. 92).

anfänglich von der Anrede her zu begreifen versuchten, weiter strukturieren.

Als Ich, das der Anonymität entwächst, lebe ich immer schon im Lichte eines Du. Nun ist dieses relationale Sein keine unabdingbare Einheit, sondern eine solche, die sich in der Begegnung herstellt; nicht nur das Mitsein im Ganzen tritt faktisch auf, auch die jeweilige Konstellation des Mitseins stellt sich faktisch her in einer Situation intersubjektiver Kompossibilität, die nicht alle, aber mehrere Antworten zuläßt. Es muß nicht dieses Du sein, das mir zu mir selbst verhilft; keiner ist für den Andern notwendig. Unsere Analyse des indirekten Dialogs kam zwar zu dem Ergebnis, daß wir einander unausweichlich zur Fürsorge überantwortet sind, soweit Not am Mann ist; aber hier ist es der Zustand des Mangels, nicht das positive Eigensein, was die mehr oder weniger eindeutige Bevorzugung bewirkt. Mit einer solchen Grenzsituation entfällt auch das entsprechende Motiv der sich herablassenden Zuwendung, die Situation öffnet sich, gibt Raum für eine Liebe, die ins Auge faßt, was dieser oder jener positiv ist. Diese Liebe ist in ihrer Ausschließlichkeit allemal *Vorliebe*. Sofern diese über alles Vergleichen hinausgeht, ist sie als Vorliebe, im Hinblick auf die Zurückgelassenen, grundlos, da die Frage, warum gerade dieser und nicht jener, gar nicht gestellt wird. Ist sie dann völlig beliebig? Wie wäre dann eine Wahl möglich als ein Akt, für den ich in der Rechtfertigung einstehen kann?[183] Und weiter nun, wie läßt sich dann über die Zuwendung zum Du und über dies selbst sprechen, wenn Akt und Gegenüber völlig in die Einzelheit des Augenblicks gebannt sind? So notwendig es scheint, das Du an dem Ort anzusiedeln, wo die eidetische Differenz erst entspringt, so problematisch ist der Versuch, diese Differenz ganz auszuschalten. Droht auf der einen Seite die Nivellierung der Personen, so auf der andern die Illusion einer Ich-Du-Dyade, die in der Herauslösung aus Welt und Mitwelt nicht minder abstrakt wäre als Husserls Ur-Ich.[184]

[183] Für Sartre, der sich ständig in der Alternative bewegt: ich bin für die Andern notwendig oder überflüssig (vgl. etwa *Les mots*, S. 72–74, wo der jugendliche Sartre sich geradezu eine Erlöserrolle ersehnt), muß jede Wahl unweigerlich in der Absurdität enden; inzwischen befleißigt sich Sartre einer menschlicheren Sichtweise.

[184] Theunissens berechtigte Kritik an dem Schema der Du-Einstellung, an dem Buber allzu unbekümmert, Sartre wider besseres Wollen festhält,

Antwort auf unsere Fragen suchen wir, indem wir am Akt der Zuwendung und an seinem Gegenüber in einer nachträglichen Dekomposition Eidetisches und Faktisches sondern. Das Du-selbst, dem Anrede und liebende Hinwendung gelten, weist *über* sich hinaus in dem, was es darstellt, und verweist *unter* sich in dem, worin es sich darstellt.[185]

Zum ersten zeigt das namentlich benannte Du *allgemeine Züge*, da es wie jeder Andere mit einem Personennamen, allgemein mit dem zweiten Personalpronomen belegbar ist, angeredet werden und anreden kann. Als Du wird der Andere zwar nicht unter einer allgemeinen Rücksicht gewählt wie das Ding, das hier und jetzt zu etwas anderem dient, doch in ihm wird ein Allgemeines, die Personalität als Namentlichkeit überhaupt, mitgewählt. Ich wähle den Andern nicht als bloßes Glied der Menschheit, aber in ihm wähle ich eine mögliche Menschheit mit, da ich mich so zu ihm verhalte, wie ich mich ähnlich zu allen andern Mitmenschen verhalten könnte und sollte, ihr jeweiliges Selbstsein bejahend. Das jeweilige Du ist Meines- und Ihresgleichen, ein *semblable*, ein Mitmensch. Die Komponente der konkreten Zuwendung, wo-durch der Andere als er selbst und in ihm doch mehr als er selbst gesetzt wird, bezeichnen wir mit Kant als *Achtung*, als Respekt, das Gegenteil als Mißachtung. Es ist dies das rationale, übertrag-bare Moment an der Wahl.[186]

gerät in ein schiefes Licht, weil der Autor die ,,dialogische Faktizität'' auf das Verhältnis von Ich und Du (im Singular) eingrenzt; damit ist aber das Problem verschiedener Partner, das bei Buber (auch in *Ich und Du*) immer durchscheint, nur eskamotiert.

[185] Zur interpersonalen Liebe, ihrer Genesis und ihrem ethischen Telos vgl. in Husserls Nachlaß vor allem: Transcr. F I 24 (1920?) S. 46–66, (1922–23) S. 108–20 (aus den Ethik-Vorlesungen); (1921) A V 23 (*Gemein-geist* I), S. 8–12; (1932–35) A V 24, S. 27–30; (1921, 1934–35) E III 2; (1930) E III 4, S. 1–24; (1933)E III 5; (1934) E III 8, S. 8–19; E III 9 (1931) S. 49–54, 60–61, (1933) S. 92–93. Husserl folgt hier in vielem Fichte und Scheler, ohne seine Grundorientierung aufzugeben. Zum größeren Zusammenhang vgl. Diemer, a.a.O. S. 291–94, 379–88, Toulemont, a.a.O. S. 244–61, außerdem: A. Roth, *Edmund Husserls ethische Untersuchungen, dargestellt anhand seiner Vorlesungsmanuskripte*, Den Haag 1960, *Phaeno-menologica 7*, bes. § 54, sowie die selbständig weiterführenden Arbeiten von H. Reiner.

[186] Allein durch die Achtung ist der Andere ,,semblable'', noch nicht ,,prochain'' (vgl. zu dieser Unterscheidung: E. Minkowski, ,,Rencontre et Dialogue'', in: *For Roman Ingarden. Nine Essays in Phenomenology*, Den Haag 1959, S. 65). Zur impliziten Wahl der *wirklichen* Menschheit als konkreter Allgemeinheit s.u. IV, 15.

Zum zweiten ist das Selbst auch weniger als es selbst; es zeigt *anonyme Züge,* aus denen es seine einzigartige Gestalt herausbildet. Die Anrede ruft den Andern hervor als einen, der schon da ist, eingewurzelt in Welt und Mitwelt; als leibliche Wesen sind wir kein reines Du, kein reines Ich.[187] In dieser Sphäre der Anziehung und Abstoßung, der Annäherung und Entfernung, der wechselnden affektiven Färbung und Intensität verkörpert sich die Personalität. Meine augenblickliche oder dauerhafte Zuwendung geschieht in einer Situation affektiver Verbundenheit, die mich motiviert zu verantwortlichem Verhalten, selbst aber nicht meiner Verfügung untersteht. Das Moment an der Zuwendung, wodurch der Andere vor und in der Wahl bereits da ist, bezeichnen wir als *Zuneigung,* als Sympathie, ihr Gegenpart als Abneigung; hinter diesen allgemeinen Benennungen verbirgt sich eine Fülle konkreter Phänomene wie Mitfreude, Mitleid und Bewunderung, Mißgunst, Schadenfreude und Beschämung, worauf wir hier nicht näher eingehen wollen.

In der Vereinigung von Achtung und Neigung stellt sich die Begegnung mit dem Du als Einheit dar, gebildet aus *aktivem* Wollen und Tun, *passivem* Streben und Können, analog zum Umgang mit den Dingen, doch eigengeartet durch das spezifische Gegenüber, die Person. Halten wir uns an das Gegenüber, das die Anrede ,,meint'', so ist da kein Raum für einen geschlossenen Zyklus natürlicher Triebbefriedigung, der durch ein moralisches Handeln von außen her durchbrochen würde. Mein Streben ist von Anfang an ein ,,Beziehungsstreben'', mit Husserl zu reden, ein ,,Trieb zu Anderen hin, zur Vergemeinschaftung''[188]; es kommt zu dem, was es meint, erst in der willentlichen Anerkennung dessen, was der Andere selbst ist, denn nur so ist er als Person für uns da. Selbst der Geschlechtstrieb, in dem einer sich seinen Partner sucht, ist von vornherein unterschieden von dem Streben nach einem Gut, einem Nahrungsobjekt etwa, das man sich einverleibt; denn bis in die Fälle der Unreife und der Rückbildung hinein zeigt sich die geschlechtliche Annäherung geprägt von dem Bestreben nach wechselseitiger Anerkennung, die

---

[187] Die Tätigkeit der Differenzierung bezeichnet Laín Entralgo treffend als ,,Grenzfähigkeit'' (capacidad-límite), a.a.O. Bd. II. S. 48.

[188] Transcr. (1930) E III 4, S. 10. Die schon erwähnten passiven Vorstufen der sozialen Aktivität sind zugleich ihr bleibender Untergrund.

nur in der freien Hingabe zu erreichen ist; dies ist auch der Sinn des erotischen Rituals, das eher umständlich als gradlinig vonstatten geht.[189] Umgekehrt ist mein Wollen, das den Andern zur Geltung bringt, kein Setzen, in dem der Andere rein als er selbst aus dem Nichts auftaucht, vielmehr sucht es sich einen Weg im Geflecht der Strebungen, in denen ich vorweg schon beim Andern bin. Husserl spricht auf platonische Weise von einer „Umwendung ursprünglicher Instinkte."[190] In der Achtung formt sich die Neigung, in der Neigung regt sich die Achtung.

Wie in aller Erfahrung kann auch in der Zuwendung zur andern Person die *Initiative* bei der Zuneigung liegen, die mich dem Andern nahesein läßt, bevor ich auf ihn eingehe, oder bei der Achtung, die mich ihn bejahen läßt, noch bevor ich ihm nahe bin. Da aber die Ich-Du-Beziehung ihre Vorgeschichte hat, in der sich das Gegenübersein erst entwickelt, ist die passive Verbundenheit in Anziehung und Abstoßung notwendig das Primäre gegenüber der Distanz, die in der freien Annäherung – aufs ganze gesehen also eine Wiederannäherung – überwunden wird. In der Geschichte zwischen Ich und Du überwiegt dann jeweils die eine oder andere Bewegung; auch im mitmenschlichen Bereich gibt es die „Naiven" und „Sentimentalischen", was weit in die Frühgeschichte jedes einzelnen zurückweist.

Was durch alle allgemeinen und anonymen Züge hindurchscheint, ist das *Selbstsein* des Du, dem die Anrede gilt. Das Verhalten, in dem dieses hervortritt, ist mehr als bloße Achtung, die in der Person die Menschheit anerkennt, mehr auch als bloße Zuneigung, die sich von ihrem faktisch-individuellen, weit ins Anonyme hineinreichenden Sein bewegen läß; es ist in der Kon-

---

[189] Den Geschlechtstrieb bestimmt Husserl als „instinktive Urintentionalität der Vergemeinschaftung", als „Vor-Bewußtsein von Gemeinschaft" (Transcr., 1930, E III 10, S. 10). „Im Trieb selbst liegt die Bezogenheit auf den Anderen als Anderen und auf seinen korrelativen Trieb"; es entsteht „eine sich durch das Ineinander der Erfüllungen herstellende Einheit der beiden Primordialitäten" (Transcr., 1933, E III 5, S. 2). Zur Fragwürdigkeit einer Tradition, die den Geschlechtspartner unter die erstreb- und vermeidbaren Güter einreiht, vgl. Ricoeur, *Finitude et culpabilité* I, S. 124–27; die zwischenleibliche Intentionalität der Sexualität nimmt auch Merleau-Ponty zur Grundlage seiner Interpretation, die Freuds Psychoanalyse fruchtbar macht für eine Reintegration der Sexualität in die menschliche Existenz (*Phénoménologie de la perception*, S. 180 ff.).

[190] Transc. (1930) E III 4, S. 21.

kreszenz beider Momente ein Mittleres, das wir als *Liebe* bezeichnen möchten, worin, wie in der griechischen „Philia", die Freundschaft mitbeschlossen sei. Auch Husserl spricht diese Sprache, wenn er die individuelle Liebe als „etwas ganz Einziges, Ausgenommenes" bezeichnet, sie in Anlehnung an die Wertphilosophie ein „Individualwertbeziehung" nennt, gerichtet auf „Individualwerte", die „über alles Vergleichen erhoben sind."[191] Drängt die Liebe auf die bewußte Vereinigung der beiderseitigen Lebensbewegungen hin, so ist die bloße Anrede ihr als inchoativer Modus zuzuordnen, und ähnliches gilt für die Zwischenstufen wechselnder Intensität (s.o. S. 266), Dieser Zyklus des „Liebesverhaltens", wie Husserl auch sagt, gehört von vornherein in den konkreten Lebensbereich praktischen, affektiv bewegten Handelns; Erkenntnisse sind darin beschlossen, in der Achtung ein Urteilen, in der Zuneigung ein vielfältiges Wahrnehmen, aber sie treten nicht für sich auf in einer bloß theoretischen Einstellung, die den Andern wägend und schauend von sich fern hält.[192] Da schließlich in der Liebe das Leben zu sich selbst erwacht, in einer einzigartigen Person Gestalt annimmt, ist sie letztlich identisch mit dem Leben selbst, empfängt sie ihre Bestimmtheit von der mitmenschlichen, zunächst leiblichen Lebenszeugung: „Kein Leben ohne Liebe, und jedes Leben wird erst bewußt in eins mit einem Liebesbewußtsein, einer Liebesdeckung: Verhältnis zwischen Eltern und Kindern."[193]

Die Vieldeutigkeit des Wortes „Liebe" und entsprechender Bezeichnungen ist weit entfernt davon, eine verbale Untugend zu sein, sie weist vielmehr hin auf das *Vermittelnde*, das der Liebe selbst eigen ist. Ein einzigartiges Band zwischen dem eigenen und fremden Selbst in ihrer Einzigartigkeit, steht sie im Spannungsfeld von Allgemeinem und Besonderem, hält sie zwischen aktiver Betätigung und passivem Geschehen ein prekäres Gleichgewicht,

---

[191] Vgl. Transcr. (1931)E III 9, S. 49–51; die Unvergleichbarkeit exemplifiziert Husserl am Verhältnis Mutter-Kind: „Der Mutter stehen alle ihre Kinder als diese Werte gleich – nur aus andern Gesichtspunkten kann sie z.B. hinsichtlich der Begabung das Kind höher werten ..." (S. 49). Die wertphilosophische Begrifflichkeit bleibt allerdings fragwürdig, die interpersonale Liebe kann leicht mißverstanden werden als eine Intentionalität unter anderen (vgl. *Ideen* I, S. 82, 204, 298).

[192] Dieser Sachverhalt verdunkelt sich bei Husserl, sofern er an der egozentrischen Grundlegung der interpersonalen Beziehung festhält.

[193] Transcr. (1922/23)F I 24, S. 115–16.

bedroht von Zwangsherrschaft und Untertänigkeit, ist sie als menschlich-leibliches Phänomen ein ständiger Umschlag von Geistigem ins Sinnliche, von Sinnlichem ins Geistige – keine schlichte, sondern eine je und je neu zu suchende Einheit, angewiesen auf die Erfindungen einer Lebens- und Liebeskunst. Als konkret-vielseitige Lebensmacht hat sie ihren bildlichen Ausdruck gefunden in der mythischen Gestalt des Eros; ihn bezeichnet Platon als Dämon, ein Wesen „zwischen Sterblichem und Unsterblichem", ein „Dolmetsch" zwischen Menschen und Göttern: „In der Mitte zwischen beiden stehend füllt er aus, so daß das Ganze in sich selbst verbunden ist."[194] Begreifen läßt sich dieses Geschehen, soweit überhaupt, nur aus seiner inneren Gegensätzlichkeit, die wir zunächst in der Zweiheit von Achtung und Neigung gefunden haben.

Die Achtung, ein Tun, das als tätige Anerkennung der fremdden Selbständigkeit einen *Abstand* schafft, bleibt leer ohne die Zuneigung, die eine lebendige *Bindung* entstehen läßt vor aller ausdrücklichen Sonderung. Doch umgekehrt bleibt die Neigung ohne die Achtung form- und gesichtslos, eine Fusion der Lebensgefühle und ein Gemisch widersprechender Strebungen, statt einer sympathetischen Teilnahme am fremden Leben. Erst die Achtung zieht den Anmaßungen der Triebe, seien es autistische oder altruistische, Grenzen, markiert den Andern als das Gegenüber, dem das Streben gilt. Kant behält mit seiner Betonung des formalen Moments der Achtung Recht, sofern nicht, mit Hegel zu sprechen, die prinzipielle „Moralität" der konkreten „Sittlichkeit" gleichgesetzt wird. Die Achtung, die der Person als Person gezollt wird, ist der Prüfstein für die Radikalität der Liebe. Denn die Liebe, die dem Angehörigen bloß als Angehörigen entgegengebracht wird, ist noch eine „egoistische Verbindung mit Anderen"[195]; in den Seinen, in seinen Kindern, Freunden, Mitbürgern, Glaubensgefährten kann einer sehr wohl sich selbst lieben, ohne die Schwelle wirklicher Anerkennung zu über-

---

[194] *Symposion* 202d–e, zur Erfindungskraft des Eros: 203d. Levinas knüpft bei Platon an in der Unterscheidung zwischen selbstbefangenem Bedürfnis (besoin) und transzendierender Begierde (désir) (*Totalité et Infini*, S. 33, 87 u. pass.).

[195] Transcr. (1933) A V 24, S. 27, ähnlich Transcr. (1930) E III, 4. S. 10: „Gründung ... von egoistischen Selbsterhaltungsgemeinschaften".

schreiten.[196] Fragwürdig wird die Hervorhebung der Achtung erst, wenn die Form selbst zum Beweggrund erhoben wird; wähle ich den Einzelnen als Person, statt in ihm seine Personalität, so ziele ich wiederum über sein Selbstsein hinaus, um das es doch geht.[197]

Die Liebe als Einheit von Achtung und Neigung erreicht ihre *volle Gestalt*, wenn einer den achtet, dem er zugeneigt ist, und dem zugeneigt ist, den er achtet, derart, daß in diesem Aufenthalt beim Andern dieser als er selbst da ist. Kant zielt darauf hin mit seinem Ideal der Freundschaft, in der sich Annäherung durch Neigung und Abstand durch Anerkennung der fremden Selbständigkeit die Waage halten.[198] Als Moralist freilich geht Kant nicht aus von der bloßen Spannung zwischen beiden Momenten, sondern vom Zustand der Rebellion, wo das Suchen der Triebe schon zur Sucht entartet ist, das Gute sich schon zum Gesetz entäußert hat; die Versöhnung von Geist und Natur bleibt ein Ideal, das Ideal der Heiligkeit. Wir sehen von dieser Verkehrung der menschlichen Verhältnisse auch hier noch ab, um zunächst zu erfassen, worauf es zwischen den Menschen, trotz aller Verkehrungen, hinaus will und worauf wir hinaus sollen.

Indem wir die liebende Zuwendung zum Du als Zusammenspiel von Achtung und Liebe begreifen, findet das anfangs gestellte Problem seine Lösung. Warum die Vorliebe für diesen Einzelnen? – die Frage läßt sich weder allgemein beantworten unter Berufung auf die Personalität, noch individuell mit dem Hinweis auf faktische Vorgegebenheiten; denn das Selbstsein ist mehr als dies. Das Selbstsein bleibt unvermittelt, aber es löst Vermitt-

---

[196] Vgl. ebd. S. 6: „Die ursprüngliche instinktive Bezogenheit jedes Ich auf die ‚Seinen' als eine instinktive Implikation des ‚Wohls' dieser Anderen in dem meinen." Zur Zweideutigkeit solcher Verhältnisse vgl. Löwith, a.a.O. §§ 18–21. In Herodots Erzählung vom letzten Pharao schreit dieser erst auf beim Anblick eines gefesselten Troßknechtes – warum? Weil „das von uns sich Entfernende, ja ganz weit unten Stehende gegebenenfalls unsern eigenen Zustand uns besser spiegeln oder verraten kann als die zu große Nähe zu uns, samt eigner Tochter und Sohn" (so die Interpretation von E. Bloch, *Spuren*, Frankfurt 1964, S. 134).

[197] Vgl. zu diesem Abschnitt Ricoeur, „Sympathie et Respect. Phénoménologie et éthique de la seconde personne", in: *Revue de Métaphysique et Morale* 59, 1954, S. 380–97; Ricoeur sucht in der Kantschen *Achtung* eine kritische Rechtfertigung der Schelerschen *Sympathiegefühle*.

[198] Vgl. *Metaphysik der Sitten*, 2. Teil, §§ 46–47 (A 152 ff.), dazu Löwith, a.a.O. S. 159 ff.

lungen aus, weil jeder Einzelne in dem, was er ist, über und unter sich hinausweist. Eine Wahl ist der anderen nicht gleich, aber ähnlich auf Grund ihrer allgemeinen Strukturiertheit, und eine Wahl hängt mit andern zusammen auf Grund der Einwurzelung in einer anonymen Vorwahl. In seinem Kern ist der Andere nichts als er selbst, oder es hätte keinen Sinn, gerade von ihm eine Antwort zu erwarten. Doch da der Andere wie ich selbst in der Zuwendung schon da ist, fällt sein Selbstsein nicht schlicht zusammen mit seinem Sein, sondern entspringt einem Selbstwerden, in dem der Andere für mich als er selbst auftritt. Dieses Finden des fremden und eigenen Selbst, eingegliedert in die allumfassende Welt- und Menschheitsgeschichte, ist die Arbeit des liebenden Umgangs, welcher im Medium der Neigungen und in den Grenzen der Achtung seinen Weg nimmt und erst im Finden weiß, was gesucht wurde.

14. Passive Einigung im Zugleich von Cogito und Cogitor

Die direkte Zuwendung zum Du erreicht ihren Höhepunkt, wenn der Andere, mit dem ich im weltvermittelten Umgang indirekt zu tun hatte, als er selbst für mich da ist. Wir haben bisher versucht, die Eigenart dessen zu erfassen, auf den ich in der Anrede zugehe, mit dem ich mich in der Liebe vereinige, und sprachen von einer spezifischen Gegenwärtigkeit, Einzigartigkeit und jeweiligen Ausschließlichkeit. Doch das reicht nicht aus. Die Anrede gilt einem, der mich anhört und zurückreden kann, die Hingabe verlangt einen, der entgegennimmt und zurückgeben kann. Die Zuwendung wächst mit der Rückwendung zusammen zu einer Bewegung des Zu-einander-kommens. Damit löst sich das Gegenüber aus der Starre des bloßen Gegenüberstehens, die Beziehung zwischen Ich und Du dynamisiert sich. Die Bewegung aufeinander zu, in der meine und die fremde Bewegung sich durcheinander bestimmen, konstituiert offenbar eine Gemeinsamkeit. Doch was besagt hier Gemeinsamkeit, wie kommt sie zustande, worin findet sie ihren Niederschlag?

Mit der Abwendung von der Welt tritt das Medium, der gemeinsame Lebenshorizont, in dem wir uns zu gemeinsamem Werk vereinen, zurück, und mit ihm auch die Gemeinsamkeit des *idem velle et idem nolle*. Denn im direkten Anreden und Anhören bin ich beim Andern, ist er bei mir. Einer ist also dort, wo der andere gerade nicht ist, ja, wo er nicht einmal sein kann; denn die lebendige Gegenwart des einen ist nur dem andern ursprünglich zugänglich, so daß über sie keine thematische Einigung zu erzielen ist. Was macht dann aber die Einheit des Zu- und Füreinander aus?

Husserl hebt die Möglichkeit des Füreinander als einen „besonderen und sehr wichtigen Fall'' aus der allgemeinen Grundsituation der Fremderfahrung heraus. Der Andere kann mit weltlichen Dingen beschäftigt sein oder aber mit wieder Anderen, dieser Andere kann schließlich ich selbst sein. Dieser Fall, in dem „ein Anderer mir gegeben ist als solcher, der seinerseits einen Zweiten erfahrend erfaßt, besteht darin, daß ich selbst als dieser Zweite miterfahren bin und diese mittelbare einfühlende Erfahrung sich mit meiner Selbsterfahrung deckt, d.h. ich erfahre mein Gegenüber als auf mich selbst erfahrend Gerichteten'', was die „ursprünglichste Form des Füreinander-wechselseitig-daseins'' ist.[199] Für Husserl ist zwar diese Wechselseitigkeit in letzter Hinsicht doch wieder eine einseitig konstituierte: i c h konstituiere den Andern und m i t ihm dann Anderes, Andere und eben auch mich selbst wie einen Andern, als „ein(en) Mensch(en) unter anderen Menschen''[200]; doch weist die zitierte Stelle auf mehr hin, als Husserl selbst wahrhat.

Da ist von einer „Deckung'' die Rede; was mein Gegenüber in der Erfahrung erfaßt, ist identisch mit dem Selbstsein, um das ich in der Selbsterfahrung weiß, – eine komplizierte Umschreibung des Satzes: Ich sehe, daß der Andere mich sieht, *cogito cogitantem me*. Doch was heißt hier „Selbsterfahrung''? Gewiß nicht thematische Selbsterfahrung, da ich ja dem Andern zugewandt bin; es bleibt daher nur das unthematische Selbstgewahren. Das gleiche gilt für den Andern, der sich von mir gesehen weiß. Beidseitig zur *Deckung* kommt also, was einer unmittelbar-unthematisch für sich ist, mit dem, was er unmittelbar-thematisch für den Andern, mittelbar-mitthematisch für sich ist, wobei beide dieser Deckung selbst wiederum gewahr werden. Das präreflexiv-ano-

[199] *Erste Philosophie* II, S. 136–37, vgl. auch *Cart. Meditationen* § 56; hier „sehen wir einander in die Augen'' (*Ideen* II, S. 375. vgl. auch *Gemeingeist* I, S. 3).
[200] *Cart. Meditationen*, S. 158.

nyme Cogitare wird zu einem ausdrücklichen Cogito nicht als reflexives Cogitatum, sondern als Cogitor.

Machen wir uns von der anfänglichen Beschränkung auf die bloße Fremderfahrung frei, so besagt das: in der Anrede sage ich dem Andern, wer er ist, im Anhören vernehme ich, wer ich bin[201], und weiterhin: in Liebe und Gegenliebe verhelfen wir einander zu der ursprünglichen Gegenwärtigkeit und dem einzigartigen Selbstsein, wie wir es zuvor bereits beschrieben haben.

Das Zugleich von Cogito und Cogitor bedarf nun einiger Erläuterungen.

a) Wie verhalten sich *Aktion und Passion* zueinander in der unmittelbaren Begegnung? Was besagt überhaupt die Passivität des Cogitor? Wir haben bereits früher, für den Bereich bloß monologischen Verhaltens, unterschieden zwischen einer Passivität v o r der Aktivität: mein Tun ist kein reines Schaffen, sondern Betätigung an dem, was für mich schon da ist, und einer Passivität in der Aktivität; mein aktuelles Tun selbst ist meiner ausdrücklichen Setzung und Verfügung entzogen (vgl. o. II, 13–15). Der ersten Form der Passivität entspricht in der direkten Begegnung das pathische Moment der Neigung, die mich vor und in aller tätigen Anerkennung bereits beim Andern sein läßt, ihn mir vorgibt. Und die zweite Form der Passivität? Sie haben wir schon kennen gelernt in der Analyse des gemeinsamen Sachverhaltens, wo das Tun ein Überlassen, das Leiden ein Übernehmen ist (vgl. o. III, 4)[202] Wie sieht es aber damit aus, wenn wir nicht Etwas, sondern uns selbst einander geben und voneinander annehmen?

Auch hier ist es nicht so, daß die Aktion bloß durch eine Passion begrenzt wird, vielmehr erfüllt sich die Aktion selbst in der Passion, die Passion in der Aktion, wobei beides, Aktion-Passion und Passion-Aktion eine unlösliche Einheit bilden. Beginnen wir mit dem Cogito. Anrede und Liebe, die darauf aus sind, daß der

---

[201] Das gilt auch für das Selbstbekenntnis, solange einer darin nicht primär darauf bedacht ist, in Selbstrechtfertigung oder Selbstbezichtigung festzustellen, wer er ist, sondern bestrebt ist, in der Selbstaussprache erstmalig oder erneut für den Andern da zu sein, ihm das Urteil über sich überlassend; im andern Falle wird der Confessor zu seinem eigenen Historiker, der sich wie einen Andern, als Gewordenen behandelt.

[202] Vgl. dazu Transcr. (1930) E III 10, S. 20: ,,Das Sich-Richten nach dem Anderen weckt Liebesgesinnung, ist Anfang davon...''.

Andere an und für sich da ist, bedeuten ein Handeln, das in Empfang nimmt,[203] kein Handeln, das verwirklicht, sondern eines, das die Eigenverwirklichung ermöglicht, das nicht in anderes verwandelt, sondern zu sich selbst bringt;[204] wir sprachen von einem Reden, das verstummt, einem Tun, das zur Ruhe kommt. Dieses *Cogito* ist selbst *ein Cogitor*. Indem ich nämlich den Andern dasein lasse, weiß ich mich vom Andern anerkannt in meinem Selbstsein als einer, der an und für sich ist. Ich empfange mich als jemanden, der selbstverantwortlich tätig zu sein hat; die Passion vollendet sich in der Aktion, das *Cogitor* ist selbst *ein Cogito*. Ich sehe den Andern, indem ich mich selbst von ihm gesehen weiß; ich weiß mich durch ihn gesehen, indem ich ihn selbst sehe. Aus- und Einstrahlung, Spontaneität und Rezeptivität, Cogito und Cogitor vollziehen sich in eins.

Sofern Husserl an dem cartesianischen Ansatz als dem ursprünglichen Ansatz festhält, bekommt er kein „ich leide" in den Blick, das ebenso ursprünglich wäre wie das „ich tue". Ich konstituiere den Andern und durch ihn mich selbst.[205] Sartre, der um die Gewalt weiß, die der Andere über mich hat, ergänzt lediglich die eigene konstituierende Aktion durch die fremde; das Erleiden bleibt hier wie dort identisch mit Verdinglichung; eine Aktion-Passion, die ebenso frei ist von Übermächtigung wie von Unterwerfung, liegt jenseits von Sartres gedanklichem Horizont, obwohl sie dem Kampf um wechselseitige Anerkennung seine Richtung gibt.

b) Wenn Cogito und Cogitor eine unauflösliche Einheit darstellen, eigenes und fremdes Tun sich gegenseitig ermöglichen, geraten wir dann nicht in ein Wechselspiel unendlicher Wiederholbarkeit, da der Andere immer wieder auf mich verweist und

---

[203] Vgl. Levinas, *Totalité et Infini*, S. 62: Der Empfang (accueil) des Andern bedeutet Aktivität und Passivität in eins; dies Motiv ist der Dialogphilosophie überhaupt geläufig (vgl. Theunissen, a.a.O. §§ 58 ff.).

[204] So sagt Aristoteles von der Veränderung bei der Aktualisierung eines Wissens, sie sei „eine Zunahme auf es selbst und auf seine Verwirklichung hin" (εἰς αὐτὸ γὰρ ἡ ἐπίδοσις καὶ εἰς ἐντελέχειαν) mehr „Erhaltung" (σωτηρία) als „Vernichtung" (φθορά) (*De anima* II, 417b 2 ff.).

[205] Zur einseitigen Hervorhebung der Aktion in der aristotelischen und zur Koextensivität von Aktion und Passion in der platonisch-augustinischen Tradition vgl. Kuhn, *Das Sein und das Gute*, S. 396–98. Husserl neigt der erstgenannten Tradition zu, vgl. etwa die Berufung auf den *intellectus agens*: *Ideen* II, S. 276, 334.

ich umgekehrt auf den Andern verweise? Die *Reziprozität* gliche dem, was zwischen zwei Spiegeln geschieht, die wechselweise einander ihr eigenes Bild zurückwerfen.[206]

Zunächst findet dieser Vergleich bereits darin seine Grenze, daß ich in der Anrede mir kein Bild mache vom Andern, sofern er schon jemand ist, sondern ihn in die Wirklichkeit rufe, in der er fortwährend Gestalt gewinnt; solange ich auf den Andern selbst eingehe, gewahre ich nur beiläufig, wie er „aussieht". Für die lebendige Beziehung könnte man geradezu die Maxime aufstellen: Du sollst dir kein Bild machen, es sei denn hilfsweise; denn auch das Bild ist ein Mittel. Doch wenn wir das Bilden nicht verstehen als bloßes Abbilden, als Wiederspiegelung von Vorhandenem (was freilich, als sinnhaftes Tun, nie reine Verdoppelung, sondern bestimmte Bestätigung der bestehenden Wirklichkeit besagt), sondern es verstehen als produktives Finden einer Gestalt, in der das Gemeinte allererst da ist, so bleibt doch das Problem des unendlichen Wechselspiels, das niemand wirklich zu Wort kommen läßt. Aber auch hier versagt der Vergleich. Die Spiegelung führt nicht zu einem unendlichen Regreß, weil, um im Bild zu bleiben, die Spiegel nicht parallel angeordnet sind.[207] Dies sind sie erst in der Reflexion, die Eigenes mit Fremdem vergleicht und höchstens zu einer fragwürdigen Ruhe kommt im der Besinnung auf den Reflektierenden selbst, der über beidem steht.[208] Lebe ich dagegen in der Beziehung – und von da aus ist diese nur zu verstehen –, so bin ich ausdrücklich nur beim Andern; wie auch Husserl sagt, werde ich selbst nur „miterfahren"; mittelbar durch den Andern werde ich für mich selbst mitthematisch.

Das reziproke Verhältnis von Ich und Du zeigt eine wesen-

[206] W. James, C. H. Cooley und G. H. Mead sprechen hier von einem „looking-glass effect", um anzuzeigen, daß die Selbsterfahrung fundiert ist in dem Bild, das Andere von uns haben (vgl. Schutz, *Collected Papers* I, S. 18, *Royaumont*, S. 376).

[207] So äußert sich auch Schutz (*Royaumont*, S. 376); Husserls „Spiegelung" der fremden Monaden in der eigenen ist ebenfalls von dem unendlichen Regreß ausgenommen, freilich nur deshalb, weil mit der eigenen Monade als der Urmonade ein Fixpunkt gesetzt ist.

[208] Gadamer zeigt, was die „Möglichkeit, daß jeder der Partner des Verhältnisses den anderen reflektierend überspielt", für das Verhältnis zur Tradition bedeutet (*Wahrheit und Methode*, S. 341 ff.). Zur alltäglichen Möglichkeit einer Selbstbespiegelung im Dialog, einem Dialog zwischen „Bildmenschen", vgl. Buber, *Elemente des Zwischenmenschlichen*, a.a.O. S. 273–74.

hafte *Asymmetrie*, weil Ich und Du mir zugleich, aber auf verschiedene Weise gegenwärtig sind. Das ausdrückliche Primat liegt für jeden beim Andern, dem er zugewandt ist. Was ich aktuell erlebe, sehe ich nicht[209], wohl aber, was du aktuell erlebst, mich selbst eingeschlossen. Diese Originalität der Fremdgegenwart verwehrt es uns, das Du als zweites Ich zu deuten.[210] Die ausdrückliche Selbstgegenwart ist vielmehr eine vermittelte; ich verdanke sie dem Andern, erreiche sie freilich nur, wenn ich sie nicht suche. Erkenne ich den Andern an, um selbst Anerkennung zu finden und biege ich den Spannungsbogen zwischen uns auf mich zurück, so verfliegt der Zauber. Ich verliere den Andern und mich selbst; was mir noch bleibt, ist Fertiges, Vergangenes – die Asche des Nachruhms. Der Satz vom *Selbstgewinn durch Selbsthingabe* ist zunächst ein Lebensgesetz; zu einem moralischen Gebot wird es erst in der Sicht des gestörten Lebens. Radikaler noch als die partielle Selbstentäußerung im gemeinsamen Werk überspringt die totale Selbsthingabe in der Liebe den Gegensatz von Egoismus und Altruismus. Die Wahl zwischen (Fremd-) Liebe und Selbstliebe, zwischen Philia und Philautia, ist immer nur eine Vorzugs-, nie eine Alternativwahl. Ich kann mich nicht altruistisch verhalten, ohne daß mir dies mit zugute kommt; ich kann mich nicht egoistisch verhalten, ohne daß ich selbst dabei verkümmere. Der „Lohn" ist dem Verhalten immanent, stellt sich ein als beiläufiges Ergebnis, wenn er sich einstellt. Er steht freilich aus, wenn die Liebe auf mangelnde oder keine Gegenliebe stößt, wenn sich nicht Partner gleichen Willens oder Könnens gegenüberstehen. Doch lassen sich diese Verhältnisse relativer Ungleichheit und radikaler Einseitigkeit nur verstehen von der Wechselseitigkeit her, in der sie ihre Erfüllung finden, sei diese auch aufs Ganze und auf die Länge gesehen eine Utopie. Die Ferne ist gezeichnet von der „Gegenliebe" (ἀντέρως) als dem „Schattenbild der Liebe" (εἴδωλον ἔρωτος).[211]

Husserl, dem es in der transzendentalen Einstellung auf das Für-mich alles Seienden nicht gelingen will, Selbstverlorenheit

---

[209] Vgl. *Ideen* I, S. 369.

[210] Eher könnte man mit Ortega y Gasset das Ich als „alter tu" bezeichnen (vgl. Schutz, *Collected Papers* I, S. 144); zum „alter ego" vgl. bereits Aristoteles, *Nik. Ethik* IX, 9, 1170b 6 f.: ἕτερος γὰρ αὐτὸς ὁ φίλος ἐστίν.

[211] Vgl. Platon, *Phaidros* 255d–e.

und Selbsthingabe zu scheiden (s.o. II, 3–4), besteht dort, wo er
die konkreten zwischenmenschlichen Verhältnisse durchleuchtet,
durchaus auf einer Haltung der „Selbstvergessenheit". Diese
stuft sich ab: Ich lebe spontan für Andere, ohne überhaupt an
mich zu denken; ich gewahre mein Eigeninteresse, ohne es zu
verfolgen; ich setze dieses bewußt hintan, notfalls in einem Akt
der Selbstaufopferung.[212] Die Selbstvergessenheit hat den positiven Charakter eines „Lebens im Andern", nun nicht mehr verstanden als imaginäres Sicheinleben, sondern als wirkliche Teilnahme.[213] Dabei sind Fremd- und Selbstbejahung unlöslich verknüpft. „Ich kann nicht mein Leben werten, ohne das mitver-
flochtene Leben der Anderen zu werten", und dieses nicht ohne
das meine, „der Liebende verliert sich nicht in der Liebe."[214]
Der Selbstgewinn bleibt aber eine „Mitgabe".[215] Keineswegs
gibt Husserl diesen ethischen Reflexionen einen bloß ergänzenden Wert, sie bilden für ihn durchaus den Gipfelpunkt der transzendentalen Besinnung; doch die fundamentale Neuorientierung,
die zu erwarten wäre, bleibt aus.[216]

[212] Vgl. Transcr. (1933) A V 24, S. 28–29, hierzu und zum folgenden:
Toulemont, a.a.O. S. 244–61.

[213] Vgl. Transcr. (1934) E III 8, S. 10 ff.

[214] Transcr. F I 24 (1922/23)S. 115 und (1920?) S. 46. Auf die Frage, ob
ich das Leben Anderer meinem vorziehen könne, antwortet Husserl:
„Aber wie könnte ich das wollen, ohne mein Leben zu wollen, und ist
nicht selbst das Lieben der Anderen mein eigenes Lieben, das notwendig in eins geliebt werden muß?" Die Nächstenliebe hat ihr „Gegenstück" in der „wahren Selbstliebe" (Transcr., 1930, E III 4, S. 12–13).

[215] Vgl. Transcr. (1931) E III 9, S. 61. Die „wahre Selbstliebe" betrifft
mich nicht direkt wie der „Selbstgenuß", sondern indirekt: „Selbstliebe
als Liebe zum Ich einer geraden Liebe, mein Selbstwert ... als auf den
Andern liebend gerichtet, aber auch von der anderen Seite als der von dem
Anderen geliebte" (Transcr., 1934/35, E III 2, S. 68). Toulemont resü-
miert: „S'oublier soi-même, c'est s'affirmer en vérité" (a.a.O. S. 251).

[216] Toulemont gibt Husserls Intentionen wieder, wenn er sagt: „L'a-
mour éthique requiert un dépassement radical de tout l'ordre naturel
comme dans la réduction transcendantale, ou plutôt c'est la face pratique
de l'attitude transcendantale" (ebd. S. 256), doch gefordert ist mehr,
nämlich ein radikales Überschreiten auch der transzendentalen Ordnung
in ihrer Egozentrik, was bei Husserl fehlt: „Sowie ich den Anderen als
Subjekt seines personalen Sollens *einfühlend* ... gegeben habe, ‚muß' ich
... ihn lieben", dies ist das „Gesetz der Liebe" (Transcr., 1920? F I 24,
S. 60, Hervorhebung v. Verf.). Eine radikale Ethik sprengt das transzendentale Schema, „die Ethik ist bereits in sich selbst eine ‚Optik'" (Levinas, *Totalité et Infini*, S. XVII), nur so kommen Gesinnung und Besinnung
in Einklang.

c) Wenn wir im Zusammenspiel von Cogito und Cogitor einander erst zu unserm Selbstsein verhelfen, wohnt der lebendigen Beziehung eine Kraft der *Zeugung* inne. Es ist dies keine schlechthinnige Zeugung, die schafft, was noch gar nicht ist; denn allem bewußten Tun und Erleiden vorweg sind wir einander und uns selbst schon vorgegeben, wie jede Reflexion auf das Eigene und Gemeinsame bezeugt. Es ist dies eine Zeugung, die dasein läßt, was als solches noch nicht da ist und auch nicht dasein kann, was aber Liebe weckt und sich zur Liebe wecken läßt in einer spezifisch interpersonalen Affektion.[217] Geschehen kann dies in einer erstmaligen Zeugung, die das Selbst zum Leben erweckt, in einer wiederholten, die es am Leben hält, in einer erneuten, die es wiederbelebt.[218] Poiesis und Pathos vereinen sich in dieser wechselseitigen Zeugung, die sich direkt in der vielgestaltigen Liebe, indirekt auch in der Vielfalt gemeinsamer Werke auswirkt. Das entspricht der Spannweite des platonischen Eros, dessen Werk ist „die Zeugung im Schönen dem Leibe wie der Seele nach."[219] Da wir also das, was wir selbst sind, nicht schon vor, sondern in und aus der Beziehung sind, ist die fremde Anerkennung kein bloß nachträgliches Signet, sondern ein schöpferisches Geschehen, das uns innerlich bindet. Der Andere begrenzt uns nicht von außen, sondern ergänzt uns von innen.[220]

Nach dieser dreifachen Klärung des Zusammenspiels von Cogito und Cogitor greifen wir erneut unsere Frage auf: Was ist das Gemeinsame, das der Vereinigung entspringt? Die Andersheit wird nicht überwunden, indem man sich in einem Dritten findet; dieses kann höchstens der beiläufige Ausdruck der Einigung, nicht deren erstrebtes Ziel sein, soll nicht der Partner, um den es hier geht, zum Mittel herabsinken. Die Einheit ist vielmehr zu charakterisieren als „Zweieinigkeit."[221] Das besagt

---

[217] Vgl. Transcr. (1934/35) E III 2, S. 68: „... das Ich, das im Anruf steht, geweckt zur Liebe, angerufen Liebestätigkeit zu üben, der Anruf selbst Vorform der Liebe"; dabei gilt: „Der Mensch muß schon in der Freiheit sein, um Freiheit verwirklichen zu können" (Transcr. 1930, E III 4, S. 26).

[218] Die Geschichte des Selbst als Selbstfindung, Selbsterhaltung, Selbsterneuerung (vgl. etwa *Ideen* II, §§ 29, 58) ist zugleich als interpersonale Geschichte zu entziffern.

[219] *Symposion* 206b.

[220] Vgl. dazu Theunissens „dialogische Faktizität (a.a.O. §§ 61, 62).

[221] Transcr. (1934) E III 8, S. 13 u.ö. Liebe bedeutet ein „in seinem

nicht eine unmittelbare Einheit, sondern eine *Einheit in der Zweiheit*; indem ich nämlich anerkenne und mich anerkannt weiß, werde ich nicht der Andere, sondern durch ihn ich selbst. Wird in der Liebe die wechselseitige Achtung unterdrückt, so geben wir uns selbst auf, statt uns durch den Andern zu finden. Die Einheit, die somit das Werk beider ist, entspringt einer *passiven Einigung* zwischen den Partnern, die hier nicht anders als im Sachdialog in der Einigung leben, ohne ü b e r ihr zu stehen und sie zu beherrschen. Die Gemeinsamkeit ergibt sich, i n d e m ein jeder auf den Andern eingeht; das gemeinsame Leben selbst läßt sich von keinem bewerkstelligen. Die Auslegung hat sich dem anzupassen, wenn anders jegliche Erfahrung „zur reinen Aussprache ihres eigenen Sinnes zu bringen ist."[222]

Im unmittelbaren Füreinander-dasein erreicht die direkte Zuwendung den ihr eigenen *Höhepunkt*. Während das sachliche Einverständnis eingespannt bleibt in einen Prozeß, der in jedem Resultat weitere Horizonte des Welterlebens und -gestaltens vor sich hat, tritt in der wechselseitigen Anerkennung dieses Leben selbst hervor als *gemeinsame Gegenwart*. Die Gleichzeitigkeit, die im Wechsel von Rede und Gegenrede je und je verschieden akzentuiert ist, gewinnt nun die volle Gestalt eines ὁμοῦ πάντα in der Anrede, die verstummt, im Antun, das verebbt, und uns beide in eins, tätig und leidend zugleich, dasein läßt.

Dieses gemeinsame Leben stellt sich dar als ein wechselseitiges Leben im Andern; „Liebe lebt im Andern und hat in seinen Zwecken, in seinem Wohl das Endmotiv."[223] Es ist auf gewisse Weise *absolut*, sofern es nämlich herausgehoben ist aus allen schon bestehenden Zusammenhängen. Es läßt sich nicht als Moment einem höheren Ganzen einordnen; es ist auf gewisse Weise selbst schon alles, entspringt aus sich und endet bei sich,

---

eigenen Sein zugleich im Anderen Sein und den Anderen in sich Tragen"; im äußersten Fall ist die „Ich-Du-Einigung" als „Liebesvereinigung" konkrete „Identifizierung des eigenen Seins mit dem des Anderen und in der Wechselliebe eben eigentliche und gegenseitige Identifizierung" (ebd. S. 10–11); es ist eine „Einheit mehrfältigen Lebens" (Transcr., 1922/23, F I 24, S. 114).

[222] Da es sich um eine implizite Einigung handelt, spricht Husserl auch von „Verschmelzung" (vgl. Transcr., 1931, E III 9, S. 92; 1934/35 E III 2, S. 67); zur Unterscheidung von „verschmolzenen" und „sich abhebenden Inhalten" vgl. III. *Log. Untersuchung*, §§ 8, 9.

[223] Transcr. (1934) E III 8, S. 16.

erscheint wegen seiner Selbstbezüglichkeit von außen her betrachtet als grund- und zwecklos.[224] Damit scheint die Dyas von Ich und Du einzig um sich selbst zu kreisen und in sich zu ruhen. Doch sind Welt und Mitwelt wirklich geschwunden? Wäre es so, der Abstieg zu ihnen könnte nur als Abfall gedeutet werden. Ein Abstieg aber, der das Erreichte nicht einfach preisgäbe, müßte in der Aufgipfelung bereits angelegt sein. Angekommen bei der Schlußphase unseres dreigliedrigen Bewegungsablaufes, haben wir nun umgekehrt auf die Zusammenhänge zu achten, die bei aller Diskontinuität der Begegnung dem weltlich-mitweltlichen Gesamtgeschehen seine Einheit garantieren.

15. Die Repräsentanz von Welt und Mitwelt in der Leiblichkeit des Du

Das Verhältnis zwischen Ich und Du ist absolut, aber doch „absolut in seiner Relativität",[225] da es nicht schlechthin alles ist, sondern auf endliche Weise, nicht jenseits, sondern in seiner Faktizität. Die Konzentration auf das Du läßt alle Welt und Mitwelt in den Hintergrund treten; aber diese Weltentrücktheit ist alles andere als eine „Weltjenseitigkeit".[226] Das Vermittelnde ist eben die mehrfach erwähnte *Leiblichkeit* der Ich-Du-Beziehung. Sie verhindert es, daß sich in reiner wechselseitiger Spontaneität eine reine akosmische und asoziale Dyade konstituiert; sie läßt Welt und Mitwelt im Spiel, so freilich, daß diese vom Brennpunkt der Begegnung, vom Du her ein neues Licht empfangen. Die Ausschließlichkeit des Du in der jeweiligen Zuwendung hebt dieses derart aus allem heraus, daß es nicht in der

---

[224] Vgl. Löwith, a.a.O. S, 57: „Was Ich und Du verbindet und wozu sie beisammen sind, ist kein gemeinsames Besorgen, sondern das sind *sie selbst* ... Ihr Miteinandersein ist – äußerlich betrachtet – ‚zweck-los', weil es schon selbst Zweck, ‚Selbstzweck' ist". Vgl. auch Aristoteles, *Nik. Ethik* IX, 9, 1170b 10: Wie das Gewahren des eigenen ist das des fremden Lebens „angenehm an sich" (ἡδεῖα καθ' ἑαυτήν).

[225] Transcr. (1930) E III 4, S. 19.

[226] Vgl. Levinas, *Totalité et Infini*. S. 148: „La relation avec autrui ne se produit pas en dehors du monde, mais met le monde possédé en question." Für Theunissen dagegen ist die Weltjenseitigkeit des Du geradezu das Kriterium einer konsequenten Dialog-Philosophie (vgl. seine Interpretation von Sartre, Buber, Binswanger, a.a.O. S. 188–90, 228, 309, 451, 454), das ist eine Folge der Ausschaltung alles Leiblichen und Sozialen.

Weise eines *esse in* einzuordnen ist. Was aber bleibt, ist ein *esse pro*; der Andere steht für Welt und Mitwelt, indem er sie in sich sammelt; er „bedeutet uns eine Welt", wie wir sagen. Von welcher Art ist diese Einschließlichkeit?

Ein Resümee unserer vorausgehenden Einsichten gibt die Antwort. Da ich in der Zuwendung zum Du dessen mögliches oder wirkliches Außersichgehen gerade nicht mitmache, muß alles andere in dem gegenwärtig sein, was der Andere selbst ist. Welt und Mitwelt sind aber in ihm mitgegenwärtig, sofern er mir entgegenkommt aus einer *weltlich-mitweltlichen Stellung*, in der er sich als leiblich-soziales Wesen gleich mir selbst bereits befindet und in der er von Welt und Mitwelt auf bestimmte Weise betroffen ist. Dieses *Betroffensein* gilt sowohl für Welt und Mitwelt, in die einer hineingeboren ist, wie auch für die Formen der Welt, die einer von sich aus gestaltet hat, für die Mitmenschen, zu denen er von sich aus in eine Beziehung getreten ist. Indem der Andere sich selbst für mich darstellt, stellt sich alles mit dar, von woher und wodurch er zu dem geworden ist, was er bereits ist. So verrät der schüchterne Blick etwas über die Umwelt, die als bedrohlich empfunden wird, die herrscherliche Gebärde zeigt an, wie einer über Dinge und Menschen verfügt. Selbst in der Abwesenheit des Andern, die wir durchleben, behält die Welt ihren Hintergrundscharakter; hat der Freund sein Zimmer verlassen, so gruppieren sich alle Dinge um eine leere Mitte; erst wenn wir aufhören, an ihn zu denken, erwachen die Dinge zu ihrem Eigenleben mit seiner Vieldeutigkeit. Erinnert sei an den literarischen Kunstgriff, die Hauptperson zunächst im Spiegel ihrer Umwelt und Mitwelt vorzuführen. Da also die Begegnung in ihrer Zwischenleiblichkeit mehr ins Spiel bringt als das reine Selbstsein der Partner, hinterläßt sie ihre chronologischen und geographischen Spuren, hebt aus der zeitlichen und räumlichen Kontinuität bestimmte Stunden und Tage, Orte und Bereiche heraus, die in der Wiederholung zu Gedenktagen und Gedenkstätten werden. Dabei wird die kontinuierliche Abstufung der mitmenschlichen Horizonte je und je durchbrochen. Ein dichterisches Zeugnis für die zugleich raum- und zeitsprengende wie auch ort- und zeitstiftende Macht der Liebe ist Claudels *Seidener Schuh*.

So läßt sich die Begegnung zwar nicht in ein Netz von Vermittlungen einfangen, aber sie löst vielfache Vermittlungen aus.

Im Du rühre ich an einen Ursprung von Welt und Mitwelt; dessen nur benennbare, nicht begreifbare Einzigartigkeit läßt alles, was in der jeweiligen Begegnung auf seine Weise eingeschlossen ist, in einem einzigartigen Licht erscheinen. Das Du schließt ein, indem es repräsentiert. Die *Repräsentanz*, die hier in Frage steht, ist nicht die der gestalthaften Gleichheit: das Du zeigt übertragbare Züge, die *mutatis mutandis* auch an andern Mitmenschen, bis zu einem gewissen Grade an jeglichem Seienden anzutreffen sind; auf diese Weise begegnet nur eine mögliche Vielzahl von Menschen, nicht eine wirkliche Menschheit mit (s.o. IV, 13). Es ist vielmehr zu denken an eine wirkliche Verbundenheit, wie sie sich in der leiblich-geistigen Zeugung ergibt. Herrscht eine solche universale Verbundenheit, so ähnelt der Einzelne nicht bloß seinen Mitmenschen, sondern in ihm lebt das Menschengeschlecht.[227]

Hiermit kehrt sich unsere Betrachtung um. Im namentlichen Du ist nur deshalb alles beschlossen, weil es selbst in einen namenlosen Untergrund hineinreicht. Eben diese ,,Zwiegesichtigkeit'' macht aber das Wesen der menschlichen Leiblichkeit aus.[228] Die Leiblichkeit der Begegnung tut ihrer Unmittelbarkeit keinen Abbruch, weil wir beide in der leiblichen Vermittlungssphäre unsern eigentümlichen Status haben. Damit bewährt sich nun auch der zweite Teil unserer anfangs aufgestellten Doppelthese: Nicht nur trägt das soziale Mitsubjekt in sich einen Kern einzigartigen Selbstseins, sondern umgekehrt trägt auch das einzigartige Du um sich eine Aura der Anonymität. Was Merleau-Ponty vom Ich sagt: ,,Ich entdecke in mir eine Art von innerer Schwäche, die mich hindert, absolut ein Individuum zu sein'',[229] das gilt ebenso für das Du. Nur ist diese wesenhafte Schwäche zugleich eine Stärke, da sie die Osmose zwischen Gei-

---

[227] Laín Entralgo unterscheidet zwischen der ,,infinitud pretensiva'', die der Begegnung das Ganze der Menschheit und der Wirklichkeit eröffnet, und der ,,finitud atentiva'', die immer nur eine Realisierung in der Einzelbegegnung zuläßt (a.a.O. Bd. II, S. 312). Husserl spricht von der ,,Liebe, die als Liebe Horizonte hat'' (Transcr., 1934/35, E III 2, S. 70) und letztlich einen Menschheitshorizont in Gestalt einer ,,ethischen Gemeinwelt'' (Transcr., 1930, E III 4, S. 42), vgl. die Problemtitel: Teleologie und Generativität im Nachlaß; der ursprüngliche Repräsentant des Ganzen bleibt allerdings das Ich.

[228] Vgl. *Ideen* II, S. 285–86.

[229] *Phénoménologie de la perception*, S. VII, ähnlich S. 489.

stigem und Natürlichem, zwischen Eigenem und Fremdem ermöglicht.

16. Die unmittelbare Begegnung als Zwischenakt

In der Blickkonzentration auf das Du sind die weltlichen und
mitweltlichen Zusammenhänge nicht getilgt, aber abgeblendet
in einer Art von Epoché, die sich ohne künstliche Anstalten in
der radikalen Zuwendung einstellt. Die Zusammenhänge, die
gleichwohl bestehen, lassen einen Abstieg zu, der kein bloßer Abfall ist. Was aber motiviert diese Rückwendung zur Welt? Wie
gestaltet sich diese selbst?

Die Einigung zwischen Ich und Du in wechselseitiger Anerkennung und Zuneigung enthüllte sich uns als ein passives Geschehen, dessen keiner allein Herr ist. Doch auch gemeinsam
wissen wir nicht und verfügen wir nicht über das, was uns geschieht, da wir die Gemeinsamkeit nicht vor uns haben, sondern
sie leben und nur so ihrer gewahr werden. Daher auch die eigentümliche Sprach- und Tatenlosigkeit, in der die Begegnung immer
wieder endet. Der jeweilige Augenblick ist uns geschenkt und
währt nur solange, als er durchlebt wird als lebendiger Stillstand,
als Bewegung auf der Stelle. Suchen wir ihn festzuhalten, so
zerrinnt er uns, taucht wieder ein in den Zeitfluß, wo das erfaßte
Jetzt gleich schon vorbei ist; indem wir uns anklammern an das,
was uns die lebendige Gegenwart ersetzen soll, an den Andern
oder an seine Welt, zerfällt die Gegenwart und wir verfallen dem
Gegenwärtigen. Macht und Ohnmacht wohnen beieinander in der
Unmittelbarkeit der Liebe, die eine totale Anwesenheit und Abwesenheit gewährt, aber in ihrer Ursprünglichkeit *haltlos*, in
ihrer Grenzenlosigkeit *gestaltlos* bleibt. Eine Idyllik des Glücks ist,
abgesehen von allen inneren Verkehrungen, die drohen, ein illu-
sionäres Ziel. In sich selbst runden könnte sich das Glück zu
zweit nur im *reinen* Hier- und Jetztsein, ähnlich dem Leben der
Zikaden in Platons Mythos, die über ihrem Singen Essen und
Trinken vergessen – und daran sterben. Das mythische Bild mag
stehen für Augenblicke der Weltentrücktheit, ein Leben der
Weltferne wäre kein menschliches Leben mehr; schon die Natur
in uns, die uns hungern und dürsten läßt, widersetzt sich einem
solchen Quietismus. Nicht umsonst entspricht der Flucht aus

dem Leibe als ebenso radikale Gegenbewegung der Absturz in den Leib, in ein *kompaktes* Hier- und Jetztsein. Die Leiblichkeit der Liebe verführt zu dem Versuch, in der Faktizität gemeinsamer Leiblichkeit erschöpfend dazusein, ein zum Scheitern verurteilter Versuch, bei dem das Subjekt seine Subjektivität im bloßen Faktum auszulöschen strebt.[230] Nicht selten endet eine Liebe, die sich an sich selbst erschöpft hat, im bloßen Wohnglück, das Mobiliar verleiht dem Augenblick Dauer.

Im Hintergrund dieser illusionären Versuche steht das Bild eines fraglosen Daseins, eines vorschnellen Glücks im reinen Geist oder in der reinen Natur. Aber die Subjektivität läßt sich nicht austreiben, sie kehrt immer wieder zurück und mit ihr das Bestreben, die Liebe nicht nur zu leben, sondern sie auch als solche zu sagen und zu betätigen, ihre Unmittelbarkeit zu durchformen und nicht nur zu beschwören. Wo die direkte Reflexion versagt, bietet sich der indirekte Weg an: die Entäußerung der wechselseitigen Liebe im *gemeinsamen Werk*, in dem wir uns verbunden wissen. Der Eros verbündet sich mit dem Logos; das gemeinsame Leben gewinnt *Bestand* und *Gestalt*: wir sind verbunden, wenngleich auch dieses Werk zurückweist auf die lebendige Personalität als die „Urform", in der Geistiges weltliches Dasein hat.[231] Während in der direkten Beziehung nur implizit alle Welt mitgegenwärtig ist, treten wir mit dem gemeinsamen Werk ausdrücklich zurück in die Sphäre des Allgemeinsamen. Was in der Welt, und sei es zunächst auch in einem intimen Weltbereich, begonnen wird, ist auf gewisse Weise für alle da.

Mit der Rückwendung zur Welt öffnet sich der Kreis, der Ich und Du umschloß. Die Gegenwart entfaltet erneut ihre Horizon-

---

[230] Vgl. die von Hegel inspirierte Überlegung bei De Waelhens: „... si cette communion, qui est naissance d'un intersubjectif, refuse l'oeuvre d'expression qui est connaturelle à tout sujet, en cherchant à ne reposer que sur elle-même, elle sera en fait négation de toute subjectivité" (*Existence et signification*, S. 210–11). Den modernen Mythos einer Liebe, die an der reinen Absonderung von Umwelt und Mitwelt scheitert, finden wir in I. Bachmanns *Der gute Gott von Manhattan*.

[231] *Phän. Psychologie*, S. 111; die personale Liebe ist für Husserl „dauernde Gesinnung, dauernder praktischer Habitus" (*Gemeingeist* I, S. 8). Buber vernachlässigt die weltliche Verwirklichung nicht, doch sie erscheint ihm als unumgängliche Minderung, wenn er von dem Menschen spricht, „der sich wohl unfähig weiß, das Du rein zu verwirklichen, und es doch alltäglich am Es bewährt ..." (*Ich und Du*, a.a.O. S. 111).

te, der Aufenthalt wandelt sich in ein gemeinsames Weitergehen. Die Liebe wird fruchtbar, indem sie eine eigene *Geschichte* erzeugt.[232] Von diesem Fortgang aus betrachtet erscheint die unmittelbare Begegnung als ein *Zwischenakt*, sei es ein kurzes Anhalten, das ein gemeinsames Tun eröffnet, unterbricht, beschließt, sei es ein längerer Aufenthalt. Dieser Zwischenakt unterbricht den normalen Weltkontakt und weist so auf einen solchen voraus und zurück. Er weist voraus auf seine Geschichte, in der sich entscheidet, was mit uns *sein wird*; Anerkennung und Zuneigung bewähren sich im weltlichen Einverständnis, das im Konflikt der Interessen zu finden ist, wie auch umgekehrt Mißachtung und Abneigung erst hier handgreiflich werden. Der Zwischenakt weist aber auch zurück auf eine Vorgeschichte, in der wir *geworden sind*, was wir bereits sind; die Liebe bleibt abstrakt, wenn sie nicht an diese Vorgeschichte anknüpft und die Bindungen an Welt und Mitwelt aufnimmt, die wir schon eingegangen sind. Erst indem die Liebe auf solche Weise wirksam wird, löst sie das Versprechen ein, das sie in der unmittelbaren Zuwendung ausspricht.[233]

So fügen sich am Ende direkte Begegnung und gemeinsames Weltverhalten in eine alternierende Gesamtbewegung. In der Begegnung lockert sich die Massivität der Weltwirklichkeit angesichts eines lebendigen Du; in der weltlichen Wirksamkeit gewinnt die flüchtige Bewegung eine gewisse Festigkeit. Die Fruchtbarkeit liegt im Kontrast. So rückt die Liebe in die Nähe all der Lebensweisen, die in ihrer Zwecklosigkeit der Erdenschwere entgegenwirken, in die Nähe von Spiel, Schau, Verehrung.

Mit der Rückkehr zur Welt rundet sich vorerst der Bogen unserer Betrachtung. Der Dialog als ein Prozeß der Verständi-

---

[232] Vgl. De Waelhens, *Existence et signification*, S. 211: ,,Le dépassement de la subjectivité, qui est la fin de l'amour, échoue si la subjectivité réciproque que crée l'acte de l'amour n'est pas relancée vers le monde, si elle n'engendre pas une histoire qui soit *sienne.*''

[233] Nur wenn diese Zusammenhänge mißachtet werden, entsteht jener unvermittelte Personalismus, gegen den Adorno polemisiert, wenn er schreibt: ,,Das Substantielle, das nach jener Ideologie der Person ihre Würde verleiht, existiert nicht. Die Menschen, keiner ausgenommen, sind noch nicht sie selbst'' (*Negative Dialektik*, Frankfurt 1966, S. 272). In dieser Kritik wird überdies einseitig die Totalität des Vermittlungsprozesses betont gegenüber der Originarität derer, die ihn von sich aus in Gang halten.

gung, der auf Einverständnis ausgeht, klärt sich auf im Stillstand unmittelbarer Wechselliebe. Im Zueinander der unmittelbaren Anerkennung bildet sich eine neue, prekäre Einheit, deren Verwirklichung stets aufs neue dem dialogischen Miteinander überantwortet ist. Beides aber, weltlicher Umgang miteinander und direkter Zugang zueinander, ist getragen von einem Fundus der Lebensverbundenheit, dem nun unser Augenmerk gelten soll.

KAPITEL V

UNTERGRUND DES DIALOGS:
BESTEHENDE BINDUNG ANEINANDER

1. Aktuelle Verbindung und habituelle Verbundenheit

Wie ich selbst nicht in der Durchsichtigkeit und Gefügigkeit reiner Aktualität lebe, sondern in der Dichte des Erlebten Bestand habe und Stand gewinne, so weist auch das gemeinsame Leben über die aktuelle *Verbindung* hinaus auf eine habituelle *Verbundenheit* hin, und umgekehrt wird das, was ich schon bin und ständig werde, mitbestimmt durch die Andern. Unsere Betrachtung, die sich bisher auf den Querschnitt der ständigen Gegenwart und ihrer Horizonte beschränkte, bedarf einer Ergänzung: im Längsschnitt enthüllt sich die Gemeinsamkeit als etwas, das im Fortgang der Zeit geworden ist und sein wird.[1]

Diese erneute Blickwende ist bereits vorgezeichnet im Erwerb einer eigenen Welt und eines eigenen Seins (s.o. II, 13). Ausdrückliche Anknüpfungspunkte boten sich in der Aktualität des indirekten Miteinanderumgehens und des direkten Zueinanderkommens; denn Verständigung über weltliche Ziele und wechselseitige Anerkennung von Ich und Du in ihrer ursprünglichen Gegenwart sind schöpferisch nur im Rückgriff auf das, was wir miteinander schon haben und füreinander schon sind (vgl. bes. III, 10; IV, 15).

Das neue Thema ist also die *Bindung aneinander*, die das Für-uns-sein der Welt und das Wir oder Man der sozialen Verhältnisse ausmacht. Wie aber manifestiert sich diese Gemeinsamkeit, wieweit läßt sie sich überhaupt thematisieren? – Weiter ist zu fragen nach der verschiedenartigen Genesis der Gemeinsamkeit; wir sind ja nicht nur, indem wir uns vorgegeben sind, sondern auch,

---

[1] Vgl. die Problemgliederung bei Husserl: 1) spezifische Wir-Akte, Ich-Du-Akte (unsere Kap. III u. IV), 2) habituelle Verbände eines habituellen Wir (Transcr., 1932, A V 6, S. 39).

indem wir gemeinsam handeln und schließlich auf die Gemeinsamkeit selbst einwirken. So ergeben sich verschiedene Arten der Gemeinsamkeit, eine vorgefundene, eine tätig erworbene, eine ausdrücklich ins Werk gesetzte, und dies als bestehende Wirklichkeit wie als ausstehende Möglichkeit, unterschieden nicht nur nach ihrer Abkunft, sondern auch nach der perspektivischen Nähe und Ferne ihrer Mitglieder. All das ist zunächst nichts äußerlich Vorliegendes, sondern muß verstanden werden aus dem dialogischen Umgang. – Schließlich bleibt zu fragen, wie sich die persönliche Begegnung in diesen Werdegang des Wir einfügt. Kann sie sich je selbst habitualisieren, wo sie doch in der Jeweiligkeit des Augenblicks stattfindet? Und kann sie es nicht, übt sie dann keine Wirkung aus auf das Gewordene, und findet sie umgekehrt in diesem keinerlei Halt?

Indem wir so fragen, reflektieren wir in der Gemeinsamkeit auf ihr Gewordensein und verzichten auch jetzt noch auf den Versuch, radikal aus aller Gemeinschaft herauszutreten (vgl. o. III, 1). Im Rückblick auf den *Untergrund* aller gemeinsamen Weltbildung und wechselseitigen Selbstbildung, der vorweg schon besteht und laufend sich anreichert, tritt die ,,Geschichte'' der Interpersonalität zutage, und ihr haben wir zu entnehmen, was es mit der Seinsweise der *Sozialität* und dem Gebilde der *Sozietät* auf sich hat. Wieder spielt die Zwischenleiblichkeit eine besondere Rolle, die über ihre aktuelle Vermittlung hinaus Gestalt annimmt und sich in Werkgestalten fortsetzt.

Der Rückverweis der aktuellen Verbindung auf die habituelle Verbundenheit bestimmt unsere Blickrichtung. Weil aber das, was wir sind, von Anfang an verknüpft bleibt mit dem, was wir hier und jetzt miteinander erleben und tun, werden wir am Ende zurückgeführt zu unserm Ausgangspunkt, zur lebendigen Mitte eines Dialogs, der auf gewisse Weise immer schon begonnen hat.

2. Die Interfaktizität als innere Grenze des Dialogs

Ich für meine Person habe nicht nur meine Welt und bin nicht nur ich selbst, sondern kann auch das Mir-eigene und Mich-selbst, von dem ich mich schon betroffen weiß, zum Thema einer theoretischen oder praktischen Stellungnahme machen. Nicht anders ist es im gemeinsamen Leben. Gehen wir aus von einer einfachen

Gesprächssituation. Wir reden miteinander, plötzlich geht es nicht weiter, das gemeinsame Ziel schwindet uns aus dem Blick. Wir werden veranlaßt, uns auf das Gespräch selbst zurückzuwenden und uns zu fragen, was denn unser Ziel ist, für das wir uns gemeinsam zu interessieren schienen. Damit wird nicht mehr einfachhin die Sache gemeinsam thematisiert, sondern die Gemeinsamkeit der Sache, die Gemeinsamkeit unseres Tuns und das zugehörige Wir, je entsprechend der reflexiven Blickrichtung.[2] Die Besinnung auf das Gemeinsame kann die schlichte Betätigung unterbrechen in Vergewisserung, Klärung und Richtigstellung der Ziele, sie kann aber auch radikal brechen mit dem, was für uns in Geltung war, die Unterscheidung von mitmachender und nicht mitmachender Reflexion bewährt sich auch hier.

Verständigung über das Gemeinsame und Einwirkung auf dieses stoßen an dieselbe Grenze wie das individuelle Verhalten. Alles können wir im Dialog besprechen und ins Werk setzen, ausgenommen die Aktualität des Dialogs, in der sich auch dies noch abspielt. Immer wieder stoßen wir auf das, was wir miteinander bereits sind; die lebendige Gemeinsamkeit zieht sich ständig zurück in das Thematisieren, ohne selbst Thema zu sein. Der Versuch, die Gemeinsamkeit *ex nihilo* entstehen zu lassen, kommt immer schon zu spät, das Wir hat darin dem Ich nichts voraus. Wir finden einander schon vor in einer bestimmten sozialen Konstellation und stehen in sozialen Verhältnissen, wenn wir uns miteinander und zueinander verhalten. Diese soziale Grundeinstellung ist so „natürlich" wie die weltliche; auch in ihr brauche ich nicht erst „Posto zu fassen, ich habe immerzu meine aktuelle Stellung und Erfahrung in ihr, möge diese Erfahrung auch nicht aktuell betätigt sein."[3] Dieses Immer-schon-sein-mit-Andern, das verknüpft ist mit dem Immer-schon-sein-bei-der-Welt – denn die Leiblichkeit hat zugleich eine mundane und soziale Dimension –, bezeichnen wir als *Interfaktizität*. Die Interfaktizität, die sich nicht enthüllt in einer Außensicht, sondern in der Reflexion auf das dialogische Leben selbst, markiert dessen innere Grenze. Diese Selbstvorgegebenheit des Dialogs ist der Grund dafür, daß die Verständigung immer von Vorgegebenem ausgeht und selbst nur

---

[2] Vgl. Husserls Äußerungen über ein „Urteilen zweiter Stufe", ein „Urteilen über Urteile" (*Logik*, S. 99, ähnlich: *Ideen* II, § 4).

[3] Vgl. *Ideen* I, S. 390: über die natürliche Einstellung zur Welt.

zustande kommt in einer passiven Einigung, die wir vereint vollziehen, ohne sie als solche zu setzen. Das Mein und Dein wird
wechselseitig thematisch, das Wir nur nachträglich. Der Dialog
ist fungierender Dialog.[4]

Und auch die Aufgipfelung des Dialogs in der direkten Zuwendung läßt nicht das Wir thematisch werden, sondern jeweils das
Du, das entgegenkommt; die Vereinigung in der Wechselliebe
geschieht, indem jeder dem Andern zugetan ist. Wie ich in der
Verständigung lebe und nicht über ihr stehe, so lebe ich auch
in der Beziehung. Indem jeder zu seinem Teil handelt, geschieht
etwas mit uns und entsteht Neues zwischen uns. Auch die Liebe
rückt ins Licht der Gegenwart, was wir auf gewisse Weise schon
sind.

So steht auch das gemeinsame Leben in der Grundspannung
von direktem Lebensvollzug und Reflexion. Die *ausdrücklich
gesetzte Gemeinsamkeit* weist zurück auf die *unausdrücklich gelebte*,
die *Sozietät* im Sinne eines objektiven Gebildes ist fundiert in der
Sozialität im Sinne des Miteinanderlebens.[5] Letzteres wird freilich als solches erst greifbar im Verhalten zu ihm, wir bewegen
uns in einer unaufhebbaren Zirkularität. Sie macht es erforderlich, hinter die intersubjektive Verständigung und Anerkennung
zurückzugehen auf eine Schicht der Anonymität, und sie hält
uns zugleich davon ab, diese zu hypostasieren in Gestalt gesell-
schaftlich-kultureller Strukturzusammenhänge oder biologischer
Lebenszusammenhänge.[6]

[4] Vgl. *Krisis*, S. 111: Wir sind immer „miteinander fungierend", die
Thematisierung der „fungierenden Wir-Subjektivität" läßt immer einen
„Rest", der unthematisch, anonym bleibt; zur Differenzierung dieser
Anonymität vgl. o.S. 282.

[5] Mit den Termini „Sozialität" (vgl. *Cart. Meditationen*, S. 159) und
„Sozietät" bzw. „Gemeinsamkeit" und „Gemeinschaft" wählen wir
möglichst neutrale Bezeichnungen, die sich auf alle Arten intersubjektiver
Verbundenheit anwenden lassen; „Gemeinschaft" ist hier nicht etwa ein
Gegenbegriff zu „Gesellschaft".

[6] In diesem Sinne greifen wir das Motiv einer präindividuellen Gemeinsamkeit auf, wie es sich in der Lebensphilosophie und neuerdings im Struk-
turalismus findet (s.o. S. 41–44, 52). Zum Problem der Fundierung und
ihrer Zirkularität s.o. S. 58, 152, dazu Merleau-Ponty, *Phénoménologie de la
perception*, S. 451: „le terme fondant ... est premier en ce sens que le
fondé se donne comme une détermination ou une explicitation du fondant,
ce qui lui interdit de le résorber jamais, et cependant le fondant n'est pas
premier au sens empiriste et le fondé n'en est pas dérivé, puisque c'est à
travers le fondé que le fondant se manifeste." Diemer weist darauf hin,

Das Mitsein partizipiert an der sinnstiftenden und sinnbe-
wahrenden Geschichte, in der das in der Uraktualität der Gegenwart Gegenwärtige ständig in die Mitaktualität der Mitgegenwart
übergeht und schließlich ins Dunkel der Inaktualität absinkt und
vorausläuft, wobei die Inaktualität sich durch die Vergegenwärtigung in eine Reaktualität oder Proaktualität umwandeln läßt.
Dieses zeitliche Miteinander betrachten wir nun nicht mehr, sofern wir darin Gemeinsames tun und erleiden, sondern sofern wir
darin schon Gemeinsames haben und untereinander verbunden
sind, zunächst implizit aus und vor aller Aktivität, dann explizit in einer eigenen Aktivität, zunächst in einer gewordenen,
dann auch in einer künftigen Gemeinsamkeit.

3. Aktiv erworbene Gemeinsamkeit

Besagt Interfaktizität, daß wir in allem Verhalten uns schon
vorfinden als miteinander bei der Welt, so konkretisiert sich die
eigene Vorgegebenheit in der sozialen, und beides impliziert ein
sinnhaftes Woraufhin, die Welt, der wir leiblich selbst angehören.
Nicht nur jeder für sich, sondern ,,wir im Miteinanderleben haben
Welt im Miteinander vorgegeben, als die für uns seiend geltende,
zu der wir im Miteinander ... auch gehören."[7] Dieses Haben einer
Welt aktualisiert und konkretisiert sich im Haben von Einzelnem,
das uns affiziert, auch dies ein gemeinsames Haben und eine Ko-
affektion, denn das, was uns angeht und was wir schon haben, ist
dem Gespräch selbst zu entnehmen als sein Worüber, der Zusammenarbeit selbst als ihr Woran.

Das Worüber und Woran kann bereits einer dialogischen Betätigung entstammen oder aber aller gemeinsamen Aktivität vorausliegen, und dies muß dem sinnhaft Vorgegebenen anzusehen
sein. Das meditierende Ego kann ,,durch Eindringen in den intentionalen Gehalt der Erfahrungsphänomene selbst ... intentionale Verweisungen finden, die auf eine *Geschichte* führen, also
diese Phänomene als Nachgestalten anderer, ihnen wesensmäßig vorangehender ... Vorgestalten kenntlich machen."[8]
daß auch bei Husserl der ,,,tragenden' Grundlegung" eine ,,,sinngebende'
Begründung" entspricht (a.a.O. S. 116), doch die Prämundanität und
Präsozialität des Ich verhindert hier eine radikale Wechselbezogenheit.

[7] *Krisis*, S. 111.
[8] *Cart. Meditationen*, S. 113.

Diese Geschichte sondert sich in eine „aktive" und „passive",[9] wie beim individuellen Weltverhalten ist auch hier zu unterscheiden zwischen einer „sekundären Habe" und einer „Urhabe", einer Zwischenschicht geistiger Sinnlichkeit und einer Unterschicht ursprünglicher Sinnlichkeit (s.o. II, 13). Dem entspricht die Differenz von *aktiv erworbener* und *vorgefundener Gemeinsamkeit*. Wir erörtern zunächst die aktiven „Gemeinerwerbe".[10]

Unser gemeinsames Weltleben realisiert sich in einem Weltverhalten, indem wir miteinander unser universales Lebensinteresse konzentrieren auf ein bestimmtes Ziel innerhalb eines bestimmten Interessenfeldes und daran gehen, dieses Ziel zu verwirklichen. Tun wir dies, so *übernehmen* wir eine Sonderrolle, zu der wir uns von der Sache her wechselseitig bestimmen, etwa als einer der herstellt oder verbraucht, der ausführt oder plant oder koordiniert; unsere weltlichen Rollen sind zugleich soziale Rollen (s.o. IV, 3). Doch darüber hinaus behalten Ziel und Werk für uns ihren Sinn im Positiven oder Negativen. Was wir gemeinsam tun, h a b e n wir fortan getan; in unserm Tun *erwerben* wir eine gemeinsame Kulturwelt und eine gemeinsame Persönlichkeit; denn im „beständigen Wandel der menschlichen Lebenswelt wandeln sich offenbar auch die Menschen selbst als Personen, sofern sie korrelativ immer neue habituelle Eigenheiten annehmen müssen."[11] Aus dieser „fortschreitenden Sinnbereicherung und Sinnfortbildung"[12] erwächst uns eine vertraute Welt und zugleich eine Vertrautheit untereinander. Verstehen wir etwa den Zweck eines Werkzeugs, so verstehen wir etwas von den Mitmenschen, die es handhaben; denn in ihm hat sich ein gemeinsam gestifteter

---

[9] *Erste Philosophie* II, S. 506.
[10] Ebd. S. 203.
[11] *Cart. Meditationen*, S. 162; vgl. auch *Phän. Psychologie*, S. 489–90: „Den Einzelmenschen kann man nicht beschreiben, ohne zugleich in seiner Umwelt da als Mitsubjekte in dieselbe Gemeinwelt von sich aus hineinlebend die anderen Menschen mitzunehmen, und so in den verschiedenen Korrelationen Ich (Einzelsubjekt) und meine Umwelt, Ich als Glied meiner Gemeinschaften (im Wir) und Wir und unsere Umwelt die universale Konkretion zu beschreiben, die von allen Subjekten als Themen untrennbar ist ..." Hier liegt das Fundament für die „sozial-kulturelle Persönlichkeit", die in der empirischen Soziologie und Sozialpsychologie als das Produkt eines Sozialisierungs- und Kultivierungsprozesses bestimmt wird.
[12] *Krisis*, S. 161.

Sinn niedergeschlagen.[13] Unser gemeinsames Tun hinterläßt seine Spuren; bis auf weiteres, im Rahmen offener Möglichkeiten, hat die Welt den Sinn, den sie gewonnen hat, und sind wir, was wir getan und geschaffen haben.

Die Sozialität ist fürs erste nichts anderes als das, was in unserm gemeinsamen Tun aus der Welt und aus uns geworden ist. Ausgeschlossen ist damit einerseits eine realistisch-dinghafte Auffassung des Sozialen, in der die Perspektive des *ego cogito* bzw. des *nos cogitamus* unterschlagen und das Gemeinsame in ein An-sich entrückt wird, andererseits aber auch die idealistische Gegenauffassung, in der das Soziale einfachhin als Für-mich bzw. Für-uns vereinnahmt und der freien Verfügung unterstellt wird. Die *Gewordenheit* ist nicht gleichzusetzen mit der Vergangenheit, die wir uns aus freier Distanz und im ausdrücklichen Rückgriff auf das Gewordene aneignen können; wir sind ja schon, als was wir uns erfassen, das gleiche gilt für unsere Welt. Die Sozialität ist ursprünglich *mitfungierend* in unserm aktuellen Leben.[14] Sie bestimmt nicht, was wir zu tun haben und was uns begegnen wird, da sie wie alles Vergangene ihre Geltung aus der lebendigen und offenen Gegenwart bezieht, aber sie prägt die Situation mit, in der wir tätig werden, indem sie in einer theoretischen und praktischen Weltauslegung den Boden abgibt, für alles, was weiter geschieht. Welche motivierende Kraft die bestimmte Gemeinsamkeit ausübt, ob sie unsern Widerstand herausfordert oder zum Weitermachen anregt, ob sie eine zentrale oder nebensächliche Rolle spielt, das hängt von den gegenwärtigen Zielsetzungen ab. Während wir in die Zukunft hineinleben, ändert sich ständig das soziale Feld; die mitmenschliche Verbundenheit modifiziert sich unentwegt in Annäherung und Entfernung. Aktuelle Verbindung und habituelle Verbundenheit finden sich zusammen in einer ,,coexistence, non comme fait

---

[13] Vgl. *Phän. Psychologie*, S. 114–15.

[14] Vgl. *Krisis*, S. 152. Merleau-Ponty spricht vom Sozialen, das ,,nicht nur Objekt ist, sondern zunächst meine Situation'', ein ,,social mien'' (*Signes*, S. 141). Der Rückgang zur Lebenswelt konkretisiert sich als Rückgang zur sozialen Lebenswelt: ,,Notre rapport au social est, comme notre rapport au monde, plus profond que toute perception expresse ou que tout jugement ... Avant la prise de conscience, le social existe sourdement et comme sollicitation'' (*Phénoménologie de la perception*, S. 415); meine Individualität ist umgeben gleichsam von einem ,,Hof der Allgemeinheit und einer Atmosphäre der ,Sozialität''' (ebd. S. 511).

accompli et objet de contemplation, mais comme événement perpétuel et milieu de la *praxis* universelle."[15]

Wir erwerben die Gemeinsamkeit in einem gemeinsamen Tun. Dessen Mannigfaltigkeit spiegelt sich wider in einer ebensolchen Mannigfaltigkeit der erworbenen Gemeinsamkeit. Hierzu einige Andeutungen, um den durchgehenden Zusammenhang von Dialog und Sozialität sichtbar zu machen.

Die Gemeinsamkeit bestimmt sich primär vom *Sinn* her, den wir auf wechselnde Weise, gemäß unserer jeweiligen Interessenperspektive, verfolgen. Sie tritt auf als vordergründig oder tiefgreifend, in bestimmter Umgrenzung oder unbestimmter Weitläufigkeit entsprechend dem Ziel, das uns verbindet. Sie zeigt eine dauerhafte Gestalt oder bleibt eine episodische Berührung je nach der Dauer unseres Interesses. Sie besteht im gemeinsamen Sichauskennen, wenn das Ziel ein theoretisches, in einer gemeinsamen Handlungs- und Schaffensweise, wenn es ein praktisches war. Sie zeigt primär den Charakter des zu Erhaltenden, wenn man sich am Ziel oder ihm möglichst nahe glaubt, oder aber den Charakter des zu Entwickelnden, wenn das Gemeinsame ein noch fernes Ziel ist. Ferner gehört die Gemeinsamkeit primär dem gemeinsamen Erleben zu, wenn sie ihre Geltung einem primär rezeptiven Verhalten verdankt und aufbewahrt, was wir zusammen durchgemacht haben, was uns, in einer Naturkatastrophe etwa, vereint zustieß; sie etabliert sich dagegen in Urteilsgebilden und Theorien, in Werken und Werkzusammenhängen, in Normen und normativen Ordnungen, wenn sie einem primär produktiven Verhalten entsprang. Dabei sind Gemeinsamkeit des Erlebens mit ihrer impliziten und Gemeinsamkeit des Schaffens mit ihrer expliziten Rationalität einander zugeordnet wie Wahrnehmung und Urteil; das Gesehene hat in der sprachlichen Auslegung immer schon einen gemeinsamen Sinn, das Begreifen und Urteilen expliziert nur den Sinn des Erfahrenen und ist so in der Erfahrung fundiert. Diese Unterscheidung ist nicht zuletzt deshalb von Belang, weil die explizite Sonderung des Erlebten auch eine ausdrückliche Sonderung der erlebenden Per-

---

[15] *Signes*, S. 141–42; der Koexistenz entspricht eine „Zwischenwelt" (intermonde) (*Phénoménologie de la perception*, S. 410), diese ist das Feld des geschichtlichen Handelns (vgl. *Les aventures de la dialectique*, Paris 1955, S. 269).

sonen bewirkt. Weiterhin zeigt die Gemeinsamkeit nicht nur die
Stufen gemeinsamer Tätigkeit an, sondern auch den Grad und die
Art der Verwirklichung. Die gemeinsame Intention hinterläßt
eine offene Gemeinsamkeit derer, die miteinander suchten, die
Verwirklichung in einem relativ endgültigen Resultat dagegen
schlägt sich nieder in der Gemeinsamkeit derer, die miteinander
gefunden haben; die gemeinsame Einigkeit dauert ebenso wie die
Uneinigkeit, so daß es Erbfreundschaften wie Erbfeindschaften
gibt; die größere oder geringere Selbständigkeit im Dialog hinterläßt ihre Spuren im gemeinsamen Erwerb, der nicht allen in der
gleichen Ursprünglichkeit gehört, auch Herrschaftsverhältnisse
dauern fort. Endlich kann die Verbundenheit mehr oder weniger
dem aktuellen Erleben entrückt sein, wenn sich etwa ein gleicher
Lebens- oder Kunststil über Zeiten und Räume hinweg entwickelt, ohne daß man sich ausdrücklich aufeinander bezieht,
wenn man also in demselben verbunden ist, ohne es in ausdrücklicher Gemeinsamkeit zu wollen. Doch bestünde nicht auch hier
eine Gemeinsamkeit, die Gemeinsamkeit des Lebens in einer
Welt, die vor vergleichbare Aufgaben stellt, so könnte kein Kul-
turhistoriker die Schöpfungen fremder Kulturen mit denen der
eigenen vergleichen, und der Kunstliebhaber etwa könnte kein
musée imaginaire zusammenstellen. In all den erwähnten Unterschieden spiegelt sich die Vielfalt des gemeinsamen Lebens, dessen
innere Stufung und Akzentuierung wechselnde Resultate hinterläßt, auf denen die objektiven Gebilde der Sozietät aufbauen
können.

Ein weiteres Moment nun, der Sinn, den wir vereint intendieren, *verwirklicht* sich in Erkennen, Tun und Fühlen immer nur
auf faktisch-endliche Weise, und auch hier hat die Gemeinsamkeit
ihren Platz.[16] Ausdrücklich können wir das Ganze nur haben im
Nacheinander, wobei eines hervor-, anderes zurücktritt. Nun ist
die Zeitlichkeit gerade die Bewegung des „Über-sich-hinaus-
meinens",[17] worin der endliche Ausgangspunkt überstiegen wird,
freilich nicht überwunden, da diese Bewegung des Überstiegs
selbst bereits begonnen hat. Das Woraufhin der Lebensbewegung
ist kontrapunktiert durch ein Woher, das sich in den Varianten
der *Leiblichkeit* konkret darstellt. In der leiblichen Faktizität wird

---

[16] Vgl. hierzu oben II, 5; III, 15.
[17] *Cart. Meditationen*, S. 84.

die Endlichkeit ganz und gar offenkundig. Da all unser Verhalten anhebt mit der Erfahrung und auf sie zurückweist, ist uns alles Wirkliche direkt oder indirekt vermittelt durch die Leiblichkeit. Dabei ist die Leiblichkeit des Ich primär nicht Gegenstand, sondern Funktion, nicht „Körper", sondern „fungierende Leiblichkeit."[18] In Ausübung dieser Funktion ist der Leib, wie sich an der Einseitigkeit der gegebenen Wirklichkeit selbst ablesen läßt, nicht von reiner Durchlässigkeit und Schwerelosigkeit, sondern in der Vermittlung ist das leibliche Ich zugleich unmittelbar für sich in der „kinästhetisch fungierenden Leiblichkeit"; indem ich etwas aus der Welt herausfasse, finde ich mich hier inmitten der Dinge, indem ich etwas bewege, spüre ich eine eigene Trägheit, indem ich affektiv angesprochen werde, befinde ich mich selbst in einem bestimmten Zustand. Leiblichkeit besagt Offenheit für alles Wirkliche, aber begrenzte Offenheit; die theoretische, praktische und affektive Perspektive verweist auf meinen jeweiligen *Standort* inmitten der Welt.[19] Der Standort ist aber nichts ein für allemal Festliegendes, sondern dem Wechsel der weltlichen Aspekte entspricht ein „Ich kann anders als ich tue,"[20] darin ist beschlossen ein möglicher *Standortwechsel*. Mein jeweiliger Status, nicht nur der räumliche, ist der „ichlichen Beweglichkeit" anheimgegeben, noch das Hier-sein ist ein Hier-bleiben.[21] Auf diese Weise partizipiert auch mein faktischer Status an der Geschichte des „Ich tue"; mit dem Sinn, den ich erwerbe, erwerbe ich auch einen bestimmten Status; ich habe fortan nicht nur dieses oder jenes gesehen oder getan, ich habe es auch hier oder dort getan, habe mich dabei so oder so befunden und mich auf diese oder jene Weise verhalten. Eben dies dauert fort als „habituelle Eigenart des Sich-verhaltens", als *persönlicher Lebensstil*. „Jeder Mensch hat seinen Charakter, ... seinen Lebensstil in Affektion und Aktion, hinsichtlich der Art, durch die und die Umstände motiviert zu sein; und er hatte ihn nicht bloß bisher, sondern der Stil ist ein mindestens relativ in Lebensperioden Bleibendes und dann im allgemeinen wieder charakteristisch sich Veränderndes,

---

[18] Vgl. dazu und zum folgenden *Krisis*, S. 109.
[19] Vgl. hierzu bes. Ricoeur, *Finitude et culpabilité* I, S. 37–42, 67–81.
[20] *Cart. Meditationen*, S. 82.
[21] Innerhalb der Kinästhese ist „kinästhetisches Stillhalten" ein „Modus des ‚Ich tue'" (*Krisis*, S. 108); wir haben eine „gleichzeitige Nichtrelativierbarkeit und freie Wählbarkeit des Hier" (Ströker, a.a.O. S. 66).

aber so, daß sich infolge der Änderungen wieder ein einheitlicher Stil erweist."[22]

Da wir aber auch im Miteinander zur Welt gehören, erwerben wir nicht nur eine gemeinsame Welt, sondern auch „Gemeinschaftsaspekte" dieser Welt.[23] Im Laufe unserer gemeinsamen Geschichte nehmen wir einen *gemeinsamen Standort* ein in der Welt. Es bilden sich, zunächst im buchstäblichen Sinne, Wohnorte, Treffpunkte, die ich mit meinen Mitbewohnern teile, Wegstrecken, die ich immer wieder mit Ge-fährten zurücklege. Der zeitliche Wandel gräbt seine Spuren ein in die Statik des Raumes.[24] „Gemeinplätze" entstehen, dies nicht nur in dem nächstliegenden Sinne eines räumlichen Beieinander-wohnens, sondern auch im Sinne der Gewöhnung. Es kommt zu einem *gemeinsamen Lebensstil*, sowohl im Bereich alltäglicher Verrichtungen, die in Tischsitten etwa geregelt sind, als auch bei sublimeren Formen der Betätigung in Denkweise, Kunststil, religiösen Riten.[25] Dieser erworbene Stil prägt sich unmittelbar aus in der Leiblichkeit, dynamisch in der Mimik, statisch in der Physiognomie, der ein immer wiederkehrendes Ausdrucksgeschehen eine „mimische Spur" aufprägt.[26] Die Zugehörigkeit zu einer Generation, einem Stand, einem Volk manifestiert sich leiblich und ist dem Einzelnen bis zu einem gewissen Grade anzusehen. Darüberhinaus tritt uns dieser Stil von außen entgegen an objektiven Gebilden, im Schriftbild oder in der Bauweise. Die Verleiblichung von Sinn

---

[22] *Ideen* II, S. 270 und 279; zu Typik, Stil und „personalem Charakter" vgl. auch *Cart. Meditationen*, §§ 32, 54. Dazu Merleau-Ponty, *Phénoménologie de la perception*, S. 519: „Je suis une structure psychologique et historique. J'ai reçu avec l'existence une manière d'exister, un style."

[23] Vgl. *Krisis*, S. 167. „Einzelpersonales Leben in seiner nur relativen Selbständigkeit führt ... schließlich in das Gemeinschaftsleben und in die Geschichte im gewöhnlichen Sinne zurück" (*Phän. Psychologie*, S. 491).

[24] „Jede Gemeinschaft hat in jeder Gemeinschaftsgegenwart ihren Gemeinschaftsort, der räumliche Lokalität hat, aber kein Punkt ist (in der momentanen Gegenwart), sondern für die Familie, für die Stadt etc. der ‚Wohnort', für das Volk, den Staat das Territorium, für die Menschheit die Erde", wir haben eine „gemeinsame Heimwelt" (Transcr., 1930, A V 5, S. 82), wir haben „Heimgemossen" (Transcr., 1932, A V 6, S. 7).

[25] Vgl. *Ideen* II, S. 269, außerdem die Behandlung von Gewohnheit und Tradition im Nachlaß (dazu Toulemont, a.a.O. S. 200–07).

[26] Lersch unterscheidet zwischen „mimischer Spur" und „architektonischer Eigenart" (*Gesicht und Seele. Grundlinien einer mimischen Diagnostik*, München/Basel [4]1955, S. 22), vgl. dazu auch unsere weiteren Ausführungen.

und Sinnsetzung ist die einzige Möglichkeit, wie der Augenblick Dauer gewinnt; freilich bedeutet eine solche ständige Rückkehr der Freiheit in die Natur auch, daß der Sinn in einem Stoff dauert, dem immer ein Moment des Undurchsichtigen, Ungefügen, Unzähmbaren und Zufälligen anhaftet. Künftig sind wir verbunden nicht nur in dem, was wir als gültig erstrebt und ausgeführt haben, sondern auch in dem, wie wir dies taten; leibliche Gemeinsamkeit besagt auch Gemeinsamkeit in der Kontingenz.

Nun noch eine letzte Frage, wo bleibt bei diesen gemeinsamen Erwerben die Persönlichkeit des Einzelnen? Sie ist dadurch gewahrt, daß ich es bin, der gemeinsam mit den Andern ein Ziel verfolgt und auf bestimmte Weise verwirklicht hat. Die erworbene Gemeinsamkeit ist nur verständlich als der Niederschlag eines dialogischen Miteinander, auf das jeder sich für sich besinnen kann. Gemeinsamkeit des Sinnes besagt nicht Identität der Sinnsetzung, Gemeinsamkeit des Standortes nicht Ausschaltung der individuellen Nuance.[27] Dennoch unterliegt der gemeinsame Erwerb auf besondere Weise der *Anonymität*, und zwar zwiefach, nicht nur in der abstrakten Allgemeinheit des *Jemand*, der eine Rolle spielt, in der er ersetzbar ist, sondern auch in der konkreten Allgemeinheit des *Man*, das im gemeinsamen Stil die individuellen Differenzen zurücktreten läßt. Stil, Gewohnheit, Sitte sind recht eigentlich die Sphäre des ,,Man tut so.''[28] Wie kommt es aber zu dieser Nivellierung, wenn doch dieses Man nur dem lebendigen Beziehungsgefüge der Interpersonalität seine Existenz verdankt? Ist etwas geworden, so schwinden die perspektivischen Unterschiede, die den Erwerb selbst konkret bestimmen, je mehr es in die Vergangenheit zurücksinkt; die Phasen des Kennenlernens

---

[27] Zum ,,Allgemeintypischen'' und ,,Individualtypischen'' der Person vgl. *Ideen* II, § 6od.

[28] Vgl. ebd. S. 269: ,,Neben den Tendenzen, die von anderen Personen ausgehen, stehen die in der intentionalen Gestalt unbestimmter Allgemeinheit auftretenden Zumutungen der Sitte, des Brauchs der Tradition, des geistigen Milieus: ,man' urteilt so, ,man' hält so die Gabel u. dgl., die Forderungen der sozialen Gruppe, des Standes usw.'' Zur Typik des Man vgl. außerdem: Transcr. (1920)F I 24, S. 90–97 (unter dem Aspekt der ,,Sitte''); (1930 o. 31) A V 11, S. 2–5; (1934)A VII 31, S. 2–3. Merleau-Ponty deutet die Intersubjektivität als ,,un anonyme au sens de l'individualité absolue et un anonyme au sens de la généralité absolue. Notre être au monde est le porteur concret de ce double anonymat'' (*Phénoménologie de la perception*, S. 512).

verdichten sich zur „Strukturform der Bekanntheit."[29] Nicht anders ergeht es dem Unterschied von Mein und Dein. Ein Arbeitsteam beispielsweise schafft an einem gemeinsamen Werk, und währenddem achtet jeder darauf, auf seine Weise Hand anzulegen; ist das Werk fertig, so zählt das brauchbare Resultat, nicht der konkrete Hergang mit seinen Wegen und Umwegen; damit wird auch die funktionale Gliederung gleichgültig, die in der Herstellung lebendig war. Das Geschehen verfestigt sich zur Gestalt, der Sinn „sedimentiert" sich. Wieweit sich überhaupt unterscheidbare Rollen finden lassen, wenn die Gestalt in ein lebendiges Geschehen zurückverwandelt wird, das hängt von der Art dieses Geschehens ab, davon etwa, ob wir uns darin nur passiv voneinander beeinflussen ließen oder aktiv aufeinander einwirkten (vgl. o. III, 7–8).

Wann aber tritt der persönliche Beitrag, von dem her jeder das Gesamtgeschehen zu verantworten hat, gesondert hervor? Dies geschieht dann, wenn wir nicht einfach auf die Leistungen achten, die sich im Laufe der Geschichte akkumulieren, sondern auf das Geschehen selbst, in dem jeder seine Rolle spielt, sich ständig verleiblicht, in Sinnstiftung, Sinnfortsetzung und Sinnerneuerung über sich entscheidet selbst dort, wo er nur mitmacht oder weitermacht. Es überkreuzen sich hier zwei verschiedene Geschichtsbetrachtungen, die epische Sicht einer Werkgeschichte, wo Gewinn und Verlust verbucht werden in einer fortschreitenden Aneignung der Welt, und die dramatische Sicht einer Personengeschichte, wo in jedem Augenblick, implizit wenigstens, Heil und Unheil auf dem Spiele stehen in der persönlichen Entscheidung.[30] Diese zweite Sichtweise führt wiederum auf den interpersonalen Hintergrund des gemeinsamen Weltlebens, der nicht völlig aufgeht in dem, was wir weltlich zustandebringen. Freunde lassen sich nicht erwerben, wie man Fähigkeiten erwirbt;

---

[29] *Cart. Meditationen*, S. 113; zum „Zusammenrücken" eines gegliederten Vorgangs in der zeitlichen Perspektive vgl. *Zeitbewußtsein*, S. 26, *Passive Synthesis*, S. 171.

[30] In diesem Sinne weist H. Kuhn der Geschichtsbetrachtung „zwei Grenzpunkte" zu:„ um sich entfalten zu können, muß historische Betrachtung bifokal, d.h. in der Schwebe zwischen Personbezug und Sachbezug bleiben . . ." (*Begegnung mit dem Sein*, S. 203). Die abstrakte Geschichte der ‚Erwerbe' charakterisiert Ricoeur als „plan du progrès", die konkrete Geschichte der Ereignisse als „plan de l'ambiguïté" (*Histoire et vérité*, S. 81 ff.).

das bleibt noch zu erwägen. Hier nur soviel, der kollektive Erwerb mit seiner Anonymität ist an sich ebensowenig eine Form der Selbstentfremdung wie die Beschränkung auf die soziale Rolle. Zu einem Selbstverlust kommt es erst dann, wenn der Rückbezug auf den verantwortlichen Dialog verleugnet wird in einem sozialen Determinismus theoretischer oder praktischer Art, wo dann die Anonymität des Man regiert, statt bloß mitzuwirken.

4. Vorgefundene Gemeinsamkeit

Die Gemeinsamkeit, die wir im Laufe einer gemeinsamen Geschichte erworben haben, verweist ihrerseits auf einen Fundus an Gemeinsamkeit, der aller Tätigkeit vorausliegt; denn die Interfaktizität, die wir in der Reflexion entdecken, bedeutet gerade nicht, daß es an uns liegt, ob wir verbunden sind. Die Geschichte gründet in einer *natürlichen Vorgeschichte*, einem ursprünglichen Gewordensein, das niemals vom Ich selbsttätig durchlebt wurde, vielmehr immer schon gelebt w a r in einem unaufhebbaren Plusquamperfektum. Jeder freie Akt ist selbst „nicht aus Natur geworden, ... sondern eben Ich-geworden", aber er hat seinen „Kometenschweif Natur."[31] In uns und in unserer Welt finden wir die Natur schon am Werk, eine Natur, die aller bewußten Naturalisierung voraus ist und sie erst ermöglicht.

Die natürliche, schlechthin vorgefundene Gemeinsamkeit weist hin auf das Urfaktum der *Geburt*, das zu seinem eigenen Sinn zu befreien ist. „Das Kind *kommt*, objektiv betrachtet, *auf die Welt*; wie kommt es zu einem *Anfang* seines Seelenlebens?"[32] Diese objektive Sicht ist zurückzuverwandeln in die subjektive Sicht der Selbsterfahrung, die sich ausspricht in dem Satz: „Ich bin geboren". Dabei wird die Geburt „von innen gesehen als erwachendes Ich, das für sich noch nicht Mensch ist, noch nicht Ich einer realen Umwelt."[33] So läßt sich die Selbstvorfind-

---

[31] *Ideen* II, S. 338; zum „Naturuntergrund" des Subjekts vgl. ebd. §§ 61, 62 u. S. 332–40.

[32] *Cart. Meditationen*, S. 168.

[33] C 8 I, S. 11 (zitiert bei Diemer, a.a.O. S. 271). Zur schwierigen Frage nach Anfang und Ende des Ich hier nur einige Hinweise. Husserl erhebt die Forderung, Geburt und Tod als „Weltvorkommnisse" zu konstituieren (*Krisis*, S. 192, ähnlich: *Cart. Meditationen*, S. 168–69, 182). Doch

lichkeit als „meine Natur"[34] einordnen in die Grundperspektive des *ego cogito* und weiterhin in die des *nos cogitamus*, da die Ursozialität gleichursprünglich ist mit dem Urfaktum „Ich bin".

Wie finden wir die Gemeinsamkeit vor in unserer Geburt? Leitend ist auch hier wieder der Sinn, auf den wir aus sind; denn andernfalls wären wir uns selbst und einander nicht als Subjekte vorgegeben, sondern wären als Dinge da. So hat denn das Doppelte zu gelten: Wir sind auf die Welt hin miteinander in die Welt hineingeboren.[35]

Das Woraufhin ist also die *Welt* als der gemeinsame Boden und Horizont all unseres Verhaltens, vorgegeben in einer „passiven Welthabe", die als „Urdoxa" und „Urvermögen" theoretisch und praktisch in eins ist. Diese Weltvorgegebenheit impliziert eine Wir-Vorgegebenheit, Weltliches affiziert uns, und wir affizieren einander und uns selbst. Vorgegebenheit für . . ., die nicht in eine subjektfremde Realität umgefälscht wird, besagt aber: Vorgegebenheit auf einen Sinn hin, Anregung zum Verstehen. Der

wer konstituiert? Das transzendentale Ich, dieses „kann . . . nicht geboren werden, nur der Mensch in der Welt kann geboren werden", das transzendentale Ich „stirbt nicht und entsteht nicht, es ist ein ewiges Sein im Werden"; der leitende Gedanke ist die offene Unendlichkeit des Zeitstroms, die kein absolutes Vorher und Nachher zuläßt (*Passive Synthesis*, S. 377–81, Text von 1922/23, vgl. schon *Zeitbewußtsein*, § 32). Die Besonderheit dieser Konstitution (vgl. *Krisis*, S. 192) geht in der bekannten transzendental-mundanen Spaltung unter. Daher im Nachlaß der unaufhörlich variierte Versuch, Geburt und Tod „in die Sprache absoluter Tatsachen umzusetzen" (vgl. Transcr., 1916, F I 44, S. 73). Vom Anfang des weltlich *konstituierten* Kindes ist zu unterscheiden der Anfang der *Konstitution* dieses Kindes; die Geburt als „Ur-erwachen" aus einem „Urschlaf" ist ein „Randproblem"; sie erfordert eine „Rekonstruktion" (Natorp!), den „Limes einer Konstitution" ähnlich wie Tod und Schlaf (Transcr., 1930, A VI 14a, S. 7–8, vgl. auch im Rahmen einer Monadologie: Transcr., 1931?, A V 22, S. 43 ff.). Die Orientierung an den Phänomenen des Schlafens und Erwachens (vgl. auch *Passive Synthesis*, S. 379–80, *Phän. Psychologie*, S. 486–87) mildert den erwähnten Bruch, da nun das konstituierende Ich selbst betroffen ist; zu einer eindeutigen Lösung scheint Husserl nicht gekommen zu sein. Vgl. hierzu die ausführlichere Behandlung des Problems bei Diemer, a.a.O. S. 270 ff. und bei Toulemont, a.a.O. Kap. VIII.

[34] *Ideen* II, S. 280.

[35] Bereits das „Urkind", das zu leben beginnt, ist „von der Urstiftung seines Daseins her ‚in der Welt lebend', instinktiv auf Welt gerichtet" (Transcr., 1933/34 ‚E III 3, S. 5), es hat in der „transzendentalen Geburt" bereits „Urtriebe, Uraffektionen" (Transcr., 1933, E III 9, S. 4), seine Welt ist freilich noch eine „Vorwelt" (Transcr., 1930, E III 4, S. 34).

Glaube, als Weltglaube, Selbst- und Fremdglaube in eins, ist die Vorantwort auf dieses Angebot; nur indirekt läßt er sich fassen als der Grundakt, der durch alles wirkliche Antworten und Fragen, durch alle aktiven Stellungnahmen implizit hindurchgeht und zugleich ihnen vorangeht, „sofern eben diese die Welt überall voraussetzen, also einen Seinsglauben hinsichtlich der Welt in sich beschließen."[36] Diese Lebenswelt als „ein und für allemal und für jedermann zugänglich "gründet eine Verbundenheit auch zwischen Vertretern verschiedenster Kulturkreise, die sich von ihr aus verständigen können.[37]

Nun ist uns aber die Welt von vornherein nur auf begrenzte Weise zugänglich. Das Ganze der Wirklichkeit affiziert mich immer nur im Einzelnen, und hier wiederum in stärkerem oder schwächerem Maße, auf diese oder jene Weise; nur so nimmt die Wirklichkeit Relief an, ist uns als Welt vorgegeben, was ja etwas anderes ist als ein gleichförmiges Einerlei. Diese *Grenzen in der Ansprechbarkeit* verweisen nun ihrerseits auf eine bestimmte *Stellung in der Welt,* die wir uns nicht selbst gewählt und geschaffen haben – eine nicht wählbare Kehrseite unserer Wahl oder, mit Husserl zu sprechen, ein „Hintergrund, der vor allem Verhalten liegt". Wiederum werden wir verwiesen auf die Vermittlungsrolle des Leibes, der ja nicht nur in seiner erworbenen Habitualität die Spuren unseres Tuns festhält, sondern zuvor schon in seiner Urhabitualität eine natürliche Gestalt hat, nun nicht mehr als „habituelle Eigenart des Sich-verhaltens", sondern als „Eigenart im Sichweben der Hintergründe. Es ist gewissermaßen ein Wurzelboden da in dunklen Tiefen."[38] Dem natürlichen Selbstausdruck des leiblichen Ich entspricht auf Seiten der Welt die Vielfalt der Natur, der Dinge also, deren natürliche Gestalten uns affektiv berühren, anziehen und abstoßen, die sich anschauen und handhaben lassen und die im leiblichen Umgang zu ihrem Ausdruck kommen. Genauer noch zu umschreiben sind die Grenzen eben dieser Leiblichkeit, durch die der totale Ausgriff des Weltglaubens eingeschränkt wird und dies wiederum in einer Begrenzung, die uns bis zu einem gewissen Grade ebenso gemein ist wie der Ausgriff auf die Welt.

---

[36] *Cart. Meditationen,* S. 59.
[37] *Krisis,* S. 142, ähnlich: *Cart. Meditationen,* S. 160.
[38] *Ideen* II, S. 279.

Beginnen wir mit dem leiblichen Hier, dem die Rede von
,,Standort'' und ,,Stellung'' in der Welt am ehesten angemessen
ist. Der Standort, den ich jetzt habe, bewahrt nicht nur die Orte
in sich auf, die ich früher inne hatte, sondern weist zurück auf
eine Stellung in der Welt, die aller Stellung-nahme entrückt ist
und unverrückbar feststeht: der Ort, wo ich auf die Welt kam.
Dieser ursprüngliche Ort, der *Geburtsort*, ist als der Anfang aller
Wege, die ich fortan zurücklegen kann, in jeglichem Hier mitgegenwärtig; er ist der ,,Nullpunkt'' schlechthin, den ich nicht
einmal nachträglich in mein Koordinatennetz einfangen kann, da
die Geburt als die Urgewordenheit über alle Erinnerung hinaus-
reicht; nur für die Andern, auf deren Zeugnis ich angewiesen
bleibe, ist meine Geburt ein erlebbares Ereignis.[39] Der Geburtsort grenzt aus der Welt im Ganzen einen bestimmten Kern heraus, die Welt der Kindheit, die sich langsam bildet und in der
,,Heimwelt'', ihren Vorzugsrang behält.[40] Was so in die Reichweite meiner ursprünglichen Welterfahrung fällt, begegnet von
vornherein in einer bestimmten praktischen und affektiven Perspektive, die gegeben ist durch meine *angeborenen Anlagen*, in
denen sich meine Stellung in der Welt konkretisiert. Einer hat
eine ursprüngliche Freude an Klängen, dem andern fällt es leicht,
Gesehenes zu behalten; in Neigung und Abneigung, Vermögen
und Unvermögen erschließt sich jedem die Welt auf seine Weise.
Das Urfaktum der Geburt ist nicht ein für allemal abgetan,
sondern es bleibt ein fortwirkendes Ereignis, wirkt sich aus im
angeborenen Charakter.[41] In diesem ,,dunklen Untergrund'', in
dem eine ,,blinde Wirksamkeit'' von Trieben, Gefühlen, Tendenzen herrscht, treffen wir auf einen ,,faktischen Bestand, der in
sich unverständlich ist,''[42] unverständlich daher, weil dieses Ge-

---

[39] So auch Husserl: Die ,,unexplizierbare Frühstrecke'' wird von außen
her im Konnex mit den Andern gedeutet als frühe Kindheit mit dem Anfang der Geburt (Transcr., 1930, A V 5, S. 203), die Geburt der Andern ist
früher konstituiert (Transcr., 1930, A VI 14a, S. 3); der direkte Weg wird
ergänzt durch einen indirekten (vgl. Diemer, a.a.O. S. 272).

[40] Deren ,,niederste Stufe ist der Mensch in seinem Heim im engsten
Sinne'' (Transcr., 1920, A V 10, S. 127).

[41] Die ,,bestimmte Motivation am Anfang'', gegeben durch den ,,ur-
sprünglichen Charakter'', ist nicht nur zeitlich zu verstehen (*Ideen* II, S.
255); vgl. auch *Cart. Meditationen*, S. 163: zum ,,Rätsel des angeborenen
Charakters''.

[42] *Ideen* II, S. 276–77.

schehen aller sinnkonstituierenden Tätigkeit des Ich vorangeht und einem Bereich der „Vorkonstituierung" angehört. Ich kann nicht sagen, warum ich eine ursprüngliche Freude an Tönen habe.[43] Die Motive, die ich in der Entscheidung gelten, und die Fähigkeiten, die ich im Handeln wirken lasse, finden sich eingebettet in einen Bereich der Notwendigkeit, den ich annehmen oder ablehnen, aber nicht abändern kann; es ist mein Schicksal, von Geburt an in einen bestimmten weltlichen Status eingesetzt zu sein.[44]

Nun ist aber die Geburt doch gerade das Ereignis der Urindividuation, in dem ein menschliches Wesen sich vorgegeben ist, und sein Für-sich-sein anhebt, und dies zugleich in einem „besonderen Individualtypus,"[45] in einer besonderen Weise da zu sein. Wie und in welchem Sinne teilt das Individuum dies Geschick mit Andern, so daß daraus ein gemeinsames Geschick wird und daß die Andern zu meinen *consortes* werden? Es ist uns nicht eine Welt nur vorgegeben, die Welt ist uns vorgegeben in „Gemeinschaftsaspekten". Schon der Geburtsort ist kein Raumpunkt, der mir allein gehört, sondern da er den Spielraum weltlicher Möglichkeiten ursprünglich eröffnet, ist er nur zu denken als konkretes Hier, als Ort mit seinem näheren und weiteren Umkreis, als „Gegend", die einer mit andern bewohnt.[46] Das Milieu als soziale Umgebung des Einzelnen trägt in sich eine natürliche Vorgabe. Der Geburtsort bedingt bereits eine erste *Nachbarschaft*, die sich allmählich ausweitet bis zu einer Nachbarschaft aller Erdbewohner, Bewohner eines gemeinsamen Geburtssterns; als Erdbewohner haben wir einen gemeinsamen Standort, von dem aus wir das All betrachten und ins All vordringen.[47] Diese

[43] Die naturkausale Erklärung beantwortet nicht die Frage nach dem Motivationsgrund, das Physische kann hier nur als „Anzeige" dienen (*Ideen* II, S. 276); vgl. dazu Ricoeur, *Le volontaire et l'involontaire*, S. 12–16.
[44] Vgl. dazu Ricoeurs Versuch, das Unabänderliche der menschlichen Verfassung als mein Unabänderliches zu interpretieren (ebd. 3. Teil: *Le consentement et la nécessité*).
[45] *Ideen* II, S. 278.
[46] Vgl. Heidegger, *Sein und Zeit*, S. 368.
[47] Vgl. dazu Husserls Ansätze zu einer transzendentalen Kosmologie: „Grundlegende Untersuchungen zum phänomenologischen Ursprung der Räumlichkeit der Natur (1934)", in: *Philosophical Essays in Memory of E. Husserl*, S. 307–25: Die Erde, ursprünglich der „Boden" aller leiblichen Erfahrung und sekundär erst ein „Körper" unter anderen, ist die „Ur-

gemeinsame weltliche Situation konkretisiert sich in *Gemeinsam-keiten eines natürlichen Lebensstils*, in Spezifikationen der allgemeinen Typik der Leiblichkeit wie seelisch-leibliche Konstitution, Rasse, Entwicklungsstufe, Gesundheitszustand. Die Welt, die uns nur auf die Weise gemeinsam vorgegeben ist, daß ihre Erscheinung einer faktisch-intersubjektiven Regelung gehorcht – alle Verständigung baut darauf auf –, erhält je nach unserm angeborenen Status eine besondere Färbung; auf dieser Skala stehen wir einander näher oder ferner. Wiederum ist diese Typik dem Einzelnen anzusehen; er erscheint als Leptosom, als Weißer, Alter, Blinder, in einem Status also, den er mit Andern teilt. Nach mythischer Vorstellung sind wir alle aus dem Stoff der Erde gemacht, nur ist dieser Stoff verschieden dosiert. Eine besondere Rolle spielt schließlich die *Geschlechtlichkeit*, die uns nicht nur von Natur aus ergänzungsfähig macht, sondern ergänzungsbedürftig; denn Männlichkeit und Weiblichkeit sind polare Bestimmungen, die von sich aus aufeinander verweisen. Im Mythos von einer ,,mannweiblichen'' Urgestalt und einer Urtrennung in Mann und Frau hat Platon diese Zusammengehörigkeit scherzhaft-ernsthaft zum Ausdruck gebracht.[48] Weil hier einer nicht nur in dem, was er erlebt, am Andern teil hat, sondern in seinem ganzen Sein auf den Partner angelegt ist, kommt der Geschlechtlichkeit eine besondere Bedeutung zu für die Ich-Du-Beziehung und die zeugende Kraft, die ihr innewohnt. Die Ich-Du-Beziehung findet hier ihre natürliche Vorgestalt, dies freilich nur dann, wenn man die Leiblichkeit nicht vorschnell objektiviert und so die Geschlechtlichkeit in einen Bereich bloßer Natur verbannt, sondern vom Erleben her zur ,,Osmose zwischen Sexualität und Existenz'' findet.[49]

Versuchen wir noch einen Schritt weiter zu gehen. Indem wir in die Welt hineingeboren sind, teilen wir zwar nicht die Welt im ganzen, wohl aber gewisse natürliche Weltaspekte wie die Eß-

heimat'' für die ,,Allheit des Wir'', für uns ,,Erdgebundene'' (S. 316–19), da alle Bewegungen, auch die Raumflüge, von ihr ausgehen. Die transzendentale Betrachtung legt den ,,transzendentalen Sinn Erde'' frei in Umkehrung der objektiven Betrachtung (Transcr., 1934, C. I S. 1–2); die Erde fügt sich ein in eine universale ,,Naturhistorie'', in die der Mensch als Leibwesen hineinreicht (vgl. Transcr., 1929, B III 1, S. 34–35).

[48] Vgl. *Symposion*, 189a ff.

[49] Vgl. Merleau-Ponty, *Phénoménologie de la perception*, S. 197; zu Husserls Einschätzung der Sexualität vgl. o. S. 298.

barkeit, Hantierbarkeit, Farblichkeit der Dinge, ebenso gewisse
natürliche Sozialformen wie geschlechtliche Vereinigung und
Fortpflanzung, Zusammenscharung der Einzelwesen mit andern
oder allen *Lebewesen*, die gleichsam unsere „Milchbrüder" sind.[50]
Mit ihnen können wir uns zwar nicht verständigen „im gemeinsamen Leben und der gemeinsamen Teilhabe an Reden und
Denken",[51] da es den Lebewesen nicht eigen ist, den Sinn dessen,
was ist, als solchen herauszustellen, wir sind ihnen aber, je nach
ihrer Organisationshöhe, mehr oder weniger nah in Empfin-
dungen, Trieben, instinktiven Reaktionen, die einem „biologischen Apriori" gehorchen. Von der Leiblichkeit des Ich aus sucht
auch Husserl den Weg zu einer Biologie und Kosmologie „von
innen her", zu einer „Naturhistorie, die in die allgemeine Mensch-
heitshistorie mit hineingehört."[52] Sie ergibt sich daraus," daß
der Leibkörper der Menschen in der universalen Naturhistorie
steht, so wie der Körper der mit uns zusammen in der Gegenwart
seienden Tiere und Pflanzen. Danach führt die Naturhistorie als
Außen-Historie in psycho-physischer Indikation zugleich eine
Innen-Historie mit sich."[53] In dieser Sichtweise wird nicht der
Mensch der Natur unterstellt, sondern diese wird umgekehrt vom
menschlichen Erleben und Leben her als deren Vorstufe verständlich gemacht und dies vor aller naturwissenschaftlichen Erklärung von Kausalzusammenhängen. Wir beziehen hier eine
„naturale Einstellung, die nicht naturalistisch ist", nicht um die
naturalistische Sichtweise zu ersetzen, sondern um sie zu fundieren.[54] Auf diese Fundierungsordnung kommt freilich alles an,
soll nicht der einzig mögliche Standort einer kritischen Selbstvergewisserung preisgegeben werden. Wir haben nur ein „biolo-

---

[50] Vgl. Aristoteles, *De partibus animalium* I, 5, 644b 22 ff.: Lebewesen
sind uns verwandt διὰ τὸ σύντροφον, dazu Kuhn, *Begegnung mit dem
Sein*, S. 76.

[51] Vgl. Aristoteles, *Nik. Ethik* IX, 9, 1170b 11 ff.: Menschliche Gemeinschaft entsteht ἐν τῷ συζῆν καὶ κοινωνεῖν λόγων καὶ διανοίας und nicht
wie beim Vieh, das zusammenlebt, indem es an demselben Platz weidet.

[52] Vgl. *Krisis*, S. 304 u. ff.

[53] Transcr. (1929) B III, 1, S. 20–21; Paci greift diesen Gedanken auf:
In mir als leiblicher Monade lebt „die ganze Welt", das Miteinanderleben
geschieht in einer „kosmischen Relationalität" (*Tempo et verità nella fenomenologia di Husserl*, S. 51, 60).

[54] Vgl. *Krisis*, S. 306; daß Husserl für eine Flexibilität und Variabilität
der Methoden offen bleibt, dürfte keinem Zweifel unterliegen.

gisches Apriori vom Menschen her"; denn „die Biologie ist beim
Menschen wesensmäßig geleitet von seiner wirklich original erfahrbaren Menschlichkeit, da allein ist überhaupt Leben original ... im Selbstverständnis des Biologischen selbst gegeben."[55]
So aber lassen sich auch Onto- und Phylogenese des Menschen,
deren Verwandtschaften offensichtlich über die menschliche
Seinsweise hinausreichen, dem philosophischen Standpunkt des
ego cogito integrieren, ohne ihn auszuhöhlen. Schließlich umfaßt
die Naturhistorie auch die „Genealogie der anorganischen Natur",
denn alles, was „Gewordenheitscharakter" hat, ist „historisch".[56]
Mit den puren Sachen ist eine „äußerste Ichferne, Ichfremdheit"
erreicht innerhalb der universalen Genealogie, die erst rückwärtig
in uns ihren Sinn enthüllt.[57]

In dieser monadologischen Totalbetrachtung drohen freilich
die Unterschiede der Seins- und Werdensformen zu verschwimmen, und zwar deshalb, so scheint es, weil in der transzendentalen
Egozentrik die Andersheit alles Seienden sich verflüchtigt und
alles aufgeht in einer kontinuierlichen Sinnentfaltung. Wird
dagegen die Leiblichkeit wirklich begriffen als „Umschlagstelle"
von Geist und Natur, so hat die Verinnerlichung ihre Grenze
darin, daß ich mir selbst von Anfang an äußerlich bin, der Natur
zugehörig. Nur so ergibt sich eine ursprüngliche Verbundenheit
mit allem Seienden, in der dieses sich seine relative Eigenständigkeit bewahrt.[58] Von daher läßt sich auch das Fortleben der

[55] Ebd. S. 482; zum Versuch Husserls, auch den Lebewesen „ihre Weise
der Transzendentalität" zuzumessen vgl. ebd. S. 191, außerdem: *Ideen* I,
S. 79, *Cart. Meditationen*, S. 126, 154, 168 u. ö., dazu Toulemont, a.a.O.
S. 79–82, 192–98; die Tiere erscheinen so als „anomale Abwandlungen
meiner Menschlichkeit" (*Cart. Meditationen*, S. 154). Die Einseitigkeit der
Husserlschen Einfühlungstheorie macht sich auch hier geltend; vgl. dazu
die Kritik von Schutz (*Royaumont*, S. 345) und unsere Kritik weiter unten.

[56] Transcr. (1929) B III 1, S. 46; vgl. auch die monadologische „Totalbetrachtung": Transcr. (1931?), A V 22, S. 44, wo der Weg der „Rekon-
struktionen" vom Menschen über Tiere und Pflanzen bis auf die Atome
zurückgeht; ausführlicher dazu: Diemer, a.a.O. S. 360 ff., Toulemont,
Kap. VIII.

[57] Vgl. *Ideen* II, S. 379, hier ist die Konstitution nur eben noch keine
aktuelle (Transcr., 1914/15?, B IV 6, S. 18).

[58] Vgl. Merleau-Ponty, *Signes*, S. 210: In der leiblichen Reflexion liegt
„un rapport de mon corps à lui-même qui fait de lui le *vinculum* du moi et
des choses"; von hieraus weitet sich das zwischenmenschliche Zusammenleben aus zu einer „ontologischen Gemeinschaft" mit verschiedenen
„Zonen der Intimität und Reziprozität" (Kuhn, *Das Sein und das Gute*,

Vor- und Frühgeschichte in uns verstehen. Das „wachende Bewußtsein" führt mit sich den Schatten eines „schlafenden Bewußtseins", dem nicht nur angehört, was in den Hintergrund getreten ist, sondern auch solches, was nie völlig dem Dunkel entrissen werden kann, weil es der Untergrund des Bewußtseins ist, in dem es vorweg schon ist. Doch auch „die Schlafenden sind Wirker und Mitwirker bei dem, was in der Welt geschieht", wie Heraklit sagt; der „Schlaf" ist die Sphäre eines dunklen Sinnes.[59]

Die vorgefundene Gemeinsamkeit taucht uns mehr noch als die aktiv erworbene in eine Anonymität; denn in dem, was wir von Natur aus sind, treten die Unterschiede von Mein und Dein, von Ich und Du nicht bloß zurück, sie sind hier nicht einmal aufgetreten, da es sich um ursprüngliche „Zustände" des Ich handelt und nicht um solche, die auf freie Akte zurückgehen.[60] Einer ist wie der andere auf die Welt hin angelegt in einer allgemeinen Typik als leibliches Ich, und dem entspricht die Lebenswelt in ihrer allgemeinen Struktur; zugleich teilt einer mit den andern seine Stellung in der Welt, wobei die Individualität als besondere Variante sich in die Gemeinsamkeit des Weltlebens einfügt. Ich bin als ein Mensch, Landsmann, Schizothymer, als ein männliches Wesen, endlich sogar als ein Lebewesen geboren. Erst in der Begegnung von Person zu Person tritt diese Anonymität in das Licht des Namentlichen; denn hier tritt der Andere selbst auf als einer, der aus sich ist und so nicht nur in den Rollen, die er einnimmt, sondern überdies in den Rollen, in die er sich eingesetzt findet, seine Möglichkeiten hat. Hier ist dann, bildlich

---

S. 233), auf Grund dessen kann auch das Es in einem analogen Sinn zum Du werden (vgl. Buber, *Ich und Du*, a.a.O. S. 101). Das bedeutet keinen Verzicht auf die Reflexion, sondern eine Radikalisierung der Reflexion.

[59] Es ist dies das „intentional latente Leben" der Person gegenüber den „patenten Zusammenhängen" (*Ideen* II, S. 382), das „Unbewußte" als „Grenzmodus des Bewußtseins" (*Logik*, S. 280, außerdem: Krisis, S. 240), vgl. auch oben S. 114. Damit öffnet sich ein Weg zur psychoanalytischen Theorie des Unbewußten (vgl. Finks Skizze: *Krisis*, Beil. XXI, sowie De Waelhens, „Réflexions sur une problématique husserlienne de l'inconscient, Husserl et Hegel", in: *Recueil commémoratif*, und Ricoeur, *De l'interprétation*, S. 366 ff.), es kommt zu einer „Erweiterung des Freiheitsbegriffs" (vgl. Mitscherlich, a.a.O. I, S. 104 ff.).

[60] In diesem Sinne spricht Scheler von einem „in Hinsicht auf Ich-Du indifferenten Strom der Erlebnisse", von dem „Hintergrund eines immer undeutlicher werdenden allumfassenden Bewußtseins" (*Wesen und Formen der Sympathie*, S. 284, 289).

gesprochen, ,,jedes Haar gezählt", nichts ist von anonymer Gleichgültigkeit. Die Natur tritt auf als *meine und deine Natur*, wenn wir nun nicht nur miteinander, sondern ausdrücklich auch füreinander da sind. In der Person, die ständig überschreitet, was sie schon ist, geschieht die lebendige Vermittlung zwischen dem Sinn, der allgemein und schlechthin gilt, und den besonderen Weisen, wie dieser schon faktisch gegenwärtig ist, sei es durch gemeinsamen Erwerb, sei es von einer gemeinsamen Natur aus; in der Zwischenschicht der Sozialität, einer sozialen Leiblichkeit, ist diese Vermittlung teils abgelagert, teils angelegt.

Die genetische Betrachtung dessen, was wir sind, hat uns auf die Unterscheidung von aktiv erworbener und vorgefundener Gemeinsamkeit geführt. Der Weg von der einen zur andern sollte keinen Zweifel lassen über die Art des *Zusammenhangs*, der zwischen sozial geprägter *Kultur und Natur* besteht. Kultiviertheit und Natürlichkeit sind sich ergänzende Totalaspekte. Alle Kultur bis in die sublimsten Gestalten hinein trägt in sich eine Unterschicht von Natur; wo wir schöpferisch tätig werden, wo wir ,,erzeugen", entfalten wir und setzen wir fort. Weil die Natur aber nur als solche Unterschicht faßbar ist, als ,,Sein für das Subjekt"[61], ist die ,,bloße Natur" nichts anders als ein Abstraktionsprodukt, und zwar ein hochentwickeltes; dem zuvor ist die Natur immer bereits kulturell gestaltet, und sei es auf noch so primitiver Stufe; was wir, beispielsweise in der Rede von ,,Naturvölkern", Natur nennen, ist im äußersten Fall eine inchoative Kulturwelt.[62] Alles Natürliche wird erlebt in einem bestimmten Sinn, sei es Hautfarbe, Rasse, eine leibliche Disposition oder Indisponiertheit.[63] Die sozialen Eigenheiten, die wir den Dingen und uns selbst zumessen, gehören konkret betrachtet stets beiden

[61] Vgl. *Ideen* II, S. 215.

[62] Vgl. *Cart. Meditationen*, S. 160; das Gesagte gilt für die als Untergrund ,,mitfungierende" Natur (vgl. ebd. S. 162), des weiteren für die idealisierte Natur, die selbst ein Kulturprodukt ist (vgl. z.B. *Ideen* II, § 53 u. S. 261, *Krisis*, §§ 34, 36), es gilt schließlich auch für die sublimarchaische Physis-Lehre, die Löwith und Fink zu restituieren versuchen (vgl. die Kritik von Gadamer, *Wahrheit und Methode*, S. 472–73, von Landgrebe, *Der Weg der Phänomenologie*, S. 203 ff. und von De Waelhens, *La philosophie et les expériences naturelles*, S. 111 ff.).

[63] Vgl. dazu *Ideen* II, S. 276: Auch ,,Naturalkausales" fällt in den Bereich der Motivation. ,,Zufolge eines schweren Falles wird der Mensch zum Krüppel, und das hat Folgen für sein Geistesleben: gewisse Motivationsgruppen fallen von nun an fort".

Bereichen an, dem kulturellen und dem natürlichen. Sie können sich der oberen Grenze des reinen Sinns und der unteren Grenze der reinen Natur mehr oder weniger annähern, können sie aber nicht überschreiten, ohne die Mittlerrolle der Person selbst aufzuheben. Ein reiner Sinn wäre kein wirklicher Sinn für mich und für uns mehr, ein reines Sein von Natur aus hätte überhaupt keinen Sinn mehr; nur als Limes lassen sich beide Möglichkeiten überhaupt erfassen und sagen. So entspricht am Ende der konkreten Lebenswelt ein *„Gesamtstil und Habitus des Subjekts"* der Erworbenes und Vorgefundenes in sich vereint und verschmilzt.[64]

In dem, was wir miteinander sind und haben, leben also Geschichte und Vorgeschichte des Dialogs fort. Nur wenn wir die Sozialität zurückverfolgen bis in den Bereich, wo sie aus der „Vergessenheit" heraus wirksam ist, vollendet sich der Rückgang auf die Lebenswelt, soweit diese immer schon eine sozial geprägte Lebenswelt ist.

5. Künftige Gemeinsamkeit

Wer Geschichte sagt, meint ebenso ursprünglich das stete Zurücksinken in die Vergangenheit wie das stete Vorlaufen in die Zukunft. Doch was hat die soziale Verbundenheit, die schon besteht, mit einer künftigen Gemeinsamkeit zu tun? Ist die künftige Gemeinsamkeit nicht gerade etwas, was zu schaffen ist, was also ganz der aktuellen Verbindung, der Möglichkeit freier Annäherung und Entfernung anheimgegeben ist und uns nicht vorweg schon aneinander bindet? Gehört sie nicht ganz und gar dem zu, was wir miteinander tun, nicht aber dem, was wir miteinander sind?

Wenn wir von künftigen Möglichkeiten sprechen, sind zunächst wiederum zwei Fehldeutungen fernzuhalten. Einerseits ist das Künftige nicht etwas, was an sich noch nicht ist und möglicherweise eintreten wird, sondern etwas, was für uns und an uns selbst noch aussteht, sofern uns etwas bevorsteht und wir et-

---

[64] Ebd. S. 277. Ricoeur faßt im Begriff des Charakters die „endliche Offenheit meiner Existenz, als ganze genommen", es ist dies die „humanité, aperçue de quelque part" (*Finitude et culpabilité* I, S. 77–78, vgl. außerdem: *Le volontaire et l'involontaire*, S. 333–50).

was zu tun haben.[65] Andererseits ist die Zukunft in ihrer ursprünglichen Form nicht das, was wir im expliziten Entwurf und in der expliziten Erwartung vor uns haben, wobei wir uns von uns aus frei beziehen auf künftige Möglichkeiten, vielmehr geht dieser prospektiven Zukunft voraus die *Zukünftigkeit* unser selbst; dabei ist die nächste Zukunft unmittelbar mitgegenwärtig in der Protention, die als bloße „sekundäre Intentionalität"[66] dem aktuellen Verhalten direkt zugehört, während die weitere Zukunft als ein allmählich sich verdunkelnder Horizont mitfungiert. „Das 'Kommen' ist ... ein Gegenwartsmoment, eben das der Erwartung, in der das Kommende bewußt ist".[67] Nur weil wir im Leben der Intentionalität ständig auf Künftiges aus sind, indem wir etwas als etwas setzen, haben wir die Möglichkeit, in der Vorerinnerung das Woraufhin zu explizieren und als solches zu setzen, gleich wie wir in der Rückerinnerung das Woher explizieren und setzen. Die Zukünftigkeit, wodurch wir in der Gegenwart selbst über sie hinausgehen, entspricht der Gewordenheit, wodurch wir in der Gegenwart selbst ihr voraus sind.

Nun ist die Protention, das Vor-gehen und Hinausgehen über das Gegebene, gewiß das aktivere Moment gegenüber der Retention als dem Bewahren dessen, was ver-geht; mehr noch, die Aktivität ist auch in der Wiedererinnerung in die Zukunft gerichtet, denn hier „hat mein Tun nicht bloß den Modus des Wieder, weil es eine entsprechende Retention ent-deckt."[68] Dennoch ist die Protention keine eigentliche Aktivität; denn es liegt nicht in unserer Hand, ob wir vorangehen oder nicht; wir wirken in die Zukunft hinein, erwirken aber nicht diese selbst. „Die Zukunft ist die Bedingung einer Handlung, sie ist selbst keine Handlung."[69] Daher spricht Husserl von einem Zeitfluß oder Zeitstrom, dem „Vorgang des Strömens" gehört auch das „künftige

---

[65] Transcr. (1932)C 2 III, S. 4: „Das Sein und Leben, worin Ichsein statthat, zu seinem Sein kommt und immer schon Sein habend, ist Sein, das auf Sein vorgerichtet ist, sodaß Leben Aktivleben in sich trägt ..."

[66] Vgl. Transcr. (1930)C 4, S. 8, die Protention ist, "unmittelbare" Protention (*Ideen* I, S. 178), vgl. auch *Zeitbewußtsein*, S. 297 ff.: Zur „doppelten Intentionalität der Bewußtseinsflüsse" im „Gegenwärtigungsbewußtsein" und „Vergegenwärtigungsbewußtsein".

[67] Die „ursprüngliche Erwartung" unterscheidet sich also von der „vorstelligen Zukunft" (*Erste Philosophie* II, S. 470–71).

[68] Transcr. (1934), C 13 II, S. 8.

[69] Ricoeur, *Le volontaire et l'involontaire*, S. 51.

Strömen" zu.[70] Die Zeitlichkeit ist die Form unseres Tuns, die Zukünftigkeit dessen bevorzugte Dimension; sie ist aber nicht der Gegenstand unseres Verhaltens, sondern ein *passives Geschehen*, das sich in uns abspielt, wobei die Protention die „Passivität des Künftig-Seins" ausmacht.[71]

Das in die Zukunft gerichtete Interesse entscheidet darüber, in welchem Sinne und bis zu welchem Grade das Vergangene für uns Geltung gewinnt. Doch umgekehrt ist auch alles, was uns durch unser Tun und vor unserm Tun vorgegeben ist, auf einen künftigen Sinn hin vorgegeben; wir sind schon, das bedeutet: wir können schon. Nur so haben wir eine Welt mit ihren offenen Horizonten als „Vorgegebenheit eines Seins, das sein wahres Sein erst vor sich hat."[72] Und auch in den „Aktregungen", die unserm Tun voraufgehen, kündigt sich jeweils ein bestimmter Sinn an.[73] Diesen Sinn greifen wir auf im lebendigen Interesse des „ich will."

All das gilt unvermindert für die Sphäre der Sozialität. In der Interfaktizität, unserm gemeinsamen Erwerben und Anlagen, sind wir auf einen gemeinsam zu enthüllenden Sinn ausgerichtet. An uns liegt es, wie und wieweit wir dabei aufeinander eingehen wollen, es liegt aber nicht an uns, ob wir überhaupt miteinander zu tun haben werden. Wir erwerben bestimmte Gemeinsamkeiten in einem *Horizont künftiger Gemeinsamkeit*, der mit unserm gemeinsamen weltlichen Status vorweg schon gegeben ist. Hierher rührt auch die Unmöglichkeit, den Dialog zu konstituieren, wie man einen Gegenstand konstituiert; der Dialog ist ein Geschehen, dem wir uns öffnen oder verschließen können, er selbst behält aber seine eigentümliche Form der Passivität.

Was aus dem Einzelnen wird, betrifft von vornherein alle Andern mit, weil es deren Möglichkeiten mitbestimmt. Das gilt auch für die Grundmöglichkeit des *Todes*, der insofern aus allen künftigen Möglichkeiten herausgehoben ist, als mit seinem Eintritt alle weltliche Zukunft für den Sterbenden selbst erlischt. Gewiß hat jeder seinen eigenen Tod, doch dessen Bedeutung greift

---

[70] *Erste Philosophie* II, S. 468.

[71] Brand, a.a.O. S. 125, dazu Transcr. (1930) C 4, S. 9: „Passive Vorzeichnung des Künftigen als passiv Erwartungsmäßigen". Vgl. zu all dem oben II, 13–14.

[72] *Ideen* II, S. 353.

[73] Vgl. *Ideen* I, S. 281.

um sich. Wie die Geburt nicht nur den Eintritt in die Welt be-
deutet, sondern zugleich den Eintritt in den sozialen Raum des
Dialogs, so besagt der Tod den Austritt aus beidem. Das soziale
Band, das die Geburt knüpft, wird zerrissen im Tod; konnten
wir zuvor noch nicht miteinander verkehren, so können wir es
nun nicht mehr.[74] Als drohende Möglichkeit ist der Tod in allem
Miteinander und Füreinander angelegt; in jedem Abschied rühren
wir an den Tod, wie wir in jeder Begrüßung dem Urfaktum der
Geburt nahekommen. Geburt und Tod gehören so wenig dem
Einzelnen, daß er immer schon zu spät oder zu früh kommt, um
sie als solche zu erleben; es haftet ihnen etwas von der Anonymität eines Geschehens an, das wir nicht „konstituieren" können,
weil das Tun und Leben des Ich darin selbst seinen eigenen Anfang und sein eigenes Ende findet.[75] Wie meine Geburt nur von
den Andern erwartet wurde, so wird mein Tod nur von den Andern
erinnert, und beides wird von den Andern als solches erlebt in der
Anteilnahme.[76] Solange freilich das Weltinteresse regiert, ergeben
sich nur bestimmte Möglichkeiten der Weltgestaltung und des
Welterlebens, die im Tod ausfallen; ein Mensch wird geboren
und stirbt, ein anonymes Geschick ist hier wie dort am Werk.
Erst die liebende Zuwendung wird mit deiner Geburt und
deinem Tod konfrontiert, und dies als Vor- und Nachklang
einer Begegnung, die im Leben selbst wirklich oder möglich ist.
Freilich sind Geburt und Tod einander weniger symmetrisch
zugeordnet, als es zunächst scheinen könnte. Während die Geburt ein Anfang ist, der etwas verspricht, ist der Tod, so wie wir
ihn von uns aus erleben, kein Ende, das die noch offenen Ver-
sprechungen einlöst; er ist ein abruptes Ende, keine Vollendung.
Daher die Vermutung und Hoffnung, es könne mehr dahinter
sein: der Tod als Durchgang.[77]

[74] Für Husserl besagt das zunächst: „Unmöglichkeit der Fortführung
sich ausweisender Einfühlung" (Transcr., 1930, A VI 14a, S. 3).
[75] Vgl. dazu Merleau-Ponty, *Phénoménologie de la perception*, S. 249–50.
Hier geschieht, was Husserl anfangs für unmöglich hält: ein partielles
„Aufhören des Prozesses" und nicht nur ein „Aufhören im Prozeß" (vgl.
Passive Synthesis, S. 378); der Tod ist mehr als ein „Weltvorkommnis".
In seinen „Grenzbetrachtungen" (s.o. S. 332) nähert Husserl sich immerhin dieser Einsicht an.
[76] Vgl. Transcr. (1930) A VI 14a, S. 2–3: Der Tod der Anderen ist für
mich der früher konstituierte, ihm verdanke ich ein „Vor-Bild des
Sterbens".
[77] In der Besinnung auf die „letzten Fragen" folgt Husserl der Kant-

Mit der Besinnung auf die bestehende Gemeinsamkeit, die immerzu hindeutet auf bevorstehende Gemeinsamkeiten, klärt sich auf, was wir früher über die Horizonte des Dialogs gesagt haben. Der aktuelle Dialog steht potentiellen Dialogpartnern offen in einer bestimmt-unbestimmten Offenheit. Ich kann mit Andern, prinzipiell mit allen Andern, in Verbindung treten, weil wir durch gemeinsames Tun und gemeinsames Weltleben schon miteinander verbunden sind auf Weiteres hin.

6. Generative Gemeinsamkeit

Allem dialogischen Verhalten wohnt ein Moment der Zeugung inne; wir schaffen und erleben nicht nur Gemeinsames, sondern regen einander zu einem bestimmten Schaffen und Erleben an, indem wir ein Interesse im Andern wecken und wachhalten. Erst recht gilt das für die liebende Zuwendung, die nicht etwas für den Andern, sondern diesen selbst da sein läßt. Nicht davon soll nun die Rede sein, sondern von dem besonderen Zeugungszusammenhang, der gemeint ist, wenn wir von „Generationen" und „Generativität" sprechen. Wir beerben nicht nur uns selbst, indem wir besitzen, was wir gleichzeitig mit-einander geschaffen und erlebt haben und was uns mit-einander vorgegeben ist,[78] sondern wir erben auch von-einander, indem wir von Früheren etwas übernehmen, an Spätere etwas weitergeben, sei es unmittelbar oder mittelbar. Nicht nur mit unsern Zeitgenossen sind wir verbunden, sondern auch mit unsern Vor- und Nachfahren. Die Gemeinsamkeit reicht über Geburt und Tod hinaus in der „Verkettung der Generativität."[79]

Die Lösung der „generativen Probleme"[80] kann zu einer

schen Postulatenlehre (vgl. etwa Erste Philosophie, Beil. V), darüber hinaus neigt er dazu, in der Unsterblichkeit einer weltvorgängigen transzendentalen Subjektivität den Tod zu überspielen (vgl. Toulemont, a.a.O. S. 265 ff., zu dem gesamten Problemkomplex: Ph. Merlan, „Time Consciousness in Husserl and Heidegger", in: *Philosophy and Phenomenological Research* 8, 1947, S. 23–54).

[78] Vgl. *Zeitbewußtsein*, S. 29–30: Jede Retention trägt in sich das „Erbe der Vergangenheit".

[79] *Krisis*, S. 504; vgl. auch Transcr. (1932) A V 6, S. 2: Die „gemeinsame Erfahrung übersteigt meine und eines Jeden endliches Leben, sie erstreckt sich durch unser aller Leben und durch die offene Kette der Generationen hindurch".

[80] *Cart. Meditationen*, S. 169.

Sichtweise verführen, in der sich der Einzelne als Glied in der „Kette der Geschlechter", als Welle im „Strom der Geschichte" verliert. Gegenüber solch einer selbstvergessenen Außensicht ist daran festzuhalten: „Ich bin faktisch in einer mitmenschlichen Gegenwart und einem menschheitlichen offenen Horizont, ich weiß mich faktisch in einem generativen Zusammenhang, im Einheitsstrom einer Geschichtlichkeit, in der diese Gegenwart die menschheitliche und die ihr bewußte Welt historische Gegenwart einer historischen Vergangenheit und einer historischen Zukunft ist".[81] Der Bezugspunkt eines letztgültigen Verständnisses ist und bleibt der Dialog, in dem ich mich verantwortlich mit Andern verbinde und verbunden weiß. Erworbene und vorgefundene Gemeinsamkeit unterschieden wir danach, ob das Worüber und Woran der dialogischen Betätigung selbst einer solchen entstammt oder nicht. Nun müssen wir eine weitere Möglichkeit in Betracht ziehen. Das Vorgegebene kann aus einem fremden Tun und Leben und auf ein fremdes Tun und Leben hin vorgegeben sein, ohne daß ich daran schon oder noch einen lebendigen Anteil hätte. Wir werden hineingeboren in eine Welt, die bereits von Andern entdeckt und gestaltet ist, und hinterlassen wieder Andern eine ebensolche Welt. Da wir ferner auf bestimmte Weise in die Welt hineingeboren werden, ist auch die Rolle, die wir in ihr spielen, von Andern vorgeprägt. *Generativität* besagt dann, daß ich nicht nur mit Andern in die Welt komme und in der Welt bin, sondern auch von Andern herkomme und in Andern weiterlebe.

Wir unterscheiden zunächst mit Husserl zwischen einer geistigen und natürlichen Generativität.[82] Die erstere betrifft das, was wir der freien Aktivität Anderer verdanken, was in einer „sinntradierenden Fortpflanzung", in der *Überlieferung* auf uns kommt und von uns weitergegeben wird, sei es als naiv gelebter, ausdrücklich formulierter oder werkhaft gestalteter Sinn.[83] Wie

---

[81] *Krisis*, S. 256 (Hervorhebung nicht im Text).

[82] Vgl. Transcr. (1935) K III 3, S. 60: „Also jede Menschheit hat abgesehen von der physisch organischen Generativität eine spezifisch geistige und zwar eine personale".

[83] *Krisis*, S. 373; zur Tradition als geschichtlicher Generativität vgl. ebd. Beil. III, XXIII–XXVIII und zahlreiche Passagen im Nachlaß (dazu: Diemer, a.a.O. S. 338 ff., Toulemont, a.a.O. S. 133 ff., 200 ff.).

die eigene und gemeinsame Vergangenheit und Zukunft dem ausdrücklichen Zugriff vorausgeht, so auch meine Vergangenheit, soweit sie von Andern geprägt ist, meine Zukunft, soweit sie Andern ihre Prägung gibt. Indem ich bin und eine Welt habe, stehe ich bereits unter dem Einfluß Anderer, die mir voraus sind, und indem ich selbst etwas tue, übe ich einen Einfluß aus auf Andere, die mir nachfolgen. Die passive Übernahme und Übergabe lebt als Grundschicht fort in aller selbständigen Übernahme und Aneignung (vgl. o. III, 13). Dabei ist die derart abgestufte generative Gemeinsamkeit zunächst wiederum nicht gegenständlich bewußt, sondern fungiert in meinem gegenwärtigen Welt- und Fremdverhalten. Ich bin und habe, was Andere vor mir aus mir und meiner Welt gemacht haben; ,,c'est toute l'action convergente et discordante de la communauté historique qui m'est donnée effectivement dans mon présent vivant."[84] Bevor ich die Augen meiner Vorfahren sehe, sehe ich mit ihren Augen; so heißt es bei Hofmannsthal: ,,Ganz vergessener Völker Müdigkeiten/kann ich nicht abtun von meinen Lidern ...". Wählen kann ich nicht die Tradition selbst, unter deren Einwirkung ich immer schon stehe, wählen, annehmen und verwerfen kann ich nur innerhalb meiner Tradition.

Die Gemeinsamkeiten, die der Überlieferung entstammen und eine Verbindung schaffen zwischen Vorfahren und Nachfahren, Erwachsenen und Aufwachsenden, Lehrenden und Lernenden, geben dem Leben in der Abfolge der Geschlechter einen Sinnzusammenhang, den auch Neuanfänge und Revolutionen nicht völlig durchbrechen können; noch der Protest ist eine Reaktion auf die Versteinerung, die Sinnentleerung, die Übermacht der Tradition selbst. Diese Sinnfortpflanzung prägt sich aus einerseits in den objektiven Werkgestalten, andererseits im subjektiven Lebensstil, in der jeweiligen Sprech-, Verhaltens-, Denk- und Arbeitsweise; objektive und subjektive Lebensgestalten lassen sich daraufhin befragen, woher sie stammen, welche Traditionen sie fortsetzen. ,,In einer Unzahl von Traditionen bewegt

---

[84] Merleau-Ponty, *Signes*, S. 141. Vgl. auch *Krisis*, S. 488: Die Geschichtlichkeit ,,ist nicht nur eine Folge von Tatsächlichkeiten, sondern in jeder Gegenwart, in ihrer Tatsächlichkeit, impliziert als ein verborgenes geistiges Erbe ..."; das erste ist die ,,generative Implikation" (Transcr., 1930, E III 4, S. 6).

sich unser menschliches Dasein. Die gesamte Kulturwelt ist nach allen ihren Gestalten aus Tradition da."[85] Diese Gestalten werden weitergegeben in einer zugleich persönlichen und anonymen Tradition; denn die ,,Weltvorstellungen,"[86] die der Erwachsene, der Lehrer, der Meister vermittelt, sind niemals ganz und gar dessen persönliches Eigentum, da auch er von seiner Mitwelt und Vorwelt geprägt ist und auf seine Weise einen Kulturkreis, ein Volk, einen Stand, eine Schule vertritt. Selbst Name und Titel, die vererbt werden, zeigen ein soziales Gepräge. Die Überlieferung schafft schließlich nicht nur Längsverbindungen zwischen den Generationen, sondern auch Querverbindungen zwischen den Vertretern einer Generation; diese – und das gilt am Ende für alle Zeitgenossen – sind nicht nur verbunden durch ihr gemeinsames Leben und Tun, sondern auch durch das gemeinsame Erbe, das sie übernehmen und weitergeben als Kapital oder Hypothek.

Wie das, was wir frei erwerben, zunächst von Andern herstammt, so auch das, was wir von Natur aus sind und haben; wir sind gezeugt und geboren von Eltern, unsere Naturanlagen sind zugleich Erbanlagen, unser Geburtsort ist sozial bestimmt. Wodurch unterscheidet sich die *Abstammung*, die natürliche Generativität, von der geistigen? Wie die naturmäßige Anlage nicht das Resultat eines freien Verhaltens ist, sondern dessen Untergrund, so ist auch die Vererbung, in der eine natürliche Erbschaft sich fortpflanzt, kein freies Tradieren, sondern ein Geschehen, das wir auslösen, regulieren, nicht aber frei vollziehen können; was wir von Natur aus sind, geben wir nicht weiter, wie wir jemand in bestimmtem Sinne beeinflussen oder ihm etwas beibringen.[87] Daran ändern auch nichts die wachsenden Möglichkeiten einer Human-Genetik, die es als naturwissenschaftlich-technische Disziplin nicht direkt zu tun hat mit einem leiblichen Ich, das auf die Welt kommt, sondern mit den natürlichen Bedingungen, unter denen dies geschieht. Herstellung eines Homunculus und Erzeugung eines Menschen bleiben getrennt durch den Wechsel einer Sichtweise, die dem Unterschied zwischen objek-

---

[85] *Krisis*, S. 366.
[86] Ebd. S. 501.
[87] Vgl. die Unterscheidung von Augustinus: Die Wohltat, die Mutter und Ammen dem Kind erweisen, ist ,,ex eis non, sed per eas'' (*Confessiones*, 1, 6).

tivierter Körperlichkeit und erlebter Leiblichkeit entspricht, was nicht ausschließt, daß eines das andere „anzeigt". In der Abstammung als einem zwischenmenschlichen Geschehen entstehen blutsmäßige Bindungen. Diese Blutsverwandtschaft prägt sich aus in leiblichen Ähnlichkeiten, bedeutet aber mehr als eine bloße Ähnlichkeit, nämlich einen Urkontakt mit der übrigen Menschheit und ihrer Welt, eine Uraffektion, die in allem freien mitmenschlichen Verhalten beschlossen ist. Es sei nur erinnert daran, welche Bedeutung die Psychoanalyse der Mutterbindung einräumt.[88]

Die Unterscheidung von geistiger und natürlicher Generativität, von geistiger und natürlicher Verwandtschaft darf nun freilich nicht als Trennung aufgefaßt werden, als Trennung in einen abgeschlossenen Bereich der Geistigkeit und der Animalität. Beide Aspekte durchdringen sich vielmehr in der konkreten Leiblichkeit der Person, die Generativität ist in all ihren Höhen und Tiefen *menschliche Generativität*: ἄνθρωπος ἄνθρωπον γεννᾷ (Aristoteles). Die Erbanlagen sind keine bloßen Fakten, sondern Dispositionen für ein sinnhaftes Verhalten zur Welt und ein Sichbefinden in der Welt. „Die Welt selbst hat ... ‚Kindheit' und wächst heran zur reifen Welt – ‚im' Menschenkind und in seinem Menschenwachstum ..."[89] Umgekehrt wirkt mein Verhalten auf die Naturanlagen zurück, die Nachgiebigkeit bildet sich aus zur Triebhaftigkeit, das lebendige Interesse steigert die Sensibilität. So kommt es, daß die Überlieferung nicht völlig der freien Verantwortung unterstellt, die Vererbung ihr nicht völlig entrückt ist. Die blutsmäßige Verbundenheit, die aus der physischen Zeugung erwächst, ist keineswegs ein für sich bestehender Naturzusammenhang; denn indem wir die Verbundenheit als solche erleben und setzen, geben wir ihr einen Sinn, der im Laufe der persönlichen und kollektiven Geschichte ausreift und sich mannigfach variiert; noch der Naturalismus, etwa in der Gestalt

[88] Zu den Stadien der Kindheit, beginnend beim „Urkind" im Mutter, leib, vgl. etwa Transcr. (1935) K III 11, ausführliche Zitate bei Diemer-a.a.O. S. 270 ff., Toulemont, a.a.O. S. 82 ff.; interessant ist hier nur die Betrachtungsweise.

[89] Transcr. (1931?) C 3 V, S. 8; Husserl fährt fort: „aber freilich die Weltkonstitution ist nicht Sache dieses einzelnen Menschen ..., sondern Sache der Intersubjektivität erwachsender und schon erwachsener Menschen ..."

des Rassenkultes, enthält einen solchen Sinn, wenngleich einen depravierten, da man in der Berufung auf eine bloße Natur seine eigene Voraussetzung und Verantwortlichkeit leugnet. Nehmen wir als Beispiel die Familie, wo das natürliche Familienerbe von Familiensitten durchformt, vom Familienrecht überformt wird.[90] Die natürlichen Bindungen lockern und festigen sich hier, sie erstarren oder vertiefen sich, ihre Ambivalenz tritt zutage in der doppelten Möglichkeit von Blutsfreundschaft und Blutsfeindschaft. Die Blutsverwandtschaft ist nie pure Blutsverwandtschaft, sondern zeigt in ihrer Entwicklung ein Moment der Wahlverwandtschaft, und dieses nimmt an Gewicht zu, je selbständiger der Einzelne wird; davon zeugt sowohl die Kindheitsentwicklung wie die Lockerung archaischer Gesellschaftsformen.[91] Nur wenn wir auf diese Weise dem Begriff der Generativität seine analoge Spannweite belassen, verstehen wir den Zeugungszusammenhang als ein zwischenmenschliches Phänomen, das sich in dem Satz ausspricht: ich bin ein Nachfahr, stehe unter dem Einfluß einer Tradition und stamme von Andern ab.[92] Nur diese Sichtweise gestattet es schließlich, auch die tierische Abstammung des Menschen so zu deuten, daß ein naturalistischer Evolutionismus, der als Theorie sich selbst aufhöbe, vermieden wird. Die Differenz zur menschlichen Geschichte zeigt sich allerdings darin, daß diese natürliche Vorgeschichte sich nicht in Bericht und Chronik reaktualisieren läßt, während ich von meiner menschlichen Herkunft zwar nicht aus eigener, aber doch aus fremder Erinnerung Kunde erhalten kann.[93]

[90] Vgl. die Stellen aus dem Nachlaß bei Toulemont, a.a.O. S. 178 ff.

[91] Zu Husserls Gedanken über die „Primitiven", entstanden im Gedankenaustausch mit Lévi-Bruhl, vgl. Toulemont, a.a.O. S. 198 ff.

[92] Die Generativität tritt auf „in verschiedenen Stufen, zuerst für den Menschen, und schließlich universal" (Krisis, S. 191, vgl. auch S. 482); die „Generative Entwicklung" in der „Kette der Erzeugungen" und die Eltern selbst sind hier „von innen her" betrachtet (Transcr., 1930, E III 10, S. 15–16). In Rezeption platonischer Gedankengänge betont auch Kuhn die Analogie von geistiger und leiblicher Zeugung (Begegnung mit dem Sein, S. 143–44).

[93] Auch Husserl betont, daß die menschliche Geschichte und Generativität bis ins tierische „Mitdasein" hineinreicht, das nur „indirekt angezeigt" ist (Transcr., 1932 A V 6, S. 2, ähnlich: Transcr., 1935, K III 12, S. 38). Hier bedarf es im besonderen Maße einer Methode der „Rekonstruktion" im Rahmen einer „phänomenologischen Archäologie" (Transcr., 1932, C 16 VI, S. 1).

Was trotz allem die generative Verbundenheit in besonderem Maße der Mißdeutung aussetzt, ist eine gewisse *Einseitigkeit*, die ihr anhaftet im scheinbaren Widerspruch zur dialogischen Wechselseitigkeit. Dem Gezeugten wird vom Zeugenden ein leiblich-geistiges Leben zuteil, bevor er es noch von sich aus übernehmen kann; in den Andern geht er sich selbst voraus und diese übersteigen sich selbst in ihm. Doch das Bevor deutet schon darauf hin, wie diese Einseitigkeit zu verstehen ist, als *Vorsprung* nämlich und nicht als schlechthinniger Vorrang, wie er den Werkmeister vor seinem Werk auszeichnet. Der Nachkomme ist n o c h nicht selbst da; er ist überhaupt noch nicht da als Individuum in der leiblichen Zeugung, die sich im Aufziehen dann fortsetzt, er ist noch nicht da als Person in der geistigen Zeugung, die sich im Erziehen fortsetzt. Freilich ist auch dieses Noch-nicht zu verstehen im Sinne erlebter Zukünftigkeit: die Nachkommen sind in einer bestimmt-unbestimmten Erwartung bereits unausdrücklich mit da als die Kommenden, die hoffen oder fürchten lassen; umgekehrt ist das Nicht-mehr der Vorfahren zu verstehen im Sinne erlebter Gewordenheit: die Werke der Vorfahren und ihr Leben sind unmittelbar mit da in Herkommen und Herkunft, welche bereichern oder belasten. Auch diese ,,generative Historizität"[94] ist ein passives Geschehen; i n d e m wir leben, setzen wir fremdes Leben fort, geben wir eigenes Leben weiter; in unserer Hand liegt es nur, diesem Geschehen eine bestimmte Richtung und Gestalt zu geben und schließlich: es überhaupt anzunehmen in einem ausdrücklichen Lebenswillen.[95] Was aber vollends die mitmenschliche Zeugung von der Erzeugung eines Werkes unterscheidet, das ist der Umstand, daß in der Zeugung ein Wesen entsteht, von dem eine gleichrangige Antwort zu erwarten ist. In der freien Rückwendung schwindet der Vorsprung; die Älteren haben sich nun nicht mehr nur f ü r ihre Nachkommen zu verantworten, sondern auch v o r ihnen; die Traditionen, in denen man aufwuchs, werden nun selbst auf ihren Sinn hin befragt. Die Generativität als Hinführung z u m Dialog lebt nun in ihm fort als perspektivische Färbung des gemeinsam verfolgten Sinnes, zu dem man als Alter und Junger, Verwandter und Fremder, Deutscher und Franzose verschiedenen Zugang hat. Ebenso lebt

---

[94] *Krisis*, S. 502.
[95] Auch die Generativität hat teil an dem ,,Urglauben".

die Generativität als die Hinführung zur Wechselliebe in ihr fort
als ihre eigene Vorgeschichte, die uns den Andern auf bestimmte
Weise begegnen läßt. Da schließlich das Erwachsensein nicht
bedeutet, daß man fertig ist, sondern vielmehr, daß man zu seinen eigenen Möglichkeiten erwacht ist, nämlich selbsttätig auf
etwas hin lebt, geschieht auch in Dialog und Liebe ein ständiges
Fortzeugen, solange das Leben nicht erstarrt. Gegenüber den
„Dilettanten des Erwachsenseins", die sich mit dem Handgreiflichen und Abgestandenen bescheiden, behalten die Wachträume
der Jugend einen eigentümlichen Vorsprung, weil sie in ihrer Unreife wenigstens versprechen, was die schlechte Reife nicht hält.[96]

Der Mensch zeugt den Menschen, das besagt also nicht: der
Mensch macht den Menschen, sondern: er vermacht ihm etwas
von seinem Leben in der Welt, das er selbstverantwortlich mit
Andern zu führen hat, aber nicht herstellt und nicht besitzt, und
er vermacht es ihm zur eigenen Verantwortung. Die Generativität ist selbst ein Moment der Urtaktizität, auf Grund deren wir
uns miteinander in der Welt vorfinden. Sie bezeichnet die Art und
Weise, wie der Einzelne zunächst in das gemeinsame Leben, sodann ins dialogische Zusammenwirken eintritt, darin seine Stellung erhält, von der aus er selbsttätig Stellung zu nehmen hat.
Die natürliche Generativität ist eine Stufe in diesem menschlichen Geschehen. Wie die leibliche Geschlechtlichkeit die natürliche Vorform ist für die Ich-Du-Beziehung, zu der sie sich entfalten will, so ist die leibliche Zeugung die natürliche Vorform
für die Hinführung zu Dialog und Wechselbeziehung. Indem die
Generativität sich schließlich ausweitet zu einem „Totalverband
der Generativität",[97] gewinnt die Menschheit den Charakter
eines Menschengeschlechtes, das im Einzelmenschen je neu beginnt und sich zugleich in ihm fortsetzt. Die Interfaktizität reicht
also über die aktuelle Mitwelt hinaus in die Vor- und Nachwelt;
der Dialog, den wir hier und jetzt führen, baut nicht nur auf dem
auf, was wir mit Andern taten und erlebten, sondern auch auf dem,
was Andere vor uns und für uns taten, und selbst bereitet er
Andern den Boden, die nach uns kommen werden; auf solch viel-

---

[96] Vgl. dazu Bloch, a.a.O. S. 119. Kinder preist man glücklich „wegen
der Hoffnung", zu der sie berechtigen, so Aristoteles, *Nik. Ethik* I, 10,
1100a 3–4.
[97] *Krisis*, S. 503.

fältige Weise wirkt die Sozialität am dialogischen Geschehen mit.

7. Objektivierte, organisierte und institutionalisierte Gemeinsamkeit

Die Sozialität ist ein Grundzug unseres Lebens, das besagt, wir haben durch Erwerb und von Natur aus immer schon eine gemeinsame Welt und sind darin miteinander verbunden; der Dialog selbst hat seine Geschichte und Vorgeschichte. Diese Gemeinsamkeit haben wir freilich erst als solche, wenn wir uns ausdrücklich auf sie beziehen. Wie wir erst im Geschichtsbewußtsein ein freies Verhältnis zu unserm geschichtlichen Leben gewinnen, so gewinnen wir erst im *Gemeinschaftsbewußtsein* ein freies Verhältnis zu unserm gemeinsamen Leben. Die ,,Stufe des schlichten Dahinlebens" wird überschritten, wenn wir uns ausdrücklich vornehmen, was wir schon tun, und ausdrücklich erwerben, was wir schon besitzen. Da wir in allem Andern immer zugleich uns selbst mit wollen, ist diese freiheitliche Distanz zu unsern Lebenszielen etwas, worauf unser Wollen von sich selbst her ausgeht. Das Verhältnis zur Gemeinschaft, die zunächst im schlichten Miteinanderdahinleben aufgeht, ist ein Aspekt dieses gestuften Verhältnisses zum eigenen Leben und seinen Zielen.[98]

Wie wir ursprünglich nicht auf Geschichtlichkeit aus sind, sondern auf Geschichtliches, so sind wir ursprünglich nicht auf Gemeinsamkeit aus, sondern auf Gemeinsames. Gleich der Geschichtlichkeit ist die objektive Gemeinsamkeit eine Reflexionsbestimmung, die hervorgeht aus der ,,Rückbeziehung des Verbandes auf sich selbst";[99] das setzt eine unausdrückliche Vereinigung in der lebendigen Gegenwart voraus. Die objektive Bestimmtheit ist nur zu erreichen in der Vergegenwärtigung, die vergangene, kommende oder bloß mögliche Gemeinsamkeiten der Welt und des Weltlebens kontrastiert mit der aktuellen Gegenwart und sie so erfaßt als etwas, was sich identisch durchhält im Ablauf des Lebens. In der ausdrücklichen *Wiederaufnahme* der bestehenden und der ausdrücklichen *Vorwegnahme* der bevorstehenden Gemeinsamkeit rühren wir an unsere gemeinsamen Ziele, die uns zu einem Wir verbinden. Retrospektive und

[98] Zur Abstufung der Geschichtlichkeit s.o.II, 13, bes. S. 119.
[99] *Ideen* II, S. 196.

Prospektive hängen zusammen, da das Vergangene, das wir wiederaufnehmen, in die Zukunft weist, und das Zukünftige, das wir vorwegnehmen, die Vergangenheit fortsetzt.

Reflexion besagt nun nicht bloße Wiederholung des Lebens, sondern Betrachtung, Auslegung des Sinnes, den das gelebte Leben hat; dieser tritt nun als solcher auf.[100] Die Gemeinsamkeit *objektiviert* sich in objektiv-subjektiven Gebilden, in einer ,,Welt der sozialen Objektitäten'', und ihr entspricht die gemeinsame Lebensform ,,sozialer Subjektivitäten''. Das Resultat der aktuellen Verbindung ist, mit Husserl zu reden, der ,,Personenverband'', ein Begriff, der eine vielfältige Differenzierung zuläßt und fordert. Die Sozialität als Beschaffenheit unseres Lebens tritt für sich auf als *Sozietät*; wir sprechen von Familie, Stamm, Volk, das sind ,,Personalitäten höherer Ordnung'', die gemeinsame Ziele, Verfahrensweisen, Eigenarten haben, als ,,Gemeingeist'' in einer eigentümlichen Welt leben.[101] Daß diese Substantivierung der Gemeinsamkeit zur Gemeinschaft, des intersubjektiven Beziehungsgefüges zum sozialen Gebilde eine nachträgliche und sekundäre ist, versteht sich und wird auch von Husserl mit aller Deutlichkeit betont.[102] Das soziale Gebilde konstituiert sich als solches in einer ausdrücklichen ,,sozialen Erfahrung''[103]; darin treffen wir auf Gemeinsames, auf das wir immer wieder zurückkommen können. Die Besinnung darauf kann sowohl theoretischer Klärung wie praktischen Vorsätzen dienen.

In der Objektivation des gemeinsamen Lebens wird die Gemeinsamkeit selbst zum Thema. Wie wir auf jedes fertige Gebilde selbst wieder einwirken, es gliedern, revidieren, neu ordnen können, so können wir auch eine Gemeinschaft *organisieren*, sie nicht nur ins Auge fassen, sondern ausdrücklich ins Werk set-

---

[100] Vgl. *Cart. Meditationen*, S. 72–73.

[101] Vgl. o. III, 10 und zur Unterscheidung verschiedener Verbindungsformen: Toulemont, a.a.O. Kap. III u. V; so bruchstückhaft Husserls Überlegungen hier auch sind, sie zeigen eine deutliche Sichtweise, die sich im Austausch mit den empirischen Forschungen fruchtbar machen läßt.

[102] Die ,,soziale Personalität'' hat eine ,,Art Ichzentrierung'' (*Phän. Psychologie*, S. 514), doch hat diese Einheit ,,keinen anderen Ort ... als die kommunikative Personenvielheit'' (*Gemeingeist* II, S. 20). Daß die Analogie von Einzel- und Gesamtperson in manchen Äußerungen überzogen wird (vgl. Toulemont, ebd. S. 318–21), rechtfertigt nicht die Totalkritik von Schutz (vgl. *Royaumont*, S. 361).

[103] *Ideen* II, S. 200.

zen.[104] Dem Aufbau muß dabei vorausgehen die *Auflösung* der erfaßten Ganzheit. Sinn und Sinnzusammenhang lassen sich daraufhin befragen, welchen Anteil der Einzelne an seinem Zustandekommen hat oder haben soll im gleichzeitigen und sukzessiven Zusammenwirken und Zusammenleben. Es kommt zu einer ausdrücklichen Rollenverteilung, zu einer Gliederung der gemeinsamen Aktivität nach Funktion, Zeit und Raum. Indem wir darauf achten, was wir von wem empfangen und was wir wem geben und schulden, entwickelt sich ein ausdrückliches Sozialbewußtsein, im Speziellen ein Traditions-, Solidaritäts- oder Autoritätsbewußtsein. Die partikulären Interessen und Fähigkeiten, die hierbei auftreten, harmonieren aber keineswegs ohne weiteres miteinander, im Gegenteil, die Disharmonie ist es vor allem, die unsere Gemeinsamkeit fraglich werden läßt. Die Partikularitäten bestimmen heißt daher zugleich, sie aufeinander abstimmen. Die Analyse ist damit auf dem Weg zu einer ausdrücklichen *Zusammenordnung*, zu einer aktiven und diskreten Synthese von Mein und Dein, die wir dem gemeinschaftsstiftenden Dialog absprechen mußten.

Das unmittelbare Gemeinschaftsleben, die „groupe en fusion" oder „à chaud", wie Sartre sagt,[105] hinterläßt seine Spuren in Habitus und Werk und folgt dabei spontan gewissen Regeln; nur insoweit hat es Kontinuität. In der Organisation des Zusammenlebens werden bestimmte Bahnen festgelegt, es werden ausdrückliche Regelungen getroffen, an die wir uns zu halten haben, ausdrückliche Eigenheiten festgestellt, die uns anhängen. Nun lassen sich in einer erneuten Reflexionsstufe die geformten Gemeinsamkeiten als solche formulieren; die Ordnung, die wir uns gegeben haben, erhält eine eigene Ordnungsform. Der Verband *institutionalisiert* sich im formellen Verband, die zunächst gelebte, dann organisierte Verbundenheit wird zur objektiven Verbindlichkeit. Geltende Einsichten und Überzeugungen werden in offiziellen Lehren, geltende Sitten in Gesetzen, Gestaltungsformen der Kunst in Kunstregeln fixiert. Ansprüche, die wir im

---

[104] Vgl. ebd. S. 197: über „verschiedenstufige Apperzeptionen".

[105] Vgl. *Critique de la raison dialectique* I, Paris 1960, S. 384 ff.; die spontane Gruppenbildung erscheint hier als erste Etappe in der Aufhebung der Entfremdung, bevor Organisation und Institutionalisierung zu neuer Entfremdung führen; dabei wird, so scheint mir, nicht genügend unterschieden zwischen Entäußerung und Entfremdung.

Zusammenleben aneinander haben, werden in einem Kodex von Rechten und Pflichten niedergelegt. Funktionen, die wir ausüben und einander zuweisen, erhalten den offiziellen Charakter von Ämtern. Die Zeit, die wir zunächst gemeinsam durchleben, dann objektivieren und einteilen, wird kalendarisch festgelegt. Der offene Raum, in dem wir miteinander leben und den wir objektiv einander zuteilen, bekommt offizielle Grenzen in Gestalt von Grenzsteinen und Grenzkarten. Selbst Grundereignisse wie Geburt und Tod können aktenkundig werden; einer wird als eheliches Kind, in einer Gemeinde, als künftiger Staatsbürger geboren. All diese Beispiele zeigen zur Genüge, wie in der Institution nicht der Gehalt des Dialogs aufbewahrt wird als in Werken erster Hand, wie vielmehr die Form des Dialogs selbst sich objektiviert in einem potenzierten Werkschaffen. Es treten hier nicht bloß die Resultate des intersubjektiven Geschehens nach außen, sondern eben die Gestalt dieses Geschehens gewinnt ein objektives Dasein in der Welt, findet ihre eigentümliche Verkörperung in Verträgen und Verfassungen, in Ämtern, Amtspersonen, Amtsstätten und Amtszeiten, in Titeln und Insignien.[106] In der Institution erreicht das Wir eine gewisse Selbständigkeit gegenüber den Einzelgliedern. Husserl scheut sich nicht, im Anklang an Rousseaus „volonté générale", von einem „Staatsich" mit einem eigenen „Staatswillen" zu sprechen[107] sowie allgemein von Gemeinschaften als von „personalen Einheiten höherer Ordnung, die als Ganze ihr Leben führen, sich bei Zutritt oder Abgang von einzelnen in der Zeit fortdauernd erhalten, ihre Gemeinschaftsbeschaffenheiten haben, ihre sittlichen und rechtlichen Ordnungen, ihre Weisen des Funktionierens im Zusammenwirken mit anderen Gemeinschaften und mit einzelnen Personen, ihre Abhängigkeit von Umständen, ihre geregelte Veränderlichkeit, ihre Art sich zu entwickeln oder sich zeitweise konstant zu erhalten je nach den bestimmenden Umständen".[108] Was mit der schlichten Objektivation begann, erreicht in der Institutionalisierung sein Ziel: das Wir ist, es ist als bleibende Wirklichkeit,

---

[106] Vgl. *Ideen* II, S. 182 und *Gemeingeist* I, S. 19: „Künstlich" gestiftete Gemeinschaften auf Grund von Verabredung; zur schriftlichen Dokumentierung s.o. III, 17.
[107] *Phän. Psychologie*, S. 514–15.
[108] *Ideen* II, S. 182.

mit der man rechnen kann.[109] Die Selbständigkeit des Wir wird nur dadurch relativiert, daß es im Zusammenwirken der Einzelnen und der Einzelgruppen fundiert bleibt; wir geben uns selbst die Form, die uns bindet.

Die Rückbezogenheit aller Institutionen und Organisationen auf das ursprüngliche Zusammenleben, in dem wir direkt bei der Sache sind, ist allerdings entscheidend für die Funktion, die sie im Lebensganzen haben, und für die *Grenzen*, die ihnen dabei gesetzt sind. Zunächst sind die Möglichkeiten einer Organisation und Institutionalisierung von der Sache her begrenzt insofern, als die Gemeinsamkeiten sich nur soweit ausdrücklich rekonstituieren und die individuellen Beiträge zum Ganzen sich nur soweit sondern, einordnen und festlegen lassen, als sie einem ,,ich tue'' anheimgegeben sind; Sitte, Sprache, Werkschaffen reichen aber hinein in eine Schicht präpersonaler Anonymität, wo es noch keine namhaften Erfinder gibt.[110] Die rationale Planung stößt hier auf einen Bereich des Unbewußten und Unfreiwilligen, eine ,,Schicht verborgener Vernunft''.[111] Der Versuch, die Natur in uns mit ihren Zufälligkeiten nicht nur zu regulieren, sondern zu perfektionieren, etwa in Gestalt einer künstlichen Sprache oder Menschenzüchtung, rächt sich an sich selbst, sofern nun die Herstellung ihre eigene Irrationalität entfaltet in einem Herstellen dessen, was sich zufällig herstellen läßt. Die Natur in uns ist aber nur ein anderer Ausdruck dafür, daß wir uns selbst voraus sind, erfinderisch, bevor wir noch wissen, was wir suchen. Die Möglichkeiten von Objektivation, Organisation und Institution sind von daher in sich selbst schon begrenzt, eben weil sie Re-konstitution sind. Das Leben im Ganzen läßt sich nicht in eine objektive endgültige Gestalt bringen.[111a] Übersieht man diesen reflexiven

---

[109] Vgl. *Phän. Psychologie*, S. 514: Eine ,,soziale Personalität'' haben wir erst, ,,wenn wir gegenüber den Einzelsubjekten auch von einer Art Ichzentrierung und von einer verharrenden Habitualität der zentrierten Gemeinschaft sprechen können''. Entsprechend bezeichnet L. von Wiese ,,diejenigen zwischenmenschlichen Gebilde als Gruppen, die von solcher verhältnismäßiger Dauer und verhältnismäßiger Einheitlichkeit sind, daß man die in ihnen verbundenen Menschen als relativ zusammengehörig betrachtet'' (*System der allgemeinen Soziologie* ..., Berlin ³1955, S. 448).

[110] Vgl. *Ideen* II, S. 316: Es gibt ,,soziale Personalitäten'', die noch keine ,,Willens- und Handlungsgemeinschaften'' sind.

[111] Ebd. S. 276.

[111a] Die verborgene Vernunft bewirkt zugleich, daß die offene Vernunft keine fertige ist. So transzendiert die ,,Sittlichkeit'' des ethischen Ver-

Charakter der ausdrücklichen Gemeinschaftsbildung, so entsteht die Illusion einer konstruierbaren Gemeinschaft, die etwa im Gesellschaftsvertrag nicht nur ihre Form, sondern überhaupt erst einen Zusammenhalt findet, obwohl doch alles, was die Einzelnen in die organisierte Gemeinschaft einbringen, selbst schon unter Mitwirkung oder Gegenwirkung der Andern entstanden ist. Die Vorstellung von einer, extrem verstanden, gewachsenen Gemeinschaft ist dann das naturalistische Gegenstück dieser rationalistischen Illusion. Reflexive Gemeinschaftsbildung und spontanes Gemeinschaftsleben lassen sich nur korrelativ verstehen, was die Akzentuierung des einen oder andern je nach Phase, Bereich und Situation des persönlichen und geschichtlichen Lebens nicht ausschließt.[112]

Weil also die objektiven Gemeinschaftsgebilde nicht Endgestalten des Zusammenlebens, sondern bestimmende Momente in ihm sind, verschafft uns das ausdrückliche Gemeinschaftsbewußtsein keine Freiheit von der Gemeinschaft, sondern eine Freiheit in ihr. Wir durchschauen sie bis zu einem gewissen Grade, überschauen sie aber so wenig, wie wir im Geschichtsbewußtsein die Geschichte überblicken, in der wir stehen.

8. Zugehörigkeit und Fremdheit, Abgeschlossenheit und Offenheit der Gemeinschaft

Solange wir uns einzeln oder vereint auf die Gemeinschaft zurückwenden, der wir angehören, sind unserer Objektivation Grenzen gesetzt dadurch, daß wir miteinander leben, was wir da feststellen, explizieren und ordnen. Wir können nicht völlig be-

haltens den Bereich traditioneller „Sitten" und den Bereich formulierter Rechte (vgl. etwa Transcr., 1920, F I2 4, S. 90–97). Vgl. dazu bei Lersch, *Der Mensch als soziales Wesen*, S. 105 ff.: Konventionelle, institutionelle und ideelle Normen; dies ist nicht als abstrakte Scheidung zu verstehen, sondern als Akzentuierung verschiedener Momente in einem Gesamtprozeß.

[112] Die bekannte Antithese von organisch verstandener „Gemeinschaft" und mechanistisch verstandener „Gesellschaft", die F. Tönnies aufgestellt hat, wird diesem Zusammenhang in keiner Weise gerecht. Anders die integrativ zu verstehende, von Aristoteles herrührende Unterscheidung zwischen einer praktisch bestimmten „Gemeinschaft", bei der es schon auf die *Weise* der Verwirklichung ankommt, und einem poietisch bestimmten „Verband" (im engeren Sinne), wo das *Resultat* zählt (vgl. Kuhn, *Der Staat, Eine philosophische Darstellung*, München 1967, S. 140–41, dazu oben IV, 5).

stimmen, wer wir sind. Wie die Eigenart des Ich sich bestimmt in Abhebung gegen Andere, die nicht Ich sind, so wird sich die Eigenart des Wir von Fremden abheben, die nicht zum Wir gehören.

Eine gewisse Distanz ergibt sich schon, wenn wir auf eigene Lebensziele achten, die an aktuellem Interesse verloren haben, auf Lebenssituationen, die vorüber, auf Lebensabschnitte, die relativ abgeschlossen sind. Aber diese *Fremdheit für uns selbst* entsteht gerade aus dem Kontrast zur aktuell wirksamen Gemeinsamkeit, die wir auf diese Weise nur negativ zu fassen bekommen. Überdies wirkt auf gewisse Weise alles, was wir durchlebt haben, in uns nach, und die Rückkehr an die Stätten der Vergangenheit – ein verbreiteter literarischer Topos – zeigt gerade eine unentwirrbare Mischung von Fremdheit und Vertrautheit, das Wir ist bei dem Versuch der Selbstaneignung nicht besser dran als das Ich.

Nur kurz hingewiesen sei auf eine mittlere Möglichkeit, auf eine *Fremdheit in der Gemeinschaft,* die dann entsteht, wenn ein Einzelner oder eine Gruppe sich vom Zusammenwirken der übrigen absondert und so eine gewisse Distanz gewinnt auch zu dem, was in der Gegenwart geschieht. Diese Fremdheit hält sich freilich nur dann im Rahmen des Dialogs, wenn die Außenseiterrolle, etwa die Rolle des Kritikers gegenüber den Handelnden und Schaffenden, als Rolle im Ganzen anerkannt wird und der Außenseiter an den Zielen der Andern mitinteressiert bleibt. Der faktisch oder formell Verbannte, Geächtete, der *outlaw,* der ἄπολις[113] ist nicht mehr als Partner anerkannt, mag nun das Recht auf seiner Seite sein oder auf Seiten der übrigen; von dieser Kampfsituation sehen wir hier ab. Gehört nun der Abseitsstehende der Gemeinschaft weiterhin mitverantwortlich an, so kann er mehr erfassen als jene, die im gemeinsamen Wirken aufgehen, aber er hat doch nicht das Wir zum Gegenüber.

Anders im Falle des Außenstehenden. Wenn einer nicht zu uns gehört, keine Funktion in unserer Gemeinschaft ausübt und unsere Interessen und faktischen Möglichkeiten nicht unmittelbar teilt, kommt es zu einer *Fremdheit gegenüber der Gemeinschaft,* zu einer Fremdheit im vollen Sinne, sei es, daß sich die Fremdheit auf einen speziellen Berufs- oder Tätigkeitskreis, sei es, daß sie

---

[113] Vgl. Sophokles, *Antigone,* v. 370.

sich auf einen konkreten Lebenskreis wie Familie, Volk, Kulturgemeinschaft bezieht.[114] Husserl denkt in diesem Zusammenhang
vor allem an solche Situationen, in denen wir mit fremden
Kulturen in Berührung kommen.[115]

Welche Rolle spielt nun der Fremde in der Konstitution der
Gemeinschaft, der er nicht angehört? Die vielerörterte Rolle des
,,Dritten'', der von außen her beobachtet und lenkt, ohne sich als
Partner ansprechen zu lassen, kommt hier nicht in Betracht, weil
dabei im Gegensatz zur innerdialogischen Objektivation der
Dialog selbst von außen her objektiviert wird und damit der
Boden des Dialogs verlassen ist. Anders der Zeuge, der anteil-
nehmend dabeisteht, miterlebend, mitsehend, mithörend,[116] der
anredend hinzutritt, aber als Nicht-Unsriger, als fremder Einzelner oder als Vertreter einer fremden Gemeinschaft. Hier ergibt
sich die Möglichkeit einer *Kommunikation zwischen Gemeinschaften*, genauer gesagt: einer Kommunikation zwischen Vertretern verschiedener Gemeinschaften, die sich als solche Vertreter gegenübertreten.[117] Im Namen eines *Wir* spricht einer im
Andern ein *Ihr* an,[118] sei es in einer inoffiziellen Fühlungnahme,
wenn etwa Völker sich füreinander interessieren, sei es in einem
offiziellen Verkehr, wenn beispielsweise Staaten miteinander ver-
handeln. Der Einzelne fungiert in solchen Fällen nicht einfach als
Deutscher, Arzt oder Erwachsener, sondern als Vertreter seines

[114] Zur abgestuften Nähe und Ferne der Mitmenschlichkeit vgl. o. III,
16. Die neue Fremdheit, die bei der Bildung einer intimen Gemeinschaft
für den Ausgeschlossenen entsteht, macht C. McCullers zum Thema ihres
Romans *The Member of the Wedding*. Zur Situation des ,,Fremden'', der
in eine neue Kulturgemeinschaft eintritt, vgl. Schutz, ,,The Stranger'',
in: *Collected Papers* II, S. 91 ff.

[115] Vgl. *Cart. Meditationen*, § 58, *Krisis*, § 36, *Phän. Psychologie*, Beil.
XXVII.

[116] Zum beteiligten Zeugen (vgl. *testis = tri–stis = ,als Dritter dabei-
stehend'*) s.o. S. 151 und III, 15).

[117] Husserl bemerkt, ,,daß die Idee der Kommunikation offenbar vom
singulären persönlichen Subjekt sich auch auf soziale Subjektverbände
erstreckt, die selbst personale Einheiten höherer Stufe darstellen'' (*Ideen*
II, S. 196). Hier treten sich, gemäß der Unterscheidung von W. G. Sumner,
,,in-group'' und ,,out-group'' gegenüber; zum Problem des ,,Inter-
gruppenverhältnisses'' vgl. Lersch, *Der Mensch als soziales Wesen*, S. 142
ff.

[118] Dieses Ihr ist zu unterscheiden von dem Ihr als einem unbestimmt
gelassenen Du (vgl. o. III, 15).

Volkes, seines Berufsstandes oder seiner Generation. Äußert sich ein Politiker etwa, „der als nationaler Funktionär auf das allgemeine Wohl gerichtet ist",[119] in der Verhandlung, so kommt es für seinen Partner primär nicht darauf an, was dieser persönlich will und zugesteht, sondern was er für das Volk, das ihn beauftragt hat, zugestehen kann. Zu vermitteln sind nun nicht persönliche, sondern gemeinsame Ziele und Interessen, die *Synthese* spielt nicht zwischen Mein und Dein, sondern *zwischen Unser und Euer*, zwischen kollektiven Bestimmtheiten, die nun als solche hervortreten in ihrer aktuellen Geltung. Indem wir voneinander im Plural angeredet werden, vernehmen wir voneinander, was uns mit Andern verbindet, und indem wir voreinander die Ziele eines Wir vertreten, findet dieses Zustimmung und Ablehnung. Der Einzelne ist in diesem Dialog gebunden an den Standpunkt, den er vertritt, den er auf Grund gemeinsamen Tuns und eines geschichtlichen und natürlichen Erbes mit Andern teilt und den er nur in Auseinandersetzung mit diesen, nicht aber rein für sich abändern kann. Im aktuellen Leben selbst zeigt uns der Fremde, was sonst implizit bleibt, daß wir nämlich durch und durch sozial geprägt sind. Dies bedeutet keine bloße Randmöglichkeit. Da nämlich jeder im Sozialen mannigfache Rollen innehat und auf diese Weise ein und derselbe uns zugehörig und fremd ist, etwa als Ehepartner und Vertreter eines fremden Geschlechtes, als Mitforscher und Angehöriger einer fremden Nation, ist die Fremdheit hineinverwoben in alle Lebensverhältnisse. Freilich treten wir nicht ständig als Vertreter einer fremden Gruppe auf; wir tun es vor allem dann, wenn allgemeine Verständigungsschwierigkeiten eine ausdrückliche Vermittlung der sozialen Unterschiede fordern, ein eklatantes Beispiel: jemand spricht eine unverständliche Sprache – der Fremde καθ' ἐξοχήν.[120]

Doch selbst im extremen Fall ist der Andere nur von *relativer Fremdheit*; ausgeschlossen ist er als Mitmensch nicht von dem, was meine Gruppe intendiert und immer schon intendiert hat, sondern nur von der Weise, wie sie es tut. Wäre er schlechthin ausgeschlossen, sein Leben wäre in keiner Weise mit dem unsri-

---

119 *Krisis*, S. 328.
120 Vgl. Transcr. (1932) A V 6, S. 9, 12: Die „Heimwelt" ist wesentlich von der Sprache her bestimmt; die „Einheit der Heimwelt höherer Ordnung" fordert eine Überbrückung der Fremdsprachlichkeit (ebd. S. 15).

gen verbunden; doch eine solche Möglichkeit, die Möglichkeit, „daß mehrere getrennte, d.i. miteinander nicht vergemeinschaftete Monadenvielheiten koexistieren, deren jede also eine eigene Welt konstituiert", ist undenkbar; denn indem ich jemand als wirklich denke, denke ich ihn als prinzipiell kommunikationsfähig, denn nur so ist er für mich überhaupt da.[121]

Die Fremdheit als die Abgeschlossenheit voneinander ist durchbrochen in einer zwiefachen Offenheit füreinander. Sie ist immer schon faktisch durchbrochen vor aller ausdrücklichen Verständigung durch eine *Offenheit des Lebens*, durch das gemeinsame Leben in der Welt, geleitet von einer verborgenen Vernunft: wir sind auf denselben Sinn aus in einer fungierenden Intentionalität. Doch solange der offen-endlose Horizont der Menschheit nicht ausdrücklich erschlossen ist, leben wir in einer gewissen Abgeschlossenheit, in einer „geschlossenen Gemeinschaft."[122] Die *Abgeschlossenheit* resultiert unmittelbar aus der Begrenztheit der aktuellen Gegenwart, die je nach dem in ihr lebendigen Interesse nur eine bestimmte „Breite" hat,[123] und so entsteht in Raum und Zeit eine „Nahwelt" oder „Heimwelt", die kontinuierlich in eine sie umgebende „Fernwelt" übergeht.[124] Diese anfängliche und unausdrückliche Begrenztheit wird ausdrücklich akzeptiert in der Konstitution eines fest umrissenen Gemeinschaftsgebildes, worin man sich bewußt von den Übrigen absondert. Diese Abgeschlossenheit kann aufs neue durchbrochen werden in der ausdrücklichen Verständigung mit den Ausgeschlossenen, in einer *Offenheit der Vernunft*: wir setzen denselben Sinn in einer aktiven Intentionalität. Ein konkretes Geschehen ist die Öffnung auf das Ganze hin freilich nur insoweit, als wir nicht versuchen, hinter die eigene Kulturwelt zurückzugehen in einem sozialen „Zurück zur Natur", noch auch versuchen, über sie hinwegzugehen,

---

[121] Vgl. *Cart. Meditationen*, S. 166, außerdem: *Ideen* I, § 48.

[122] *Krisis*, S. 326 und ebd. S. 324: „Der offen endlose Horizont, in dem er (sc. der Mensch) lebt, ist nicht erschlossen, seine Zwecke und sein Wirken, ... seine personale, seine gruppenmäßige, seine nationale, seine mythische Motivation, alles bewegt sich in endlich überschaubarer Umweltlichkeit." Vgl. dazu Toulemont, a.a.O. Kap. V: *Les sociétés finies*.

[123] Vgl. Brand, a.a.O. S. 90–91.

[124] Vgl. *Krisis*, S. 303, 320, außerdem: Transcr. (1920) A V 10, S. 127–29; (1932) A V 6, S. 6–16; (1933) A VII 9, S. 9–16, dazu: Landgrebe, *Der Weg der Phänomenologie*, S. 48 ff., Diemer, a.a.O. S. 345 ff., Toulemont, a.a.O. S. 184 ff.

sondern vielmehr durch sie hindurch die fremden Welten aufschließen in einem orientierten Dialog, zu dem jeder von seiner
Welt her Zugang hat, wobei diese Zugänglichkeit eben „keine
unbedingte" ist.[125] Wie wir Fremde nicht konkret verstehen im
Verzicht auf die Sprache, sei es in einem „bloßen Leben" oder
„bloßen Denken", sondern nur im Erlernen der fremden Sprache
ihnen nahekommen, so läßt sich die Fremdheit überhaupt konkret nur überwinden in der Vermittlung der kulturellen Differenzen, wobei diese nicht aufgehoben, sondern als Sonderperspekti-
ven in den umfassenden Dialog einbezogen werden. Diese Öffnung
der Vernunft ist eine prinzipielle Möglichkeit, deren Entdeckung
freilich ein bestimmtes historisch und geographisch lokalisier-
bares Geschehen darstellt – Husserl denkt hier, wohl allzu einseitig, an die philosophisch-wissenschaftliche Theoria, mit der die
Griechen der europäischen Kultur den Grund gelegt haben[126] –
und deren konkrete Verwirklichung über die Vernunftanstren-
gungen hinaus in der Geschichte der Entdeckungen, der Verkehrs-
mittel und des Handelsaustauschs ihren Weg sucht in der Überwindung faktischer Hindernisse. Das einzige, was sich der prinzipiellen Möglichkeit menschlicher Annäherung ebenso prinzipiell
widersetzt, ist die *Verschlossenheit der Widervernunft*, die sich
nicht nur vor Fremden abschirmt, sondern diese zu Feinden degradiert. Ein etymologisches Indiz für den Übergang vom fremden
Mitmenschen zum Gegenmenschen: das lat. „hostis" (stammver-
wandt dem dt. „Gast") meint ursprünglich den „Fremden", dann
den „Feind".

Wenn die Fremdheit nur eine relative ist und niemand schlechthin außen steht, dann ist die *Menschheit* als die „Allgemein-
schaft", die alle Einzelnen und Einzelgruppen verbindet, eine

---

[125] *Cart. Meditationen*, S. 160. Eine radikale Dialektik von Eigenheit
und Fremdheit kommt auch hier nicht auf, weil Husserl die interkulturelle
Beziehung ebenfalls als „eine Art Einfühlung" versteht: „Ich und meine
Kultur" sind „das Primordinale gegenüber jeder fremden Kultur" (ebd.
S. 161).
[126] Vgl. vor allem die Abhandlung: *Die Krisis des europäischen Men-
schentums und die Philosophie* (*Krisis*. S. 314 ff.); Europa wird zwar
bevorzugt auf Grund seines geistigen Universalismus, doch selbst das
scheint mir eine spekulativ überhöhte Ethnozentrik, denn auch dieser
Universalismus hat seine besondere Form, ganz abgesehen davon, daß er
in der Geschichte nie rein von materiellen Interessen aufgetreten ist.

offene Gemeinschaft.[127] Sie hat ihre Sonderformen, gleich wie die Lebenswelt ihre Sondergestalten hat,[128] doch sind dies Bestimmungen innerhalb und auf dem Grunde des Lebenszusammenhangs, worin dieser nicht selbst als ganzer bestimt und gegen anderes abgesetzt ist; es gibt nicht eine Menschheit unter anderen. Wie die Welt, so ist auch die Menschheit niemals gegenständlich gegeben, sondern immer im Einzelnen als Horizont mitgegenwärtig. So wenig der Einzelne sein Leben in einen festen Selbstbesitz überführen kann, so wenig vermag die Menschheit als ganze sich selbst eine objektive, organisatorische oder institutionelle Endgestalt zu geben; im intersozietären Verkehr schließt sich die Offenheit der dialogischen Horizonte nicht, sie expliziert sich nur: wir leben als Glieder einer Menschheit und handeln in diesem Bewußtsein.

Die ausdrückliche Konstitution der Menschheit und aller höheren Gemeinschaftsgebilde bleibt schließlich deshalb dem menschheitlichen Lebenszusammenhang eingeordnet, weil jeder intersozietäre Dialog in interpersonalen Dialogen fundiert ist. Das Wir, das mit dem Ihr in Konnex tritt, ist selbst Resultat und Fundus interpersonaler Beziehungen, und es wird vertreten von einem Ich, das diese Gemeinschaftsrolle übernimmt und hat und in der Selbstverantwortung nicht mit ihr identisch ist, solange es sich nicht an die Sozietät verliert und sich zum bloßen sozialen Funktionär degradiert. Noch im offiziellen Dialog, der die Gemeinsamkeit selbst bewerkstelligt, statt schlicht in der Verbundenheit zu leben, ist ein interpersonaler Kontakt lebendig trotz aller Abblendung des Persönlichen, oder es wäre dies kein Dialog mehr, sondern ein wechselseitiger Gebrauch. Selbst die radikale Öffnung für das Du in seiner Einzigartigkeit bleibt eine hintergründige Möglichkeit. An die Menschheit, der wir verbunden sind, rühren wir nur im Einzelnen; ohne diesen Rückbezug verkümmert die lebendige Wirklichkeit der Menschheit zur Menschheits-Ideologie, die nicht wenig beiträgt zur wechselseitigen Abschnürung von Publizität und Intimität, wie sie sich in der Lebenspraxis findet.

[127] Vgl. *Cart. Meditationen*, S. 167, *Krisis*, S. 262, ähnlich *Ideen* II, S. 196–97.

[128] Vgl. *Cart. Meditationen*, S. 163, *Krisis*, S. 262; es fragt sich nur, ob die Besonderung sich derart in einer Eidetik auffangen läßt (vgl. bes. *Phän. Psychologie*, S. 491–92).

9. *Personales Ereignis und sozialer Bestand*

Die Gemeinsamkeit, die wir im Weltleben miteinander und voneinander erwerben und haben, beläßt uns in einer gewissen Anonymität; in der mannigfachen sozialen Verbundenheit bestimmen wir einander, aber nicht in unserer Einzigartigkeit. Erst die Geschichte der unmittelbaren persönlichen Begegnungen, die sich mit der Werkgeschichte kreuzt (s.o. S. 330), läßt den Einzelnen hervortreten in seiner Eigenwirklichkeit, die sich in aller allgemeinen Typik auf besondere Weise ausdrückt und in Geburt und Tod in die Welt eintritt und aus ihr austritt. Im Einzelnen erhält die Spontaneität, die alle Organisation und Institution trägt und sich eben deshalb ihr entzieht, eine namhaft-bestimmte Gestalt. Geburt und Tod als die Grenzereignisse, die auf eine Vor- und Nachgeschichte verweisen, finden ihre Entsprechung in Grundereignissen, worin innerhalb der Geschichte selbst diese überschritten wird; dazu zählt auch die interpersonale Begegnung, die in ihrer emphatischen Form, in der Liebe, verwandt ist der Geburt, da in ihr ein gemeinsames Leben neu anhebt, und verwandt zugleich dem Tod, da dieses Leben nicht einfachhin dauert wie etwas, das wir erworben haben und auf das wir jederzeit zurückkommen können. Das Leben selbst ist kein mögliches Werk.[129]

Es unterscheidet sich also das interpersonale *Ereignis*, das wir durchlebt haben und das unwiederholbar in uns fortlebt, von dem sozialen *Bestand*, den wir erworben haben und mit dem wir wiederholt rechnen können. Ein Freundschaftserweis, ein Geschenk steht uns nicht auch künftig zu, wohl aber haben wir ein gewohnheitsmäßiges Anrecht auf bestimmte Umgangsformen und ein förmliches Anrecht auf amtliche Dienstleistungen. Doch bedeutet dies, daß in der direkten Ich-Du-Beziehung, die nicht aus einer Rollenverteilung ihre Garantien nimmt, die reine Improvisation herrscht und keine dauernden Bindungen eingegangen werden? Dem steht entgegen, daß uns nicht nur Welt und soziale Mitwelt vertraut werden, sondern auch Freunde, daß sich zwi-

---

[129] Das Auseinanderbrechen der geschichtlichen Totalität in der direkten Begegnung ist das zentrale Motiv in Levinas' Werk: *Totalité et Infini*, vgl. bes. S. 23 ff., wo auch auf Geburt und Tod Bezug genommen wird.

schen Ich und Du ein „Zwischenmensch" bildet,[130] daß schließlich selbst die intimsten Beziehungen eine institutionell-öffentliche Form zulassen in der Ehe oder dem Freundschaftsbund. Und doch kann die Vertrautheit mit dem Du nicht die Verläßlichkeit dessen bedeuten, der auf Grund von Gewöhnung oder Abmachung *bereit steht*, sondern nur die Verläßlichkeit dessen, der sich von sich aus stets neu *bereit hält*; andernfalls hätten wir es nicht mit dem Du zu tun in seiner ursprünglichen und einzigartigen Gegenwart.

Zur Klärung dieser Frage greifen wir auf einen früheren Gedanken zurück. Weil die Ich-Du-Beziehung nicht aus Welt und Mitwelt hinausführt, sondern uns in ihren lebendigen Mittelpunkt versetzt, „strömt" das, was in ihr zutage tritt, in die Alltagswelt „ein" als dessen freigelegter Hintergrund.[131] Die Beziehung selbst als ständige Gegenwart ist ein Anarchisches, das sich der Regelmäßigkeit von Organisationen und Institutionen entzieht; weltliche Formen wie die Ehe sind nur Zeichen, die auf das hinweisen, was wir füreinander sind; soweit sie aber einen vertraglichen Charakter annehmen, etwa im Ehe- oder Freundschaftsvertrag, regeln sie nur die Weise, wie sich Liebe und Freundschaft im weltlich-sozialen Bereich verwirklichen. Die Freundschaft schließt ja die Möglichkeit und den Anspruch mit ein, daß wir einander nützen; nur sind wir nicht befreundet, weil wir einander nützen, die Freundschaft und die Liebe ist ein Mehr. Umgekehrt sind wir zu einem sozialen Verband zusammengeschlossen, eben sofern wir in bestimmten Rollen auf etwas festgelegt sind. Doch diese soziale Verbundenheit verweist ihrerseits auf die aktuelle Verbindung, in der wir sie annehmen und fortführen. Der soziale Bestand zieht seine Geltung selbst aus einem Ereignis, aus dem dialogischen Ereignis, das sich ebensowenig ein für allemal fixieren läßt wie die liebende Zuwendung, in der das dialogische Geschehen zu sich selbst gebracht wird. So besehen herrscht zwischen dem unmittelbaren mitmenschlichen

---

[130] Vgl. Bloch, a.a.O. S. 107–08, außerdem: Buber, *Elemente des Zwischenmenschlichen*, a.a.O. S. 289.

[131] Wir wandeln hier ab, was Husserl von der Rückkehr aus der transzendentalen Einstellung sagt: Alles „früher völlig Verschlossene und Unsagbare strömt jetzt in die Selbstobjektivation ein … und wird als dessen neu freigelegter intentionaler Hintergrund konstitutiver Leistungen apperzipiert" (*Krisis*, S. 214).

Kontakt, der sich improvisatorisch dem Augenblick überläßt, und dem sozial vermittelten Kontakt, der sich an bestehende Regelungen hält, nur ein Unterschied des Akzents. Die *relations* „*longues*" durch die Institutionen hindurch verhelfen der Mitmenschlichkeit zur vollen *Extension* und Spannweite, die *relations* „*courtes*" von Person zu Person sichern ihr die volle *Intensität* und schließlich auch ihre Intention, die in allem immer nur eine sein kann.[132] In all diesen Beziehungen waltet eine soziale Verbundenheit, die früher ist als unser Tun, aber erst in diesem als solche da ist: wir führen einen Dialog, in dem wir bereits stehen und Stand gewonnen haben; wir führen ihn insoweit, als wir uns nicht selbst erliegen in einer Aufkündigung des Dialogs.

---

[132] Vgl. Ricoeur, „Le socius et le prochain", in: *Histoire et vérité*, bes. S. 105–06. Zur Extension der Mitmenschlichkeit vgl. auch F I 24, S. 154: „Ich kann nur glücklich sein, wenn die Menschheit als Ganzes es sein kann" (zitiert bei Roth, a.a.O. S. 161); dementsprechend ist die „Teleologie" für Husserl eine soziale und universale Teleologie.

KAPITEL VI

UNTERBRECHUNG UND ZERFALL
DES DIALOGS:
KAMPF GEGENEINANDER

1. Das Verlassen des Dialogs

Während im Aufblick zum Du der Hintergrund des Dialogs sich aufklärt und im Rückblick auf die bestehende Gemeinsamkeit dessen Untergrund ans Licht tritt, wird der Boden des Dialogs verlassen, wenn einer sich weder direkt noch indirekt, weder explizit noch implizit an den Andern wendet als an ein Mit- oder Gegensubjekt, sondern ihn als bloßes *Ding* auffaßt, ihn zum Worüber einer Verständigung, zum Woran einer Betätigung macht. Geschieht dies auf radikale Weise, so zerfällt das dialogische Miteinander, weil einer sich nicht mehr durch den andern frei bestimmen läßt, sondern sich gegen ihn verschließt, indem er das Zwischenreich des Dialogs einseitig okkupiert oder okkupieren läßt. Diese beiden gegensätzlichen Möglichkeiten lassen sich freilich niemals bis aufs äußerste verwirklichen, weil keiner seine Subjektivität völlig abtun oder sie dem Andern gänzlich abnehmen kann. Das Zwischenreich bleibt umkämpft.

Zu betrachten und zu begreifen ist die Selbstentfremdung, sofern die Andern an ihr mitwirken. Da die Andern im Gegeneinander durchaus mitfungieren, müssen wir weiterhin vom Ich und den Andern zugleich ausgehen, um die Gegengestalt des Dialogs zu entziffern.[1] Dabei werden wir zunächst das Grundgesetz aufzeigen, nach dem die wechselseitige Verdinglichung vor sich geht, dann die Einbruchsstellen für dieses Geschehen aufsuchen, wobei wir wiederum auf die Leiblichkeit stoßen. Die

---

[1] Vgl. Transcr. (1932) A V 6, S. 38: ,,Aber auch das Gegeneinander . . . ist ein Verhalten nicht im Nebeneinander, sondern im Ineinander von Aktich und Aktich''; vgl. auch die Ansatzpunkte zu dieser neuen Betrachtung oben II, 3–4, 12.

Verdinglichung kann zwiefach auftreten, zunächst als bloße *Unterbrechung* des Dialogs, als Einordnung in Geschichte und Natur, wobei die dialogischen Horizonte nur abgeblendet werden; diese Abblendung bleibt zweideutig, solange sie nicht als solche durchschaut ist. Während also hier der Boden des Dialogs nicht eigentlich verlassen wird, kommt es zum *Zerfall*, wenn der wechselseitige Anspruch nicht ausgespart, sondern negiert wird. Auf diese Möglichkeit hin ist die Mitmenschlichkeit zu befragen in all ihren Dimensionen, im weltlichen Umgang, in der direkten Zuwendung und in der Gemeinsamkeit, die wir im Laufe der Geschichte erwerben und einander vermachen. Bei dieser negativen Rekapitulation dürfen wir nicht davon ausgehen, daß der öffentliche Bereich weithin dem Unheil ausgesetzt ist, während der intime Bereich eine Oase des Heils darstellt; vielmehr ist zu fragen, ob nicht jedes seine eigenen Formen des Gelingens und Mißlingens zeitigt und nicht alles mit allem zusammenhängt.

Auf dieser neuen Frageebene bleiben wir zurückbezogen auf die Teleologie, die den Dialog bewegt. Das a-dialogische und antidialogische Verhalten wird nur verständlich auf dem Hintergrund des dialogischen Lebens, selbst wenn dieses niemals und nirgends rein für sich auftritt. Was nämlich die Verdinglichung von der schlichten Dingauffassung unterscheidet ist dies: Das Ding begegnet nicht als ein Wesen selbsteigener Ansprüche und Ansprechbarkeit, während die Verdinglichung diese Möglichkeiten außer acht läßt oder mißachtet und eben damit implizit voraussetzt. Doch was heißt hier Verständlichkeit? Der Abfall von der ursprünglichen Intention ist ein Faktum, von dem wir ausgehen, das wir aber nicht aus anderem herleiten können.[2] Anders als die Vorgeschichte des Dialogs, als die faktischen Vorstufen einer gemeinsam zu erringenden Freiheit, ist der Zerfall als wirkliches Geschehen im aktuellen Dialog nicht strukturell beschlossen, er stellt einen *Bruch* dar in der menschlichen Geschichte. Die Verschuldung ist nicht mit der Endlichkeit des menschlichen Daseins gleichzusetzen, wie auch die Selbstverlorenheit des Einzelnen keine bloße Vorform des freien Selbstseins ist. Es bleibt

---

[2] Dieser Abfall ist nicht innergeschichtlich zu verstehen als Verlust eines archaischen Zustands der Unschuld; vgl. dazu Kants Unterscheidung zwischen ,,Vernunft- und Zeitursprung'' (*Die Religion innerhalb der Grenzen der bloßen Vernunft*, Erstes Stück, IV, A 36 ff.).

eine Differenz zwischen der totalen Verkehrung der Intention auf dem Abweg der Freiheit und einer partiellen Vereitelung der Intention auf den Wegen und Umwegen der Freiheit, zwischen Korrumpierung und Beengung der Freiheit, zwischen schuldhaftem und faktischem Zwang. Die ethische Dimension konkretisiert und manifestiert sich in der kulturell-geschichtlichen Dimension, geht aber nicht in ihr auf. Verkennt man diese Differenz, so kommt es leicht zu einer Dämonisierung der kulturell-geschichtlichen und einer Bagatellisierung der ethischen Problematik.[3] Sollen nun aber Normal- und Zerfallsform nicht völlig auseinandertreten zu zwei Bereichen, deren einer verständlich, aber ideal-abstrakt, deren anderer unverständlich, aber real-konkret ist, so muß es im Leben und Lebensverständnis einen integrierenden Gesichtspunkt geben, den unsere Überlegungen, mit beidem befaßt, bereits voraussetzen. Ihn werden wir am Ende dort suchen, wo sich der Zerfall in all seinen Erscheinungsformen einer Geschichte der persönlichen Umkehr und der Restitution interpersonaler Beziehungen und sozialer Verhältnisse, wo er sich einer Geschichte der *Versöhnung* einordnet als das zu überwindende Gegeneinander. Hiermit erreicht erst die Besinnung auf den Dialog dessen wirkliche Gestalt, auch dies keine Endgestalt. Die radikale Besinnung wird zur kritischen Besinnung, die nicht nur der Klärung dient, sondern zugleich nach praktischer Veränderung ruft.[4]

---

[3] Ich frage mich, ob nicht neuere, von Hegel, Marx und Freud inspirierte Gesellschaftskritiker diese Differenzierung vielfach vermissen lassen, so etwa Adorno in seiner Polemik gegen den Rollenbegriff: ,,Der Rollenbegriff sanktioniert die verkehrte schlechte Depersonalisierung heute . . .'' (*Negative Dialektik*, S. 272) oder H. Marcuse in seiner Attacke gegen das ,,Leistungsprinzip'' (vgl. *Triebstruktur und Gesellschaft*, Frankfurt 1967, S. 49 ff.). Demgegenüber macht Ricoeur die Unterscheidung von Endlichkeit und Schuldigsein zum Angelpunkt seiner gleichlautenden Untersuchung, ohne sich deshalb in ein moralisches Reservat zu flüchten (vgl. bes. B. I, S. 9–17).

[4] Vgl. *Logik*, S. 9: ,,Radikale Besinnung ist eo ipso Kritik, die ursprünglicher Klärung dient''; hier wie auch in der *Krisis* denkt Husserl primär an eine Kritik der wissenschaftlichen Praxis, mittelbar dann auch an eine Kritik der Lebenspraxis. Eine grundlegende Frage: Kann und soll die Philosophie nicht mehr sein als Kritik? Soviel scheint mir sicher, daß jede Eidetik implizit kritisch ist, wenn sie das Wesen nicht hypostasiert, und daß jede philosophische Kritik implizit eidetisch ist, wenn sie die Fakten nicht hypostasiert.

2. Überwältigung und Unterwerfung

Das wechselseitige motivierte Verhalten im Dialog charakterisierten wir früher als ein Übergeben und Übernehmen, wo die Spontaneität selbst sich in der Rezeptivität, die Rezeptivität selbst sich in der Spontaneität vollendet und zwei Subjekte sich zu einer Doppelbewegung vereinen, die keines von beiden von sich aus beherrscht. Dieses Grundgesetz des Dialogs wird durchbrochen in der *einseitigen Aktivität*, wo einer von sich aus über den Andern verfügt, und in der *einseitigen Passivität*, wo einer den Andern über sich verfügen läßt. Jener, über den verfügt wird, ist zwar weiterhin mit da, aber nicht als Partner, sondern als ein Mittel, das sich dem fremden Welt- und Selbstverständnis einordnet. Verdinglichung besagt hier, sich oder den Andern als Ding auffassen, wie ein Ding ansehen oder behandeln.[5] Da aber eine Person in solcher Auffassung nicht wirklich zu einem Ding gemacht werden kann – denn, was wir sind, ist früher als unser Tun –, bleibt diese Auffassung ihrem Gegenstand unangemessen; in ihm bekundet sich weiterhin eine Person, ihre Ansprüche müssen immer wieder zum Schweigen gebracht werden. Wird dies radikal versucht, so sprechen wir von *Überwältigung* und *Unterwerfung* als von Akten heimlicher oder offener Gewalt, in denen unterdrückt wird, was einer ist und zu sein hat: eine freie Person. Wird dieser Versuch wechselseitig unternommen, so kommt es zum *Kampf*, der nun an die Stelle des dialogischen Austauschs tritt. Dieser Kampf ist zu unterscheiden von dem agonalen Element, das dem Dialog selbst beigemischt ist, wo einer nicht sowohl gegen den Andern, als um ihn und für seine Einsicht und sein Glück kämpft (s.o. III, 12)[6]

[5] Zur theoretischen wie praktischen „Verdinglichung" oder „Versachlichung" bei Husserl vgl. o. I, 2; II, 12.

[6] Beides faßt Kant zusammen zu einem „Antagonism" der Gesellschaft, dem er einen geheimen Naturplan unterlegt: „Der Mensch will Eintracht; aber die Natur weiß besser, was für seine Gattung gut ist: sie will Zwietracht" (*Idee zu einer allgemeinen Geschichte in weltbürgerlicher Absicht*, A 394); vgl. dazu die Untersuchung von J. Kopper, *Die Dialektik der Gemeinschaft*, Frankfurt 1960, die den Bogen von Schleiermacher bis zu Sartre spannt. Der Versuch einer spekulativen Vermittlung der Widervernunft scheitert aber an der Grundfrage: Was sollen wir tun? Hier können wir uns weder auf die Geschichte noch auf die Natur berufen, dessen ist sich auch Kant bewußt.

Bevor wir das radikale Gegeneinander in seiner Verschiedenartigkeit und inneren Widersprüchlichkeit durchleuchten, fragen wir uns nach den Ansatzpunkten für eine solche wechselseitige Verdinglichung, nach Ansatzpunkten, die auch eine Neutralisierung des Dialogs im Vorübergehen und nicht nur dessen Aufhebung zulassen.

3. Die Unterbrechung des Dialogs in der Abblendung der fremden Personalität

Dem Menschen eignet ein zweideutig-paradoxer Status in Geschichtswelt und Natur, weil er weder aus diesen Bereichen auszusondern, noch ihnen gänzlich einzuordnen ist; er ist doch Subjekt für die Welt und zugleich Objekt, genauer: mögliches Objekt in ihr. Diese Doppelheit ist ursprünglich vermittelt in der *Leiblichkeit* als dem Inbegriff dessen, was ich bereits bin und habe. Persönliche Geschichte und natürliche Vorgeschichte fungieren in der lebendigen Gegenwart mit; indem ich lebe und tätig werde, finde ich mich in einer Welt, finde ich diese in mir selbst vor. Doch weil der Leib ,,Umschlagsort'' ist zwischen Geist und Natur, zwischen lebendigem und gewordenem Geist, zwischen dem, was wir jetzt leben, und dem, was wir bereits sind, bieten wir uns selbst an für eine Außenansicht und Außenbehandlung, worin die Leiblichkeit verdinglicht wird zur festen Leibgestalt und schließlich zur bloßen *Körperlichkeit*. So läßt sich, um ein früheres Beispiel aufzugreifen, der lebendige Sprachleib, dessen kulturelle und natürliche Eigenarten in der gesprochenen und vernommenen Rede mitfungieren, fixieren und sammeln in Sprachstruktur und Sprachschatz und veräußerlichen zu einem phonetischen oder graphischen Sprachkörper, dessen Elemente man statistisch erfassen und maschinell einsetzen kann. Was zuvor *implizit* nur fungierte als Unterschicht, tritt nun *explizit* für sich auf, in einer sekundären Objektivation.[7]

[7] Die Unterscheidung zwischen fungierendem ,,Leib'' und dinghaftem ,,Körper'' ist Husserl seit den *Ideen* II geläufig; terminologisch fixiert wird sie wohl zum ersten Mal von Scheler (*Der Formalismus in der Ethik* ..., S. 397 ff., ersch. 1916); sie wirkt weiter bei Plessner und den französischen Phänomenologen (vgl. dazu die erwähnte Arbeit von Zaner sowie meine Studie: *Das Problem der Leiblichkeit bei Merleau-Ponty*). Auf die Zweideutigkeit der Husserlschen Theorie des Leibes wurde schon früher hingewiesen (vgl. S. 56).

Solange wir nun in der *kommunikativen Einstellung* miteinander verkehren, steht alles, was der Andere erworben hat und von Natur aus ist, stehen alle Rollen und Zustände in Ausdrucksfunktion. Umgekehrt ist all mein Wahrnehmen und Vergegenwärtigen, Begehren und Genießen, Machen und Hantieren einbezogen in die direkte oder indirekte Hinwendung zum Du (s.o. S. 137, 263–67, 299). Leiblich, nicht körperlich sind wir füreinander da und teilen wir die Welt miteinander. Keineswegs begegnet uns der Partner als Jemand im Horizont der Geschichte oder gar als Etwas im Horizont der Natur, er ist im Gegenteil jener, der mit uns diese Horizonte eröffnet und offenhält, eingeschlossen darin das, was an ihm selbst jeweils geschichtlich und vorgeschichtlich geworden ist.

Anders nun, wenn wir den Adressat unseres Redens und Tuns selbst zum *Gegenstand* machen oder wenn dies uns von Andern widerfährt. Wir betrachten diese Verweltlichung in einer doppelten Stufung als Einordnung in die Geschichtswelt und in die Natur; das entspricht Husserls Unterscheidung von personaler und naturalistischer Einstellung mit dem einzigen Unterschied, daß wir beide Möglichkeiten, nicht nur das einseitige „Erklären", sondern auch das einseitige „Verstehen" als a-dialogisches Verhalten deuten.

In dem einen Falle, den wir als *Historisierung* bezeichnen möchten, wird die Person auf das festgelegt, was aus ihr im Laufe der individuellen und sozialen Geschichte geworden ist. Sie hat für den Betrachter eine bestimmte Stellung in einer kulturell gestalteten Welt, die ihr gegenwärtiges Verhalten motiviert und auch noch ihr künftiges regelt: „Nach Analogie der früheren Verhaltungsweisen, der früheren Stellungnahmen mit Beziehung auf ihre Untergründe und Motive, erwarte ich spätere Verhaltungsweisen", ähnlich wie bei der Dingapperzeption.[8] Daß ich dennoch das fremde Verhalten nicht fest voraussagen kann, liegt einzig daran, daß mir wie beim eigenen Verhalten nicht alle Umstände bekannt sind, unter denen es stattfinden wird.[9] Von der

---

[8] *Ideen* II, S. 266, es handelt sich um eine Gesetzlichkeit des „Wenn-So" (ebd. S. 256); allerdings wendet Husserl sich gegen die Übertreibungen der Behavioristen, die „überhaupt nur mit der Außenseite operieren" (*Krisis*, S. 251).

[9] Vgl. *Ideen* II, S. 296.

Offenheit des Dialogs, wo einer aus der lebendigen Gegenwart eine ständig sich erneuernde Zukunft gewärtigt, haben wir uns entfernt; der Andere ist ein konstituierter *Jemand*. Als solcher konstituiert er sich im allmählich fortschreitenden *Verstehen*, das die Intentionen des Andern nicht mitmacht, zustimmend oder ablehnend, fragend oder korrigierend, sondern das Verhalten in seinem sinnhaften Woraufhin tatsächlich feststellt und durch ein motivierendes Weil begründet und soweit wie möglich einsichtig macht, das ebensowenig wie an dem Ziel des Andern an dessen Ursprünglichkeit mitinteressiert ist, sondern diese zu einer Gestalt mit relativ bleibenden Eigenheiten verfestigt. So heißt es bei Husserl, nachdem er zuvor von den „mitfungierenden" Wissenschaftlern gesprochen hat: „Andererseits können wir für Andere und sie für uns bloße Objekte sein, statt im Miteinander der Einheit des aktuell treibenden gemeinsamen theoretischen Interesses können wir einander betrachtend kennenlernen, von den Denkakten, Akten des Erfahrens wie eventuell von sonstigen Akten derselben als objektiven Tatsachen Kenntnis nehmen, aber „uninteressiert", ohne Mitvollzug, ohne kritische Zustimmung oder Ablehnung".[10] Im Zuge des Verstehens verwandle ich diese Tatsachen zwar zurück in lebendige Akte, indem ich mich in den Andern hineinversetze; da ich aber nicht wirklich der Andere werden kann, bleibt dieses Mit- und Nachleben ein Leben-als-ob, bleibt der Mit- und Nachvollzug ein Vollzug-als-ob. Solange ich in dieser Einstellung verharre, ist das letzte Wort ein Reden über jemand, nicht aber Anrede und Antwort. Dem entspricht im Bereich des Selbstverständnisses das Nacherleben der eigenen Vergangenheit; hierin erfülle und enttäusche ich gerade nicht die Erwartungen, die ich einst in mein Leben setzte, dies tue ich vielmehr dann, wenn ich von meinem jetzigen Standort aus positiv oder negativ weitermache. Im bloßen Verstehen ist der Dialog neutralisiert.[11]

Während in der Historisierung die Andern immerhin auf das festgelegt werden, was sie aus sich und in sich geworden sind, verschärft sich die Objektivation in der *Naturalisierung*, wo sie dem Kausalzusammenhang der Natur eingeordnet werden als

---

[10] *Krisis*, S. 112.
[11] Zur „Neutralisationsmodifikation" praktischer Akte vgl. *Ideen* II, S. 257 ff.

bloßes *Etwas*; Welt-, Selbst- und Fremdverhalten werden zu Naturfakten. Da auch diese Einstellung auf gewisse Weise das Ganze der Wirklichkeit betrifft, ist alles weiterhin da, doch von außen gesehen: „vom Standpunkte der Natur ist alles Persönliche etwas Untergeordnetes."[12] Die Person wird nicht mehr nur mit ihrer Leiblichkeit als dem Inbegriff ihrer Erwerbe und Anlagen gleichgesetzt, sondern der Leib wird selbst als Körper betrachtet und behandelt und mit ihm alles, was sich leiblich verwirklicht und ausdrückt. Hier ist kein Verstehen mehr möglich, in dem der Andere zwar nicht als ansprechbares Gegenüber, aber doch wie ich selbst auftritt, sondern nur noch ein *Erklären* durch äußerlich vorkommende Determinanten.

Verstehen und erklären lassen sich nicht nur Einzelpersonen, sondern ebenso interpersonale Beziehungen und soziale Verhältnisse. In diesem Falle tritt dann ein „Dritter" (oder eine Gruppe „Dritter") auf als Außenstehender im vollen Sinne, als unbetroffener Zeuge, als soziologischer Beobachter – eine Möglichkeit, die wir aus dem Dialog selbst immer wieder ausscheiden mußten.[13] Der Dialog mitsamt seinen Unter- und Hintergründen, seiner Statik und Genetik, den wir in unserer philosophischen Betrachtung von innen her auszulegen versuchen, wird zum Feld einer objektiv forschenden Soziologie, deren Möglichkeiten vom Verstehen bis zur äußerlichen Statistik reichen.[14]

Doch bei all dem ist nicht nur zu denken an die theoretische Versachlichung in den Geistes- und Naturwissenschaften, sondern auch an die praktische Versachlichung im Rahmen etwa der ärztlichen Heilung, der Rechtssprechung, der architektonischen Raumgestaltung, wo nicht nur Motive erforscht werden, sondern gelenkt wird, wo nicht nur Sachgesetze festgestellt werden, sondern

---

[12] Ebd. S. 185.

[13] Diese Außenstellung gilt freilich nur unter einem abstrakten Gesichtspunkt, konkret betrachtet ist auch der Beobachter „verstehender Zeuge" (vgl. Strasser, *Phänomenologie und Erfahrungswissenschaft vom Menschen*, S. 142), er ist „Mitspieler", da er keinen bloßen „Gegen*stand*", sondern einen „Gegen*spieler*" vor sich hat (vgl. Habermas, *Zur Logik der Sozialwissenschaften*, a.a.O. S. 99), nur spielt er nicht direkt mit.

[14] Zur äußersten Stufe einer Naturalisierung der Sozialität, wo diese sich in „interhumane Kausalitäten" verwandelt, vgl. *Ideen* II, S. 184. Es versteht sich für Husserl, daß die Resultate der Wissenschaften selbst in die Konkretion der sozialen Lebenswelt einströmen, diese ist für uns immer auch wissenschaftlich interpretiert (vgl. *Krisis*, S. 136, 141).

gehandhabt wird. An diesen praktischen Disziplinen wird einerseits der Zusammenhang zwischen den verschiedenen Formen
der Vergegenständlichung besonders deutlich, denn hier „gleiten
wir beständig ganz mühelos von einer Einstellung in die andere",[15]
so etwa der Arzt, der den Blick des Patienten deutet, dann aber
auch seinen Blutdruck mißt. Andererseits lassen diese Verrichtungen, soweit sie sich im unmittelbaren mitmenschlichen Verkehr abspielen, den dialogischen Hintergrund leichter erkennen,
so etwa das Gespräch zwischen Arzt und Patienten, das wir an
anderer Stelle schon interpretierten. Bestehen muß freilich dieser
dialogische Hintergrund auch in den mittelbaren Verhältnissen,
wenn wir zu Recht von einer bloßen *Unterbrechung* des Dialogs
sprechen. Was aber gibt uns das Recht dazu?

Anknüpfungspunkte findet die Versachlichung im Dialog
selbst. In dialogischen Fragen wie „Was meinst du damit? Was
veranlaßt dich dazu?" hält das Gespräch inne; es verharrt
zwischen Zustimmung und Ablehnung ähnlich dem Zögern, das jeden auch für sich ergreift, wenn die Beweggründe zu schwach sind
oder das Ziel zu vag ist, um eine Behauptung oder eine Tat zu wagen.
Tritt nun einer aus dem Gespräch aus und versucht er allein von
sich aus Ziele und Beweggründe des Andern zu erfassen, so wandelt sich die innerdialogische Klärung in ein einseitiges Verstehen,
wo der Fragende sich selbst antwortet, indem er die fremde Position hypothetisch einnimmt. Schwieriger ist es, die naturalistische
Auffassung vom Dialog her zu begreifen. Fragen kann ich den
Andern noch: „Wie geht es dir? Wie steht es mit dir?" Diese
Fragen gehen über das hinaus, was der Andere in seiner Verfügung hat, und beziehen den Zustand mit ein, in dem er sich befindet, einschließlich der von innen her erlebbaren Natur. Eine
Kluft trennt freilich diese Innenansicht von der Außenansicht,
wo nur noch „etwas geschieht"; doch selbst diese Kluft können
wir gemeinsam überspringen, so wenn einer seinen eigenen Leib
zum naturwissenschaftlichen Experiment anbietet. Eine einseitige Versachlichung ist dann erreicht, wenn einer für sich den
fremden Körper beobachtet oder behandelt.

Der Dialog ist in der Versachlichung nur unterbrochen, nicht
aufgehoben, solange diese sich in den Grenzen hält, die in der
Kantschen Maxime angezeigt ist: „Handle so, daß du die Mensch-

[15] Vgl. *Ideen* II, S. 180.

heit sowohl in deiner Person, als in der Person eines jeden anderen, jederzeit zugleich als Zweck, niemals bl o ß als Mittel brauchst." Weil der, mit dem ich umgehe, eine bestimmte Stellung in Geschichte und Natur hat, wenngleich er nicht in ihr aufgeht, lassen sich Verständnis und Erklärung, Lenkung und Gebrauch dem Dialog einordnen als dienende Akte. Das Du ist in diesen Zwischenphasen abgeblendet; es ist nicht ausdrücklich angesprochen und gefragt, aber es ist auch nicht von dieser Grundmöglichkeit ausgeschlossen. Um einen bereits zitierten Satz Husserls abzuwandeln: Den, mit dem wir aktuell leben, sehen wir nicht, wir sehen ihn nicht ausdrücklich; dieser Umstand führt uns auf den Umweg durch die Objektivation.

Freilich bleibt die Abblendung des Du *zweideutig*, schwankend zwischen einer naiven und gewollten Verschlossenheit, solange sie nicht als solche durchschaut wird. Es droht eine Verfestigung der Wissenschaften zu „theoretischen Techniken"[16] und damit der „Verlust der ratio durch Auswirkung der ratio selbst."[17] Für den Naturwissenschaftler liegt der Rückbezug auf den Dialog immerhin außerhalb der eigenen Thematik,[18] dem Geistes- und Sozialwissenschaftler tritt er im Gegenstand selbst entgegen, sofern ein literarisches Werk etwa nicht nur immanent ausgelegt werden, sondern weiterwirken will, sofern psychologisches und soziologisches Verstehen im Zusammenleben gründen und dahin zurückwirken. Der Philosophie fällt innerhalb der Theorie die Aufgabe zu, stellvertretend für die Lebenspraxis und die „theoretische Praxis" der Wissenschaften und Techniken den dialogischen Horizont offenzuhalten.[19] Das setzt freilich voraus, daß

---

[16] *Logik*, S. 161, vgl. auch die Einleitung sowie die wissenschaftstheoretischen Besinnungen in der *Krisis*.

[17] Transcr. (1930) E III 4, S. 7.

[18] Die Reflexion auf die Forschung enthüllt freilich selbst die Physik als soziales Phänomen, vgl. dazu: C. F. v. Weizsäcker, „Ich-Du und Ich-Es in der heutigen Naturwissenschaft", in: *Merkur* XII, 1958, S. 124–28.

[19] Vgl. dazu Merleau-Ponty: „On appellera science et sociologie la tentative de construire des variables idéales qui objectivent et schématisent le fonctionnement de cette communication effective. On appellera philosophie la conscience qu'il nous faut garder de la communauté ouverte et successive de l'*alter ego* vivant, parlant, et pensant, l'un en présence de l'autre et tous en rapport avec la nature . . ." („Le philosophe et la sociologie", in: *Signes*, S. 138). In die gleiche Richtung weisen die erwähnten Arbeiten von Strasser und Beerling, während Schutz zu sehr auf das Modell des einseitigen subjektiven Verstehens fixiert bleibt und daher

der Philosoph seiner eigenen Reflexivität innewird und seine Reflexion mit zurücknimmt; denn die Person, über die ich allgemeine Aussagen mache, ist selbst noch nicht der Partner, mit dem ich lebe und an den ich mich wende.

Die Zweideutigkeit des a-dialogischen Vorfeldes kann sich aber auch zum Negativen hin aufklären. In der bloßen Abblendung des Dialogischen lebt der Dialog implizit fort, sofern die Person nicht mit dem Jemand und Etwas identifiziert wird, das sie auch ist. Ist aber diese Identifikation vollzogen in einer totalen Verdinglichung, so steht im Hintergrund das Gegeneinander des Anti-Dialogs; dessen Grundgestalten sind nun zu explizieren.

4. Der weltliche Kampf

Wir beginnen wiederum so, daß wir das Verhältnis der Überwältigung und Unterwerfung, den doppelten Versuch also, die Wechselseitigkeit zu unterdrücken, vom gemeinsamen Weltleben her betrachten, wo wir *in etwas* einander entgegenwirken – die Perversion des Miteinander. Dabei lassen wir vorerst die Möglichkeit außer acht, daß jemand dem Andern einseitig den Kampf aufzwingt oder in ihm sein Opfer sucht; dieses Ineinandergreifen von Dialog und Kampf soll uns erst am Ende beschäftigen, wenn wir die Eigengesetzlichkeit des Kampfes erfaßt haben.

Im weltlichen Kampf machen wir uns in diesem oder jenem die Welt streitig; das Für-dich bzw. das Für-mich der Welt wird unterdrückt, das Du bzw. das Ich nur insofern, als es weltlichen Interessen lebt und im Weltleben seine Rollen spielt; indirekt sind wir gegeneinander gerichtet. Die wechselseitige Negation im Kampf ist nicht nur als negative Aktivität, sondern als menschliche Aktivität überhaupt auf etwas angewiesen, an dem sie sich bewährt. So geht es auch im Kampf um ein *gemeinsames Worum*, das uns im Kampf selbst gegeben ist; wir beziehen uns auf ein Identisches, das ursprünglich allen offensteht. So gesehen hat das Gegeneinander nicht das erste Wort; gegeneinander können wir uns nur wenden, weil wir uns schon miteinander in einer einzigen

auch allzu problemlos am Ideal des unbeteiligten Beobachters festhält (vgl. *Collected Papers* I, 1. Teil). Hingewiesen sei schließlich auf den jüngsten Versuch von Habermas, den Bann des Objektivismus in Natur- und Geisteswissenschaften zu brechen im Rückbezug auf Arbeit und Interaktion (*Erkenntnis und Interesse*, Frankfurt 1968).

Welt vorfinden; die „Urdoxa", die aller ausdrücklichen Affirmation und Negation vorausgeht, ist eine gemeinsame im Sinne der natürlich-kommunikativen Einstellung. „Pour que la lutte puisse commencer, pour que chaque conscience puisse soupçonner les présences étrangères qu'elle nie, il faut qu'elles aient un terrain commun et qu'elles se souviennent de leur coexistence paisible dans le monde de l'enfant."[20] Mit dem Auftreten des Cogito im Plural ist dieses ursprüngliche Band freilich auch noch nicht zerrissen. Der radikale Kampf bricht erst dann aus, wenn einer die Welt einzig für sich beansprucht oder ein anderer sie völlig abtritt, wenn der Versuch gemacht wird das konträre *et – et* von Mein und Dein in eine kontradiktorisches *aut – aut* zu verwandeln; dann nämlich zerfällt die Einheit des Dialogs, die sich mit partiellen Unstimmigkeiten durchaus verträgt.[21]

Da der Andere dem eigensüchtigen Weltinteresse nicht schlechtweg zuwider ist, sondern nur insofern, als er aus sich und für sich tätig ist, betreibt der Kampf zunächst nicht dessen Vernichtung, sondern dessen *Überwältigung*, die ihn verwendbar macht. Wie zuvor bei der Abblendung des Personalen, so lassen sich auch hier zwei Stufen unterscheiden, eine Funktionalisierung, wo der Andere als bloßer Jemand in seine Leiblichkeit eingeschlossen wird, und eine noch weitergehende Materialisierung, wo er zum Etwas bloßer Körperlichkeit degradiert wird.

Die erste Möglichkeit der *Funktionalisierung* ist, soweit möglich, realisiert, wenn einer dem andern als Werkzeug zu etwas dient. Dessen Vorzug liegt aber eben darin, daß es ein „beseeltes Werkzeug" ist, wie Aristoteles vom Sklaven sagt, daß es ein verdinglichtes S u b j e k t ist. Dieser Sondercharakter gibt dem mitmenschlichen Gebrauchsverhältnis den Anschein des Dialogischen. Herr und Knecht sehen, besprechen, begehren, bewirken miteinander Gemeinsames in ein und derselben Welt, freilich ohne

---

[20] Merleau-Ponty, *Phénoménologie de la perception*, S. 408; erst dies macht mögliche Konflikte zu *menschlichen* Konflikten (vgl. De Waelhens, *Une philosophie de l'ambiguïté*, S. 246, mit deutlicher Spitze gegen Sartre).

[21] Nur für ein Subjekt, daß sich trotz seiner Endlichkeit absolut setzt, wird die *Andersheit* zur *Gegensätzlichkeit* (vgl. Ricoeur, *Sympathie et Respect*, a.a.O. S. 394–95 mit Anspielung auf Platon, *Sophistes* 257b: ἕτερον und ἐναντίον); nun erst kommt es zu der bekannten Dialektik von Herr und Knecht, die auch Merleau-Ponty noch allzu unvermittelt mit dem Cogito beginnen läßt (vgl. a.a.O. S. 408, außerdem: S. 194–95).

ein Recht, das sie beide bindet.[22] Die Reziprozität wechselseitiger Anerkennung ist negiert in der Funktionalisierung des Partners, die diesen nicht selbst zu Wort kommen läßt. Wie kommt er überhaupt zu Wort?

Wir unterschieden früher zwischen der Rolle, die einer spielt, und dem Selbst, das die Rolle verantwortlich übernimmt, beibehält oder ablehnt. Wirkliche und mögliche Leistung sind getragen von einer Leistungswilligkeit. Dem entspricht die Differenz zwischen den Wahrheitsgehalten, die wir einander vermitteln in einer intersubjektiven Synthesis, und dem Wahrheitsgeschehen der Übergabe und Übernahme, wo jeder mit einer selbständigen Thesis an dem Zusammenspiel beteiligt ist. Der Dialog als ein interpersonales Geschehen erschöpft sich nicht in seinen Leistungen.[23] Dieser Dialog endet, wenn einer einseitig über den Andern bestimmt, etwas mit ihm tut, ohne an seine freie Mitwirkung und Mitverantwortung zu appellieren. In dieser *Über-Aktivität* gilt die Rücksicht einzig dem, was der Andere ist und kann, nicht aber dem, was er von sich aus will. Der Unterworfene spielt weiterhin seine Rolle, aber nicht in einer gemeinsamen, offenen Welt, sondern in einer fremden Welt, die ihn umschließt. Er wird identifiziert mit seiner Funktion in dieser Welt und auf diese Funktion reduziert. Diese Möglichkeit betrifft alle möglichen Einzelfunktionen. Nicht nur die für den Gebrauch bestimmten Zweckgüter, sondern auch die Werke der Geisteskultur lassen sich okkupieren und dem Dialog entreißen; die Rechtsordnung als Alibi der Ungerechtigkeit, die Ideen als Ideologie, die Kunst als Propaganda- und Beschwichtigungsmittel, die Religion als Sanktion einer Scheinordnung verfälschen den Sinn, den Andere darin suchen. Dementsprechend reicht die Gewalt vom körperlichen Zwang bis zur geistigen Beeinflussung in Propaganda und Reklame. Eine

[22] Mit dem Sklaven als Sklaven kann es laut Aristoteles keine Freundschaft geben, weil bei dem ἔμψυχον ὄργανον wie bei dem gewöhnlichen Werkzeug als einem ἄψυχος δοῦλος ein verbindendes, prinzipielle Gleichheit garantierendes Recht fehlt (*Nik. Ethik* VIII, 13, zur Stellung des Sklaven vgl. auch *Politik* I, 3–7).

[23] Vgl. o. IV, 3; insoweit stimme ich der erwähnten Kritik von Adorno und Marcuse zu, nur sind die Härten der Arbeitsbelastung und Arbeitsteilung kein ausreichender Index dafür, ob und wieweit ein dialogisches Zusammenspiel realisiert ist; schon Marx tat nicht gut daran, das Problem der *Arbeitsteilung* mit dem der *Arbeitsverteilung* derart zu verquicken (vgl. etwa *Frühschriften*, S. 358 ff.).

solche Versklavung schließt die Fürsorge nicht aus, nur daß sorgliche Behandlung, Schonung, Schenkung, daß *panem et circenses* dem rechten Funktionieren des menschlichen Werkzeugs dienen und nicht dem Andern selbst zugedacht sind.[24] Die vielfachen Formen der Unterdrückung, wie sie von den Theoretikern der Gewalt und der sozialen Entfremdung zu Genüge ins Licht gerückt wurden, sollen uns hier nicht im einzelnen beschäftigen. Nur auf eines sei noch hingewiesen. Wie der weltliche Umgang miteinander den Partner zwar immer als bestimmten in Anspruch nimmt, aber in dieser Bestimmtheit doch mit der Person als ganzer in Beziehung tritt, so geht auch die Überwältigung immer aufs ganze, wenn auch der Zwang hier oder dort einsetzt. Die Unterscheidung von politischer und sozialer Versklavung und innerer Freiheit, die Behandlung des Sklaven als Sklaven in der Ungleichheit und als Menschen in Rechtsgleichheit,[25] verfängt nicht, wenn damit behauptet werden soll, daß eines friedlich neben dem andern bestehen kann. Die Person selbst ist es, die leiblich-weltlich für den Andern da ist, verwundbar nämlich, und die in die leibliche Vorhandenheit hineinverwiesen wird. Diese Mißachtung des Partners verstößt in der *Ungerechtigkeit* gegen das Grundgesetz des Dialogs. Freilich verwirklicht sich auch dieses Gebrauchsverhältnis in abgestufter Nähe und Ferne; es verwirklicht sich außerdem vorübergehend im augenblicklichen Verstoß oder dauerhaft in einer entarteten Lebensgewohnheit und Lebenseinrichtung.

In dieser Funktionalisierung ist einer bestrebt, den Andern mittels weltlicher Ziele sich selbst zu entfremden; weltliche und soziale Entfremdung greifen hier ineinander. Der perfekte Funktionär, wenn es ihn gäbe, wäre jener, der etwas für den Andern verwirklichte, ohne zugleich sich selbst zu verwirklichen. Er würde all seine Wirklichkeit und seine Möglichkeiten dem Werk des Andern zuführen, so wie eine eroberte Stadt mit all ihren Reichtümern und Fähigkeiten dem Eroberer zufällt, der sie für sich arbeiten läßt.[26]

[24] Hier hat Heideggers ,,einspringend-beherrschende Fürsorge'' (*Sein und Zeit*, S. 122) ihren Platz.

[25] Vgl. hierzu Aristoteles, *Nik. Ethik* VIII, 13, 1161b 5 ff.

[26] Vgl. dazu Aristoteles, *Nik. Ethik* III, 1, 1110a 1 ff.: Bei den Handlungen unter naturalem und sozialem Zwang (βία) ,,liegt der Ursprung außerhalb'', und zwar *schlechthin*, wenn etwas mit mir geschieht ohne

Die Verdinglichung erreicht ihre äußerste Stufe in der *Materialisierung,* wo der Andere nicht einmal mehr als „beseeltes Werkzeug" behandelt wird, sondern als purer Körper, mit dem sich Beliebiges machen läßt, der sich als Versuchsobjekt eignet oder als Faustpfand, der sich als Geisel einbehalten läßt. Hierher gehört auch das Werkzeug Mensch, das untauglich geworden ist oder im Wege steht. Man kann es „links liegen lassen" oder aus dem Wege räumen; auch hier gibt es sublimere Formen noch als die handgreiflichen, technisch geregelte Formen an Stelle der nackten Gewalt, die eher noch weiß, was sie anrichtet.

Wie der Dialog seine volle Gestalt erst erreicht, wenn Rede und Gegenrede sich ergänzen, so wird die Überwältigung erst besiegelt in der *Unterwerfung,* worin der Gegner sich fügt. Diese Einwilligung in die eigene Versklavung ist der Akt, in der die Freiheit abdankt. Dieser letzte Akt der Freiheit kann nicht erzwungen werden; die Anwendung von Folter und Droge macht davon keine Ausnahme, da hiermit die Subjektivität nicht wirklich bezwungen, sondern ausgeschaltet wird.[27] Indem einer sich unterwirft, delegiert er die eigene Verantwortung an den Andern, der ihn in seinem Selbstsein ersetzt. In dieser pervertierten Gemeinsamkeit vereinigen sich, wie schon im Dialog, Willensziele und Willenshaltungen der Einzelpersonen, nur eben in einer einseitig gelenkten Gemeinsamkeit. Der Herr sagt von der Handlung des Knechtes: „Das ist mein Wille", während dieser erklärt: „Das ist der Wille meines Herrn."[28] Die Selbsterniedrigung zum bloßen Ding, ein Verhalten der *Über-Passivität,* ist das Gegenstück zur Selbstüberhebung im absoluten Ich, einem Verhalten der Über-Aktivität. Während diese getrieben wird von der Lei-

eigene Mitwirkung, *auf gewisse Weise,* wenn ich unter Zwang tue, was ich eigentlich nicht will, in Handlungen, die „gemischt" sind aus Freiwilligkeit und Unfreiwilligkeit. Letzteres weist voraus auf die Marxsche Analyse der „Entfremdung".

[27] Dem entspricht die Reduktion der Subjektivität, die Tendenz zur reinen Faktizität, die sich etwa im starken Schmerzerlebnis findet (s.o. S. 253).

[28] *Phän. Psychologie,* S. 512; „im dienenden Handeln des Dieners ... handelt der Herr" (ebd. S. 485). Husserl nimmt hier das Verhältnis von Herr und Diener als Exempel für das „Ineinander" der Sozialität, für die Verflechtung der Akte im intersubjektiven Erfüllungszusammenhang, ohne zwischen frei verabredeter und einseitig erzwungener Dienstleistung genügend zu unterscheiden (vgl. auch *Gemeingeist* I, 1921, S. 5–6, 19; Transcr., 1925, F. I 44, S. 4–5).

denschaft zur völligen Selbstbewegung, verfällt jene der Leidenschaft zur völligen Trägheit, indem sie die „Last der Verantwortung" abwirft. Der Hang zur Trägheit kommt dem Hang zur Herrschaft entgegen und gibt dem Despoten die Möglichkeit, fremde Schwäche in eigene Stärke umzumünzen. Mehr noch, die Initiative kann bei den Andern selbst liegen, die sich zur Knechtschaft drängen – das *ruere in servitium,* von dem Tacitus schreibt. Dem Zwang, sich mit Gewalt oder List gegen die fremde Freiheit durchsetzen zu müssen, entgeht der Despot, wenn er diese im Entstehen niederhält. Hierbei entartet der indirekte Dialog, als Weg in den vollen Dialog, zum Weg in die Knechtschaft; die vorläufige Abhängigkeit verfestigt sich zur endgültigen in einer domestizierenden Pädagogik und Therapeutik; ausgenutzt wird die Anfangsschwäche des Noch-nicht-Subjektes.

Die komplementäre Rolle des Mitsubjekts in der Konstitution einer gemeinsamen Welt zeigt sich auch hier, nur eben in der pervertierten Form einer *ausdrücklichen Selbstverlorenheit an die Welt.* Ich kann nicht in der Welt aufgehen und gleichzeitig diesen Selbstverlust ausdrücklich sanktionieren, weil dies bereits ein Akt der Reflexion ist. Erst indem ich vom Andern mit dem identifiziert werde, was ich leiste und während ich es leiste, weiß ich mich ganz und gar draußen in der Welt, identisch „mit dem Menschen vom Standpunkt der äußeren Anschauung" bzw. des äußeren Gebrauchs.[29]

Überwältigung und Unterwerfung, die Exzesse einer Selbstbestimmung, in der das Subjekt sich nicht zugleich bestimmen lassen will, und eines Bestimmtwerdens, in dem es nicht zugleich sich bestimmen will, schaffen eine pervertierte Gemeinsamkeit. Die Rolle des Einzelnen in dieser Zwangsvereinigung läuft auf die eine oder andere Weise der Grundverfassung des Menschen zuwider, ihrem zwiefachen Charakter, dem zufolge der

---

[29] Vollständig lautet der zitierte Satz freilich: „ich stelle mich auf den Standpunkt des Anderen und jedes beliebigen Anderen und erkenne, daß jeder jeden Anderen findet als Naturwesen Mensch, und daß ich mich also identifizieren muß mit dem Menschen vom Standpunkt der äußeren Anschauung" (*Ideen* II, S. 169, vgl. auch oben S. 21). Wie das Wechselgespräch, so wird auch die wechselseitige Vergegenständlichung zwar von Husserl als ein Geschehen begriffen, aber einseitig vom Ich her aufgebaut. Zur transzendentalen Verdunkelung und Entschärfung des Kampfes vgl. o. IV, 4.

Mensch setzt, indem er annimmt, und annimmt, indem er setzt (s.o. II, 15). Da diese Grundverfassung sich nicht auf eines der beiden Momente reduzieren läßt, bleiben Überwältigung und Unterwerfung mit einer inneren *Widersprüchlichkeit* behaftet, die sie nicht zur Ruhe kommen läßt.

Die Unruhe resultiert zunächst aus der Unmöglichkeit für das Subjekt, ein Ding zu werden, zu sein, was es ist. Einfache Sätze wie: ,,Du bist mein Werkzeug'' oder umgekehrt: ,,Ich bin dein Werkzeug'' negieren durch die Form der Anrede, was sie besagen. Die Überwältigung gelingt nicht wirklich, weil der Herr den Sklaven nur als Subjekt zur Verfügung hat, wenn dieser einwilligt; die Unterwerfung scheitert daran, daß der Sklave selbst es ist, der sich aufgibt. Die fremde Subjektivität erscheint so als die *Grenze*, die der gewaltsame Zugriff zwar nicht achtet, aber doch auch nicht überwinden kann. Doch damit nicht genug, der Herr kann gar nicht wirklich wollen, daß ihm die totale Verdinglichung gelingt; denn der Sklave nützt ihm umso mehr, je weniger er nur Werkzeug ist, da er ja als ,,beseeltes Werkzeug'' in Dienst genommen ist. Im Gespräch etwa, das seine eigene Form der Tyrannis entwickelt, taugt der fremde Beifall umso weniger, je mehr er erzwungen ist. Man denke an die vielen Geschichten von dem Tyrannen, der ein offenes Wort sucht und zugleich fürchtet.[30] So bahnt sich in der Versklavung selbst immer wieder ein *gegenläufiger Prozeß* an; wie Hegel in seiner bekannten Analyse zeigt, stärkt der Herr wider seinen Willen den Sklaven, den er für sich arbeiten läßt. Im Sklaven gibt es nicht nur ,,einen Andern auf dem Wege der Vernichtung'', sondern auch ,,ein Werkzeug auf dem Wege der Vermenschlichung.''[31] Die Andersheit, die anerkannt sein will, läßt sich nicht gänzlich austreiben.

Weil der Sklave nicht wirklich zum Ding werden kann, kann auch der Herr nicht zum unumschränkten Herrn werden, zum Subjekt, das durch keine intersubjektive Rücksichtnahme eingeschränkt wäre. Er bleibt abhängig von den Andern, die er niederzuhalten trachtet, und zwar so, daß deren Unfreiheit auf ihn selbst zurückwirkt und auch ihn fesselt. Während wir im

---

[30] Dementsprechend ist Sokrates in seinen Gesprächen bestrebt, im Gegensatz zu den Überrumpelungsversuchen der Sophisten und ihrer φιλονικία als einer Siegessucht um jeden Preis, den Partner zur eigenen Äußerung zu bewegen.

[31] Vgl. Ricoeur, *Sympathie et Respect*, a.a.O. S. 395.

offenen Dialog freie Rücksichtnahme üben, wobei die eigenen Ziele durch die fremden ergänzt, bestätigt, korrigiert, aber nicht verfälscht werden, sind wir im Kampf *gezwungen*, unsere Ziele so zu setzen, daß der eigene Weltbereich gegen fremde Einbrüche abgeschirmt wird. Im Ausschluß der Anderen schließen wir uns selbst in die Mauern ein, die wir errichten. Da wir zuvor in einer offen-allgemeinsamen Welt leben, wo alles, was ist, zugleich für mich und für Andere ist und in der Vielfalt der Aspekte seine Wahrheit hat, bedeutet die nur-eigene Welt eine Welt der Unwahrheit und Unfreiheit. Diese Selbstverschlossenheit in die eigene Welt entsteht dadurch, daß wir unsern Standort in der Welt, der mitbestimmt ist durch die Standorte der Andern, zum absoluten Mittelpunkt machen, die eigene Welt als bloß perspektivische Erscheinungsweise der gemeinsamen Welt negieren und mit der Welt überhaupt gleichsetzen. Wie Pascal sagt, „le moi a deux qualités: il est injuste en soi, en ce qu'il se fait centre du tout; il est incommode aux autres, en ce qu'il les veut asservir: car chaque moi est l'ennemi et voudrait être le tyran de tous les autres."[32] Da aber ein jeder sich bereits mit den Andern in der Welt vorfindet und ihrem Zugriff ausgesetzt bleibt, muß der Versuch, sich über alle andern zu erheben, scheitern. Mehr noch, die Position des Usurpatoren fordert den Zugriff der Andern heraus; indem dieser als Einzelner bestimmt, was wahr und recht ist, entzieht er sich selbst den Boden einer allgemeinen Legitimation. Sofern er es nicht vorzieht, die eigene Position zu kaschieren und sich auf diese Weise in seinen Äußerungen anzupassen, sondern sich auf seine eigene Willkür beruft, gibt er all seinen wirklichen und möglichen Widersachern recht. In der reinen Position der Gewalt liegt als Konsequenz der Kampf aller gegen alle.[33]

Die Tatsache, daß die Gewaltherrschaft selbst den Aufstand gegen sich antreibt, ist ein Hinweis auf das unmittelbare Füreinandersein, auf den *interpersonalen Hintergrund*, der das Miteinander wie das Gegeneinander weltlichen Umgangs belebt, ohne

---

[32] *Pensées*, Frg. 455 (nach Brunschvicg); auf die Zweideutigkeit dessen, was Ichzentrierung besagt, wurde in den früheren Kapiteln mehrfach hingewiesen.

[33] Vgl. dazu Platon, *Politeia* I, 351c ff.: Der Ungerechte, der auf das Recht des Stärkeren pocht, ist allen andern und sich selbst Feind, und VIII, 566d ff.: Der Tyrann ist gezwungen, Krieg zu führen, ob er will oder nicht.

daß er selbst in der Thematik des Weltlebens aufgeht. Das Selbst, das mehr ist als die Rollen, die es spielt, bleibt eine ständige Quelle der Überraschung, hier der *Bedrohung*. Erst wenn einer dieser Bedrohung selbst ins Antlitz schaut und sich dem fremden Selbst unmittelbar zuwendet, erreicht der Kampf seinen Höhepunkt.

5. Der persönliche Kampf

Wie der Andere, den ich als Du anrede, derselbe ist, mit dem ich umgehe, gebend und empfangend, so ist der persönliche Feind, dem ich ins Auge blicke, derselbe, dem ich im weltlichen Kampf etwas raube und der mir etwas aufdrängt. Doch dieser implizite Zusammenhang schließt nicht aus, daß die persönliche Feindschaft sich gleich der persönlichen Freundschaft aus den weltlichen Interessen heraushebt. Es geht uns nicht mehr bloß darum, weltliche Ziele gegen die Andern durchzusetzen, sondern darum, das eigene Selbst auf Kosten des Andern zu erringen und zu behaupten. Habsucht, Herrschsucht und Ehrsucht, die drei grundlegenden Süchte, von denen Kant spricht, richten sich nun direkt auf den Andern, gipfelnd in dem Bestreben, ausdrücklich als Herr anerkannt zu werden. Auch dieser direkte Zugriff setzt voraus, daß wir zunächst einander gegeben sind und uns als Subjekte leiblich affizieren. Dieses in allem wechselseitigen Verhalten beschlossene Grundverhältnis übersieht Sartre, wenn er die intersubjektive Beziehung mit dem objektivierenden Blick b e g i n n e n läßt.[34] Bevor wir einander gegenübertreten und bevor wir gegeneinander auftreten, s i n d wir füreinander da, wie die Welt immer schon für uns da ist; dieses Bevor ist natürlich zu verstehen als ein fundierendes Prius.

Die Selbstsucht, die sich im persönlichen Kampf auslebt, pervertiert das berechtigte und unablegbare Streben nach Anerkennung. Das Ziel, das so erreicht werden soll, erfordert, daß der Andere als Mittel bejaht wird, so daß auch hier die *Überwältigung* das erste ist und nicht die Vernichtung. Die unmittelbare Beschlagnahme des Andern, die nicht meine besonderen Möglichkeiten erweitern, sondern mein Sein im ganzen befestigen soll,

---

[34] Damit wird die „Entartung" fatalistisch als „unabänderliche Art" gedeutet (Buber, *Elemente des Zwischenmenschlichen*, a.a.O. S. 277); diese Polemik richtet sich gegen den existentialistischen Sartre.

möchten wir als Einverleibung bezeichnen; auch sie läßt eine doppelte Stufung zu.

Die konkrete Form der Überwältigung, die den Andern bei seiner spezifischen Möglichkeit nimmt, ist die *Einverleibung als Person*. Was besagt das, wie läßt sich der Andere als Mittel gebrauchen, wenn es direkt um das eigene Selbst geht? War der Andere zuvor nützlich durch das, was er für einen selbst t u n konnte in seinen weltlichen Rollen, so ist er nun begehrenswert durch das, was er für einen selbst s e i n kann in seiner Personalität. Das entspricht bis zu einem gewissen Grade den beiden Abarten der Freundschaft, von denen Aristoteles spricht, der Freundschaft um des Nutzens und des Genusses willen. ,,Wer ... um des Nutzens willen liebt, tut es um seines eigenen Gewinns willen, und wer um der Lust willen, tut es um seiner eigenen Lust willen, und nicht sofern der Geliebte i s t, sondern sofern er nützlich oder angenehm ist."[35] Wie im weltlichen Gebrauch der Eigenwille unterdrückt wird zugunsten der Leistungsfähigkeit, die der Andere nutzt, so wird im direkten Begehren das Selbstsein unterdrückt zugunsten des Seins, das der Andere sich einverleibt. Der Mitmensch wird erstrebt, begehrt, genossen, gehegt, soweit er Zuneigung weckt, gemieden und abgewehrt nur insoweit, als er Gleichgültigkeit oder Abneigung hervorruft. Wie die weltliche Gewalttat im Gewande des Dialogischen, so verbirgt sich die persönliche Gewalttat im Gewande von Liebe und Freundschaft.[36] Was diese Zuneigung zur *Lieblosigkeit* macht, das ist die

---

[35] *Nik. Ethik* VIII, 3, 1156a 14–16 (vgl. das gesamte Kap. 3). Drei Einschränkungen scheinen uns nötig: 1) Die Abarten der Freundschaft werden hier als Nebenformen (κατὰ συμβεβηκός) eingeführt, die sich als Vorformen (Hinweis auf die Jugend!) oder als Implikationen der Grundform zuordnen lassen; sie werden weniger deutlich als *Gegenformen* bestimmt. 2) Alle Freundschaftsarten sind auf Gegenseitigkeit angelegt, auf ἀντιφίλησις, wie A. sagt; Brauchbarkeit und Begehrbarkeit sind daher als die eines *Subjekts* zu deuten, klarer, als es bei A. geschieht. 3) Weil A. nicht genügend beachtet, daß es in der Grundform der Freundschaft *primär und ausdrücklich* um den jeweils Andern geht, kommt er zum Primat der φιλαυτία (vgl. B. IX, 8). – Husserl folgt Aristoteles, wenn er schreibt: ,,Das liebende Streben erfüllt sich nicht in der Lust, sondern im Gegenteil, diese ist nur Begleitfolge der Erfüllung" (Transcr., 1931, E III 9, S. 61), vgl. *Nik. Ethik* X, 4, 1174b 33: die Lust ist ein ἐπιγιγνόμενόν τι τέλος.

[36] Vgl. dazu Löwith, a.a.O. §§ 18 ff., wo der Autor freilich allzu unbestimmt von einer ,,Natürlichkeit" des Egoismus spricht.

mangelnde Distanz, die der Mißachtung entspringt. Der Andere
wird nicht in sich selbst bejaht und um seiner selbst willen erstrebt, sondern der eine liebt den andern in der Absicht, von ihm
geliebt und anerkannt zu werden. Der Andere dient dem eigenen
Selbst als Spiegel. Das Ziel wäre erreicht, wenn einer für den
Andern da wäre, ohne für sich selbst da zu sein, wenn er in seinem
Sein-für-den-Andern aufginge. Auch diese Mißachtung der fremden Freiheit kann sich augenblicksweise gegen die Liebe auf-
lehnen oder sie dauerhaft verunstalten. Wie in der Achtung, so
ist auch in der Mißachtung der Person jeweils die ganze Menschheit mitbetroffen, da diese sich im Einzelnen verkörpert.

Der Versuch, die fremde Anerkennung zu erzwingen oder zu
erlisten, ist das, was den Zerfall der Wechselbeziehung auslöst.
Die *Einverleibung als Ding* verschärft den Abfall von der ursprünglichen Intention. Der Andere wird reduziert auf eine ding-
hafte Körperlichkeit. Herrschsucht und Habsucht, die sich zuvor
der Sucht nach Anerkennung einordneten, treten für sich hervor.
Der Andere wird ein Ding, das man lenken, kommen und gehen
lassen, zum Bleiben zwingen kann nach eigener Willkür, das man
erwerben, kaufen, genießen, betrachten, schmücken, verändern,
besitzen kann, ohne daß dieses Einspruch erhebt. Der eigentümliche Reiz dieses Verhältnisses liegt freilich wiederum darin, daß
es ein Mitmensch ist, den man auf diese Weise dirigiert und in
Besitz nimmt. Proust führt uns dieses Verhältnis in seiner äußersten Zuspitzung vor, wo der Erzähler Albertine, seine eifersüch-
tig bewachte Geliebte, als Schlafende erst wirklich für sich zu
haben glaubt. ,,Sobald Albertine die Augen schloß und das Bewußtsein verlor, hatte sie nacheinander die verschiedenen menschlichen Charaktere abgelegt, die mich enttäuscht hatten ... Sie
war dann nur noch von dem unbewußten Leben der Pflanzen-
welt, der Bäume beseelt, einem Leben, das von dem meinen verschiedener und ihm fremder war und mir doch mehr gehörte.
Ihr Ich entschlüpfte mir nicht mehr unaufhörlich, wie bei jedem
Geplauder mit mir, durch die Ausgänge uneingestandener Gedanken oder ihres Blickes. Sie hatte dann alles, was von ihr
draußen gewesen war, wieder in sich versammelt, sie hatte sich
selbst in ihren Körper geflüchtet, sich darin eingeschlossen, sie
ging ganz darin auf. Indem ich ihn unter meinem Blick, meinen
Händen hielt, erlebte ich jenes Gefühl, sie ganz und gar zu be-

sitzen, das ich niemals hatte, wenn sie aufgewacht war. Ihr Leben war mir untertan, zu mir entsandte es seinen leichten Hauch."[37] In diesem besonderen Falle wird die Geliebte stilisiert zu einem Bild, das nicht nur von der Eigenmacht der Subjektivität, sondern auch von deren Makeln gereinigt ist, freilich um den Preis einer Naturalisierung.[38] Allgemein sondert sich die Mitwelt nun in Menschen, die gefügig sind oder widerspenstig, angenehm oder unangenehm, reizlos und widerwärtig sind. „Ich sehe z.B. einen unleidlichen Menschen und gehe ihm aus dem Wege, so wie ich einem ekelhaften Ding aus dem Weg gehe"; die Andern wirken auf mich „in der bloßen Weise von physischen Erfahrungsdingen."[39] Gleichgültigkeit, Abwehr und Vernichtung sind die Nebeneffekte einer Einstellung, die auf Herrschaft und Genuß geht. So erklärt sich auch die konfliktlose Verbindung von bloßen Sympathiegefühlen und bloßem Schönheitssinn den einen, Gleichgültigkeit und Grausamkeit den andern gegenüber. Demgegenüber behält Kant recht, wenn er auf dem formal-universalen Aspekt der Achtung besteht.

Auch die Überwältigung, die sich das Sein des Andern einzuverleiben sucht, vollendet sich erst in der freiwilligen *Unterwerfung*, wo der Andere nichts weiter sein will als ein Moment im eigenen Leben. Selbstaufopferung und Selbstauflösung des einen kommen der Selbstsucht des andern entgegen. Jener, der auf sein Selbstsein verzichtet, genießt nun den Vorzug, den er sich allein nicht verschaffen kann, er ist als gegenwärtig gesetzt, er weiß, daß und wozu er da ist; aber er kommt zugleich um den Vorzug des Selbstseins, weil diese Gegenwart nicht seine eigene ist. Um der Schwierigkeit, ein selbständiges Du in die bloße Vermittlerrolle zu zwingen, auszuweichen, bieten sich *Ersatzmöglichkeiten* an. Man sucht Widerhall, Gefügigkeit und Gefälligkeit bei einem

---

[37] *Die Gefangene*, S. 101.

[38] Dies ist allerdings ein höchst sublimer Naturalismus, der durch die menschliche Beziehung und ihre Beschwerden hindurchgegangen ist: „Vielleicht müssen menschliche Wesen imstande sein, uns viele Leiden zu bereiten, damit sie uns in den Stunden, da diese nachlassen, einmal die gleiche befriedende Ruhe schenken wie die Natur" (ebd. S. 105). Es ist zugleich ein resignierter Platonismus: Platon sieht in der Schönheit des Geliebten, der geschmückt und geformt wird wie ein Götterbild, das Inzitament einer dialogisch-erotischen Bewegung, die es nicht beim Anschein beläßt (vgl. *Phaidros* 252c ff.).

[39] *Ideen* II, S. 192.

unentwickelten menschlichen Du oder bei einem untermenschlichen Ersatz-Du oder schließlich bei sich selbst, dem Ich-Du der
narzißtischen Selbstbespiegelung und Selbstbefriedigung. Diese
Ersatzlösungen finden sich in allen Lebenssphären, in der sublimsten Geistessphäre, etwa als Selbstgerechtigkeit des Morali-
sten oder als Selbstgefälligkeit des Künstlers, wie auch in der
Sexualsphäre mit ihren möglichen Infantilismen und Perversio-
nen. Wo umgekehrt die Selbstaufgabe kein wirkliches Subjekt
findet, das bereit und imstande wäre, den Andern von sich selbst
zu entlasten, bleibt die Flucht zu einem idealisierten und ver-
göttlichten Schein-Du, dem Produkt einer bloßen „Kristalli-
sation", wie Stendhal es nennt.[40] Selbst hinter dem religiösen
Verhalten verbirgt sich nicht selten der Versuch, den selbstverantwortlichen Dialog zu überfliegen in einer Sphäre scheinbar
geringeren Widerstandes.

Doch indem man in eine unter- oder übermenschliche Sphäre
ausweicht, entgeht man nicht der *Widersprüchlichkeit*, die dem
Projekt absoluter Überlegenheit wie dem Projekt absoluter Unterlegenheit in der mitmenschlichen Beziehung anhaftet. Nicht
nur, daß diese Projekte scheitern an der Interfaktizität, an der
Tatsache, daß wir bereits als Subjekte miteinander und füreinander da sind, die Ziele, die im persönlichen wie im weltlichen
Machtkampf verfolgt werden, sind in sich selbst widersprüchlich.
Würde einer den Andern völlig für sich haben, so könnte er in ihm
gar nicht die Selbstbestätigung und den Selbstgenuß finden, den
er in ihm sucht.[41] Und umgekehrt, würde einer völlig im Andern
aufgehen, so könnte er ihm gerade das nicht bieten, was er in der
Selbstaufopferung bieten möchte, die Bestätigung nämlich, daß
der Andere sei und nichts anderes sonst. So fordert eben die
Selbstsucht ein altruistisches Verhalten, worin der Andere als
selbständiger Partner gefördert wird; die Fremdsucht dagegen
gebietet ein egoistisches Verhalten, worin einer bestrebt ist, er
selbst zu sein, um dem Andern jemand sein zu können. Diese

---

[40] Vgl. *De l'amour*, bes. B. I, Kap. 2–13. – Wie das „Hinauszielen
über den Anderen" umschlägt in die „Erniedrigung des Anderen zu einem
Gegenstand des Gebrauchs und Genusses", zeigt H. Kuhn (*Begegnung mit
dem Sein*, S. 141 ff.).

[41] Proust zeigt denn auch vielfach, wie die Liebe abnimmt, je sicherer
die Geliebte in Gewahrsam genommen ist; die eifersüchtige Liebe will
Sicherheit und kann den sicheren Besitz doch nicht ernsthaft wollen.

bloße Umkehrung führt freilich nicht heraus aus dem *circulus vitiosus* des Kampfes; sie weist nur negativ hin auf das Wesen der Wechselliebe, die eine reine Fremdliebe ebenso ausschließt wie eine reine Selbstliebe. Versöhnen lassen sich eigene und fremde Anerkennung, Selbst- und Fremdliebe nur, wenn jeder primär den Andern bejaht, der ihm begegnet, und eben durch ihn sich selbst mitbejaht weiß.

Wird dieser Weg der Umkehr nicht beschritten, so bleibt nur die Unmöglichkeit, den Andern endgültig zu beherrschen und zu besitzen, verbunden mit der Unmöglichkeit, sich der fremden Bedrohung zu entziehen. Wo aber die Einverleibung des Andern mißlingt, bietet sich nur noch die *Vernichtung* an als letzter Versuch, unumschränkt über die Welt und sich selbst zu herrschen; der Kampf verschärft sich zum Kampf auf Leben und Tod. Die Lieblosigkeit, die den Andern übergeht und ihm die schuldige Achtung verweigert, steigert sich zum *Haß*, der mehr ist als ein bloßes Gefühl der Abneigung, nämlich eine aktive Verneinung, der auch mehr ist als eine sachliche Gegnerschaft, da er nicht dieses oder jenes am Andern verneint, sondern ihn selbst. Desinteressiert an allen besonderen Zwecken ist er das Gegenstück zur Liebe. Gleich dieser ist er nicht völlig unmotiviert und findet seinen Anhalt an dem, was der Andere bereits ist; aber indem er den Andern selbst meint als ständige und einzigartige Gegenwart, in deren Licht alles steht, geht er über alle angebbaren Gründe hinaus in einem Delirium des Hasses. Der Andere ist nicht mehr nur der Konkurrent, dem man dieses oder jenes mißgönnt, er ist Konkurrent für ein Leben, das man rein aus sich und für sich führen will. Der Haß ist der Entwurf einer Welt, in der es den Andern und in ihm alle Andern nicht gibt.[42]

Das Gegeneinander erreicht hier seinen verzweifelten Höhepunkt, wo es um das reine Selbstsein geht, das einer nicht durch den Andern zu finden, sondern gegen ihn durchzusetzen sucht.

---

[42] Vgl. Sartre, *L'être et le néant*, S. 481: Der Haß kommt dem Entwurf gleich, ,,de réaliser un monde où l'autre n'existe pas'', und S. 483: ,,la haine est haine de tous les autres en un seul''. Der Haß erscheint hier bei Sartre als der verzweifelte Versuch, kämpfend aus dem Kampf auszubrechen, was mißlingen muß, solange man an dessen Voraussetzungen festhält. Vgl. auch Husserl, Transcr. (1934) E III 8, S. 12: Feindschaft ist die ,,totale Negation des anderen Seins in allen seinen Lebensbetätigungen''.

Die Reziprozität macht sich geltend in dem beiderseitigen Versuch ihrer Aufhebung; einer negiert den Andern als den, von dem er sich negiert weiß. Auch dieser Kampf, dessen vielfache Verhaltensweisen von der symbolischen Haßbezeugung bis zur haßerfüllten Handgreiflichkeit reichen, ist noch *nolens volens* von der wechselseitigen Anerkennung angetrieben, nur daß diese hier nichts anderes ist als die implizite Voraussetzung der ausdrücklichen Nicht-Anerkennung. In dem Angriff auf den Andern setze ich ihn als Person, die vernichtet werden soll, und in der Gegenwehr des Andern werde ich mir selbst mitbewußt als Person, die vernichtet werden soll. Nicht anders als in der Wechselliebe erfaßt sich auch hier ein jeder so, wie er sich für sich allein nicht erfassen könnte. Alle positive Würdigung des Kampfes kann hier anknüpfen, so auch die zwielichtige Würdigung Hegels, die aus dem Verhältnis von Herr und Knecht, die ,,sich selbst und einander durch den Kampf auf Leben und Tod *bewähren*,''[43] eine notwendige Stufe auf dem Weg zum Selbstbewußtsein macht. Diese kämpferische Anerkennung gelingt freilich nicht, wenn dem Fremdhaß ein Selbsthaß entgegenkommt als eigenes Streben nach Selbstvernichtung. Daher geht der Haß, der sich radikal verwirklicht, auf Gegenhaß.[44] Käme schließlich die Vernichtung des Andern ans Ziel, so schwände mit ihm auch die Möglichkeit der Anerkennung. Mehr noch, über den Andern kann ich nur triumphieren, indem ich ausdrücklich anerkenne, daß er existiert hat; im Tod des Andern werde ich ein für allemal zu dem, was ich durch und für den Andern geworden bin, in mir selbst stirbt etwas.[45] Aus dem Kampf geht nicht wirklich das hervor, was in ihm gesucht wird, das intakte Selbst.

Ob nun der persönliche Kampf bis ans Äußerste geht in der Vernichtung oder ob er sich damit bescheidet, den Andern für sich zu vereinnahmen, in keinem Fall führt der Kampf völlig und

---

[43] *Phänomenologie des Geistes*, S. 144.

[44] Vgl. Sartre; *L'être et le néant*, S. 483: ,,La haine réclame d'être haïe, dans la mesure où la haine équivaut à une reconnaissance inquiète de la liberté du haïssant.''

[45] Vgl. Sartre, ebd.: ,,La mort de l'autre me constitue comme objet irrémédiable, exactement comme ma propre mort.'' Hegel schränkt den Kampf ein im Hinblick auf die gesuchte Versöhnung: die Bewährung durch den Tod ist nur eine ,,abstrakte Negation'', weil das Bewußtsein hiermit nicht ,,sein Aufgehobenwerden überlebt'' (*Phänomenologie des Geistes*, S. 145).

endgültig aus der Welt und der übrigen Mitwelt hinaus, weil wir immer schon und weiterhin darin leben. Der Gehaßte und Miß-achtete repräsentiert bereits eine Welt, auf die nun auch die Schatten des Hasses fallen, in der Sippenhaft etwa und in der Zerstörung seiner Wohnung, seiner Werke; der Haß verleiblicht sich wie die Liebe. Vollends realisiert sich die persönliche Feind-schaft, wenn wir in die weltliche Einstellung zurückkehren und einer den andern in seine Projekte einspannt und in ihnen des andern Pläne vereitelt. Auch die Feindschaft erzeugt ihre Ge-schichte. Da es ein und dieselbe Person ist, die im persönlichen wie im weltlichen Kampf mißachtet wird und sich selbst mißachtet, sind persönlich-intimer und anonym-öffentlicher Kampf nicht wirklich voneinander zu trennen. Weder läßt sich ein abgeschlos-sener Bereich weltlicher Gegnerschaft denken, der rein ökono-mischen, machtpolitischen, juridischen, technischen Gesetzen gehorcht – dies wäre kein zwischenmenschlicher Bereich mehr –, noch läßt sich die persönliche Gegnerschaft völlig frei denken von den weltlichen Interessenkonflikten. Freilich geht es im persön-lichen Kampf immer um mehr als um das, was sich in bestimmten Streitpunkten dingfest machen läßt. Das unmittelbare Gegenein-ander, das den weltlichen Kampf nährt und im direkten Haß zum Ausbruch kommt, ist die Bewegung der Entfremdung selbst; es geht daher nicht völlig auf in seinen Werken und läßt sich durch deren Korrektur allein nicht radikal heilen.[46]

6. Die Zerfallenheit

Wie der Dialog als aktuelle Verbindung sich in einer habituellen Verbundenheit niederschlägt, so dauert der Kampf als aktueller Zerfall fort in einem *Zustand der Zerfallenheit*. Wir haben eine Welt, die umkämpft ist, und sind darin gegeneinander gerichtet, wir sind miteinander zerfallen. Wiederum geht die lebendige Gegnerschaft der ausdrücklich erfaßten voraus. Erst indem wir auf das zurückkommen, was wir einander streitig machen, wird

[46] Es hat wohl seine Berechtigung, wenn Sartre in der *Critique de la raison dialectique* dem zwischenmenschlichen Kampf seine materielle Basis zurückgibt: doch die gleichzeitige Reduktion allen Konfliktstoffes auf den Gütermangel (rareté) bagatellisiert den Konflikt wie auch seine mögliche Lösung (vgl. dazu meine kritischen Überlegungen in: *Phil. Rundschau* XII, 1964, bes. S. 32, 34, 38–40).

das Umstrittene und wird der Streit selbst thematisch. Zuvor aber schon fungiert die Gegnerschaft mit in der Gegenwart des Kampfes, und dies auf besondere Weise.

Genetisch verweist die Gegnerschaft auf Überwältigung und Unterwerfung, aus denen sie resultiert; sie ist eine *erworbene Gegnerschaft*. Auch in diesem Zustand der Zerfallenheit sind objektiv-subjektive Gemeinsamkeiten aufbewahrt. Man hat gemeinsame Welt- und Lebensvorstellungen, die sich in gemeinsamen Sitten und Werken realisieren, man bezieht gemeinsame Standorte in der Welt, entwickelt einen gemeinsamen Lebensstil, lebt in einer gemeinsamen Welt, dies alles bis zu einem gewissen Grad. Auch Gegner sind ja darauf angewiesen, jeweils die Sprache des Andern soweit zu verstehen, daß sie dessen Angriffe parieren können.[47] Und der Herr muß sich mit dem Sklaven verständigen können, wenn er ihn einsetzen will. Nur ist dies keine Gemeinsamkeit, die wir miteinander gebildet haben und in der wir uns aneinander binden aus Freiheit und auf Freiheit hin, sondern eine einseitige Gemeinsamkeit. Es entsteht eine einzige Welt als Kreuzungspunkt verschiedener Weltentwürfe, die einander nicht ergänzen, sondern ausschließen, weil einer den andern zum funktionalen Glied seiner Welt zu machen sucht. Da in diesem „solipsisme à plusieurs" keiner sich selbst in seinen Produkten wiedererkennt, sondern sich vom Andern auf eine bestimmte Funktion reduziert weiß, entsteht eine gemeinsame Welt, durch die jeder an seinen Gegner *gefesselt* ist. Die Habitualitäten, die im offenen Dialog dem lebendigen Tun zugeordnet sind, das den bestehenden Sinn fortsetzt oder abändert, ihn lebendig hält auf das Kommende hin, werden unter dem fremden Zugriff, der sich ihrer bedient, verdinglicht zu Eigenheiten und Nützlichkeiten, mit denen man rechnet und die man nach Bedarf von außen her beeinflußt und abändert. Der Zustand oder der Standort als das Hier, von dem ich mit den Andern in freier Bewegung ausgehe, wird verfestigt zu einem Dort, an dem ich bin. Indem man sich in der Gegnerschaft auf das festlegt, was man jeweils ist, zerfällt auch die zukünftige Gemeinsamkeit. Jeder bereitet dem Andern eine innerweltliche Zukunft; Hoffnungen und Befürchtungen knüpfen sich an die Brauchbarkeit oder Schädlichkeit des Andern; selbst

---

[47] Zur eigentümlichen Verständlichkeit des Kampfes vgl. Sartre. *Critique de la raison dialectique*, S. 753–54.

die Grenzmöglichkeit des Todes läßt sich in diese Rechnung einbeziehen.

Wir bringen uns in einen Zustand der Zerfallenheit, das besagt also, jeder erwirbt eine bestimmte Stellung in der Welt des Andern, in einer verschlossenen Welt, die wir nicht im offenen Austausch miteinander teilen, in die wir einander vielmehr hineinverbannen. Unsere gemeinsam zu verantwortende Geschichte ist also für die Zerfallenheit verantwortlich, nicht aber unsere natürliche Vorgeschichte. Wären wir nämlich bereits dadurch miteinander verfeindet, daß wir alle in eine Welt hineingeboren werden, so gäbe es nichts, was wir einander streitig machen könnten und erst streitig machen müßten; der Andere wäre im eigentlichen Sinne gar kein Feind, kein Gegen-Ich, sondern bloß eine fremde Macht, die in der Welt jedes einzelnen mit vorkäme. Deshalb ist die Redeweise von einem „natürlichen Egoismus" und einem „natürlichen Kampf ums Dasein" auch recht verfänglich, die naturalistische Mißdeutung des menschlichen Konfliktes liegt nahe. Einen Sinn hat es nur, in der menschlichen Verfassung die Einbruchsstellen für den Zerfall zu suchen. Die Selbstüberhebung ist angelegt in der impliziten Selbstliebe, darin nämlich, daß wir Anderes und Andere nicht lieben und bejahen können, ohne uns zugleich selbst zu lieben und zu bejahen; darin sind wir uns selbst näher als allem andern. Umgekehrt wird uns die Selbsterniedrigung dadurch nahegelegt, daß wir zunächst immer außer uns sind und daß wir uns selbst wirklich nur finden im Andern; darin sind die Andern uns faßbarer als wir selbst. Der Versuch, nur für die Andern dazusein oder nur für sich selbst, den Andern in die eigene Aktivität aufzunehmen oder sich selbst in der eigenen Passivität aufgehen zu lassen, findet in der Zwiespältigkeit der menschlichen Daseinsform seinen Ansatzpunkt, mehr freilich nicht; was darüber hinausgeht, ist unsere Tat.

Heißt das nun, daß wir in keiner Hinsicht von einer *vorgefundenen Gegnerschaft* sprechen dürfen? Hier ist daran zu erinnern, daß Kultur und Natur, das also, was wir um uns und aus uns gemacht und was wir um uns und in uns vorgefunden haben, nicht voneinander zu trennen sind. Die Natur, die in all unserm freien Tun mitfungiert, bewirkt, daß wir uns nicht völlig entzweien können. Umgekehrt wirken unsere Taten und Werke auf die Natur zurück, in der sie sich verleiblichen; der Streit, den wir führen, greift auch die natürlichen Bindungen an. „Zweite Natur" und „erste Natur" verschmelzen zur konkreten Welt, in der wir leben. Daher ist auch keine Heilung zu erwarten von der Rückkehr zu einer vermeintlich intakt gebliebenen Natur; die geschichtlich gewordene Welt und uns selbst als gewordene müßten wir verwandeln, um dem Zerfall Einhalt zu gebieten. Nun ist die Geschichtswelt eine Welt, die im generativen Zusammenhang übernommen und weitergegeben wird. Wird nun der Einzelne in eine Welt hineingeboren und hineinerzogen, worin der Kampf regiert und das ursprüngliche Vertrauen zueinander durch ein allgemeines Mißtrauen untergraben ist, so können wir von einer vorgefundenen Gegnerschaft sprechen im Sinne einer *ererbten Gegnerschaft*. Das betrifft zunächst die geistige Zeugung; der Geist des Hasses oder die Haltung des Unterdrückten, die eine Familie, ein Milieu, ein Volk regieren, wirken fort. Das dringt schließlich bis in die leiblichen Beziehungen vor, in denen sich die Bindungen an Welt und Mitwelt knüpfen; Mißtrauen und Feindseligkeit können in frühzeitig erlittenen Verwundungen angelegt sein. Unterwürfigkeit und Herrschsucht können auf frühe Einflüsse zurückgehen. Diese Hypotheken sind also nicht der Natur zuzuschreiben, sondern den Andern, die eine Welt der Feindschaft und der Unterdrückung entstehen ließen und den Heranwachsenden bereits ausdrücklich oder unausdrücklich auf eine bestimmte Rolle festlegten, menschliche Werkzeuge schufen, anstatt Leben zu zeugen. Die ererbte Gegnerschaft bleibt aber ein bloßer *Hang*,[48] solange sie nicht in eine persönliche Gegnerschaft verwandelt wird; da der Mensch nicht wirklich ein Ding ist, ist jede Fesselung in ihrem Kern Selbstfesselung, in diesem Fall als Annahme der Fesseln, die Andere zuvor angelegt haben. Ein Ausbruchsversuch ist immerhin möglich; so lebt Shakespeares *Romeo und Julia* von dem unglücksstiftenden Widerstreit zwischen ererbtem Familienhaß und spontan anbrechender persönlicher Liebe. Was in all diesen Überlegungen rätselhaft bleibt, das ist das Urfaktum des Zerfalls, die Tatsache, daß wir immer schon in einer Welt leben, die von Gewalt und Unterdrückung gezeichnet ist.[49]

---

[48] Vgl. Kant, *Die Religion innerhalb der Grenzen der bloßen Vernunft*, Erstes Stück, II, A 18 ff.
[49] Von hier aus mag ein schwer zu erhellender Schatten auf die unter-

Die Gegnerschaft, die wir im lebendigen Gegeneinander erwerben und und fortführen, läßt sich schließlich in eine *ausdrückliche Gegnerschaft* verwandeln, auch dies wiederum unter dem Anschein der Gemeinschaft. Die Pseudo-Gemeinsamkeit, die in der schlichten Ausnutzung der Andern entstanden ist, etabliert sich als solche, wenn sie in nachträglicher Aneignung und vorgreifender Planung objektiviert, organisiert und institutionalisiert wird. Die Gemeinschaft erhält ihre offiziellen Despoten und Sklaven in einer ungerechten Gemeinschaftsordnung; auch die Sklaven gehören ihr zu, nur nicht als freie Mitglieder; deshalb bleiben sie ihr innerlich fremd. So steht etwa am Anfang einer Entwicklung die augenblickliche Mißachtung eines Mitmenschen fremder Rasse; in der Wiederholung wächst sie sich aus zu Rassenvorurteilen; am Ende stehen Rassengesetze, die, gestützt durch Rassentheorien, der Unterdrückung den Anschein des Rechtmäßigen geben, indem sie die Willkür in eine fragwürdige Konsequenz verwandeln. Organisation und Institutionalisierung erreichen nun eine unmenschliche Perfektion, da die Spontaneität, die den ausdrücklichen Regelungen des Zusammenlebens Grenzen setzt, gerade mißachtet und unterdrückt wird. Die Offenheit des Lebens, das sich nicht völlig und endgültig beherrschen läßt, setzt sich freilich auch hier durch in der *Offenheit des Kampfes*. Dessen Ausgang bleibt offen, sofern die Gewalt immer neu geübt werden muß, um wirksam zu bleiben. Wie die soziale Verbundenheit ständig zurückverweist auf das interpersonale Ereignis, in dem sie lebendig bleibt, so verweist der Zustand der Zerfallenheit auf das ständige Geschehen des Zerfalls, das sich trotz aller Vermittlung zwischen Einzelnen abspielt, die nicht ein für allemal ihre Freiheit ablegen können. Deshalb ist die gewaltsame Auflehnung gegen die Unterdrückung eine fortwährende Möglichkeit, die den Zwangsherrn bedroht, und deshalb ist die Überwindung der Gewalt eine allseitige Hoffnung, die nicht gänzlich ersterben kann.

menschliche Natur fallen, die nun auch voll eigener Zerwürfnisse zu sein scheint; immerhin dringen Paradiesesvisionen und Friedensutopien von Vergils 4. *Ekloge* bis zu Dostojewskis *Traum eines lächerlichen Menschen* weit ins Kosmische vor, desgleichen die jüdischen Prophetien, so *Jesajas* im 11. Kap.

7. Die Wiederherstellung des Dialogs

Der Zerfall des Dialogs im Kampf stellt diesen nicht völlig auf sich; in der Widersprüchlichkeit des Kampfes, in der Unmöglichkeit, sein Ziel zu realisieren, meldet sich e negativo die Grundgesetzlichkeit des Dialogs. Der Kämpfende ist genötigt, implizit seinen Gegner anzuerkennen, den er ausdrücklich als Subjekt ausschalten will; das Grundgesetz des Dialogs ist in seiner deformierten Gestalt noch wirksam, nur so kommt es zu einem Gegeneinander. Wir greifen also die verborgene Intention des Kampfes selbst auf, wenn wir uns fragen, wie er sich in einen Dialog zurückverwandeln läßt.

Das Ziel, die Wiederherstellung des Dialogs, dürfen wir nicht zu eng ansetzen, wenn wir es nicht verfälschen wollen. Da wir es in der *Öffentlichkeit* weltlicher Belange mit derselben Person zu tun haben wie in der *Intimität* persönlicher Zuwendung, können die direkten interpersonalen Beziehungen nicht geheilt werden, ohne daß auch die sozialen Verhältnisse revidiert werden. Die Feindschaft ist immer in beidem am Werk, hier beschränkt auf den anonymen Vorbereich, aber von umso größerem Wirkungsradius, dort konzentriert auf den persönlichen Innenbereich, aber von umso größerer Wirkungstiefe. Die Liebe oder, was sich dafür ausgibt, ist ein wirkungsloses Alibi für die Ungerechtigkeit.[50] Da wir außerdem immer schon mehr sind als das, was wir augenblicklich tun, kehren wir nur dann wirklich in den Dialog zurück, wenn auch der *Zustand*, in dem wir uns befinden, von der erneuerten Gegenwart her umgestaltet wird auf eine neue Zukunft hin. Es bedarf hierzu der geduldigen Arbeit der Reue, die sich nicht fruchtlos in die Vergangenheit verliert, sondern, laut Kierkegaard, eine „vorwärts gewandte Erinnerung" ist.[51]

Was nun den *Übergang* vom Kampf zum Dialog angeht, in dem die Wiederherstellung des Dialogs geschieht, so ist der Einzelne auch hier auf die Mitwirkung der Andern angewiesen, die vorerst seine Gegner sind. Die Negativität des Kampfes ist nicht überwunden, wenn jemand sich einseitig aus ihm zurückzieht; denn

[50] Vgl. Ricoeur, *Histoire et vérité*, S. 110: „La charité véritable est souvent bafouée doublement par l'inhumaine ,justice' et par l'hypocrite ,charité' ".

[51] Man vgl. dazu, was Husserl über den möglichen Wandel gewonnener Überzeugungen sagt: *Ideen* II, § 29.

da er weiterhin in der Welt lebt, bleibt er dem Spannungsfeld der Intersubjektivität und der Sozialität ausgesetzt und somit auch der Alternative, den Kampf fortzusetzen oder sich um seine Überwindung zu bemühen. Kommen die Andern diesem Bemühen nicht entgegen, indem sie darauf bestehen, Gewalt anzuwenden und zu unterdrücken, so gerät das dialogische Bemühen in die Fangarme der Gewalt. Dialog und Kampf greifen nun ineinander in einem Geschehen, das in sich selbst zweideutig ist. Diese Zweideutigkeit kann in ein und derselben Person auftreten, so bei Alkibiades, der schwankt, ob er auf die Vernunftstimme des Sokrates hören oder sie lieber zum Schweigen bringen soll: ,,... sooft ich ihn (den Sokrates) sehe, schäme ich mich ... und sähe oft lieber, er lebte gar nicht; geschähe dies aber etwa, so weiß ich gewiß, daß mir dies noch weitaus ärger ankäme.''[52]

Für den Gewalttätigen löst sich diese Zweideutigkeit, indem er die Verständigungsbereitschaft des Andern selbst wieder ausnutzt als willkommene Schwäche. Für den, der die Verständigung sucht, ergibt sich eine zwiefache Möglichkeit. Er kann im ausdrücklichen *Gewaltverzicht* den Gegner bejahen, zwar nicht in der Gewalttätigkeit, als das, was er faktisch ist, aber trotz seiner Gewalttätigkeit, als das, was er sein soll und sein kann. Er verzichtet darauf, sein Recht und das der Seinen gegen die Andern gewaltsam durchzusetzen, indem er seine und ihre Lebens- und Wirkungsmöglichkeiten zunächst wenigstens opfert.[53] Der Verständigungswillige kann aber auch kämpfend auf den möglichen Dialog hinarbeiten in *gewaltbrechender Gewaltanwendung*, indem er das Unrecht, das an ihm selbst und an Andern verübt wird, nicht erduldet, sondern sich dagegen auflehnt und ausdrücklich negiert, was der Andere faktisch ist und tut. Beide Möglichkeiten, die einander äußerlich so sehr entgegengesetzt sind, kommen überein im Ziel, das sie verfolgen, und beide entfalten ihre eigene Weise geschichtlicher Wirksamkeit. Der gewaltlose Widerstand gegen das Unrecht errichtet ein Zeichen, das die künftige Versöhnung vorwegnimmt, der gewaltsame Widerstand arbeitet konkret an der Verwirklichung des Zieles. Letzteres setzt freilich

---

[52] Platon, *Symposion* 216b–c.
[53] Wie aber können wir Andern einen solchen Verzicht zumuten, wenn sie noch nicht einmal fähig sind, diesen auszusprechen, so etwa bei unterentwickelten, niedergehaltenen Gruppen und Völkern?

voraus, daß die „Gegengewalt"[54] soweit eben möglich dosiert und limitiert bleibt, daß sie schon in der Gegenwart das künftige Ziel durchblicken läßt und daß sie nicht wieder bloß partikulären Interessen dient; der Gegner muß die Gewalt gegen sich bejahen können als „sein eigenes Recht enthaltend,"[55] sonst würde nur altes Unrecht durch neues ersetzt, und die Gegengewalt entzöge sich selbst den Boden einer vernünftigen Legitimation; bleibt nicht ein Platz frei selbst für den Gegner, so wird eine mögliche Versöhnung nicht bloß aufgeschoben, sondern ausgeschlossen. Eine prinzipielle Wahl zwischen Gewaltverzicht und gewaltbrechender Gegengewalt scheint kaum möglich, ohne daß die Gewaltlosigkeit einer Hypokrisie der „reinen Hände" und die Gewaltanwendung einem Zynismus der „schmutzigen Hände" verfällt.[56]

Die Zerfallenheit, in der sich das dialogische Miteinander zerteilt in ein kämpferisches Gegeneinander, erhält so ihren Ort in einem *Geschehen der Versöhnung*; die Zerfallenheit tritt auf als das, was zu überwinden ist, und das Grundgesetz des Dialogs erscheint als das, was wiederherzustellen ist. Indem nun nicht nur die natürlichen und historischen Untergründe der Freiheit, sondern auch die Abgründe der Unfreiheit in den Dialog einbezogen werden, erreicht der Dialog die konkrete Gestalt, in der er uns aus dem alltäglichen Zusammenleben vertraut ist. Die ausdrückliche Anerkennung ist nicht nur ein Wiedererkennen dessen, mit dem wir bereits lebend verbunden sind, sondern zugleich ein Wiederanerkennen dessen, mit dem wir je und je zerfallen sind. In der Zuwendung kehren wir immer auch zurück in das Zwischenreich des Dialogs, es ist da eine Umkehr am Werk.[57] Diese Umkehr, in

---

[54] Diesen Terminus verwendet schon Kant, freilich mit negativem Vorzeichen (vgl. *Über den Gemeinspruch: Das mag in der Theorie richtig sein, taugt aber nicht für die Praxis*, A 255).

[55] Vgl. Hegel, *Grundlinien der Philosophie des Rechts*, Hamburg [4]1955 (Phil. Bibl. Meiner), S. 96: Über die Strafe beim Verbrecher.

[56] Vgl. zu diesem Problem: „Ricoeur, L'homme non-violent et sa présence à l'histoire", in: *Histoire et vérité*, S. 223–33.

[57] In *L'être et le néant* sieht auch Sartre den einzigen Ausweg aus dem *circulus vitiosus* des Kampfes in einer „conversion radicale"; doch die „morale de la délivrance et du salut", die er am gleichen Ort empfiehlt (S. 484), ist er uns schuldig geblieben; in der *Critique de la raison dialectique* sucht er nun den Ausweg im Kampf selbst, wobei er wohl doch zu einseitig auf eine geschichtslogische Negation der Negation vertraut.

der jeder für seinen Teil den Kampf beendet, birgt ein ständiges Risiko in sich, weil keine Gewähr ist, daß der Andere auf gleiche Weise antwortet und bei seiner Antwort bleibt. Die Versöhnlichkeit, die sich auf die Macht der Überzeugung verlassen möchte, hat nichts für sich als die Hoffnung, daß zuletzt ,,das Harte unterliegt."

KAPITEL VII

DIE STELLUNG DES EINZELNEN ZUM DIALOG

1. Der Abstand zum Dialog in der Vereinzelung

Husserls Versuch, Intersubjektivität und Sozialität der Konstitution eines vor-sozialen Ur-Ich zu überantworten und in der Reflexion auf dieses Ich den Boden einer absoluten Selbstvergewisserung zu erreichen, führt in den Engpaß eines transzendentalen Solipsismus und Akosmismus, weil es so nicht gelingt, den Mitsubjekten ihr absolutes Eigenrecht und der Welt ihre relative Eigenständigkeit zuzugestehen; die Sinnauslegung bleibt hinter dem Gemeinten zurück durch die Art ihres Vorgehens. Umgekehrt zeigt das Ich, das einen solchen Eigenrang beansprucht, eine merkwürdige Gespaltenheit; Sozialität und Unizität, Mundanität und Transzendentalität sind nicht hinreichend miteinander vermittelt; dem Ich bleibt ein Reservat reinen Für-sichseins, das dem Eigensinn des weltlichen und mitmenschlichen Verhaltens widerspricht. Das Unbefriedigende dieser Position gab den Anstoß für unsern Gegenversuch. Hierbei hielten wir uns durchgehend an die *natürlich-kommunikative Einstellung*, suchten also den Dialog und mit ihm seine Hintergründe, Untergründe und Abgründe von sich selbst her aufzuhellen, indem wir nicht vom Ich her auf das Wir zugingen, sondern umgekehrt von diesem ausgingen. Dieser Weg ist nun freilich dem Einwand ausgesetzt, daß doch Ich es bin, der zugleich die Andern und sich selbst erfährt und denkt, und daß in der Reflexion auf den Dialog wohl oder übel die Intersubjektivität umgriffen ist von einer einheitlichen Sicht, die von mir, dem Reflektierenden, ausgeht, von einer Übersicht also, die das Zwischenreich des Dialogs unter sich hat. Die Ursprünglichkeit des Dialogs wäre dann nur eine scheinbare, und ihr Schein entspränge einer naiven Selbstvergessenheit des meditierenden Ich. Nun darf uns der Vorwurf der Naivität

nicht über Gebühr schrecken; fatal ist die Naivität für den Philosophen nur dann, wenn sie sich unversehens in sein Denken ein-
schleicht. Um dieser Gefahr zu entgehen, greifen wir den Einwand auf, indem wir abschließend den Betrachter des Dialogs
und seine Stellung zum Dialog in unsere Betrachtungen mitein-
beziehen. Wir gehen zurück *vom Wir zum Ich.*

Das Ich, das hier in Frage steht, ist nicht das abstraktiv gewonnene bloße Ich ohne die Andern, von dem unsere Analysen
vorläufig ausgingen; es ist auch nicht das usurpatorische Ich
gegen die Andern, das den Dialog einseitig an sich reißt und auflöst; es ist das radikale Ich für die Andern, der *Einzelne,* sofern er
nicht nur in der Beziehung zu Andern lebt, sondern sich zugleich
zu dieser Beziehung verhält. Sofern ich im Dialog etwas Gemeinsames bejahe oder weiß, bejahe und weiß ich implizit auch den
Dialog selbst.[1] Dies schafft die Möglichkeit, nun auch ausdrücklich auf den Dialog zurückzukommen, ihn zu erfassen, zu explizieren, zu bejahen, zu suchen. Hierher gehört auch die philosophische Besinnung auf den Dialog, in dem ich primär nicht an die
Andern denke und sie anspreche, sondern über sie und mich
nachdenke und spreche. Die entscheidende Frage ist nun die,
welchen Status der Einzelne in diesem Verhalten erhält und
welchem Status er zuvor schon diese Möglichkeit verdankt.

Husserl unterscheidet bekanntlich zwischen dem präsozialen
Ur-Ich und dem sozialen Ich der gewöhnlichen Ich-Rede und
ordnet das erstere als konstituierendes Ich dem zweiten als einem
konstituierten Ich vor. Indem das meditierende Ich des Philosophen von dem ursprünglichen Ich ausgeht, gewinnt es einen
Standort, der ihn das Zwischenreich des Dialogs überblicken
läßt, wobei es einzig sich selbst verantwortlich ist. Nun ist aber
diese Position keiner bloßen Spekulation entsprungen, sondern
einer radikalen Selbstbesinnung, in der das alltägliche Ich versucht, sich rein auf sich selbst zurückzubeziehen. Husserl spricht
zwar von einer „Äquivokation'', die das gewöhnliche Ich von
dem ursprünglichen scheidet, aber von einer „wesensmäßigen
Äquivokation'';[2] der Weg zu einem allgemeinen Ich, das schlech-

---

[1] Dies ist ein Aspekt des unthematischen Selbstbewußtseins, das sich
zum unthematischen Gemeinschaftsbewußtsein ausweitet (s.o. II, 7; III,
10).
[2] *Krisis,* S. 188.

terdings gegen alle personalen Differenzen neutral und eigentlich nicht mehr ein Ich zu nennen wäre, ist damit abgeschnitten. Der Rückzug aus dem Dialog ist auch für Husserl eine Möglichkeit des Ich, das bereits einen Dialog führt. Die Frage ist nur, wo das Ich seinen Schwerpunkt hat, im Dialog selbst oder vor ihm, in der Weltlichkeit selbst oder vor ihr; hier weicht unsere Auffassung von der Husserls ab.

Wenden wir unsern Blick von dem Zusammenleben, über das wir nachdachten, auf das Nachdenken selbst, so zeigt sich, daß in der intersubjektiven Reduktion, sofern ich sie ausführte, immer auch so etwas wie eine *eigenheitliche Reduktion* mit im Spiel war.[3] Der Dialog, dem ich mich zugehörig weiß, ist für mich, den Einzelnen, da. Bei Husserl gerät diese letzte Epoché freilich in ein falsches Licht, wenn er glaubt, im Ich das Fundament aller Wechselseitigkeit und Gemeinsamkeit zu finden; in dieser Deutung der Reduktion ist deren vorgebliches Resultat bereits als Vorurteil wirksam. Gehen wir aus vom natürlichen Welt- und Gemeinschaftsleben, wie Husserl selbst es vorhat, so kann eine solche Epoché nur besagen: wir sistieren den Dialog, sprechen die Andern nicht an und lassen uns nicht ansprechen. Auf diese Weise brechen wir mit der natürlich-kommunikativen Einstellung. Diese Distanzierung führt aber nur dann zu einer „einzigartigen philosophischen Einsamkeit,"[4] wenn sie radikal und universal ist. Nicht getan ist es mit dem Monolog, der die fremden Stimmen vorübergehend schweigen läßt, um den Dialog doch in der Stille fortzusetzen, noch auch mit der Isolation, wo man sich vor den Andern abschirmt und doch in einer Haltung verharrt, in der man zugänglich bleibt (s.o. III, 14). Es genügt auch nicht, die vordergründige und partielle Unterbrechung des Dialogs, wie sie sich beim Soziologen findet; hier werden soziale Erfahrungen und Prozesse analysiert, wobei doch die soziale Bindung bereits als selbstverständlich vorausgesetzt ist (s.o. VI, 3). Wenn wir an außerphilosophische Formen radikaler Vereinsamung denken, dann an solche Erlebnisse, in denen das einzigartige, unersetzbare Selbst vor sich selbst gebracht wird: Ich bin gefordert oder bedroht und sonst niemand. Für die philosophische Vereinsamung bedarf es des ausdrücklichen oder unaus-

[3] Vgl. dazu oben S. 59.
[4] *Krisis*, S. 187–88.

drücklichen Entschlusses, alle äußere und innere Wirklichkeit zu reduzieren auf das Für-mich; diesem Akte äußerster Askese scheint der Dialog als ein Geschehen, an dem die Andern gleichberechtigt mit mir beteiligt sind, zum Opfer zu fallen. Es bliebe nur der Dialog als ein Phänomen, das sich mir zeigt in prinzipieller Einseitigkeit.

Was nun aber eine *Wende* herbeiführt und die Husserlsche These von dem präsozialen Ur-Ich desavouiert, ist eben das, was sich in dieser radikalen Epoché zeigt, nämlich der Dialog. Das Miteinander gemeinsamen Weltverhaltens samt dem, was aus ihm hervorgeht und ihm innerlich vorangeht, das Zueinander der direkten Ich-Du-Beziehung und schließlich auch das Gegeneinander des Zerfalls lassen sich nur verstehen, indem ich in der Betrachtung gleichursprünglich von mir und den Andern ausgehe. Eine einseitige Konstitution und Rekonstitution verstößt gegen den Sinn, der daraus erwachsen soll. Diese Einsicht hat sich, so scheint uns, in allen Dimensionen der Mitmenschlichkeit bewährt. Wenn nun aber das Ich ursprünglich das ist, was es mit den Andern ist, so kann der Rückgang vom Wir auf das Ich nur als eine *Ver-einzelung* gedeutet werden, in der die Gemeinsamkeit bereits vorausgesetzt ist.[5] Der Einzelne, der sich *über* den Dialog stellt, ist jener, der zuvor schon *in* ihm steht. Sofern er selbständig in ihm steht, hat er die Möglichkeit aus ihm herauszutreten und ihn selbst zu reflektieren. Diese Vereinzelung ist eine Möglichkeit, die selbst noch von den Andern mitmotiviert ist. Husserl betont selbst, daß da mehrere sein können, die ,,sogar in aktueller Gemeinschaft mit mir die Epoché üben'';[6] der Radikalismus philosophischer und außerphilosophischer Vereinzelung hat selbst seine Tradition, was allerdings nicht ausschließt, daß in der Einsicht und der Entscheidung jeder durch das Moment des Selbstsehens und des Selbstwollens auf sich selbst gestellt ist. Wird in der Vereinzelung und Verselbständigung der Rückbezug auf den Dialog gewahrt, so lassen diese sich dem Dialog selbst einordnen als *Befreiung für den Dialog.* Versucht das Ich dagegen, sich schlechthin auf sich selbst zu stellen, so wird aus dem Abstand zum Dialog ein Bruch; die *Befreiung vom Dialog* nimmt diesem

---

[5] Vgl. Merleau-Ponty, *Phénoménologie de la perception*, S. 412: Einsamkeit und Kommunikation sind ,,zwei Momente eines einzigen Phänomens''.
[6] *Krisis*, S. 187.

sein ursprüngliches Eigengewicht. Diese Selbstverstiegenheit des reflektierenden Ich, das sich in der Theorie allen Andern vorzieht, ist das Gegenstück zur naiven Selbstverlorenheit. Die theoretische Auflösung des Dialogs kündet in ihrer äußersten Sublimation seinen praktischen Zerfall an, eine Konsequenz, die nicht schon dadurch unwirksam ist, daß sie nicht eigens gewollt oder gar abgelehnt wird.

2. Die Rückkehr in den Dialog als Vergemeinschaftung und Verleiblichung

Die Wende, die uns zum Dialog zurückgeführt hat, wurde ausgelöst durch das Scheitern der sozial gerichteten Epoché. Scheitert diese, so scheitert aber auch die weltlich gerichtete Epoché, da ich mit den Andern in Beziehung bin als ein leibliches Wesen, das selbst der Welt angehört; Sozialität und Leiblichkeit lassen sich nicht voneinander trennen. Dieses negative Ergebnis werden wir nun Husserl nicht als Mißerfolg aufrechnen, sondern wir werden daraus die Lehren ziehen, die nur so zu gewinnen sind und die Husserl uns, zu einem Teil wenigstens, vorenthält. Die Paradoxien der Verweltlichung und Vergemeinschaftung, von denen wir ausgingen, warten auf eine Auflösung, die dem konkreten Zwischenstatus des Menschen gerecht wird.

Die *erste Lehre* aus der phänomenologischen Reduktion: sie läßt sich nur unvollständig durchführen, weil das Ich des Fürmich selbst schon da ist.[7] Die transzendentale Reinigung als Versuch einer *Entleiblichung und Vereinzelung* führt nicht zu einem Ich *jenseits* von Welt und Gemeinschaft, sondern zu einem Ich, das sich in seiner Ursprünglichkeit immer schon *in* Welt und Mitwelt einfügt und eingefügt hat, das nun aber im Zuge der *Verleiblichung und Vergemeinschaftung* die Leiblichkeit und Gemeinschaftlichkeit als solche weiß und verantwortet. Weltglaube und Fremdglaube lösen sich nicht auf in dem Versuch einer reflexiven Distanzierung, sondern werden gerade als ursprüngliche Bindung sichtbar und spürbar. Der transzendentale Rückgang ist ja eine Reflexion, in der die natürliche Einstellung auf Welt

---

[7] Vgl. dazu Merleau-Ponty, *Phénoménologie de la perception*, S. VIII: „Le plus grand enseignement de la réduction est l'impossibilité d'une réduction complète."

und Mitwelt immerzu vorausgesetzt bleibt. Das betont Husserl selbst recht deutlich, ohne daraus die nötigen Konsequenzen zu ziehen.[8] Täte er es, so würde sich die Aporie des transzendentalen Solipsismus und Akosmismus auflösen. Da wäre nichts mehr von einer Spaltung in das mundan-soziale Ich-Objekt und das akosmisch-asoziale Ich-Subjekt. Die Andern sind faktisch-notwendig wie ich selbst; denn das *Urfaktum der Geburt* verleiht mir von Anfang an einen bestimmten Ort in Welt und Mitwelt. Der Schwerpunkt des menschlichen Subjekts liegt nicht im Vorweltlichen und Vorsozialen, sondern in einem Zwischenstatus: als Einzelner bin ich weder schlechthin über der Welt, noch einfachhin in ihr, bin ich weder über den Andern, noch bloß einer unter ihnen, vielmehr bin ich von Anfang an beides in eins. Indem die transzendentale Betrachtung alle Wirklichkeit betrachtet, sofern sie für uns einen *Sinn* hat, und in eins damit das Subjekt erfaßt als sinnenthüllend, zerstört sie den realistischen Schein einer Wirklichkeit an sich, in der wir selbst dinghaft mitvorkommen. Indem sie in dieser Reduktion auf die *Wirklichkeit* stößt, die den Sinn hat und unsere Intentionen erfüllt oder enttäuscht, und in eins damit das Subjekt selbst bereits vorfindet, hält sie sich selbst zurück vor dem idealistischen Schein eines Subjekts, das alles aus sich nimmt in einer rein „von innen ausstrahlenden Sinngeschichte."[9] Freilich ist es eben der Bruch mit der Selbstverständlichkeit des naiven „es ist" und „ich bin", der das Urfaktum der Geburt in eine *Faktizität und Interfaktizität* verwandelt: ich finde mich selbst inmitten der Welt und mit den Andern, ohne dinghaft vorfindlich zu sein.[10] Die transzendentale Betrachtung entsagt der Konkretion nur, um sie als Konkretion eines Subjekts zu gewinnen.

Das Spezifische der dialogischen Existenz tritt freilich erst ans Licht in der *zweiten Lehre*, die uns durch die phänomenologische Reduktion erteilt wird: sie läßt sich nur unvollständig durchführen, weil das Ich des Für-mich diesen Bezugspunkt anfänglich mit Andern teilt und erst durch sie zu sich selbst kommt. Die

---

[8] Vgl. o. I, 2; II, 3, dazu wiederum Merleau-Ponty, ebd. S. IX: „... la réflexion radicale est conscience de sa propre dépendance à l'égard d'une vie irréfléchie qui est sa situation initiale, constante et finale".

[9] Vgl. *Cart. Meditationen*, S. 124.

[10] Vgl. dazu Heideggers kritische Anmerkungen zu den Encyclopaedia Britannica-Artikeln (*Phän. Psychologie*, S. 237 ff., 600 ff.).

Ich-Zentrierung, die im Versuch einer radikalen Vereinzelung geschieht, versagt angesichts dessen, was von diesem Zentrum her geordnet werden soll. Der Andere ist nur wirkliches Ich gleich mir selbst, wenn die Welt ursprünglich als „Polsystem"[11] auf mich und den Andern hin zentriert ist und wenn ich nicht erst am Ende, als sozial eingeordnetes Ich, sondern von Anfang an als ursprüngliches Ich von einem gleichursprünglichen Du in Anspruch genommen bin. So kehren wir in einer gegenläufigen *Dezentrierung* in den Dialog zurück, und zwar so, daß wir nun ausdrücklich um die Wechselseitigkeit unserer Ansprüche wissen. Die Andern erscheinen hier nun nicht mehr nur negativ-begrenzend, sofern sie meine eigenen Ansprüche einschränken, sondern positiv-ergänzend, sofern sie mir zu mir selbst verhelfen. Ich k a n n nicht nur kein reines Ich werden, weil ich faktisch schon da bin, ich s o l l es und w i l l es im Grunde gar nicht, wie sich in der Widersprüchlichkeit des mitmenschlichen Kampfes zeigt. Indem der Rückzug aus dem Dialog aufgefangen wird durch das, was die Andern positiv bedeuten für mich und meine Welt, vollendet sich erst die Rückkehr in den Dialog, die in der Verleiblichung und Vergemeinschaftung geschieht. Zu den Andern komme ich nicht, ohne daß sie mir immer auch schon zuvorkämen.

Der transzendentale Ansatz Husserls bliebe insoweit gültig, als alles Seiende, von welcher Art auch immer, nicht in seiner fertigen Gestalt hinzunehmen, sondern in den Erlebnisvollzug zurückzunehmen ist, wenn es seinen Sinn preisgeben soll. Diese transzendentale Sicht begrenzt sich selbst, wenn wir nur weit genug gehen und uns bewußt werden, daß wir nicht völlig Herr sind weder über das, was uns begegnet, noch über uns selbst. Das Ich, das mit den Andern zu einem Wir zusammengeschlossen ist und einem Du gegenübertritt und sich mit den Andern verfeindet, ist nicht nur konkreter, sondern auch ursprünglicher als das bloße Ich, das sich vereinzelt. Insofern ist das gemeinsame Weltleben des Dialogs *Anfangs- und Endpunkt* aller Überlegungen, die das Ich betreffen, sofern dieses nicht in einer Wir- und Du-Vergessenheit seinen eigenen Status verfälscht. Und weil wir schließlich selbst der Welt angehören, die sich in und durch uns bildet, gehen auch die untermenschlichen Wesen nicht völlig auf in ihrem Gegenübersein, sondern sie sind zuvor schon mit uns da; die

---

[11] *Krisis*, S. 186.

Leiblichkeit, die bereits im Mittelpunkt der Zwischenmenschlichkeit steht, eröffnet den Weg zu einer allumfassenden „ontologischen Gemeinschaft", auch sie dem Zerfall ausgesetzt.

3. Theorie des Dialogs und dialogische Praxis

Die Theorie des Dialogs, die wir jeder für sich und miteinander bilden, vollendet sich in der Rückkehr zum Dialog, so sagten wir. Das soll nicht verstanden werden im Sinne einer *einmaligen und endgültigen Verwirklichung* der Philosophie, worin diese als Philosophie aufgehoben wäre. Sowenig nämlich der Dialog als fortschreitendes Geschehen sich selbst beenden kann, weil er seines Anfangs nicht Herr ist,[12] sowenig kann die Theorie dieses Geschehens einen endgültigen Abschluß finden. Die Philosophie erreicht eine „Endgestalt ..., die zugleich Anfangsgestalt einer neuartigen Unendlichkeit und Relativität ist."[13] Die Theorie entfaltet sich selbst in einem potenzierten Dialog. Das Gegenteil freilich, die *Abschnürung* des theoretischen Lebens von der Praxis, ist ebenfalls kein Ausweg; darin würde das Leben in zwei Sondersphären zerfallen, in ein Leben ohne Einsicht und eine Einsicht ohne Leben, „wo das praktische Leben ebenso geistlos, als das geistige Leben unpraktisch ist."[14] Das Ziel, das allem Verhalten zugrunde liegt und alle Verhaltensweisen einigt, fordert vielmehr einen *Wechselbezug von Theorie und Praxis*, eine im ständigen „Übergang von theoretischer zu praktischer Einstellung sich vollziehende Synthesis der beiderseitigen Interessen."[15] Nur wenn der philosophische Betrachter sich selbst in die Theorie mit einbezieht und seine theoretischen Gebilde auf die Lebenspraxis zurückbezieht, gelangt er zu einem radikalen Verständnis dessen, was er sich vornimmt. Läßt er dagegen die objektiven Theoreme in sich stehen, so reiht er sich ein unter die Spezialforscher, ohne den universalen Horizont zu eröffnen, dessen ihre Ergebnisse bedürfen. So gelangen Intersubjektivität und Soziali-

---

[12] Selbst eine „vernünftige Gemeinschaft" wäre nicht „absolut vernünftig", sondern behielte eine „Werdensform" (*Erste Philosophie* II, S. 200).

[13] *Krisis*, S. 274.

[14] Marx, *Frühschriften*, S. 222.

[15] *Krisis*, S. 329.

tät nur dann „zur reinen Aussprache ihres eigenen Sinnes,"[16] wenn sie sich einfügen in eine Theorie der konkreten Subjektivität, in der die Grundphänomene strukturiert sind nach der *Vollzugsordnung* und nicht in einer nivellierenden Vergegenständlichung auf einer Stufe belassen werden. Dem Mitsein in seiner Vielgestaltigkeit geht es darin nicht anders als der Leiblichkeit, der Zeitlichkeit und Geschichtlichkeit, der Sprache, die alle ursprünglich nicht selbst theoretisches oder praktisches Ziel sind, sondern im gegenständlichen Verhalten eine Funktion ausüben. Die Vergegenständlichen ist hier sekundär und muß in die Reflexion immerzu mit einbezogen werden. Nur so läßt sich der Objektivismus vermeiden im ständigen Rückgang zur sozialen Lebenswelt und zum sozialen Lebensvollzug, der auf diese Weise seinen Funktionsreichtum enthüllt und bewahrt.

Die Theorie wahrt dabei ihr *Eigenrecht*. Sie macht sich weder zur bloßen Dienerin des Lebens, indem sie dessen Einseitigkeiten und Entartungen wiederholt in schlichter Anpassung, noch macht sie sich zur Herrscherin des Lebens, indem sie über dieses schlechthin verfügt. Selbst wenn beides versucht würde, so müßten beide Versuche doch scheitern, der eine, weil wir reflektierend das Leben unausweichlich verändern, mögen wir auch nur das Bestehende sanktionieren, der andere, weil die Reflexion ihre naiven Ursprünge nie völlig tilgen kann, mag die Naivität sich auch reduzieren auf die der Reflexion selbst. In einer Theorie, die sich dieser Zusammenhänge bewußt ist, beansprucht das meditierende Ich die Stellung eines *nicht unmittelbar* beteiligten Zeugen. Diese Distanz gestattet ihm den Versuch, dem Dialog zu sich selbst zu verhelfen, ihn mitzubefreien aus der naiven Verschlossenheit der Vorvernunft und der absichtlichen Verschlossenheit der Widervernunft und ihn in ständiger Kritik und Selbstkritik offen zu halten auf ein Ganzes hin. Als „Anwalt der Zeit gegen die Zeit", um mit Musil zu reden, hätte der philosophische Betrachter selbst eine Funktion in dem Zwischenreich des Dialogs, das allen gehört und keinem, das Zeiten und Räume, Natur und Kultur, Anonymes und Singuläres, Personen und Sozietäten – auf gewisse Weise alles zusammenfügt zu einer prekären, sowohl vorgefundenen wie zu erfindenden und zu schaffenden Einheit.

---

[16] *Cart. Meditationen*, S. 77.

LITERATURVERZEICHNIS

I. SCHRIFTEN HUSSERLS

1. Husserliana, M. Nijhoff, Den Haag:

Cartesianische Meditationen und Pariser Vorträge, ed. S. Strasser, 1950, *Huss.* I (zit.: *Cart. Meditationen)*
Die Idee der Phänomenologie. Fünf Vorlesungen, ed. W. Biemel, 1950, *Huss.* II (zit.: *Idee der Phänomenologie)*
Ideen zu einer reinen Phänomenologie und phänomenologischen Philosophie,
  1. Buch: *Allgemeine Einführung in die reine Phänomenologie,* ed. W. Biemel, 1950, *Huss.* III (zit.: *Ideen* I).
  2. Buch: *Phänomenologische Untersuchungen zur Konstitution,* ed. M. Biemel, 1952, *Huss.* IV (zit.: *Ideen* II).
  3. Buch: *Die Phänomenologie und die Fundamente der Wissenschaften,* ed. M. Biemel, 1952, *Huss.* V (zit.: *Ideen* III)
Die Krisis der europäischen Wissenschaften und die transzendentale Phänomenologie. Eine Einleitung in die phänomenologische Philosophie, ed. W. Biemel, 1954, *Huss.* VI (zit.: *Krisis).*
Erste Philosophie (1923/24),
  1. Teil: *Kritische Ideengeschichte,* ed. R. Boehm, 1956, *Huss.* VII (zit.: *Erste Philosophie* I).
  2. Teil: *Theorie der phänomenologischen Reduktion,* ed. R. Boehm, 1959, *Huss.* VIII (zit.: *Erste Philosophie* II).
Phänomenologische Psychologie. Vorlesungen Sommersemester 1925, ed. W. Biemel, 1962, Huss. IX (zit.: *Phän. Psychologie).*
Zur Phänomenologie des inneren Zeitbewußtseins (1893–1917), ed. R. Boehm, 1966, *Huss.* X (zit.: *Zeitbewußtsein).*
Analysen zur passiven Synthesis. Aus Vorlesungs- und Forschungsmanuskripten 1918–1926, ed. M. Fleischer, 1966, *Huss.* XI (zit.: *Passive Synthesis).*

2. Anderweitige Veröffentlichungen:

Logische Untersuchungen,
  1. Band: *Prolegomena zur reinen Logik,* Halle ²1913 (zit.: *Log. Untersuchungen* I).
  2. Band: *Untersuchungen zur Phänomenologie und Theorie der Erkenntnis,* I. Teil, Halle ²1913, II. Teil, Halle ³1922 (zit:. *Log. Untersuchungen* II/1 u. II/2).
Formale und transzendentale Logik. Versuch einer Kritik der logischen Ver-

nunft, in: *Jahrbuch für Philosophie und phänomenologische Forschung*
X, Halle 1929 (zit.: *Logik*).
,,Grundlegende Untersuchungen zum phänomenologischen Ursprung der
Räumlichkeit der Natur'', in: *Philosophical Essays in Memory of
Edmund Husserl*, ed. M. Farber, Cambridge, Mass., 1940, S. 307–25.
Erfahrung und Urteil. Untersuchungen zur Genealogie der Logik, ed. L.
Landgrebe, Hamburg 1948.
Philosophie als strenge Wissenschaft, ed. W. Szilasi, Frankfurt 1965 (in
Klammern Seitenangaben nach dem Erstdruck in: *Logos* I, 1910/11).

3. Unveröffentlichte Manuskripte aus dem Nachlaß:

Die folgenden Manuskripte werden direkt zitiert nach den Transkrip-
tionen des Löwener (in wenigen Fällen nach denen des Kölner) Husserl-
Archivs; Jahresangaben zu den Einzelzitaten beziehen sich jeweils auf den
zitierten Passus. Zur Ordnung der Manuskripte vgl. H. L. van Breda und
R. Boehm, ,,Aus dem Husserl-Archiv zu Löwen'', in: *Philosophisches
Jahrbuch* 62, 1953, S. 241 ff.
Sektion A (Mundane Phänomenologie):
A IV 12. – A V 5. A V 6. A V 10. A V 11. A V 12. A V 22. A V 23 (zit.:
Gemeingeist I). A V 24. – A VI 14a. – A VII 9. A VII 31.
Sektion B (Die Reduktion):
B I 5 X. B I 9 VI. B I 13 IV. B I 14 XI. B I 14 XIII. – B III 1. – B IV 6.
Sektion C (Zeitkonstitution als formale Konstitution):
C 1. – C 2 I. C 2 III. – C 3 III. C 3 V. C 3 VI. – C 4. – C 13 II. C 13 III. –
C 16 III. C 16 VI. – C 17 I. C 17 II. C 17 IV.
Sektion E (Intersubjektive Konstitution):
E III 1. E III 2. E III 3. E III 4. E III 5. E III 8. E III 9. E III 10.
Sektion F:
F I 24. F I 44.
Sektion K:
K III 1 III. K III 3. K III 11. K III 12.
Sektion M:
M III 3 IX 1 (zit.: *Gemeingeist* II)

II. SAMMELWERKE ZUR PHÄNOMENOLOGIE

Philosophical Essays in Memory of Edmund Husserl, ed. M. Farber,
Cambridge, Mass., 1940.
*Problèmes actuels de la phénoménologie. Actes du colloque international de
phénoménologie*, Bruxelles 1951, ed. H. L. van Breda, Paris 1952.
Husserl. Cahiers de Royaumont, Philosophie No. III, Paris 1959 (zit.:
Royaumont).
*Husserl und das Denken der Neuzeit. Akten des zweiten Internationalen
Phänomenologischen Kolloquiums*, Krefeld 1956, ed. H. L. van Breda
u. J. Taminiaux, Den Haag 1959, Phaenomenologica 2.
*Edmund Husserl 1859–1959, Recueil commémoratif publié à l'occasion du
centenaire de la naissance du philosophe*, ed. H. L. van Breda u. J. Tami-
niaux, Den Haag 1959, Phaenomenologica 4 (zit.: *Recueil commémora-
ratif*).
Omaggio a Husserl, ed. E. Paci, Mailand 1960.

III. WEITERE LITERATUR

ADORNO, TH. W., *Zur Metakritik der Erkenntnistheorie. Studien über Husserl und die phänomenologischen Antinomien*, Stuttgart 1956.
— *Negative Dialektik*, Frankfurt, 1966.
ASEMISSEN, H. A., *Strukturanalytische Probleme der Wahrnehmung in der Phänomenologie Husserls*, Köln 1957.
BALLARD, E. G., „Husserl's Philosophy of Intersubjectivity in Relation to his Rational Ideal", in: *Tulane Studies in Philosophy*, Vol. XI, New Orleans/Den Haag 1962, S. 5–38.
BEERLING, R. F., *De transcendentale vreemdeling, een studie over Husserl, fenomenologie en sociale wetenschappen*, Hilversum/Amsterdam 1965.
BENJAMIN, W., *Illuminationen*, Frankfurt 1961.
BERGER, G., *Le cogito dans la philosophie de Husserl*, Paris 1941.
BIEMEL, W., „Die entscheidenden Phasen der Entfaltung von Husserls Philosophie", in: *Zeitschr. für phil. Forschung* XIII, 1959, S. 187–213 (ebenfalls in: *Royaumont*, S. 32–71).
BLOCH, E., *Spuren*, Frankfurt, 1964.
BOEHM, R., „Zum Begriff des ‚Absoluten' bei Husserl", in: *Zeitschr. für phil. Forschung* XIII, 1959, S. 214–42.
— „Husserl et l'idéalisme classique", in: *Revue phil. de Louvain* 57, 1959, S. 351–96.
BOER, TH. DE, *De ontwikkelingsgang in het Denken van Husserl*, Assen 1966.
BRAND, G., *Welt, Ich und Zeit. Nach unveröffentlichten Manuskripten Edmund Husserls*, Den Haag 1955.
BREDA, H. L. VAN, „La réduction phénoménologique", in: *Royaumont*, S. 307–33.
BROEKMAN, J. M., *Phänomenologie und Egologie. Faktisches und transzendentales Ego bei Edmund Husserl*, Den Haag 1963, Phaenomenologica 12.
BUBER, M., *Werke*, 1. Bd: *Schriften zur Philosophie*, München 1962.
CARUSO, P., „L'io trascendentale come ‚durata esplosiva'. Intentionalità e tempo nella fenomenologia di Husserl", in: *Archivio di Filosofia* 1960, S. 49–72.
CLAESGES, U., *Edmund Husserls Theorie der Raumkonstitution*, Den Haag 1964, Phaenomenologica 19.
CONRAD-MARTIUS, H., „Die transzendentale und die ontologische Phänomenologie", in: *Recueil commémoratif*, S. 175–84.
DIEMER, A., *Edmund Husserl. Versuch einer systematischen Darstellung seiner Phänomenologie*, Meisenheim 1956.
EBNER, F., *Schriften*, Bd. I, München 1963.
ELEY, L., *Die Krise des Apriori in der transzendentalen Phänomenologie Edmund Husserls*, Den Haag 1962, Phaenomenologica 10.
FARBER, M., *The Foundation of Phenomenology. Edmund Husserl and the Quest for a Rigorous Science of Philosophy*, Cambridge, Mass., 1943.
FILIPPINI, E., „Ego ed alter-ego nella ‚Krisis' di Husserl", in: *Omaggio a H.* (s.o. II), S. 213–25.
FINK, E., „L'analyse intentionnelle et le problème de la pensée spéculative", in: *Problèmes actuels* ... (s.o. II), S. 53–87.
— „Les concepts opératoires dans la phénoménologie de Husserl", in: *Royaumont*, S. 214–41.

— ,,Die Spätphilosophie in der Freiburger Zeit'', in: *Recueil commémoratif,* S. 99–115.

— *Studien zur Phänomenologie* 1930–1939, Den Haag 1966, *Phaenomenologica* 21.

FUNKE, G., *Zur transzendentalen Phänomenologie,* Bonn 1957.

GADAMER, H.-G., ,,Die phänomenologische Bewegung,'' in: *Phil. Rundschau* XI, 1963, S. 1–45.

— *Wahrheit und Methode. Grundzüge einer philosophischen Hermeneutik,* Tübingen [2]1965.

GURWITSCH, A., *Théorie du champ de la conscience.* Desclée de Brouwer, 1957.

HABERMAS, J., ,,Zur Logik der Sozialwissenschaften'', *Phil. Rundschau,* Beiheft 5, 1967.

— *Erkenntnis und Interesse,* Frankfurt, 1968.

HARTMANN, K., *Husserls Einfühlungstheorie auf monadologischer Grundlage,* Diss., Bonn 1953.

HEGEL, *Phänomenologie des Geistes,* Hamburg [5]1952, Phil. Bibl. Meiner.

— *Grundlinien der Philosophie des Rechts,* Hamburg [4]1955, Phil. Bibl. Meiner.

HEIDEGGER, M., *Sein und Zeit,* Tübingen [7]1953.

— *Vom Wesen des Grundes,* Frankfurt [4]1955.

HELD, K., *Lebendige Gegenwart. Die Frage nach der Seinsweise des transzendentalen Ich bei Edmund Husserl, entwickelt am Leitfaden der Zeitproblematik,* Den Haag 1966, *Phaenomenologica* 23.

HOHL, H., *Lebenswelt und Geschichte. Grundzüge der Spätphilosophie E. Husserls,* Freiburg/München 1962.

HÜLSMANN, H., *Zur Theorie der Sprache bei Edmund Husserl,* München 1964.

HUMBOLDT, W. v., *Gesammelte Schriften,* Akad. Ausgabe VI/1.

HYPPOLITE, J., ,,L'idée fichtéenne de la doctrine de la science et le projet husserlien'', in: *H. und das Denken der Neuzeit* (s.o. II), S. 173–89.

INGARDEN, R., ,,Le problème de la constitution et le sens de la réflexion constitutive chez Edmond Husserl'', in: *Royaumont,* S. 242–70.

JAMES, W., *The Principles of Psychology,* 2 Bde., London 1890.

KANT, *Werke in sechs Bänden,* ed. W. Weischedel, Insel-Verlag Frankfurt bzw. Wiss. Buchgesellschaft Darmstadt 1966.

KELKEL, L., ,,Le problème de l'autre dans la phénoménologie transcendantale de Husserl'', in: *Revue de Métaphysique et Morale* 61, 1956, S. 40–52.

KERN, I., *Husserl und Kant. Eine Untersuchung über Husserls Verhältnis zu Kant und zum Neukantianismus,* Den Haag 1964, *Phaenomenologica* 16.

KIERKEGAARD, *Abschließende unwissenschaftliche Nachschrift zu den philosophischen Brocken,* Gesammelte Werke, 16. Abt., 2 Bde., Düsseldorf/Köln 1957–58.

KOPPER, J., *Die Dialektik der Gemeinschaft,* Frankfurt 1960.

KUHN, H., *Begegnung mit dem Sein. Meditationen zur Metaphysik des Gewissens,* Tübingen 1954.

— *Das Sein und das Gute,* München 1962.

— *Der Staat. Eine philosophische Darstellung,* München 1967.

LAIN ENTRALGO, P., *Teoría y realidad del otro,* Bd. I: *El otro como otro yo, nosotros, tú y yo,* Bd. II: *Otredad y projimidad,* Madrid 1961.

LANDGREBE, L., „La phénoménologie de Husserl est-elle une philosophie transcendantale?" in: *Etudes philosophiques* 9, 1954, S. 315–29.
— *Der Weg der Phänomenologie*, Gütersloh 1963.
— *Phänomenologie und Geschichte*, Gütersloh 1968.
LANDMANN, M., *Elenktik und Maieutik. Drei Abhandlungen zur antiken Psychologie*, Bonn 1950.
LAUER, QU., *Phénoménologie de Husserl. Essai sur la genèse de l'intentionnalité*, Paris 1955.
LAUTH, R., „Le problème de l'interpersonnalité chez J. G. Fichte", in: *Archives de philosophie* XXV, 1962, S. 325–44.
LERSCH, PH., *Gesicht und Seele. Grundlinien einer mimischen Diagnostik*, München/Basel ⁴1955.
— *Der Mensch als soziales Wesen*, München 1965.
LEVINAS, E., *La théorie de l'intuition dans la phénoménologie de Husserl*, Paris 1930.
— *Totalité et Infini. Essai sur l'extériorité*, Den Haag 1961, *Phaenomenologica* 8.
— „Intentionalité et sensation", in: *Revue internationale de Philosophie* 19, 1965, S. 34–54.
LIEBRUCKS, B., *Sprache und Bewußtsein*, Bd. I, Frankfurt 1964.
LÖWITH, K., *Das Individuum in der Rolle des Mitmenschen*, München 1928.
LORENZ, K., *Das sogenannte Böse. Zur Naturgeschichte der Aggression*, Wien 1963.
LÜBBE, H., „Das Ende des phänomenologischen Platonismus", in: *Tijdschrift voor Phil.* 16, 1954, S. 639–66.
MARCEL, G., *Journal Métaphysique*, Paris 1927.
MARCUSE, H., *Der eindimensionale Mensch*, Neuwied/Berlin 1967.
— *Triebstruktur und Gesellschaft*, Frankfurt 1967.
MARX, *Die Frühschriften*, ed. S. Landshut, Stuttgart 1964.
MERLAN, PH., „Time Consciousness in Husserl and Heidegger," in: *Philosophy and Phenomenological Research*, 8, 1947, S. 23–54.
— „Idéalisme, réalisme, phénoménologie," in: *Royaumont*, S. 382–410.
MERLEAU-PONTY, M., *La structure du comportement*, Paris 1942, ⁴1960.
— *Phénoménologie de la perception*, Paris 1945.
— *Les aventures de la dialectique*, Paris 1955.
— *Signes*, Paris 1960.
— *Le visible et l'invisible*, Paris 1964.
MERTEN, R., *Der Logos der Dialektik. Eine Theorie zu Platons Sophistes*, Berlin 1965.
MINKOWSKI, E., „Rencontre et Dialogue", in: *For Roman Ingarden. Nine Essays in Phenomenology*, Den Haag 1959, S. 54–74.
MITSCHERLICH, A., *Krankheit als Konflikt. Studien zur psychosomatischen Medizin* I u. 2, Frankfurt 1966–1967.
MÜLLER, M., *Existenzphilosophie im geistigen Leben der Gegenwart*, Heidelberg ³1964.
PACI, E., *Tempo e verità nella fenomenologia di Husserl*, Bari 1961.
— *Funzione delle scienze e significato dell'uomo*, Mailand 1963.
PEDROLI, G., *La fenomenologia di Husserl*, Turin 1958.
PEURSEN VAN, C. A., „La notion du temps et de l'Ego transcendantal chez Husserl," in: *Royaumont*, S. 196–213.
PUCELLE, J., „L'anonymat comme obstacle à la relation intersubjective",

in: *L'homme et son prochain. Actes du VIIIe Congrès des Sociétés de philosophie de langue française*, Toulouse 1956.

REINACH, A., ,,Die apriorischen Grundlagen des bürgerlichen Rechtes'', in: *Jahrbuch für Philosophie und phänomenologische Forschung*, Bd. I, Halle 1913.

RICOEUR, P., ,,Husserl et le sens de l'histoire,'' in: *Revue de Métaphysique et Morale* 54, 1949, S. 280–316.

— *Le volontaire et l'involontaire*, Paris 1950, [2]1963.

— ,,Analyses et problèmes dans ,Ideen II' de Husserl,'' in: *Revue de Métaphysique et Morale* 57, 1951, S. 357–94; 1952, S. 1–16.

— ,,Étude sur les Meditations Cartésiennes' de Husserl,'' in: *Revue phil. de Louvain* 52, 1954, S. 75–109.

— ,,Kant et Husserl'', in: *Kant-Studien* XLVI, 1954, S. 44–67.

— ,,Sympathie et Respect. Phénoménologie et éthique de la seconde personne'', in: *Revue de Métaphysique et Morale* 59, 1954, S. 380–97.

— *Histoire et vérité*, Paris [2]1955.

— *Finitude et culpabilité*, B. I: *L'homme faillible*, B. II: *La symbolique du mal*, Paris 1960.

— *De l'interprétation. Essai sur Freud*, Paris 1965.

ROBBERECHTS, L., *Edmund Husserl. Eine Einführung in seine Phänomenologie. Mit einem Nachwort v. K. Held*, Hamburg 1967.

ROTH, A., *Edmund Husserls ethische Untersuchungen, dargestellt anhand seiner Vorlesungsmanuskripte*, Den Haag 1960, *Phaenomenologica* 7.

SARTRE, J.– P., *L'être et le néant*, Paris 1943.

— *Critique de la raison dialectique*, Bd. I: *Théorie des ensembles pratiques*, Paris 1960.

— *Les mots*, Paris 1964.

SCHAPP, W., *In Geschichten verstrickt*, Hamburg 1953.

— *Philosophie der Geschichten*, Leer 1959.

SCHELER, M., *Wesen und Formen der Sympathie*, Bonn [2]1923.

— *Der Formalismus in der Ethik und die materiale Wertethik*, Bern/ München [5]1966.

SCHOLZ, H., ,,Bildungswerte der Mathematik'', in: *Erziehung zur Menschlichkeit, Festschrift für E. Spranger*, Tübingen 1957.

SCHUTZ, A., *Der Sinnhafte Aufbau der sozialen Welt*, Wien 1932.

— ,,Das Problem der transzendentalen Intersubjektivität bei Husserl'', in: *Phil. Rundschau* V, 1957, S. 81–107 (ebenfalls in: *Royaumont*, S. 334–79, und in: *Collected Papers* III, S. 51–91).

— *Collected Papers*, Bd. I: *The Problem of Social Reality*, Den Haag 1962, *Phaenomenologica* 11; Bd. II: *Studies in Social Theory*, Den Haag 1964, *Phaenomenologica* 15; Bd. III: *Studies in Phenomenological Philosophy*, Den Haag 1966, *Phaenomenologica* 22.

SEEBOHM, TH., *Die Bedingungen der Möglichkeit der Transzendental-Philosophie. Edmund Husserls transzendental-phänomenologischer Ansatz, dargestellt im Anschluß an seine Kant-Kritik*, Bonn 1962.

SENI, C., ,,La fenomenologia in Italia,'' in: *Revue internationale de Philosophie* 19, 1965, S. 125–39.

SINN, D., *Die transzendentale Intersubjektivität mit ihren Seinshorizonten bei Edmund Husserl*, Diss., Heidelberg 1958.

SOKOLOWSKI, R., *The Formation of Husserl's Concept of Constitution*, Den Haag 1964, *Phaenomenologica* 18.

SPIEGELBERG, H., „The ‚Reality-Phenomenon' and Reality," in: *Philosophical Essays* ..., ed. M. Farber (s.o. II), S. 84–105.
— *The Phenomenological Movement. A Historical Introduction*, 2 Bde., Den Haag ²1965, *Phaenomenologica* 5 u. 6.
STEGMÜLLER, W., *Hauptströmungen der Gegenwartsphilosophie*, Stuttgart ³1965.
STRASSER, S., „Das Gottesproblem in der Spätphilosophie Edmund Husserls", in: *Phil. Jahrbuch* 67, 1959, S. 130–42.
— *Phänomenologie und Erfahrungswissenschaft vom Menschen. Grundgedanken zu einem neuen Ideal der Wissenschaftlichkeit*, Berlin 1964.
STRÖKER, E., *Philosophische Untersuchungen zum Raum*, Frankfurt 1965.
SZILASI, W., *Einführung in die Phänomenologie Edmund Husserls*, Tübingen 1959.
THEUNISSEN, M., *Der Andere. Studien zur Sozialontologie der Gegenwart*, Berlin 1965.
THEVENAZ, P., „Qu'est-ce que la phénoménologie?" in: *Revue de Théologie et de Philosophie* 2, 1952, S. 9–30, 126–40, 294–316.
THYSSEN, J., „Wege aus dem geschlossenen System von Husserls Monadologie." in: *Actes du XIème Congrès International de Philosophie*, Vol. II S. 188–94, Amsterdam/Löwen 1953.
TOULEMONT, R., *L'essence de la société selon Husserl*, Paris 1962.
UYGUR, N., „Die Philosophie Husserls und ‚Gemeinschaft' ", in: *Kant-Studien* L, 1958/59, S. 439–60.
WAELHENS DE, A., *Phénoménologie et vérité. Essai sur l'évolution de l'idée de vérité chez Husserl et Heidegger*, Paris 1953.
— *Existence et signification*, Löwen/Paris 1958.
— „Commentaire sur l'idée de la phénoménologie", in: *Royaumont*, S. 143–69.
— „Réflexions sur une problématique husserlienne de l'inconscient, Husserl et Hegel", in: *Recueil commémoratif*, S. 221–37.
— *La philosophie et les expériences naturelles*, Den Haag 1961, *Phaenomenologica* 9.
— *Une philosophie de l'ambiguïté. L'existentialisme de Maurice Merleau-Ponty*, Löwen/Paris ³1968.
WAGNER, H., „Kritische Bemerkungen zu Husserls Nachlaß", in: *Phil. Rundschau* I, 1953, S. 1 ff., S. 93 ff.
WAHL, J., „Notes sur la première partie de ‚Erfahrung und Urteil' de Husserl", in: *Revue de Métaphysique et Morale* 56, 1951, S. 6–34.
— „Au sujet des jugements de Husserl sur Descartes et sur Locke", in: *Royaumont*, S. 119–42.
WALDENFELS, B., *Das sokratische Fragen. Aporie, Elenchos, Anamnesis*, Meisenheim 1961.
— „Das Problem der Leiblichkeit bei Merlau-Ponty", in: *Phil. Jahrbuch* 75, 1968, S. 347–65.
WALDENFELS-GOES, C., *Direkte und indirekte Mitteilung bei Sören Kierkegaard*, Diss., München 1967.
WEIZSÄCKER, C. F. v., „Ich-Du und Ich-Es in der heutigen Naturwissenschaft", in: *Merkur* XII, 1958, S. 124–28.
— „Sprache als Information", in: *Die Sprache*, hsg. v. der Bayerischen Akademie der Schönen Künste, München 1959.
WEIZSÄCKER, V. v., *Arzt und Kranker*, Leipzig ²1941.
WIESE, L. v., *System der allgemeinen Soziologie als Lehre von den sozialen*

Prozessen und den sozialen Gebilden des Menschen (*Beziehungslehre*), Berlin [3]1955.

ZANER, R. M., *The Problem of Embodiment. Some Contributions to a Phenomenology of the Body*, Den Haag 1964, *Phaenomenologica* 17.

ZELTNER, H., ,,Das Ich und die Andern. Husserls Beitrag zur Grundlegung der Sozialphilosophie'', in: *Zeitschr. für phil. Forschung* XIII, 1959, S. 288–315.

NAMENREGISTER

SACHREGISTER

Grundlage einer Fremdkonstitution 21f., 27, 42 f., 45; der L. als Medium von Innen u. Außen, Geist u. Natur 28, 42, 56, 313, 338, 372; Bewußtsein vom L. u. leibliche Existenz 28, 50, 56; Lk. des Ich, des Bewußtseins 89, 126–28; Anonymität u. Passivität des L. 122, 159, 163; Lk. als Ausgesetztsein 128; L. u. Sprache 165; Lk. des Du 263, 297, 311ff.; der L. in der aktiven Gemeinsamkeit 326ff., in der passiven 333ff.; L. u. Natur 337f.; Lk. des Kampfes 379ff., 386ff.; der L. u. die Grenzen der transzendentalen Reduktion 406ff.; s. auch Zwischenleiblichkeit
Leistung als Maßstab 225, 235; L.-fähigkeit u. L.-willigkeit 229, 243, 380, 387; L.-austausch 240; L.-prinzip 370
Liebe: Vorfeld der L. 230; L. als Handlung 254, 266, 299, als Einheit von Achtung u. Zuneigung 294ff.; L. u. Gegenliebe 307; Selbst vergessenheit der L. 308; L. als Einheit in der Zweiheit 309–11; Entäußerung im Werk 315f.; Grenzen einer Institutionalisierung 365ff.; L. u. Gerechtigkeit 398
Man 52, 235, 289, 329; s. auch Anonymität
Menschheit 21, als Mitwelt 201, mögliche M. 296, wirkliche M., repräsentiert durch den Einzelnen 313, M.-horizont 346, Menschengeschlecht 352, M. als offene Totalität 363f.
Mitleid 254, Mitleiden im weiteren Sinne 154f.
Mitsubjekt 132, 200ff., M. u. Gegensubjekt 219, 268
Mitteilung 139f., 167f., direkte u. indirekte 242
Mitwelt 201, als Vor- u. Nachwelt 205, 209, als Nah- u. Fernwelt 207
Monade u. Monadengemeinschaft 9f., 21, 29, 48, 306, Monadologie 338
Monolog 14, 189, 190ff., 404
Motivation: M. im Handeln 97f.; M. u. Freiheit 126; intersubjektive M. 144f.; M. im einseitigen Verstehen 268f., 374–76; Grenzen der M. 334f., 340, 374
Nachahmung 183
Naivität, natürliche u. transzendentale 18, 75f., 83, ungebrochene u. gebrochene 67, 70, 72, 85
Name 284ff.
Natur: physikalische N. 6, als Abstraktionsprodukt 340; Untergrund einer N. in uns u. außer uns, als Unterschicht der Kultur 116, 163, 331, 339–41, 357; außermenschliche N. u. N.-historie 337f., 350; Bedeutungen von N. 340
Naturalisisierung 6, 50, 374f.
Notwendigkeit: faktische N. des Cogito 26; N. u. Zufälligkeit in der transzendentalen Theorie der Intersubjektivität 14f., 22, 23ff., 31, 46, 289; N. als faktische Unabänderlichkeit 335; s. auch Wesen – Faktum
Objektivation der Gemeinsamkeit 354–58, ihre Grenzen 364–70; O. der Gegnerschaft 397
Objektivismus 8, 70f., 238, 240f., 377
Objektivität: Bedeutungen von O. 33; O. u. Objektivismus 70; O. u. reine Theorie 96; O. als Sachlichkeit 235f., 240
Offenheit: für Anderes, Neues 38, 75f., 85; O. des Ich u. seiner Welt 66, 129, der Erfahrungshorizonte 178, 278, des Dialogs 200ff., des gemeinsamen Lebens, der Vernunft 362–64, des Kampfes 397
Organisation 354f., 397
Passivität: P. des Lebensablaufs 105f.; sekundäre u. ursprüngliche P. 116f.; P. in u. vor der Aktivität 123, 129, 148, 304; P. der Übernahme von Andern 183, des Zeitgeschehens 342f., der Generativität 351; s. auch Aktivität – Passivität; Synthese, passive
Person: als mundanes Subjekt 3–7, als durch Welt- u. Selbsterwerb gewordenes Subjekt 115, 270, im Personenverband 16off., in der sozialen Rolle 227f., als Selbstzweck 253; Personalität als Korrelat der Achtung 296–301; Ideologie der P. 316; gemeinsam erworbene Persönlichkeit 323; Personen- u. Werkgeschichte 284, 330, 365ff.; Einverleibung als P. im Kampf 387f.; Mißachtung als P. 392
Persönlichkeit höherer Stufe o. Ordnung 16of., 354, 356f.
Perspektive: extensive u. intensive 88f., 175, 204–06; Zusammenhang von eigener u. fremder 148, 154, Relativierung der eigenen durch die fremde 175f., 233;